普通高等教育"十一五"国家级规划教材
获教育部 2002 年全国普通高等学校优秀教材一等奖
北京高等教育精品教材

体育院校研究生、专修生通用教材

# 现代篮球高级教程

孙民治　主编

全国体育院校教材委员会　审定

人民体育出版社

图书在版编目（CIP）数据

现代篮球高级教程 / 孙民治主编. -- 北京：人民体育出版社，2004（2023.9重印）

体育院校研究生、专修生通用教材
ISBN 978-7-5009-2568-2

Ⅰ.①现… Ⅱ.①孙… Ⅲ.①篮球运动—高等学校—教材 Ⅳ.①G841

中国版本图书馆CIP数据核字(2004)第005522号

\*

人民体育出版社出版发行
北京中科印刷有限公司印刷
新 华 书 店 经 销
\*
787×1092　16开本　40.25印张　926千字
2004年8月第1版　2023年9月第16次印刷
印数：59,781—64,780册
\*
ISBN 978-7-5009-2568-2
定价：99.00元

社址：北京市东城区体育馆路8号（天坛公园东门）
电话：67151482（发行部）　　邮编：100061
传真：67151483　　　　　　　邮购：67118491
网址：www.psphpress.com
（购买本社图书，如遇有缺损页可与邮购部联系）

# 序

　　1997年由教育部立项为普通高等教育"九五"国家级重点教材《篮球运动高级教程》（以下简称《教程》），是全国体育院校教材委员会责成首都体育学院牵头，于1998年选聘全国体育院校篮球学科知名教授、我国竞技篮球运动的知名国家级教练员和高层篮球运动管理部门的专家相结合，组成编委会通力合作编写而成的。自2000年秋季出版后，广泛被高等体育院校体育教育训练学专业篮球运动研究方向的博士生、硕士生和本科篮球专修生选用为教学用书。几年来人民体育出版社五次印刷，使用覆盖面不仅限于全国各体育专业院校，而且拓展到我国其他篮球运动人才培养的文化、教育领域。它是一本总结国内外篮球运动实践经验，反映现代科技成果，适应时代发展的需要，有助于推动新世纪我国篮球运动的理论建设、体育专业院校篮球学科建设和人才培养的新颖教材，可谓是集我国广大篮球运动实践者和高层次篮球运动学者、专家的智慧的结晶。为此，评获2002年教育部"全国普通高等学校优秀教材"一等奖。这充分说明此《教程》是一部具有改革创新精神、与时俱进特色、较高学术氛围、广泛社会影响和实践应用价值的优秀教材。

　　为了进一步适应体育教育事业发展需要，培养更多、更好的高级篮球专门人才，北京市教委审准将《教程》列为精品教材建设项目，并与国家体育总局所属人民体育出版社签约，组织有关人员按精品标准修订出版新的《现代篮球高级教程》，对此我非常赞同。

　　篮球运动是我国人民喜闻乐见的大众体育项目，也是体育专业院校最基本的由多学科交叉融合的一门运动学科和课程，而且是一项国际性影响极大的竞技体育项目。而现代篮球运动更重要的深层价值在于它是人类社会文明、进步和文化发展过程中创造并逐步完善起来，反映时代特征的一种宝贵的社会财富和人文景观。通过再次对这部修订的《教程》书稿的统阅和与在运动过程中的见闻结合，给我留下的深刻印象是：篮球运动的活动形式和竞赛过程充分显示了人类多彩的生命力、聪颖的智慧、优美的形态、健壮的体魄和高超的技艺，而且在运动活动过程中能培育出和折射出人们从个体到集体、从民族到国家的一种精神及社会人文文化的高层氛围，显示出现实的社会教育作用和特殊的政治、经济功能。篮球运动自身的运动规律、特征和特点在修订的新《教程》中都进一步精辟地进行了理论阐述，形成了新修订《教程》的一个特点。

　　新《教程》的另一个特点是，进一步紧密把握前沿，反映新世纪世界篮球运动的发展趋势，介绍了国际篮球界关注、中国篮球界长期探讨的一些疑虑问题，并进行了简明的阐述，引示人们思考。

新《教程》还联系新中国半个多世纪以来的实际,较符实地提出了中国篮球运动的训练指导思想和技、战术风格的构建思路,以供从事篮球运动教学、训练和科学研究的学者、专家们探讨。

新《教程》对各专题内容进行了符实的调整和修正,特别是从培养高层次人才的需要和我国篮球运动实际出发,充实了有关新的章节内容,体现出与时俱进的创新精神。

新《教程》更加重视突出一个"精"字,无论是从内容的理论分析、概念解释、用词选择,还是图文并茂等方面,较原《教程》更精练、准确、流畅,具有明显的严谨治学态度。

综阅全书确实展现了编委会和撰写专家们预期提出的全书氛围高、体例新、内容全、哲理深、论理准、成品精的六个要求,的确较原《教程》更上一层楼,达到了较高水平,可以认为是一本精品《教程》。

在此,我仅以短语为新版《教程》作序,表示祝贺,并推荐给广大读者,也再次感谢参与及支持撰写本《教程》的全体专家和社会各界的朋友们。你们为中国篮球运动的理论建设又作出了新贡献。

国家体育总局副局长、中国篮球协会主席

2004 年 2 月

# Forward

*Advanced Course of Basketball* is a key teaching material for general institutions of higher education in the Ninth National Five-Year Plan. The project of compilation was approved by the Ministry of Education in 1997 and was completed in 1998 by a panel of specialists, which is comprised of distinguished professors of basketball in nationwide universities and institutes of P.E., renowned coaches and experts of senior managements of basketball in the nation. The Capital Institute of P.E. is the lead of taking charge of this project.

The book is completed by the panel members with their full cooperation. It has been widely used as the teaching material by Ph.D. students, master students and undergraduates majoring in basketball since it was published in the autumn of 2002. The book had been published by the People's Sports Publishing House for five times and used not only in institutes of physical education but also in extending to other areas for training qualified personnel of basketball.

The book sums up the practical experience of basketball and reflects the achievements of modern technology of basketball. It is adapted with the development of the current age. It aids to develop the theories of basketball and to construct this discipline in institutes of P.E., and train personnel of basketball as well. It is a total sum-up of the wisdom of the practitioner, the senior scholars and experts of basketball. It was awarded first prize by the Ministry of Education for excellent teaching materials from 2000 to 2002. This has proved the book is creative, abreast of the current age, of a high academic level and of a great practical value as a teaching material. The Beijing Committee of Education has approved to compile the book as a top-quality teaching material and to make it be adapted with the development of the sports in the cause of education and train more senior personnel of basketball. The committee has made a contract with the People's sports Publishing House which belongs to the State Sports General Administration of china, to have the book revised by the personnel contracted by the Publishing House in order to assure its top quality, with which I can't agree more.

As one of the popular sports in China, basketball is deeply loved by the Chinese. It has been a basic discipline that consists of many courses and academic studies in the institutes of P.E. Basketball is a global, popular sport, too. It has a great value of sport culture. The modern basketball has been formed during the development of civilization and culture of human society, and has been progressing with it. It really reflects the characteristics of the age, and has a great social value and is a mirror of our time. Meanwhile, reading the revised book, according to the practice of the sport, we have got a deep impression that the sport of basketball really shows a colorful life, a high level of intelligence, elegant and strong bodies and superior human skills. It reflects the social relationships of human beings and cultures among a man, the group, and the nation. It has the realistic value in which special function of politics and economics has been shown. The regulation and characteristics of basketball itself, as mentioned above, have formed a feature of the new Course. The other characteristics of the new Course is to further grasp the latest trend of development of the world basketball, and to reflect it in the new century, to put forward and introduce some problems concerned in international basketball field and discussed for long in the field of Chinese basketball, in the meantime, to expound such problems simply and clearly, and to lead to deep thoughts on basketball. According to China's reality of basketball, the new Course also clearly puts forward the directional thoughts of training and the thoughts about the style of skills and strategies so that it can open some new fields for discussion for the scholars and the experts who are engaged in the training and the scientific study of basketball. The new Course completely and truly adjusts and amends the contents of all items, especially supplements some new chapters and contents about skills and training of a center and a key guard, which shows its outstanding spirit of innovation. The new Course pays much attention to "top quality". From the analysis of theories, the explanation of concepts, to the choice of words and the plentiful diagrams and texts, the new edition is more refined, more accurate, and more fluent than the past edition. The book really shows the requirements for the high academic standard, for new style, complete contents, deep philosophy, accurate theories and excellent articles. It has made a greater progress than the past edition and reached such a high level that we have a good reason to believe it to be a really top-quality teaching material. I have written the forward again to express my congratulations and recommend it to readers. My hearty thanks again are given to all the experts who participated in the project of compilation of the book and for friends in the field of basketball for your hard work, your profound theories, your great contribution to the construction of China's sport of basketball.

> Vice President of State Sports General Administration of China,
> Chairman of Chinese Basketball Association
> Zhang Faqiang
> February, 2004

# 编委会及撰稿、串稿者

编委会名誉主任：袁伟民（国家体育总局局长）
编委会名誉顾问：张发强（国家体育总局副局长）
编委会名誉副主任：（按姓氏笔画排列）
　　　　　　　　史康成（国家体育总局科教司司长）
　　　　　　　　杨贵仁（教育部体卫艺司司长）
　　　　　　　　李元伟（国家体育总局篮球运动管理中心主任）
编 委 会 主 任：李颖川（首都体育学院教授）
编 委 会 副主任：张天白（国家体育总局科教司副司长）
　　　　　　　　季克异（教育部体卫艺司处长、教授）
编 委 会 顾 问：（按姓氏笔画排列）
　　　　　　　　王世安（北京体育大学教授）
　　　　　　　　许宗祥（广州体育学院教授、博士导师）
　　　　　　　　杨　桦（北京体育大学教授、博士导师）
　　　　　　　　杨鹏飞（武汉体育学院教授、博士导师）
　　　　　　　　陈　伟（成都体育学院教授、博士导师）
　　　　　　　　陈树华（广州体育学院教授、博士导师）
　　　　　　　　胡加时（国家体育总局篮球运动管理中心副主任）
　　　　　　　　钟添发（教授）
　　　　　　　　姚颂平（上海体育学院教授、博士导师）
主　　　　编：孙民治（首都体育学院教授、博士导师）
副　主　　编：刘玉林（北京体育大学教授、博士导师）
撰 稿 人 员：（按姓氏笔画排列）
　　　　　　　　于　刚（教授）　　　　　于振峰（教授）
　　　　　　　　马　毅（教授）　　　　　王世安（教授）
　　　　　　　　王向宏（副教授）　　　　王守恒（教授）
　　　　　　　　王贺立（教授）　　　　　王家宏（教授、博士导师）

方　明（副教授、博士）　　　白金申（国家级教练员）

刘　月（副教授）　　　　　　刘玉林（教授、博士导师）

许永刚（教授、博士、博士导师）孙民治（教授、博士导师）

孙学川（教授）　　　　　　　池　健（教授、博士导师）

李元伟（教授、博士导师）　　李杰凯（教授、博士）

李颖川（教授、博士）　　　　杨友山（副教授）

杨　桦（教授、博士导师）　　杜　俐（教授）

张培峰（教授）　　　　　　　陈　钧（教授、博士）

武国政（教授、博士导师）　　林珍瑜（教授）

郑　刚（副教授）　　　　　　赵　芳（教授、博士）

赵映辉（教授）　　　　　　　赵　晶（副教授、博士）

钟添发（教授）　　　　　　　郭玉佩（国际荣誉裁判 [FIBA]）

徐跃杰（教授）　　　　　　　钱澄海（国家级教练员）

韩之栋（教授）　　　　　　　程世春（国家级教练员）

蒋兴权（国家级教练员）　　　傅企明（副教授）

谭朕斌（教授、博士）　　　　魏丕来（教授）

串稿组人员：

　　组　长：孙民治

　　副组长：刘玉林

　　成　员：（按姓氏笔画排列）

　　　　　　于振峰　　王向宏　　王家宏

　　　　　　杜　俐　　陈　钧　　郑　刚

　　　　　　赵映辉　　赵　晶　　傅企明

# 前　言

　　新版《现代篮球高级教程》，是在全国普通高等教育"九五"国家级重点教材——《篮球运动高级教程》（以下简称《教程》）的基础上修订而成的。

　　《教程》第1版，是1997年由国家体育运动委员会科教司申报，经教育部审定立项，由北京体育师范学院（现首都体育学院）时任院长、中国篮球协会副主席、博士导师孙民治（教授）任主编，北京体育大学博士导师刘玉林（教授）任副主编，组织全国体育院校的篮球教授和我国竞技篮球界、篮球管理部门的专家，精心设计、研究论证，严谨编写的，并于2000年10出版。出版之后被广泛应用于全国高等体育院校培养篮球运动研究方向的博士生、硕士生和专修生使用，得到了篮球工作者和高等体育院校篮球课程师生的高度评价和欢迎。目前已连续五次印刷出版，并在教育部2002年"全国普通高等学校优秀教材"评比中荣获一等奖。

　　《教程》出版使用至今已三年时间，在这一时期，篮球新理念、新技术、新战术层出不穷，篮球规则也有修改，世界篮球格局也有变化，中国篮球职业化的改革进一步推进，高等院校体育教育训练学专业招收与培养篮球运动方向的博士、硕士研究生布点增多、规模扩大、数量增加，质量要求提高，培养途径不断拓宽，世界和我国的篮球运动无论在理论还是在实践方面都有许多新的创新发展，为此，编委会与编写组本着与时俱进的精神和精益求精的要求，对原《教程》进行了全面审阅，并广泛听取了意见。为了保持《教程》的时代性、科学性、先进性和实用性，并达到精品教材要求，为21世纪培养更好、更多的高层次篮球运动教学、训练、科研与管理人才，根据教育部、国家体育总局和北京市主管教育部门对编写精品教材的若干标准和要求，决定修订原《教程》，出版新的《现代篮球高级教程》（以下简称新版《教程》），以适应新世纪培养高层次人才要求。

　　新版《教程》修订中遵循以下原则：

　　一、新版《教程》的修订，是在遵守原《教程》编写宗旨的基础上，以"科学、严谨、精品和与时俱进"为指导思想；以"调整、充实、修正与完善相结合，国内外对比相结合，稳定与创新相结合，理论与实践相结合"为基本原则，力图使新版《教程》形成精品。

　　二、新版《教程》抓住篮球运动发展前沿，整合了篮球运动最新理论成果，充分地反映世界篮球运动发展的新趋势。为此，调整了原《教程》个别章节，增加、充实了一些新的内容（如中锋和核心后卫队员的培养等），使内容更加具有时代性。

　　三、在新版《教程》的修订工作中，坚持继承与创新和洋为中用、古为今用的方针,紧密联系世界篮球运动发展的实际,从宏观与微观等不同角度,提出并扼要阐述了国际篮球界关注的、中国篮球界长期探讨的一些带规律性、方向性、疑虑性的理论问题,供使用者思考与探讨。

四、新版《教程》突出一个"精"字。在《教程》修订过程中,对原《教程》存在着的个别不够完整、不够准确、不够精辟的内容,如章节目录标题的选用、名词解释、文字表述、图文并茂等方面都重新严谨审阅,并进行了调整和补充,以求达到"精品"教材要求。

五、新版《教程》主要适用于高等院校体育教育训练学专业篮球运动研究方向的博士、硕士研究生和本科篮球专修生使用,同时也可供篮球教练员岗位培训和篮球教师进行选用。

新版《教程》由国家体育总局全国体育院校教材委员会篮球教材小组全体成员参与修订,主编为孙民治(教授)、副主编为刘玉林(教授)。

新版《教程》串稿人员是:孙民治、刘玉林、王家宏、杜俐、于振峰、赵映辉、傅企明、王向宏、陈钧、郑刚、赵晶,以及苏州大学体育学院体育教育训练学专业篮球运动研究方向的博士生。

新版《教程》修订工作在国家体育总局科教司、教育部体卫艺司、北京市教委领导下,得到了中国篮球协会、有关篮球职业俱乐部、牵头单位首都体育学院和北京体育大学,以及上海体院、成都体院、沈阳体院、武汉体院、西安体院、广州体院、哈尔滨体院、苏州大学体育学院的支持和帮助,还有中华见义勇为基金会、张家港体育器材厂、常熟市体育局、江苏省江阴市周庄镇政府、江苏省江阴市海达船用橡胶用品有限公司、北京金色河畔高尔夫俱乐部、人民体育出版社、《篮球》杂志编辑部等单位,以及先后曾参与《教程》审定与评价工作的专家、教授杨伯镛、陈树华、张长禄、张子沛、孙麒麟、王崇喜、陈广兴、姜立嘉、王耀中等同志,都给予了大力支持和帮助,在此一并表示衷心感谢。

全国体育院校教材委员会<br>
《篮球》教材小组<br>
2004年2月于苏州大学

# Forward

The new edition of *Advanced Course of Modern Basketball* ( named for short the Course in the following) is a key teaching material for general institutions of higher education in the Ninth National Five-Year Plan, whose revision is completed based on its past edition.

The compilation of the first edition of the Course was applied for under the leadership of the department of Science and Education of the State Sports Committee, and inspected and approved by the Ministry of Education in 1997. The Course was meticulously designed, scientifically testified, and carefully compiled in 1998 by a panel of experts who teach basketball in institutions of P.E. and who are working in the competition and in the management of basketball in our country. The project was organized and taken charge of by both professor Sun Minzhi, Ph.D. supervisor, editor-in-chief, former president of Beijing Teachers College of P.E., currently renamed Capital Institute of P.E., vice chairman of the Chinese Basketball Association, and professor Liu Yulin, Ph.D supervisor of Beijing University of P.E., vice editor-in-chief. The book was published in Oct, 2002, and has been widely used as the teaching material by Ph.D. students, master students and undergraduates majoring in basketball ever since. It has been published by the People's Sports Publishing House for five times and has been popular not only in institutes of physical education all over the nation but also in other fields such as training qualified persons of basketball. The book was awarded first prize of Excellent Teaching Materials for Nationwide General Institutions of Higher Education by the Ministry of Education in 2002.

The Course has been published for three years during which period new theories, skills and strategies have formed; the rules of basketball have changed; so has the situation of world basketball; the reform of China's professional basketball has progressed; the number of Ph.D. graduates and master graduates has increased fast; the requirements for students have risen; the methods for the development of skills in basketball have widened. There is a great deal of innovation accomplished in either the theory or the practice of basketball in the world as well as our country. Therefore, in accordance with the spirit of progressing with the current age, the compiling committee and the compiling group have reviewed the old edition of the Course afresh and listened to many opinions of different range with the ultimate objective of maintaining the Course being of top quality.

In order to keep the Course abreast of the current age, scientific, advanced and practical and to reach the standard of top quality, and to train more and better staff in teaching, managing, coaching in, and researching on basketball, the committee decided to revise the book and publish the new edition fulfilling the requirements for teaching materials of top quality set by the Ministry of Education, the State Sports General Administration of china, the Beijing Committee of Education. Consequently, the book can satisfy the demands for those who wish to train senior staff of basketball in a new century.

The Course is revised based on the following principles:

1. According to the principle of the past edition, the new edition is revised with the direction of scientificity, strictness and progress with the current age and with the basic principle of combining adjustment and enrichment with correctness, combining Chinese theories with foreign ones, combining stability with innovation, combining theory with practice. The editors try their best to make the new edition refined and one of the best textbooks basketball.

2. The new edition combines the up-to-date achievements of basketball, and reflects the new trend of basketball in both the world and China. Some chapters have been adjusted and some others have been enriched, for example, the training of center and key guard, which makes the contents more abreast of the age.

3. The new edition grasps the latest development of basketball and strictly follows the principle of 'combining inheritance with innovation', and 'absorbing foreign stuff to serve China' and 'absorbing the past to serve the present'. It has put forward and briefly introduced some regular, directional and arguable problems concerned in international field of basketball and also some problems under discnssion and research in China's basketball. These theoretical problems have triggered off wide range of new thoughts.

4. The new edition stresses Top Quality. It has been cautiously revised, with some incomplete and inaccurate contents supplemented and corrected, like the choice of titles of chapters, explanation of concepts, expression of words, and improvement of diagrams and texts, etc., so that the requirement for top-quality teaching materials can be met.

5. The new edition has been used by Ph.D. students and master students majoring in P.E. and by undergraduates specializing in basketball in institutes of P.E., and used for training in basketball.Meanwhile, it can be used by coaches of basketball who are going to be educated and trained for vocational purpose, and used by teachers of basketball who wish to study further.

The Course is edited and revised by all members of the basketball group of the compiling committee of teaching materials of National Institute of P.E., the State Sports

General Administration of China, with professor Sun Minzhi being editor-in-chief, and professor Liu Yulin being vice editor-in-chief.

The Course is drafted by Sun Minzhi, Liu Yulin, Wang Jiahong, Du Li, Zhao Yinghui, Fu Qiming, Wang Xianghong, Chen Jun, Zheng Gang, Zhao Jing and all Ph.D. students majoring in P.E. from the School of P.E. of Soochow University.

The revision of the Course is conducted under the leadership of the Science and Education Department of the State Sports General Administration of China, the Department of P.E., Health and Arts of the Ministry of Education, Beijing Committee of Education and this project is greatly supported and helped by the following working units: Chinese Basketball Association, relevant basketball clubs, the leading working unit of Capital Institute of P.E., Beijing University of P.E., Shanghai Institute of P.E., Wuhan Institute of P.E., Xi'an Institute of P.E., Guangzhou Institute of P.E., Harbin Institute of P.E., School of P.E. of Soochow University, China Fund for Righteous Conduct, Zhang Jiagang Sports Equipments Factory, leaders in the Sports Bureau of Changshu Municipal Government, Jiangyin Marine Rubber Products Co., Ltd, People's Educational Publishing House, Editorial Department of the magazine of Basketball. In addition, it is also supported and helped by the following experts and professors: Yang Boyong, Chen Shuhua, Zhang Changlu, Zhang Zipei, Sun Qilin, Wang Chongxi, Chen Guangxing, Jiang Lijia, Wang Yaozhong, etc. We express our sincere appreciation to them.

Basketball Group of Teaching Material Committee<br>
of National Institutes of Physical Education<br>
February, 2004<br>
Soochow University

# 目 录

**第一章　篮球运动总论** …………………………………………………………（1）

　前　言 ……………………………………………………………………………（1）
　　第一节　篮球运动演进的哲学基础与运动规律 ………………………………（2）
　　第二节　世界篮球运动竞技水平的现状 ………………………………………（12）
　　第三节　21世纪世界篮球运动的发展趋势 …………………………………（20）
　　第四节　中国的篮球运动 ………………………………………………………（28）

**第二章　篮球运动技术原理** ……………………………………………………（39）

　　第一节　篮球技术概述 …………………………………………………………（39）
　　第二节　篮球技术结构原理 ……………………………………………………（42）
　　第三节　篮球技术分类体系 ……………………………………………………（43）
　　第四节　篮球技术运用 …………………………………………………………（47）

**第三章　篮球技术教学与训练** …………………………………………………（49）

　　第一节　篮球技术教学与训练的任务 …………………………………………（49）
　　第二节　篮球技术教学与训练的内容 …………………………………………（50）
　　第三节　篮球技术教学与训练的原则和方法 …………………………………（94）

**第四章　篮球运动战术原理** ……………………………………………………（104）

　　第一节　篮球战术概述 …………………………………………………………（104）
　　第二节　篮球战术结构原理 ……………………………………………………（106）
　　第三节　篮球战术分类体系 ……………………………………………………（108）
　　第四节　篮球战术设计与运用 …………………………………………………（110）

**第五章　篮球战术教学与训练** …………………………………………………（115）

　　第一节　篮球战术教学与训练的任务 …………………………………………（115）
　　第二节　篮球战术教学与训练的内容 …………………………………………（115）
　　第三节　篮球战术教学与训练的原理和方法 …………………………………（162）

## 第六章　篮球教学理论与方法 …………………………………………（169）

### 第一节　篮球教学概述 ……………………………………………………（169）
### 第二节　篮球教学理论与原则 ……………………………………………（174）
### 第三节　篮球教学步骤与方法 ……………………………………………（177）
### 第四节　篮球教学文件的制定 ……………………………………………（186）
### 第五节　篮球教学课的组织模式与方法 …………………………………（191）
### 第六节　篮球教学质量的测量与评定 ……………………………………（192）

## 第七章　篮球训练理论与方法 …………………………………………（198）

### 第一节　篮球训练概述 ……………………………………………………（198）
### 第二节　篮球训练理论与原则 ……………………………………………（204）
### 第三节　篮球训练步骤与方法 ……………………………………………（209）
### 第四节　篮球训练文件的制定 ……………………………………………（211）
### 第五节　篮球训练负荷的构成因素与特征 ………………………………（222）
### 第六节　篮球训练水平的测量与评定 ……………………………………（225）

## 第八章　篮球基本功训练 ………………………………………………（232）

### 第一节　篮球基本功概述 …………………………………………………（232）
### 第二节　篮球基本功训练的内容 …………………………………………（233）
### 第三节　篮球基本功训练的方法 …………………………………………（242）

## 第九章　篮球中锋、核心后卫的分析与培养 …………………………（250）

### 第一节　篮球中锋的分析与培养 …………………………………………（250）
### 第二节　篮球核心后卫的分析与培养 ……………………………………（276）

## 第十章　篮球比赛中的攻守转换 ………………………………………（291）

### 第一节　篮球比赛中攻守转换的特征 ……………………………………（291）
### 第二节　篮球比赛中攻守转换的方式与类型 ……………………………（293）
### 第三节　篮球比赛中攻守转换训练的内容、方法与要求 ………………（295）

## 第十一章　篮球比赛训练 ………………………………………………（302）

### 第一节　篮球比赛训练的任务与种类 ……………………………………（302）
### 第二节　篮球比赛训练的方法与要求 ……………………………………（304）

## 第十二章　篮球运动员的专项身体素质训练 …………………………（309）

### 第一节　篮球专项力量素质训练 …………………………………………（309）
### 第二节　篮球专项速度素质训练 …………………………………………（316）

| | | |
|---|---|---|
| 第三节 | 篮球专项耐力素质训练 | （318） |
| 第四节 | 篮球专项灵敏素质训练 | （321） |
| 第五节 | 篮球专项弹跳素质训练 | （323） |
| 第六节 | 篮球专项柔韧素质训练 | （325） |

### 第十三章　篮球意识及其培养 （328）

第一节　篮球意识的概念、作用、特点及相关理论 （328）
第二节　篮球意识培养的途径与评定 （336）

### 第十四章　篮球运动员的心理训练 （344）

第一节　篮球运动员的专项心理训练 （345）
第二节　篮球运动员比赛时的心理训练 （352）

### 第十五章　篮球比赛的准备与指挥工作 （359）

第一节　比赛前的准备 （359）
第二节　临场比赛的指挥 （365）

### 第十六章　篮球运动员的营养与恢复 （374）

第一节　篮球运动员的营养 （374）
第二节　篮球运动员的疲劳与恢复 （381）

### 第十七章　篮球运动常见损伤的处理、治疗、预防与康复训练 （388）

第一节　篮球运动常见损伤 （388）
第二节　篮球运动常见损伤的病因与影响因素 （390）
第三节　篮球运动常见损伤的治疗与康复训练原则 （393）
第四节　篮球运动常见损伤的处理、预防与康复训练 （399）

### 第十八章　篮球队的管理 （407）

第一节　篮球队管理的目标与原则 （407）
第二节　篮球队管理班子的构成与要求 （411）
第三节　篮球队的管理宗旨与管理内容 （413）
第四节　篮球队的管理方法 （419）

### 第十九章　篮球竞赛的组织管理 （424）

第一节　篮球竞赛的意义与种类 （424）
第二节　篮球竞赛的组织管理 （427）
第三节　篮球竞赛的方式与方法 （430）

## 第二十章　篮球规则与裁判法 （440）

第一节　篮球规则的起源与演变 （440）
第二节　国际篮联（FIBA）规则与裁判法 （445）
第三节　职业篮球（NBA）规则与裁判法 （463）

## 第二十一章　高水平篮球裁判员基本素质与培养 （471）

第一节　高水平篮球裁判员应具备的素质 （471）
第二节　篮球裁判员临场工作的要求 （475）
第三节　高水平篮球裁判员的培养 （476）
第四节　高水平篮球裁判员的考核 （478）

## 第二十二章　篮球高级教练员基本素质与执教要求 （481）

第一节　素质的概念与提高教练员素质的意义 （481）
第二节　篮球高级教练员应具有的素质 （483）
第三节　篮球高级教练员的执教要求 （494）

## 第二十三章　体育教育训练学（篮球）研究生教育与培养 （500）

第一节　研究生教育的发展概况 （500）
第二节　研究生培养方案 （502）
第三节　研究生个人培养计划 （506）
第四节　专业课 （511）
第五节　学位论文 （513）

## 第二十四章　篮球运动科学研究工作 （516）

第一节　篮球运动科学研究概述 （516）
第二节　篮球运动科学研究的基本程序 （519）
第三节　篮球运动科学研究方法 （525）
第四节　篮球运动科学研究成果的评价 （534）

## 第二十五章　儿童、少年篮球运动员的选材与训练 （537）

第一节　儿童、少年篮球运动员的选材 （537）
第二节　儿童、少年篮球运动员的训练 （554）

## 第二十六章　职业篮球俱乐部 （563）

第一节　职业篮球俱乐部的发展概况 （563）
第二节　职业篮球俱乐部的管理与经营模式简述 （568）
第三节　职业篮球俱乐部的竞赛与训练 （571）

第四节　我国"职业"篮球俱乐部的现状与发展 …………………………（573）

**第二十七章　篮球比赛场馆设备及场地的修建与养护** …………………（578）

第一节　国际标准的篮球比赛场馆设施 …………………………………（578）
第二节　篮球场的设备器材 ………………………………………………（583）
第三节　篮球比赛场地的修建与养护 ……………………………………（590）

**附1　世界篮球运动发展简况** ……………………………………………（596）
**附2　中国篮球运动重大活动一览表** ……………………………………（601）
**主要参考文献** ………………………………………………………………（614）

# 图　例

|  |  |
|---|---|
| ④ | 4号进攻队员 |
| ④̇ | 4号进攻队员持球 |
| ❹ | 4号防守队员 |
| ⊗ | 教练员 |
| ▲ | 标杆 |
| ----→ | 传球 |
| ∿∿→ | 运球 |
| ——⫽→ | 投篮 |
| ——→ | 队员移动 |
| ———⟨ | 掩护 |
| ——⟨ ⟩—— | 夹击 |

# Contents

**Chapter 1  Sketch Survey on Basketball** ( 1 )
Preface ( 1 )
Section 1  The Philosophical Basis and Developmental Law of Basketball Evolution ( 2 )
Section 2  The Current Situation of Basketball Levels all over the World ( 12 )
Section 3  The Developmental Trends of Basketball in 21st Century ( 20 )
Section 4  Basketball in China ( 28 )

**Chapter 2  The Principles of Basketball Skill** ( 39 )
Section 1  Summarizing of Basketball Skill ( 39 )
Section 2  The Structural Principles of Basketball Skill ( 42 )
Section 3  Classificatory System of Basketball Skill ( 43 )
Section 4  Application of Basketball Skill ( 47 )

**Chapter 3  Teaching and Training of Basketball Skill** ( 49 )
Section 1  Tasks ( 49 )
Section 2  Contents ( 50 )
Section 3  Principles and Methods ( 94 )

**Chapter 4  Tactical Principles of Basketball** ( 104 )
Section 1  Summarizing of Basketball Tactics ( 104 )
Section 2  Structural Principles of Basketball Tactics ( 106 )
Section 3  Classificatory System of Basketball Tactics ( 108 )
Section 4  Designing and Application of Basketball Tactics ( 110 )

**Chapter 5  Teaching and Training of Basketball Tactics** ( 115 )
Section 1  Tasks ( 115 )
Section 2  Contents ( 115 )
Section 3  Principles and Methods ( 162 )

## Chapter 6 Theory and Methodology of Basketball Teaching (169)
Section 1 Summarizing of Basketball Teaching (169)
Section 2 Theories and Principles of Basketball Teaching (174)
Section 3 Procedures and Methods of Basketball Teaching (177)
Section 4 Teaching Documents'Making for Basketball (186)
Section 5 The Organizational Modes and Methods for Basketball Class (191)
Section 6 Measurement and Assessment of the Quality of Basketball Teaching (192)

## Chapter 7 Theory and Methodology of Basketball Training (198)
Section 1 Summarizing of Basketball Training (198)
Section 2 Theories and Principles of Basketball Training (204)
Section 3 Procedures and Methods of Basketball Training (209)
Section 4 Training Documents'Making for Basketball (211)
Section 5 The Composing Factors and Characteristics of Physical Load of Basketball Training (222)
Section 6 Measurement and Assessment of basketball Training (225)

## Chapter 8 On the training of Basketball's Basic Skill (232)
Section 1 Summarizing (232)
Section 2 Contents (233)
Section 3 Methods (242)

## Chapter 9 The Cultivation and Analysis of Centre and Key Guard (250)
Section 1 Centre (250)
Section 2 Key Guard (276)

## Chapter 10 The Switch between Offensiveness and Defensiveness in Basketball Match (291)
Section 1 Characteristics (291)
Section 2 Patterns and Types (293)
Section 3 Contents, Ways and Requirements of training (295)

## Chapter 11 Training of Basketball Match (302)
Section 1 Tasks and Types (302)
Section 2 Methods and Requirements (304)

### Chapter 12  On the Event-related Physical Training of Basketball Player ……………………(309)
- Section 1  Strength Training ………………………………(309)
- Section 2  Speed Training …………………………………(316)
- Section 3  Endurance Training ……………………………(318)
- Section 4  Agility Training …………………………………(321)
- Section 5  Bounce Training …………………………………(323)
- Section 6  Flexibility Training ……………………………(325)

### Chapter 13  Basketball Consciousness and its cultivating …………………(328)
- Section 1  Concept, Function, Characteristics of Basketball Consciousness and its Related Theories ……………………(328)
- Section 2  How to Cultivate and Assess Basketball Consciousness ………(336)

### Chapter 14  Mental Training of Basketball Player ……………………(344)
- Section 1  Event-related Mental Training of Basketball Player …………(345)
- Section 2  Mental Training special for Basketball Player in the Match ……(352)

### Chapter 15  Preparation and Command of Basketball Match …………(359)
- Section 1  Pre-match Preparations …………………………(359)
- Section 2  Field Commanding ………………………………(365)

### Chapter 16  Nutrition and Recovery of Basketball Player ……………(374)
- Section 1  Nutrition …………………………………………(374)
- Section 2  Fatigue and Recovery ……………………………(381)

### Chapter 17  Disposing, Treatment, Prevention of Common Injuries in Basketball and its Recovery Training ………………(388)
- Section 1  Common Injuries ………………………………(388)
- Section 2  The Causes and Influencing Factors of Common Injuries ………(390)
- Section 3  The Principles of Treating Common Injuries and Recovery Training …………………………………(393)
- Section 4  Disposing, prevention of Common Injuries and Recovery Training …………………………………(399)

### Chapter 18  The Management of Basketball Team ……………………(407)
- Section 1  Objectives and Principles ………………………(407)

Section 2　The Composition and Requirements of Administrative
　　　　　　Authority ················································································ (411)
Section 3　Purpose and Contents ······························································ (413)
Section 4　Methods ······················································································ (419)

Chapter 19　The Organization and Management of
　　　　　　　Basketball Match ································································ (424)
Section 1　Significance and Categories ················································· (424)
Section 2　Organization and Management ············································ (427)
Section 3　Approaches and Ways ··························································· (430)

Chapter 20　The Regulation and The Judgement to Basketball ········ (440)
Section 1　Origin and Evolution ······························································ (440)
Section 2　Regulation and Judgement to the Federal International
　　　　　　Basketball Association (FIBA) ··········································· (445)
Section 3　Regulation and Judgement to the National Basketball
　　　　　　Association (NBA) ································································ (463)

Chapter 21　The Basic Qualities and Fostering of
　　　　　　　High-level Referee ······························································ (471)
Section 1　Basic Qualities an High-level Referee Should have ········ (471)
Section 2　The Requirements to On-the-field Referee ······················ (475)
Section 3　Fostering of High-level Basketball Referee ······················· (476)
Section 4　Assessment for an High-level Basketball Referee ··········· (478)

Chapter 22　The Basic Qualities and Teaching Requirements for an
　　　　　　　Advanced Coach ·································································· (481)
Section 1　The Concept of Quality and the Significance of Improving
　　　　　　the Coach's Quality ······························································· (481)
Section 2　Qualities an Advanced Coach Should Have ······················ (483)
Section 3　Requirements for an Advanced Coach's Teaching ··········· (494)

Chapter 23　The Cultivation and Education of Graduate majoring in Science
　　　　　　　of Training on Physical Education (Basketball) ············ (500)
Section 1　Developmental Review on Graduate Education ················ (500)
Section 2　Graduate Cultivating Plan ······················································ (502)
Section 3　Graduate Personal Cultivating Project ································ (506)
Section 4　Major Courses ··········································································· (511)

Section 5　Thesis ································································· (513)

**Chapter 24　Research for Basketball Science** ······························ (516)
Section 1　Summarizing ······················································· (516)
Section 2　Basic Procedures ·················································· (519)
Section 3　Research Methods ················································· (525)
Section 4　Assessment Scientific Research of Basketball ················ (534)

**Chapter 25　Children Basketball Talent Players'Selection and
　　　　　　　Their Training** ··············································· (537)
Section 1　Talent Selection ···················································· (537)
Section 2　Training ····························································· (554)

**Chapter 26　Professional Basketball Club** ··································· (563)
Section 1　Developmental Review ··········································· (563)
Section 2　Management and Marketing Modes ···························· (568)
Section 3　Contest and Training ·············································· (571)
Section 4　Developmental Survey and Current Situation of
　　　　　　Basketball Club in China ······································ (573)

**Chapter 27　Equipment of Basketball Stadium and Building and
　　　　　　　Maintaining of Court** ······································· (578)
Section 1　Basketball Stadium ················································ (578)
Section 2　Equipment of Basketball Court ·································· (583)
Section 3　Building and Maintaining ········································· (590)

**Appendix 1　Tablet of Evolution of the World Basketball Sports** ········ (596)
**Appendix 2　China Basketball Sports Principal
　　　　　　　Movements Schedule** ······································· (601)
**Reference** ········································································ (614)

# Legend

| | |
|---|---|
| ④ | No.4 offensive player |
| ④̇ | No.4 offensive player who is grasping a ball |
| ❹ | No.4 defensive player |
| ⊗ | Coach |
| ▲ | Sign pole |
| -------▶ | Pass |
| ∼∼∼▶ | Dribble |
| ———╫▶ | Shoot |
| ———▶ | Path of player |
| ———( | Screen |
| ——( )—— | Double-team trap |

# 第一章

# 篮球运动总论

## 前 言

　　篮球运动是世界文明进步的绚丽文化标志和社会人文现象。

　　篮球运动本质是一种活动性游戏。它在特殊的规则限制下，以特殊的形式和方法、手段，集体地进行攻守对抗，引人入胜，从而逐步地演进成为现代竞技体育的运动项目。

　　作为游戏，其意义在于它是一项人们喜闻乐见的全民健身活动的手段，具有娱乐身心和健壮体质的功能。

　　作为竞技体育运动项目，其意义在于它是一个举世瞩目的奥运会和世界重大国际体育竞技比赛的重要项目，通过强者间的对抗与拼斗，能显示生命的活力，激励人们树立顽强的意志、勇敢的作风、集体主义精神和克服困难、自强不息去夺取胜利的信念。

　　然而现代篮球竞技运动，已由一种社会文化形态（可称之为体育文化或篮球文化）演变为一门现代体育科学的学科课程门类和一种综合艺术、一项新兴产业和国际交流工具。

　　作为文化，它的价值在于它有特殊的文学性，不断地产生发展过程中的种种有趣故事，能给人以激励和鼓舞，使人增智和受到启迪，而且常能使人记忆犹新，难以忘怀，起到以事论史、以史省事的作用。

　　作为体育科学的学科课程门类，它以全面系统的科学理论基础，不仅深层地解析篮球运动的本质，以丰富多彩的理论与实践内容融入全面综合素质教育，而且更能给人们以处世哲理的启示，开发自己的智慧，达到博知广识、活跃思维、与时俱进、提高素质的目的，并能在特殊复杂的环境下去掌握不同环境、不同时间和空间条件下追求事业成功的规律和支配规律的各种智能、技能与能力。

　　作为特殊艺术，它以独特的活动形式陶冶情操、展现自我，最形象地展示人体优美形态和心灵气质，和谐地反映人类对现代社会文明生活的创新、完善与追求。

　　20世纪80年代以后，世界篮球竞技运动已经发展成为一种新兴的现代产业。

　　作为新兴的产业经济，在国际经济全球化与"WTO"组织的深层影响下，它以自身独特的形式与功能，催化国际社会经济的发展与繁荣。

　　而现代化篮球竞技运动已在更高的层面上成为跨国度的国际交流工具，成为把各国人民广泛联系起来的纽带。

当代化的篮球运动更拓集现代科技学、教育学、人文学、社会学,以及各类自然科学等于一体,成为一门多学科交叉的多元化的新型边缘性运动和科学学科。它的内涵价值,在于它是人类社会文明进步和文化发展过程中创造并逐步完善起来的一种宝贵的精神财富,它反映现代社会人类生存活动的形式和现象。而这种形式和现象不仅通过篮球运动竞赛过程相互展开攻守拼搏,显示出人类时代多彩的活动生命力、聪颖的智慧、健美的形态、健壮的体质和高超的技能,而且还在于它在整个运动过程中能培育并折射出人们从个体到集体、从民族到国家的一种精神及社会文化心理与文明进步的层次氛围,所以篮球运动教学、训练和竞赛过程也是贯彻以人为本、提高全民综合教育素质的过程。

综观当代化的篮球优秀球队的竞技比赛,给人强烈的印象是它的整体性、凶悍性和技艺性、智谋性,既要求并显示着自身表层的高、大、健、壮、狠、准、美等形态、机能和素质水平,又要求并显示着自身内层理念上的情操、志向、意志、毅力和协作拼搏精神,更强烈要求并显示着自身深层的意识、心态、气质、灵感、韬略、哲理和文采等的智慧潜能。表层的要求与显示吸引着人们对现代篮球运动的喜爱,内层与深层的要求与显示更充分展示现代人类可以通过从事篮球运动去追求崇高的心灵境界、道德修养和无穷智慧,从而在更高的氛围上解析篮球运动的真谛。

# 第一节 篮球运动演进的哲学基础与运动规律

## 一、篮球运动的演进

19世纪中叶以后,随着欧洲产业革命的发展,引起了生产劳动技术的创新,促进了生产力的提高,随之人们的社会思想观念也逐步转变,渴望和追求新的生活方式,文明、进步、健康和富裕成为时代发展的潮流,不断引起一些具有远见卓识的教育家和社会活动家对充实、创新教育体系和社会生活内容的重视,探索健康的娱乐和体育活动对社会教育所能起到的积极强身功能的作用。于是许多属于现代体育活动范畴的各种活动性游戏应时而生,流行于世界各国,成为社会文化形态的活动形式。其中有些活动性游戏则经过实践,从理论到具体活动方式方法不断创新、完善和发展,成为现代的各种体育竞技运动项目,篮球运动便是在这种社会发展进步的大环境下,在人类追求文明、进步、健康和富裕的总要求背景下产生并逐步完善起来的。因此,可以说19世纪中叶以后是篮球及许多球类运动相继产生、交织影响和共同发展的时代(表1-1)。

现代篮球运动是由美国马萨诸塞州斯普林菲尔德市(春田市)基督教青年会干部训练学校、在加拿大出生的体育教师詹姆斯·奈史密斯(James Naismith,图1-1)于1891年发明的。他源于儿童游戏的启示,经过构思设计、无序戏试、建章完善、传播推广、立项入赛、全面普及、提高成学、创新发展和攀登飞跃9个演进历程。以演进活动形式的时间划分,可分为初创(19世纪90年代~20世纪20年代,表1-2)、完善与推

表1-1 世界各项主要竞技球类运动的起源国及起源时间

| 运动项目 | 起源国 | 起源时间 | 运动项目 | 起源国 | 起源时间 |
| --- | --- | --- | --- | --- | --- |
| 高尔夫球 | 苏格兰 | 14~15世纪 | 网球 | 英国 | 1873年 |
| 橄榄球 | 英国、美国 | 19世纪20~80年代 | 羽毛球 | 英国 | 1873年 |
| 棒球 | 美国 | 1839年 | 垒球 | 美国 | 1887年 |
| 冰球 | 加拿大 | 1858年 | 乒乓球 | 英国 | 1890年 |
| 曲棍球 | 英国 | 1861年 | 篮球 | 美国 | 1891年 |
| 足球 | 英国 | 1863年 | 排球 | 美国 | 1895年 |
| 水球 | 英国 | 1869年 | 手球 | 丹麦 | 1898年 |

图1-1 发明现代篮球运动的詹姆斯·奈史密斯

广（20世纪30~40年代）、普及与发展（20世纪50~60年代）、提高与飞跃（20世纪70~80年代）、创新与攀登（20世纪90年代至今）5个发展时期（具体内容见本书最后的附表1）。若以篮球运动演进发展的水平层次划分，则可分为浅层次知识性的娱乐游戏阶段、高层次理论与实践相结合的竞技性运动项目阶段、深层次相关学科交叉融为一体的科学学科门类阶段（即篮球运动学的形成）。

表1-2 1891—1921年期间传播的主要国家（或地区）一览表

| 传播年份 | 美洲 | 欧洲 | 亚洲 | 澳洲 | 非洲 | 传播年份 | 美洲 | 欧洲 | 亚洲 | 澳洲 | 非洲 |
| --- | --- | --- | --- | --- | --- | --- | --- | --- | --- | --- | --- |
| 1891 | 美国 | | | | | 1895 | | 英国 | 中国 | | |
| 1892 | | | | | | 1896 | 巴西 | | | | |
| 1893 | | 法国 | | | | 1897 | | 捷克 | | | |
| 1894 | | | | | | 1898 | | | 菲律宾 | | |

(续表)

| 传播年份 | 美洲 | 欧洲 | 亚洲 | 澳洲 | 非洲 | 传播年份 | 美洲 | 欧洲 | 亚洲 | 澳洲 | 非洲 |
|---|---|---|---|---|---|---|---|---|---|---|---|
| 1899 | | | | | | 1911 | 秘鲁 | | | | |
| 1900 | 加拿大 墨西哥 | | 黎巴嫩 | 澳大利亚 | | 1912 | 阿根廷 乌拉圭 | 匈牙利 | | | |
| 1901 | | | 伊朗 | | | 1913 | | 葡萄牙 | | | |
| 1902 | 波多黎各 | | | | | 1914 | | 比利时 | | | |
| 1903 | | | 韩国 | | | 1915 | 牙买加 | | 新加坡 | | |
| 1904 | | 土耳其 | | | | 1916 | | | | | |
| 1905 | | 俄罗斯 | 印度 | | | 1917 | | | 斯里兰卡 | | |
| 1906 | 古巴 | | | | | 1918 | | | | | |
| 1907 | | 意大利 | | | | 1919 | | 希腊 | | | |
| 1908 | | 波兰 瑞典 | 日本 | | | 1920 | | 罗马尼亚 | 香港 伊拉克 | 新西兰 | 埃及 |
| 1909 | | | | | | 1921 | | 西班牙 | | | |
| 1910 | | | | | | | | | | | |

  由此可见，篮球运动百年来的演进是从游戏型活动到竞技型运动，再演进到科学门类型学科。特别是自 20 世纪 30 年代以后，随着 1932 年由葡萄牙、瑞士、希腊、罗马尼亚、阿根廷、意大利、拉脱维亚和捷克斯洛伐克八国在日内瓦开会宣告国际业余篮球联合会的建立、国际间篮球比赛规则初步统一，以及男子篮球列入 1936 年第 11 届奥运会竞赛项目，篮球运动进入了现代新起点，即现代篮球竞技运动形成，从而掀起了第一次发展浪潮。

  至 20 世纪 40 年代末 50 年代初，世界男、女篮球锦标赛先后举行，美国 NBA 职业篮球联赛开始，以及 60 年代末 70 年代中期，女子篮球运动列入 1976 年第 21 届奥运会竞赛项目，篮球运动形成了世界性的大普及和大发展，竞技水平通过自身的演进实践（规则完善）和现代科学技术的渗透影响，促使技、战术得到了很大提高。至 80 年代，随着篮球运动发展进程中高度与速度的提高与加快，技术、战术的进一步创新发展，个人攻防能力的增强，拼抗性加剧，促成比赛场地扩大（长 28 米、宽 15 米）和远投 3 分球的确立，现代篮球运动迅速向科学化、国际化、大众化、社会化、技艺化和产业化道路迈进，显示出现代篮球竞技运动向高大和高空拼争发展的新特征，从而掀起了第二次发展浪潮。

  至 90 年代初美国 NBA 职业篮球运动员组成的"梦之队"进入在西班牙举行的第 25 届奥运会，进一步增强了现代篮球运动文化科技含量的人文氛围和职业化带来的商业化、产业化气息，从某种意义上促进了 21 世纪新时代篮球运动发展的新理念、新理论、新技术和新战术的诞生，由此形成现代篮球运动当代化的新特点，进而掀起了第三次发展新浪潮。

  总之，篮球运动的演进，是与政治、经济、科技、文化的发展，社会进步及文明意识的增长密不可分，并结合其自身的特征、规律、特点而有阶段、有层次地从低级到高级逐步形成，由个别国家向局部区域，再向全球发展，即可认为是一种由游戏——区域性文化活动——竞技体育项目——世界性社会文化现象——体育学学科门类——体育产业种类的演进过程，不断地创新、完善、发展成为全球性科技、文化、艺术寓于一体的特殊财富。只有认清它的特征，把握它形成的哲学理论基础和它的运动规律，才能真正掌握其本质，不断在运动实践和科学研究中作出新的正确判断，采取新的手段，推动篮球运动向更高层次发展。

## 二、篮球运动的哲学基础

篮球运动的形成是建立在辩证唯物主义的哲学理论基础上的，它自身的攻守对抗的对立与统一是篮球运动在矛盾运动中发展的最基本特征，它揭示了篮球运动内部与外部矛盾相互联系的根本内容和发展源泉。依据辩证唯物主义这一哲学观点思考并抓住篮球运动本身充满的矛盾，正确认识和处理好那些内外部环境存在的矛盾，求得相对统一，就有助于深化对篮球运动理论基础的认识，确立正确的篮球理念、观点和指导思想，并形成科学的篮球理论、篮球哲学，就能增强对篮球运动演变规律的理解和深层内涵的重新认识，从而推动篮球运动向新时期和新层次不断创新发展。

篮球运动内在矛盾多而复杂，主要表现为：

### （一）进攻与防守

篮球比赛一攻一守，周而复始。由于每一次进攻都必须在规则规定的时间内完成投篮攻击，因此，形成了参赛两队在不同赛法的比赛里（例如 20 分钟一节，分上、下半时两节，共 40 分钟；或 12 分钟一节，前后分四节，共 48 分钟）有序地轮换进攻或防守的特点。所以，每个队都力求攻守兼备，攻守平衡，这是由篮球运动本身规律所决定的。在进攻过程中进攻是矛盾的主要方面，防守是矛盾的相对次要方面，防守是潜在的；在防守过程中防守是矛盾的主要方面，进攻是矛盾的相对次要方面，进攻是潜在的。如此构成攻中有守、守中有攻的对立统一关系。而篮球规则修改的一个重要因素，就是保持攻守之间的平衡。2000 年第 27 届奥运会后比赛实行了修订后的新规定，例如：比赛由两节改为四节，每节为 10 或 12 分钟；进攻队在后场持球必须在 8 秒钟内使球进入前场，而每次进攻时间缩短为 24 秒钟；对犯规罚则和暂停次数有了新调整；并试行 3 人裁判制等等。这对进攻和防守在技术与战术创新以及教练员临场指挥等方面，都提出了新的要求，必将促进攻守同步的平衡的发展，尤其加快了比赛中整体的攻守转换速度，并促使防守能力进一步提高。

可见，进攻与防守是篮球比赛的基本形式，攻、守技、战术及与比赛规则交替制约发展是篮球运动自身互辅发展的基本特征，为此，要确立攻守平衡的篮球观点，因为进攻水平的提高，也必然会促进防守水平的进一步提高；而防守水平的提高，又反过来促进进攻水平的继续提高，它们相辅相成。实践证明，当前国际篮球强队都强调攻守平衡，攻守平衡已成为现代篮球技、战术训练构思和确定具体打法的重要理念。

### （二）速度与节奏

篮球比赛中快与"慢"通常是说篮球比赛中的速度与节奏。所谓比赛节奏，也是指在篮球比赛中，通过个人战术行动和全队的战术配合行动表现出来的一种脚步移动频率变化与运用技、战术行动转移的速率变化，即在掌握快速攻防转化的过程中，根据当时的实际情况，能快则快，需"慢"则慢，做到快"慢"结合。攻守双方在比赛过程中及时转变行动速度是比赛节奏的集中体现。能否在比赛中合理地掌握这种节奏，不仅能反映出一个球队的综合实力，而且也能反映出一名教练员在临场比赛中的指挥艺术。比赛中战术变化的关键在于行动节奏的变化，而节奏的掌握在于及时正确的决策行动和应变。一场比赛有开局、相持、主动、不利、高潮和低潮等不同情况或阶段，技、战术发挥会发生不同的变化，不同的队其打法风格也不一样，有的善打"快"，有的善打"稳"，抓住这一行动规律指挥比赛，就是要抓住战机及时应变，以节奏调整自己，以节奏调动对方，而不是被对方调动。

节奏变化主要包括移动对抗过程中变化运用技术的节奏和变化运用战术的节奏。为了争取比赛中的主动，要求队员不仅要全面熟练掌握各种移动中完成的不同行动技术，而且要善于掌握动作节奏和应用变化，利用动作的快与慢、动与静及连续与停顿的节奏变化，主动创造与对方队员的时间差、空间差和位置差。比赛中运用战术的节奏可分为进攻与防守两个过程中的两种节奏，例如：快攻中的节奏有快攻与阵地进攻衔接的节奏，阵地进攻的节奏有攻守转化节奏等；防守中的节奏，则体现在整个防守过程中及时转换一切防守行动，并抢在对方行动之前。总之，合理掌握和控制比赛节奏反映了一个球队的实力和水平。对速度的认识应是相对的，能快则快，该快则快，能稳则稳，该慢则慢，使对方按我队的速度来打。所以，比赛中实力相当的两队谁能控制节奏，谁就能掌握主动，为获取胜利创造条件。

### （三）高、矮与内、外

篮球运动被称为"巨人游戏"，是因为比赛争夺的目标在空中。为此，自20世纪30年代以来，现代篮球竞技比赛中运动员的身高就一直是决定比赛胜负的重要因素之一，如已故的20世纪50年代美国篮球巨星张伯伦，以身高和篮球技巧享誉国际篮坛，其影响被载入史册。而现役NBA优秀而年轻的中锋姚明，以2.24米的身高给NBA联赛带来了新星的光圈，也给当今中国男篮增添了与世界强队抗衡的筹码。对此，20世纪50年代后曾有将篮球比赛按身高分级进行的建议，以给予矮个儿运动员获胜的机会，让更多的人对篮球运动产生兴趣。为此，篮球竞赛规则多次修改条款，限制"巨人内线的高空优势"。至20世纪80年代比赛场地扩大和远投3分球的确立，无疑对身材处于劣势的球队是一种鼓舞，使高个儿在篮下投篮和拼抢篮板球的优势受到某些限制，让矮个儿球队可以发挥快、灵、准的优势，利用扩大的外围场地区域在运动中作战，或远投或快速突破切入，使自身内线的弱点得到弥补。所以，正确理解和处理好高与矮（内与外）的辩证关系，扬长避短，树立符合自身特点的篮球观念和建队与训练指导思想，对形成特点和发挥优势就格外重要。

### （四）观形与造势

在篮球比赛中，掌握场上战机用以造势都是从观形开始，俗话说"由形造势"。在比赛中不仅要观己形、观敌形、观胜负形，还要能视微形，即于无形中见有形。尤其是通过观察双方的比赛状态，进而思考对方教练员的想法和可能采取的对策，这是掌握比赛主动权的重要因素，也是决定本方在比赛过程中所进行的个人或整体战术打法与调度使用人员，以及采取其他应变措施的依据。因此，观战形和掌握战局变化是教练员和运动员施展策略的重要条件。教练员和运动员都要善于视微形，防突变，要预测可能突然出现的变化，因势利导，采取措施，使自己由被动变为主动，由弱势变为优势。无数强队输给弱队或是先胜后负的战例屡见不鲜，其重要原因就是强方被弱方的暂时失势所迷惑，降低了警觉性和预见能力，所以当负方孤注一掷地拼搏时，胜方从气势上就陷入被动而引起心理冲击，以致失势而败北。因此，作为教练员特别应能在无形中见到有形的内容，依形审势、因时造势、审时度势，并善于制定处理"乱"的办法，这样才能转危为安。依形造势，抓紧战机，以迅雷不及掩耳的强大气势攻击对手，逼使对手毫无招架之力，就能掌握比赛的主动去争取胜利。

### （五）强胜与弱败

运用辩证的观点分析强与弱是相对的，因为篮球比赛不仅是比技术与战术，还要比身体、心理和作风，更要比智慧。所以，一场比赛的胜负是由多种因素决定的，强与弱是可转变的。强并非一切都强，强者若傲，那么傲则懈，懈则无备，斗志松散，盲目自负、自狂就会失去忧患意识，就难以承受变化的压力，最后往往导致由强转弱。弱也并非一切都弱，弱者若不馁，面对现实兢兢业业，思想作风过硬，不惧对方，做到战略上藐视、战术上重视，善于自我造势，扬我之强而攻彼之弱，就可能转弱为强、转败为胜，这就是兵家常说的知己知彼，以弱胜强。因此，正确认识强与弱、胜与败的矛盾关系，客观地分析彼我双方的实力对比，就能充分扬己之长，避己之短，树立正确的胜负观，不论任何情况下依然保持高昂气势，适时镇静采取抑制对手的有力手段，就能取得出奇制胜或以长制胜的好效果。

### （六）质量与数量

篮球比赛的"质"是指进攻和防守的成功率，"量"是指攻防次数。一般有以下几种情况：一是次数多且成功率高，二是次数少且成功率低，三是次数多但成功率低，四是次数少但成功率高。这四种情况在比赛中具体表现为两种倾向：第一种是追求次数而忽视对成功率的要求，结果是急于进攻或盲目进行失调的防守而忽视对质量和时机的掌握，从而导致失误；第二种是过于强调成功率而忽视对次数的要求，结果是捆住自己的手脚，错过战机而同样导致失败。通常情况下应做到数量与质量并重，而质量要建立在数量的基础上。如果没有一定数量的进攻，也就很难维持进攻的优势，低数量的高质量同样会导致失败。不过这也不能绝对化，在不同的情况下，可能有时强调成功率，有时又需要强调次数。总之，质与量是一对矛盾，根据比赛中的具体情况正确处理质与量的关系，才能取得比赛的主动。

### （七）空间与地面

篮球运动的本体特征从某种意义上说是高空、高度与地面、速度的争夺，争夺的最终目的是以"准确性"决定胜负。因为篮球规则规定了运动员要围绕置空 3.05 米高的篮圈，在长 28 米、宽 15 米的球场面积内进行争夺，以求控球投篮得分，达到"百载争高下，一球定输赢"的目的。高度与速度的争夺是推动篮球运动发展的重要因素，篮球竞技运动也始终是围绕着高度、速度和准确性进行立体型全面较量而得以综合发展与提高。国际篮联每次对规则的修订，无不从控制高度、提高速度、强化技巧、激励对抗、丰富观赏的角度出发，从而不断推进篮球运动的发展。

当前世界篮球运动高度发展的趋势反映为运动员身高普遍增长，以此获得第一制空优势。就世界优秀球队身高结构而言，男队平均已超过 2 米，女队也达 1.90 米，而男队的制空高度竟达到 3.50 米左右，女队也超过了 3.05 米。另一方面是高空技术创新和高空战术配合的发展，反映在对高空优势的争夺，以及投篮、传接球、封盖、抢球、拼抢篮板球等技术运用上更趋激烈和技艺化。篮球运动地面争夺主要反映以速度争取时间（进攻次数的争夺），进攻和防守转换加快，快攻次数增多，比分增高；在阵地进攻时，人、球转移快，在不停顿的移动中完成配合以调动防守，展开全方位的地面攻击；而从攻转守时，重视采取提前追防，转变行动快，表现为主动堵截、抢断、协防、扩大防区以控制对手。总之，现代篮球比赛中既要依靠空间优势（高度），又必须具有地面优势（速度），并组合成高度与速度融为一体的立体型攻守战术，做到将空与地的争夺和谐、全面地发展，才能立于不败之地。

### （八）全面与特长

培养全面与特长兼备的队员是世界篮球运动发展的又一基本特征，拥有既掌握全面技术又具有个人特长绝招技能的明星队员的数量和质量，是反映球队实力的重要标志。其全面与特长的含义是：

1. 运动员综合素质全面，掌握技术、战术和攻守能力均衡，运用技术富有技巧性，而且在此基础上协同配合要达到技艺化的境地。

2. 在重视多元因素中的技术、身体素质、心理素质、智力与思维能力等因素提高的同时，以运动员个人技术为基础，在实战中反复磨炼而成的一种带有个性特点的技术特长——绝招，以使自己在激烈争夺和全面对抗的比赛过程中让对手难以防范和制约，形成自己的技术风格和最强杀伤本领，最终被公认为具有绝招特长的"明星"。而明星队员数量与质量的提高将促使全队的整体实力跃升到一个更全面和更高的层次，从而产生明星效应。

3. 对教练员和篮球组织管理工作者来说，应具有对以上诸多因素的综合开发与全面利用的才能，并要高度重视和善于科学地培养运动员，这是促使球队实现现代篮球科学化进程的关键，从而反映出教练员的全面才华和综合水平。

篮球运动就是在以上各点及其他诸如政治与业务、人文与文化、智能与技能、体能与能力、素质与素养等对立统一的哲学基础上，得以在实践中不断发展，从而形成了自己的运动规律、竞赛规则及技术与战术特点。

## 三、篮球运动的基本规律

篮球运动的规律是篮球运动本身固有的、个性的、本质的、必然的并相互联系的、反映篮球运动演进过程中带普通意义的某些特征与现象，这些联系着的特征、现象不断重复出现，并在一定的条件下经常起着推动篮球运动发展创新的作用。因此说篮球运动规律就是篮球运动本质的关系或本质之间的关系，或者说是篮球运动本身的若干本质关系。

### （一）集体性规律

篮球运动的集体性规律，充分体现在团队精神和协同作风，体现在球场上一切个人行动都要基于全队整体的目的与任务之中，此规律的核心体现在"集"字上，要依靠集体力量，倡导团结拼搏。这一观念与 NBA 球队略有不同，他们更注重在个人自主发挥基础上的集体行动。正因为篮球运动是一项集体性的对抗项目，所以它要求每名运动员在比赛中必须做到齐心协力，精密配合。只有把个人的技能融会于集体，集体才能为个人作最佳保障，给个人技术发挥创造更多、更好的机会。篮球运动的集体规律还体现在不仅要求比赛场上的 5 名队员协同合作，而且要求充分发挥教练员的督战才华和场下替补队员的作用，将全队作为一个整体来设计战术，制定战略。在现代高水平的篮球比赛中，速度之快、强度之大、对抗之激烈均已进入更高层次，能否充分发挥整体力量已是能否承受高强度对抗的关键。

在当今篮球运动高速度、高强度、悍对抗的比赛中，运动员运动负荷量的大小，反映着运动训练水平的高低。实践表明，除了少数球星凭借其超人的体能和技能，发挥作用突出、承受能力较强以外，绝大部分队员在一般比赛中承受能力的最佳时段是 5~8 分钟，最多不超过 10 分钟，否则会因较长时间的缺氧而导致体能下降、观察判断失准和技术运用失调。如果场上 5 名队员都出现这种情况，势必降低总体水平，在战局上处于被动。因此，教练员要充分利用篮球运动的集体规律，有目的、有针对性地调动集体的积极性，善于调配与组合所有队员，以使球队始终保持充沛的体能潜力，保障全队每名成员最充分地发挥技能，从而掌握比赛的主动权，争取比赛胜利。

### （二）对抗性规律

篮球运动的对抗性规律，体现在无论球队整体或运动员个体的意识与行为上，其根本目的都是为了采用合乎规则要求的手段（智谋、身体与技术、战术）在地面与空间制约对方。能否始终凶悍、智谋地占有地面与空间优势和是否善于将地面与空间对抗优势转化为实际效果是其关键。因为篮球运动的魅力就在于在特殊地面区域和空间位置进行短兵相接的近身攻与防，球场一切对抗行动都围绕着空间的篮圈来进行，所以树立全方位对抗的观念，以智对抗、以力对抗、以技对抗、防中寓抗、抗中求攻、守中有抗和抗中有守，已是现代篮球竞赛对抗的基本特点。例如近年来发展的空间与地面全场紧贴对手、身体主动用力的个人防守技术，一改过去有距离防守的旧观念，更重视合理运用手臂、腰、肩、腿、背等身体动作和力量，迫使对手难以施展技术特长和达到攻击目的。这种攻击性的防守技术带有明显的个人拼抗性战术行动特征，类似近身格斗一样，形成了现代篮球"以人为中心"的追击性紧逼型防守，具有强大的杀伤性和破坏力。为适应这种攻击性的防守技、战术，现代篮球进攻时也相应采取具有更强拼斗性的贴身强行进攻、强行突破、强行投篮和强行攻打篮下的技术与战术来抗衡防守队的制约，而进攻队短时瞬间快速远投和内线高大队员的强攻得分，正成为国际高水平球队激烈对抗的重要手段，使比赛的对抗拼斗更趋凶悍。

### （三）转换性规律

篮球比赛是由两个队在规则规定的时间内进行不断的转换攻守回合来完成的，每次进攻后的防守和防守后的进攻之间相互转换构成了篮球比赛的重要内容。"换"是篮球比赛的基本规律。"换"即思，"换"即动，"换"即变，"换"即换时、换位、换向、换术、换法、换人。篮球比赛中攻守转换既包括由攻转守时瞬间的行动意识、战术组织和配合方法，如由攻转守时及时阻击一传、堵截接应和快速追防、阵地布防调整等，又包括由防守获得球后的转攻，如快速一传、分散接应和推进攻击或转入阵地，一旦进攻失掉控制球权后又能快速就地展开防守。

现代篮球运动已经把进攻——攻守转换——防守和防守——守攻转换——进攻这三个不同阶段，组成一个完整的攻时与守时的密不可分的整体来进行训练，在比赛中强化转换意识并加以系统实践，从而使现代篮球运动从理论到实际训练与比赛形成进攻、防守、攻守转换这一现代篮球运动新的结构体系。

综观篮球比赛中两个队的攻守转换现象，其实质是控制球权的转换。篮球规则规定，比赛有"死球""活球"的区别及限定，因此，根据球成"死球"或成"活球"时的不同状态，攻守转换可分为"缓变"与"突变"两种类型。"缓变"是指在球成"死球"状态下发生的攻守转换，在比赛中表现为进攻队员投中篮或违例、犯规被判罚，"缓变"的特点是在客观上有缓冲的时间。"突变"是指在"活球"状态下发生攻守转换，在比赛中表现为投篮不中双方争夺篮板球或跳球、或失误后失去控球权，"突变"的特点是攻守转换极具突然性，并可带来进攻次数的增加。在比赛中充分利用一切机会，主动创造各种攻守转换的可能机会，就能争取比赛的主动权。

### （四）动态性规律

篮球运动是一项动态性的运动，动的表现是运动员在比赛中不停地移动。其一是攻守双方布阵互动，动中攻、动中守、动中及时转换，不间断地有谋略、有针对性地动，有目的、有攻击性地动，以主动的动迫使对手被动地动，以动攻守，以动守攻，反复转换动的方式与方法，调整动的意图，变化动的节奏和方向，力求主动，这是现代篮球运动的基本规律和特点。动的表现之二就是正确认识并合理处理篮球科学理论、技术与战术在动中发展的关系。篮球理论、技术与战术的关系属辩证法中内容和形式

的关系，它们都在动中发展，在动中互相制约，又在动中不断相互依赖、促进和提高，科学、创新的篮球理论是创新篮球技、战术的基础。技术是战术的内容，战术是技术的表现形式。从篮球运动的技、战术发展规律来看，理论是实践的结晶，它来自篮球实践，又指导篮球实践的创新与发展，可见它们之间是相互在动态的过程中依赖、激励、协同发展的。

其中技术决定了战术，即有什么技术，就能组合什么战术。没有先进的理论和技术，就不可能建立先进的攻防战术体系。可见，科学理论推进技术发展，技术发展又促进战术的发展。

然而在一定的条件下，战术还引导与积极影响技术的发展，并对技术提出更高的要求，从而充实和丰富了篮球理论内容。

篮球运动理论、技术、战术的动态发展大致经历了四个历史阶段：

第一阶段，站立式地运用技术，相对组合成固定的战术配合。《原始规则13条》中第3条规定进攻队员不准运球，而是在跑动中做急停接球并投篮，由于技术单一，绝大部分的技术动作都在原地进行，由此有了明确的前锋、中锋、后卫的位置分工，进而攻守战术有了较为固定的站立式打法，形成了当时的篮球理论。

第二阶段，运球技术的出现使过去站立式的固定配合改变为行进间有变化的相对不固定的配合形式。由于战术形式的改变对技术内容也提出了新要求，前锋、中锋、后卫的位置职责逐渐交叉和渗透，特别是急停跳投的出现，促使"8"字等移动进攻战术产生，其攻击性和突然性也随之加强，新的篮球理论又开始创立。

第三阶段，至20世纪50年代以后出现了在快速跑动、不断换位中运用技术和组织战术的配合形式。由于配合方法在移动中变化多样，运动员技术水平大幅提高，从而促使前锋、中锋、后卫原有的较为固定的位置职责发生了根本变化，形成了前锋、中锋、后卫的战术分位由相对的固定向相对的不固定方向发展，促进了现代篮球技、战术进一步创新与发展，提出了种种攻守新理论、新战术和新打法，各种技术风格和流派随之产生，技、战术教学和训练理论进一步得到完善和发展。例如：20世纪50年代较为广泛地应用全场紧逼人盯人防守，用以对付连续跑动进攻战术和跳投技术，进一步推动了现代"换位进攻"技、战术的发展，形成了新的战术体系特点，而它的普遍运用为现代篮球运动战术布阵的位置分工，以及运动员逐步打破传统的前锋、后卫与中锋的绝对位置分工界限观念创造了条件，使运动员的技术水平日趋全面发展，战术形式分成多种类型，打法也具有个性特点。

第四阶段，随着移动进攻战术攻击力的提高，至20世纪60~70年代中期，防守技、战术又从区域紧逼防守发展到一场比赛，甚至一个回合中多变防守战术形式的综合运用，随之防守技术中平步防守、主动用力抢位阻截和积极抢断球被视为现代篮球比赛个人对抗的一种新的防守特点。为此，同一时期又提出了"移动进攻"的理论和具体战术，并流行于全球。到20世纪80年代末，随着进攻速度的进一步提高，快攻次数增多，快攻的战术结构随之发生了机动性变化：固定的接应，传统的两三人推进，被机动的、多类型和多人数的接应替代；两三人推进被五人集约性立体型推进的多变型打法所替代。

总之，理论与实践的依赖和结合推动世界篮球运动水平的全面大提高，各种观点的前沿理论，教学与训练理论，指挥理论，技术与战术结构、原理，应用理论，科研理论，球队管理，比赛经营理论等等，以及各种技术、战术体系内容更加丰富多彩，形成了完整的现代篮球学。

### （五）统一性规律

篮球运动独特的竞赛动态特征决定了篮球运动员的身体素质、心理水平和技术、战术的不断提高与创新，同时也产生了相应的、不断变化的比赛规则给予保障和促进。因此，篮球比赛外部的多因素环境，如场地设备、媒体转播、宣传广告、观众人文氛围、裁判水平、物质保障、竞赛方式等；内环境的运动员、教练员、组织竞赛人员的职业素质、修养、篮球专项理念、技能、能力、经历与经验，以及后备队员的衔接等等，都必须高度地统一。其中更为突出的是规则与技术、战术的高度统一是篮球运动形成与发展的最重要的基本规律。国际篮球规则进行不断的修订和完善，其目的是肯定合理、正确技术、战术和相关因素的存在，促进其向前发展，并使其科学地保障人体机能的提高。没有科学的规则，就不可能形成科学的篮球运动。规则的增订与修改，在一定程度上决定着篮球运动的发展方向。

现代篮球运动已趋向于在对抗中利用规则去比身体，比技术、战术，比体能、作风，比意识、智慧，比心理素养，如果缺一或不能有机统一，就意味着教练员对篮球运动本质认识的局限，也意味着球队训练水平和实力的差距。所以，教练员和运动员头脑中应形成规则是从事篮球运动的法规的意识，要遵循法规施展技术、战术，因此说规律是准绳，竞赛是杠杆，技术是手段，战术是方法，意识是向导，心理是保障，只有掌握相互之间的辩证关系，做到有机的统一，才有基础成为一名优秀教练员和运动员。

## 第二节　世界篮球运动竞技水平的现状

由于现代篮球运动已成为一种世界性文化，遍及五大洲，至2002年底国际篮球联合会会员已达212个，全球各类形式的篮球人口已达15亿以上，成为国际体育组织中单项运动人口最多的运动项目之一，篮球先进国家的竞技水平已达技艺化境地。然而篮球运动的普及与篮球运动全球性整体水平的提高又极不平衡，从20世纪50年代以来两项世界性最高层次比赛（奥林匹克运动会篮球赛和世界篮球锦标赛）优胜名次透视，冠军宝座始终由欧洲、美洲国家轮换占据，很长一个时期以来基本形成美国、俄罗斯（原苏联）和南斯拉夫三足鼎立的态势，以国家整体水平而言，美国则居前位。

### 一、当前国际优秀球队的现状

以洲际区域剖析，美洲为现代篮球运动起始最早的区域，整体水平最高，各国打法基本相似，以技巧与特殊的身体体能条件相结合，形成以个体作战和几个人组合作战型为主体的打法，体现了高、快、准、巧，基础技术好，个体水平高，整体实力强。其中以美国队为代表，阿根廷、巴西、乌拉圭、波多黎各、加拿大、古巴和智利等国名次虽有更迭起伏，但实力均衡，是不同时期内世界性比赛前十名的抗衡对象；欧洲受美洲影响较大，普及面广，整体运动水平接近，是美洲队最大的威胁者，基本打法趋向是以粗犷、凶悍、整体型作战为主体，体现了高、狠、准，富于力量性，讲究整体实力，其中俄罗斯（原苏联）和南斯拉夫最具典型和抗衡实力，而法国、立陶宛、克罗地亚、希腊、西班牙、意大利、捷克、保加利亚、以色列等都具较高水平，在不同时期内曾分别入围世界两大赛事前八名；亚洲区除东亚外，西亚已显崛起之势，但普及面有局限，实际水平与美、欧国家相比有较大差距，在国际大赛中成绩起伏较大，相比中国男女队略占优势，但韩国、日本尚有实力与中国队抗衡，其基本打法是以作风、体质为基础的技巧和快、灵、准的整体型为主体，但受传统篮球观念和身体条件与训练水平所限，整体实力不均衡，名次不稳定；澳洲区的澳大利亚篮球运动较为普及，为该地区篮球水平较高的国家，20世纪80年代以来进步较快，具有争夺世界两大赛事前四名的实力，其基本打法类似欧洲型和美洲型的结合；非洲区篮球运动发展较滞后，普及面不广，运动水平较低，与欧美各国有明显差距，其基本打法尚未显出明显特征，但体能和个体攻击意识强，其中安哥拉、塞内加尔、尼日利亚、埃及等国正在日益普及提高，其中有些国家球队会成为与亚洲区国家抗衡的对象。

　　从最高层次的世界篮球锦标赛的战绩排名（表1-3）可以证实，男子从1950年第1届开始到2006年第15届为止，美洲区的美国队获3次冠军、3次亚军、4次季军，巴西队获2次冠军、2次亚军、2次季军，阿根廷队获1次冠军、1次亚军，智利队获1次季军。总计15届中前三名共有奖牌45块，美洲区获奖国为4个，共获19块奖牌，获奖比例达42%；欧洲区的俄罗斯（原苏联）队获3次冠军、5次亚军、2次季军，南斯拉夫队获5次冠军、3次亚军、2次季军，西班牙队获1次冠军、希腊队和克罗地亚队各获1次季军，德国队获1次季军，总计欧洲区获奖国6个，共获24块奖牌，获奖比例占53%，数量高于美洲区；而亚洲区除菲律宾队获2次季军外，其他历届都排名在第7名之外，仅1978年第8届和1994年第12届中菲律宾队和中国队分别获1次第8名，继后中国队在第9届中获第12名、第10届中获第9名、第15届中获第15名，而其他各国未能进入决赛圈。综观优势在欧、美区国家。

　　从历届世界女子篮球锦标赛前三名国家名次排列（表1-4）看，女子自1953年第1届开始到2006年第15届为止，美洲区的美国队获6次冠军、2次亚军、2次季军，巴西队获1次冠军、1次季军，智利队获1次冠军，加拿大队获2次季军，古巴队获1次季军，总计15届中前三名共有奖牌45块，美洲区获奖国5个，共获奖牌16块，获奖比例达35.5%；欧洲区的俄罗斯（原苏联）队获6次冠军、4次亚军，捷克斯洛伐克队获2次亚军、4次季军，保加利亚队获1次亚军、1次季军，南斯拉夫队获1次亚军，法国队获1次季军，总计欧洲区获奖国5个，共获奖牌21块，获奖比例达46.6%；亚洲区的韩国队获2次亚军，中国队和日本队各获1次亚军，中国队还获1次季军，获奖

表 1-3　历届世界男子篮球锦标赛前三名国家名次排列

| 时　间 | 届 | 地　点 | 第 1 名 | 第 2 名 | 第 3 名 | 备　注 |
|---|---|---|---|---|---|---|
| 1950 年 | 1 | 阿根廷 | 阿根廷 | 美　国 | 智　利 | |
| 1954 年 | 2 | 巴　西 | 美　国 | 巴　西 | 菲律宾 | |
| 1958 年 | 3 | 智　利 | 巴　西 | 美　国 | 菲律宾 | |
| 1963 年 | 4 | 巴　西 | 巴　西 | 南斯拉夫 | 苏　联 | |
| 1967 年 | 5 | 乌拉圭 | 苏　联 | 南斯拉夫 | 巴　西 | |
| 1970 年 | 6 | 南斯拉夫 | 南斯拉夫 | 巴　西 | 苏　联 | |
| 1974 年 | 7 | 波多黎各 | 苏　联 | 南斯拉夫 | 美　国 | |
| 1978 年 | 8 | 菲律宾 | 南斯拉夫 | 苏　联 | 巴　西 | 菲律宾第 8，中国第 11 |
| 1982 年 | 9 | 哥伦比亚 | 苏　联 | 美　国 | 南斯拉夫 | 中国第 12 |
| 1986 年 | 10 | 西班牙 | 美　国 | 苏　联 | 南斯拉夫 | 中国第 9 |
| 1990 年 | 11 | 阿根廷 | 南斯拉夫 | 苏　联 | 美　国 | 中国第 14 |
| 1994 年 | 12 | 加拿大 | 美　国 | 俄罗斯 | 克罗地亚 | 中国第 8 |
| 1998 年 | 13 | 希　腊 | 南斯拉夫 | 俄罗斯 | 美　国 | 中国未入围 |
| 2002 年 | 14 | 美　国 | 南斯拉夫 | 阿根廷 | 德　国 | 中国第 12 |
| 2006 年 | 15 | 日　本 | 西班牙 | 希　腊 | 美　国 | 中国第 15 |

表 1-4　历届世界女子篮球锦标赛前三名国家名次排列

| 时　间 | 届 | 地　点 | 第 1 名 | 第 2 名 | 第 3 名 | 备　注 |
|---|---|---|---|---|---|---|
| 1953 年 | 1 | 智　利 | 智　利 | 美　国 | 法　国 | |
| 1957 年 | 2 | 巴　西 | 美　国 | 苏　联 | 捷克斯洛伐克 | |
| 1959 年 | 3 | 苏　联 | 苏　联 | 保加利亚 | 捷克斯洛伐克 | 韩国第 8 |
| 1964 年 | 4 | 秘　鲁 | 苏　联 | 捷克斯洛伐克 | 保加利亚 | 韩国第 8 |
| 1967 年 | 5 | 捷克斯洛伐克 | 苏　联 | 韩　国 | 捷克斯洛伐克 | 日本第 5 |
| 1971 年 | 6 | 巴　西 | 苏　联 | 捷克斯洛伐克 | 巴　西 | 韩国第 4，日本第 5 |
| 1975 年 | 7 | 哥伦比亚 | 苏　联 | 日　本 | 捷克斯洛伐克 | 韩国第 5 |
| 1979 年 | 8 | 韩　国 | 美　国 | 韩　国 | 加拿大 | 日本第 6 |
| 1983 年 | 9 | 巴　西 | 苏　联 | 美　国 | 中　国 | 韩国第 4 |
| 1986 年 | 10 | 苏　联 | 美　国 | 苏　联 | 加拿大 | 中国第 5 |
| 1990 年 | 11 | 马来西亚 | 美　国 | 南斯拉夫 | 古　巴 | 中国第 9 |
| 1994 年 | 12 | 澳大利亚 | 巴　西 | 中　国 | 美　国 | 韩国第 10 |
| 1998 年 | 13 | 德　国 | 美　国 | 俄罗斯 | 澳大利亚 | 日本第 9，中国第 12 |
| 2002 年 | 14 | 中　国 | 美　国 | 俄罗斯 | 澳大利亚 | 韩国第 4，中国第 6 |
| 2006 年 | 15 | 巴　西 | 澳大利亚 | 俄罗斯 | 美　国 | 中国第 12 |

国 3 个，共获奖牌 5 块，获奖比例达 11%；澳洲区的澳大利亚队获 1 次冠军、2 次季军，获奖比例占 6.6%。综观女子世界锦标赛前三名名次排列，显示优势同样在欧、美区国家，但亚洲区女子队略胜于男子队名次。

从历届奥运会篮球赛获前三名国家情况透视，基本与世界锦标赛大同小异。

从表 1-5 可以看出，男子自 1936 年开始到 2004 年为止，共进行 16 次奥运会篮球赛，前三名总计奖牌 48 块，分布情况为美洲区的美国队获 12 次冠军、1 次亚军、2 次季军，阿根廷队获 1 次冠军，加拿大队获 1 次亚军，巴西队获 3 次季军，乌拉圭队获 2 次季军，墨西哥队和古巴队各获 1 次季军，获奖国 7 个，总获奖牌 24 块，获奖比例 50%；欧洲区的俄罗斯（原苏联）队获 2 次冠军、4 次亚军、3 次季军，南斯拉夫队获 1 次冠军、4 次亚军、1 次季军，法国队获 2 次亚军，意大利队获 2 次亚军，西班牙队、克罗地亚队各获 1 次亚军，立陶宛队获 3 次季军，获奖国 7 个，共获奖牌 24 块，获奖比例 50%。由此可见，奥运会篮球赛前三名也被欧、美队包揽，仅澳大利亚队在 20 世纪 80 年代后期开始的 3 次奥运会上获第 4 名，亚洲区最佳名次则是 1956 年第 16 届奥运会上菲律宾队获第 7 名，其他国家未能进入前八名。

表 1-5 历届奥运会男子篮球比赛前三名国家名次排列

| 时 间 | 届 | 地 点 | 第 1 名 | 第 2 名 | 第 3 名 | 备 注 |
|---|---|---|---|---|---|---|
| 1936 年 | 11 | 德 国 | 美 国 | 加拿大 | 墨西哥 | |
| 1948 年 | 14 | 英 国 | 美 国 | 法 国 | 巴 西 | |
| 1952 年 | 15 | 芬 兰 | 美 国 | 苏 联 | 乌拉圭 | |
| 1956 年 | 16 | 澳大利亚 | 美 国 | 苏 联 | 乌拉圭 | 菲律宾第 7 |
| 1960 年 | 17 | 意大利 | 美 国 | 苏 联 | 巴 西 | |
| 1964 年 | 18 | 日 本 | 美 国 | 苏 联 | 巴 西 | |
| 1968 年 | 19 | 墨西哥 | 美 国 | 南斯拉夫 | 苏 联 | |
| 1972 年 | 20 | 联邦德国 | 苏 联 | 美 国 | 古 巴 | |
| 1976 年 | 21 | 加拿大 | 美 国 | 南斯拉夫 | 苏 联 | |
| 1980 年 | 22 | 苏 联 | 南斯拉夫 | 意大利 | 苏 联 | |
| 1984 年 | 23 | 美 国 | 美 国 | 西班牙 | 南斯拉夫 | |
| 1988 年 | 24 | 韩 国 | 苏 联 | 南斯拉夫 | 美 国 | 澳大利亚第 4 |
| 1992 年 | 25 | 西班牙 | 美 国 | 克罗地亚 | 立陶宛 | |
| 1996 年 | 26 | 美 国 | 美 国 | 南斯拉夫 | 立陶宛 | 澳大利亚第 4，中国第 8 |
| 2000 年 | 27 | 澳大利亚 | 美 国 | 法 国 | 立陶宛 | 澳大利亚第 4，中国第 10 |
| 2004 年 | 20 | 希 腊 | 阿根廷 | 意大利 | 美 国 | 中国第 8 |

女子篮球自 1976 年第 21 届奥运会列项到 2004 年第 28 届为止，共进行 8 次奥运会篮球赛（表 1-6），前三名总计奖牌 24 块，分布情况是美洲区的美国队获 5 次冠军、1 次亚军、1 次季军，巴西队获 1 次亚军，1 次季军，获奖国 2 个，共获奖牌 9 块，获奖比例 37.5%；欧洲区俄罗斯（原苏联、独联体）队获 3 次冠军、2 次季军，保加利亚队获 1 次亚军、1 次季军，南斯拉夫队获 1 次亚军、1 次季军，获奖国 3 个，共获奖牌 9 块，获奖比例 37.5%；亚洲区中国队获 1 次亚军、1 次季军，韩国队获 1 次亚军，获奖国 2 个，共获奖牌 3 块，获奖比例 12.5%；澳洲的澳大利亚队获 2 次亚军、1 次季军，获奖国 1 个，奖牌 3 块，获奖比例 12.5%。

表 1-6  历届奥运会女子篮球比赛前三名国家名次排列

| 时 间 | 届 | 地 点 | 第 1 名 | 第 2 名 | 第 3 名 | 备 注 |
|---|---|---|---|---|---|---|
| 1976 年 | 21 | 加拿大 | 苏 联 | 美 国 | 保加利亚 | 日本第 5 |
| 1980 年 | 22 | 苏 联 | 苏 联 | 保加利亚 | 南斯拉夫 | |
| 1984 年 | 23 | 美 国 | 美 国 | 韩 国 | 中 国 | |
| 1988 年 | 24 | 韩 国 | 美 国 | 南斯拉夫 | 苏 联 | 澳大利亚第 4 |
| 1992 年 | 25 | 西班牙 | 独联体 | 中 国 | 美 国 | |
| 1996 年 | 26 | 美 国 | 美 国 | 巴 西 | 澳大利亚 | |
| 2000 年 | 27 | 澳大利亚 | 美 国 | 澳大利亚 | 巴 西 | 韩国第 4，中国未入围 |
| 2004 年 | 16 | 希 腊 | 美 国 | 澳大利亚 | 俄罗斯 | 中国第 9，日本第 10 |

综上世界两大篮球赛事名次排列，明显反映出篮球运动的优势在美洲和欧洲，其中美国男女队总计获 54 次冠军中的 26 次，获冠军次数占 48%；俄罗斯（原苏联、独联体）男女队总计获 54 次冠军中的 14 次，获冠军次数占 25.9%；南斯拉夫队共获 6 次冠军；巴西队获 3 次冠军；阿根廷队获 2 次冠军；西班牙队获 1 次冠军；智利队获 1 次冠军。另外的 54 个亚军奖牌和 54 个季军奖牌，也分别由美洲区的美国队获 7 次亚军、9 次季军，巴西队获 3 次亚军、7 次季军，智利、乌拉圭、古巴、加拿大、阿根廷等国也曾分别获得过亚军或季军，形成美洲七强；欧洲区的俄罗斯（原苏联）队（获 14 次亚军、7 次季军）、南斯拉夫队（获 9 次亚军、4 次季军），以及捷克斯洛伐克、希腊、克罗地亚、立陶宛、意大利、法国、德国等国也曾分别获得过亚军或季军，形成欧洲群雄；澳洲的澳大利亚队近年来进步明显，获得 1 次冠军、多次亚军和季军；亚洲区中国、韩国、日本、菲律宾等国的女子队也偶尔获得过亚军或季军。

综上可见，现代篮球运动中欧、美两洲具有传统优势，而澳洲队（澳大利亚、新西兰）则奋起直升。但历届奥运会和世界男子篮球锦标赛战绩表明，南斯拉夫、俄罗斯、美国仍为第一层次最强队伍前三名，他们已成为篮球运动职业球员的最大输出国，同时美国也是最有吸引力的篮球优秀人才引入国，它集世界各国球星于各职业队，篮球竞技比赛已成为美国重要的社会人文景观与体育产业，毫无疑问，美国是当今世界篮球运动的第一强国。第二、三层次强队则欧洲队居多数，如法国、克罗地亚、希腊、立陶宛、德国、西班牙、捷克斯洛伐克、意大利、以色列等实力较为接近,澳大利亚队和新西兰队也能与美洲区的巴西、阿根廷、加拿大、智利等国展开前八名抗衡。亚、非区整体水平在第三层次,女子篮球队中,个别队伍在第二层次上,亚洲区的韩国女队早先冲入世界四强行列,中国女篮曾两居亚军。进入 21 世纪以来,中国女篮进步显著,经过一个时期的特殊训练,有可能再次跃升世界大赛前四名行列。男子则少有队伍能突破前六名的排位,在第 14 届世界男子篮球锦标赛上中国队排位第 12 名,近年来中国队涌现出姚明、王治郅、巴特尔三名高大中锋被国际篮坛所注目,并于 2001 年之后分别入选美国 NBA 职业队,被誉为中国的"移动长城",无疑反映出中国的潜力。为了迎战 2004 年雅典奥运会比赛,中国篮球协会第一次引聘 NBA 球队的教练员执教中国男篮,并组建了不同层次的国家级梯队。中国男篮积极备战,向世界前 8 名排位冲击。

附:中国队参加历届亚运会与亚洲锦标赛成绩表(表 1-7~表 1-10)。

表 1-7　中国男篮参加历届亚运会比赛成绩

| 时　间 | 届 | 地点 | 第 1 名 | 第 2 名 | 第 3 名 |
|---|---|---|---|---|---|
| 1974 年 | 7 | 伊朗 | 以色列 | 韩国 | 中国 |
| 1978 年 | 8 | 泰国 | 中国 | 韩国 | 朝鲜 |
| 1982 年 | 9 | 印度 | 韩国 | 中国 | 日本 |
| 1986 年 | 10 | 韩国 | 中国 | 韩国 | 菲律宾 |
| 1990 年 | 11 | 中国 | 中国 | 菲律宾 | 韩国 |
| 1994 年 | 12 | 日本 | 中国 | 韩国 | 日本 |
| 1998 年 | 13 | 泰国 | 中国 | 韩国 | 菲律宾 |
| 2002 年 | 14 | 韩国 | 韩国 | 中国 | 哈萨克斯坦 |
| 2006 年 | 15 | 卡塔尔 | 中国 | 卡塔尔 | 伊朗 |

表 1-8　中国女篮参加历届亚运会比赛成绩

| 时　间 | 届 | 地点 | 第 1 名 | 第 2 名 | 第 3 名 |
|---|---|---|---|---|---|
| 1974 年 | 7 | 伊朗 | 日本 | 韩国 | 中国 |
| 1978 年 | 8 | 泰国 | 韩国 | 中国 | 日本 |
| 1982 年 | 9 | 印度 | 中国 | 韩国 | 日本 |
| 1986 年 | 10 | 韩国 | 中国 | 韩国 | 日本 |
| 1990 年 | 11 | 中国 | 中国 | 韩国 | 中国台北 |
| 1994 年 | 12 | 日本 | 韩国 | 日本 | 中国 |
| 1998 年 | 13 | 泰国 | 日本 | 中国 | 韩国 |
| 2002 年 | 14 | 韩国 | 中国 | 韩国 | 中国台北 |
| 2006 年 | 15 | 卡塔尔 | 中国 | 中国台北 | 日本 |

表1-9 中国男篮参加历届亚锦赛比赛成绩

| 时间 | 届 | 地点 | 第1名 | 第2名 | 第3名 |
| --- | --- | --- | --- | --- | --- |
| 1975年 | 8 | 泰国 | 中国 | 日本 | 韩国 |
| 1977年 | 9 | 马来西亚 | 中国 | 韩国 | 日本 |
| 1979年 | 10 | 日本 | 中国 | 日本 | 韩国 |
| 1981年 | 11 | 印度 | 中国 | 韩国 | 日本 |
| 1983年 | 12 | 中国还香港 | 中国 | 日本 | 韩国 |
| 1985年 | 13 | 马来西亚 | 菲律宾 | 韩国 | 中国 |
| 1987年 | 14 | 泰国 | 中国 | 韩国 | 日本 |
| 1989年 | 15 | 中国 | 中国 | 韩国 | 中国台北 |
| 1991年 | 16 | 日本 | 中国 | 韩国 | 日本 |
| 1993年 | 17 | 印度尼西亚 | 中国 | 朝鲜 | 韩国 |
| 1995年 | 18 | 韩国 | 中国 | 韩国 | 日本 |
| 1997年 | 19 | 沙特阿拉伯 | 韩国 | 日本 | 中国 |
| 1999年 | 20 | 日本 | 中国 | 韩国 | 沙特阿拉伯 |
| 2001年 | 21 | 中国 | 中国 | 黎巴嫩 | 韩国 |
| 2003年 | 22 | 中国 | 中国 | 韩国 | 卡塔尔 |
| 2005年 | 23 | 中国 | 中国 | 黎巴嫩 | 卡塔尔 |
| 2007年 | 24 | 日本 | 伊朗 | 黎巴嫩 | 韩国 |

表1-10 中国女篮参加历届亚锦赛比赛成绩

| 时间 | 届 | 地点 | 第1名 | 第2名 | 第3名 |
| --- | --- | --- | --- | --- | --- |
| 1976年 | 6 | 中国香港 | 中国 | 韩国 | 日本 |
| 1978年 | 7 | 马来西亚 | 韩国 | 中国 | 日本 |
| 1980年 | 8 | 中国香港 | 韩国 | 中国 | 日本 |
| 1982年 | 9 | 日本 | 韩国 | 中国 | 日本 |
| 1984年 | 10 | 中国 | 韩国 | 中国 | 日本 |
| 1986年 | 11 | 马来西亚 | 中国 | 韩国 | 中国台北 |
| 1988年 | 12 | 中国香港 | 韩国 | 日本 | 中国台北 |
| 1990年 | 13 | 新加坡 | 中国 | 韩国 | 日本 |
| 1992年 | 14 | 韩国 | 中国 | 韩国 | 日本 |
| 1994年 | 15 | 日本 | 中国 | 韩国 | 日本 |
| 1995年 | 16 | 日本 | 中国 | 韩国 | 日本 |
| 1997年 | 17 | 泰国 | 韩国 | 日本 | 中国 |
| 1999年 | 18 | 日本 | 韩国 | 日本 | 中国台北 |
| 2001年 | 19 | 泰国 | 中国 | 日本 | 韩国 |
| 2004年 | 20 | 日本 | 中国 | 日本 | 韩国 |
| 2005年 | 21 | 中国 | 中国 | 韩国 | 中国台北 |
| 2007年 | 22 | 韩国 | 韩国 | 中国 | 日本 |

## 二、美、欧篮球强队制胜的要素

（一）篮球运动或起始早，或普及面广，篮球人口多，已形成一种较高氛围的传统社会文化，特别是他们的篮球主管部门和篮球专家注重根据篮球运动发展提高的基本规律是抓基础，从娃娃抓起，在青少年和学校中活动形式多，人才选拔、训练和竞赛组织已较科学而稳定，并达到网络化程度，因此，运动基础好，后备队伍数量多，选材余地大、渠道有规律（大、中学校），基础训练扎实、规范。

（二）一定意义上其民族特征和身体遗传基因适项，以及受传统文化、社会风俗和人们的个性、爱好、生活特点的影响，有良好的社会篮球人文氛围。

（三）篮球运动社会化管理体制以及训练体制、竞赛制度有助于培养与发掘人才。特别是篮球职业化起步早、进程快，篮球产业化、商业化气息浓，运动队伍保障条件有助于吸引人才和稳定队伍。

（四）优秀篮球竞技人才资源丰富，高水平队伍多，技术、战术与打法各具特色，国际级球队与球星多，而且实力均衡，特别重视运动员的运动年龄结构，非常珍惜具有国际大赛丰富经验的 25～35 岁的运动员的使用，认为这一运动年龄段是篮球运动员的黄金时期，这一观念与我们的传统观念形成鲜明的反差。加之欧美地区大型竞赛活动频繁，相互观摩交流机会多，实战中磨炼进步快，因此，大赛的心理承受能力和技、战术适应性强。

（五）有高水平的篮球教练员队伍群体和裁判员群体，他们总体上职业道德和敬业精神普遍强，都能把握本项目的运动规律，树有自己的篮球观点，形成自己的篮球理念和篮球理论，并上升为各自独特的篮球哲学。尤其对现代篮球深层特征和趋势认识深刻，日常训练、管理及赛场指挥督战自如，心理素质与修养平稳，并形成较有个性特点的训练和管理的实施体系，从而使球队有特点，成员有特长，明星球员的篮球个性思维与技能能力突出。

（六）立足科学化训练，普遍重视运动员的体能选择和机能质量训练与评定，特别重视意识、心理、技术、战术的基础训练及其相互结合的实战训练，尤其格外重视高大队员的选择与培养，例如体能训练中的爆发性速度、力量训练和用智慧、身体与力量、技巧进行结合性对抗意识训练，形成各强队都拥有数名高、大、壮、悍、强的内线中锋和快、准、巧、特（特长），善于用智慧与谋略比赛的明星球员，体现着各自的个体与整体的作战风格。

## 三、世界强队必备的条件

世界级强队必备的综合条件：

（一）高水平教练员的数量与训练质量保障。即各强队应拥有 2～3 名同心协力、司职不同、互补性强、有较丰富的世界大赛实战经历和督战经验的高水平教练员做率军之帅。多数教练员应具有高层次文化、科技、教育修养和篮球职业道德素质，具有自强、坚毅、挚爱和敬业精神，训练中能把握现代篮球运动发展的前沿趋势，有渊博的篮球智慧，形成自己的篮球观点和理论体系，有严格而科学的训练与符合实际的管理技能能力以及运筹多谋的指挥才干。有为的教练员能自觉地加强修养，力求做到有争先目标和理想、自信而不骄横、严厉而不苛刻、威武不失文雅、奖惩不丧原则、胜负能持常态、果断又量实际、责己严于责人，以这种个性和人格魅力团结人、吸引人、凝聚人、激励人，从而使队伍保持长盛的团队精神。

（二）篮球后备人才资源保障。即拥有庞大的身体条件适项的运动员后备人才的数量与质量的保障。他们应具有较高文化教育程度，悟性较强，挚爱篮球事业，敬业不懈，自觉刻苦训练。身体形态、体能、机能潜力好，全队整体平均身高应始终保持2.05米左右（其中2.05～2.10米队员应不少于4～5名、2.10～2.20米以上特高大中锋队员不少于2～3名），而且全面技术与位置技术各显个性优势。其中是否具有特殊的高大中锋是能否进入世界强队的重要保障。

（三）绝招与特技球星保障。重视充分发挥和调动运动员个体特长，既重视个人攻守技术全面，又重视在全面中培养特长，特别重视培养能稳定战局的场上核心队员及绝招式明星队员，拥有多点强攻神投手、多区强守手的数量与质量保障。

（四）战术风格与特点保障。全队整体攻守打法有特点、有章法、有变化，形成使对手难以制约的自强自立的特殊技能本领（技术特点、战术风格），并有特殊运动意识、特殊顽强拼搏作风作保障。

（五）实战训练与大型竞赛保障。训练强调实战对抗，同时不间断地参加与世界强队的对抗，从而具有丰富的大赛经验和稳定的大赛心理素质及适应高强度对抗的生理机能、体能素质基础。

（六）社会组织与经费保障。即有利于促进篮球运动提高发展的对应性社会保障体系，包括国家和地区性篮球运动层次性管理体制、训练竞赛制度、后备队伍和教练员队伍培养系统及其与国际接轨的完备的相关人寿保险、俱乐部组织制度保障和财源经费保障。

（七）科研与医务、生活保障。有健全的篮球科研设施和相关的科研及医务监督、营养调配、体能恢复等人力资源与物质资源保障。

（八）其他保障。国际、国内大赛过程中不可预测的各种综合保障。

## 第三节　21世纪世界篮球运动的发展趋势

20世纪90年代以来，是现代篮球运动面向21世纪创新飞跃和进入攀高发展的新时期，即现代篮球运动当代化时期，也预示着21世纪世界男、女篮球运动都将进一步在世界范围内普及、发展、创新、提高，运动员的技术、战术、身体、体能条件与要求（特别是世界女子篮球运动将进一步向男子化方向发展），向篮球运动本体专项特征靠拢，规则将围绕"智、高、壮、快、准、悍、全、特、巧、变"进一步完善与补充，从而激励攻守技术和战术的不断同步创新与发展，推动攻守对抗的瞬时性、凶悍性、准确性、技巧性的全面提高和拼争强度更加激烈，竞赛更具魅力。为此，21世纪世界篮球运动总体上将依然是"巨人"群体智慧、意识、形态、个性、修养、体能、技能、能力等多因素综合实力的搏斗与较量，攻守全面兼顾，个体与群体融合，高度与速度并驱，体能、作风、智慧与对抗意识和对抗技能的高度统一，教练员与球星的有机相辅，即带着创新意识，沿着"智博谋高、身高体壮、凶悍顽强、积极快速、机敏多变、全面准确"的同一个方向和不同流派、风格及多种多样打法方向发展，形成百花齐放的景色。这将成为新世纪篮球运动发展的主旋律。

然而认识与把握篮球运动趋势与潮流的前提，是基于对篮球运动本质特征、规律的真正理解和认识，以及对当今世界篮球运动最高水平现状的客观了解和掌握。美国、南斯拉夫、俄罗斯等世界篮球强队之所以能始终处于世界最高水平，其根本的原因之一，就是能深刻认识和掌握篮球运动的专项特征及基本规律，认为篮球运动主要特征就是在凶悍的对抗中将球准确地投进高空中的篮圈，而且是在特定时间限制的对抗拼搏条件下进行的。因此，必须抓住"高"字，突出"准"字，强调"悍"字，重视"对抗"二字，并围绕着"高""准""悍""对抗"（即拼搏）这几个字，深加研究，确立理论观点，制定训练指导思想，从而引申出进攻要"快"，拼斗要"悍"，技术要"全"，战术要"精"，打法要"变"，队伍有"星"，身材要"高"，体能要"强"，球场上的一切行动要"准"，始终倡导要高、高、高，快、快、快，准、准、准，悍、悍、悍。以上观念和观点就是从篮球运动自身特征和运动实践总结出来的篮球理论，这在参加世界两大赛事和美国NBA职业篮球联赛的球队中得到最充分的反映，如：技艺高，说明运动员基本功扎实，能不断创新和派生出新技术，并能将拼斗意识与攻击性、个体特殊性技术有机结合，针对变化能用智慧打球；身体形态高又壮，反映要合理运用身体和意志凶悍拼斗，重视制空优势和立体作战；个人攻防能力强，反映个体技术全面扎实，特别重视技术明星和核心队员的培养；比分高，反映要重视攻防转化的速度和节奏中提高进攻数量，突出提高投篮质量，而且自己进攻时所运用的技、战术环节都要准确，特别重视每名运动员外围3分投篮要准，变化要多，反映要掌握时机和运用战机变化的多种战术手段，并从实际出发，在比赛中重视计谋和策略，在变中求主动。全面反映球队整体身体、技术、战术、素养、智商等综合结构与实战的水平和竞赛能力要强、要高。

总之，21世纪无论男子和女子篮球运动都将继续沿着一个共同发展方向（智博谋深、身高体壮、凶悍顽强、积极快速、机敏多变、全面准确）、不同流派与风格、五彩缤纷的打法创新飞跃。充分体现智勇、高壮、全特、快巧、精准、多变。高智慧、高身材、高体能、高速度、高强度、高技术、高比分将仍是新世纪高水平球队比赛的特点，呈现出智在充实、狠在凶悍、高在制空、快在敏捷、特在绝招、全在拓宽、巧在技艺、准在提高、精在扎实、变在机动，它们的外延和内涵都将更加丰富，体现出21世纪新时代的世界篮球运动的新特征。

## 一、强调智谋

即要求运动员、教练员掌握科学文化，形成个性化的独特篮球智慧。

篮球运动是科学的智慧性运动项目，也是体育科学中的一门学科课程。篮球运动过程充满着哲理，充满着矛盾和矛盾的相互转化，因此，认识与解决矛盾就要靠知识，靠智慧，有谋略，有方法，善于预测，善于应变。两强相遇，智勇结合者胜。如果说足球运动能体现勇和猛的话，那么篮球运动则更能体现出勇中寓智、猛中显巧。这里，智则是基础，勇则是手段，有谋有略、智勇双全才能化险为夷，克敌制胜。所以说篮球运动是一项智慧运动，善于打篮球，用头脑打球，用意识打球，用灵感打球，已成为世界优秀运动员的必由之路。只有用头脑、用意识打球才会使自己更充分显示出独特的运动才华，变得更聪明。张伯伦、约翰逊、乔丹等世界优秀运动员之所以能在不同时期将自己的技艺在激烈复杂的球场上表现得淋漓尽致，不仅在于他们有出众的身体和技术，而且在于他们有文化、有智慧、有个人作战的谋略，使其在任何复杂情况下都能沉着、镇静、应时变化自己既定的设想和方法，而且善于将自己的谋略与高超的技艺结合起来调动对方，在任何困难环境下最终达到预定的目的，使人感到他们用智慧打球，打聪明球，显示出他们的人格魅力和技艺风格。面对现代篮球运动近身的激烈凶悍拼搏，有胆识，有智慧，有技艺，动脑子，善思考，是现代优秀篮球运动员不断超越自我、充实自我的必然途径，也是世界优秀篮球强队综合智能结构提高的必然趋势。

## 二、强调凶悍

即强调具有顽强的拼搏逞雄作风与风格。

21世纪篮球运动攻守对抗的凶悍拼斗性更趋激烈，矛盾的主要方面首先是有胆识、有毅力和有勇气的进攻，"技高人胆大，胆大技更高"，因为只有进攻中敢于和善于拼斗才能得分，得分的多少决定比赛的胜负，所以自篮球运动立规以来，传统地倡导勇敢进攻，强调大胆投篮，是无可非议的。为此，随着进攻意识的普遍增强，在世界范围内不断围绕强化进攻创新发展了许多进攻理论、技术与战术，并由此不断改变组建球队的人员配置，形成现代篮球比赛智、高、快、准、全、狠、变的普遍特点。随着拼斗性进攻的这一发展走向，必然相辅相成地刺激各国教练员同时考虑到防守的技术、战术创新和提倡拼斗精神，普遍把运动员强悍作风反映在整体与个体防守拼斗能力的提高和控制篮板球拼斗能力强弱上，将其视为衡量整体实力强弱和能否获得全局优势的标志，并对应地变革和创新了种种拼斗性防守技术与战术，如提倡运用平步追防，身体主动用力抢位、堵截与积极错位抢断的个人防守技术，防守中不断采用综合防守战术制约对手，从而使现代篮球比赛类似战争中短兵格斗，增强了专项竞技魅力和观赏的文化、教育价值。拼斗性观念的确立，促使国际篮坛一时呈现出呼唤"拼斗、拼斗" "防守、防守" "篮板球、篮板球"的意识与行动。现代篮球比赛防守过程的主动性、凶悍性、力量性和破坏性更日趋激烈，防守的个人技、战术与技能能力及整体配合的创新发展在加速。首先是防守理论观点创新，意识加强，提出了"进攻好能得分赢球，而同时防守好才能获冠军"的防守新观点。为此，以强壮的体魄、正确的动机、符实的信念和坚韧的毅力、凶悍的作风为基础

的个人防守技术与能力的训练更为重视；其次是防守战术阵势综合多变，普遍以抢断球、封盖球和抢篮板球为重点组建杀伤力强的凶悍性防守战术配合，形成控内（控制篮下地面与空间）、堵外（以身体为墙扩大防区），促使无球队员不能随意向篮下和有球区穿插反跑或挡插，以求将其挤离有球区和球篮，切断进攻点、面、线的联系，伺机抢断、追截，对有球队员全力凶悍追击，近身平步扩展地面防守位置区域，积极判断进攻意图，身体主动用力，凶狠封、逼、盖、追，终止其投篮、传球、运球行动方位，破坏其设想中的攻击目的；第三是在重视防守的个人能力提高的同时，还普遍十分重视防守策略和防守整体协同配合，最大的变化是由攻转守速度加快，当前场抢篮板球失机后，对获球的进攻者的行动限制意识与干扰行动加强，进入阵地防守时则全力追防对方的核心进攻组织者，并以卡两侧、堵中路打乱其正常落位布阵，逼使其进攻速度减缓，进攻区域外移，一旦局部防守失利、失机，则整体或临近防守收缩，及时调整变化防守阵形，力求每一次防守协同行动都能做到机动性高、破坏性大、杀伤力强。总之，谁能凶悍顽强地拼争防守和取得篮板球的主动权，谁就能掌握比赛全面的主动。

比赛实践显示，现代篮球精神上的凶悍拼斗意识对于转变传统竞技比赛观念和扎实掌握实战本领更显重要，以此为基础强化培养训练具有现代篮球对抗意识和掌握拼斗的本领（技术、战术），才能适应现代篮球近身凶悍格斗的发展趋势。正由于进攻拼斗能力提高，所带来的防守拼斗观念与技、战术的变化，使当代化的篮球竞技比赛对抗拼斗更为凶悍激烈，从而形成优秀球星们的职业修养 + 人格魅力 + 篮球理念 + 攻守意识 + 凶悍意志 + 体能力量 + 技能特艺 + 智慧谋略等多元化的成才体系。为此，重视提高拼斗意识和拼斗意志的教育与训练水平，创新攻守技术、战术手段，将成为教练员思考的新课题。

### 三、强调高度

即普遍重视运动员自然高度和提高制空能力。

"无高不篮球"，21世纪的现代篮球竞技比赛无可非议地将继续是巨人群体展开的大拼搏，要求以身高、体重、壮悍、力量和技巧去制空，这是篮球运动竞赛形式本质特征所决定的；不高无优势，已是篮球比赛的客观事实。但高的内涵不仅仅停留在运动员身体形态高度上，而是随着空间争夺的激烈冲撞，要求高大运动员高中有壮（强悍、有体重、有力量），壮中有巧（灵活机敏、有智慧），高、壮、快、巧、准结合为一体，这正是世界优秀高大运动员的特点。由此，高智慧、高形态、高速度、高体能、高强度、高空配合、高比分也成为现代篮球竞技的基本表现形式。

现代篮球运动高的具体表现为：

（一）国内外强队普遍重视球队整体平均身高的增长。世界男子强队平均身高稳定在 2.05 米左右，中锋队员保持在 2.10~2.20 米，超高度的中锋队员达 2.20~2.30 米，全队 2 米以上的队员通常保持 6~8 名；女子队平均身高稳定在 1.90 米左右，中锋队员保持在 1.90~2.00 米，全队 1.90 米以上的队员通常保持 4~6 名。因而形成得高水平的高中锋即"得天下"的论点被实践认可。

（二）在重视运动员自然身高增长的基础上，普遍重视战斗作风、凶悍精神的培育和运动员制空能力的提高，强化力量和弹跳能力的增长，以使自己的攻守都处于制空的优势状态。因此，随着高大运动员的大量增多，制空能力提高，空间拼斗更为激烈，防守时空间封盖与拼抢、进攻时立体型的空间配合和超高度的不同角度的技巧性扣篮，使现代篮球运动绚丽多彩，充实了现代篮球运动的技术和战术内容。

（三）普遍重视高大运动员综合性、多元化的特殊训练。一方面强化高、壮（体重与力量）、快、巧（灵活性）体能素质训练，以适应高空拼斗，扩大立体性空间与地面拼斗的范围；另一方面重视高大运动员力量、弹跳、速度和个人技能与能力个性特点的培养，以提高他们在本队基本战术打法中的适应性和机动应变的需要。

由于现代篮球运动对抗范围已扩大到整个球场的各个区域和空间，攻守转化过程的行为都在高快移动中进行，而且位置瞬时变化，所以许多优秀教练员都强调既要重视高大运动员个体技艺特长训练，又要十分重视个体意识和体能全面训练，使他们内外结合，高矮相比无绝对差异，高个子能做小个子的动作，能里能外进行攻防，能快能缓适应战术调整。这一篮球本体特性的训练思想、训练观念在21世纪国际重大比赛中将成为一种趋势。

## 四、强调准确

即以投篮准确展演技艺、拼争胜负依靠准确的意识进一步增强。

投篮准是篮球运动攻守对抗的核心和目的，是制胜的第一要素，国际大赛高比分的形成就在于投篮的准确性。我国著名书法家欧阳中石为篮球运动诞生一百周年的题词中写道："百载争高下，一球定输赢"。可见作为一位文人对篮球真谛的理解。这一分的胜负包括无数的准字内容：一是表现为3分球投手多，命中率普遍提高，投距远，投点广；二是攻守转换快，特别是进攻速度加快、次数增多，投篮机会增多，远、中、近都布有强投攻击手；三是十分重视投篮基本功训练，即要求投篮技术方法不单一、能变化，更要求动作扎实、正确和规范，而且要求在训练中对抗条件下投篮的高数量和高质量（据资料显示，世界强队每天要求运动员在对抗条件下进行投篮训练，一般在6.50米外区域的不同角度定时定量投进500～600个球，这意味着每名运动员一天要投1000～1500次，而在投进的500个球中的命中率要达到55%～70%，以此保障在正式比赛中全队整体投篮命中率在45%～50%，全队场次总得分不少于90分）。故世界优秀篮球队都培育出了一批优秀投篮手，他们掌握的投篮技术已达到艺术化的水平，普遍具有在对抗条件下投篮方式多、变化多、机会多、区点多、出手点高、心态稳、投速快、突然性强和命中率指数大的特点，任何一个球队拥有这样的投篮明星运动员多，就标志着该队伍的整体实力强。

现代篮球运动除以投篮准作为"准"字要求的基点外，还要求掌握个体动作既规范又准确，扩大"准"的全面要求，例如运用技术时机的准确性高，转换技术、战术判断时间的准确性高，特别是外围3分球投篮命中率提高。远、中、近多点，多面投篮相呼应，已成为战术变化的基础和转危为安、反败为胜的主要手段。

## 五、强调速度

即普遍重视以速度争取时间并把握节奏、控制主动。

既强调提高整体攻守阶段速度，更强调有节奏地加快攻守转换速度，从而快攻反击次数增多，快攻得分率提高。特别是普遍重视提高高大队员参与快攻的全面意识和速度，在高速度、高强度中对抗拼搏，在高速度下转换技术与战术，在高速度、高强度对抗中保持较高的投篮命中率，以速度争取主动，以争取时间来控制空间，赢得胜利，这些已是现代篮球比赛对抗的又一特点和趋势。

总之，随着篮球规则不断对进攻时间进行限制，进攻必须提高速度，因而无论进攻与防守的地面制约以及制空高度、制空能力都将继续增长，势必对攻守转换提出更严格的时间要求。对此，世界篮球运动必然会全方位地提高快的意识，革新在快速运动中运用新的技、战术的手段与行动要求。例如：美国 NBA 球队和其他世界强队在转入进攻阶段时，通常以 4~6 秒钟的时间将球推至前场，至前场后以 3~5 次过渡性或战术性传球（运球）即捕捉时机投篮结束攻击，总计平均一次攻击约 20 秒钟的时间。据统计，NBA 球赛从在前场的迂回捕捉时机到进攻结束，所耗时间为 10~15 秒钟，而在很多情况下，由后场快速推至前场，乘对方立足未稳之机便准确投篮结束进攻。像这样在高速度下的反复攻击成功，必然造成高强度和高比分的出现。这一趋势也必将在 21 世纪使得比赛规则对进攻时间的限制提出更高的要求，促使运动员更加增强快的意识，提高运用技术和转换技术的速率，强化攻守转换的整体速度，快攻将进一步发展，阵地进攻将进一步精炼而有实效，个人投篮强攻能力将进一步提高，比赛也将随之进一步紧张激烈。这一趋势不仅适用于制空属劣势的球队，而且制空有优势的球队也将更为重视提高速度，使高度与速度结合得更完美，促进当代篮球运动向更高层次攀登。

## 六、强调全面

即要求在提高全面素质与能力的基础上有特长，拥有全面多能性明星队员。

随着世界篮球运动对抗强度进一步发展，各国普遍重视运动员个体与球队整体的全面素质、素养和技能能力综合化、多样化的全面提高，具体显示为：

（一）球队成员整体的社会文化氛围浓厚。世界强队的队员都具有较全面的文化基础知识，他们对现代篮球运动有较正确而深刻的理性认识，科学知识的熏陶与渗透使他们的思维、想像、观察、判断、决策和对新事物的接受力、承受力大大加强，而且敬业、拼搏、奋进精神突出。

（二）重视体能素质水平的全面提高。特别重视每名运动员制空高度和意识的提高，同时又重视其他专项身体体能如体重、力量、速度、灵活性、反应力、心理承受力等的提高，尤其是拼抢力量和快速爆发力量的提高，认为这是衡量其体能训练水平高低与能力强弱的标志，从而使许多特高大运动员达到既高又壮、又悍、又捷、又敏的要求。

（三）掌握与运用全面而具有杀伤力的攻守技术进行比赛对抗意识强。当今世界篮球运动的一个重要发展趋势是运动员重视对抗、敢于对抗、善于对抗，主动争取对抗的意识十分强烈，在普遍重视进攻对抗的同时，十分重视防守中和抢篮板球时的对抗。认为防守是基础，进攻是根本，要求全队攻守平衡，做到攻得准、守得牢。而且要求每名优秀运动员攻守技术全面，做到能攻善防。21世纪以来，国际篮球界则更呼唤重视防守，以适应规则的变化，不断呼唤防守、防守，篮板球、篮板球，抢断、抢断，封盖、封盖，以至提出了"进攻能赢一场球，而防守能获冠军"的理念。

（四）全面扎实掌握手、脚、腰、眼的基本功。这是全面型运动员在对抗中运用与应变技术和组合战术的基础，是促使自己不断在实战中提炼创新、变异发展，从而形成自己技术特长绝招和个人技术风格及特殊的技艺，是培养成突出球星的保障。例如：NBA前公牛队球星乔丹的全面素质、绝伦的球技、独特的跨步仰身时间差的跳起投篮；皮蓬的防守、抢断，有计谋的技巧性的助攻；罗德曼的制空抢篮板球能力；奥尼尔的篮下强攻；马龙的大刀阔斧的攻防和凶悍拼杀；哈达威、坎普的智谋性的转换速度；斯托克顿的场上指挥组织能力等个人特技，被观众誉为一个时期NBA不同类型球队的篮球"技师"，成为篮球爱好者追捧的球星偶像。20世纪50年代我国优秀运动员钱澄海的助攻传球、杨伯镛的跳接晃身交叉步突破左手跳投和底线上篮，以及70年代中国女篮队员宋晓波的巧打、丛学娣的3分远投，90年代至21世纪初期中国男篮队员孙军的全面技术、胡卫东的3分球和刘玉栋的中投与强攻，以及姚明、王治郅、巴特尔的篮下攻防，都具有技艺化的水准，形成本队进攻战术的主要攻击核心。

所以，全面素质、全面技术的提高和拥有球星数量的多少与质量层次的高低，是球队实力对比的标志，而培养全面的球星和具有特殊技艺的球星，已成为现代篮球运动制胜的必需。俗话说"千军易得，一将难求"，其内涵道理也在于此。

## 七、强调多变

即要求战术阵势机动化、应变多样化、攻守配合实效化。

战术的选择与组织都强调针对性，力求扬长避短，与本队和对手实际以及世界篮球发展趋势和攻守过程中的时间观念、空间意识结合，普遍重视一个"快"字，突出一个"精"字，立足一个"变"字，达到一个"准"字，即在最短的时间、最快的速度下变化、组合最强的战斗力，取得最佳的效果。因此，世界高水平球队的比赛布阵落位迅速，阵势不一，都力求在对手防守阵势尚未成形之时展开全面攻击，并在攻击时随机应变。由此，攻守转换进一步加快，变化进一步莫测，加之由于世界强队普遍重视对防守杀伤力的研究和技、战术的创新发展，防守区域较前扩大，防守变化中的攻击性和破坏性普遍提高，促使世界强队革新过去传统的机械性战术分位组织的整体套路模式的打法,强调在运动中伺机变化,在局部区域采用以两三个人参与为主体的机动配合。如:个人伺机突破、投篮,或两个人之间的掩护、策应投篮,以及三个人之间的挡拆三角进攻配合等;防守战术则向以人为主的集约性、综合性的凶悍而破坏力强的整体型方式发展。据世界大赛的统计,实力相当的男子队每场比赛各队进攻次数平均在 120 次左右,其中 60%左右是个人变化攻击和运用两三个人变换配合结束攻击,得分占全队总得分的 60%~65%,罚球得分占 20%~25%,其他快攻和整体型的阵地配合得分占 15%~20%;而我国甲 A 职业联赛的现状也与世界篮球运动现状发展的趋势相似,其中八一队更为明显。由于个人战术变化攻击能力提高,得分能力加强,两三个人之间的战术组织既机动又简便快速,便于应变,因此攻击的威胁性强,成功率高。《宋史·岳飞传》中有"阵而后战,兵法之常,运用之妙,存乎一心"之言,可见攻守过程无阵不战,然而运用阵势要无套化,要善于变化,有明确的针对性,要有利于发扬整体和运动员个人特长。

美国 NBA 公牛队前教练员菲尔·杰克逊的布阵独到之处,就在于他能巧妙地把队员个体与整体阵形、局部与全局进行综合构思,力求攻守战术组织有层次,并成体系、求平衡。例如:进攻时公牛队通常以"1—2—2"或"2—2—1"阵势落位后,五人移动跑位,最终形成由乔丹、皮蓬、罗德曼三点为支点的三角进攻法,并随着形势的变化而形成乔丹与其他点的另一种三角进攻配合;防守时公牛队通常运用被人称为"五人太极形"的布阵,轮换紧迫对方主攻手,严密限制对手整体行动方位,力拼前后场篮板球,从而使对方的球星无可奈何,导致其全队进攻部署在公牛队的防守体系面前解体,从而保障公牛王朝的业绩。

总之,当代化的篮球运动在战术指导思想上既不能忽视传统的整体行动,又要更重视个体和两三人的作战组合,战术配合力求简练、快速、机动、多变、杀伤力强。传统固定套路和队员固定分位的战术配合也将相对模糊,对运动员将要求技术更全面、战术意识更聪慧。

## 八、强调帅才

即重视聘用把握篮球运动发展规律、有个性篮球理念和管理、训练风格特点的智谋型教练员做统帅。

国内外篮球队的训练比赛实践证明:"帅乏智,卒不悍,战必溃。"因此,组军先择帅,练兵先育帅,有强帅才能无弱兵。篮球竞赛不是战争却又极似战争,是一种无硝烟的立体型"战争"。比赛的胜败也是球队综合实力的反映,既反映运动员的智能结构、技能能力、体能条件与水平,又反映教练员的智慧、谋略、综合专业层次和才能水平。为此,世界各国篮球界都十分重视寻求和选聘具有篮球专项个性人格魅力、独特的现代篮球理论造诣和组织训练、管理与指挥才华的教练员任职。然而"千军易得,名帅难求",这不仅反映在我国当今高水平篮球队伍的实践中,而且反映在世界篮球强国行列的球队中,都深感理想的教练员匮乏,特别是缺乏具有篮球职业个性气质、风度、修养,有现代科技智慧、谋略,形成自己独特篮球理念、哲理和理论体系的执教之道，实战指挥的谋略才华乃至特殊魅力的教练员。高智慧、高修养、高素质、高水平的教练员，不仅直接影响球队的组建和凝聚、战术风格的形成和发展，而且特别是在比赛的攻坚战危急时刻，统帅者大智大勇、胸有成竹、镇静自若的风度威慑神态能够产生鼓舞士气、调整全队心态的效应，而比赛中及时地运用计谋、变换阵法、调整阵容，更能起到化险为夷、转败为胜、力挽狂澜的作用。这既反映教练员智勇双全的专业才干，又充分显示他自身良好的专业人格个性修养。可见现代篮球竞赛既是运动员场上的较量对抗，又是教练员日常训练、管理和比赛场上综合智慧、才干的搏斗。例如：美国 NBA 职业队集中了美国最优秀的教练员，形成了一个强大的篮球智星群体，他们各具个性特点和风范，各有自己的篮球理念、理论观点和实践经历与经验，像美国著名的篮球教练员博比·奈特，曾被公认为美国最佳教练员，更具有自己独特的篮球哲学思想和实践才华；在俄罗斯，著名教练员老、少戈麦尔斯基，也可谓一个时期世界级篮球统帅中的明星。而 20 世纪 90 年代以来，在 NBA 职业赛中最具影响力的教练员之一菲尔·杰克逊，由于他用智慧、才干、人格魅力去团聚乔丹、皮蓬、罗德曼，以及奥尼尔、科比、马龙等世界超级球星，一个时期在征战 NBA 总决赛中，开创了"公牛王朝"和"湖人"时代。

在当代竞技篮球的训练、比赛、管理中，教练员的才干日益受到世界各国篮球界的特别重视。然而优秀教练员人才可谓难得，尤其是拥有一批聪慧、好学、善思、正身、敬业、自强、无畏、通道，具有个性人格魅力素质、修养和现代科技智商层次较高的教练员、队员，已是一国一地篮球运动兴旺发达和一场关键性比赛胜败的基本保障。强将手下无弱兵，这已是一种共识。

总之，只有将以上八个方面相互融合、高度统一，才能真正把握当代篮球运动发展的新趋势，将球队带出新特点。

## 第四节  中国的篮球运动

### 一、中国篮球运动发展概况

篮球运动是 1895 年由美国国际基督教青年会协会派来中国天津基督教青年会就职第一任总干事的来会理（David Willard Lyon，图 1-2）传入中国，后来的盖利和蔡乐尔对推动中国篮球运动的普及与技术的提高也产生了影响。一百多年来，篮球运动在中国已成为人们喜闻乐见的社会文化形态，在教育科学领域已成为一门教育学科，在竞技体育范畴内是一项重点发展的竞技运动。中国篮球运动发展可概括为一部多因素的发展史，是社会篮球活动、学校篮球、篮球理论与研究、篮球竞技比赛和篮球运动管理等交织在一起的综合相辅相成的发展史，有光辉业绩的历史。

篮球运动传入中国从普及、发展到提高的过程，可依中国社会变迁的时代划分为 1949 年新中国成立前的阶段、1949 年新中国成立后的另一个阶段。也可以考虑按篮球

图 1-2　将篮球运动传入中国的来会理

运动传入中国后篮球技、战术发展和大型竞赛活动将其划分为三个阶段、七个时期：1895—1948 年为第一个阶段，其中 1895—1918 年为第一个时期，1919—1936 年为第二个时期，1937—1948 年为第三个时期；1949—1994 年为第二个阶段，其中 1949—1965 年为第四个时期，1966—1976 年为第五个时期，1977—1994 年为第六个时期；1995 年至今为第三个阶段、第七个时期（具体内容见本书最后的附表 2）。

　　在传入中国后的第一个时期，篮球运动主要在天津、上海及北京等有限的城市青年会组织和某些中等以上学校少数学生中开展，男子篮球列为 1910 年旧中国第 1 届全国运动会的表演项目，1914 年列为正式比赛项目；女子篮球于 1930 年列为正式比赛项目。至 20 世纪 40 年代后，上海、北京、天津等大城市的富豪商家组建成了"回力""大公""华联""未名""木乃伊"等球队，具有一定的技术水平，但仅作为消遣娱乐和广告之用，在广大城乡人民群众中未能得到普及。因此，推广面极窄，竞赛活动较少，从国内外比赛情况看整体水平较低。至 1948 年共进行了 6 次"全运会"篮球赛，国际交往仅限于参加了 1913 年以后的 9 次远东运动会篮球赛和 2 次奥运会篮球赛。而同一时期在陕、甘、宁解放区，篮球运动则成为在部队和人民群众中开展最为活跃的体育项目，当时享有盛名的"战斗"和"东干"等篮球队影响较大，其中一批篮球骨干成为新中国体育事业的开拓者。

　　1949 年后，篮球运动在中国传播、普及、发展进入了一个新阶段。人民政府积极倡导"发展体育活动，增强人民体质"的健身方针，篮球运动因其简便易行，富有对抗性、趣味性、健身性和教育性等功能，便在各级政府的行政主管部门有计划、有组织地推动下，以各种形式在全国各学校、部队及工矿、企业、事业、群众团体中迅速开展起来，成为广大人民群众喜闻乐见的体育项目。至 20 世纪末期统计，我国从事各类篮球活动的人口超过 2 亿，室内、外篮球场地超过 60 万块，不同阶段的不同等级、系统、层次和多形式的篮球竞赛活动四季不绝；在国际间的篮球竞技比赛中，取得了优异成绩，运动水平不断提高；传统的"篮球之乡""篮球之城"和"篮球之校"布及全国各省市，培养篮球人才从娃娃抓起逐步形成了网络。由此，中国被国际篮球界人士誉为"世界篮球之国"。为了科学地培养体育运动的各类专门人才，教育部门则把篮球运动作为体育课的基本内容列入教育计划，高等体育院校把篮球作为一门学科，要求学生进行必修或专修，并于20世纪50年代中期邀请外国专家在上海体育学院培养首批篮球专项研究生班，60年代初我国一些体育学院便先后分别招收篮球研究生，至80年代初招收体育教学训练与方法篮球学科硕士生，90年代中期北京体育学院（现北京体育大学）开始首次招收体育教育训练学篮球学科方向的博士生，培养高级篮球专门人才。体育科研所、室则对篮球运动列项、列题进行专门的理论与实践应用研究。由此，形成了汇集群众性篮球活动、学校篮球教学、竞技篮球运动、篮球科研理论、篮球管理等几方面人才的培养系统，组合成一部中国篮球运动的完整历史。

　　为了在普及的基础上迅速提高运动竞技水平，以适应我国国际交往的需要，并借此在提高的基础上继续促进普及，政府主管部门在20世纪50年代初便建立了篮球管理机构，成立了中央竞技指导科篮球班（实为国家级篮球集训队），积极开展国际交往，当时苏联国家队的来访，对推动中国篮球运动的提高起到了促进作用。后来相继在各大行政区或省市建立了高水平篮球专门队伍，并制定与健全了各项培养篮球人才和普及、提高篮球运动水平的规划、章程和制度。例如：运动员、裁判员等级制，不同系统、不同水平层次的竞赛制度，并在大发展、大提高和大讨论的基础上，倡导"狠、快、准、灵"的技术风格和"以我为主，以攻为主，以快为主"的战术指导思想。随后，通过总结讨论，至20世纪70年代中国篮球运动确立了"勇猛顽强、积极主动、快速灵活、全面准确"较为完整的训练指导思想。随之，中国篮球竞技水平大幅度提高，在国内竞赛中显露出不同风格与流派的打法，当时在迎战苏联及其他欧美强队比赛中也取得了良好成绩，只是因为当时国际政治环境的限制，我国优秀篮球运动队伍未能参与大型洲际及国际性竞赛。到20世纪60年代中期，中国篮球事业（包括台湾、香港、澳门地区）、篮球竞技水平、社会普及的广度与深度、科学研究及篮球观念与理论体系的确立等，都初步形成了自己的特点，其中就技术、战术而言，当时中国式的"跳投、快攻、全场紧逼"已成为中国队在频繁的国际交往中战胜世界强队的攻守三大法宝，涌现出钱澄海、杨伯镛等一批优秀运动员。历史证明，1949年后的17年是中国篮球事业全面发展提高的17年，是中国篮球事业第一个辉煌发展的历史阶段，它为20世纪70年代中期后中国篮球运动攀登世界高峰奠定了坚实的基础。20世纪70年代中后期，中国恢复了在国际篮球组织中的合法席位，从此走上国际竞技舞台，中国篮球运动也进入了新的历史性发展时期。特别是自20世纪80年代中期至90年代中期的十多年间，中国篮球事业进一步得到全面而空前的大普及、大发展、大提高。表现为：

　　（一）篮球运动进一步普及，篮球人口居世界之最。篮球活动成为社会活动、交往、教育的基本形式和人们健身娱乐的基本手段。篮球文化为媒体广为传播。

　　（二）篮球后备人才的培养逐步完善，形成配套网络。各种形式的业余训练、各种

类型的专业运动队和不同类别的运动员、教练员、裁判员等级制度及竞赛制度逐步建立，各类系统的篮球组织和篮球教学、训练、科学研究逐步有机结合。1995年国家体委业务管理部门首先在北京体育师范学院（现首都体育学院）成立了第一所"中国篮球学校"，并举办了篮球高级教练员培训班，随后专门性的篮球学校和教练员、裁判员岗位培训班在成都、哈尔滨、南京等城市相继成立。

（三）篮球运动的理论与应用研究日益深入，成果显著，为科学化训练提供了新的理论基础和教学、训练手段。以各体育院校篮球教研单位的教师和大批篮球硕士、博士研究生为主力军的篮球科研、理论队伍基本形成，各种层次的篮球期刊、文章和各种版本的篮球教学用书陆续出版，相互衔接配套，形成了中国篮球学科（篮球学）独特的教学、训练、竞赛、管理的系统理论与创新的实践内容体系。

（四）篮球竞技水平有了历史性突破。中国男、女篮球队曾接连居亚洲榜首并达到世界先进水平。女篮继1983年和1984年的世界锦标赛和奥运会篮球赛两获第3名后，在1992年第25届奥运会和1994年第12届世界锦标赛上又两获亚军，进入了辉煌阶段，也是至今中国篮球运动在世界大赛中取得的最佳名次，涌现出了郑海霞、宋晓波、柳青、丛学娣等优秀女篮运动员。男篮在1994年世界锦标赛上首次进入前八名。中国女篮在2001年重获亚洲两项重要篮球赛事的冠军，并于2002年在南京举行的世界女子篮球锦标赛上获得第6名，这是近8年中的最好成绩，形成新的上升气势。中国男篮在2003年亚洲锦标赛上夺回亚洲冠军的位置，这对我国篮球界再攀高峰起到鼓舞和促进作用。

（五）随着我国政治经济体制改革的深入，对外开放的扩大和国际交往的增多，整个中国篮球界思想活跃，不断探索改革之路，并以赛制改革为先导，积极与国际接轨走职业化道路，随之，管理体制改革也开始运行。随着市场经济的发展，各种类型的篮球俱乐部相继成立，并由浙江队率先引进了外籍队员参加国内联赛，篮球竞赛的人文与文化氛围和职业化、商业化气息日益增加，中国篮球事业进入新的发展时期。

进入20世纪90年代中期以后，中国篮球事业随着改革开放的深化，为再创辉煌提供了良好的社会内外环境和机遇，它摆脱了过去几十年计划经济体制下形成的传统观念和原有管理体制、运行机制模式的束缚。坚持改革，以市场经济作向导，以社会文化需求作依托，深化篮球竞技运动的管理体制改革有序进行。1997年成立了事业型的篮球运动管理中心，强化了中国篮球协会的社会团体的群众性指导职能，并重新制定了从上而下的篮球竞赛制度、训练体制以及培养竞技后备人才、教练员人才、裁判员人才的网络性、长期性计划和规划，还相应采取了建立各种运行、管理机制的一系列举措，中国篮球运动进入第三个阶段的发展新时期。例如国家体委运动训练二司、中国篮球协会于1996年首先改革传统的竞赛体制，试行了由吉林省、前卫体协、北京体育师范学院（现首都体育学院）、上海交通大学等8个省市、单位在我国率先尝试组建职业篮球队，并试办引进外籍球员加盟的第一次主客场赛制的全国职业篮球联赛。随同成立了各种形式的近似半职业性篮球俱乐部，全面推行带有职业化走向的CBA职业篮球联赛，举办了甲A、甲B队主客场制联赛，使中国篮球竞技运动竞赛制度开始与国际接轨，逐步向职业化过渡，并进而有序地推动了篮球运动产业化进程。随之于1998年中国大学生体

育协会推出了 CUBA 联赛，以及各种形式的业余性篮球俱乐部和篮球竞赛活动，群众性篮球活动再度蓬勃发展起来。这无疑给中国篮球事业带来了新的生机和活力，展现了广阔的前景，中国篮球运动即将进入一个发展新阶段。

## 二、中国竞技篮球运动面临的形势与任务

新中国成立五十多年来，篮球运动取得了辉煌的成就。20 世纪 90 年代中期以后，我国篮球运动管理部门明确了以后一段时期内总的任务是要恢复昔日的荣耀，而且要鼓足干劲力争新的更好的成绩。随后确立了新的奋斗目标，多次行文提出女篮要先上，不仅要保持亚洲的首席地位，而且要力争再度进入世界前三名的行列；男篮要跟上，确保亚洲冠军，同时力争在 2004 年和 2008 年奥运会上能创历史最好成绩。

面临的形势：

（一）国际篮球运动的职业化、产业化进程飞速发展，竞技水平不断提高，国际强队实力逐步向总的发展趋势靠拢。而我国最高水平的优秀球队与美、欧队相比目前总体上仍处于明显的劣势，即使是亚洲的韩国、日本及我国的台湾省队等，也进步明显，时而给我国优秀球队造成某种威胁。

（二）原有培养篮球后备队伍的网络曾一度受到某些干扰，业余体校和传统项目学校的篮球活动一度削弱，都尚未得到全面而真正的恢复或创新，篮球竞技人才后备队伍仍不同阶段不同程度地出现匮乏现象，高水平运动队新老交替仍存在困难，青黄不接的断层现状严重。

（三）教练员选拔与培养未能形成科学体系。普遍的是文化、科技、理论知识贫乏，岗前系统学习未能正规化、法治化，敬业思想不够坚定，以篮球为事业的责任心不够强，缺乏科学化管理、训练和实战指挥的本领，基本上是应急上岗，从而导致近几年来国家队和甲 A、甲 B 球队教练员的选聘极其困难。训练、管理质量难以适应改革中职业化建队的需要，以致少数运动队和运动员职业道德与全面技能、素质训练的质量、强度不尽如人意。

（四）国家队在国际大赛中的成绩时有起伏，并时有一定程度上的滑落现象。优秀运动员和运动队普遍青黄不接，多数队伍技术无特点，战术无创新，打法显单调，传统的技、战术风格丧失，新的风格未能形成，国际级球星为数极少，整体实力较弱。而在亚洲的日、韩等国，以中国队为目标，急起直追，以打法多变、体能充沛、拼斗凶狠、3 分球准确、防守严密和有节奏的攻守转化速度给中国队造成威胁。

（五）随着我国政治、经济体制改革的不断深入，竞技体育及其所属领域的管理体制改革仍显滞后。特别是观念转变缓慢，训练、竞赛体制改革和倡导俱乐部职业化举措，在很大程度上多限于形式和表层，触及本质进行深层改革的思路尚需明晰，法规亟待健全，举措更需符实得力。由于篮球职业化刚刚起步，加之观众社会人文素质层次不同，其热爱篮球和观赏篮球竞赛的出发点不等，媒体宣传也存在片面性和地区性、排他性，因此，竞赛所起到的社会正面教育效益与作用存在不足。

（六）篮球理论研究滞后，未能形成完整体系，对篮球运动规律把握不准，制胜

要素模糊不清,篮球理念与观点未能突破传统思维的束缚。科学研究未能重视与实践结合,配套展开。篮球科研队伍松散,自发性、个体性研究行为普遍,因此,科研成果应用率不高,形成训者不研、研者不训的现象,从而使我国篮球科学理论基础较为薄弱,以理论基础指导运动实践的手段、方法,与国际相比未能形成自己的特点。

(七)全国多数地区群众性的篮球竞赛活动仍有待普及发展。以中、小学和高等院校(包括CUBA)作为中国篮球后备来源的设想在推理之中;男子甲A、甲B俱乐部赛与乙级队联赛及女子队之间联赛竞技水平相差甚大,特别是女篮队伍仍处于传统专业队模式;俱乐部试行的职业性主客场赛制法规尚不完善,裁判员职业素质与执裁水平不高,竞赛组织与管理适应市场经济意识尚不深刻,真正意义上的职业化球队尚未建成,以上种种有待提高。

### 三、中国篮球运动的战略性对策

目前,中国篮球竞技运动面临着改革带来的大好形势,如国家重视,人民喜爱,具有良好的社会基础和舆论导向,有较为坚实的竞技潜能,几十年来积累了正、反两方面的经验等。所以,当前必须理清思路,抓住矛盾的主要方面,分清轻重缓急,深化内部管理改革,在改革中寻求克服困难与解决问题的途径,全方位地建立起篮球运动的管理新秩序,其中关键是抓好确立正确的改革思路及改革举措的落实,促进我国篮球运动尽快摆脱困境。

(一)必须进一步统一认识,解放思想,更新观念,全面推进篮球运动领域内的综合改革,在改革中建立指导全国篮球训练工作的管理新体系、新秩序,展现新面貌,再攀新高峰。

当前中国篮球竞技领域从观念到体制、运行机制、管理模式,竞技训练仍不适应社会的整体改革大潮流。只有正确认识中国篮球运动的内外环境的优势与差距,特别是各线队伍的整体实力,才能避免继续陷入盲目性。为此,必须客观地认识在特殊条件下所获得的成绩,清醒地自己解放自己。

再则长时期以来,中国篮球界由于多种因素,思想不够活跃,传统观念较强。改革开放以来,虽逐步扭转,但仍未主动从几十年计划经济思想观念中摆脱出来。为此,要重视对现代篮球运动观、管理观、史实观、训练观、市场观、学科观和篮球竞技与竞赛观等理论问题的深入研究,树立改革发展的新观念,特别是要提高对现代篮球竞技本体特征规律的认识,要积极鼓励创新,在法规范围内允许多渠道、多形式发展和竞争。确立适应市场经济的规律意识和社会化、人本化、人文化、民主化、自主化、学科化、市场化、职业化、技艺化、竞争化、观赏化等观念,形成新的篮球运动观、领导观、训练观、管理观,用新的观念、新的思维方式、新的途径和方法去大胆改革、创新与实践。

(二)研究世界篮球运动的发展趋势,明确树立世界级定位目标探索篮球运动的基本规律,正确地确立当代篮球新理念和中国特色的篮球训练工作的指导思想。

现代竞技篮球运动继续朝着社会化、人本化、人文化、职业化、商业化、产业化、艺术化、观赏化趋势和一个方向、多种风格、不同打法及"高智慧、超高度、高速度、高强度、高技巧、高比分、悍对抗",高度与速度紧密结合,体能、技能、智慧、作风与竞争对手的实际高度统一,攻守并重、转换流畅、拼抢凶悍,教练员与明星队员的作用更加突出的趋势发展。20世纪80年代中期至90年代中期,是中国篮球竞技运动紧赶趋势、成就辉煌的阶段,但自90年代中期以后,受种种因素制约未能保持优势,进步速度相对缓慢下来,而欧、美、澳洲及亚洲的日、韩等国则呈上升趋势。面对这一形势,必须振奋精神,确立正确的篮球竞技理念和世界前列的定位目标,坚定战胜国际强手的信心,以科学的"三从一大"训练指导思想作基础,以为国争光精神作支柱,以现代化训练理论与手段作依托,并切实制定好一个符合国际篮坛现状和中国篮球竞技运动实际的中、近期奋斗目标,以此启示人、鞭策人、凝聚人、鼓舞人、吸引人,形成一种举国力量,激励篮球界上下人士自觉地、科学地去自主实践,献身中国篮球事业。

20世纪50年代,我国篮球运动在总结多年实践经验的基础上,从实际出发,并审视篮球运动发展特征趋势,在立足于以我为主的基础上,倡导"勇猛顽强、积极主动、快速灵活、全面准确"的指导思想,坚持"三从一大"科学训练原则,使我国篮球运动在20世纪50年代中期至60年代中期,以及80年代中期至90年代中期两度取得辉煌成就。当前,面对进一步改革开放的21世纪,2003年秋,国家体育总局篮球运动管理中心在哈尔滨召开的训练工作座谈会上又提出对我国篮球界应对原有的指导思想、技术特点和战术风格给予充实完善,并赋予新内涵,强调应坚持从中国篮球运动的实际出发,在原有基础上要求我国篮球运动应进一步贯彻"以我为主、以小打大、以快制高、以巧克强、以智应变、以悍拼搏、以准取胜"的训练指导思想,并在完善"智、快、灵、准、全、特、悍"的技、战术风格的基础上,坚持贯彻"三从一大"科学训练原则和两严方针,以及坚持从小抓起、系统训练、打好基础、强化体能、勇于创新、百花齐放的方针。

(三)全方位落实深化篮球管理体制改革,健全法规,依法治球,形成新的管理网络,理顺纵横管理职能关系,建立符合中国特色的篮球运动管理新模式。

中国篮球运动职业化体制改革的根本目的是迅速提高篮球竞技运动水平,突破在国际大赛中取得的最好成绩,提高篮球人文氛围,促进优秀后备人才成长,形成中国特色的篮球文化。一切决策与归宿都在于提高竞技水平和建立符合中国特色社会主义的篮球市场规律为准则的竞赛市场。为此,要继续大力扶植职业篮球俱乐部,理顺管理层次职能,明晰产权,支持俱乐部自我造血功能,扩大自主经营权利,逐步建立有中国特色的职业俱乐部模式,促进篮球市场的开发和产业化进程。在职业化起步之初不能仅停留在主客场赛制和发展俱乐部的数量上,因为俱乐部仅是进行职业化实体管理的一种形式,主客场竞赛制度的改革是一种激起市场行为的方法,职业化是实现篮球市场化的前提,只有众多高水平球队和高水平球星、庞大的后备队伍才是增强我国职业篮球运动的活力和真正推进职业化以及实行篮球市场化的基础,没有高水平的球队和明星群体的比赛就不可能吸引观众,没有源源不断的后备队伍成长就会形成断档,

而没有观众就没有篮球市场的产生、发展和职业俱乐部生存的土壤。

全国性篮球运动管理中心的建立是体育领域改革的重要举措,是中国篮球运动现阶段的一种特殊管理模式,它也是当今一个时期里我国篮球体制改革的特殊成果,它有利于当前领导与推动中国篮球事业在举国体制和全国一盘棋的优势下,从深化改革中发展。为了充分行使转变后的管理职能,篮球运动管理中心加强了自身建设,根据国家体育总局提出的运动协会十二点要素建章立制,这是十分必要的。为了统一思想,探求改革创新之路,于1999年4月在上海召开了规模空前、内容丰富、充满改革活力的全国篮球训练工作会议,2003年9月在哈尔滨又召开了全国篮球工作座谈会,总结经验教训,讨论改革的大政方针和发展规划与系列制度,对如何适时建立全国性的中国篮球职业组织进行了探索。会议对健全篮球运动管理中心职能和管理制度,民主协调横纵领导关系,加强训练工作,培养高素质、高水平教练员人才和后备队伍人才,以及进一步重视国家男女队组建、训练,倡导大力培养球星及其管理,乃至进一步推进俱乐部建设和产业化进程,强化全方位管理等方面统一了认识,明确了"立足当前,放眼未来"的改革基本思路,进而提出了继续以赛制改革为龙头,以制度建设为重点,以职业俱乐部建设为前提,推进中国篮球职业化、产业化改革的具体设想,并强调对目前尚未规范化的不同性质和形式的俱乐部进行宏观管理,规范职业化俱乐部建制,强化俱乐部的市场活力,以促进各职业俱乐部做到明晰产权、明确职权、自主开发、自我造血、自负盈亏和独立法人经营管理等。这将有助于推动我国篮球竞技运动有序地与国际接轨,逐步走向完善,形成中国特色的职业化、产业化模式。

(四)全面规划,采取非常措施,培养造就一批结构合理、综合素质高的教练员、运动员、裁判员队伍,这是振兴中国篮球事业的希望所在。

在当今市场经济条件下,运动员、教练员个人的爱国主义精神、高尚的职业情操、令人敬佩的人格魅力,以及高超的竞技经历和训练、管理、指挥的技能与水平、实力与成绩是体现对社会贡献价值的依据,中国特色市场经济条件下的竞技人才是服务与服从于国家需要的,必须树立高尚的职业价值观,更要倡导讲政治、讲奉献和为国争光的观念,这是评价运动员个人和各俱乐部整体价值的前提,并在此基础上,鞭策教练员、运动员、裁判员超越自我,只有永远超越自我的人,才能不断认识自己、充实自己、战胜自己和强于自我的对手。综观世界篮球强国各优秀教练员、运动员、裁判员的职业观念和献身精神,是有可借鉴之处的。

要重视教练员、运动员和裁判员三支队伍的合理结构。从国际现状可知,三支队伍的年龄结构、智能与技能结构和专项职业综合结构等方面,各篮球强国具有相似的特征。就年龄、文化智能、技能等综合结构而言,从选择的世界优秀运动队20名优秀教练员统计,平均年龄在45~60岁,最年轻的在40岁左右,最高年龄达60岁以上,而50~60岁的教练员大有人在,形成老、中、青结构,其中50岁左右为中坚力量,他们的文化程度较高,普遍是大学本科、研究生毕业,不少是大学的教授或教练员,相关的现代科技知识丰富;普遍对篮球运动执著、敬业,具有自己的篮球专项理念,理论观点自成体系,教学、训练、管理风格与手段各有特长;有自强的竞争目标以及丰富的篮球运动实践经历，掌握科学的执教之道。这是当前中国众多年轻教练员急需借鉴学习的。

从美国、俄罗斯以及南斯拉夫等国家队和美国 NBA 职业队选择的近 50 名优秀运动员而言，男篮运动员平均年龄在 22～30 岁，女篮运动员平均年龄在 20～28 岁；基本为大学生，对现代篮球理解较深，篮球意识强，思维、观察、分析、理解能力较强，敬业精神执著，自求成才发展心切，训练、比赛自觉主动；身体与体能基础好，基本功扎实，并具有个性特点，重视个体作用与集体协同有机结合，竞赛拼斗作风凶悍，心理状态稳定，大赛经验丰富。

从国际大赛的 10 名裁判员而言，年龄结构在 35～55 岁者居多，属大、中学教师及中、高级职员和业余篮球爱好者较多，他们都从属于本国专门的社会职业裁判员组织，都重视执法修养，国际大赛经验丰富，基本素质较高，讲究职业道德和敬业精神，对现代篮球竞赛与规则特点把握较准确。而我国当前整体裁判队伍的裁判水平和道德规范差距较大。

以上三支队伍在本国能互相呼应，互相影响，互相制约，成为协调、推进本国篮球竞技运动发展的协同军。他们显著的共同特点是对篮球事业执著、敬业、钻研，有为国争光、攀登高峰的胸怀，业余学习爱好广泛，以求从各种层面获取知识，弥补、充实自己的不足，丰富自己的知识结构。所以，要改变我国优秀篮球教练员、运动员、裁判员匮乏断档和训练水平下降、竞技成绩滑坡的现状，关键是要有规划、有层次、有重点、有具体手段和方法，从严抓好三支队伍的综合建设，缩短与国际同类队伍的差距，其中关键的关键、重中之重是抓好现有国家级男、女队和甲 A、甲 B 教练员、运动员、裁判员的选拔、培训、教育、管理和聘用。特别是要有计划地组织、安排他们更多地参加国际间高层次的训练、比赛实践和理论学习，并严格管理与考核制度。

(五) 切实掌握优秀篮球运动人才培养和成长的规律，落实从学校抓起和从青少年着眼的方针，多途径地培养与储存篮球后备人才。

我国篮球运动十分普及，参与篮球活动的人口为世界之最，这为我国篮球运动发展提供了广阔的后备人才资源。然而由于没有重视人力资源的整合调配的举国体制，地区保护主义严重，从而造成人才后备队伍的浪费，再则也由于没有切实树立从青少年抓起是成为篮球强国的必由之路的观念，没有真正懂得这一培养规律，从而使人才资源没有充分发掘，所以当前应迅速完善原有的三级训练网络体系，特别是篮球传统项目学校和业余体校，否则初步恢复的上下衔接的人才梯队培养模式将遭到破坏。20 世纪 90 年代末篮球运动管理中心首先恢复了篮球人才培养网络体系的建设，并着手先后在北京、南京等城市成立中国篮球协会篮球学校，相继命名全国 24 个基层单位为"全国青少年篮球训练重点单位"，以求探索形成以篮球学校和体育运动学校为龙头，以篮球基层布局单位和业余体校为重点，以篮球传统项目学校为基础的社会性篮球一条龙后备人才训练体制；辅之建立起以大学为龙头 (CUBA 联赛)，以中学为重点，以小学为基础的教育系统篮球人才培养网络；最终形成高层次以国家篮球队为龙头，以多支国家青年队和希望队 (特体队) 为重点，以俱乐部队为基础，以各类基层青少年队为源泉的全国大网

络，这是十分重要的举措。为了在青少年中广泛普及篮球运动，篮球运动管理部门正积极倡导"小篮板工程"。为了吸引广大青少年参与篮球活动，特制定了游戏性的《三人制篮球赛规划》《小篮板趣味游戏与规划》以及《全国篮球业余锻炼标准》《业余篮球辅导员制度》，推行小型多样的趣味性擂台赛、远投大赛、扣篮比赛，相应配套出版篮球知识性读物，以生动活泼、丰富多彩的形式吸引青少年参与，培养他们对篮球运动的兴趣。还决定推行"全国篮球城市、篮球之乡的评选活动"。以上种种改革举措，只要狠抓落实，付诸实践，必将有助于今后中国篮球运动后备人才的培养，促使形成合理的人才梯队结构。

（六）坚持贯彻"三从一大"科学训练原则，积极倡导篮球运动的科学研究，建立起中国新颖的篮球理论体系和训练实践科学程式，是促进科学化训练、竞赛、管理和教育水平提高的关键。

"三从一大"科学训练原则是我国竞技工作者通过长期实践总结出来的制胜经验，其核心是"从实战出发"，就是要将奥运会和世界性大赛场上的拼争残酷性体现在平时的训练中。目前中国高水平篮球训练中普遍的情况是抓不住这个核心，训练的质量不高，存在表面化、形式化、过程化问题，训练似蜻蜓点水、难度低、要求不严，练战脱节；普遍没有建立起综合、多元的训练检测指标的评价体系，忽视科学地抓刻苦训练和以人为本的严格要求，训练次数和负荷偏少偏小等现象较为严重。贯彻"三从一大"科学训练原则的关键是教练员的现代训练理念的确立和自身科技文化知识的提高，其重点是要突出篮球本体规律性的核心内容，其训练指标以及达到指标的身体负荷必须量化，以数字表述，绝不能淡化"大运动量"训练与实战脱节，或把"大运动量"训练同科学训练与技术创新割裂开来。实践证明，要大运动量训练，就要提倡吃苦耐劳，要摸索对训练负荷极限，只有量的积累，才能达到质的飞跃。

加强科学研究是中国篮球事业腾飞的翅膀。20世纪70年代以来，随着世界科技水平的高速发展，高科技不断渗透应用于现代篮球竞技运动之中，从而促进了世界范围内篮球竞技水平的大提高，如高大运动员身体素质与技能的全面提高、创新、发展趋于"小个子"化，随之篮球战术也不断创新和发展，不同形式的立体型高空配合进入杂技化境地。我国篮球运动科学研究四十多年来虽也取得显著的成绩，不少成果填补了历史空白，特别是广大体育与教育系统的篮球学科工作者，结合我国篮球教学、训练实践撰写、出版了数十种不同对象、不同层次的教学、训练用书和群众性通俗读物，还有一批有应用价值的学术性成果，为不同层次的篮球实践领域服务。但从整体上说，篮球领域的科研工作队伍还较弱，起步较晚，机构不健全，加上认识不足及物力、人力和财力所限，科研规划、目标和任务不明确，立题研究针对性不强，随意性较大，属省、市、国家级的科研大课题极少，全国性的篮球科研论文报告会和科研成果展示活动未能形成制度，篮球领域科研学术气氛不浓，篮球科研氛围未能大幅度加强，导致我国篮球理念和当代篮球前沿理论水平整体上与国际有差距。而广大教练员则更无暇顾及从科学研究中汲取营养，改进训练工作思路、方法和手段，这也使得我国篮球教练员队伍整体上科技含量不高，训练水平难以提高，不能适应现代篮球运动发展的需要，也就难以摆脱传统的承袭式和经验型的训练模式。

因此，当前必须加深篮球界整体对提高中国篮球科研水平的认识，要采取非常举措，把院校篮球理论和教学工作者与篮球竞技训练工作者两支队伍有机统一、结合起来，协同发展，并设计由国家体育总局篮球运动管理中心到基层省市俱乐部、科研单位、高等院校共同合作参与的科研攻关网络，针对我国篮球竞技运动中暴露出的问题，分轻重缓急确立科研方向和科研重点课题，并给予人力、财力和实验、检测条件的保证，定时召开全国性和系统性的科研成果交流与展示活动。对确有新意和对运动实践有指导意义的成果，要给予积极鼓励，并提供机会到运动实践中应用，从而逐步通过科学研究，在篮球理论和技术、战术训练手段、方法及其他篮球有关领域中，进一步形成高层次的中国篮球运动自己的科学理论与实践体系，指导篮球竞技运动实践。

中国篮球运动水平的提高，期望所有篮球工作者和篮球爱好者协同对上述问题的解决。

# 第二章

# 篮球运动技术原理

## 第一节 篮球技术概述

### 一、篮球技术概念

篮球技术的基本含义，应从动作方法和实际运用两个方面加以解释。

篮球技术是篮球比赛中运动员为了进攻与防守所采用的专门动作方法的总称。它包括移动动作（指跑、跳、急停、转身等无球的动作方法）、控制支配球动作（指接球、传球、运球、投篮等有球的动作方法）和争夺球动作（指抢球、打球、断球、抢篮板球等动作方法），以及由这些动作各种各样的组合所组成的动作体系。运动技术是理想化了的动作模式，有其动作的规范，既要符合篮球竞赛规则的要求，又要适应攻守对抗的需要，也要符合人体运动科学的原理，并有运动员的个人特点，能解决比赛中攻守的具体任务，从而表现出动作方法上的专门性和合理性。

篮球技术又是运动员在比赛攻守对抗情况下合理运用专门动作的能力。它不仅是动作模式的重复，而且是队员有意识的运动行为和操作技巧。因此，运动员在比赛中必须独立、果断地去运用技术动作与同伴配合，同对手抗衡，去争取时间和空间的主动。这也是他们智能、体能、技能、经验和创造能力等的综合体现，反映出他们运用专门动作的技巧性和实效性。

篮球技术是进行篮球比赛的基本手段，双方运动员都以技术动作进行对抗。动作表现为运动，动作过程表现为运动过程，两者以现象和本质两个不同角度存在于对抗的过程之中，并作为竞技的手段发挥其攻守相互制约的作用。篮球技术也是运动员比赛行为的核心。运动员的智慧、技能、运动素质、心理品质和道德作风等都是通过篮球技术集中表现出来的，是竞技水平最显著的标志。篮球技术又是篮球战术的基础，任何战术意图和战术方法的实现，都需要掌握相应而熟练准确的技术动作和应变能力来保证，实质上，战术就是运动员和运动员之间技术运用的组织形式与方法。所有这些正说明篮球技术在篮球运动中的重要地位和作用。

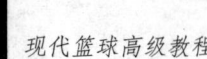

## 二、篮球技术的基本特征

篮球技术的基本特征表现为：

（一）身体动作与控制支配球的结合。篮球技术区别于其他运动项目技术的最显著特点，就是运动者用手直接控制和支配球，并与全身协调配合组成各种专门动作，最后通过手部的动作控制、支配球的运行和争夺获球，使身体动作与控制支配球融合为一体，展现出篮球技术的魅力。

（二）动态与对抗的结合。篮球竞赛本身就是一个攻守对抗的动态过程，一切篮球技术都是在动态和对抗中操作，快速、准确、实用、多变，充分表明了在争取时空主动上的合理性和创造性，两者的结合则是篮球技术的又一特征。

（三）相对稳定与随机应变的结合。任何运动技术都具有相对稳定的动作环节，篮球技术也不例外，但它又是必须随着环境的变化而变化，随着对手的变化而变化，并要及时做出应答动作的开放性技能。要在攻守对抗中各种不同条件下去组合动作，随机应变创造性地完成攻守任务。

（四）规范性与个体差异的结合。任何运动技术都必须符合科学的原理而具有一定的规范性，某些动作环节的规范影响着球的运行和效果，因此，必须按规律来操作。然而，队员有个体的差异性而表现出不同动作的特点和风格。在训练与比赛中不能强求动作外形的模式，而要讲求实效。规范性与个体差异相结合的特征，也是其他竞技运动项目技术共同具有的特征，只不过篮球技术更为突出。特别是一些具有技术特长的运动员往往也不是很规范的。

## 三、篮球技术发展概略

### （一）概　况

篮球技术在初创和传播时期，仅有传接球、运球、投篮、争球几类动作，方法少而简单。经过约半个世纪的实践与完善，篮球技术已形成了进攻技术和防守技术两大类，各大类又各自有多类动作，各类动作的方法已由少变多，并建立了一个比较完整的篮球技术动作体系。随后，人们对技术的认识，由感性阶段上升到理性阶段，在分类、分析、运用上都有了一定的研究。进入20世纪50年代，由于队员高度与技术的同步发展，对进攻技术的演进推动较大，跳投、持球突破等技术的普遍运用，中锋技术的迅速提高，篮下对抗更趋激烈，以攻为主甚为流行，使篮球技术发展到一个新的阶段。之后，人们对攻守对抗的规律有了进一步的认识，从防守和身体素质方面加强发展，扼制重攻轻守的倾向。防守观念的更新促进了防守技术的发展，在人、球、篮之间的位置关系和防守移动步法上、抢打断盖等技术的运用方面也都有了新的突破。到70年代中期，世界篮球运动出现了"攻守平衡"的理论，在世界各国篮球界引起强烈的反响，从而推动了篮球技术继续向前发展。这种攻守交替不平衡的发展，相互促进，使篮球比赛的对抗性大大增强，篮球技术也有了长足的进步与提高。90年代，国际篮联关于允许职业球员参加世界大赛的决议，对篮球技术进一步交流与发展也起着积极推动作用。综上所述，篮球技术的发展，经历了一个从低级向高级发展的过程，呈现出连续性与阶段性的特点，始终不断地向着更高水平前进。

### （二）影响篮球技术发展的因素

篮球技术的发展是一个实践过程，推动着技术的改进、完善与创新。在这个过程中，人与人之间的一种特殊关系与篮球技术的发展息息相关。运动员是篮球技术主体的操作者，直接影响着技术的质量与发展，而指导者的组织、身教、经验等对篮球技术的发展起着重要的作用，科研人员对篮球技术的研究也越来越发挥着积极的作用，他们之间结成了主体、主导和协作相辅的关系。其中人是最重要的因素，从设计到实践，从教学到训练，从改进到完善，从研究到创新，是促进篮球技术发展的内在动力。当然，除了人的因素外，并不排斥物的要素，如场地、器材、设备等在一定程度上也促进篮球技术的发展。篮球是竞技性运动项目，竞赛规则对篮球技术的发展有着导向的作用，影响着攻守技术之间平衡与不平衡的发展。规则的一些具体规定，在一定的时间内也直接制约或推动着某些篮球技术与战术的发展速度。篮球竞赛所创造的竞技环境与条件，也使篮球技术得以表现发挥、广泛交流、相互学习和共同提高。尤其篮球竞赛的商业化发展趋势，也使篮球技术受到市场价值规律的驱动并产生积极的影响。当今体育科学中的许多基础学科和边缘学科的发展，使得它们的理论与方法为研究篮球技术的理论和动作方法的更新提供了依据，起到了指导和论证的作用。同时在教学、训练、竞赛、科研等领域中，运用一些先进的科技手段，也对篮球技术的发展有着促进的作用。

### （三）篮球技术风格和流派

技术风格是指运动员或一个队的整个技术系统上的成熟而定型化的特点。技术系统是技术风格的内核，特长技术是技术风格的突出表现。我国篮球运动早期有所谓"北派""南派"之分，从世界范围来讲也有所谓美洲、欧洲和亚洲队的不同风格或流派，其实质就是从各国、各地区实际出发所形成的打法不一、风格不同而已，世界篮球运动依然呈现着一种向智、高、快、准、狠、巧、变和几种流派、多种多样打法的方向发展的趋势。

现代竞技篮球运动发展的基本特点之一是技术不断演变创新，技术创新又是篮球技术发展的重要途径之一。技术创新是以运动技术为对象，在原有技术的基础上对动作的形式、结构、功能及运用进行改变的创造性活动。从篮球技术的发展来看，由双手到单手的运用，跳投、持球突破技术的出现，空中盖帽、扣篮的发展等等，增添了制胜因素和动作组合的形式，都是技术创新的结果，直接影响着篮球技术整体水平的提高。重要的是，要明确篮球运动的发展趋势与独特规律特征，在此前提下才能创立出新的篮球理论与方法，建立并提高现代篮球观的创造思维能力（包括想像力、多向思维、联想思维、灵感捕捉等）和技法实践，进而去挖掘人体的潜能，积极攀登篮球技术的高峰。

## 第二节 篮球技术结构原理

技术原理是指把有关人体运动科学的某些带有普遍性的规律和原理作为研究运动技术的理论依据，与运动技术动作相结合，进一步认识技术动作的科学结构，从而发展与发挥人体和技术本身所具有的最大潜力与效率。

### 一、篮球技术结构的依据

篮球技术是以人体的骨骼肌肉活动为基础所构成的有目的的运动动作的合理结构，人体解剖学和运动学、动力学的知识体系是动作结构的理论基础。为了研究技术动作的原理，应进一步了解人体运动器官系统的力学特性、骨关节和肌肉的杠杆活动、肌肉活动中的协同与对抗，以及人体运动时主要关节活动相互间的关系等。人体运动中的动作又要服从力学某些定律和原理，要结合篮球技术动作的特点加以利用。例如，如何利用惯性、作用力与反作用力、平衡、身体重心等来快速地完成移动动作，如何利用动量、冲量和动量守恒定律去研究在攻守双方身体接触或碰撞时保持相对的平衡去有效地完成手上的动作；又如，球的运动也是一种力的表现，只不过是人体的力转移到球体而使球加速或缓冲。篮球技术是以手持球完成动作，但是，除了手最后直接作用于球体的力外，还受动作结构中其他因素的影响，如力矩、出手角度、随球动作等等，这些都会使球的运动方向、速度、旋转、抛物线以及反射角产生变化。以上提示我们可以从人体解剖学和生物力学的角度去描述和分析技术动作的结构，掌握人的位移和球在空中运行的规律，从而指导运动员协调、经济、合理地去完成技术动作。

### 二、篮球技术形成的基本原理

篮球技术形成的生理机制是以人的大脑皮层运动为基础的运动条件反射暂时性神经联系，这一带有普遍意义的生理学原理，指导着人们学习和掌握技术和技能。生理学中的"应激学说"把运动技能的形成看做"应激——应答——适应"的过程，认为机体对刺激的反应有警觉——抵抗——衰竭三个阶段。根据这一原理，运动训练应激的生理过程分为直接反应——适应——恢复三个阶段，从而不断提高人体的工作能力。认知心理学中的"痕迹学说"，认为运动技能的学习与掌握是通过"记忆"和"知觉"两种痕迹的作用。"反馈学说"则主张运动技能形成过程既是动作的反复操作，又是经验的反馈，并强调理论的反馈。以上一些生理学和心理学的理论是篮球技术形成、改进与完善的重要理论依据，对实践具有指导意义。

在篮球技术形成的过程中，有两个问题必须给予重视，即观察能力与"球感"的训练。视觉是技术动作的前导，人的视觉范围大小反映了视觉机能状况，是对刺激物的方向、距离等的感知，这种空间感是迅速作出判断与行动的前提，视觉作为"感觉系"的

前沿,对技术动作的运用更为重要。因此,必须在训练中加强观察能力的培养。应该指出,完成技术动作的快慢与反应时有关,反应时由感觉(接受刺激)、决定(思维判断)、运动(动作开始)三个时间段所组成,运动时是指开始动作到完成动作的这段时间,运动时开始于反应时的结束,而应答时是反应时和运动时之和。人的反应速度有快慢,但可以通过长期的训练得到一定的改善,同时随着其他素质的提高和经验的积累而得以弥补。这些理论是技术训练的重要依据。"球感"是通过长期刻苦磨炼所获得的一种专门化的复合知觉,对技术的掌握与提高具有重要的作用。这种复合知觉是在训练中视分析器、运动分析器、触分析器对各种刺激物进行精细分析并在大脑皮层中形成复杂稳固的神经联系的结果,是对球的性能和球的运动规律的认识。不断地实践是提高"球感"的惟一途径。必须加强基本功训练,长期不练,"球感"则会消退,甚至因情绪、疲劳等也会减弱。良好的"球感"也是优秀篮球运动员的一种重要的心理标志。这些理论为基本功训练提供了重要的依据。

### 三、篮球技术与人文社会学

篮球运动是一项充满哲学原理的运动,无论高与矮、大与小、攻与守、快与慢、强与弱、胜与负等等都是相对的、矛盾对立的,又是统一的。体育人文社会学中一些学科的理论与方法对篮球技术具有支撑指导性意义。因此说辩证唯物主义的哲学世界观、方法论是篮球领域中居领导地位的理论基础,为篮球技术宏观上的研究提供了理论和方法上的重要依据,使我们能以全面、辩证的观点从整体上去认识篮球技术的概念、特征、地位、作用及其相互间的关系等。如对篮球技术结构特征的论证,通过对篮球技术的外部现象加以归纳,从特殊到一般的认识;篮球技术动作有位移的和非位移的、支撑状态的和无支撑状态的、周期性的和非周期性的、双手的和单手的动作等,运动成分和运动要素多种多样;篮球技术在方法上有单个动作和组合动作,而组合动作又有有球的组合、无球的组合、有球无球的混合组合,篮球技术在完成形式上多属组合形式,有动作先后的组合、并列的组合,具有综合性的特点。以上三点得出"多元综合是篮球技术结构的特征"的结论。体育美学认为,人们从事任何运动项目,根本目的是通过完成各种技术动作而得以健身强体,其中包含着多种美学的因素。在竞技中,每一次技术动作的姿态、灵巧、协调、敏捷和准确等,都给予人们一种美的感受。球场上每一次争夺所表现出的顽强拼搏、克服困难和积极进取等也给人们一种鼓舞和力量,是一种心灵美的表现。因此,技术美也是精神文明建设的内容,现代体育以运动技术反映人们的审美意识、文化修养、道德作风等,技术美也是人们的一种追求。这些,对篮球技术来讲,都是有现实意义的。

## 第三节 篮球技术分类体系

篮球运动分类与分析是用科学的方法去区别篮球运动本体内容和把握认识这些内

容的一种思维方法。对篮球运动的分类，一般按从简单到复杂和由特殊到一般的原则，从现象中找出它们的同异，再进行分组分类（类有大小和层次之分），并使之系统化，从而进一步了解其各类的属性、结构、特点、作用以及与同类或不同类事物之间的关系等等。

## 一、篮球技术分类方法

篮球运动发明初期的技术，只有简单的屈指可数的几项基本动作，在百余年的发展过程中，动作方法逐渐增多，各有所用，用中多变，丰富多彩。随之，运用某一概念和标准加以归类将其区分，明确各自的隶属关系，进一步构成比较完整的篮球运动体系。如早期的递球法，经过长期实践加以区分并概括为接球、传球两类动作，尽管它们之间存在着有传必有接的相互依存运用关系，但在动作结构和作用上各不相同，并都隶属于进攻技术范畴。篮球技术分类的目的，是有利于科学地组织教学与训练和更深刻地去认识各类技术动作及相互间的关系。

篮球技术分类目前主要以攻守对立统一的规律、人体运动科学的原理和技术动作的任务为依据。首先将各类技术动作划分为进攻技术和防守技术两大类，进攻与防守两大类技术又各自包括动作结构类似和作用相同的若干类动作，各类动作也各自有许多不同的动作方法。篮球技术分类基本上是按此体系进行系统化的。

篮球技术主要有两种分类方法：

### （一）按动作结构分类

按动作结构分类的方法是以动作的运动学结构和动力学结构的类似特点为主要依据进行分类的，这也是篮球运动发明后一直沿用的分类方法，形成了如图 2-1 所示的篮球

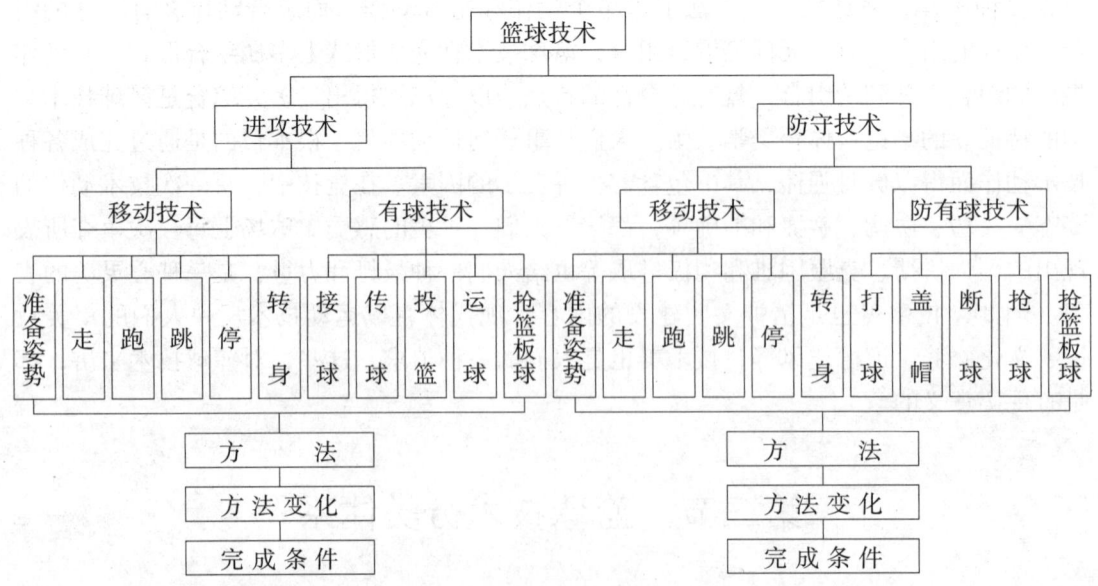

图 2-1 篮球比赛技术分类

技术系统化的分类网络。我国从 20 世纪 50 年代起也一直沿用这种动作结构类归的分类方法。到 80 年代，我国各类篮球教材则进行了重新归类区分，如图 2-2 所示。虽然这样的篮球技术分类在我国被广泛认可和应用，但其分类仍有一些不足之处，需要加以修改和调整。

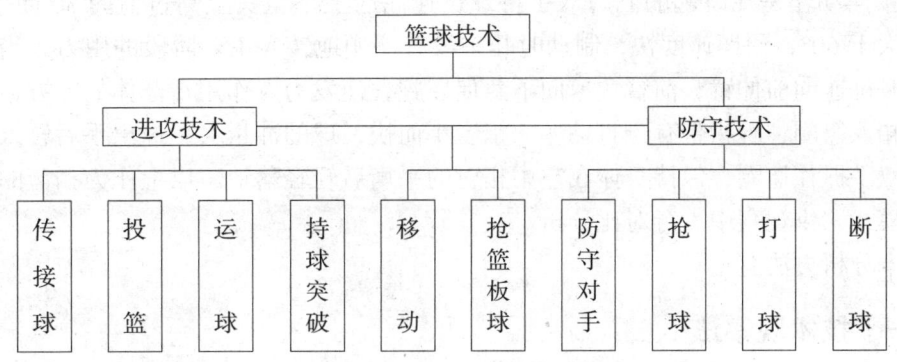

图 2-2 篮球技术动作分类

### （二）按攻守目的分类

按攻守目的分类方法是在各类动作的基础上，以解决进攻和防守的具体任务为目的，把两个或两个以上的动作组合成系列单位再加以分类的。早在 20 世纪 50 年代前后，美国出版的一本篮球书中，已把进攻队员的个人动作和防守队员的个人动作列入篮球比赛基础的内容，并作为分类的一个重要层次。随后数十年的运动实践中应变组合频繁出现，其实用价值逐渐引起普遍的重视，人们不断地总结，丰富了组合的内容，并纳入教学与训练之中。随后篮球组合技术理论的提出，就是以竞技实用为依据对篮球技术分类所进行的一次探索，其中所列的组合技术分类还有待充实和完善。

## 二、篮球技术分析方法

技术是理想化了的动作模式，是从运动实践中发展、检验和概括的结果，它服从一定的规律，讲求实效。技术分析是技术教学与训练的一个重要前提，也是对技术诊断、评价和创新必不可少的方法之一。技术分析要从合理性、实效性、优化发展和个体差异等原则出发，针对运动员掌握与运用技术动作的实际进行具体的分析，以促进技术不断提高和整体技术的发展。

一般来讲，技术分析以动作模式为参照体，也就是说，分析者首先应对具体的技术动作有一个影像，不是对动作方法过程或动作要领的一般了解，而是比较详细地了解该动作过程各运动阶段中动作的活动及变化，形成一个正确的动作概念并明确各运动阶段之间的相互关系，从而能在观察中有目的、有步骤、有标准地去加以对比分析，指出优缺点，发现并解决问题。动作基本结构的分析能进一步描述技术动作中各运动阶段的动作活动及相互的关系，它是从时间上按运动动作的完成顺序分为准备、过程、结束三个运动阶段（周期性动作只有主要和过渡两个运动阶段）分别进行分析，并从动作质量特征和数量特征方面加以解释。例如对双手扣篮的描述，主要有三点：第一，扣篮是投篮动作的新发展，双手扣篮是扣篮动作的基本方法；第二，扣篮动作的特点是将球直接从上向下扣入篮圈，不同于一般的投篮动作，球的运行无旋转，是直线下落；第三，准备阶段的预摆动作是在跳起的同时双手持球迅速屈肘上举至头上高过篮圈 30 厘米以上，入篮角大于 60°，预摆速度快，制动时几乎没有停顿地转入主要阶段的用力，当球举至最高点时迅速向前伸臂，前臂快速向下急促屈腕，使发力点作用在球体的上方，将球从上向下扣入篮圈，腕指带有鞭打动作，幅度小而快，球的冲量大，球出手后转入结束阶段要用双手抓住篮圈，保持身体在空中相对的平衡后轻轻落地。以上作为扣篮的一个基本动作模式，供观察中进行对比分析。

技术分析方法有：

## （一）技术观察法

观察是技术分析的基本手段，有简单观察和复杂观察两种。简单观察是分析者直接通过视觉接受运动员所完成动作的信息，并以自己建立的动作概念、经验和敏锐的判断及时进行分析，迅速向运动员反馈信息。复杂观察则借助录像、电影及其他媒体器材获得动作的信息，其优点是可以重复观察，反复比较，能较精确地分析，但传递信息较慢。

## （二）结构分析法

结构分析法包括功能解剖学和生物力学（运动学、动力学）的分析方法，主要在实验室进行，需要有一定的器材设备，能对动作进行精确、科学的分析。其优点是测量结果高度精确，在科学上有较高的说服力，但需花费大量的人力、物力和财力，有时要受到实验地点的限制。如功能解剖学的分析，先把技术动作拍成电影图片，再划分技术动作的各运动阶段，然后根据解剖学知识，把各个运动动作的用力肌肉标出，具体分析这些肌肉的工作形式，进一步从功能解剖学的角度确认该技术动作有哪些肌肉参加工作，以什么方式进行工作。另一种是肌电图分析，通过肌电图可以观察到动作过程中肌肉在什么时间参加工作和以什么样的顺序参加工作，为教学、训练提供科学的依据。又如运动生物力学分析可以对技术动作的运动学特征进行测试、计算等。例如，持球突破蹬跨的生物力学分析：蹬跨是持球突破的关键环节，蹬跨起动快慢取决于合理的站立姿势、站立姿势的支撑面大小的比例、身体重心离地面的高低与平衡等。因此，持球突破前采取什么样的姿势很重要。有关持球突破动作的生物力学分析，曾有人在三维测力台上对受测者做原地持球交叉步突破技术的最后蹬地动作进行测试，测其蹬地方向力值、角度和时间等项目，分别记录测试结果并进行计算和分析。根据三维力值曲线图可以看出受测者左右用力曲线波峰结果，受测者左右用力曲线波峰较小，不影响动作的完成，而技术较好的受测者，竖直方向力值较大，水平前后方向上曲线峰波明显，蹬地力值上升较快，时间较短，说明爆发力强。测试结果认为：快速有力的蹬地是持球突破成功的关键，蹬地力量的大小和方向起着决定性作用。通过实验数据比较水平竖直方向力值的差异，得出蹬地水平分力越大，蹬地角度越小，越能使支撑脚获得更大的前冲力的结论。根据牛顿第二定律 $F = ma$，可以导出 $F \cdot \cos\alpha \cdot t = mv$。在质量不变的情况下水平速度与蹬力、蹬地时间成正比，与蹬地角度成反比。欲获得较快的向前冲力与速度，主要依靠减小蹬地角来实现，蹬地角决定了水平分力。持球突破时蹬地角是关键之一，测试结果显示在 60°左右比较适宜。根据冲量公式 $W = F \cdot T$，在冲量一定的情况下，时间越短，作用力越大。蹬地时间反映了受测者的爆发力，反应的快慢与蹬地时间也有关。以上生物力学的分析，可以推论出持球突破前的站立姿势：两脚开立，与肩同宽，身体重心前移至支撑面的边缘，下肢与躯干的夹角要减小成前倾状，膝关节的弯曲加深，降低身体重心，减小两腿蹬地的夹角有利于用力蹬地起动，兼顾了接近最不稳定的平衡和能够产生最适宜蹬地用力的两个相互对立的要求。

### （三）控制分析法

这种分析方法是对运动员所表现出的技术动作特征，从生理学和心理学的角度进行描述与剖析。如动作技能形成各阶段兴奋与抑制、疲劳与恢复、感觉、意志、情绪等现象，确定影响技术形成、提高和发挥的生理因素与心理因素，从而采取针对性的措施和手段加以控制。

### （四）统计分析法

统计分析法是一种有计划、有准备地对运动员在训练或比赛中技术动作掌握与运用的情况进行数据统计，经过数学处理作定量分析。方法简便易行，有说服力。

以上分析方法，在一种方法不足以说明或解决问题时，可以运用几种方法进行综合分析，以求得到全面、准确、科学的结论。从事篮球运动的教师、教练员、科研人员应进一步掌握分析方法的知识，结合工作的条件和实际情况，懂得用哪些方法能针对具体的技术动作进行深入的分析，与哪方面的专家合作可以解决棘手的问题。

## 第四节　篮球技术运用

篮球技术运用是指运动员个人在比赛行动中合理使用技术动作的表现与发挥。

### 一、篮球技术运用的基础

由于篮球比赛是双方运动员在同场竞技，相互制约进行攻守对抗，所以技术运用是在动态、干扰、破坏、应变等情况下去完成动作，它要最大限度地去适应比赛中变化的要求，没有固定的动作组合程序，而是随着环境变化而变化，合理地去组合动作，完成攻守的具体任务。比赛实践证明，队员技术运用得好坏，主要取决于：第一，智谋、意识、全面、快速、准确、应变实用是比赛对技术的要求，只有先掌握规范、熟练的单个技术，再掌握大量的组合动作，才能在比赛中应付复杂多变的情况，只有严格于动作的开始，勤学苦练，才能灵活于实际运用之中。第二，良好的身体素质与体能是技术运用的保证。篮球比赛速度日益加快，对抗争夺日益激烈，很多动作都是在快速中、高空中、身体接触中完成的，这不仅要求有全面、良好的身体素质，而且要有持续良好的机体机能，从而在整个比赛中争取时间与空间的主动，在身体对抗接触中控制好身体平衡，稳定地发挥技术水平。第三，良好的心理素质对技术运用有着极为重要的作用，主要包括篮球意识、意志品质和情绪，这在很大程度上决定着篮球技术的发挥。意识支配行动，对技术运用起着指向、抉择、支配作用，意志品质坚定、有信心克服困难对技术运用有着积极、激励的作用。情绪稳定，说明有很好的自控能力，能排除内部与外部的干扰和影响，保证技术动作的正常操作。激发斗志是发挥技术水平的先决条件。以上三点缺一不可，它们相互影响，相互促进，是篮球技术运用的基础。

## 二、篮球技术运用的特点

运用篮球技术，必须善于观察场上情况，准确判断，掌握时机、运用时机、创造时机，在行动中能根据具体情况，做到快慢结合、真假结合、刚柔结合、稳准结合，才能合理地、有效地运用技术、发挥水平，去争取比赛的主动与胜利。篮球技术运用的特点有：

### （一）快速性

篮球比赛速度日趋加快，双方在攻守交错中对抗，必须果断迅速地作出决断并付诸行动，否则错过时机，场上情况又会发生变化。机不可失，决断与行动必须迅速统一，这样才能取得主动与优势。

### （二）组合性

篮球技术在比赛中运用时，几乎都是动作组合的运用，而不是单个动作或固定程序的运用。必须根据不同情况，采用先后组合、同步组合、无球组合、有球组合等去应付比赛中各种各样的变化，去完成攻守的具体任务。

### （三）多变性

篮球技术运用不仅有动作组合的多样性，还在于行动中的多变性，表现在动作操作上的主变、应变、静中变、动中变以及在方向、速度、路线、节奏、幅度等方面的变化，最后达到准确性要求。实效与多变是技术运用的核心，也是最为突出的表现。

# 第三章 篮球技术教学与训练

世界篮球运动正朝着智博谋高、身高体壮、凶悍顽强、积极主动、快速机敏、全面准确和不同流派、风格及多种多样打法的方向发展,当前智、高、快、准、狠、变的内涵已被赋予新的内容和要求。所以,篮球技术教学与训练必须紧跟这一大趋势,树立正确的指导思想,运用科学的理论、方法和手段,循序渐进,贯彻从难、从严、从实战出发,科学组织大运动量的训练原则。同时要继承和发扬我国训练方面的成功经验,学习和借鉴国外的先进技术与训练方法,结合我国的实际,加以发展和创新,把思想作风、身体、意识、技术、战术、训练与比赛紧密地结合起来。

## 第一节 篮球技术教学与训练的任务

篮球技术教学与训练是指在教师、教练员组织下,学生或运动员积极参与,并掌握和不断完善专门动作技能,提高在比赛中运用能力和发挥才能的教育过程。

篮球技术教学与训练的主要任务:

一、使学习者掌握全面、正确的篮球基本技术动作,并达到规范、熟练的程度;

二、逐渐把已掌握的技术动作有效地组合,使之成为实用的进攻技术与防守技术;

三、提高在比赛条件下应答各种变化并合理运用技术的能力;

四、学习、掌握篮球技术理论知识,提高学生或运动员的分析能力,促进技术的改进、完善和创新;

五、根据个人特点,在全面发展的基础上形成特长技术。

篮球技术教学与训练,应根据教学过程中认识活动的规律来进行,同时也要遵循动作技能形成的规律、人体生理机能活动能力变化的规律和人体机能适应性规律,组织技术的学习和提高。在这个过程中,任何时候都有教学与训练的因素,都是动作方法和运用的信息接受与反馈,它包括接受技术模式的信息、形成动作表象、建立动作概念、发出指令、在练习中完成动作、反馈和调整动作。在学习与提高过程中,学习者的内在因素,特别是认知能力,主要包括感知、记忆、思维等心理能力,在篮球动作技能形成中,动作专门化感知程度,特别是"球感"对技能的形成和运用起着极为重要的作用。学习者对动作表象的记忆是形成和掌握篮球动作概念和运用知识的前提,动作概念是在表象基础上对动作属性进行抽象和概括,没有这方面的记忆,掌握动作技能几乎是不可能的。思维能力是人脑对客观事物本质特性的反映,它包括分析、综合、比较、抽象、

概括等。思维过程在动作技能形成中也具有重要作用。所以，学习者的认知能力在技术训练中同样需要加强培养和发展。

篮球技术是理想化的模式，它的合理性在于符合人体运动的生物学规律和力学规律。但它又具有相对性，一是个人的特点与差异，二是技术始终寓于动态的动作之中。在教学与训练中，必须考虑这些特点，并遵循前人在实践基础上总结出来的动作模式，也就是通常所说的动作规范。虽然个人完成技术动作的方式有所不同，各具风格，但事实上，动作模式的主要结构并没有改变，只不过在完成方式上搀进了个人性格特点，使之具有解剖上和生理上的特色。

## 第二节　篮球技术教学与训练的内容

从事篮球运动，要从学习篮球技术和掌握基本功入门。

篮球技术主要由移动、接球、传球、运球、投篮等动作组成。各类动作又有若干不同的动作方法和不同的完成方式。各种方法和方式的组合运用构成了进攻技术和防守技术两大部分。为了便于组织篮球技术教学与训练，这里把技术内容体系分为基础动作、进攻技术和防守技术加以叙述。

### 一、基础动作

基础动作是指篮球技术各类动作中具有共性的基本方法。是比赛中最常用、最典型、必须掌握的专门动作。基础动作是一种模式，有其科学性和合理性，具有完整的动作结构。通过基础动作的学习，能进一步掌握正确的技术结构以及操作方法。因此，必须狠抓基础动作教学，只有正确地完成基础动作，才能向高难技术和复杂动作发展。篮球基础动作方法有：

#### （一）移　动

移动是篮球技术的基础。篮球比赛中，队员几乎在全部时间里都处于动态中运用各类技术动作去完成攻守任务。队员为了争取比赛中的主动，经常要采取改变位置、方向、速度和争取高度等移动方法；为了控制支配球、投篮、争夺球的快速性、协调性和有效性，也需要移动技术的配合。篮球的移动技术都是在人体基本活动能力基础上发展起来的专门化动作，基本的动作方法有：

**1. 起动**

起动是队员在球场上由静止状态变为运动状态的一种起始的动作，是获得位移初速度的方法。在进攻中运用起动摆脱防守和防守中看住对手，保持或抢占有利位置。

从基本站立姿势开始，起动时，身体重心向跑动方向移动，以后脚（向前起动）或异侧脚（向侧起动）的前脚掌内侧突然用力蹬地，同时上体迅速前倾或侧转，手臂协调地摆动，充分利用蹬地的反作用力，迅速向跑动方向迈步（图 3-1、3-2）。起动后的两三步要短促而迅速地连续蹬地并以快速摆臂相配合，使之能在最短的距离内把速度有效地发挥出来。

图 3-1　起动　　　　　　　　　　　图 3-2　向侧面起动

### 2. 跑

跑是队员在球场上改变位置、发挥速度的重要方法，也是比赛中运用最多的一种移动动作。篮球场上的跑具有快速、多变的特点。在比赛中经常运用的跑有以下几种：

（1）变速跑。变速跑是队员跑动中利用速度的变换来争取主动的一种方法。加速跑时，要利用两脚突然短促而有力的连续蹬地，加快跑的频率，同时上体稍向前倾和手臂相应地摆动加以配合；减速跑时，利用前脚掌用力抵地来减缓快跑的前冲力，同时上体直起，保证身体重心的后移，从而降低跑速。

（2）变向跑。变向跑是队员在跑动中突然改变方向来摆脱防守或堵截进攻队员的一种方法。变向跑时（以从右向左变方向为例），最后一步右脚着地，脚尖稍向内扣，用前脚掌内侧用力蹬地，屈膝，腰部随之左转，快速移动重心，左脚向左前方跨出，这一步要快，右脚迅速随着跨出，继续加速跑动前进（图 3-3）。

图 3-3　变向跑

（3）侧身跑。侧身跑是队员向前跑动中为了观察球场上的情况，侧转上体，进行攻守行动的一种跑动方法。其动作方法只是在跑动中头部与上体侧转向球的方向，而脚尖要朝着前进方向,既要保持跑速或加速,又要完成攻守的动作。

(4)后退跑。是队员在球场上背对前进方向的一种跑动方法,是为了观察场上攻守情况。后退跑时,两脚提踵,用前脚掌交替蹬地提膝向后跑动,上体放松直起,两臂屈肘相应摆动,保持身体平衡,两眼平视,注意场上情况。

### 3. 跳

跳是队员在球场上争取高度及远度的一种动作方法。篮球比赛中很多技术动作需要队员在空中去完成。因此,队员要会单、双脚起跳,能在原地、跑动中和对抗条件下向不同方向跳、连续跳等,并要求跳得快、跳得高,滞空时间长,以便更好地在空中完成各种攻守动作。

(1)双脚起跳。起跳时,两脚开立,屈膝快速下蹲,两臂相应后摆,上体前倾。然后,两脚用力蹬地,伸膝、提腰,两臂迅速向前上摆,使身体向上腾起。上体在空中要自然伸展,收腰,下肢放松。落地时,用前脚掌先着地,并屈膝缓冲身体下落的重力,保持身体平衡,以便衔接下一个动作。双脚起跳多在原地运用,也可以在上步、并步、跳步和助跑情况下运用。

(2)单脚起跳。起跳时,起跳腿微屈前送,脚跟先着地,并迅速屈膝过渡到前脚掌用力蹬地,同时提腰摆臂。另一腿提膝积极上抬,借以帮助重心上移。当身体上升到最高点时,摆动腿放膝向下与起跳腿自然合并,使腾空动作协调。落地时,双脚要分开,注意屈膝缓冲,以便迅速完成其他动作。单脚起跳多在有助跑情况下运用。

### 4. 急停

急停是队员在跑动中突然制动速度的一种动作方法,它也是各种脚步动作衔接和变化的过渡动作。比赛中急停多是与其他技术结合在一起运用。急停的动作有两种:

(1)跨步急停(两步急停)。队员在快速跑动中急停时,先向前跨出一大步,用脚跟先着地过渡到全脚抵住地面,并迅速屈膝,同时身体微向后仰,后移重心。然后,再跨出第二步,脚着地时脚尖稍向内转,用前脚掌内侧蹬地,两膝弯曲,身体稍有侧转,微向前倾,重心移至两脚之间,两臂屈肘并自然张开,帮助控制身体平衡(图3-4)。

图3-4 跨步急停

（2）跳步急停（一步急停）。队员在中慢速移动时，用单脚或双脚起跳（一般离地面不高），上体稍后仰，两脚同时平行落地。落地时全脚掌着地，用前脚掌内侧蹬住地面，两膝弯曲，两臂屈肘微张，以保持身体平衡（图3-5）。

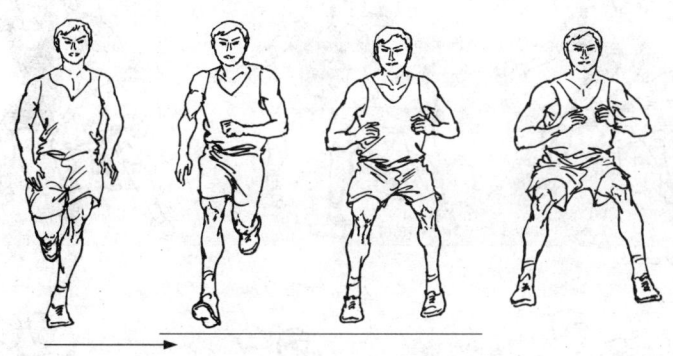

图3-5 跳步急停

## 5. 转身

转身是队员以一脚蹬地向前或向后跨出的同时，另一脚做中枢脚进行旋转而改变身体方向的一种动作方法。转身在比赛中运用比较广泛，经常与其他技术动作组合运用。

转身时，重心移向中枢脚，另一只脚的前脚掌蹬地，同时中枢脚以前脚掌为轴用力碾地，上体随着移动脚转动，以肩带动向前、向后改变身体方向。在身体移动过程中，要保持身体重心平稳，不要起伏。转身后，重心应转移到两脚之间。转身可分为前转身和后转身：

（1）前转身。移动脚蹬地，在中枢脚前方（身前）进行弧形移动的叫前转身（图3-6）。

图3-6 前转身

（2）后转身。移动脚蹬地，在中枢脚后方（身后）进行弧形移动的叫后转身（图3-7）。

图 3-7　后转身

行进间运用后转身，是在靠近对手时以前脚为中枢脚旋转，后脚蹬地做后转身。由于跑动中惯性的关系，要适当减速，加大中枢脚碾地的力量，从而加快旋转的速度。要注意控制重心，保持身体平衡。

### 6. 跨步

跨步是一种起步的动作方法。跨步的动作方法是以一脚为中枢脚，另一脚向前或向侧方跨出，以便衔接其他动作。

### 7. 滑步

滑步是防守移动的一种主要方法，它易于保持身体平衡，可向任何方向移动。滑步可向侧、向前和向后进行滑动来阻截对方的移动。

（1）侧滑步。两脚平行站立，两膝较深弯曲，上体微向前倾，两臂侧伸。向左侧滑步时，右脚前脚掌内侧蹬地，左脚向左（移动方向）跨出，在落地的同时，右脚紧随滑动，向左脚靠近，两脚保持一定距离，左脚继续跨出。在滑步时，要保持屈膝低重心的姿势，身体不要上下起伏，重心保持在两脚之间，眼要注视对手（图3-8）。向右侧滑步时脚步动作相反。

（2）前滑步。两脚前后站立。向前滑步时，后脚的前脚掌内侧蹬地，前脚向前跨出一小步，着地后，后脚紧随着向前滑动，保持前后开立姿势（图3-9）。

图 3-8 侧滑步

图 3-9 前滑步

（3）后滑步。后滑步动作方法与前滑步相同，只是向后方移动。

（4）滑跳步（碎步）。多用于外线防守。动作方法是两脚平行开立，稍比肩宽，两膝保持弯曲。移动时，不停顿地以前脚掌蹬地，用小而快的步法向左、右、前、后移动。移动时步幅小（小半步），保持平步防守姿势，上体不要起伏。

8. 后撤步

后撤步是变前脚为后脚的一种起步方法。队员为了保持有利位置，特别是当进攻队员向自己前脚外侧持球突破或摆脱时，常用后撤步移动堵截，并与滑步、跑等结合运用。

撤步时，用前脚掌内侧蹬地，腰部用力向后转体，前脚后撤，同时后脚的前脚掌碾地，当前脚后撤着地后，紧接滑步，保持身体平衡与防守姿势（图 3-10）。后撤角度不宜过大，动作要迅速，身体不要起伏。

图 3-10 后撤步

### 9. 攻击步

攻击步是防守队员突然向前跨出的一种动作。这种步法是利用后脚蹬地，前脚迅速向前跨出，逼近对手。运用攻击步时，用与前脚同侧的手伸出抢球、打球或干扰对手的进攻动作。

### 10. 绕步

绕步有绕前步和绕后步两种。做绕前步时（以从右侧绕前防守时为例），右脚向右斜前方跨出半步，左脚迅速蹬地绕过对手向侧跨出或跃出。腰、胯要用力，手臂根据防守的需要做出相应的阻挠、伸展、挥摆动作。绕后步的动作与绕前步相同，只是向后方跨步绕过。

在篮球比赛中，影响移动动作效果的因素有：

第一，准备姿势。队员在球场上需要有一个既稳定又易动的准备姿势，以利迅速、协调地进行移动去完成各种攻守行动。准备姿势是指队员的站立姿势，正确的姿势是两脚前后（或左右）开立，两脚间距离与肩同宽，脚掌着地，两膝弯曲（大小腿之间的角度在 135°左右），身体重心的投影点落在两脚之间，上体微向前倾，两臂屈肘自然下垂置于体侧（准备接球或持球），两眼注视场上情况。

第二，身体平衡。身体平衡是成功完成篮球技术的必要条件。人体的平衡与支撑面大小成比例，头部位置在支撑面中点的垂直上方。平衡又与身体重心离地面的高低有关，即便是在场上奔跑，也要降低身体重心。稳定角也是平衡的要素之一，它是重心作用线（重心垂线）和重心到支撑面边缘相应点之间的夹角。稳定角大，稳度也大；稳定角小，稳度也小。控制身体平衡还需要中枢神经系统的作用，它能使运动员感受身体在空间的位置，更好地支配肌肉，改变身体姿势，并协调身体各关节的关系来维持身体平衡。

第三，蹬地用力。任何一种移动，人体必须对地面施加力的作用，并利用地面的支撑反作用力，也就是通过脚蹬地、碾地、抵地的力来实现。这些力的大小和方向决定着人体所得到的加速、减速、旋转、制动、滑动、腾空等位移的变化。蹬地的力决定移动的速度与方向。蹬地角度与身体重心移动的距离有关，蹬地角度是指力的作用点指向身体重心连线与地面所成的夹角。夹角越小，重心投影点与力的作用点距离越远，所产生的水平分力越大；反之，夹角越大，产生的垂直分力越小。力的作用点与重心同在一垂直线上，则人体向上起跳，在重心之后则向前移动，在重心之前则向后移动或制动人体前移。

第四，协调配合。移动中如果没有身体各部分的协调配合是难以适应比赛变化要求的。协调配合不仅反映在髋、膝、踝关节的预先弯曲和主动伸展上，还需要头、上肢、躯干和下肢各部位的动作相互配合，协调用力，使人体内力和外力很好地结合，控制用力方向和角度，充分利用反作用力和惯性来克服阻力，这样才能正确、迅速地完成不同的移动技术，提高移动的突然性、快速性和灵活性。

## （二）接　球

接球是篮球运动中的主要技术之一，是获得球的动作，是抢篮板球和抢断球的基础。在激烈对抗的比赛中，能否采用正确的动作牢稳地接球，对减少传球失误、弥补传球不足，以及截获对方传球等都有非常重要的作用。接球有双手接球和单手接球两种：

### 1. 双手接球

双手接球是最基本的接球方法，也是在比赛中运用最多的动作之一。其优点是握球牢稳，易于转换其他动作。双手接球时，两眼注视来球，两臂伸出迎球，手指自然分开，两拇指成八字形，手指向前上方，两手成一个半圆形。当手指触球后，两臂随球后引缓冲来球的力量，两手握球于胸腹之间。保持身体的平衡，做好传球、投篮或突破的准备。来球的高度不同时，两臂伸出迎球的高低也有所不同（图3-11、图3-12）。

图 3-11　双手接中部位的球

图 3-12　双手接高部位的球

### 2. 单手接球

单手接球控制的范围大，能接不同方向的来球。但是单手接球不如双手接球牢稳，因此，在一般情况下应尽量用双手接球。如用右手接球，则右脚向来球方向迈出，两眼注视着来球。接球时，手掌成勺形，手指自然分开，右臂向来球的方向伸去。当手指触球时，手臂顺势将球向后下引，左手立即握球，双手将球握于胸腹之间，保持基本持球姿势（图3-13）。

图3-13 单手接球

接球是终止球在空中运行的方法。不论是双手或单手接球，都必须沿着球飞行的相反方向对球施加相应的阻力，使来球的速度减弱为零。球作用在手上的力与手的缓冲距离有一定的关系（功＝力×距离），接球时减小这个力就要增大对这个力的作用距离。伸臂屈肘迎球和顺势向后引球，进一步屈肘缓冲，正是减弱来球力量至零的过程。如果来球力量较大，速度较快，则要加大迎球幅度，以便有更长距离来缓冲。

### （三）传　球

传球是篮球比赛中进攻队员之间有目的地转移球的方法，是进攻队员在场上相互联系和组织进攻的纽带，是实现战术配合的具体手段。传球技术的好坏，直接影响战术质量的高低和比赛的胜负。准确巧妙的传球，能够打乱对方的防御部署，创造更多、更好的投篮机会。

传球动作方法分双手传球和单手传球，双手传球以双手胸前传球为基本动作方法，单手传球以单手肩上传球为基本动作方法，具体动作方法如下：

### 1. 双手胸前传球

双手胸前传球是比赛中最基本、最常用的传球方法，用这种方法传出的球快速有力，可在不同方向、不同距离中使用，而且便于和投篮、突破等动作结合运用。

双手持球的方法是两手手指自然分开，拇指相对成八字形，用指根以上部位持球，手心空出（图3-14）。两肘自然弯曲于体侧，将球置于胸腹之间的部位，身体成基本站立姿势。传球时，在后脚蹬地、身体重心前移的同时前臂迅速向传球方向伸出，拇指用力下压，手腕前屈，食指和中指用力拨球将球传出（图3-15）。球出手后身体迅速调整成基本站立姿势。传球距离近，前臂前伸的幅度小。远距离的传球，则需加大蹬地、伸臂和腰腹的协调用力；传球距离越远，蹬地、伸臂的动作幅度越大。

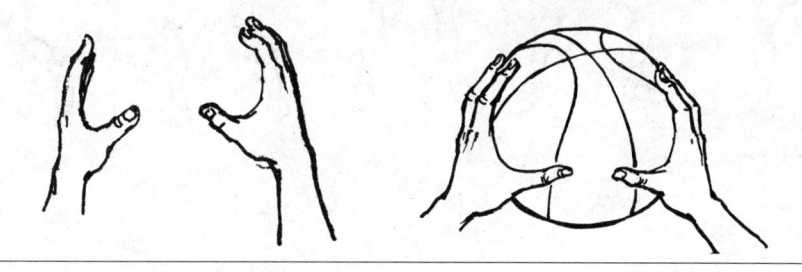

图3-14 双手持球方法

图3-15 双手胸前传球

双手胸前传球可在原地和跑动中进行。跑动中双手胸前接球和传球是一个连贯动作。接球时手、脚动作必须协调配合。一般是左（右）脚上步接球后，右（左）脚上步，左（右）脚抬起在落地前出球。传球的动作过程是双手接球后迅速收臂后引，接着迅速伸前臂，手腕前屈，手指拨球，将球传出。

### 2. 单手肩上传球

单手肩上传球是单手传球中一种最基本的方法。这种传球的力量大，速度快，常用于中、远距离传球。

传球时（以右手传球为例），左脚向传球方向迈出半步，右手托球，同时将球引到右肩上方，肘部外展，上臂与地面近似平行，手腕后仰。左肩对着传球方向，重心落在右脚上，右脚蹬地，转体，右前臂迅速向前挥摆，手腕前屈，通过食指、中指拨球将球传出（图3-16）。球出手后，右脚随着身体重心前移而向前迈出半步，保持基本站立姿势。

图3-16 单手肩上传球

传球动作方法很多，除双手胸前传球和单手肩上传球两种基本方法外，还有双手低手、双手头上、单手低手、单手胸前、单手背后、单手体侧和勾手传球等。

传球是将球从自己手中抛射向同伴手中的位移运动，不论是双手或单手，给予球作用力的大小和时间长短都决定球的飞行速度和距离。传球的方向取决于手对球作用力的作用点位置和腕、指动作（一般在球体后方，与传球方向相反）。出手角度应略高于水平方向，以克服飞行过程中重力对球的影响。出手速度取决于传球动作开始前动作的速度和作用力。传球应优先使用屈腕弹指和伸肘肌肉的力量，它们是能最快速发力的部位。长传球时，才使躯干和腿部肌肉参与工作，作用时间也较长。传球的屈腕弹指动作，会使球在飞行中产生一定的旋转。传球出手高度是由传球者的身体特征和选择的传球方式所决定的。在传球动作方法中，前臂的动作有伸、摆、绕等不同的用力方法。运用这些方法可以增加出球点，扩大出球面。由于传球目标的距离和方向的不同，所以传球用力的大小和用力方向也有所不同。传球目标距离远，用力大；目标距离近，用力小。传平直方向的球是向正前方用力，传高球是向前上方用力，传低球是向前下方用力。由于传球用力的方向不同，使球在空中呈直线、弧线或折线飞行。传球时，应根据接球队员的位置和移动速度，决定传球的用力大小和用力方向。一般将球传到接球队员的胸部位置，如将球传给移动中的队员，则应判断队员的移动速度，要做到人到球到，人球相遇。

### （四）运  球

运球是持球队员在原地或行进中，用单手连续按拍由地面反弹起来的球的一类动作方法，是篮球比赛中个人进攻的重要技术，它不仅是个人摆脱、吸引、突破防守的进攻手段，也是发动、组织战术配合的重要桥梁。运球是否熟练是控制支配球能力强弱的一个标志。通过不断练习运球，能促进队员熟悉球性，增强手对球的感应。随着篮球技术的发展和竞赛规则的修订，放宽了手对球吸附过程的尺度，运球动作及其运用都发生了

很大的变化。运球的基本动作为:

**1. 身体姿势**

两膝保持相应的弯曲,上体稍向前倾,抬头,注视场上的情况。

**2. 上肢动作**

以肩关节为轴,肘部自然放松,上臂发力,五指分开以扩大控制面,用手指和指根部位及手掌的外缘接触球,按拍球时手心应空出。按拍球的部位由运球的方向和速度来决定,按拍部位不同,球的落点不同,球的入射角与反射角也不同。按拍球的力量大小决定球从地面反弹的高度和速度。按拍球时,应随球上下迎送,尽量延长吸附球的时间,这样有利于控制支配和保护球,便于改变动作和观察场上情况。

**3. 下肢配合**

运球一般是在移动中进行的,既要使移动速度与球运行速度一致,又要保持合理的动作节奏,并注意身体重心的控制。动作的协调一致关键在于按拍球的部位、选择的落点和运用力量的大小。手臂动作的变化要与脚步动作、身体姿势改变同步进行,以使整个运球动作协调地完成。

运球的种类很多,有高运球(图3-17)、低运球(图3-18)、运球急停急起(图

图 3-17 高运球

图 3-18 低运球

3-19)、体前变速变向运球（图 3-20）、背后运球（图 3-21）、转身运球（图 3-22）、胯下运球（图 3-23）等动作，运用不同运球动作的交替组合与变化，能使运球更具有突然性、攻击性和实效性。

当前，运球动作由以肘为轴改变为以肩为轴，迎送球动作幅度加大，球附着于手上的时间加长，有利于对球的控制。球的落点在身体的侧后方，远离对手以利于保护球，更具有实效性和多变性。根据球场上情况和本队战术的需要，适时而恰当地运用运球，对全队进攻能起到较大的促进作用。

图 3-19 运球急停急起

图 3-20 体前变速变向运球

第三章 篮球技术教学与训练

图 3-21 背后运球

图 3-22 转身运球

图 3-23 胯下运球

### (五)投 篮

投篮是队员将球投入篮圈的一种专门动作,它是篮球比赛中惟一的得分手段,是一切进攻技、战术的最终目的和全部攻守矛盾的焦点。因此,加强投篮技术的教学与训练,正确掌握并熟练运用投篮技术,不断提高投篮命中率,是对教练员和运动员的最基本要求。投篮的基本方法有:

#### 1. 原地单手投篮

原地单手投篮是最基本的单手投篮方法,其他各种单手投篮方法大都由此演变而来。动作方法(以右手投篮为例)是:双脚原地开立,右脚稍前,身体重心落在两脚中间,屈肘,手腕后仰,掌心向上,五指自然张开,持球于右眼前上方,左手扶球侧,两膝微屈,上体放松并稍后倾,目视瞄篮点。投篮时下肢蹬伸,同时依势伸腰展腹,抬肘上伸前臂,手腕前屈带动手指弹拨球,最后通过食指、中指柔和用力将球投出,球离手后右臂应有自然跟进动作(图3-24)。

图3-24 原地单手投篮

#### 2. 行进间单手投篮

行进间单手投篮是比赛中广泛应用的一种投篮方法。一般多在快攻或切入篮下时运用,俗称跑动中投篮。最基本的动作是单手肩上投篮,动作方法(以右手投篮为例)是:当球在空中运行时,右脚向来球方向或投篮方向跨出一大步,同时接球,左脚向前跨出一小步,脚跟先着地,上体稍后仰,然后迅速过渡到前脚掌着地,并用力蹬地起跳,右腿屈膝上提,左脚蹬离地面。同时双手向前上方举球,腾空后,右臂向前上方伸展,腕、指动作同原地单手投篮(图3-25)。投篮出手后,两脚同时落地,两腿弯曲,以缓冲落地的力量。

图 3-25　行进间单手高手投篮

### 3. 跳起单手投篮

跳起投篮简称跳投，这里主要指跳起单手投篮，其出手动作与原地单手投篮基本相同，只是在动作结构上增加了起跳部分，投篮动作要在空中完成（图 3-26）。目前，跳起单手投篮已成为篮球运动员普遍采用的主要得分手段，它可以在不同距离、各种角度下运用，方法多样，相机应变。可以高跳高出手，快跳快出手；可以利用侧跨步、后撤步或转身远离对手起跳；也可以贴身跳投和跳起后在空中利用后仰、闪、躲、换手或变高手为低手投篮等，实战价值极高。

图 3-26　原地跳起投篮

原地跳起单手肩上投篮的动作方法（以右手投篮为例）：双手持球于胸腹之间，两脚左右（或前后）开立，两膝微屈，身体重心落在两脚之间，上体放松，眼睛注视篮圈。起跳时两膝适当弯曲（两脚前后开立时也可上一步再做此动作），接着脚掌蹬地发力，提腹伸腰，向上迅速摆臂举球并起跳，双手举球于肩上或头上，左手扶球左侧。当身体升至最高点或接近最高点时，左手离球，右臂向前上方伸直，同时用突发性力量屈腕、压指，使球通过指端投出。球离手后身体自然落地，屈膝缓冲，准备冲抢篮板球或回防。

投篮是将球抛掷入安置在篮板上并与地面平行、离地面 3.05 米高的篮圈之中。由于投篮的出手点一般低于篮圈的高度（扣篮及特殊的投篮除外），而要将球投进篮圈之中，就必须有正确的持球方法、瞄篮点、全身的协调用力、合理的出手角度和出手速度、规律性的旋转、适宜的飞行弧线和入篮角度。

**第一，持球方法。** 正确的持球方法是掌握投篮技术的前提，也是合理运用投篮技术最基本最重要的条件之一。投篮时的持球应符合下列要求：使球尽可能在手中保持稳定，便于与其他攻击技术结合，有利于球出手时合理、准确地用力。以单手投篮的持球法为例：手腕后仰，掌心向上，五指自然分开，用指根以上部位触球，空出手心，肘关节自然下垂，另一手扶球的侧上部，举球于同侧头或肩的前上方。从解剖学角度分析，持球时应适当增大手腕后仰角度，即持球或球出手引腕后仰时，手腕后仰角度越大，屈腕主动肌牵拉越长，则完成环节运动的条件越好，它有助于出球时均匀发力和球出手后的飞行弧线（图 3-27）。

图 3-27　单手投篮持球方法

图 3-27-1 为投篮出手前上肢各部位的完整持球结构。图 3-27-2 是手掌的正确托球方法，即拇指、食指、中指自然分开，以扩大对球体的支撑面，指根及其以上部位都能触及球，球体的重力作用线近乎落在食指和中指的指根部位，这样不仅可以增强持球的稳定性，而且有助于球出手时均匀、柔和地发力。

持球时易犯的错误是：（1）五指没有张开，拇指与小指间的距离较短，使得支撑面减小，从而减小了横轴方向的稳定性。（2）掌心触球，使屈腕用力时阻力臂增大，影响到手指的拨球，这样不仅会延误球出手时间，而且容易形成推球动作。（3）只用手指持球，使手接触球的面积减小，既影响纵轴方向的稳定性和腕、指发力，又会在球出手时形成抓球动作。

**第二，瞄篮点**。瞄篮点是指运动员投篮时的瞄准点。有了正确的瞄篮点能使运动员在瞬间目测出篮圈的精确方位和距离，从而决定相应的出手力量、飞行弧线和落点。投空心篮的瞄篮点一般为篮圈前沿最近的一点；碰板投篮的瞄篮点在篮板的正面，根据投篮角度、距离、力量和飞行弧线的不同而有所区别（图 3-28），运动员要因势变化，善于根据情况随时调节碰板投篮的瞄篮点和出手力量。不论选择何种瞄篮点，投篮训练时运动员都应以既定的瞄篮点为参照，只有经过较长时间的反复体验，才能形成出手用力习惯，达到运用自如的效果。

图 3-28　碰板点示意

**第三，协调用力**。投篮出手用力是指投篮时身体各部位综合、协调的用力过程，它是整个投篮动作的关键环节。以原地单手投篮为例，力的聚合是从投篮准备姿势开始的，力量的起点源于投篮前的基本站法和身体平衡，由下肢蹬地发力，然后沿着投篮出手的方向伸展身体，特别是借助脊柱伸展的惯性促使下肢、躯干和上肢连贯、协调配合，将身体各部位肌肉的力量最后积聚于手臂、手腕和手指部位，以伸展手臂、手腕的前屈及手指的弹拨动作将球投出。任何一种投篮方法，最后都是运用肩、肘、腕、指关节的活动来实现的。不同的投篮方法主要由肩、肘关节的活动和角度而定。例如：单手头上投篮和单手肩上投篮的区别，主要是肩、肘关节的屈、伸角度不同；行进间单手高手投篮与低手投篮的差异，主要体现在肩关节的前屈和肘关节的内、外旋方向不同；而行进间的篮下背向反手投篮，则必须充分前屈肩关节和外旋前臂，上臂几乎同地面垂直。在球出手的一瞬间，手指最后作用于球体的力值大小、方向和作用位置等决定着球的出手角度、速度和旋转。可见，伸臂举球，特别是手腕翻转、抖屈和手指弹拨作用于球的力量是投篮发力的关键，是功能性动作。肩、肘关节在最后用力中主要是配合腕、指动作，它们的动作就其运动性质而言，应该是一个匀加速曲线运动。匀加速运动的特点是在间隔相等的时间里速度的增长是相等的，这就要求在伸臂和屈腕时不能分先后，更不应忽动忽停，而必须协调连贯、柔和舒展、一次完成整个动作（突然改变投篮方向和方法除外）。手指、手腕用力是最后作用于球体的环节，最后用力直接影响投篮效果。手指用力与手腕前屈动作是一个整体，手腕前屈是主动工作，手指用力是跟随手腕前屈做被动工作（因指关节几乎没有屈伸动作，故没有独立做机械功的条件）。图 3-29 显示了腕、指的用力情况，$G$ 是球体的重力，$F_1$ 是球体运动瞬间作用于手指的惯性阻力，$F$是手指依靠手腕主动工作（屈腕）形成的被动弹力，它克服球体惯性阻力 $F_1$ 和重力 $G$，并推动球体离手飞行。在力 G 和 $F_1$ 的作用下，手指便类似于弹簧被压缩而引起弹性形变，这个弹力就是 F 本身。球出手后，由于球体阻力消失，手指、手腕会显得十分放松。有些初学者或运动员不会使用这种力量，便会出现手指动作僵硬或产生多余动作（如抓球等），这都不利于投篮的命中。

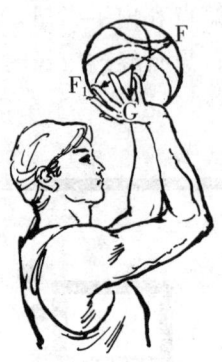

图 3-29　单手肩上投篮腕、指用力示意

**第四，出手角度与出手速度**。出手角度是指投篮时球离手一瞬间球体重心飞行轨迹的切线与出手点水平面所形成的夹角，它决定球在空中的飞行弧线和入篮角的大小。如前所述，出手角度主要依靠手指最后作用于球体力的方向和作用点来调节。作用点（即出球点）的高低，可以看成是产生上下偏角的条件，用力方向则是主要依据。如果出手点过低，出手角度就不可能大。只有在保证用力方向的前提下，保持合理的出手角度并与特定的出手速度相配合，才能使球沿着理想的弧线飞行而落入篮圈。据测定，6～7米外远距离投篮的出手角度为 50°～55°，5 米前后的中距离投篮出手角度约为 70°。应当注意的是，出手角度并非一成不变，它因投篮人的身高、投篮方法以及出手速度等不同而变化。

出手速度是指投篮出手的一瞬间，身体各部位的综合肌力经过手腕和手指的调节而使球离手进入空间运行的初速度。现代投篮技术发展的显著特点之一便是动作突然，出手速度快而合理。投篮出手速度首先取决于身体协调、综合用力的大小及腕、指用力的调控，而手腕的翻转、抖屈和手指弹拨球动作的柔韧性、突发性和连贯性是取得合理出手速度的关键。投篮出手速度的运用，应立足于既提高出手角度，又加快出手速度，并善于根据不同方位、距离、投篮方法及防守形势等具体情况，在投篮用力的部位、力量大小和投篮动作的幅度与速率等方面进行合理调控，或适当增大出手角度，提高出手点；或加大下肢蹬伸力量，加快伸臂举球动作速度；或加大出手瞬间腕、指作用于球体的力量及速度等。惟有如此，才能有效地避开防守封盖并保证球在空中获得适宜的飞行弧线，取得较佳入篮角。

**第五，球的旋转**。球的旋转是指投篮队员使球在空中飞行时产生的各种规律性旋转状态。球的不同旋转方向和速度主要取决于手指的最后用力动作。一般来说，在中、远距离投篮时，都应使球向正后方向旋转。后旋球不仅能保持合适的飞行弧线，使球获得理想的入篮角，而且在球触及篮板或篮圈后沿时也利于向下反弹落入篮圈。不同的旋转方向对各种篮下投篮也有帮助，尤其对失去角度的篮下投篮，不同旋转的碰板球往往能产生令人莫测的投篮效果。为了使球的旋转规律更好地服务于提高投篮命中率，运动员应在实践中不断总结经验，熟悉各种旋转球的性能。

**第六，投篮弧线和入篮角。** 投篮弧线是指球离手在空间飞行时形成的一条运动轨迹，亦称抛物线。弧线高低取决于投篮的出手角度和出手速度，投篮距离和出手高度也与弧线高低有紧密关系。不同的投篮弧线产生不同的入篮角和入篮截面，因此，它对投篮命中率有直接影响。人们习惯将投篮弧线分为高、中、低三种（图3-30）。实践证明，中等投篮弧线是最理想的，它的入篮角适中，球与篮圈的径向间隙可达最大值，球心与篮心的偏差最小（图3-31）。中、远距离投篮球离手时一般应使上臂与身体的垂直线成30°角左右，弧线最高点在篮圈水平面上方1.2~2米为宜。但由于运动员的身高、投篮距离、投空心篮与碰板投篮的不同及受防守干扰等原因，投篮弧线不可能是一种模式。运动员要从实战出发，既熟练掌握投篮弧线的一般规律，又善于区别情况，相机处理。

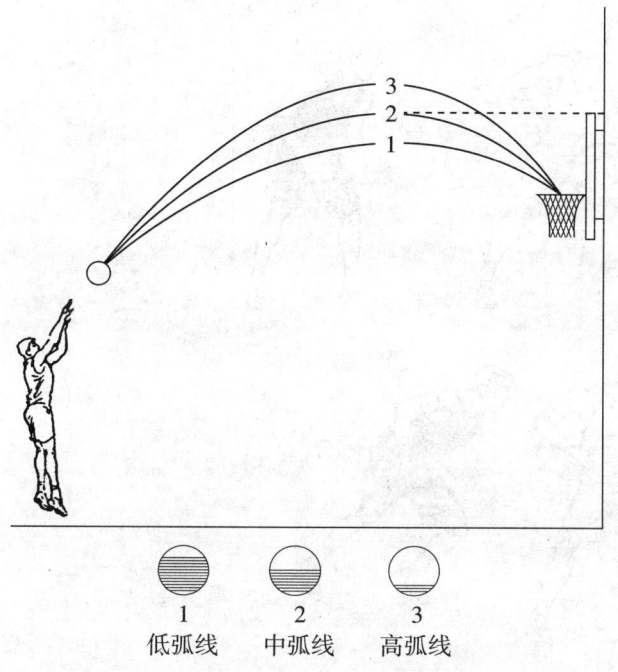

图3-30　原地跳起右手单手投篮的抛物线示意

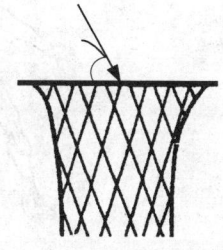

图3-31　入篮角示意

## （六）抢球、打球、断球

抢球、打球、断球是具有攻击性的防守动作，也是防守对手时获得球的重要手段。比赛中抢球、打球、断球的成功，不仅破坏了对方的进攻，鼓舞了本队的士气，而且为由守转攻和发动快攻创造了有利的战机。

有效的抢球、打球、断球，是建立在准确的判断、迅速的移动及正确的手部动作的基础上，也是同伴之间相互协作的结果。准确的判断就是首先看准球的所在位置、球的移动路线以及球的速度和球到的位置，了解对方的配合、意图及习惯动作，然后不失时机、准确出击；迅速的移动就是移动的步频要快，起动要突然，不管抢球、打球或断球，突然性都很重要，突然跃出，接近对手，才能使对手猝不及防；正确的手部动作是获得球的重要因素，比赛中，在看准时机时，手臂的伸、拉、挡、截，手腕和手指的拍击、点拨、扭转、封盖等动作要迅速果断，但手臂动作幅度不要太大，身体用力不要过猛，要控制身体平衡，以免犯规。抢球、打球、断球不成功时，要以最快的速度恢复正确的防守姿势和重新选位。

### 1. 抢球

抢球是从进攻队员手中夺球。抢球时首先要接近持球队员，看准持球的空隙部分，双手突然抓住球用猛拉或转拖的动作，将球抢过来。运用时要抓住持球队员注意力分散、转身、由空中获球下落、运球停止等时机，两手握球要准而快，用力要突然，要有迅雷不及掩耳之势（图3-32）。

图3-32 抢球

## 2. 打球与盖帽

打球是打掉进攻队员手中球。有打掉原地持球队员手中的球（图 3-33）、打掉运球

图 3-33 打掉原地持球队员手中的球

队员手中的球（图 3-34）和打掉上篮队员手中的球（图 3-35）。打球时接近对手是前

图 3-34　打掉运球队员手中的球 　　　　图 3-35　打掉上篮队员手中的球

提，要掌握好时机，根据对手持球部位的高低和走势、运球时球反弹的方向与速度、投篮举球到出手前的过程等，分别由下向上、由上向下或从侧面快速伸出前臂用腕、指的力量拍击球，动作要快而短促。

盖帽是防守投篮出手后的打球技术，即球投出正处于上升阶段时，防守队员将球拍打掉的动作技术。当前盖帽技术有很大的发展，随着运动员的身高和弹跳素质的增长、判断能力的提高，这一技术已成为防投篮最有威胁的手段。在不同情况下可以采用按压式、上挑式、侧击式、封盖式进行拍打球。盖帽的基本要领是：降低身体重心，快速移动，选择有利方位，判断对手起跳和投篮出手时间，及时起跳。手臂和身体充分伸展，用前臂、手腕、手指动作打球，动作要短促有力（图3-36）。

图3-36 盖帽

### 3. 断球

断球是抢获对方传球过程中飞行的球的方法。根据防守队员与对手之间的位置关系，有横断球、纵断球和封断球。不论是从接球对手的侧面或后面进行断球，还是封堵传球队员的传球，都要有积极的移动步法来配合，跃出获球或接近封堵都要准确地判断传球队员传球出手的瞬间。横断球和纵断球要注意跃出的步法，蹬地要快而有力，用身体将接球对手挡在后面。封断球则要求手臂拦截动作快速。截获球后要注意身体平衡，迅速转入下一个动作，反守为攻（图3-37、图3-38）。

图 3-37 横断球

图 3-38 纵断球

## 二、进攻技术

进攻技术是指比赛中具有进攻效果的、实用的动作以及动作多元组合。篮球比赛中队员经常运用两个或两个以上的单个技术动作组成的动作系列去完成具体的进攻任务。这些动作是从运动员在比赛中灵活运用总结出来的有效的动作方法，是篮球技术训练所期求的，也是他们创造性实践的结果，亦称组合技术。实质上就是比赛实用的进攻技术，并为广大教练员所认可和运动员广泛地运用。这些进攻技术是：

### （一）摆脱与切入

摆脱是甩开对手的移动方法，目的是占据有利位置去获球、切入或吸引牵制对方，这是实现进攻意图的第一步。摆脱是移动动作和假动作的动作组合，是队员无球时必备的行动能力。可以利用快速起动、虚晃起动、下压后撤、急起急停、变向转身等组合动作去主动选择位置，达到摆脱对手的目的。摆脱要掌握时机，动作要突然，迫使对手失控而争取主动。例如下压摆脱，如图3-39所示。

切入是快速向篮下的移动方法。摆脱是切入的前提，切就是快，快如刀切；入就是向篮下腹地、向有效攻击区进入，目的是接球攻击。切入是摆脱与快跑、侧身跑等动作的组合，也是无球队员进攻时必备的行动能力。切入有纵切、横向、背切、绕切等。切入主要是起动后的加速跑，始终领先对手的位置，随时准备接同伴传来的球，以便获球攻击。例如背切，如图3-40所示。

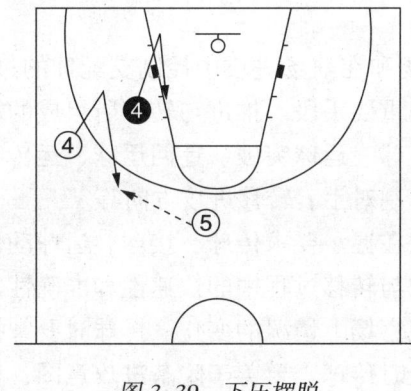
图3-39　下压摆脱

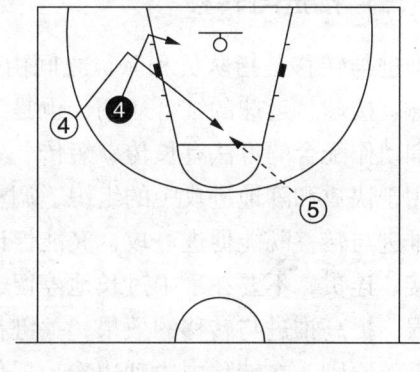
图3-40　背切

摆脱与切入都要求掌握时机，快速而果断，运用中要有谋略，做到动静结合、快慢结合、真假结合。起动时要观察分析对手位置与重心转移，动作要突然、快速。注意摆脱后动作的衔接、切入后行动的选择与处理，提高无球行动的能力。

### （二）获得球

获得球是指摆脱后的接球，是进攻中最基本的能力之一。在攻守对抗的情况下，获得球必须与摆脱紧密结合。实质上，就是选择位置接球，是进攻的前奏，它是一种过渡性的技术动作，需要观察场上情况和持球同伴的动态以及相互的默契，进攻队员有球时才更有威胁。获得球有以下几种情况：

### 1. 选位获球

一般来讲这是对防守威胁不大的在外线接球，即便如此，还是需要摆脱，拉开距离，以利稳妥地接球。多采用向侧面跑或迎着球方向跑的方法。

### 2. 抢位获球

适时地占据有利位置接球，利用篮球规则"谁先通过谁有理"的原则捷足先登。一般多运用于由外向内或在内线接球。

### 3. 抢前获球

即与对手争夺靠前的位置接球，利用跨步、绕步、转身、跃出等动作，以背对或侧对的方法用身体挡住对手，并抢在对手前面。一般在对付对手紧逼或在有效攻击区内经常运用这种抢前获球的动作。

接球要迎着来球方向去接，要判断来球的力量、速度和落点，尽量用双手接球，注意保护球和身体平衡。在外线接球后应面对防守对手，做好"三威胁"（可投、可传、可突）的姿势，以利迅速转入下一个进攻动作。

获得球的训练，应在场上不同位置组织练习，要与摆脱、传球、运球、投篮等技术的训练结合进行，同时要强调动作与动作之间的衔接、身体姿势与平衡。

### （三）推进与转移

推进与转移是指队员和队员之间由后场到前场和在前场进攻中控制支配球的过程，是传球、接球、运球的结合运用，也是组织进攻的重要手段。推进与转移所组成的动作组合和动作配合的方法有长传、短传、外线迂回传球、运球突破、迂回运球、运传结合等，用于快攻和阵地进攻中的组织、调整阵形、牵制对手、转移进攻方向等。

推进与转移既能促进进攻，又能保证控制球权在握。要求传球、接球、运球动作之间衔接、连贯，不要在手中过长地停留，强调推进与转移过程中的快速性和准确性，避免失误。提高推进与转移的效果，关键在于随时观察场上情况的变化。传球时要掌握先远后近的原则，在转移中边动边看，抓住战机，及时传球。要善于隐蔽进攻意图，做到声东击西，真假结合。要结合两三人的配合训练，提高传球、运球的技巧，做到轻重、高低、快慢适度，运用时机得当。

### （四）突　破

突破是持球者突然起动或以假动作诱惑防守者身体失去平衡，运用特殊的运球摆脱对手的防守，达到个人攻击的目的。它是进攻中具有攻击性的手段，是传球助攻和突破投篮得分的前奏。突破有原地持球突破和运球中突破等。原地持球突破可分为原地交叉步运球突破和原地同侧步运球突破两种（图3-41、图3-42）。

图 3-41 原地交叉步运球突破

图 3-42 原地同侧步运球突破

持球突破是持球队员运用脚步动作和运球技术快速超越对手的一项攻击性很强的技术。持球突破技术动作主要由蹬跨、侧身探肩、推放球和加速等几个环节所组成。

蹬跨：原地持球队员必须迅速、积极有力地蹬地才能迅速起动突破对手。在突破时，屈膝降低重心并前倾上体，使重心前移，从而提高移动的水平速度。重心前移与积极有力蹬地相互配合，便能达到迅速起动的效果。突破时跨出的第一步要稍大，抢占有利的超越位置，但以不影响前进速度为宜。跨出的脚要落在紧靠对手的侧面，脚尖向着突破方向，以便第二步蹬地加速突破防守。

侧身探肩：上体前移与侧身探肩同时进行，重心向里靠，内侧手臂前摆，迅速占据空间有利位置，便于突破对手和保护球。

推放球：突破前，双手持球于腰胯部位，在侧身探肩的同时将球稍向侧移，同侧手扶球的后上部位，另侧手托球的下部。突破时突然起动蹬地产生初速超越时立即向前下方推放球，要做到球领人，以利于衔接下一个动作和加速推进。

二次加速：在完成上述动作之后，若未能摆脱防守，则中枢脚迅速蹬地，二次加速前进。

蹬跨、侧身探肩、推放球和中枢脚蹬地等环节之间互相衔接，互相促进，快速连贯地完成突破。加速是前三个环节的继续，只有熟练地掌握这几个环节，才能较好地掌握持球突破技术动作。

运球突破的起动与变化要突然，摆脱后要加速，特别要注意突破后情况的变化，及时果断地攻击或传球。突破要利用速度、方向、转身、起停来摆脱防守，提高起动速度和灵活性。传球要隐蔽意图，出手果断，落点准确，轻重适宜，并善于做假动作，假真衔接连贯，变化要快。在突破中传球时要掌握"人动球动"、在动中传球的原则，做到及时到位。

## （五）投 篮

这里所指的投篮是在积极防守情况下的投篮。投篮是篮球比赛中惟一的得分手段，是一切进攻技术、战术的最终目标，是全部攻守矛盾最集中的焦点。现代篮球比赛中，各种行进间投篮和跳投早已普遍运用，特别是符合实战需要的、由跳投派生出来的后仰、转身、换手的跳起投篮具有技巧性、准确性和抗干扰的对抗能力。比赛中投篮必须在对抗中寻找最佳投篮时机，保证投篮的出手和发挥。大量研究表明，在正确、熟悉、全面掌握投篮技术的基础上，运动员必须明确投篮技术在比赛中运用时应具有时间、空间和稳定性三个条件，才能获得投篮机会和提高投篮命中率。时间条件是投篮出手的时机，即在防守干扰之前或干扰较小的时间内进行投篮，可以通过以下两种方法实现：一是加快动作速度，减少准备动作过程；二是利用时间差进行投篮，如利用假动作或突然动作错开防守封盖时间以减少对手的干扰。空间条件是指投篮队员利用动作抢占一定的空间位置，使对手无法干扰而进行投篮，例如采用跳起高手投篮争取高空位置、利用快速移动超越或摆脱对手获得地面位置、以身体隔开对手运用勾手投篮等。此外，还可利用集体配合为投篮队员创造良好的空间位置，例如利用掩护、突破分球、空切为同伴或自己创造无防守干扰或干扰较小的投篮机会等。稳定性条件主要是指投篮队员在对抗中始终保持正确、稳定的投篮动作，特别是保持正确的持球方法和腕指协调、柔和的发力拨球动作。从动作的整体结构观察，完成一次投篮靠身体各部位的协调用力动作，但直接影响投篮命中率的诸多因素最后都集中体现在腕、指动作上，腕、指力量精确作用于球是人体大脑准确支配投篮动作的综合反馈。研究表明，比赛中由于防守者的刺激和干扰造成腕、指用力感觉失调，乃至出手动作僵硬变形是影响投篮命中率的重要原因。

在激烈对抗的比赛中，决定投篮命中率的因素是多方面的，但把握好时间、空间和稳定性因素是正确运用投篮技术并保持较高命中率的三个基本条件。要获取这些条件应从以下方面努力：

第一，必须熟练掌握全面的投篮技术，包括扎实的投篮基本功、投篮方法的多样化、在各种位置投篮出手的能力、投篮动作同各种相关技术动作的组合与衔接运用能力，以及提高运动员的观察、判断、反应能力等。

第二，必须具备全面、良好的身体素质。良好的速度、力量、弹跳、灵活性和协调能力等身体素质是在激烈对抗中争取时空优势的保证。

第三，必须具备良好的心理素质，包括顽强的斗志、坚定的自信心和较强的心理承受能力等。对自己的投篮准确性抱有强烈自信是所有神投手的共同特征。

第四，必须积累相应层次的实战经验。丰富的实战经验有助于运动员在激烈对抗中保持清醒的头脑和适宜的心境，这对及时、正确地判断防守情况并适时采取相应投篮动作是十分必要的。

在现代篮球比赛中，常见的投篮方式有：

### 1. 行进间投篮

各种行进间投篮的共同特点是在快速移动过程中完成投篮动作，投篮前无停顿，在中、近距离或突破至篮下时均可运用。在篮下有较多的投篮方法，有高手、低手、反手、勾手等不同出手方式。投篮队员要充分利用速度与弹跳，身体充分伸展，敢于挤靠，有很好的滞空能力，采用不同的出手方式，闪开或隔开对手的干扰和封盖，争取空间高度和空隙位置，保持相对平衡，快速或换手并通过腕、指控制支配的技巧，将球投进篮圈。

（1）行进间单脚起跳单手低手投篮：这种投篮动作多在快速移动中超越对手并接近篮下时运用。

动作方法：以右手投篮为例，行进间右脚跨出一大步，同时双手接球，并用身体保护球，接着左脚迈出一小步制动同时用力起跳，随之充分伸展身体，右臂伸直向篮圈方向举球（手心向上），当举球手接近篮圈时，用向上挑腕和以中间三指为主的拨球动作使球通过指端投出（图3-43）。投碰板球时要注意控制球的不同旋转。

（2）行进间勾手投篮：这是持球突破至篮下或空切至近篮区背向或侧向篮圈接球后常采用的一种篮下投篮方法，它具有虽未摆脱对手却能远离对手投篮的特点，既适合中锋队员运用，也是在近篮区以小制大的有效进攻手段，既可投空心篮，也可碰板投篮。

图 3-43 行进间单脚起跳单手低手投篮

动作方法：以右手投篮为例，接球或停止运球后，以左脚向便于投篮的方位跨出一步并起跳，用左肩靠近防守队员，右腿顺势自然上提，注视篮圈，左手离球，右手持球向右肩侧上方伸出，当举球至头的侧上方时挥前臂，以屈腕、压指动作通过食指、中指拨球将球投出（图 3-44）。如在篮侧投碰板球，则要利用手指不同的拨球动作，使球向

图 3-44 行进间勾手投篮

相应方向旋转碰板入篮。动作关键，一是跨步蹬地、起跳和举球动作的协调一致，二是腕、指动作和力量对球的旋转方向、弧线及落点的良好控制。

### 2. 跳起投篮

跳起投篮主要指跳起单手投篮，是目前普遍采用的主要得分手段。它可以在不同距离和各种角度情况下运用。运用方法多样，如高跳高出手、快跳快出手、转身远离对手、后仰、换手、躲闪等，具有很高实用价值。运用时要善于结合移动和假动作；掌握好投篮时机；动作衔接要快而突然，协调连贯；注意身体的稳定性，保证出手时腕、指柔和而准确地屈拨用力。距离不同，要点有所不同，篮下跳投应尽量跳至最高点，使球轻碰篮板投篮；近距离跳投要特别注意缩短投篮准备的时间；中、远距离跳投要做到接球与起跳紧密衔接，双肩正对球篮，注意两脚距离和屈膝，掌握好起跳时机。跳起投篮可在行进间接球或运球急停时跳起完成投篮动作（图 3-45）。

图 3-45　行进间急停跳起投篮

急停跳投是进攻队员在行进间利用急停和快速起跳两个连续动作，以时间差摆脱防守者而达到投篮目的的一种跳投方法。此方法较好地利用了篮球运动的攻守规律，能充分体现运动员快速、灵活的特点。急停跳投可分为接球急停跳投和运球急停跳投两种基本方法。

接球急停跳投动作方法：在快速移动中用大跨步或跳步接球急停，急停时要屈膝降低重心，并突然发力向上起跳，同时举球投篮。举球投篮动作与原地单手跳投动作相同。

运球急停跳投动作方法：运球急停跳投一般可与运球突破结合运用，既可在连续运球时进行，也可在持球突破推放球（一次运球）时进行。在形似无变化的运球中或开始突破运球时，运用跨步或跳步突然持球急停、起跳并举球，当身体腾空、稳定后及时投篮出手。举球投篮动作与原地单手跳投相同。

这两种跳投方法的关键在"突然"，要使对手猝不及防。在接球或运球时要保持低重心,急停与起跳动作要协调一致,紧密结合,做到快起跳、快出手。

### 3. 扣篮

扣篮是投篮技术发展中的又一重要标志,它改变了投篮的一般规律。由于它投篮出手点接近球篮又高于球篮,有最佳的入射角,所以无须考虑抛物线这一因素。在世界强队比赛中,扣篮得分所占的比例愈来愈有增加。扣篮方式方法随着实践发展而多样化,有原地扣、行进间扣、单手扣、双手扣、正手扣、反手扣、抡臂扣、高举扣、凌空接扣等等。扣篮是直接将球由上向下灌入篮内,有出手点高、球速快、攻击性强、很难被封盖、准确性高等特点,但也是难度较大的投篮方法,必须有很好的身体素质,特别是弹跳力和控制球能力。以下是两种扣篮的基本方法:

(1) 行进间单脚起跳单手扣篮(以右手为例)。行进间右脚跨出的同时接球,紧接左脚迈出一小步制动并用力蹬地向上跳起,上体充分伸展,高举手臂将球举至最高点,超过篮圈的高度并有适宜的入射角时,立即用突发性向下屈腕和压指的动作,将球自上而下地扣入篮圈之中(图3-46)。球离手后特别要注意身体的控制和落地屈膝缓冲。

图 3-46　行进间单脚起跳单手扣篮

(2) 行进间单脚起跳双手扣篮。行进间一脚跨出一大步同时接球,接着另一脚向篮圈方向跨出一小步蹬地尽力高跳,随之在空中充分伸展上体,双手举球至最高点,当球举过篮圈高度时,立即用突发性动作挥动双手前臂接着屈腕、压指,将球自上而下扣入篮圈。球离手后注意控制好身体平衡,落地屈膝缓冲。要尽力高跳并充分伸展上体。是否加挥臂动作要视球体超过篮圈的高度而定,主要靠腕、指动作。

(3) 原地双脚起跳双手扣篮。双手持球双脚用力蹬地向上跳起,同时将球上举,充分伸展身体,将球举过头顶至最高点并与篮圈构成最佳入射角时,双臂用力前屈,用突发性屈腕、压指的动作,将球扣入篮圈内(图3-47),球离手后注意控制身体和落地屈膝缓冲。扣篮动作关键:掌握好起跳的时机,身体协调一致并充分伸展,屈腕、压指要有突发性和力度。

图 3-47　原地双脚起跳双手扣篮

### 4. 补篮

补篮是指投篮未中，球刚从篮圈或篮板弹出时，在空中运用单手或双手将球托入、拨入或扣入篮圈的投篮，是一种无明显持球动作直接用力投篮的方式。补篮时，队员应根据腾空后人、球、篮的相对位置、高度、角度以及防守情况，灵活地选择补篮的方法。以下是两种基本补篮方法：

（1）单手补篮（以右手为例）。及时起跳，占据空中一定的优势，尽量伸展身体和手臂，准确判断球反弹的方向和高度，尽快地用右手的腕、指力量触球，并用托球、点拨球、扣篮的方法将球投向篮圈（图 3-48）。

图 3-48　单手补篮

（2）双手补篮。起跳后，球反弹方向在头的正上方时多采用双手补篮。用双手触球后可用扣篮或拨球的方式将球投向篮圈，其他动作与单手补篮基本相同。

#### 5. 贴身投篮

贴身投篮是随着现代篮球比赛攻守对抗日趋激烈的形势而出现的一种进攻手段和投篮方式。攻击性防守紧逼、推靠、阻挡着进攻队员的行动，特别是进攻队员处于持球状态，防守队员会更加积极干扰和争抢。因此，投篮时必须以合法的身体接触与某些投篮方法融为一体，把挤靠力量与自身保持相对的稳定平衡结合起来去完成投篮动作，从而使投篮在规则允许的范围内更具有攻击性和对抗力度。贴身起跳和贴身投篮以躯干、肩、臂等部位贴靠的力量与有力的起跳相结合，使对手难以做出相应的防守动作。这不同于过去的"挤投"，不是挤开或冲撞对手，而是自身的内力贴着对手并在不平衡中找平衡，以身体隔开对手的防守干扰和破坏去完成投篮的动作。

动作方法：以接球急停跳投为例，用大跨步或跳步接球急停，持球于体侧，从下面接近防守者，当接近位置已经形成时，立即贴身起跳或向着防守者头部上方起跳，同时举球投篮。腾空后上体应适度向防守者头部上空前倾，甚至稍有贴靠，举球位置应在防守者的前额至头部上方，使身体在空中对防守者形成压盖之势，迫使对手难以跳起封盖。无论是贴身起跳还是跳起后贴身，都要注意控制身体平衡，使起跳、腾空和下落时只有适度的身体接触，避免产生主动冲撞动作。

#### 6. 时间差投篮

时间差投篮不是一种固定的动作方法，它是通过提前或延缓投篮时间，造成与防守者的时空差以避开防守封盖而达到投篮目的的一种进攻手段。时间差可以在地面形成，这主要通过假动作或快出手来创造；也可以在空中形成，这就是通过控制身体在空中的动作和平衡来实现。无论是抢前投篮还是延缓出手统称为时间差投篮，这种投篮可以在各个位置运用。例如：

（1）原地跳起时间差投篮。动作方法是跨步或跳步接球，落地后深屈膝伴做起跳投篮姿势，待对手上提身体重心或跳起封盖并开始下落时，利用对手无法控制身体重心下落的瞬间起跳投篮。此方法在篮下运用较多。

（2）抢进攻篮板球后的时间差投篮。在与防守者同时起跳争夺篮板球时，如攻方队员抢获篮板球，则在与守方队员同时落地之际即用刚接触地面的双脚前脚掌用力蹬地，迅速再起跳举球（亦可在抢获篮板球后即举球于头上）投篮。此方法主要利用与对手落地、屈膝、再起跳的时间差抢先起跳投篮。

### （六）抢进攻篮球板

积极拼抢进攻篮板球是一个重要的进攻行动，是争夺控球权的重要方法。它不仅增加本队进攻次数和补篮机会，而且鼓舞士气、增强信心，对防守队员也具有一定的"杀伤力"，有着十分重要的战术意义。

由于进攻队员一般处于防守队员的外侧，离球篮相对较远，对方易于阻挠。因此，应该积极投入拼抢，同时要充分利用熟悉同伴投篮时机与特点，以及面向球篮便于观察判断和向前移动等有利条件，努力变被动为主动，力争再次获得控球权。抢进攻篮板球是一个复杂的动作组合，在对抗中运用，要注意以下几个环节：

**第一是观察判断**。观察对手防守动向，判断球反弹的方向、速度和落点，重点是对球的判断，并注意篮板球反弹的多向性。进攻队员一般采取多线突围，形成三面包抄去接近篮下进行争夺。人们对篮板球反弹的规律已有所认识，可以通过投篮的距离、弧线等预测其大体相应的反弹方向、速度和远度。有经验的运动员在实践中会自觉或不自觉地作出基本的判断，从而达到抢获篮板球的效果。队员不同的落位会有不同的起动与判断，在离球篮近的位置上，常先抢位再判断；处于外围的进攻队员，往往是先观察判断再起动冲抢。

**第二是迂回起动**。根据对球的反弹判断和对手防守的态势，进攻队员要及时采取迂回的快速起动，争取在位置上取得相对的优势。无论如何摆脱，都要有强行挤过、抢过的意识，而且动作要突然。

**第三是抢位冲抢**。强行抢位和直接冲抢是抢进攻篮板球的重要环节，既是迂回起动的继续，也是争取起跳的准备。在抢位的同时，注意屈膝降低重心，并用肩、背主动接触对手。积极用力蹬地起跳，争取空中的高度，占据一定的空间位置。在冲抢起跳的过程中，要继续判断球的方位、高度以及肩、背、腰力量的使用。

**第四是抢球猛狠**。充分伸展身体及手臂，尽可能在更高的空中位置上获球。抢球时手臂和腕、指的力量要大，紧握球体，或迅速拉臂屈肘握球在手。即便在不能获球的情况下，也要极力用挑、拨、捅等办法将球从对方手中打出。注意落地屈膝缓冲和积极拼抢落地球。抢进攻篮板球关键在于冲抢（图3-49）。

图 3-49 抢进攻篮板球

## 三、防守技术

防守技术是指队员在比赛中防进攻队员从无球状态到有球状态或从有球状态到无球状态直至对方进攻结束或失去控球权的全过程中，合理运用具有防御和攻击效果的动作组合。现代篮球比赛强调攻守平衡，对高水平的队员来说，具备攻守平衡能力是取胜的重要因素之一。攻击性防守要求运动员必须具有勇猛、凶悍、机智、果断和压倒对方的气势，主动去控制对方的进攻。因此，对队员的防守在思想、身体、技术等方面提出了更高的要求。个人防守技术的好坏反映一名队员的防守能力，个人防守能力是全队防守的基础。只有成功地完成一防一的任务，才能更好地去进行配合防守和完成全队整体防守的任务。

### （一）防守意识与防守基础动作

队员在防守时需要有一个既稳定又机动的准备姿势，既要用来保持身体平衡又要有较大的应变性，以利迅速对进攻队员的行动作出及时的应答。防守准备姿势是两脚脚后跟稍稍提起，两脚开立比肩稍宽，身体重量分布在两脚上。膝关节弯曲稍深，后背伸直，臀部稍低，头部要位于两脚之间中点的垂直线上方，两眼平视或环视、扫视前方和左右。防无球队员时，一只手指向对手，另一只手指向球；防有球队员时，前面的手在对手前上方做干扰性摇动，另一只手在侧后方，眼睛注视对手的胸部高度。防无球队员时，眼睛要注视对手，又要扫视球和对手之间的区域，做到人球兼顾，以人为主。如果失去了对手，则快速向对手行动方向追移，在追移防守对象时，要随时准备抢断球。在防守时还应用语言提醒同伴场上将发生的情况，相互呼应、鼓励和提高警惕性。

防守中的位移对防守对手十分重要。现代篮球的防守，应以人为主，人球兼顾，根据球的情况和强侧、弱侧的防守原则盯住对手。要掌握一些基本的原则，如：当对手有球或他有空切接球的可能时，应站在对手和球篮之间；当对手处于篮下而传球者较远时，应站在球和对手之间。宁迫使对手到远离球篮的位置上接球，也不让对手在他有效投篮点和篮下攻击区内接球。除了为追赶对手外，不要用交叉步、滑步，且后脚先向前滑动小半步，然后前脚移动，根据对手离球篮或离球的距离来调整自己的距离，要占据使所防对手无法接球、运球、投篮的有利位置。此时，防守队员的重心移向强侧或对对手有威胁的一侧。当防守强侧的前锋时，内侧脚在前，外侧脚在后。当对方投篮时，要占据抢篮板球的内侧有利位置。除非球在空中或持球队员跳起，否则不要双脚起跳，以免失去支撑点。注意保持头部的正直位置，可以用头部或眼神和虚步做防守假动作，但要保持身体平衡。

总之，防守时队员要有防守欲望。防守队员在比赛中随时都要准备对可能出现的情况处于有警惕性的动态反应之中，当对方移动时，要迫使其停止或改向，同时预测他的下一个行动，要防止他攻击行动的发生。防守队员要沉着、冷静，充满信心和勇气，不失控、不慌乱，绝不要在防守的过程中休息或减速。另外，防守队员移位中要扩大视野，要有判断力，善于观察分析做出富有攻击性的行动，没有攻击性就不会有防守的主动性，所以教练员和运动员在训练中要重视培养与提高个人与全队的防守意识、技能和能力，不断提高防守技术水平。

### （二）防守无球队员

防守无球队员是指进攻队员处于无球状态时，防守队员灵活地利用多种移动动作和手部的有效组合，最大限度地防止和破坏对手行动。现代篮球比赛中无球进攻队员的行动越来越体现出快速性和攻击性，力求移动到自己有效投篮点或攻击区域内去接球，或是力图与防守者形成位置差、时间差去接球，从而达到接球后的有效攻击目的，这就对防守无球队员提出了更高的要求。防守无球队员是一个连续的移动和争夺球的过程，必须具备多种防守移动步法，并能根据需要娴熟合理地组合在一起加以运用，要求在移动过程中始终保持较低的身体重心，以便随时快速改变方向和步法。

#### 1. 防接球

防接球是防守无球对手的首要任务，必须在对手接球前就开始防守，要有预测性并

积极采取行动去限制或减少对手接球，特别是在有效攻击区内接球。即便是在处于被动的情况，也要积极跟防、追堵，破坏对手顺利地接球，使其不能立即采取攻击行动，以利自己调整位置。要始终保持对手和球在自己的视线范围之内，要做到人球兼顾，保持良好的防守姿势，屈膝降低身体重心，以便应变起动，要特别注意起动与移动步法的衔接和平衡的控制。在动态中要使自己处于"球—我—他"的有利位置上，同时伸出同侧手臂挡在传向自己对手的来球路线上，另一手臂要伸向对手可能切入的方向，在常规情况下，仍要形成"球—我—他"钝角三角形。防接球时，丝毫不能放松对其摆脱或切入的警惕。

### 2. 防摆脱

防摆脱是指对无球进攻队员摆脱的限制和封堵。一般来讲，进攻队员在后场的摆脱，主要是快下接球攻击，防守队员必须积极追防，并注意传向自己对手的球，抢在近球侧的路线上准备堵截。比赛中要想完全控制进攻队员无球时的行动是很困难的，主要是不能失去防守队员有利的位置。如阵地进攻时，对手采取先下后上、先左后右的摆脱，即便是对手接到球，但还可以继续进行防守；内线队员向外移动，可以采取错位防守或利用绕步、攻击步抢前防守，近球一侧手臂干扰其接球，另一手臂则应伸出防其转身、背切等行动，关键在于不让他抢占有利位置，尽可能封堵接球路线，不让他轻易接到球。

### 3. 防切入

防切入是指对进攻队员企图切入或已摆脱切入的防守。防切入最忌的是看球不看人，一定要坚持人球兼顾、防人为主的原则，一旦对手有所行动，必须采取平步堵截、凶狠顶挤、抢前等防守方法，使其不能及时起动或降低其速度。如果对手迎球方向切入，则主动堵前防守，背对球方向则防其后，目的都是切断对手接球路线。对手切入后只要没有获球，其威胁就会大大降低。关于溜底线的切入，有两种跟防方法：一种是背向球，面向对手，观其眼神，封阻其接球；另一种是用后转身，面向球，背靠防守用手触摸，紧贴其身跟随移动。防反切则以后脚为轴快速向内侧转身，快速堵逼，抢占近球内侧位置，不让对手接球，并准备断球和打球。

对无球队员，必须把防接球、防摆脱、防切入三项任务联系在一起积极进行防守。

防守无球队员方法如下：

（1）防守摆脱接球。防守摆脱接球一般指进攻队员在半场范围内，通过摆脱进入具有攻击威胁的区域，准备接同伴的传球时，防守队员正确组合运用几种移动步法，有效地阻止、延误和破坏其顺利接球。这种方法同样适用于全场范围内的防摆脱接球。

甲、防守外线进攻队员经常摆脱接球的区域。第一种情况：球在圈顶一带时，防守前锋队员向下摆脱后向上线移动要位接球（图3-50）。第二种情况：球在左（右）侧45°时，防守后卫队员向另一侧摆脱后接回传球（图3-51）。防守技术运用关键：始终保持紧逼错位的防守位置，堵卡接球路线的攻击要快而狠。

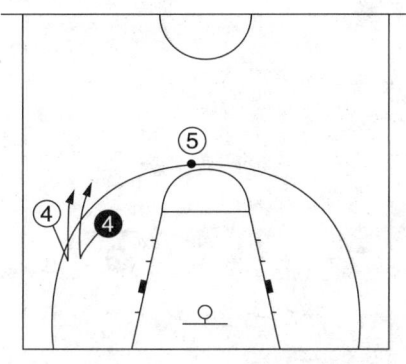

图 3-50　防守外线进攻队员摆脱接球

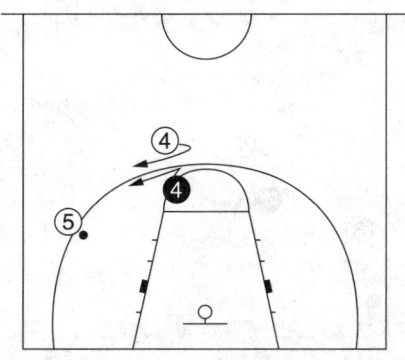

图 3-51　防守外线进攻队员摆脱接球

乙、防守内线进攻队员经常摆脱接球的区域。第一种情况：球在一侧45°时，防守中锋在罚球线附近向另一侧摆脱后向篮下移动接球（图3-52）。第二种情况：球在圈顶时，防守中锋向下线摆脱后上提罚球线一带接球（图3-53）。防守技术运用关键：攻击步抢前时要快而果断，手臂和下肢配合，用上身体力量，不给对手留有余地。

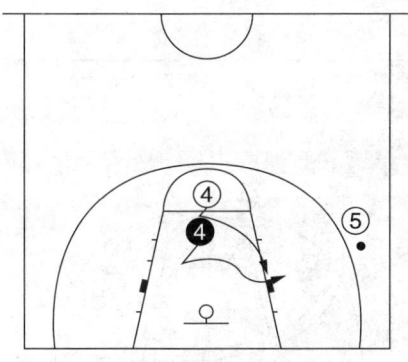

图 3-52　防守内线进攻队员摆脱接球

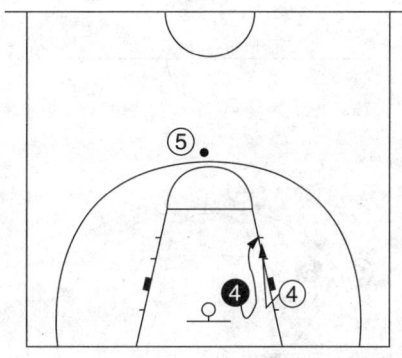

图 3-53　防守内线进攻队员摆脱接球

（2）防守进攻对手从自己身前向有球一侧和篮下切入。防守对手从自己身前切入包括防纵切和防横切。此时对手切入的目的是直接接球向篮下攻击得分，因而具有很大威胁，防守者应及时判断对手意图，利用合理的组合防守移动技术，阻断对手的第一机会，迫使其改变移动方向，形成被动局面。第一种情况：在强侧时，防守圈顶位置上的纵切（图3-54）。第二种情况：球在另侧时，防守弱侧45°位置上的横切（图3-55）。技术运用关键：攻击步卡堵对手时要快而有力量，坚决切断其向球的切入路线，迫使其远离球移动；对手由弱侧移至强侧时，防守者应及时调整速度、动作方向、步法和距离，继续跟防。

（3）防守进攻队员从身后切入。防守对手从身后切入又叫防背切，一般包括防反跑和防溜底。防守对手背切时，应把灵活调整步法和防守位置放在首位，始终做到人球兼顾，并将对手置于自己的控制之中，目的是让对手失掉背切后接球的机会。第一种情况：

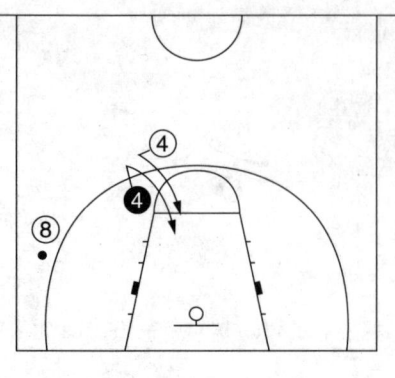 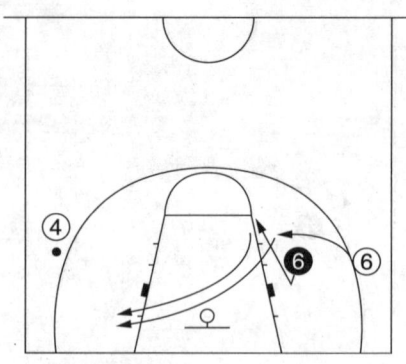

图 3-54　防纵切　　　　　　　　图 3-55　防横切

防守进攻队员在 45°或圈顶做接球假动作后，突然起动从身后切向篮下接球进行攻击（图 3-56）。第二种情况：防守进攻队员从 45°底线一带做假的接球动作后，起动从身后沿底线溜至另一侧底线进行攻击（图 3-57）。技术运用关键：快速滑步，不让对手加速超越自己；对手即将超越自己时要贴近对手，用身体和手臂瞬时感觉判断对手的位置；在看不到球的一刹那，快速转头换方向跟防，并扬起两手臂一上一下地轮换干扰传球。

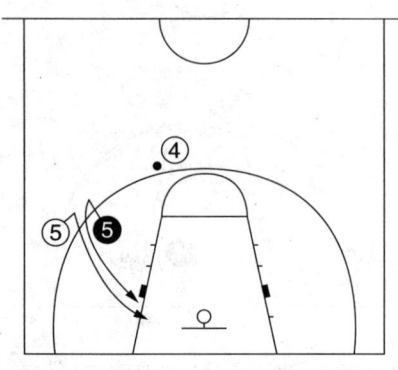 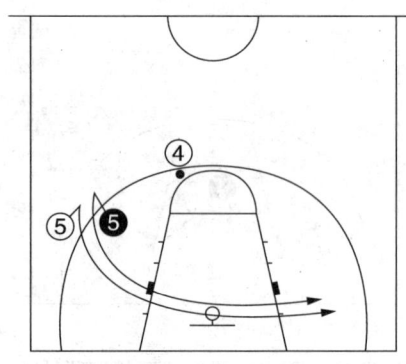

图 3-56　防背切（反跑）　　　　图 3-57　防背切（溜底线）

### （三）防守有球队员

防守有球队员是指进攻队员处于有球状态时，防守队员对其传球、运突、投篮等攻击动作运用防守系列组合技术进行应变性的干扰、破坏、争夺的动作行为过程，是防守对手无球状态的继续，在这个动态过程中，必须在对手接球的同时，迅速调整位置与距离，做到球到人到，并根据对手在场上的位置，采取平步防守或斜步防守姿势，积极进行有攻击性的干扰、破坏。这时要注意不要被对方的假动作所迷惑，要及时发现对手进攻的特点、习惯和意图，有所侧重地进行针对性的防守，迫使其改变动作、方向、速度等。如果对手已开始做攻击动作，则应积极进行封堵、干扰。通常进攻队员有球时有三种攻击行动，即传球、运突和投篮。

**1. 防传球**

防传球的重点应放在不让对手轻易地把球传向篮下有攻击威胁的内线区域。当进攻队员接球后，防守队员首先要正确选择位置，保持适当距离和调整好身体重心，眼不离球，并根据对手的位置、动作和视线，判断其传球意图，挥动手臂进行干扰与封堵，特别要防范对手向内线渗透性的传球，尽可能迫使其向外做转移性传球。如果进攻队员运球成"死球"时，应立即逼近，封其传球出手路线。当对手传球出手后，千万不要看球不看人，要防止其摆脱切入。

**2. 防运突**

防运突是指防守进攻队员的运球、持球突破和运球中的突破。

（1）防运球的主要任务是降低其运球速度，改变其运球方向和不让他向篮下运球，防范他在运球中突破。一般情况下，防守队员要积极超前追防，并在移动中降低重心，侧对或面对运球者，保持身体平衡。不要用交叉步移动，要用撤步与滑步，要抢在运球者的前面半步到一步距离进行阻堵，迫使其向边线、场角或双方队员比较拥挤的地方运球。特别在新规则对防守队员由前场退防至自己后场有技术性要求后，就要格外注意超前距离的追截堵位。在这个过程中，不要轻易去打球，以免失去平衡或犯规。当进攻队员利用变速变向、急起急停等方法来摆脱自己防守时，在他变换动作时要及时抢前向后移动，占据好有利位置和控制好身体平衡，合理而迅速地变换步法继续进行阻截。在防运球过程中应遵循两条原则：一是堵中放边，控制其速度，终止其运球；二是堵强手，迫使其换弱手运球，变被动为主动。

（2）防突破主要指防守进攻队员的持球突破。当进攻队员获得球后，有面向球篮和背对球篮两种情况，要分别采取不同防守方法。

防守面向球篮的持球队员：要注意进攻队员接球的瞬间往往是突破最有威胁的时机，特别是跳停接球，常常利用错位进行突破。此时，防守队员的选位很重要，要根据进攻队员接球的位置、与球篮的距离和角度、来球的方向以及同伴防守位置的情况，堵强手，放弱手，放一边，保一边，迫使对方改变方向，变换突破步法，降低起动速度，以利自己及时抢角度，利用撤步或滑步，使其无法超越。当进攻队员接球后采取"三威胁"姿势企图突破时，要根据对手的习惯和技术特点，判断其中枢脚和可能的突破方向，不要受其假动作的欺骗，要采取相应的对策。关键在防好对手突破的第一步，要抢前后撤在对手的侧前方，要快而凶狠。当对手跨出第二步时，要迅速用力蹬地，利用滑步紧贴对手，使其不易加速度，阻止其起跳并伺机打球。

背对球篮突破的防守：一般是在近篮区背向或侧向球篮接球时的防守，防守队员要保持"你—我—篮"的有利位置，不宜紧靠对手，要有适当的距离。对手接球后是两脚前后站立时，如果后脚可以做中枢脚转身突破，则必须对其转身一侧多加防范，与对手同侧的脚向后撤半步，手臂侧伸，另一手臂封锁住对手一侧。当他转身变向突破时，防守队员随之后撤，前逼、侧跨步阻截。如果对手接球时两脚平行站立，则要根据对手接球位置离篮的远近进行防守，近以防投篮为主，远以防突破为重点，要注意对手的假动

作和向两侧转身的突破。

防突破的关键：选好位（选择有利的位置与适当的距离），堵强手（一般是堵右手运球突破），放一边（即让他向外侧突破），快移动（要及时果断地采用撤步、侧滑步等步法），堵路线（堵截对手突破的路线）。

### 3. 防投篮

防投篮的根本目的就是不让对方得分。因此，防守队员在对手接球后首要的任务是要做到球到人到。一般采取斜步防守贴近对手（一臂距离，能伸手打到球），并举臂挥动，干扰进攻队员投篮的意图，迫使其改变动作，同时又要用另一臂伸向侧方，防对手运突或传球。要准确判断对手是否真正要投篮，识别其真假动作，及时起跳伸直手臂进行干扰，封堵其出手角度，改变投篮的飞行弧线，降低其投篮命中率。在进攻队员起跳前，不应抬高自己的身体重心。防投篮的关键在于对手投篮球出手瞬间手臂及时地干扰和封盖，反应要快。手臂的伸展与角度，要起到破坏对手投篮飞行预定路线的作用。

防守对手时要有顽强的意志和主动攻击的精神；要掌握规律，了解对方，有预见性；要有谋略，做假动作，迷惑对手，变被动为主动；要防住重点，抓住对手特点，避实就虚。

### （四）抢防守篮板球

抢防守篮板球是防守中极其重要的环节，是夺回控球权的重要途径。它是由守转攻的起点。如果每次投篮不中都能成功地控制防守篮板球，就必然能够更好地控制整个比赛。防守队员处于对手与球篮之间有利的位置，容易观察进攻对手的行动，但在投篮出手后球飞向球篮时，不易观察球从篮圈或篮板反弹出来的情况。因此，抢防守篮板球要做好以下几点：

### 1. 观察

抢防守篮板球前，防守者应与对手保持适当距离，以利人球兼顾。在球出手的刹那，应首先盯住自己的对手，判断其行动，以便采取相应的行动，切忌只看球不看人而给对手造成冲抢之机。

### 2. 预堵

对手投篮出手后，各防守队员都应采用平步（或侧步）面向的防守步法，同时屈膝，并张开双臂，堵截自己的对手向篮下冲抢。也可主动上步贴近对手，使其无法起动或延误其起动冲抢时间。这时特别要注意提防对手"动先示静"等假动作的诱惑，也不宜过早地向篮下撤步，要力争不给对手强行挤抢的机会。

### 3. 转身

这是第二次堵截。当判定对手确系向某一方向移动起步冲抢时，防守者应同时以距对手移动方向最近的一脚为轴做后转身，转身角度的大小应以使自己背部接触对手身体产生阻挡效果为宜。

#### 4. 挡靠

这是移步转身的结束动作和目的所在。防守者在转身面向球篮落位以后，身体重心应稍向后靠，同时用背部迎接对手，以便在完成转身、挡靠等动作时，既收到实效又恰到好处。对于因挡人而发生的身体接触，要在竞赛规则允许的前提下用力顶住，不可有拉手、顶肘、拱腰等犯规的动作。转身、挡人后还要靠余光和背部的感觉继续对对手进行监控。

#### 5. 起跳与抢球

根据球的反弹方向和落点，防守队员迅速调整位置，及时起跳，可用原地上步、跨步或撤步双脚起跳方法。不论用哪种动作，都要求身体伸展，腾空方向尽量接近球的落点，同时注意在剧烈对抗中保持身体的平衡。在起跳前要顺势高举手臂，用挤、靠对手的身体和高举、张扬的手臂迫使对手难以同自己争夺高度和有利空间。手指触球后，应有自上而下短促有力的扣腕、屈肘引球等动作。尽可能用双手抢获球，要紧握球并注意保护球，以防对方抢打。落地时屈膝缓冲，两脚最好对着边线方向，以便观察全场情况。防守队员抢获篮板球后应力争在空中将球传给接应队员发动快攻，如不能传球，则落地后应注意稳定重心，以身体保护球，并根据情况及时传、运球。抢防守篮板球关键是挡人与动作凶狠（图3-58）。

图 3-58 抢防守篮板球

## 第三节 篮球技术教学与训练的原则和方法

### 一、篮球技术教学与训练的原则

篮球技术教学与训练实质上是综合素质教育和运动学习的过程，是在运动学习过程中教师或教练员和学生或运动员通过运动内容（媒介物——主要是运动技术、运动方法及物质保证）相互作用而实现的教学过程，是根据运动教学的目的、任务，在一定的条件设施和一定的社会环境（集体）中，通过有序的相互交往的实践活动，也是教师（教练员）与学生（运动员）之间通过运动内容的信息相互传递、反馈，使教学过程发展与深化，从而达到预期效果的教学过程。由于运动教学的目的和任务决定了教师或教练员的主导作用和学生或运动员的主体地位，在运动教学过程中，学生的内在因素，特别是认知能力在运动学习中起着很重要的作用。篮球运动教育过程常用的教学与训练原则有自觉性和积极性原则、直观性原则、从实践出发原则、循序渐进原则、巩固提高原则等教学原则，以及一般训练和专项训练相结合原则、合理安排运动负荷原则、全队训练与个别对待原则、练习与实战对抗相结合原则、控制调节与适时恢复原则等训练原则，这些都是指导运动教学与训练的重要理论依据，要全面加以贯彻，融会运用于教学与训练过程。与此同时，还必须结合篮球运动自身特点和专项技能形成的某些特殊规律来组织教学与训练，以求达到更好的教学效果。以下就篮球运动教学过程中必须予以重视的几个理论问题加以说明。

#### （一）重视篮球技术学习过程中的认知规律

学习和接受某一新的知识，首先是从感知活动开始的。感知活动的逐步深化，就是通常所说的认知过程。在篮球技术教学活动中，除必须遵循认知活动的一般规律外，还要在体育运动技能认知规律的基础上，强调遵循篮球技能学习的某些规律。

### 1. 对技术动作的认知

篮球运动技术的学习，首先经历对技术动作的认知过程，即要使学生了解技术动作的有关知识，包括名称、作用、性质、方法、运用和变化等等。对篮球技术技能的认知也是一个渐进的过程，必须遵循循序渐进的原则，使新学习的技能在原有技能的基础上通过大量的体会练习实现同化和顺应，使篮球技术水平逐步得到提高。对篮球技术的认知过程，首先是观察课堂上教师的示范，或通过观察比赛中高水平运动员的动作，观看幻灯、录像、图片和阅读有关书籍等等，来认知技术动作的方法、作用及其运用的要求，建立起比较清晰的动作表象。动作表象作为初学者对动作的认知结果，也是一种感知过程，其中包括对篮球球感的认知过程应予以首先重视，它们是初学者借以进行模仿、体会、练习的基本依据，也是对练习行为进行定向的参照体。因此，有经验的篮球教师和教练员总是为学生反复进行动作的示范，目的是使学生在头脑中建立起清晰的动作表象。对篮球技术动作的认知，还要加强有关篮球技术理论知识的学习，把理论知识与动作表象结合起来，形成能够用语言来描述的"高质知识表象"。高质知识表象是初学者在学习中通过体会、研究、归纳、概括而形成的，它是学习活动深化和升华的结果，对掌握和提高篮球运动技能是非常有利的。

### 2. 对攻守关系的认知

篮球运动是一种具有身体接触的直接对抗的运动项目，攻守对抗关系是学习掌握篮球技能的重要认知内容。对攻守关系的认知主要有三个方面：一是个人攻守移动时的位置关系，二是集体攻守移动时的位置关系，三是制约与反制约过程中主动与被动的转换关系。对这些关系的认知，主要通过两个途径：一是要在实战对抗性练习中不断体会，逐步理解攻守变化的规律，探索如何在对抗的条件下使自己处于有利的位置，如何抓住有利的时机进行有效的攻守行动去争取主动；二是要经常参加正式的比赛，在实战中摸索攻守变化规律，总结自己在比赛中成败的经验和教训，不断在实践的积累中实现对攻守关系的认知过程。

### 3. 篮球意识的培养

篮球意识是运动员对篮球比赛规律客观现实的主观反映，是进一步学习提高篮球技能的必备条件。因此，正确篮球意识的建立与培养一直是教学训练的重要内容。认知活动是培养正确篮球意识的基本途径。进入到比较高级阶段的教学训练，要把认知的对象转移到对比赛规律的认知，要求运动员对比赛中的攻守变化作出及时准确的反应，并能对复杂的变化作出正确的预见，这样才能把握比赛的主动权。篮球意识的培养不是一朝一夕的事情，而是在学习和实践中潜移默化积累的结果。在教学训练中，通常采用配合性的、对抗性的专门练习来培养运动员的篮球意识，而实战是最好的练习。场上经验的积累对提高篮球意识更为重要。

## （二）重视篮球技术教学与训练过程中的反馈与强化原理

### 1. 信息传递

篮球技术教学与训练作为有组织的知识技能传授过程，是一个由多种要素构成的复杂系统。系统中信息的传输过程是决定系统功能和效率的最重要因素。在以往的篮球技术教学活动中，知识信息的传递往往是单向的，即由教师到学生；而现代教学理论指导下的篮球教学，知识信息传递都是相互的。教学信息传递的多向性使信息利用率大幅度提高，从而提高了篮球教学的效率。

### 2. 信息反馈与强化

在篮球技术技能教学过程中，信息传递形式最主要的是反馈。成功的练习带给练习者欣喜的感觉，得到正反馈与强化；失败的练习带给练习者不悦的感觉，得到负反馈与强化。在篮球教学实践中，纠正错误往往依靠负反馈的作用，使练习者依据负反馈而调整下一次练习的操作，减弱原来的错误动作反应，从而使技术动作得到改进。教学中对练习的各种评价都是实现反馈与强化的具体方法。在教学实践中，运用反馈与强化手段时，必须遵循"及时反馈"的原则，也就是说，对练习必须及时作出评价，这样练习的效率才会提高。

## （三）重视在选择训练内容时突出重点，抓主要矛盾，举一反三

篮球技术种类繁多，因此，在技术教学与训练中既要"应诸方之用者其法宜多"，又要"锻一己之身者其法宜少"，这个矛盾必然要反映到教学与训练的计划、内容、方法等一系列问题上。要解决好这个矛盾，必须从实际出发，找出技术之间内在的联系，突出重点，分清主次，贯彻"少而精"原则。在内容上少而精并不是少就好，更不是越少越好，而是要抓住精华，带动次要，把重点与一般结合起来。在方法上，少而精也不是少练，而是要保证重要的、基本的技术得到反复练习，熟练地掌握，达到运用自如的程度。这样少而精就有可能向多而精转化。任何运动项目的基本动作总是有限的，要把基本动作规范而熟练地掌握扎实，就能更好地去组合进攻技术和防守技术在比赛中运用。要狠抓基本技术训练，打下扎实的基本功，就应该认真贯彻"少而精"与精讲多练原则。

## （四）重视正确理解与贯彻"三从一大"科学训练的精神

在篮球教学训练中要坚持从难、从严、从实战出发和科学地安排大运动量训练，这是我国在长期运动训练中总结出来的行之有效的成功经验，是科学训练的一条基本规律。在新的形势下，必须对"三从一大"这一科学训练原理进行再认识，并在训练中切实贯彻，努力提高训练质量。"三从一大"是一个完整的概念，一切从实战出发，从难、从严，科学地进行大运动量训练，它们之间具有内在的密切联系。

实战需要是出发点、着眼点，也是落脚点、终点。从难、从严、科学的大运动量都是为了比赛实战的需要。当今世界篮球运动正朝着"高智慧、高身材、高速度、高强

度、高空配合、高比分、强对抗"的方向发展,世界性篮球竞赛已是"全面综合实力的抗衡和立体式攻守的较量"。从实战出发就要瞄准世界篮球运动的最高水平,要把我们训练的总任务和特定的任务(即短期的比赛任务)结合起来,要提出具体的努力目标,要经常性地进行调查研究,掌握世界篮球运动发展趋向和新动向,不断地提高篮球训练水平,以适应世界性篮球比赛的需要和赶超世界先进水平。

从难是要根据篮球攻守对抗的特点,要从身体体能训练上(即持续时间、机体负担量等)适应甚至超过比赛的一般负荷量,在技术训练上要学习和创新高难动作,加大强度,增多次数,提高动作质量,要超过比赛的要求。要加强对抗性训练,要在设置的比比赛情况还要复杂困难的条件下进行训练,以加强运动员对比赛的适应能力。

从严就是要在训练工作中贯彻"严格训练,严格要求"的方针,教练员必须严格贯彻全面训练的方针,严格执行训练计划,严格训练课的组织与实施,有严明的训练纪律。在技术训练中,对基本技术要求要规范化,在运用技术训练中要求要难。从难与从严不能截然分开,难而不严、严而不难都是达不到实战需要的。从严是从难的保证,技术训练要求越严格,技术质量越高,运用才能越自如,最后才能练出过硬本领,练出具有战斗力的技术。

大运动量是指训练的强度和密度要适合和超过比赛实战的需要,要科学合理地安排运动负荷。要依据超量恢复的原理和生物适应的规律,要科学地控制并逐渐加大运动负荷。但要充分认识训练过程中加大运动负荷本身不是目的,而是要提高运动员的机能能力。要掌握好负荷与恢复的关系,处理好负荷量与负荷强度的辩证关系,考虑项目本身对技术训练的要求。

总之,"三从一大"这一科学的训练是有规律的,必须认真把握,坚决贯彻。

## 二、篮球技术教学与训练的方法和要求

教学与训练的方法是教师或教练员与学生或运动员为实现教学与训练的目的所采取的途径和程序。在篮球技术教学与训练的实施中,必须以教学与训练任务、内容、对象特点和条件等为依据,以教学与训练原则为指导,合理运用教学与训练的步骤、方法和手段。

### (一)篮球技术的教学步骤与方法

篮球技术教学通常分三个步骤:

**1. 掌握技术动作,形成动力定型**

(1)建立正确的技术动作表象和完整的动作概念。运用直观法,利用示范动作、图片、电影、录像等直观教具演示技术动作,使学生或运动员了解所要学习的技术动作形象。正确的示范能建立正确的技术动作表象,提高学习的兴趣,激发学习的自觉性、积极性。为了建立完整的示范动作概念,一般先做一次完整的示范动作,再根据技术动作的结构和要求,做重点示范,让学习者将注意力的重点放到动作最主要的环

节上。为了使学生或运动员能看清示范动作，要注意示范的位置及方向，篮球技术教学中经常采用侧面示范。运用语言法向学习者讲解技术动作的名称、作用、要领和要求等，指导进行技术练习。正确地讲解有助于掌握技术动作，启发学习者的积极思维，加深对技术动作的理解程度，培养分析问题和解决问题的能力。讲解一般是按结构的顺序进行，然后指出技术动作要点。讲解要通俗易懂，简明扼要，表达要生动形象。在示范与讲解的基础上，可以让学生或运动员试做，尝试与体会动作，把视觉、听觉、本体感觉联系起来，以便获得所要学习的技术动作的运动感觉。这是形成正确技术动作概念的重要环节，并可从他们的试做中检验对要学习的技术动作要领的理解程度，发现在实际完成动作中的主要问题，特别是技术动作主要环节的完成情况。对技术动作可以进行补充示范与讲解，以动作规范来强化动作概念的形成。示范与讲解要结合运用，通过试做来检验，使学习者将看、听、想、做有机地结合起来，加速形成正确的、完善的技术动作概念。

（2）掌握技术动作，形成正确的技术动力定型。根据技术动作的难易程度，正确地选择和运用练习方法。学习简单的技术动作，一般采用完整练习法；学习比较复杂的技术动作，可以采用分解练习法。如果技术动作本身不可能分解教学，则不宜采用分解法。在形成技术动作概念时一般也不采用分解练习法，以免影响技术动作完整概念的形成。可采用重复练习法，在简化条件下练习，形成技术动作正确的动力定型。让学生或运动员在合适的位置、速度和距离等条件下完成动作，消除紧张情绪和多余的动作，逐步形成正确的动力定型。如学习单手肩上投篮时，抓住动作的主要环节集中练习伸前臂、屈手腕、手指用力拨球动作，暂时可以对准备姿势、全身协调用力等动作细节不作要求，通过反复练习，使学生掌握正确的单手投篮手法，在这个基础上，再对投篮技术动作各个环节提出要求进行完整练习，使他们掌握完整的投篮技术动作。在这个教学步骤中，他们并不是都能一帆风顺地完成动作，常会产生这样或那样的错误，教师或教练员要善于预防、发现和纠正错误，这对于形成正确的技术动力定型十分重要。可采用变换练习法，在复杂情况下巩固技术动作的动力定型。在练习中通过变换完成技术动作的条件和练习的组织形式，加大完成技术动作的难度，提高完成动作的要求，从而达到巩固、改进和完善动作的目的，如变换传、接球练习的距离和练习形式等。通过变换练习法，在反复练习中，注意纠正出现的新错误，使技术动作逐步协调、准确，达到进一步改进、完善动作的目的。

### 2. 掌握组合技术，学会初步运用

在掌握两个或两个以上技术动作的基础上，除了进一步巩固已形成的技术动作定型外，主要是解决技术之间的衔接，掌握各种组合技术，为在对抗条件下运用技术打好基础。技术动作组合的方法有三种：第一，先后两个动作的组合，如接球后运球；第二，同时完成动作的组合，如急停接球；第三，附加假动作的组合，如假投篮及持球突破的组合。

（1）掌握动作组合之间的衔接。掌握组合技术，首先要解决动作之间的衔接问题，使动作完成得既连贯合理又快速省力，前一个动作的结束，就是后一个动作的准备，使

几个动作合理地一个接一个连续地完成。如运球后传球，在运球过程中，最后一次运球按拍球的部位、用力的大小、球反弹的高度和球离身体的距离，都要为接球做好准备，而接球又要为传球做好准备，使运球、接球、传球三个动作衔接连贯，保证传球动作顺利进行。开始掌握组合技术时，一般是在原地用慢速进行练习，并以不破坏已形成的正确技术动作定型为原则，然后逐渐加快完成动作的速度。通过反复练习，使动作合理连贯地完成。

（2）提高完成组合技术的质量。在能衔接连贯地完成组合技术的基础上，进一步掌握组合技术的节奏、速度与动作的准确性。一般是在行进间进行练习，如练习行进间运球投篮（运球上篮）组合技术时，要求行进间运球的速度稍快一些，跨步跳起接球的动作慢一些，上步起跳的步幅稍小一些，蹬地要有力，其目的是使人体向前的水平速度变为向上的垂直速度而腾空，以便在空中完成投篮动作。通过反复练习，逐步领会完成组合技术的快慢节奏，提高动作衔接的质量。

（3）掌握假动作，提高运用技术的应变能力。掌握假动作的组合，是利用某些运动动作作为假动作，来迷惑对手，使其重心移动，失去有利位置而乘虚而入，完成预先打算的第二个动作。要求假动作做得逼真，而动作的改变要快速，如原地持球突破前，先做投篮动作（瞄篮动作），然后迅速变为持球突破动作，以达到超越对手的进攻目的。通过反复练习，不断提高运用技术的应变能力。

篮球技术中有些技术动作在运用时就含有配合的因素，如传、接球动作，要求传球准确到位，便于同伴接球，同时也要求接球主动，接球动作做得合理将关系到下一个动作的准备，从而能更好更快地衔接。

### 3. 在攻守对抗情况下，提高运用技术的能力

在掌握技术动作和组合技术的基础上，在攻守对抗的情况下，学会克服对手的阻挠和制约，及时准确、合理地运用技术，为在比赛中运用而创造条件。在这个教学步骤中，一般按以下顺序进行练习：

（1）在规定的攻守条件下，掌握运用时机，完成技术动作。练习时，应对攻守对抗的条件提出固定的要求，练进攻技术时，规定防守的要求；练防守技术时，规定进攻的要求。如练习反弹传球，可规定防守队员必须张臂上下摆，使进攻队员要根据防守队员挥臂部位与快慢，判断传球出手的时机。通过反复练习，掌握运用技术的时机，做出及时、准确的动作。

（2）在消极攻守对抗情况下，选择运用时机，提高技术运用能力。练习时，在消极攻守对抗条件下，让队员自己观察判断对手的身体情况，运用假动作，制造假象迷惑对手，造成对手产生错误的行动，乘机进行攻击。如进攻队员投篮前，运用球和脚步动作做假动作，造成防守队员的错误判断而失去正确的防守位置、距离或身体平衡，进攻队员抓住时机，迅速地投篮。

（3）在积极攻守对抗的情况下，进一步提高运用技术的能力。要求队员在对手积极阻挠和制约的情况下，要有斗志、有信心，敢于较量，情绪稳定，敢于胜利。同时，在练习中对攻守情况要冷静观察，准确判断，运用主变与应变动作，采取果断行动。在攻

守对抗的练习过程中，由于对手的干扰与制约，可能过早地暴露了自己的意图，产生技术动作上的错误或贻误战机等现象，教师或教练员应针对具体问题，耐心地进行示范与分析，并通过反复练习，提高技术运用的应变能力。

在篮球技术教学中，教学步骤与顺序不是一成不变的，而是要灵活地加以运用。一般地说，在开始教篮球技术时，特别要重视掌握正确的技术动作，严格规范要求，反复进行练习。在此基础上，与掌握组合技术的教学交叉进行，学会运用。然后，再转入在攻守对抗情况下去进一步提高运用技术的能力和应变能力。在技术教学中，还要攻守兼顾，注意运用弱手、弱脚完成某些技术动作，不可偏废。

### （二）篮球技术训练

技术训练是技术教学的连续与深化，是有计划有步骤地组织学生或运动员，通过反复的练习，掌握全面、熟练、准确、实用的动作技能与技巧。因此，在技术训练中依然包含着很多教学因素，教师或教练员要科学地安排训练，进行组织实施，要传授、要告诫、要引导、要启发，不只是简单地组织练习方法，要全身心地投入到篮球技术训练之中。

#### 1. 基本技术训练的要求

基本技术训练是指进一步熟练、提高各类技术中基础动作的单个训练，为进一步组合进攻技术和防守技术打好基础。基本技术训练要强调正确的技术动作结构，反复地进行练习。不能忽视基本技术训练，要下功夫去抓基本技术中的基本功训练，这是提高技术水平的功底。篮球基本功是指篮球动作技能中最根本、最困难、最带有关键性的部分。要坚持不懈，严格地进行训练，使之具有扎实的技术功底，不断进行技术储备，提高手上功夫、脚步灵活性、腰的枢纽作用和眼睛的前导作用。它与各类技术动作互为联系，互为作用，互为影响，互为制约。基本功训练，必须强调数量与质量，练任何一个动作都要有数量的概念，即有时间、次数的规定；对动作方法要有质量的概念，即对身体各个部位的动作要有具体的规格，对与球结合的动作也要有严格的规定。开始训练时的严格，会带来以后比赛的自由；开始受到的磨炼愈多，往后技术的造诣就愈高。

基本技术训练要强调动作的规范，但这并不是学习基本技术的最终目的。正确地掌握各类动作的基本方法后，就应扩大各类动作方法和数量，并能在不同条件下以不同方式去完成动作，从而起到举一反三的作用。把范式（基本技术模式）和变式（不同方法、方式在不同条件下去完成）结合起来，并把已掌握的技术动作向组合技术发展，不断提高它们的实用性，以利符合比赛的需要，最终能在比赛中灵活有效地运用。基本技术训练要讲求动作质量，表现在动作的节奏和精确性的质量特征上，同时要从运动学角度考虑动作的位移，如幅度、时间、关节角度、速度、加速度等数量特征，也要从动力学角度考虑动作的力量、力矩、冲量、肌肉工作方式等数量特征。因为，基本技术中各运动动作因素是相互协调、互为条件才能表现出它的完整性，既要考虑动作外在形式上的正确性，更要切实地掌握动作内在用力的合理性，力求做到合理而省力地去完成动作，服从一定的规律性。

**2. 组合技术训练的要求**

组合技术训练是指对具有攻守目的的、实用的两个或两上以上单个技术动作组合的动作系列进行训练。组合技术训练必须与攻守对抗紧密结合起来，把技术动作结构与身体素质发展水平联系起来，它们之间是相互依赖、相互制约的，也是改进技术的重要条件，并决定着技术水平的发挥。在组合技术训练过程中，特别强调动作与动作之间衔接的合理性，要求做到时间上的及时、位置上的准确、变化时的隐蔽，使组合技术具有连续性、对抗性、实用性的特点和制约对方的效能，还要注意协调能力的培养。协调能力应理解为合理地建立完整技术动作的能力和根据变化的条件能从一些行动转入另一些行动的能力，它是影响技术动作完成的重要因素，通过克服不合理的肌肉紧张，完善动态中保持身体平衡完成动作的能力，完善"空间感觉"和动作的空间准备性等途径去提高技术中的协调性。

组合技术训练是在有一定的基本技术训练基础上进行的训练，必须考虑动作组合和攻守对抗的特点来组织练习，主要通过一对一的练习，也可与基础配合结合进行训练，要具有实践性。由于组合技术运用得好坏涉及多种因素，如基本技术掌握与熟练程度、身体素质、心理素质、智力水平以及篮球意识等等，还有练习中的搭配、教师或教练员的指导，都会影响组合技术练习与运用的效果和质量，因此，在训练中特别强调个别对待，不要千篇一律地布置练习，要从实际出发，根据不同对象的实际水平，应有所侧重、有的放矢地进行具体的、个别的布置，抓住主要问题，进行扎实的训练，讲究实用，达到能在攻守对抗中运用的目的。在组合技术训练中，要注意以下几点：

第一，组合技术训练应与基本技术训练相结合。在掌握一定数量基本技术的基础上，交叉安排组合技术与基本技术的内容进行训练，使之学与用紧密结合，学以致用，增加学习者的信心与兴趣，提高练习的自觉性和主动性。

第二，组合技术训练要强调动作的合理性。动作结构要合理，动作与动作之间衔接要合理，动作节奏要合理，使之在完成动作组合时，连贯、协调、有力、实效。

第三，组合技术训练必须结合攻守对抗的实际。攻守对抗中就是争取时间与空间的主动，时机与空间存在于瞬间，技术运用上必须快速果断，争取时间取得空间优势，争取空间取得时间主动。因此，在整个组合技术的各个动作环节上，起动要快，跑跳要快，衔接要快，转换要快；快中要准，快中要稳，突出一个"快"字。

第四，组合技术训练中，要注意弱手、弱脚、弱侧的训练，使之能"左右开弓"，应变时更有选择，这样也进一步促进了基本技术的改进和完善。训练中要处理好全面与特长的关系，要在技术全面的基础上注意特长技术的发展，根据对象的具体情况，优先发展个别超前的技术，使之成为特长技术，反过来又促进技术的全面发展。提高比赛中灵活运用技术的能力，要突出一个"活"字。

第五，组合技术训练中，要加强实战意识的培养，要结合动作组合的运用进行观察判断和动作完成质量的分析，学会对抗中力争主动、转化被动和假动作的运用。要明确意识支配行动、行动对提高意识的能动关系。提高组合技术的有效运用和应变能力，要突出一个"变"字。

### 3. 位置技术训练的要求

篮球比赛中队员的位置分为中锋、前锋和后卫。不同位置的队员在比赛中承担着不同的职责和攻守任务。合理地按位置职责去组织队员进行比赛，充分利用队员的身体条件和技术特长，发挥队员的智慧与能力，有效地组合集体的力量完成攻守任务，对于取得比赛胜利有着重要的意义。因此，根据队员不同位置的职责和要求，在全面训练的基础上，加强位置技术的训练对于提高比赛能力有着重要的意义。

由于中锋和核心后卫另有专章介绍，所以在这里只介绍前锋技术训练的要求。

前锋技术训练的要求：在比赛中，前锋位于罚球线延长线两侧的地区，活动范围广，担任队内的主要进攻与防守任务。在进攻中，既能在外围进攻，又能在篮下进攻；既是球队的主要得分手，又是助攻手，也是抢篮板球的主要队员。因此，要求前锋队员不仅身材高大，还要具备良好的速度、弹跳等素质；技术上既要全面，又要有特长，这样才能完成进攻和防守任务。

前锋进攻技术：由于前锋进攻活动范围广，因而要求他既掌握中、远距离投篮技术，又掌握运球突破和空切到篮下投篮技术；既会运用掩护，又会助攻传球为同伴创造进攻机会。要掌握各种摆脱防守的移动技术，如原地摆脱、空切和反跑等。持球时，要善于运用传球、运球、转身、跨步等动作与对手造成"时间差"或"位置差"，借以摆脱防守，创造投篮机会。

前锋防守技术：防守对方的摆脱传接球、投篮和运球突破是前锋的主要位置技术。技术运用时，第一，要正确观察，判断对方的进攻意图，以便采取相应的防守行动；第二，防守时始终要抢占有利的位置，不让或减少对方接球；第三，合理运用手臂和身体干扰对方的投篮、传球，堵截对方运球突破。

位置技术教学训练应在全面掌握基本技术的基础上，根据各个位置的要求，进一步熟练基本技术，把已掌握的单个技术动作编成组合技术动作进行专门练习。培养不同位置运动员的运动技能时要注意：第一，在不同的位置上进行脚步移动、投篮、传球、运球突破技术的专门练习，提高技术的熟练程度；第二，在攻守对抗的条件下，提高技术运用能力。方法有：运用脚步动作选择和抢占有利的进攻和防守位置的专门训练，接球与防接球的练习；防守队员运用各种技术不让或减少对手接球，进攻队员尽一切努力摆脱对手接球；持球队员运用各种技术创造投篮、助攻、传球、运球突破机会，防守队员努力进行封堵对手的传球、投篮，堵截对手的突破。位置技术训练要与战术训练相结合，培养后卫与前锋、后卫与中锋、前锋与中锋之间的默契配合。在训练中应对技术的运用时机、成功率及攻守对抗性提出严格要求。

### 4. 特长技术训练的要求

篮球技术是理想化的模式，但它又具有相对性，一是个人特点与差异；二是技术始终寓于动态的动作之中，并随着实践的发展而发展。在技术教学与训练中，应当遵循前人在实践基础上总结出来的动作模式，即所谓的动作规范，但个人完成技术动作的方式又有所不同，各具风格。实际上，动作模式的主要环节并没有改变，只不过在完成方式

上融进了个人形态、性格、节奏、变化的特色而已。特别是高水平运动员在完成技术和高难度技术的方式上都是有差异的，训练中不能强求同一规格或模式，要注意各自的风格。应该把风格看做是运动员解决某个技术问题时所做出的创造性结果，是运动员个人完成技术的独特方式。

特长技术是指运动员所掌握的技术系统中超前发展的最突出的某种技能技巧，如投篮准、助攻好、突破能力强、抢篮板球狠、防守积极果断等，这些特长技术都是克敌制胜的武器。应该说特长技术是优秀运动员的显著标志。特长技术具有相对的稳定性，在比赛中或在不利的情况下都能正常发挥，具有攻击性和实效性，才能被人们认可。

特长技术来自运动实践，既要紧跟世界篮球运动发展趋向和新动态，又要落实到训练与比赛之中；既要注意那些偶然出现的即兴表现出来的技能技巧，又要分析运动员的个人特点，包括技术基础、素质水平、兴趣爱好、位置职责、活动范围与区域等等。要经过认真研究，针对个人情况选择某项技术反复精练，使其成为特长，并结合其他技术和完成方式进行训练。教练员要善于发现、启发、设计和引导，运动员要勤于模仿、观察、思考和苦练，在训练安排上要留有余地，布置作业，发展特长技术。特长越显著，风格越突出。技术风格的培养从一定意义上讲，也就是特长技术的训练。某项特长技术的掌握，往往使运动员或运动队的风格变得更加突出。

特长技术训练必须解决好全面与特长的关系，特长技术应是在全面基础上有所特长，即个别技术具有高超的技巧。如果有特长技术而技术不全面，在比赛中也是难以发挥的。从训练角度来讲，必须强调技术的全面提高，对已有某项特长技术而技术又不全面的运动员，必须加强引导，认清篮球攻守对抗日益激烈和高、快、准、全的发展趋向，只有掌握全面、熟练、准确和实用的技术，才能更好地去发挥自己的特长技术，显示出自我和全队的价值。

# 第四章

# 篮球运动战术原理

## 第一节 篮球战术概述

### 一、篮球战术的概念

篮球战术是篮球比赛中队员和队员之间有策略、有组织、有意识地协同运用技术进行攻守对抗的布阵行动，是以篮球技术为基础，在一定的战术指导思想和战术意识支配下的集体攻守方法。方法是行动的内在要求，形式是行动的外部表现，而队员的能力是战术行动的实质。由于篮球竞赛是在一定时间与空间内以球为争夺物进行攻守对抗的竞技活动，随着球权的控制与争夺，双方不攻即守，攻守交替、攻守转换，由此有进攻战术和防守战术之分，而且组织形式多种多样，方式方法千变万化，争夺范围时小时大，在实践中不断发展、创新，经过人们的总结、整理，从而构成比较完整的篮球战术体系。

篮球战术是篮球运动的重要组成部分，是比赛中发挥集体力量和个人作用的手段。篮球战术的目的是把队员组织起来，保证整体实力和特长的发挥，制约对方，掌握比赛的主动，争取比赛的胜利。

### 二、篮球战术的特征

篮球战术作为双方队员在比赛中的对抗行动表现出的特征是：

#### （一）目的性和针对性的统一

任何战术组织和运用都具有明确的制胜目的，都要从本队的实际出发，根据队员的身体、技术等条件，正确选择符合本队水平的攻守战术形式和方法；同时战术的运用又必须采取针锋相对的方法去制约和限制对方，而且还要根据比赛情况的变化及时加以调整，才能争取比赛的主动权，进一步去夺取胜利。所以说战术的目的性和针对性的统一，是篮球比赛的显著特征之一。

### （二）原则性和机动性的统一

任何战术行动都是在同对手的制约和反制约、限制和反限制中进行的。因此，一方面，队员必须在统一的思想支配下，协调地行动，发挥集体的优势和力量；另一方面，由于比赛形势错综复杂、瞬息万变，就要在行动上有统一的原则和要求，又要允许队员个人有机动灵活的变化，才能把握战机，克敌制胜。所谓"阵而后战，兵法之举。运用之妙，存乎一心"，正是这一特征的运用要求。

### （三）多样性和综合性的统一

篮球战术的特点表现为进攻战术手段的多元机动和防守战术方法的综合运用。由于篮球比赛日趋激烈，促使战术发展和更新，内容与形式不断丰富。为了完成比赛中的战术任务，对付不同形式的攻守战术和适应各种临场情况，必须掌握多样化的战术形式与方法，才能争取主动。战术的综合运用表现有两个方面：一方面反映在战术行动上的统一，即进攻与防守的统一（即在进攻行动中包含防守的成分，防守行动又蕴含进攻的意图）、配合行动与个人行动的统一、技术与战术的统一；另一方面表现在战术运用上的综合，即用一种进攻战术对付多种防守战术（如移动进攻法）和利用混合防守、综合防守对付不同特点的进攻战术。因此，战术行动的多样性和综合性的统一，是现代篮球战术的基本特征。

### （四）个体性和整体性的统一

篮球比赛中的战术通常是以一种集体行动展现的，但实际上，球场上每名队员的战术行动，一方面，是个体的活动，反映队员个性的技术运用能力和特长，具有明显的个性化特征；另一方面，每名队员的活动又都不是孤立进行的，而是在同伴活动的背景下实施的。比赛战术的实现，不仅依赖于队员个人活动的合理性和创造性的发挥，而且也必须依靠队员之间的协同配合才能实现。因此，任何战术行动都是在个体活动中体现出整体协同的特征，这正是个体性和整体性的统一。要求处理好整体与个体之间的辩证关系，要在注重发挥集体力量的同时，注意队员个人特点和能力的培养。现代篮球比赛中明星队员作用的日益突出，正反映这一特征。

## 三、篮球战术在比赛中的相关因素

对立统一规律是篮球比赛和篮球战术组织运用的理论基础，进攻与防守这一对基本矛盾贯穿在比赛的全过程之中，当然也表现在双方运用战术的较量之中，它们相互对抗、相互制约、相互促进、相互发展。在实施战术的过程中，必须明确一些具有密切联系的关系，诸如战略与战术、战术与技术、战术与谋略、意识与行动等。

### （一）战略与战术的关系

战略与战术是否得当，在很大程度上决定着篮球比赛的胜负。战略是对比赛全局的策划与指导,是领导比赛的艺术;而战术则是比赛中所采取的具体行动,是队员作战的才能。虽然它们都是研究解决比赛的理论与实践问题,但各自研究的范围和内容有所不同。从整个比赛全局来看,战略占主导地位,它决定比赛的最终目标,而战术则应服从于战略。但战略目标的实现又取决于战术任务完成的质量。因此,两者既是从属关系,又是依存关系,相辅相成。

### (二) 战术与技术的关系

技术是战术的基础,是实施战术的手段。队员掌握的技术越全面,特长越突出,战术的实施就越有保证。篮球战术依赖于一定数量与质量的技术,没有技术就没有战术。另外,战术又是技术运用的组织形式,也为技术的发挥创造条件。由于战术的需要,某些特定的战术必然要求有相应熟练而准确的技术,甚至需要技术的创新来实现。它们之间是内容与形式的辩证关系,不断地指导着实践。战术运用的实质是在比赛中通过组合与配合的方法去创造机会或是相互帮助,而机会的把握和协同的动作都是要通过队员的技术来实现的。从这个意义上讲,战术对于确定球队的发展方向、风格和特点,推动球队技术的进步,都起着重要的作用。

### (三) 战术与谋略的关系

篮球比赛中的谋略是指具体的计策计谋,是体现队员篮球意识中施计或应变的思维活动,也是在比赛中对战术运用的速决方案,它是队员智慧的瞬间表现,化谋略为正确的行动去战胜对手,争取主动,这对完成具体的攻守任务和整个比赛获胜的目标而言,两者是紧密联系、缺一不可的。对抗出智慧、对抗出谋略,竞技篮球比赛本身就是智慧的竞争,再好的战术若由无谋、无术的人去运用,也不可能在复杂对抗中取胜。

### (四) 意识与行动的关系

篮球战术意识与战术行动有着密切的关系。战术意识应理解为队员在篮球比赛中对战术运用规律性的认识与正确行动,它是篮球意识的核心。战术意识越强,实现战术的可能性越大,越能在比赛中根据对具体情况的观察及时作出正确的判断和应答,能动地、果断地配合同伴或独立地完成本队的战术意图。战术意识是队员在篮球运动实践中逐步积累与丰富起来的,行动则是队员在场上的运动行为。从战术角度而言,战术行动反映着队员的竞技能力和经验,行动反过来也促进意识的培养。在比赛中意识支配行动,行动反映意识,两者辩证统一,意行于比赛中一瞬间。

由此可见,篮球战术是篮球运动员的运动意识+谋智+身体及其机能活动能力(意志、作风、素养、素质)+技巧+协同配合+应变能力的综合体,是产生战斗力的方法。

## 第二节 篮球战术结构原理

篮球战术结构是指战术行动的各个组成部分的搭配。篮球战术是由技术、阵势和方法三个基本要素构成的。但由于战术行动是以人为主体的对抗活动，以动作表现于运动过程，因此，在比赛中也就必然受内在的指导思想和战术意识的支配。可见，指导思想与战术意识也应包括在战术结构之中。

## 一、战术指导思想

战术指导思想是教练员制定战术计划、确定战术方案、形成战术特点的理想模式和行动的准则。战术指导思想是篮球战术的核心，比赛中战术能否奏效，关键在于指导思想是否正确。正确的战术指导思想来自对篮球运动规律和客观实际的正确认识和把握。战术指导思想有两种不同层次的含义：一种是比较持久的、贯穿于训练和比赛活动全过程的指导原则，称之为长期性战术指导思想，例如"积极主动、勇敢顽强、快速灵活、全面准确"等；另一种则是近期的、比较有针对性的、主要是在一个赛季或者一次重大比赛前所提出的战术方法的原则，例如"稳扎稳打、以快制高、以外制内、内外结合"等。确立本队的长期的战术指导思想，是球队建设的重要任务，它可以使教练员有计划、有步骤地进行战术训练，从而形成自己的战术风格和体系。战术指导思想是战术内容的核心和前提，对于本队战术的形成和运用具有重要的指导意义。

## 二、战术意识

战术意识是人在战术活动中形成心理反应的高级形式，是人脑对战术活动的应答和反应，是运动员根据比赛场上出现的情况而产生的思维和反应，并通过具体的行动表现出来。战术意识是"战术思维"能力的反映，它是运动员在参加篮球实践活动中逐渐积累和丰富起来的，从而能够在比赛中自觉地、能动地按照战术意图和比赛实际情况，支配和控制自己的比赛行动。篮球比赛中，战术意识具有定向、抉择、反馈、支配等作用，队员的战术意识越强，实现战术的可能性也就越大，从而越能反映运动员的战术能力和行动效果。

## 三、基础技术

技术是战术的基础，队员和队员之间有目的、有意识地在球场一定区域、条件和时机运用技术才能构成战术。技术越全面、熟练、准确和实用，战术的实现越有保证。技术和战术两者之间紧密相连，而且常常作为同一现象存在于比赛之中。运动活动理论认为：动作和行动是构成比赛活动的基本要素，动作是构成行动的最基本的元素。也就是技术是构成战术行动的基本元素，没有技术也就没有战术。

## 四、基本阵势

阵势是指战术活动中具有稳定的形态和行动的方式。战术阵势是战术行动的外部表现，一种战术阵势反映一定的战术内容，所以阵势是战术的基本要素之一。每一种战术形式都有专用的词予以命名，具有比较明确的概念及适用范围、相对完整的活动过程和稳定的时空特征。例如：8字进攻法，表现出队员移动路线的特点和进攻的连续性；区域联防的"2—1—2""2—3""3—2"等阵势，用来对付不同特长的进攻。战术阵势可以从对抗范围、攻守节奏、对抗程度上去理解，如全场的、半场的，速度快的、速度慢的，紧逼的、松动的，积极的、消极的等等，从而体现出各种攻守战术的特点。

## 五、方　法

方法是指完成战术行动的原则、要求和程序，是战术行动构成的内在的基本要素，即队员位置的部署、球和人移动的路线、攻击区域、配合时机、层次及变化等。它规定了人、球移动的方向和路线，技术动作的选择与组合，行动的时机与时间及技术运用要求等。战术方法是从实践中规范出来的活动程序，既依赖于队员的技术运用能力，又需要有一定的阵势来保证队员技术的发挥。

可见，技术是战术的物质载体和实际内容，是战术的基础；阵势是战术的外在表现，一定的形式反映一定的内容；方法是队员间协同完成战术行动的具体手段、要求和程序，是战术的核心。战术指导思想是要通过全队战术行动来贯彻的，它是战术的灵魂，而战术意识是队员战术思维活动与应答能力的反映，意识支配行动，行动反映意识，两者互动的关系对战术运用具有主要的影响。上述要素之间的结构关系，可以用图4-1来表示。明确战术要素的内涵及其相互的影响与制约，对认识、掌握和实施战术行动具有十分重要的意义。

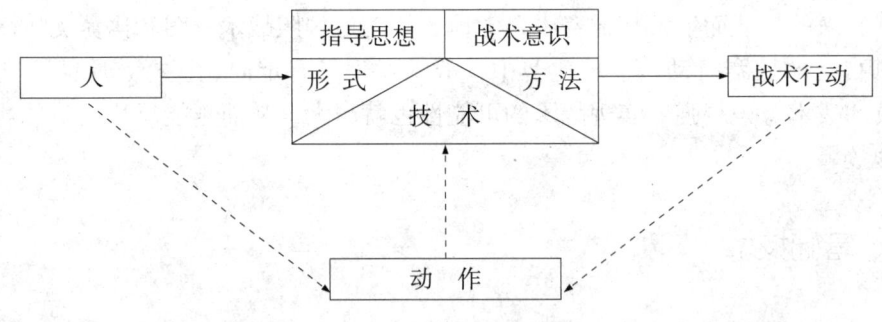

图 4-1　篮球战术行动结构示意图

## 第三节　篮球战术分类体系

篮球战术体系是指由相互联系、相互制约的攻守战术构成的一个整体。

篮球战术，随着篮球技术的发展、比赛规则的演变、竞赛制度的改革、运动员体能体质的提高，不断由简单到复杂，由低级到高级，通过队员在比赛中激烈的攻守对抗实践，人们不断地进行总结与创新，把在篮球竞赛中所展开的一系列有目的、有成效的个人和集体的行动加以归类，构成了一个内容丰富、阵势多样、结构完整的篮球战术体系。

## 一、篮球战术体系的结构

根据篮球运动的对抗特征，通常将篮球战术分为进攻与防守两大系统（20 世纪 90 年代开始，篮球战术发展分为进攻、防守与攻守转换三大系统），再根据参与战术行动的区域与人数，可将其分为个人行动、配合行动和整体行动三个层次，从而把战术方法和阵势构成一个完整的系统网络。将复杂的、多种多样的战术，按性质、区域、人数特点和作用相似地加以归类，明确各自隶属关系，并加以网络化，可对篮球战术体系的结构有一个直观的了解（图 4-2）。

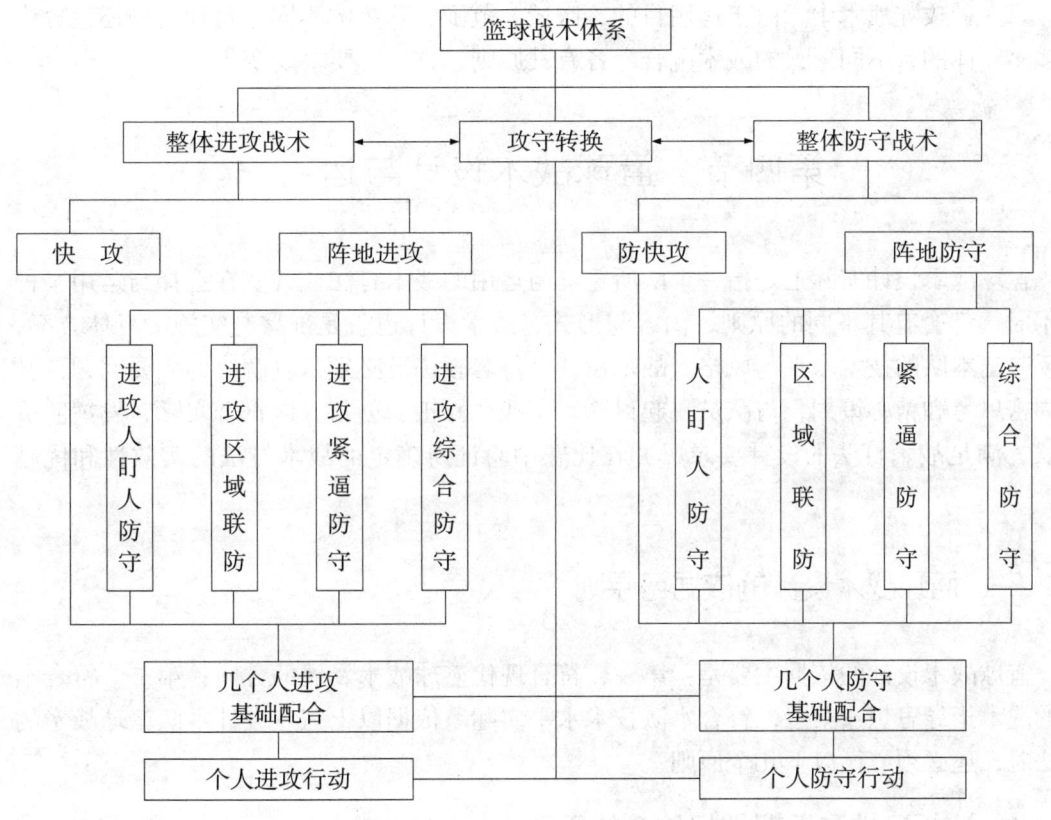

图 4-2　篮球战术体系结构示意图

## 二、篮球战术体系的内容

根据篮球战术体系的三个层次，可分别扼要列出篮球战术的具体内容如下：

### （一）个人行动

个人进攻行动：摆脱、切入、助攻、突破、攻篮等。
个人防守行动：防守无球队员、防守有球队员等。

### （二）配合行动

进攻基础配合：传切、掩护、策应和突分配合等。
防守基础配合：抢过、穿过、绕过、交换、关门、夹击、补防等。

### （三）整体行动

全队进攻战术：快攻、阵地进攻（进攻人盯人防守、进攻区域联防、进攻紧逼防守等）。
全队防守战术：防快攻、阵地防守（人盯人防守、区域联防、紧逼防守、综合防守等）。

每一种攻守战术中，由于运用目的、区域、范围、阵势的不同，每种类型还包含许许多多具体的、不同形式的战术配合，各有其原则、方法、要求及变化。

## 第四节　篮球战术设计与运用

篮球战术设计实际上是指一个队所选择与运用的战术打法。各队在选择与运用某种战术时，都会有其不同的原则、内容与形式，战术设计也就是部署与实施的具体方案，并反映出本队的技术水平与风格。战术设计是每名教练员必须认真解决的主要问题，必须周密思考和精心策划，与队员一起讨论、实践、修正、创新，以符合实际，发挥队员特长，满足战术打法的设计要求，并在比赛中验证所确定的战术打法的实效性和优越性。

### 一、篮球战术设计的依据与原则

篮球战术设计的依据主要是：第一，符合现代篮球战术发展的方向；第二，符合本队的战术指导思想；第三，符合本队技术水平实际。依据以上三点设计本队篮球战术的打法时，还必须遵循以下几个原则：

#### （一）长远性和近期性相结合的原则

所选择并设计的战术打法要和本队长远的奋斗目标、指导思想联系起来，和阶段性、年度性的训练计划与近期的比赛任务联系起来，要有逐渐形成本队打法与风格的思考。

## （二）均衡性和连续性相结合的原则

篮球战术打法的设计，要从整个比赛攻守动态的过程来考虑，例如从攻守过程的整体出发，在战术开始发动到结束的转换过程中，对队员位置的分布和移动的原则、各个环节之间的关系、强侧与弱侧、主攻与辅攻、内线与外线、快与慢、配合与配合等，都要注意攻守相对地平衡，以便于转化；要注意衔接与变化和具体实施中的连续性，要能有序而不乱，有变而不慌。

## （三）原则性和机动性相结合的原则

原则性在于坚持以自己的战术指导思想所设计的打法和贯彻所选择的战术方法的实质，任凭千变万化都要以本队战术打法为主，而辅以其他一些应变的措施，机动灵活地运用。所谓机动性是指要发挥队员在比赛中的主观能动性，能根据具体情况，采取应变的或创造性的打法来完成战术的任务。机动作战并非个人随心所欲，而是融于战术的原则性之中，以求实效。

## （四）针对性与优化性相结合的原则

战术设计应有明确的目标，既要攻守相对，又要针对对手，在战术结构与环节上要以己之长攻彼之短。同时，在阵容结构上要优化组合，既要使全队竞技实力得以发挥，又要能有效地制约对方；既要有突破一点带动全局的设计，又要有各种各样的搭配，随机应变，出奇制胜。

## 二、篮球战术设计的程序

### （一）确立战术理念

战术理念是教练员的战术思想的精髓，是带有个性篮球思维的特点，每位教练员都应根据当代篮球运动的竞技特征和规律，把握前沿趋势，与自己的执教实践融为一体，形成自己的现代篮球战术的新理念，这种带有个性理念的意识再从本队的实际出发，具体地明确球队的战术构建的指导思想，进而符合实际地确定行之有效、能最大限度发挥全队成员技艺、体能等综合潜能的战术模式。

### （二）提出战术模式

战术设计的第一步是提出战术模式构想。教练员根据本队确立的战术指导思想，对所选择的战术打法提出初步设想。这是一个对战术配合的选择、组合的认识过程，对于本队战术的形成具有主要的影响。要研究战术的实质与原则，要结合实践经验，紧密联系本队的技术水平与特长进行阵容的优化组合搭配，相应地提出实施战术打法上的方案、变化和要求，还要认真分析战术打法的可行性。

### （三）制定战术环节

制定战术环节是战术打法设计的重要步骤。每一种攻守战术都是由繁简不同的战术环节构成的，战术打法设计得好坏取决于战术环节的要求是否明确、合理。因此，必须细致周密地考虑，诸如基本阵势、全队移动路线、基本配合、队员位置职责、球的支配、攻击时机、打法变化、攻守转换等等。

为了保证战术打法的质量，在整个战术中还要注意攻守平衡、主攻辅攻、内外结合、快慢结合、配合衔接等问题，同时还应提出应变的方案与措施。

### （四）战术设计的方法与要求

在战术打法设计上，首先是教练员要认真构想，提出战术打法模式，详细制定战术环节与要求。然后要依靠教练员班子和队员，共同进行认真细致的研究与分析，并求得统一认识。总之，战术要贯彻本队的战术指导思想，要有自己的特点，要符合本队的实际水平，使之有利于在训练与比赛中去实施，在实践中进行检验，并进行修正与完善。战术打法设计正如《孙子兵法》所说：一曰度、二曰量、三曰数、四曰称、五曰胜。只有经过预测、分析、计算、权衡后，才能用优势兵力去争取比赛的胜利。

## 三、篮球战术的运用

### （一）篮球战术运用的指导思想

篮球比赛变化多端，即所谓"兵无常势"。所以，在战术运用中，要正确认识与处理战略与战术、技术与战术、战术与谋略、意识与行动等几个关系。要运用"两点论"去认识比赛中的复杂多变，诸如进攻与防守、快攻与阵地进攻、内线与外线、正面与侧面、左翼与右翼、区域与盯人、紧逼与松动、扩大与缩小、高度与速度、分散与集中、常规与特殊等等，从中找出规律，更好地在比赛中审时度势，捕捉战机，争取时间与空间的主动。同时，还要注意矛盾的主要方面与次要方面，分清主次和相互关系，以及在一定条件下主次之间的相互转化。要贯彻本队的战术指导思想，从实际出发，以己所长，攻彼之短，充分发挥队员的主观能动性，机动灵活地运用战术，打出风格，打出水平。

### （二）篮球战术实施的过程

篮球战术实施，不论是在进攻或防守过程中，都是由开始组织、配合攻击、结束转换三个阶段构成。

开始组织阶段：是指在上一回合攻守结束后，下一回合的开始阶段。主要是双方各自转入有组织的攻守，根据所运用的战术，迅速组织形成一定的队形和阵势，过渡到配合攻击阶段。

配合攻击阶段：主要是有组织地通过队员之间的协同动作进行攻击或制约对方的行

动。进攻以投篮为目的,防守以争夺控制球权而展开对抗,各种攻守战术行动的具体内容包括运用的配合方法、主攻的方向和防守的突破、攻击时机的捕捉、配合的变化、帮助与合作等等。

结束转换阶段:主要是在完成攻击的同时,如何转入下一回合,如何迅速有效地连续展开攻守对抗。从这个角度来讲,投篮不是进攻战术的最后结束,获球也不是防守的最终目的。抢篮板球应是攻守战术方法的重要组成部分,获球只是攻守转换的信号。与此同时,全队整体行动中还要注意保持攻守平衡,以利组织下一次的攻守行动。

不论是进攻还是防守的各个阶段的行动程序,在比赛中并不是一成不变的。由于比赛情况的复杂多变,时机的出现有其必然性和偶然性,个人与集体对抗的积极性、本方与对方的失误等都有可能出现直接攻篮或获球而导致攻守的变化。因此,为了更好地实现战术意图,控制比赛进程与节奏,达到实效的目的,明确所运用的战术方法在攻守过程中如何实施、如何应变,是十分必要的。

### (三) 做好赛前战术准备

赛前战术准备是教练员经过认真分析思考,根据本队与对方的具体情况,有针对性地找出比赛中实施某种战术的方案,这是教练员带队参赛中不可缺少的环节。赛前战术准备的主要任务和内容是确定战术方案、进行战术部署和对队员进行适当的心理调整。

#### 1. 确定战术方案

确定战术方案的目的是使队员知道在比赛中如何去实施所选择的战术打法。打法的确定来源于周密的调查研究和合理地组织力量,发挥优势,力争胜利。

#### 2. 进行战术部署

在确定战术方案的基础上,需要进一步进行战术打法的部署,宣布上场阵容(主力阵容)及一般替换原则,明确主要的战术打法,提出关键环节和具体要求,分析比赛中可能出现的各种情况,指出应变的战术变化,明确比赛过程的不同阶段、不同态势中战术运用的策略和有关注意事项,以及如何把握战术变化的原则和时机等等。

#### 3. 心理状态调整

心理状态调整的目的在于帮助队员以最佳的心理状态投入比赛,为此要进行激发积极的比赛动机和竞争精神的心理动员,针对比赛过程的不同心理反应加以适当调整,使其心理上具备承受各种压力的能力。

#### 4. 战术运用的原则性与灵活性

每名队员在战术运用中都要坚决贯彻战术指导思想和教练员的意图,必要时要规定战术纪律,以达到统一思想、统一行动的目的,既要强调以整体战术行动为主的原则,又要以临场情况为依据允许个人果断地行动,要把原则性和灵活性结合起来,充分发挥个人与集体两个积极性。特别是现代篮球比赛对抗激烈,情况复杂,具有较大的随机性

和不确定性,因此,队员在比赛中要善于根据不同的态势,因势利导,随机应变。比赛中的战术应变是战术运用的核心和灵魂,切忌按固定的模式以不变的战术打法束缚自己的行动和对付多变的局面。所以,战术运用的原则性和灵活性是指挥比赛和参加比赛的一个重要法则。

### 5. 战术运用与谋略

所谓谋略是指克敌制胜、灵活用法、巧妙用兵。古人曰:"兵者,诡道也。""上兵伐谋"。施计用谋不仅在军事科学当中占有主要地位,对于篮球比赛中的胜负,也有着举足轻重的作用。

篮球竞赛中攻与守的抗衡,不仅是实力的对抗,也是智力和心理的较量。战术运用中的谋略,不仅反映教练员的指导思想与策略,更重要的是体现在队员的战术行动上,是队员对比赛规律的认识和智慧的表现。我国古代兵法中的谋略思想,是民族智慧的结晶,对篮球战术的运用具有很强的指导意义,如关于攻守、进退、奇正、强弱、虚实、刚柔等的论述,以及关于知己知彼、避实就虚、欲擒故纵、声东击西、兵贵神速、兵不厌诈、审时度势、出其不意、先发制人、扬长避短等成语所包含的深刻哲理和内涵,对于战术运用和战术决策都会有很大的帮助。

# 第五章 篮球战术教学与训练

## 第一节 篮球战术教学与训练的任务

篮球战术教学与训练是整个篮球教学训练整体内容中的一个重要组成部分，是为比赛所进行的战术准备过程。篮球战术教学训练的主要目的，是在比赛中能有效地和有组织地进行攻守对抗，争取比赛的胜利。

篮球战术教学与训练的主要任务是培养学生或运动员的专门素质和意识，获得篮球战术知识，掌握篮球战术方法，具备篮球战术实践运用能力。

战术意识是参加篮球实践活动重要的前提，它涉及的范围较广，诸如有关比赛规程、规则和组织等方面的知识，比赛阵势，攻守配合方法及其变化方面的知识，个人在战术行动中合理运用技术等方面的知识，战术、技术、身体素质和心理素质之间相互关系方面的知识，侦察、分析和运用战术等方面的知识等。总之，篮球知识面越广，篮球实践磨炼越多，战术意识也必然越强。换言之，需要日积月累，不断加以充实。

战术方法是指篮球攻守战术体系。任何一个球队都必须掌握一定数量的攻守战术方法，并能在比赛中加以运用。掌握篮球战术方法与学习运用技能的原则是一样的，既要建立在理论准备的基础上，又要经过多次重复的练习。要特别重视战术的实际操作。同时，必须发展观察、判断、理解、分析和协作等能力。

战术运用能力是指运动员根据比赛条件，为了完成个人的和集体的战术任务而具有体能、心理素质、技术动作和战术方法等等的能力。

在完成上述篮球战术训练任务中，必须明确：战术配合方法本身就是技术合理运用的组织形式，不论运用什么样的战术，即便是最简单的战术，也必须通过技术去实现。战术训练与技术训练联系最为密切，战术只不过是攻守对抗中运用技能的一种艺术。从竞赛的角度来看，它的整个活动都是两队的个人与集体之间多变的技术性和战术性紧密相结合的组织形式。

## 第二节 篮球战术教学与训练的内容

篮球战术教学与训练内容结构的决定性因素是篮球比赛的特殊规律性特点。篮球比赛中双方队员是同场对抗，快速激烈、变化无常，攻守交错、不断转换，这就决定了训练内容的复杂性。内容中既有战术所需要的技术动作，又有战术本身的程序和方法；既对运动素质有相应的要求，又需要良好的多元素质来保证；既要有预见性和观察能力，又要有分析、决断和应变的能力；既要不断扩大掌握战术方法的数量，又要不断提高已掌握战术方法的质量和变化。随着篮球运动百余年的发展，在运动实践中已经形成了许多行之有效的战术方法，主要有战术基础配合和全队攻守战术系统。

## 一、战术基础配合

战术基础配合是两三人之间有目的、有组织的协同作战的简单攻守配合方法。它是运动员在场上捕捉或利用不同时机、不同人员位置、不同路线、不同动作、不同节奏，相互协同行动、相互配合、相互帮助，创造机会，以达到预定的攻守目的。它是组成全队攻守战术的基础。

### （一）进攻基础配合

进攻基础配合是指进攻队员两三人之间为了创造攻击机会，合理运用技术而组成的配合方法。配合方法有：

#### 1. 传切配合

传切配合是进攻队员之间利用传球和切入技术所组成的简单配合。它包括一传一切和空切配合。随着现代篮球运动向高空技术和技巧的方向发展，具有配合简捷、突然、攻击性强的吊扣、一传一扣和空切与空中接球直接扣篮配合也是比赛中经常使用的配合方法。

示例一：如图 5-1 所示，⑤传球给④后，立即摆脱对手❺向篮下切入，接④的回传球投篮，即一传一切。

示例二：空切，如图 5-2 所示，④传球给⑤，⑥立即摆脱对手❻向篮下切入，接⑤传来的球投篮。

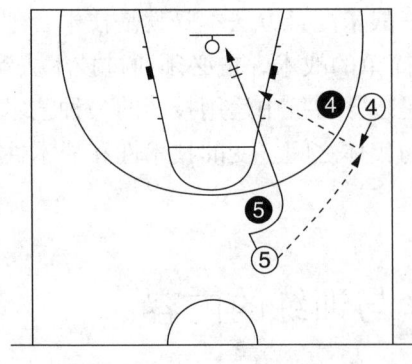

图 5-1

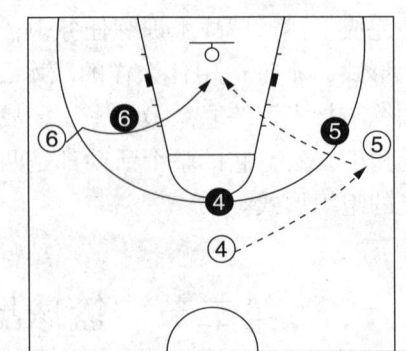

图 5-2

传切配合的要求：切入队员要根据情况掌握切入时机，果断、快速摆脱对手切入篮下，并接同伴的传球。传球队员要利用瞄篮、突破、运球或假动作吸引和牵制对手，当切入队员摆脱对手处于有利位置时，应及时而准确地将球传给他。

### 2. 突分配合

是有球队员持球突破后，主动地或应变地利用传球与同伴配合的方法。如图 5-3 所示，⑤从防守者的左侧突破，❹协防，封堵⑤向篮突破的路线，此时④及时跑到有利的进攻位置，接⑤的球投篮，或做其他进攻配合。

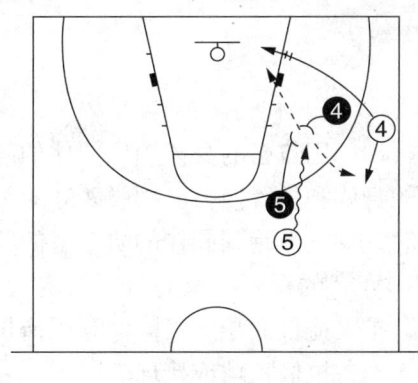

图 5-3

突分配合的要求：突破动作要突然、快速，在突破过程中要随时观察场上攻守队员行动和位置的变化，既要做好投篮的准备，又要及时、准确地传球给同伴。其他进攻队员要掌握时机及时跑到有利于进攻的位置上接球。

### 3. 策应配合

是指进攻队员背对或侧对篮筐接球，由他作枢纽，与同伴空切相互配合而形成的一种里应外合的配合方法。

示例一：如图 5-4 所示，④摆脱防守插到罚球线作策应，⑤将球传给④，并立即空切篮下，接④的策应传球投篮。

示例二：如图 5-5 所示，④传球给策应者⑤，并从⑤身边切入篮下，⑥向底线下压后绕出，⑤可将球传给④做篮下进攻或传给⑥进行外围投篮，也可自己进攻。

策应配合的要求：策应者要及时抢位接球，接球后两脚开立，要用手臂、身体和腿部挡住防守者。两手持球于胸前保护球，身材较高的策应者可将球持于头上。要随时观察场上情况，以便及时将球传给最有利进攻的同伴，注意自己的攻击机会，根据攻防的实际情况，处理好内外结合的关系。在策应过程中要用转身、跨步、假动作及时调整策应的方向和位置，以便协助同伴摆脱防守，增加策应的变化与成功率。

配合队员要根据策应者的位置，及时传球到策应者远离防守的一侧，做到人到球到；或设法摆脱防守，切入，绕出接球。

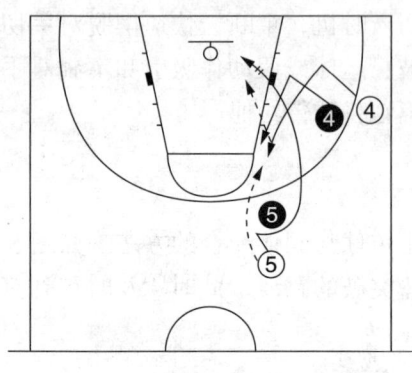

图 5-4

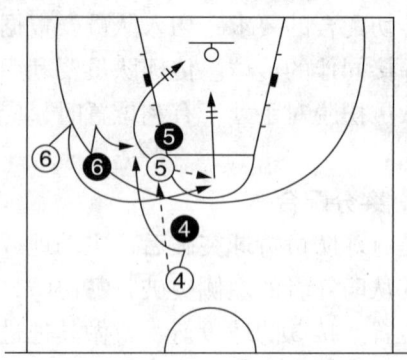

图 5-5

### 4. 掩护配合

是掩护队员采用合理的行动,用自己的身体挡住同伴的防守者的移动路线,使同伴借以摆脱防守,或利用同伴的身体和位置使自己摆脱防守的一种配合方法。

掩护队员给同伴做掩护时,要突然跑到同伴的防守者的移动路线上,保持适当的距离(应按规则的要求,根据防守者的视野所及的范围而定),两脚开立,两膝微屈,两臂屈肘于胸前,上体稍前倾,扩大掩护面积。当同伴利用掩护摆脱防守时,掩护队员应随着防守者的移动,转身切入准备抢篮板球或接球。

掩护配合可以在无球队员与有球队员、有球队员与无球队员、无球队员与无球队员之间完成。掩护的种类有前掩护、侧掩护、后掩护,其区别在于掩护队员站在同伴防守者身旁的位置不同,例如侧掩护,是掩护队员站在同伴防守者的侧面,用身体挡住防守者的移动路线,使同伴得以摆脱防守。

示例一:给持球队员做侧掩护,如图 5-6 所示,⑤传球给④后跑到❹的侧面做掩护,④接球后做投篮或突破的动作,吸引❹的防守,当⑤到达掩护位置时,④持球从❹的右侧突破投篮。⑤掩护后及时移动到有利的位置去接球或抢篮板球。

示例二:给无球队员做侧掩护(反掩护),如图 5-7 所示,⑤传球给④后,跑去给同伴⑥做掩护,当⑤跑到⑥侧面掩护到位时,⑥贴着⑤切入篮下接④传来的球投篮。④

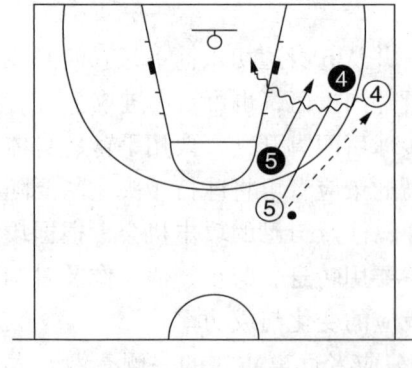

图 5-6

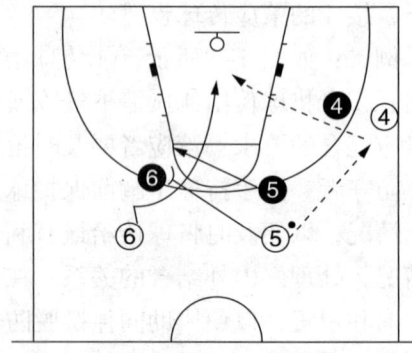

图 5-7

接到⑤传来的球后，要做投篮、突破假动作吸引自己的防守人和调整配合时间，当⑥借助⑤掩护插入篮下无人防守时，④及时将球传给⑥投篮。⑤掩护后要根据防守的情况及⑥的移动情况及时采取其他战术行动。

掩护配合还有定位掩护、行进间掩护、连续掩护、假掩护等。掩护后经常出现第二次机会，如图5-8所示，⑤做掩护后对方换防时，④就不向篮下突破而适当向外拉开运球。⑤则及时利用转身把❹挡在身后而向篮下切入，接④的传球投篮。又如图5-9所示，④给⑤做后掩护后，❹与❺换防，④及时转身切向篮下，接⑥的传球投篮。

掩护配合的要求：做掩护的队员目的要明确，行动要隐蔽，动作要合理，避免造成犯规；被掩护的队员要配合掩护队员隐蔽行动意图与方向，运用假动作吸引对手，当同伴到达掩护位置时，摆脱对手的动作要突然、快速。掩护配合时队员配合要默契，注意及时行动，节奏分明，动作果断，并根据情况变化，采取应变措施，争取第二个机会。

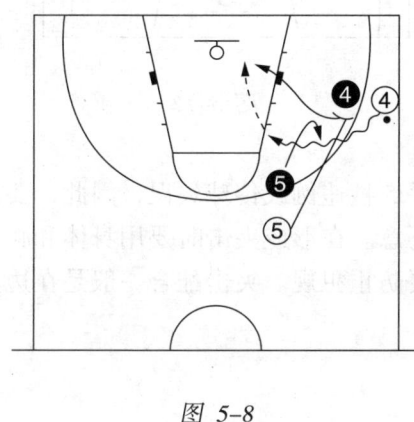

图 5-8

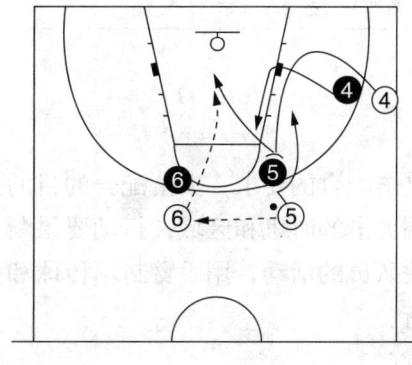

图 5-9

## （二）防守基础配合

防守基础配合是指防守队员之间为了破坏对方进攻配合或当同伴防守出现困难时及时协作的配合方法。配合方法有：

### 1. 关门配合

"关门"是两名防守队员靠拢协同防守突破的配合方法。如图5-10所示，当⑤从正面突破时，❹❺或❺❻进行关门配合。

关门配合的要求：防守队员应积极堵截进攻者的突破路线，临近突破一侧的防守队员要及时向同伴靠拢进行"关门"，不给突破者留有通过的空隙。关门配合也常运用于区域联防。

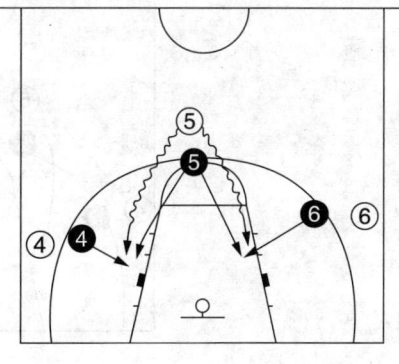

图 5-10

## 2. 夹击配合

夹击配合是两名防守队员采取突然的行动积极防守一名进攻队员的配合方法，如图 5-11 所示，④从底线突破，❹封堵底线，迫使④停球，❺同时迅速向底线跑去与❹协同夹击④，封堵其传球路线，迫使其违例或失误。又如图 5-12 所示，⑤发边线球，❺协同❻夹击⑥，两人积极封堵⑥的接球。

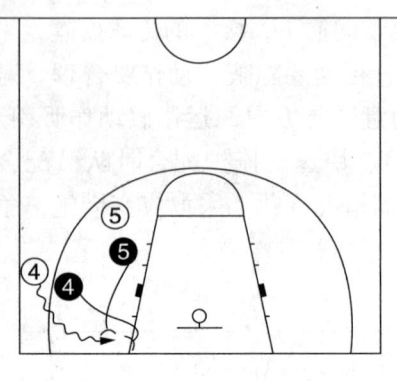
图 5-11

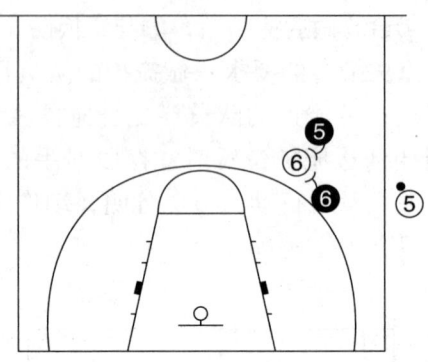
图 5-12

夹击配合的要求：夹击配合的目的是造成对手 5 秒违例或传球失误，因此，要正确地掌握夹击的时机和区域，行动要果断，要出其不意。在形成夹击时要用身体和腿部限制进攻队员的活动，用手臂封堵传球和接球，但要防止犯规。夹击配合一般是在边角区域进行。

## 3. 补防配合

补防配合是指防守队员在同伴漏防时，立即放弃自己的对手，去补防那个威胁最大的进攻者，而漏人的防守队员及时换防的一种协同防守方法。

示例一：如图 5-13 所示，⑤传球给④后，突然摆脱❺的防守直插篮下，此时❻放弃对⑥的防守而补防⑤，❺去补防⑥。

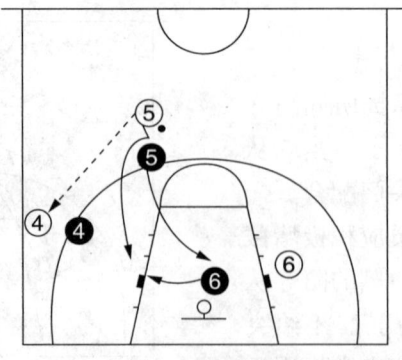
图 5-13

示例二：如图 5-14 所示，⑤持球突破❺，直接威胁球篮，❻放弃对⑥的防守而补防⑤，❺立即补防⑥。

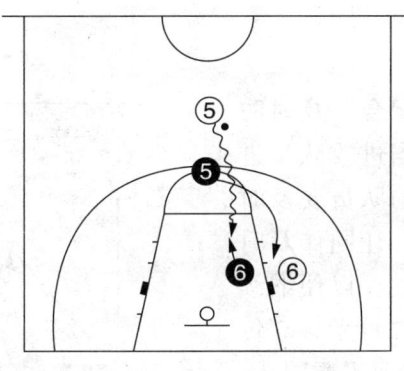

图 5-14

补防配合的要求：动作要迅速、果断、及时，补防意识要强，一旦发生漏防，邻近的队员要积极补防，其他防守队员要密切注意场上情况，及时调整防守位置，随时注意补防和断球。

**4. 抢过配合**

抢过配合是破坏掩护配合的积极有效的方法之一。防守者在掩护队员临近自己时，要积极向前跨出一步，贴近自己的防守对手，从掩护者前面抢过去，继续防住自己的对手。防守掩护队员的同伴，要及时呼应，并配合行动，以备补防。

示例一：如图 5-15 所示，④传球给⑤后跑去给⑥做掩护，❹发现后要提醒同伴❻注意。❻在④临近的一刹那，迅速抢在④之前继续防守⑥。

示例二：如图 5-16 所示，⑤接球后向右侧运球，④上前来掩护，此时❹要及时提醒❺，❺在④临近的刹那，迅速靠近⑤，从④和⑤之间抢过，继续防⑤，❹要配合行动。

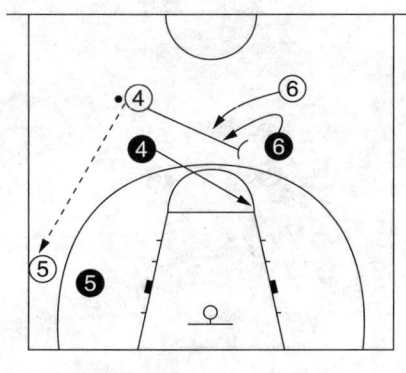

图 5-15

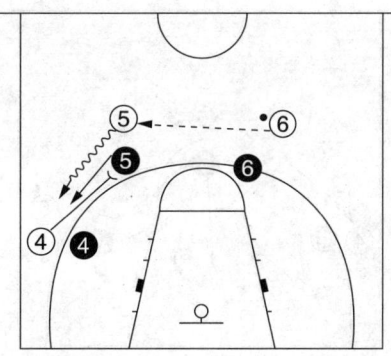

图 5-16

抢过配合的要求：抢过时，要贴近进攻者，迅速抢前一步的动作要及时、突然、有力。发现对方掩护，一定要提醒同伴。要选择好有利协防的位置，密切注意两名进攻者的行动，及时做好补防。

### 5. 穿过配合

穿过配合是破坏掩护配合、及时防住自己对手的一种配合。当进攻队员进行掩护时，防守去做掩护的队员要及时提醒同伴并主动后撤一步，让同伴及时从自己和掩护队员之间穿过，以便继续防住各自的对手。如图 5-17 所示，⑤传球给⑥后去给④做掩护，❺要提醒同伴，并离⑤远一点。❹当⑤掩护到位前一刹那主动后撤一步，从⑤和❺中间穿过，继续防守④。

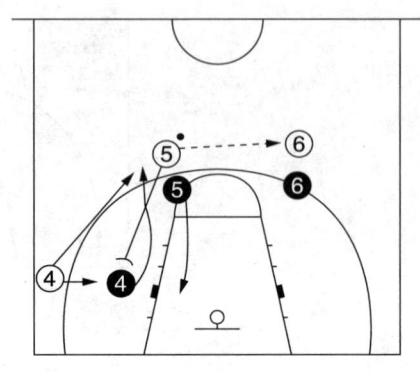

图 5-17

穿过配合的要求：防守掩护的队员及时提醒同伴并主动让路，穿过队员要迅速穿过，并调整防守位置和距离。穿过配合，一般在无投篮威胁时运用。

### 6. 绕过配合

绕过配合是破坏对方掩护配合及时防守自己对手的一种配合。当进攻队员进行掩护时，防守做掩护的队员主动贴近对手，让同伴从自己的身旁绕过，继续防住各自的对手。

示例一：如图 5-18 所示，⑥传球给⑤并去给他做掩护，⑤传球给④后利用⑥的掩护向篮下切入，❺从⑥和❻旁绕过。

示例二：如图 5-19 所示，⑤传球给⑥后利用④的掩护切入篮下，❺封堵⑤向内切的路线，迫使其向另一侧切入，此时❹要贴住④，❺从④和❹身旁绕过继续防守⑤。

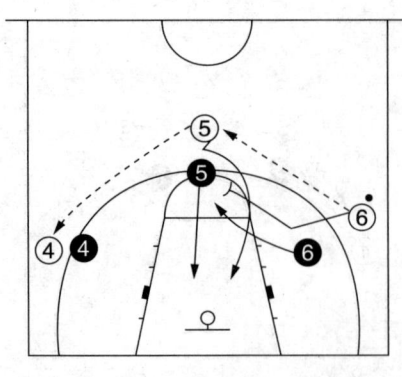

图 5-18

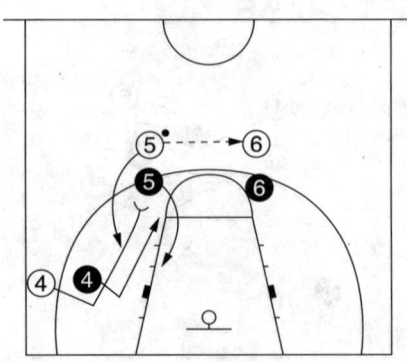

图 5-19

绕过配合的要求：防护者要及时提醒同伴，并贴近自己的对手，绕过队员要及时调整位置和距离，继续防住对手。

#### 7. 交换配合

交换配合是为了破坏进攻队员的掩护配合，防守队员之间及时地呼应交换自己所防守的对手的一种配合方法。

示例一：如图 5-20 所示，⑤去给④做掩护，❺要主动发出换人信号，及时封堵④向篮下突破的路线，此时❹应及时调整自己的防守位置，防止⑤向篮下空切。

示例二：如图 5-21 所示，④传球给⑤后利用⑥的定位掩护切入篮下，此时❻看到❹被掩护住了，应主动招呼同伴换防，❻防④在篮下接球，❹调整位置防⑥。

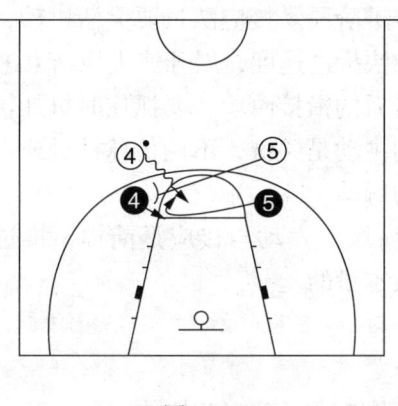
图 5-20

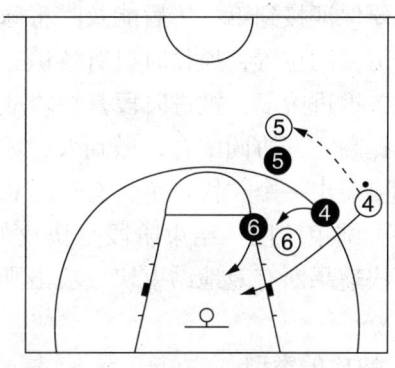
图 5-21

交换配合的要求：交换防守时，防守掩护者的队员要主动发出换人信号，二人准备换防。两防守队员要到位交换，及时换防。运用交换防守后，应在适当时机再换防，以免在个人防守力量对比上失衡。

### 二、快攻与防守快攻

#### （一）快　攻

快攻是由防守转入进攻时以最快的速度将球推进至前场，争取造成人数上和位置上的优势与主动，果断合理进行攻击的一种进攻战术。其特点是速战速决，攻其不备，因此是现代进攻战术中最锐利的武器，最重要的反击得分手段。

由于篮球技术的发展和运动员体能的提高，参与反击快攻的人员增多，促进了快攻形式与内容的发展，比赛中快攻的速度越来越快，次数越来越多，成功率越来越高，更显示出它在比赛中的重要作用。而由防守获球转攻时，抢篮板球和抢断球发动快攻是争取比赛主动的首要环节，因而更加引人重视。

快攻最能体现现代篮球运动向智勇结合、积极主动、凶悍拼斗、快速机敏和全面准确方向发展的基本特征，它对运动员勇猛顽强作风的培养、体能素质的发展和技术运用能力的提高，都能起到积极的促进作用。

### 1. 快攻的结构

快攻是由发动与接应、推进、结束三个阶段所组成。

（1）发动与接应阶段：根据篮球比赛攻守对抗与相互交换的规律，发动快攻主要有抢得后场篮板球后、抢断球后、掷界外球和跳球时等几种时机，其中抢得后场篮板球后发动快攻次数最多，抢断球后发动快攻威胁力最大，偷袭长传快攻成功率最高。比赛时，防守队员获球便是发动快攻的信号，全队队员应及时按既定的快攻战术方案和战术行动路线分散选位，获球队员相应快速准确地将球传给快下队员或接应队员，或者果断地快速运球突破防守自己的对手或传出第一传，或与接应队员紧密衔接。接应队员的任务就是要保证接到第一传后能及时将球迅速转入推进阶段。接应队员要灵活机动，选择有利于衔接的位置，抓住时机有意识、有决心地加快推进速度，展开速决战结束进攻。

（2）推进阶段：推进阶段是快攻战术中承前启后的衔接阶段，要抓住时机加快推进速度和提高相互协同配合，做到人、球在位置上的主动是关键，不论传球推进或运球推进，都要突出一个"快"字，有快的意识、有快的行动。

（3）结束阶段：结束阶段是快攻的最后攻击阶段。发动与接应是前提，推进是纽带，而快速果断有效地结束快攻攻击则是快攻的根本目的。

### 2. 快攻的类型

快攻战术有长传快攻、短传（结合运球推进）快攻和运球突破快攻三种类型。

（1）长传快攻：指队员在后场获球后，立即把球长传给迅速摆脱对手的快下队员。这是一种偷袭的形式（图5-22）。此战术是建立在准确的长传技术和快速奔跑、强行突破上篮等技术的基础之上的。由于长传快攻只有战术的发动阶段和结束阶段，因而进攻时间短，速度快，配合简单，是一种成功率较高的快攻战术形式。

（2）短传（结合运球推进）快攻：指防守队获球后，立即以快速的短距离传球的方式，直逼对方篮下进攻的一种快攻形式（图5-23）。这种快攻具有灵活、机动、多变的优点，参加配合的人数多，容易造成以多打少的局面。它也经常与运球突破结合运用。

（3）运球突破快攻：指防守队员获球后，利用运球技术超越防守，自己投篮得分或传球给比自己投篮机会更好的同伴进行攻

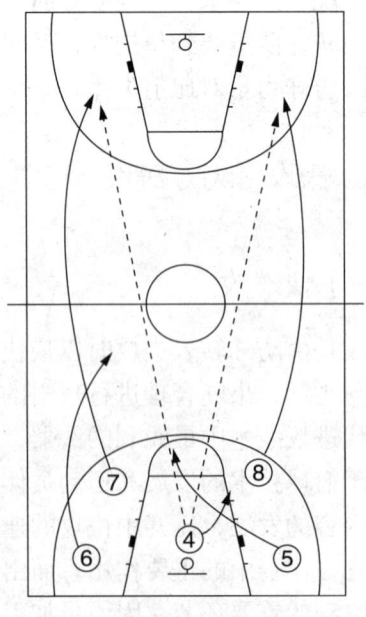

图 5-22

击的方法。这一方法的特点是，抓住战机，减少环节，加快进攻速度，主要是个人攻篮（图5-24）。

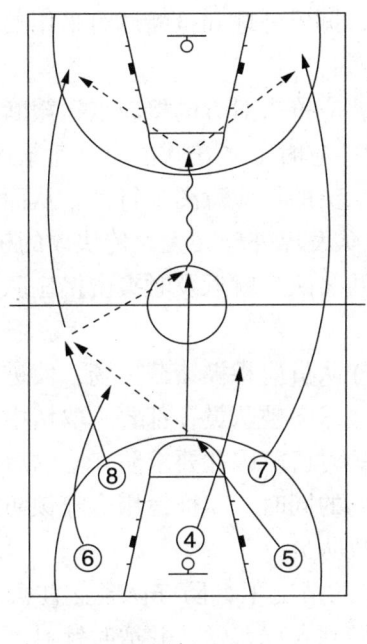

图 5-23

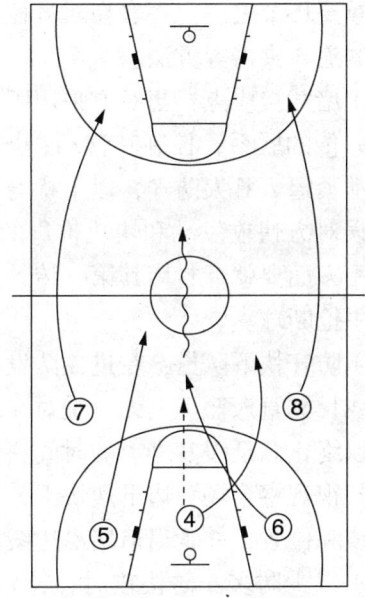

图 5-24

### 3. 快攻的基本要求

树立快攻意识是发动组织快攻的前提，要抓住时机，做到转换快、传球快、接应快、分散快、推进快、跟进快和攻击快；全队队员要行动一致，积极投入到快攻行动之中，要以压倒的气势去完成快攻的任务；在技术运用上要果断、准确，在战术组织上要环环紧扣，不轻易降低速度，相互协同，先后有序，纵深队形，三路出击；注意快攻攻击后的积极拼抢篮板球进行二次进攻，在快攻不成时，要与阵地进攻衔接，及时转入阵地进攻。

## （二）防守快攻

防守快攻是指比赛中由进攻转入防守时，用于阻止和破坏对方使用快攻的防守战术。防守快攻最根本的方法是提高本队进攻的成功率，减少对方发动进攻的机会，减少不必要的失误，组织拼抢篮板球，以利于本队部署防守。现代篮球比赛速度不断加快，努力提高防守技、战术质量和深入研究防守快攻战术显得越来越重要。防守快攻战术是一个有机的整体，必须根据快攻攻势的展开，有针对性地去防守，力求延缓对方进攻的速度，打乱其进攻的节奏，推迟其进攻攻击时间，以利迅速组织阵地防守。

### 1. 防守快攻的方法

（1）拼抢前场篮板球：根据比赛的统计资料，抢获后场篮板球后发动快攻的机会最

多,因此,积极组织拼抢前场篮板球才有可能获得再次进攻的机会,同时也有利于立即转入封堵对方第一传的防守。

(2)封堵第一传和接应点:及时封锁和堵截对方发动快攻的第一传和接应点是防守快攻的重要环节之一。一般在对方控制后场篮板球、掷界外球和抢断球时采用贴身积极封堵、紧逼、夹击等方法。

(3)堵截接应点:当对方采用固定接应方式时,应抢占对方的接应点,截断接应队员与第一传的联系,控制其移动;当对方采用机动接应时,防守队员应迅速紧逼对手,进行机动紧逼人盯人防守,以干扰与控制对方任一队员的接应意图与行动,从而达到破坏和延误对方快攻发动和快攻推进的速度;当进攻队发界外球又无长传快攻的机会时,防守队一方面要就近封堵其第一传,另一方面要有两名队员就近及时夹击接应队员,并在夹击中抢断球。

(4)防守快下队员:在进攻队发动快攻时,防守队员应积极堵截中场,使进攻队员不能直线长驱直入篮下,无论是对无球队员还是对运球突破队员,都要采取堵中逼边的策略,以终止和延缓其进攻的时间,使其失去快攻的时机。因此要求防守队的后线队员要一边扫视观察全场一边迅速快下,在兼顾控制中场的同时,积极运用退守领防抢占有利的路线和位置,并紧逼追堵沿边线快下的无球进攻队员。

(5)以少防多:防快攻时,特别是在以少防多的情况下,防守队务必注意保护篮下,根据进攻队的进攻及时选择有利的防守位置,做到人球兼顾,并适时针对对方的薄弱环节迅速采取攻击行动,大胆运用攻击性防守破坏对方进攻。不论是一防二还是二防三,都要根据进攻情况相应变化与调整防守位置,延缓对方的攻击。

**2. 防守快攻的基本要求**

在积极防守的思想指导下,要求全队整体布防,队员各司其职,行动一致,积极主动地从不同位置上全面追堵,制止对方发动快攻,延缓快攻速度;或封堵对方第一传,或阻截接应队员,或干扰其向接应区移动,或抢占其习惯的接应点;或积极追防快下队员和在中场堵截、干扰,或阻挠对方使其不能顺利地传球和运球;力争防守人数上均等,若是以少防多,则应沉着冷静、机智果断、大胆出击,赢得时间上和人数上的均衡;任何位置上的对方投篮,都要积极进行干扰和封盖,影响其命中率,并要拼抢篮板球。

## 三、人盯人防守与进攻人盯人防守

### (一)人盯人防守

人盯人防守是篮球防守战术中最重要的一个系统,是以盯人为主兼顾球位,做到人球兼顾,每名防守队员都积极盯住自己的进攻对手,并与同伴进行共同协防的全队防守战术。人盯人防守战术在现代篮球运动比赛中是一种最基本、最常用的防守战术。在篮球比赛演变发展过程中,人盯人防守战术是出现最早、破坏性较强的防守体系。在现代

篮球比赛中,各队都把它作为重要的战术方法和手段加以运用。人盯人防守战术能够有效地发挥运动员个人防守能力和集体防守力量,不断根据人和球的位置及对手移动情况,随时调整防守力量和队员的防守位置,控制进攻队人与球、人与人的联系。现代篮球防守中这种"以人为主、人球兼顾"的防守原则,既是篮球防守的特点,又是今后篮球防守战术的发展趋势。

人盯人防守战术根据防守区域的范围通常分为半场人盯人和全场人盯人防守两种形式,而半场人盯人防守可分为扩大人盯人和缩小人盯人防守,运用中又可分为紧逼人盯人和松动人盯人防守。人盯人防守的特点是:以盯人为主,防守的针对性强,有利于破坏和控制对方既定的进攻战术配合,队员防守分工明确,有利于发挥队员防守的积极性和提高责任心;防守的机动性强,易根据对方进攻的情况及时调整防守部署,有效地控制对方的进攻重点和外围投篮。不足之处是个人防守能力弱、协同防守差的队易被进攻队各个击破,篮下防守略为薄弱,不易组织集体的抢篮板球战术。

人盯人防守要求运动员牢固掌握战术的基本组织原则和运用方法,在比赛中根据攻守双方的实际情况,选择针对性的人盯人防守战术形式;具有较强的攻守转换及人盯人的防守意识,在以盯人为主的基础上,积极移动选位,兼顾"人、球、区";具备扎实的防守基本功、良好的身体素质、顽强的战斗作风和熟练掌握、运用个人防守战术;善于观察判断和随机应变,加强与同伴的配合,增强防守的集体性,注意保护篮下和积极拼抢篮板球。

### 1. 半场人盯人防守

半场人盯人防守战术是指由攻转守时,全队用最快的速度退回后场,在半场范围内,每名防守队员负责盯住一名进攻队员的整体防守战术。这种战术分工明确,责任到位,针对性强,协同互补性较强,它是运用最多的一种防守战术形式,是篮球运动中各种防守战术的基础。由于每个人防守的对手明确,因此,能很快地熟悉对手的技术特长和战术行动,有利于防守过程中根据对方的打法,扩大或缩小防区,及时调整防守范围,针对进攻的侧重点来配备和组织防守力量。

半场人盯人防守战术在实战运用中主要有半场缩小人盯人和扩大人盯人两种,由于缩小人盯人和扩大人盯人防守的任务和防守区域不同,因此战术形式和方法也不同,然而防守基本原则一致。

扩大人盯人的战术形式是五名队员在中线一带有针对性地分别站位,盯住进入自己防区的队员,极力阻挠进攻队员的战术行动和落位布阵。缩小人盯人防守的战术形式有两种:一是五名队员在中线稍后一带,有针对性地落位,分别盯住进入自己防区的队员,极力阻挠进攻队员进入本防区采取进攻性行动;二是在3分投篮线一带的区域里布防(近似于扩大了"3—2"阵势的落位布阵),做好防守自己对手的准备。这种防守形式,主要以控制内线和封堵对手强行突破,以求制造抢篮板球反击机会。

缩小人盯人的战术阵形主要有:针对进攻半场人盯人的"2—3"阵势,用于防守以高大中锋策应配合为主及其变化为主的战术配合,针对"2—2—1"进攻阵势,用于防守单中锋策应、外线进行防守掩护等灵活机动进攻为主的战术配合;针对"1—3—1"

进攻阵势,用于防守以双中锋上下站位及其变化的战术配合;针对"1—4"和"1—2—2"进攻阵势,主要防守以双中锋和无固定中锋的进攻阵势。

(1)半场扩大人盯人防守:这是一种带有紧逼性的防守阵势,主要以争夺球为目的,封堵、切断传球路线,阻止3分球投篮,破坏对方习惯性的内外结合进攻配合,给对方心理上造成紧张,及时组织夹击,争取抢、断球反击快攻的机会。由于它的防区扩得较大(一般为8~10米),所以虽有利于阻止外线进攻,但由于这种防守的重点在外线,相对而言内线防守较为空虚,互补防守较为困难。

下面根据进攻队球进入的区域,介绍半场扩大人盯人的防守方法。

由攻转守时,防守队员迅速退回后场,并立即找到自己防守的对手。图5-25所示的A区,是防守队员开始紧逼对手的区域范围,特别是对持球队员要封堵其传球路线;对运球队员要阻止其突破,并设法迫使其停球;对无球队员要错位防守,并切断其接球路线,破坏其习惯的进攻配合。这一阶段的防守与半场区域紧逼有所不同,不要求防守队员在攻方持球队员刚越过中线时就上去紧逼和夹击,主要要求防守队员控制对方的进攻速度而紧逼盯人。

当进攻队员已进入图5-25所示的B区时,每名防守队员均应紧逼对手,破坏对方的习惯进攻配合,阻挠对手落位到习惯的攻击点;根据球的位置,以不让对手轻易接球为目的,阻挠和切断其传接球路线;如果遇到对方掩护时,应尽量运用抢过防守,少用交换防守,以免出现高矮错配、强弱不均等现象。

当运球队员被逼入图5-26中的底角时,防守队员可以组织夹击。将运球队员逼向左底角,近球防守队员❽和❼可以下移夹击⑧,❻准备断⑧传给⑦的球,并要防止自己所盯的⑥切入,❹准备断⑧传给⑥的球,并要防止自己所盯的④向篮下切入,❺防止⑤插向异侧进攻。

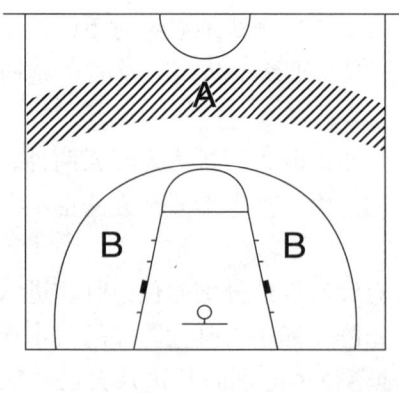

图 5-25

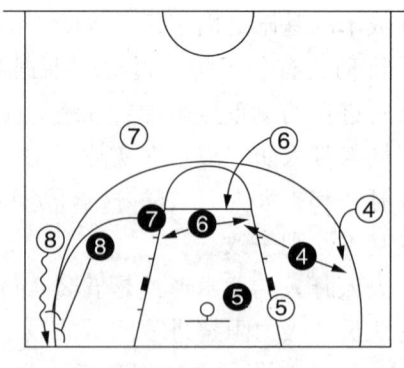

图 5-26

(2)半场缩小人盯人防守:这是一种对有球队员紧、对无球队员松,并根据球的位置来掌握松紧度的防守形式。它的防区缩得较小(一般为6~7米),有利于保护篮下,便于对付内线攻击力强、外线突破能力强,而中、远距离投篮欠准的队。这种防守的重点在内线,密集篮下,围守中锋,要做到对持球队员主动抢前占位去紧逼,对无球队员则进行伸缩性的弹性防守，严密封锁将球传入内线的球路，积极阻止中锋在内线接球，切断内、外联系和传接球路线，整体协同防守篮下，减少内线犯规，控制篮板球，争取打反击快攻。

下面根据球的位置介绍半场缩小人盯人的防守方法。

球在正面时的防守：如图 5-27 所示，球在正面右侧罚球线延长线以上的⑧手中，❽逼近⑧，用手罩住⑧手中的球。⑦与⑥位于强侧、罚球线延长线以下区进攻，因此，❼要错位防守⑦，不让⑦接球，掌握近球者紧的防守原则，❻要抢前防守⑥，切断其接球路线，掌握球在强侧紧的防守原则。④与⑤位于弱侧，因此，❹要向纵轴线靠近❽方向后撤，协助❽防止⑧从中路突破，❺要向纵轴线靠近⑥的方向后撤，协助❻防止⑥反切篮下，❺还要注意⑤，防止⑤背插限制区进攻。

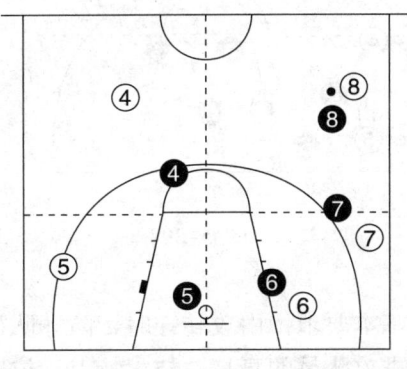

图 5-27

球在侧面时的防守：如图 5-28 所示，球在侧面罚球线延长线以下的⑦手中，❼逼近⑦，阻止他将球传入内线。⑧虽处于强侧，但由于球在罚球线延长线以下，所以要缩回来防守，掌握内紧外松的防守原则，这样一是可以协助❼防止⑦从中路突破，二是主动协❻围守中锋⑥。❻要抢前防守⑥，如果用侧前防守⑥，那么另一侧要❽或❺协防。⑤处于弱侧，❺要向纵轴靠近⑥的方向移动，当❻绕前防守时要保护篮下，以防⑦

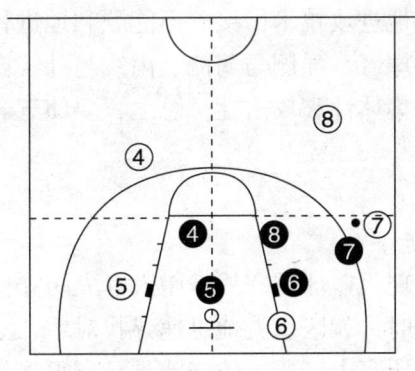

图 5-28

高吊传球给❻；当❻侧前防守时要协防另一侧篮下，并注意防守⑤背插限制区进攻。④处于弱侧，❹要缩回来协防限制区，以防④空切限制区，同时协防⑤，阻止其在限制区背插进攻。

球在底角时的防守：如图 5-29 所示，④将球从侧面传到底角⑤手中。此时，❺要防止⑤从底线运球突破，❹要缩下来协助❺，阻止⑤从中间突破，❻❼❽都应紧缩篮下，"面向球、兼顾人、堵背插"，严密防守⑥⑦⑧插入中区进攻。

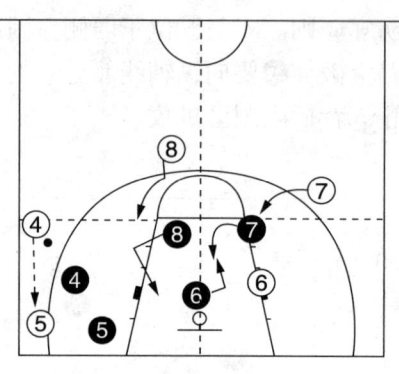

图 5-29

（3）半场人盯人防守的基本要求：由攻转守时，防守队员必须迅速退回后场，找到对手，组成集体防守；根据进攻队员的身高、技术特点、位置分工等配备实力相当的防守阵容。遵循人球兼顾"以人为主"的防守原则，防守队员的位置选择应根据"球—彼—我—篮"进行应变调整，如：防守距离按有球逼、无球截，近球贴、远球堵，近篮封、远篮控，运球要追防的原则进行调整。防守时眼睛余光要环视到攻守全局，并要经常保持基本的防守站立姿势，在积极移动中进行干扰、堵截、抢打断球。对有球队员要根据对手的位置，积极用手臂挥动封堵传球路线和干扰投篮出手；对运球队员要积极追防，合理运用技术动作，堵卡运球路线，伺机抢打球，迫使其陷入被动，邻近的防守队员要进行协防；对无球队员的防守，应根据对手所处的位置及时调整，通常在外围应做到"球—我—彼—区"兼顾的原则，选择在便于阻止接球和抢断球的位置上，使对手难于接球，或接球后不易与其他进攻技术衔接，不能顺利地进行攻击。在不同防区运用不同的防守方法，近球区与远球区、强侧与弱侧、内线与外线要有所不同、有所侧重，便于与同伴协防，加强防守的集体性和攻击性。总之，要使五名队员形成一个有机的防守整体。

### 2. 全场紧逼人盯人防守

全场紧逼人盯人防守是现代篮球防守战术中人盯人防守体系里最具攻击性和破坏性的战术，是由进攻转入防守时，就区、就地迅速寻找对手，立即展开全场范围内紧逼盯人的一种攻击性防守战术。比赛中，要求防守队员具有很强的攻守转化意识，在全场始终贴身紧逼自己的对手，积极阻挠对手的行动，切断无球队员的接球路线，开展短兵相接的抢位防守，并运用打球、抢球、断球技术，利用堵截、夹击、换防和补防等攻击性防守配合来制造对方带球撞人、失误、违例等。破坏对方有组织的进攻，控制比赛的速度，制约进攻的节奏，力求迅速赢得控球权，争取比赛的主动权。

全场紧逼人盯人防守战术，能充分调动队员的积极性，发挥队员速度快、灵活性好的特点，也是一种利用地面速度来制约高空优势的有效方法。同时，对培养队员顽强的拼搏精神、提高队员的身体素质和促进技术的全面发展都有着重要的作用。由于全场紧逼人盯人防守战术要在全场展开激烈的争夺，因此，防守面积扩大，防守队员分散，容易产生漏洞，特别是漏人以后，难以组织集体协防的力量。所以，要增强队员个人防守的责任感和提高全队防守的能力，提高全队协同作战的意识。

（1）全场紧逼人盯人防守的方法：全场紧逼人盯人防守战术是在全场范围内与对手展开激烈的对抗与争夺，全场中不同场区的防守任务也有所不同。其方法如下：

场区的划分。全场分前场、中场、后场三个防区，如图 5-30 所示。

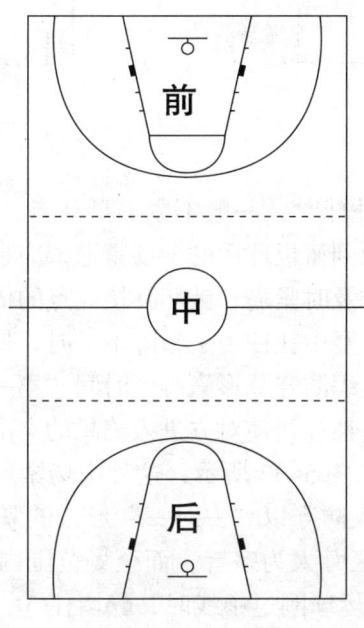

图 5-30

甲、前场的防守方法：当对方发端线界外球时，有两种紧逼方法。一种是紧逼防守发端线界外球的队员，如图 5-31 所示，在对方⑧跑到端线外准备发端线界外球的这段时间里，防守队员应该迅速找到自己的对手，选择好有利的防守位置，❽要挥动手臂，封堵传球角度，迫使⑧向边侧传球。❼要切断⑦中路的接球路线，逼使⑦向边侧移动。❻也要切断⑥中路的接球路线，迫使⑥沿另一侧边线移动。❹在中线附近紧逼④。❺在后场盯住⑤，并注意断⑧远吊给⑤的长传球。如果⑧将球传给⑦⑥，则❼❻都应堵住中路，迫使对方沿边线运球。另一种是放弃防守发端线界外球的队员，如图 5-32 所示，假如⑦是一名进攻核心队员，❽可以放弃防守掷界外球的⑧，与❼夹击⑦，在第一防区就破坏对方组织的进攻。

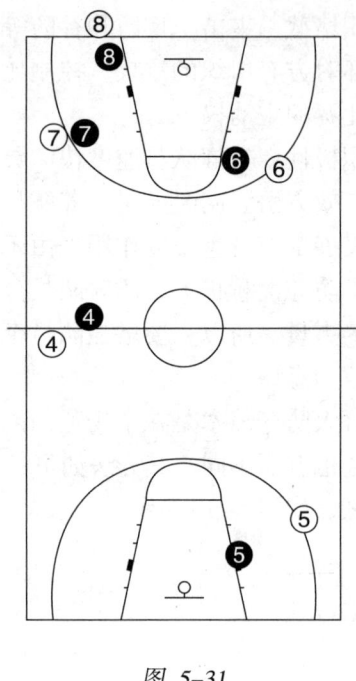
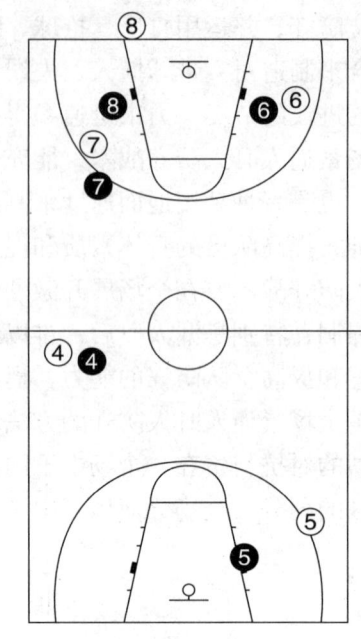

图 5-31　　　　　　　　　　　　　图 5-32

当对方在后场边线掷界外球时，一般不紧逼掷球者，而采用上述方法夹击接球队员。当本方投篮不中，对方抢到篮板球后的全场紧逼，应在移动中就地找人，最主要的是对抢到篮板球和接应的队员及时紧逼，破坏其接应点的传球路线。

乙、中场的防守方法：比赛中往往由于布阵不及时，使第一防区未能守住，但在第一防区紧逼过程中，为中场组织防守队形赢得了时间。第一防区主要利用中线与边线相交的两个死角，开展带有攻击性和诱使对方进入陷阱的夹击防守和轮转补防。

中场夹击与轮转补防：如图 5-33 所示，这种中场紧逼盯人与区域紧逼中的一线夹击稍有不同，全场紧逼人盯人防守以"一对一"形式的紧逼固定对手为主，而区域紧逼以紧逼不固定的对手、守区盯人为宗旨，而全场范围内的补防又与半场范围内的补防不同。在图 5-33 中，当⑤运球刚过中线时，❼堵住⑤，并与❺一起夹击⑤，❽补防⑦，❻补防⑧，❺应尽量封堵⑤传球给⑥的路线，迫使⑤传球失误或违例。一旦⑤传球给⑥，则❺补防⑥，形成顺时针轮转补防，仍然保持"一对一"形式的全场紧逼人盯人队形。

防中路策应：如图 5-34 所示，攻方采用高大队员在第二防区的中路策应进攻。掷界外球的队员④传球给⑥，⑥传球给在中场线附近的高大队员⑧，企图用中路策应的配合攻破第二防区。此时❻要积极封堵⑥向中路的传球路线。❽要错位防守，切断⑧策应的接球路线。如果⑧接到球，❻与❺要防止⑥与⑤从第一防区向第二、第三防区空切。❼要紧盯⑦，切断这个策应队员再度从第三防区中路策应的接球路线，并要防守他的空切篮下。

丙、后场的防守方法：在全场紧逼人盯人防守中，一旦球进入第三防区，防守队应按照半场紧逼（扩大）人盯人防守的方法进行后场紧逼人盯人防守。如果在一、二区防

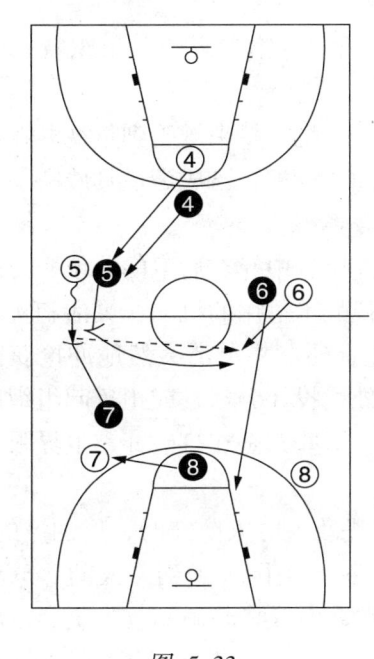 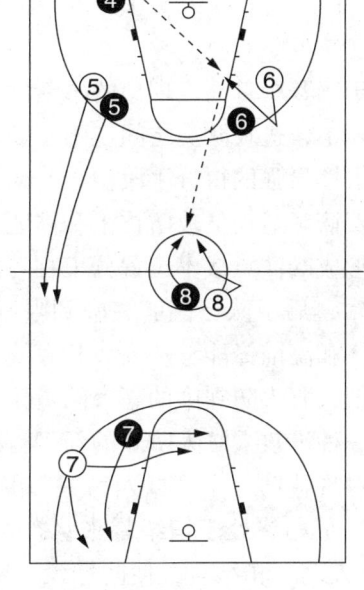

图 5-33　　　　　　　　　图 5-34

守时，由于交换盯人、轮转补防出现防守队员中间高矮错配、强弱不均等现象，可以寻找适当的时机进行调整，以巩固第三防区的防守实力。

（2）全场紧逼人盯人防守的基本要求：由攻转守时，全队要思想坚定，行动一致，要以积极拼抢的顽强作风从心理上压倒对手，迅速凶猛地直逼对手，不停顿地在全场范围积极展开防守拼搏，以控制对手进攻节奏，破坏其习惯的进攻战术。为此，每名防守队员都要有毅力与决心主动抢占有利位置，紧逼自己的对手，积极阻挠其行动，充分利用 5 秒、8 秒、球回后场等规则，使其被动而造成失误、违例，以夺取控球权。

## （二）进攻人盯人防守

进攻人盯人防守战术是根据对方防守的防区范围、防守阵势和队员的防守能力，结合本队实际，扬长避短，以我为主设计自己打法的一种有组织的全队进攻战术。进攻人盯人防守战术主要有两种模式：一种是"整体型"打法，强调以一名核心队员为中心，组织整体配合；另一种是"机动型"打法，要求几名队员都能充当核心队员的角色，既能组织传球进攻，又能自行攻击。随着现代篮球技、战术的发展，一种以两三人配合为基础的机动性的"移动进攻战术"，是现代进攻人盯人防守战术最具典型的打法。

现代篮球运动员的身高不断增长，身体素质迅速提高，比赛中，篮下的制高点争夺常常在 3.50 米左右。当前，世界强队在阵容配备上有"二大三中"（两名高大队员的身高一般在 2.10 米左右，另外三名队员的身高一般在 1.90 米以上）"二大二中一小""三大二中"三种情况。在世界大赛中，进攻时除了打绝对高度外，打"第二高度""第三高度"的情况越来越多，常常在进攻人盯人时配备"三大二中"

"二大三中"或"二大二中一小"等阵容，甚至利用"打第三高度"组织特殊的进攻方法。

由于比赛中打高度现象的不断增多，进攻中的高空配合越来越受到重视。在进攻人盯人防守中，进攻队员之间在不间断地移动中构成的高空配合已成为最具威胁、最难防守和攻击性最强的得分手段。

随着篮球运动员攻防技术和体能的全面提高，前锋、中锋、后卫的分位职责已逐步打破，形成既注意战术位置分工相对的稳定，又重视战术运用的机动、灵活和实效。例如：通常，后卫队员能够突破到限制区和篮下投篮，还能靠灵活突然地冲抢获得篮板球，中锋和高前锋能够从内线和底线等区域拉开到外线投3分球，或担负起组织助攻的任务，把人盯人防守中的高大队员拉到外线来防守，这些都是在打破锋、卫界限前提下出现的一种进攻人盯人防守的新型打法。

针对现代防守中"以人为主"的防守原则，在进攻人盯人防守时，增加球的转移，使防守队员始终处于情绪紧张状态，同时增加人的移动范围，做到"人动、球动"和"球动、人动"相结合，使防守没有喘息的机会，在动中寻找漏洞和攻击机会，以破坏人盯人防守就显得更为重要。

### 1. 进攻半场人盯人防守

（1）进攻半场人盯人防守的阵形与方法：进攻人盯人战术常见的基本阵形有"2—3"阵形，如图5-35所示，主要以单中锋策应配合为主及其变化的方法；"2—2—1"阵形，如图5-36所示，主要以单中锋外策应进攻为主及其变化的方法；"1—3—1"阵形"，如图5-37所示，主要以双中锋上下站位及其变化的方法；"1—2—2"阵形，如图5-38所示，主要以双中锋篮下进攻及其变化的方法；"1—4"阵形，如图5-39所示，主要以双中锋上提进攻及其变化的方法；"1—2—2"阵形，如图5-40所示，主要以无固定中锋的马蹄形阵形，机动中锋打法。根据场上防守情况可变换多种。

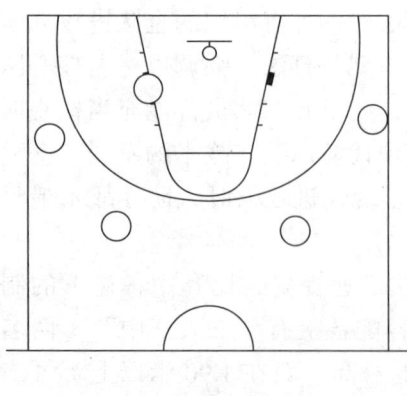

图 5-35

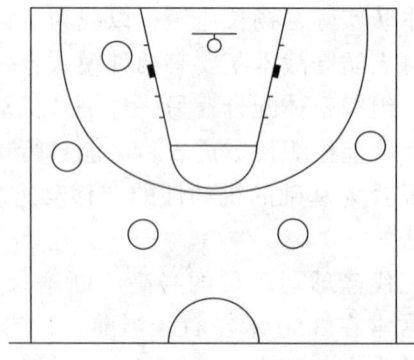

图 5-36

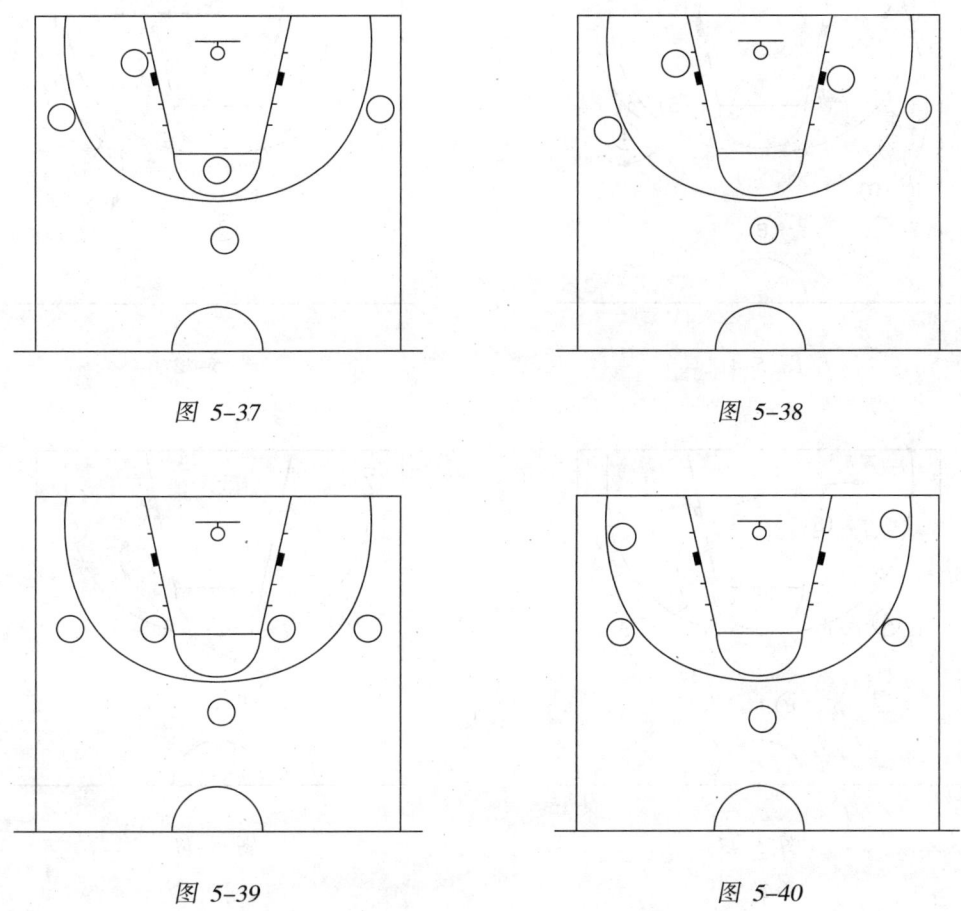

图 5-37　　　　　　　　　　图 5-38

图 5-39　　　　　　　　　　图 5-40

进攻半场人盯人防守的战术方法有以下四种。

甲、双重叠掩护（"1—4"落位阵形）：这是二大二中一小的人员配备，以两对双重叠掩护为基础，在3分线附近组织3分球外线进攻，逐步向篮下移动双重叠掩护位置，组织内线进攻的战术方法。

如图 5-41 所示：⑧持球进攻，⑦与⑥在左侧3分区，⑤与④在右侧3分区，形成两对双重叠掩护，面对球或侧对球站立，⑥利用⑦做定位掩护，切向底角3分区，⑦切向左侧3分区，谁能摆脱防守接到球，谁即可投3分球。④与⑤冲抢篮板球，⑧与⑦准备退防，保持攻守平衡。

如图 5-42 所示：左侧双重叠在篮下落位，右侧双重叠在3分区落位，右侧打外线3分球配合，左侧打内线进攻配合。⑧持球进攻，将球传给利用⑤做定位掩护而摆脱防守的④，④在底角3分区投篮，或将球传给内线进攻的⑦或⑥投篮。

乙、传切、策应连续进攻法：如图 5-43 所示，⑦传球给⑥后，切入篮下。如图 5-44 所示，如果⑦未能接到球，则⑥运球突破做一打一。如果⑥未能突破对手，则运球后转身做策应。此时，由于⑦切入，⑥运球突破，防守必然会缩小。⑧切向⑥转身策应

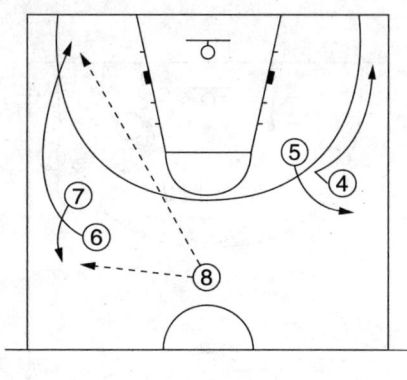

图 5-41

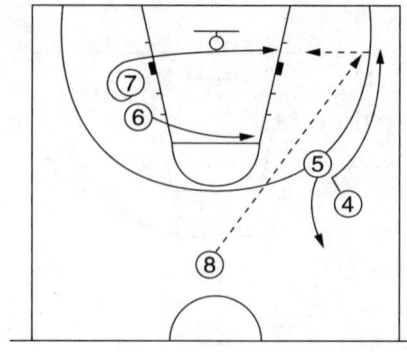

图 5-42

图 5-43

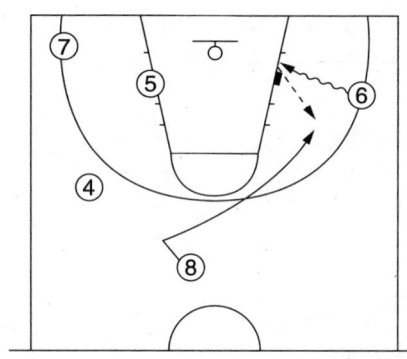

图 5-44

处，接⑥递给他的球，在外线投篮。如果不能投篮，④上移，⑤拉到左腰，⑧传球给④，④传球给⑤（图 5-45）。

图 5-46 中，五名队员站位与图 5-45 类同，只是从右面传切、策应的进攻队形变到左侧。

图 5-47 中，⑤传球给⑦后，切入篮下。

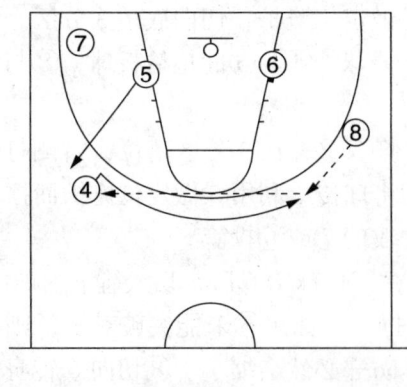

图 5-45

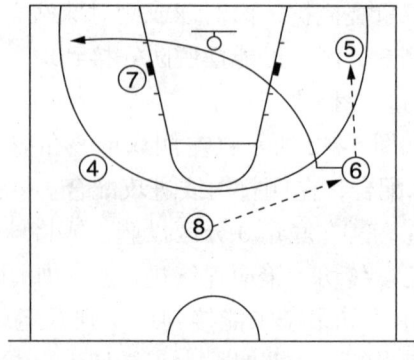

图 5-46

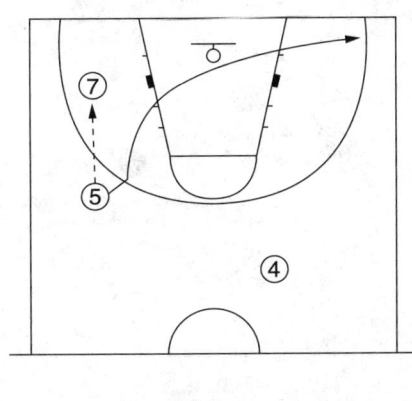
图 5-47

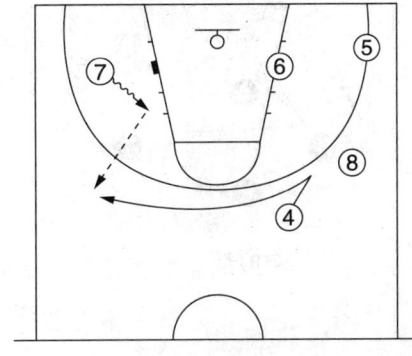
图 5-48

图 5-48 中，如果⑤未能接到球，⑦运球突破做一打一。如果⑦未能突破对手，则运球后转身到策应处。由于⑤切入，⑦运球突破，防守必然会缩小，④可以切向⑦转身策应处，接⑦递给他的球在外线投篮。如果④不能投篮，则⑧上移，⑥拉到右腰，④传球给⑧，⑧传球给⑥（图 5-49）。

图 5-50 中，五名队员站位是经过左右连续传切、策应进攻配合后的落位，又回到第一次发动配合时的落位，只是进攻队员的号码有了变动。

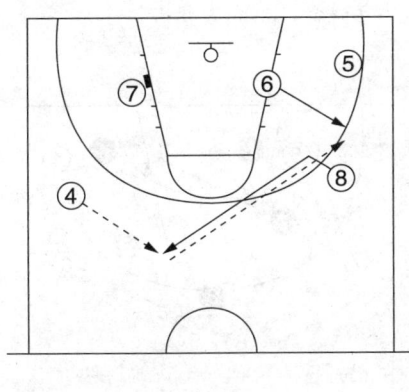
图 5-49

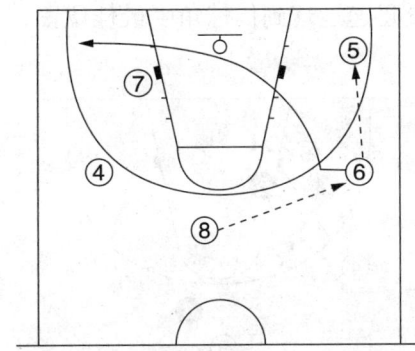
图 5-50

丙、内外掩护配合：这是内线队员为外线队员做掩护，或外线队员为内线队员做掩护的一种战术配合，现作为打第三高度的全队战术来叙述。如图 5-51 所示，进攻队以"3—2"阵形落位，内线两名进攻队员⑥与⑤与对方防守队员❻❺高度相仿，实力均衡，而第三高度相差悬殊（2.10 米对 1.90 米，或 1.95 米对 1.80 米）。进攻开始，利用声东击西的传接球先从右侧进攻，试从⑥处打开缺口，突然转移到左侧，此时，内线队员⑤为外线队员④做掩护，④切入篮下进攻，如果❺跟防，与❹交换防守，则⑧可直接传高吊球给④投篮，或⑧传球给⑤，④在篮下打第三高度。由于❹与④相比，身高相差悬殊，在防守上处于被动局面，那么防守队员势必运用交换防守（图 5-52）。当⑤为④做掩护时，❺交换防守④，则高大队员⑤掩护后切入罚球线附近接⑧的传球投篮。

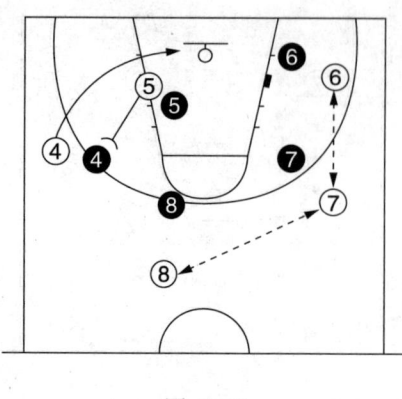

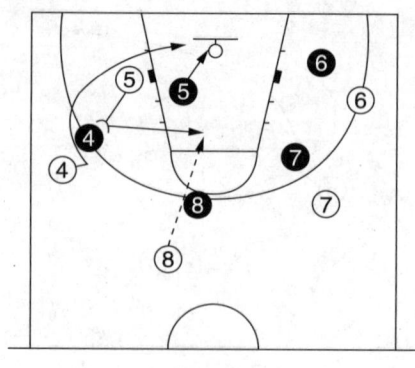

图 5-51                                  图 5-52

如图 5-53，外线队员④跑到内线为⑤做掩护，⑤跑到罚球线附近接球投篮，如果❺挤过，继续防守⑤，则⑧可将球吊传给切入到篮下的④投篮。

以上集中内外掩护配合的全队战术，都是围绕着第三高度、高矮错配的现象而设计和组织的进攻人盯人防守战术。

丁、拉空一侧，通过中锋组织配合：如图 5-54 所示，⑦传球给⑧后，利用中锋做定位掩护切入篮下，⑧传球给⑥，⑥假做传球给切入的⑦，使强侧防守队员加强协防，密集一侧。然后⑥突然回传球给⑧，由于⑦跑到强侧，使弱侧位空，中锋⑤成一对一局面，⑧迅速运球到传球角度最佳位置，传球给中锋⑤投篮。

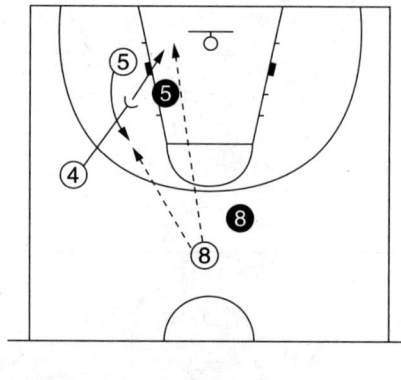

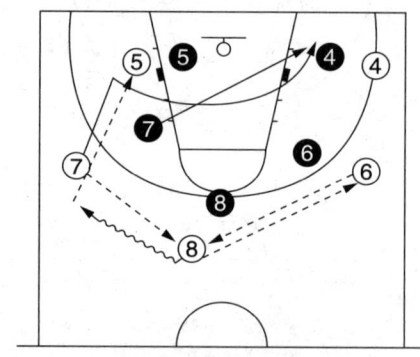

图 5-53                                  图 5-54

（2）进攻半场人盯人防守的基本要求：现代篮球进攻半场人盯人战术的基本特点是频繁移动、综合进攻、机动性大、连续性强和实效性高。必须全面提高队员的身体、技术和战术素养，增强单兵作战能力，尤其是要在摆脱空切、运球突破、急停跳投和拼抢篮板球能力的基础上，形成具有高度灵活性、应变性和实效性的整体战术。进攻半场人盯人防守基本要求是：进入半场后，应迅速落位，组织相应的进攻阵形；要切合实际地运用基础配合及其变化来创造攻击机会；组织进攻配合中要正面与侧面、内线与外线、主攻与辅攻相结合，尽力扩大攻击面，增多攻击点；注意配合与配合之间的衔接，加强进攻的攻击性与连续性；在组织进攻中，要根据防守的实际，攻其薄弱环节，做到快慢结合、动静结合、人球皆动，加强进攻中的针对性和灵活性；组织拼抢篮板球，力争二次进攻机会；注意攻守平衡，保证攻守转换的速度。

### 2. 进攻全场紧逼人盯人防守

进攻全场紧逼人盯人防守，是指进攻队根据防守队在全场范围内进行紧逼人盯人时所采用的进攻方法和行动，是篮球进攻战术系统中的一种战术。

（1）进攻全场紧逼人盯人防守的阵势与方法。进攻全场紧逼人盯人防守战术阵势有两种基本的落位阵势：一是由守转攻时，全队五名队员集中于后场或扩大到中线一带区域，以便组织固定的进攻配合，并有意造成前场空虚，以便快速突破和偷袭快攻；二是进攻时全队五名队员迅速分散部署在全场，分散对方防守与防守的协同合作，利用其防守的薄弱环节和空当，进行个人战术攻击和配合进攻。

由于进攻全场紧逼人盯人防守战术是在全场的区域里进行的，因此，与在半场进行的进攻战术相比，无论是从时间、空间或战术难度上，都有相当大的差异。进攻全场紧逼人盯人防守时，整个战术过程可分为前、后两个阶段：前阶段是后场进攻，后场进攻时接应发球和推进是关键环节；后阶段是进入前场后的攻击，进攻方法与进攻半场人盯人防守相似，重要的是及时根据防守队形和场上情况，相应布阵后连续地、不间断地使用进攻人盯人的具体战术配合。

甲、固定配合进攻法：在全场紧逼人盯人防守中，犯规次数多、发界外球的次数多，有利于组织固定配合，有利于接应第一传。

发端线界外球时的固定配合如图 5-55 所示，⑧发端线界外球，⑥④⑤三名队员在

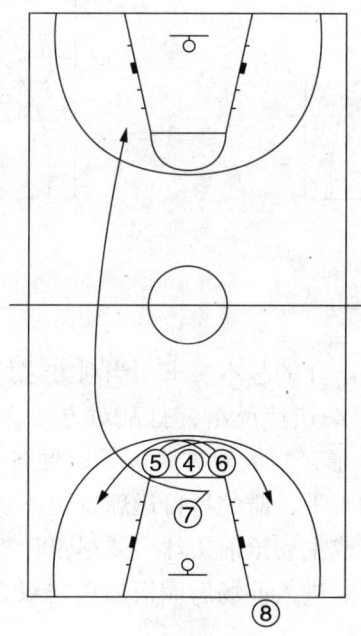

图 5-55

罚球线面对⑧站成屏风式的掩护横队，⑦佯做接应，突然利用屏风做定位掩护，快速摆脱防守队员切入篮下，接⑧的平直传球上篮。如果没有远传球机会，⑤可利用④⑥做定位掩护，⑥则利用④做定位掩护，各自到两侧接应界外球。

发边线界外球时的固定配合如图5-56所示，⑧发边线界外球，④利用⑤做定位掩护，快速摆脱防守切入篮下。⑤则准备接保险球。⑦利用⑥做定位掩护，摆脱防守切入篮下。⑥则准备接保险球。⑧可以根据场上变化传球给任何一名队员进攻紧逼盯人。这种一字形的固定配合有多种跑动方法，教练员可以训练跑速最快的队员直接上篮得分。

乙、全场连续策应进攻法：如图5-57所示，⑧发端线界外球，⑦摆脱防守接应第一传。⑥面向球、背向篮在中圈前面策应，接⑦传给他的球。⑦传球后迅速向前跑。④在前场罚球圈顶连续策应，接⑥传给他的球。⑤可以切入篮下，接策应队员④传给他的球投篮。

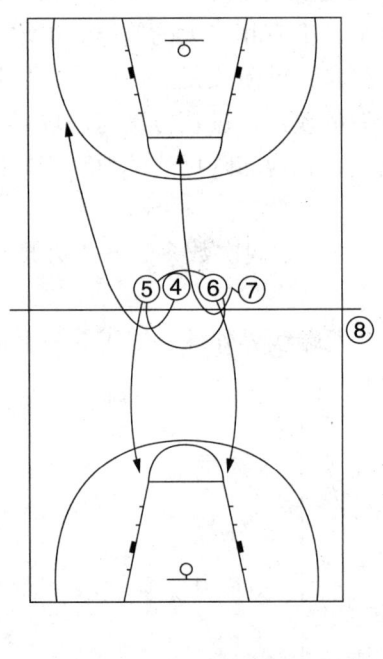

图 5-56

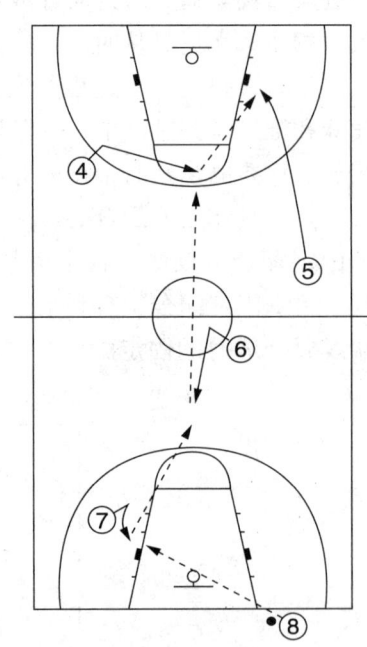

图 5-57

（2）进攻全场紧逼人盯人防守的基本要求：当对方采用全场人盯人防守时，全队要沉着冷静，行动一致，力争组织快速反击，打乱对方防守部署。队员在场上的位置分布，要保持一定距离和分散队形，拉大对方防区，以便各个击破。战术的组织与配合，力求简练实用。要以快传调动对手，避免盲目运球，更不要在边角或中线一带停球，以防对方夹击。接球队员要迎前或主动抢前接球。要尽量让控制球能力强的队员拿球，以便运用突破来打乱对方的防守。进入前场后应根据攻守双方分散、落位的情况，迅速落位、布阵，转入阵地进攻。

## 四、区域联防与进攻区域联防

### （一）区域联防

区域联防是指进攻转入防守时，全队队员迅速退回后场，按区分工各自负责防守一定区域的进攻对手，形成一定的防守阵势，把每个防守区域有机地联系起来，并随球进行协同移动防守的一种全队防守战术，也是篮球两大防守战术系统之一。区域联防战术最突出的特点是守区防人防球和保篮。随着现代篮球运动战术打法向综合化发展，区域联防战术也有了较大的发展和完善。如：扩大防守区域，增加共同防守的职责与区域；当进攻队员运球突破、空切、溜底线时，则打破防守区域界限而采用人盯人护送的方法，加强防守时的换位、补位和协同防守的配合；在半场、全场不同范围内采用区域联防战术配合，或在半场、全场不同范围内采用区域联防和人盯人防守两种战术相结合的配合，从而派生出对位联防和区域紧逼等针对性、攻击性、机动性与伸缩性较强的防守打法。

#### 1. 区域联防的阵形与方法

区域联防根据各防守队员所站的防守区域，组成各种不同的区域联防阵形。如"2—1—2"区域联防的阵势，队员位置和防区分布比较均匀，防守机动性较大，适用于防守正面的进攻以及内线进攻力强的队，它的优点是队员之间易于协同配合，并能根据进攻的特点变换其他防守阵势（图5-58）。随着实践运用，区域联防阵势目前发展有"2—3""3—2""1—3—1"和"1—2—2"等阵势，并且都能针对性地加强某些薄弱环节，各有优缺点，在运用中必须加以重视。

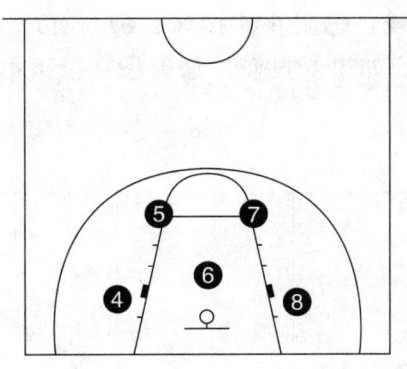

图 5-58

区域联防战术的方法较多，不同的联防阵势决定了不同的防守配合和方法。

（1）"2—1—2"区域联防的特点：其特点是五名队员分布比较均衡，以中间的一名高大队员为中心，把前排两名锋线队员和后排两名卫线队员有机地组成一个能够前后呼应、左右联系、便于相互协作防守的阵形。这种防守阵势，能有效地对付内外线攻击力量较强的队，适用于阻截正面突破和篮下威胁较大而"两腰"攻击力较弱的队（图 5-59 所示的斜线 1、2、3、4 区是防守的薄弱地区）。

（2）"2—1—2"区域联防各个位置队员应具备的条件：如图 5-60 所示，突前防守的两名队员应具有快速、灵活的素质，并善于抢断球和组织快攻反击；位于中间的应是身材高大、善于补位和抢篮板球的队员，他往往要防守对方的中锋；位于后排防守的两人应是身材高大、善于盖帽和抢篮板球、发动快攻的队员。

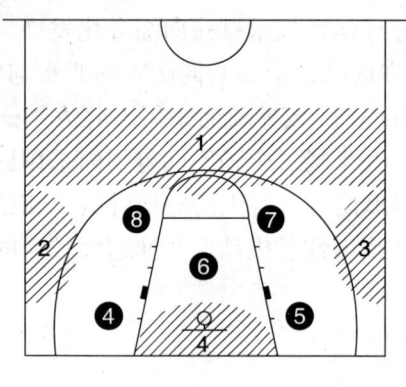

图 5-59

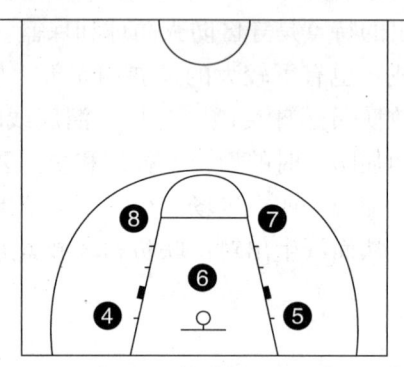

图 5-60

（3）"2—1—2"区域联防的防守方法

甲、球在正面弧顶时的防守配合：如图 5-61 所示，❽持球进攻，❼应上步防守❽，❺应上步防守❼，❽应防守❻兼防❺，❻应上步防守外中锋❺，❹防守底线的④。

乙、球在侧面两腰时的防守配合：如图 5-62 所示，❽传球给❻，❽迅速上去防守❻。❼退回原来位置或协防❺，以防❺下移后❼背插进攻。❻要防止❺下移接球，设法切断❺的接球路线。❹阻止④接球，❺向有球一侧的篮下移动。运用中，可以抢断❻给❼的横传球。如果❻投篮，❻❹❺在篮下形成三角形包围圈，挡抢篮板球。

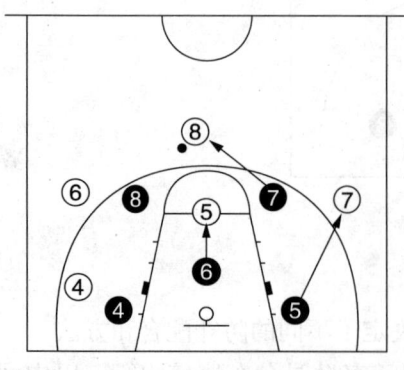

图 5-61

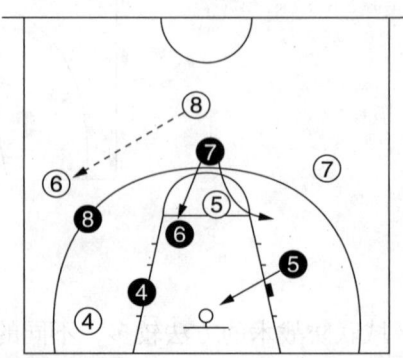

图 5-62

如图 5-63 所示，⑥回传球给⑧时，防守应按照战术需要来移动。如果⑧投篮不准，则❼应上前一步阻挠，准备在⑧传球给⑦后快速移动，赶上去防守⑦。❺应该在❼未赶到前防⑦，❼赶到后❺则退回篮下防守。也可以采用"伸缩性联防"阵势的特殊移动方法，即❽与❼均采用横滑步移动，封住两腰⑥⑦的投篮点，放弃防守弧顶投篮不准的⑧。如果⑧投篮较准，⑦投篮欠佳，在⑧传球给⑦后，则应由一名后卫❼上步防守⑦，但❼松动防守协防⑤，以便在⑦接球回传给弧顶投篮手时上步继续防守⑧。

丙、球在底角时的防守配合：如图 5-64 所示，⑥传球给底角④，❹上步防守④，防止④底线突破。❽应退后协防，❻严密防守。如⑤在内线接球，则❺向篮下移动防止⑦背插。❼向限制区中间移动，防止⑧⑦插入篮下。

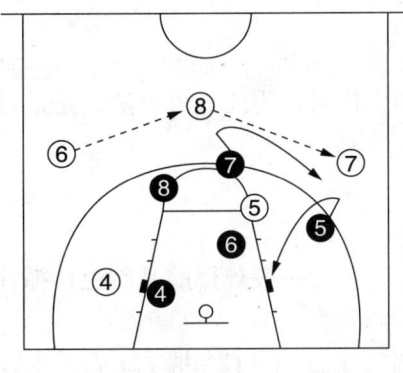

图 5-63

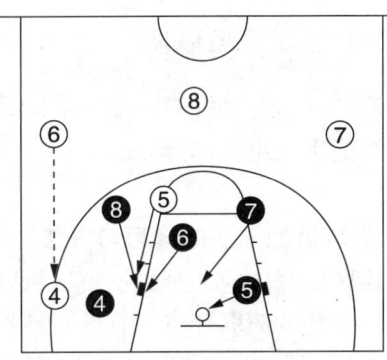

图 5-64

丁、防守溜底线的配合：如图 5-65 所示，⑧传球给⑦，④溜底线向有球一侧切入，❹要防溜底线的④。❺上步防守⑦，❺等到❼回防⑦时再从右腰撤回篮下防守溜底线过来的④。

戊、防守外中锋的配合：如图 5-66 所示，⑧传球给外中锋⑤，❻要上步阻止⑤投篮，❽❼协防⑤，❹要防止④插入内线，❺防止⑦切入内线，迫使外中锋⑤将球传上线。

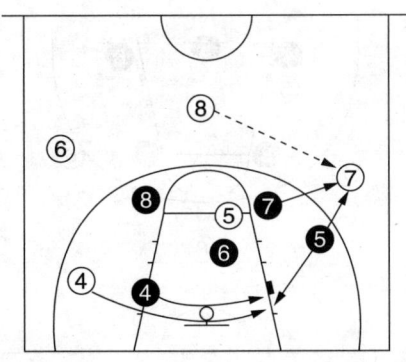

图 5-65

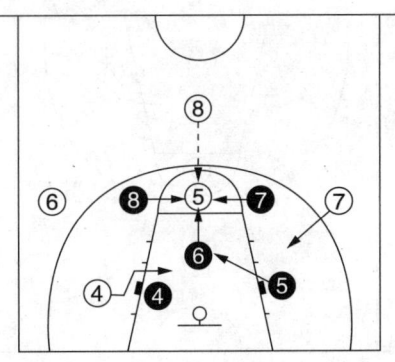

图 5-66

## 2. 区域联防的基本要求

根据区域联防战术守区、防球、保篮的特点，有以下几点基本要求：按区各自负责，积极阻挠进入所管区域进攻队员的行动，并与同伴协作进行防守。防球为重点，随球的转移及时调整位置，做到人球兼顾；保持防守姿势，挥摆双臂进行阻挠；彼此呼应，及时换位、护送、相互帮助，协同防守。对有球队员要靠近防守，阻挠其投篮和运球突破；对无球队员的移动要阻截，防守处在所管区内的球。全队队员必须快退迅速布阵，严防进攻队员在篮下活动，极力防止球和进攻队员轻易向内线穿插。对中锋队员要采取抢前或绕前防守，封堵接球路线，尽可能不让他接球；当进攻队员投篮时，一定要进行封盖，并组织好抢篮板球，力争获球由守转攻。

## （二）进攻区域联防

进攻区域联防是针对区域联防的特点、阵势和变化所采用的进攻方法，是篮球进攻战术体系的重要组成部分。

### 1. 进攻区域联防的阵势与方法

进攻区域联防应在全面了解区域联防的特点、防守的一般规律的基础上，抓住不同区域联防阵势的薄弱环节，有针对性地组织进攻阵势。

以"1—3—1"进攻"2—3"联防的方法为例。"1—3—1"进攻阵势，主要针对"2—1—2"和"2—3"区域联防。"1—3—1"进攻战术的基本特点是，外围有三个以上投篮点，中锋和底线队员（前锋和高前锋）则频繁穿插移动，内外联系，力争在一个区域里形成以多打少的局面，加上结合两侧进攻队员的背插，更能使对方在局部地区负担过重。"1—3—1"阵势还能较容易地根据防守阵势的变化，灵活地进行战术变化。例如：对方由"2—1—2"联防改变为"1—3—1"联防时，两侧队员的位置移动较大，一个上提，一个落底，及时变为"2—1—2"进攻阵势。因此，"1—3—1"阵势是进攻区域联防最基本的战术阵势（图5-67）。

"1—3—1"进攻"2—3"联防时，如图5-68所示，在双数防守队员突前的❽❼前

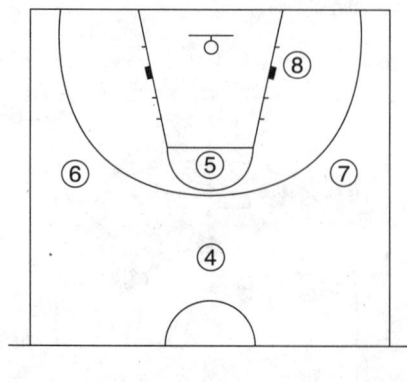

图 5-67

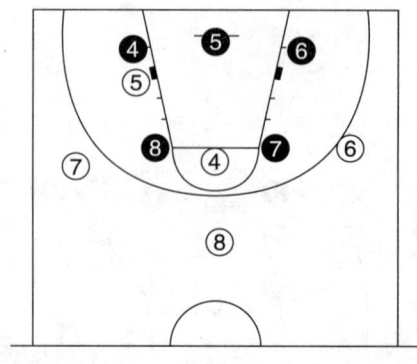

图 5-68

面部署三名进攻队员⑧⑦⑥，以"单对双"，以"三对二"，形成外线正面和侧面以多打少的局面，进攻阵形成为"1—3—1"落位。在图5-69中，"2—3"联防的薄弱地区是1、2、3斜线区。因此，进攻"2—3"联防的队员⑧应落位于1斜线区，⑦与⑥应落位于左、右斜线区，④落位于斜线区1、3交合处，⑤落位于篮下左侧中锋位置。

以"1—3—1"进攻"2—3"区域联防各个防区队员应具备的条件：如图5-70所示，⑧应是一名核心队员，善于组织进攻，传球技术熟练。⑦与⑥应是两名得分手，善于中、远距离投篮和妙传供内线。④应是善于在罚球线附近进行策应和转身跳起投篮的外中锋。⑤应是一名身材高大的中锋，善于在篮下进攻和抢篮板球。

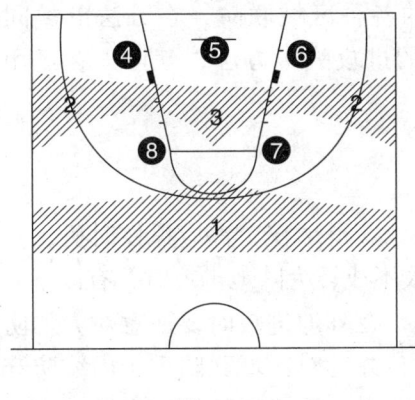
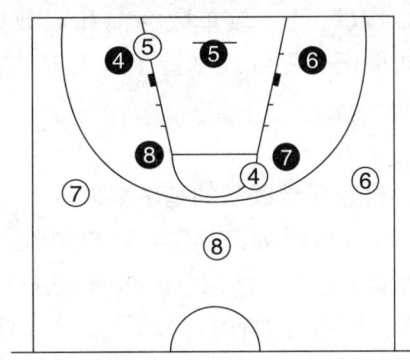

图 5-69　　　　　　　　　　　　　图 5-70

"1—3—1"进攻"2—3"区域联防的方法：如图5-71所示，⑧与⑦⑥在外线相互传接，迫使防守队员扩大范围，防守队员❻出来防守⑥。此时，⑧可以传球给外中锋④，迫使❺上前防守④。"2—3"联防的目的是为了加强篮下防守而设计的阵势，通过外线频繁传球，把两名防守篮下的❺❻都调动出来，迫使"2—3"联防朝"2—1—2"或"3—2"阵形转化。把高大防守队员调离篮下，这就给⑤创造了篮下进攻的机会，善于中投与传内线球的⑥可传球给插向防守薄弱地区的⑤投篮。

图5-72中，⑧瞄篮时❼上步防守，则⑧传球给⑥。⑥瞄篮时❻势必要上来防守⑥，

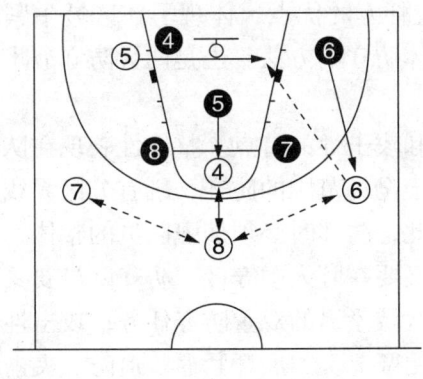
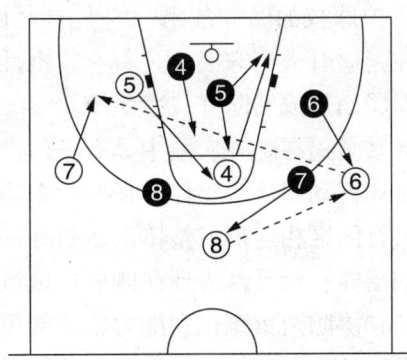

图 5-71　　　　　　　　　　　　　图 5-72

外中锋④就可以插入新出现的防守薄弱地区进攻。如果❺跟防④，则内中锋⑤可以插入新的防守薄弱地区进攻；如果❹跟防⑤，则⑦可切向❹移动后出现的新薄弱区，接⑥的平吊球较顺利地投篮。

以上是"1—3—1"进攻区域联防比较典型的方法。一般来讲，进攻区域联防经常运用"以双对单""以单对双"落位于各种区域联防薄弱区的原则，包括不停顿地、连续地向新出现的薄弱区移动，利用外线进攻，迫使防守扩大防区而攻取内线；加强内线进攻，迫使防守缩小防区而攻其外线。在不断调动防守队员扩大防守或缩小防守的情况下，迫使防守队的阵形发生较大变化，即迫使防守"变阵"，攻其薄弱的、不擅长的防守阵形，就会取得良好的进攻效果。应用这种"以双对单""以单对双"的进攻单数突前和双数突前防守的各种区域联防，在方法上类同。一个队如果比较熟练地掌握了一套基本的、主要的进攻战术方法，就可以在运用中举一反三。

#### 2. 进攻区域联防的基本要求

进攻区域联防，首先要以快制胜，不论在何处获得球权，都应抓住时机，发动快攻，力争在对方未落位分区布阵前进行攻击。快攻不成转为阵地进攻时，有以下几点基本要求：要有针对性较强的进攻区域联防的阵形，在阵地进攻时要注意对方的防守弱点。布置突破口和远投手，外投内抢，内外结合，并针对区域联防重于内线防守的特点，先取外线攻击以扩大其防守区域，形成中区空虚，乘机展开移动穿插，投、突结合，内外结合，使其在跟防、协防、补防的情况下顾此失彼，从中寻找更多攻击机会；由于区域联防严防篮下，有利于组织抢防守篮板球，因此，在投篮攻击后应组织拼抢进攻篮板球，并注意攻守平衡。

### 五、区域紧逼与进攻区域紧逼

#### （一）区域紧逼

区域紧逼是防守队按预定的战术阵势分区落位，守区盯人，连续组织封堵夹击，力争获得控球权的防守战术。它具有区域联防和人盯人的优点，体现了在区域中紧逼盯人，在紧逼盯人中守区，是具有攻击性的一种整体防守的方法，也是两大防守战术体系综合发展而形成的防守战术系统。

区域紧逼在防守实践中具有整体性、双重性和攻击性的特点。整体性表现在队员的个人防守行动服从于整体，任何一个防区都从属于全场范围的防守，既有分区界线和任务，又有区区相连形成整体区域防守的方法，因此，防守时必须加强队员的整体行动和意识的培养；双重性表现在既要在区域中盯人，又要在盯人中守区，防守队员要具备个人防守和协防两重意识和能力，才能更好地完成区域紧逼的双重防守任务；攻击性表现在积极主动地在全场展开争夺，争取时间，控制比赛节奏，展开紧逼、追防、夹击和抢断等攻击行动。

## 1. 区域紧逼的基本阵势与方法

根据区域紧逼防守范围和落位队形的不同组合，构成防守重点不同的战术阵势，主要有"1—2—1—1"（图 5-73）、"1—2—2"（图 5-74）、"2—2—1"（图 5-75）和"2—1—2"（图 5-76）等。

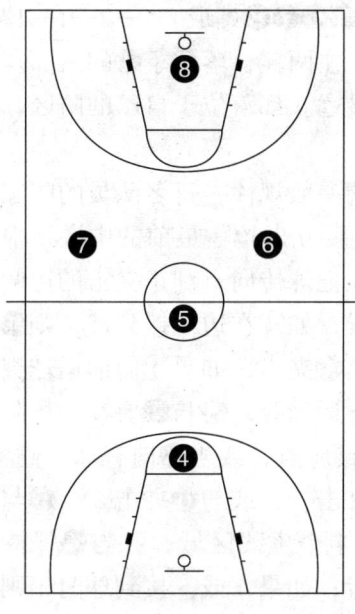

图 5-73

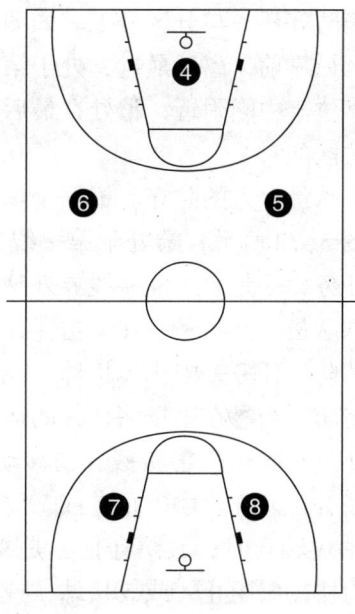

图 5-74

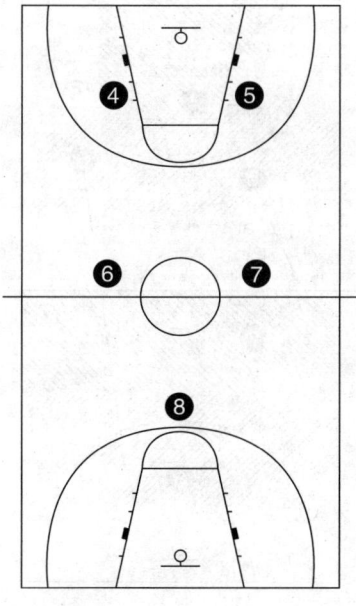

图 5-75

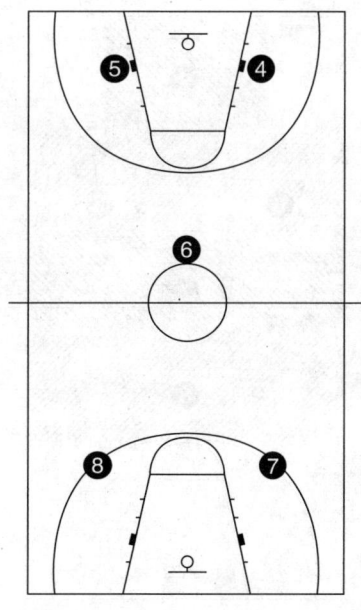

图 5-76

根据比赛需要和本队的条件，区域紧逼防守可以分为全场区域紧逼、四分之三区域紧逼和半场区域紧逼。

区域紧逼防守方法，以全场紧逼"1—2—1—1"阵势为例：

（1）防守的落位。全场区域紧逼防守时，每名队员首先必须按照所采用的防守阵势落位，以最快的速度落到自己负责的区域内，寻找进入自己区域的进攻队员，以便开展区域中盯人、盯人中守区的防守配合。

明确防守任务与分区分工。如图5-77所示，❹❺❻❼❽站成"1—2—1—1"阵势，❹的防区最靠前，离球最近，处于第一线。❺与❻守住两翼，落位于❹的后面。❼守住中场，落位于中圈附近，❽处在最后的防区，离球最远。都落位于自己的防区，守住进入自己防区的对手。

（2）队员个人的防守。根据全场区域紧逼防守的一般规律，每名队员的防守方法如下：如图5-78所示，❹处于第一线，由攻转守时，要立即抢占最前的中区，根据不同的防守任务，一是紧逼发端线界外球的队员，迫使他把球传向有利于夹击的边侧；二是紧逼接球队员，并与❺围守夹击④，切断其接球路线，如④在边上接到球，则❹与❺夹击。❺的防守任务是阻止④接球，或当④接到球时与❹夹击，如果④向前运球突破，则紧紧地追防。当❼在中场堵住④的运球或迫使其停止运球时，❺与❼要在中场附近"死角"对④进行夹击。❻堵截⑤的移动路线，切断其接应点，或当❽向有球一侧移动时，退回后场补位防守。❽阻止⑥或⑦的接应，或与❺夹击④，或与❻夹击⑤。❺与❻处于两翼，由攻转守时，其防守任务是立即抢占各自的半个虚线区域，并与❹保持三角队形，努力协助❹阻止④或⑤接球，或与❹夹击接球者；如果④或⑤接到球时，则应迫使其沿边线死角运球，不让他向中间突破，以便与中场的❼进行夹击。当球已沿边线一侧

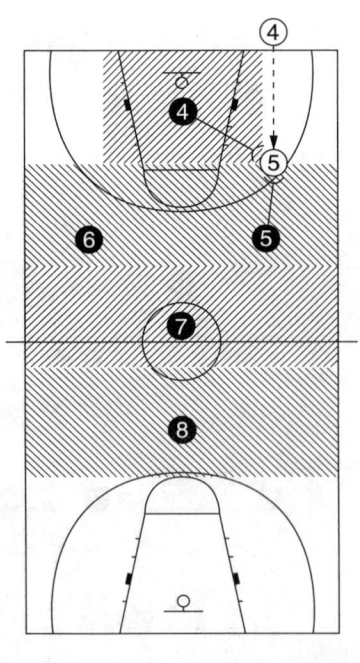

图 5-77

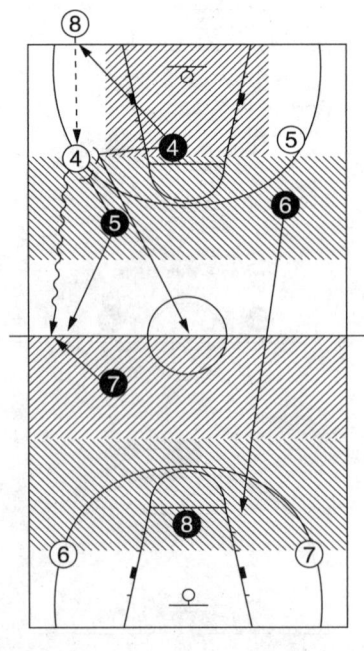

图 5-78

推进时，另一侧的防守队员应迅速退回后场，协助后线队员防守篮下。❼处于中场区域，由攻转守时，其防守任务是控制中场虚线区域，抢断传球，并与两翼❺❻保持三角队形，堵截中场区域的运球，或与❺夹击④，或与❻夹击⑤。一旦球越过中场，当后场❽补防时，❼应退回后场协助篮下。❽处于后线，离球最远，由攻转守时，其防守任务是控制后场虚线区域，抢断长传球。由于后线防守往往要以少防多，故❽应以防守篮下为主。

（3）全队的防守。全场区域紧逼，一般可分为前、中、后场三段区域进行防守。球在不同区域，全队防守有着不同的要求。

甲、球在前区时：当对方在端线掷界外球或掷球入场时，全队要做到"以势压人"，给对方以心理压力，使其紧张和慌乱。要全队拧成一股劲，主动出击，迅速落位，积极滑步，控制防区，紧紧防住进入自己防区的对手，阻止球轻易越过自己的防区；以"逼球""夺球"为目的，紧逼有球队员，逼他按照防守的意图运球推进和传球，控制球的走向和速度，打乱对方习惯的进攻部署；抓住时机组织邻近同伴进行夹击，近球区的防守队员要与持球者的防守队员结成对子进行夹击，封堵传球路线，其他队员要积极错位防守，切断接应路线。要做到近球区紧逼，阻止接球；远球区松动，给持球者以"空当"的假象，让他们远传高吊球，以便伺机断球。

乙、球在中场时：主要是指对有球队员向前推进时的防守。要求全队做到逼向边线，堵住中路，及时调整位置，要迫使持球队员朝边线运球。对无球队员要抢前、错位防守，不使其插入中区接应。要轮转换位，防止传球到底角。当对方突破一线防守时，全队要向球的方向进行轮转补位防守，并防止持球者向对面底角或篮下空当处传球。球在二线时的防守任务，如图5-79所示，主要由❼❺来完成，④和❻要及时轮转补位，

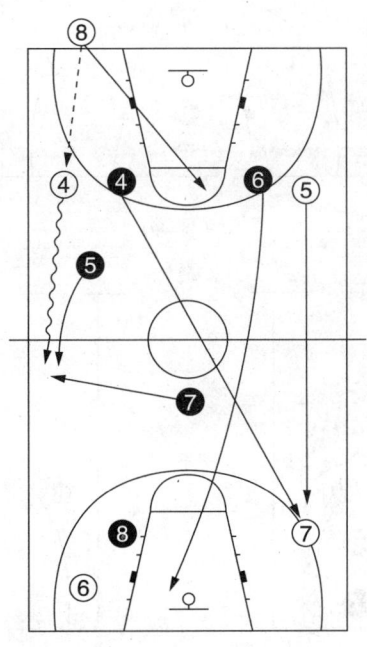

图 5-79

做好协防。当④运球时，❺要尽力逼他沿边线推进，不让他向中路变向。❼要及时果断地移向中线边角，迎堵④并迫使其停球，以便与❺进行夹击。此时，❽要抢占⑥的侧前方，控制其接④的传球。④开始运球时，❹和❻要及时以最快的速度退防篮下和到三线进行协防，防止持球者进行远传球。

丙、球在后区时：当进攻队把球推进到后区时，由于防守人数不同和球的位置不同，防守要求也不一样。

以少防多：在后场的两名防守队员，经常以"1—1"落位在后场罚球弧圈顶和篮下（图 5-80），当球已越过中线时，两人往往以少防多。在二防三时，❼要迎堵⑧的运球，减低其运球速度。如果⑧传球给⑥，则❽防守⑥，❼向篮下移动，拖延进攻的投篮时机（一是要以少防多，二是拖延进攻时间），让同伴❻追防。如能阻止对方快攻，则再转入阵地防守。

利用底角进行夹击：当球进入底角时（图 5-81），后区防守队员可以组织夹击。球在右侧底角进攻队员⑦手上时，❼要阻止其底线突破，❽要错位防守⑧，❻要协防篮下，暂时放弃离球最远的⑥，全体防守朝持球者⑦做顺时针方向的轮转移动。❹果断地放弃对④的防守，下去夹击⑦，迫使⑦传高吊球给同伴。❺向夹击方向移动，准备断⑦传给④的高吊球。❻埋伏在断球路线上，随时准备断⑦传给⑥的高吊球，并注意协防中锋，打掉⑦吊传给中锋⑧的高吊球（图 5-82）。当球在左侧底角时，要求同上。

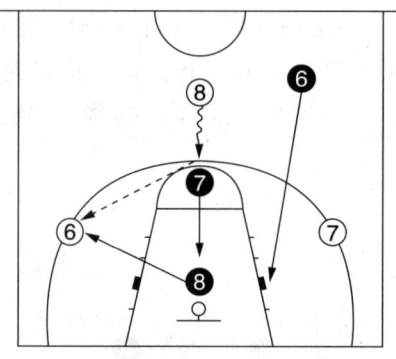

图 5-80

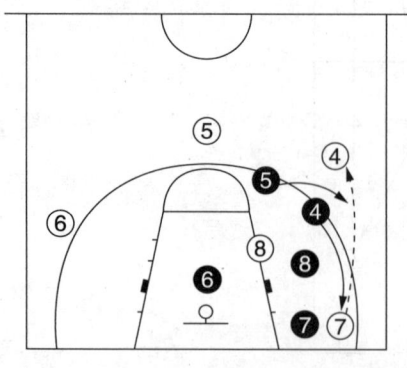

图 5-81

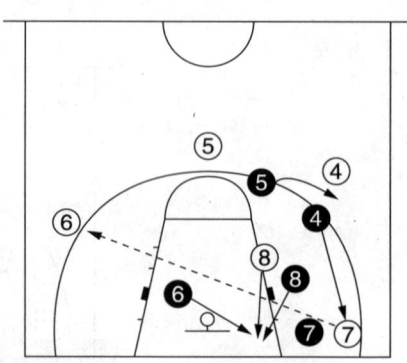

图 5-82

### 2. 区域紧逼的基本要求

防守时必须遵循"守区盯人相兼顾"的原则，要求由攻转守时，全队意志坚定，声势逼人，快速追逼出击，迅速按区落位，积极移动，控制中区，逼走边角，展开紧逼行动；在防守中要根据球的转移，贯彻以球为主、人球兼顾的原则，近球区以多防少，远球区以少防多；处于前线的防守队员，对有球队员要积极紧逼，堵中逼边，迫使对方在边角停球，形成追堵夹击的攻击性防守；当球传向后场或越过自己防区时，应迅速向后场回防，轮转补位，伺机抢断；处于后线的防守队员，要根据前线有球队员的行动，对自己防区的进攻队员错位防守，注意堵截、夹击和抢断球。

## （二）进攻区域紧逼

进攻区域紧逼是针对区域紧逼的特点所采用的一种进攻战术。随着区域紧逼防守的出现，进攻区域紧逼经过多年的实践、改进和发展，已由主要依靠个人运球突破推进的方法逐步形成了快速三角推进、回传跟进、弱侧反跑、中区策应和突分接应等配合打法，并逐渐完善，已有一套完整有效的进攻区域紧逼的方法。

### 1. 进攻区域紧逼的基本阵势与方法

进攻区域紧逼战术按进攻区域的大小不同，可分为进攻全场区域紧逼、进攻四分之三区域紧逼和进攻半场紧逼三种类型的战术，针对防守的各种阵势，可采用"1—2—1—1""1—2—2""1—1—2—1"和"2—1—2"等各种不同落位阵势的进攻方法。进攻区域紧逼常用快速转移球展开进攻的方法，即在对方尚未形成区域紧逼阵势前，以快速的越区传球来攻破之。

进攻"1—2—1—1"全场区域紧逼示例如图 5-83：进攻队员④往往是最靠近篮下

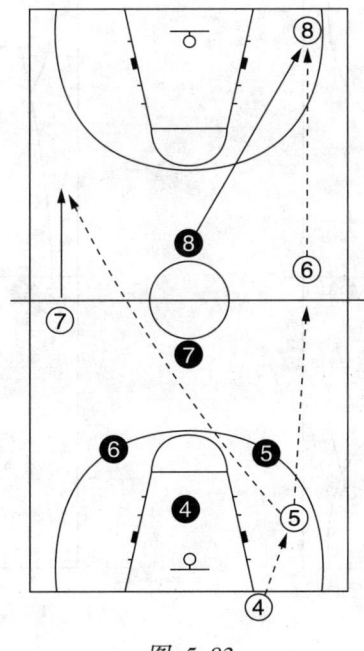

图 5-83

的中锋，一般让他发界外球，⑤应是控制球和支配球能力最强的核心后卫，⑥是一名后卫，⑧是一名快下的前锋，⑦是一名高前锋。当对方投篮得分后，④快速拿球跑到界外去发球。⑤在接界外球前已观察好前场进攻形势，争取在守方尚未落位、布阵就绪时抢接界外球，争取第二次传球就能越过二线防区。如果二线防守队员❼落位靠前，阻止接球，则争取第二传就超越中线，⑤直线传球给超越过中线的⑥，⑥传给场角的⑧投篮，⑦跟进抢篮板球。如果二线防守队员阻止接球，则三线❽处于一防二位置，⑤可以传快速的平吊球给⑦或⑧攻破区域紧逼。这种快速的平吊传球进攻法是一种攻破全场区域紧逼威力较大的一种方法。

另一种传球进攻法，即在进攻区域紧逼时，也可采用稳健传球和不丢球、不断改变进攻节奏的方法来寻找薄弱区域、单人防线和突破口来击溃防守。

进攻"2—2—1"全场区域紧逼示例如图5-84："2—2—1"全场区域紧逼，前场、中场有四名防守队员，后场只有一名队员防守，而其前四名队员往往以"2—2"落位，中间有空隙，后线空虚。针对"2—2—1"防守阵形，部署"1—2—2"进攻阵形。在后场部署三名进攻队员，并以三角形站位来对付前场的两名防守队员（图5-85）。⑤发端线界外球后，迅速插到后场左侧❼的位置处，形成三角形的三打二传球队形。⑦接到界外球后不轻易运球，这就使防守队员❼进退两难，如果他上步紧逼⑦，则⑦可稳当地传球给⑤；如果他不让进入一线左侧的⑤接球，则⑦可传球插入中间空隙地区的策应队员⑥。此时，一线已被越区传球所攻破，处于一线的进攻队员⑧和⑤可以快下，进入中场、前场，中场进攻队员④可以朝前场篮下快下。进攻队员⑦留在后场，万一不能朝前推进，他可留在后面接应。当策应队员⑥接球时，中场防守队员❻上来防守他，则中场右侧已出现空隙，前场的❺不会轻易到中场补位。此外，策应队员⑥可以利用双手头上

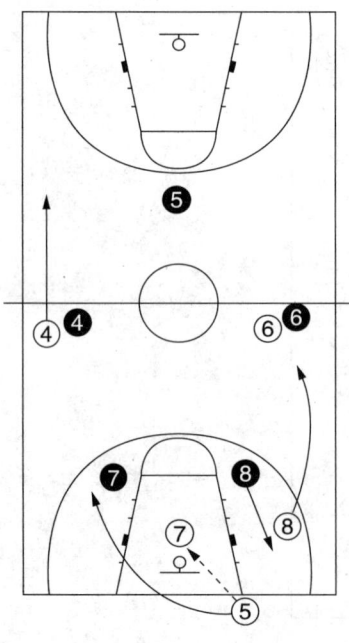

图 5-84

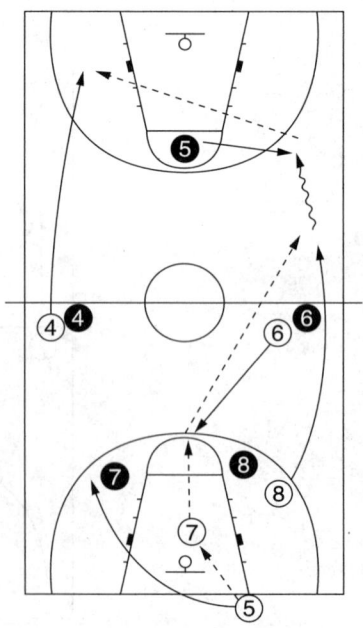

图 5-85

传球给快下中、前场的⑧，如果后场防守队员❽对⑥进行夹击，则可以运球上篮；如果前场❺阻止，则⑧可以传给④上篮。

### 2. 进攻区域紧逼的基本要求

根据区域紧逼战术"逼球边路，缩小防区"的防守策略，进攻区域紧逼防守可采取"以快制逼，中路突破"的对策，采取相应的回传跟进、转移攻向、运球反跑、中区策应、组织空切等方法进攻。进攻区域紧逼首先要沉着冷静，不要被对方的紧逼声势所压倒，要有信心，掌握好进攻节奏，减少失误；由守转攻时，要争取在对方队员未到落位区展开堵截之前发动反击快攻；进攻中要多运用短而快的传球，尽量减少长传球和高吊球；要少运球，特别是少向边角运球，更忌在边角停球；传球后要迅速移动选位，以利再次接球后进行配合。

## 六、综合防守与进攻综合防守

综合防守战术是在一场篮球比赛中把人盯人防守和区域联防等防守战术综合为一体并应变运用的一种特殊的防守战术。综合防守具有两个明显的特点：一是针对性强，表现为分工明确，防守重点突出，能较合理地组织全队的防守力量，能有效地控制对方核心队员和有技术特长的队员，争取比赛的主动；二是变化多样，不易被进攻队识破，迫使对方改变进攻战术，打乱其习惯部署，能有效地控制比赛速度和节奏，使对方陷于被动，实效性较强。

综合防守战术可以分为两类：一类是半场综合防守，另一类是全场综合防守。在不同防区（前场、中场、后场）可采用不同的防守战术方法，如前场、中场紧逼盯人，后场区域联防；一人盯人，四人区域联防等防守战术阵势。综合防守战术运用方法示例：

### （一）半场综合防守的方法

#### 1. 一盯四联的方法

这种防守适用于对付有一名队员投篮很准或组织能力很强的核心队员的进攻队。

如图 5-86 所示，防守者❽紧逼盯住进攻者⑧，其他队员站成"1—2—1"联防队

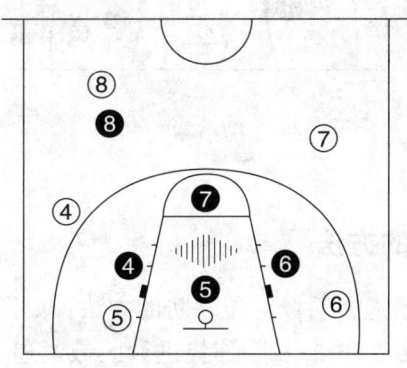

图 5-86

形，主要控制限制区内的菱形区，在罚球区两侧活动，在正面移动。

如图 5-87，防守者❽紧逼盯住进攻者⑧，❻❼❹❺站成"2—2"联防队形，❻❼在罚球线附近滑动，并适当协防⑧，封锁限制区及篮下两侧。

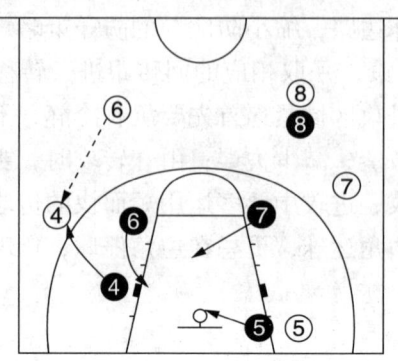

图 5-87

### 2. 二盯三联的方法

当进攻队有两名威胁较大的队员，而其他三名队员攻击力较弱，或者对方配合暴露出一定弱点，如外线队员位置固定，打法呆板，而内线两名队员穿插移动活跃，或者情况相反，外围队员移动穿插活跃，内线进攻一般，可采用这种综合防守。

图 5-88 所示为篮下三人联防，外围二人盯人和紧逼⑧⑦，根据进攻队员的位置，在篮下按三角形联防阵势防守，并积极滑动控制中区。

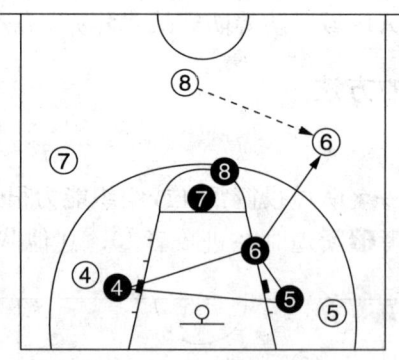

图 5-88

### （二）全场综合防守的方法

中场"1—2—2"区域紧逼，后场对位联防的方法：如图 5-89 攻守转换时，防守队员全速退到中线附近，站成"1—2—2"阵势进行区域紧逼。❽要主动迎上去干扰持球的⑧，采取"放边堵中"方法，追使⑧向边线运球，❼❻随时准备夹击和协防，❹❺错位防守并注意补防和抢断。如果球从前场直接越过前场的防守者到后场，则前场队员应快速退回形成后场对位联防。

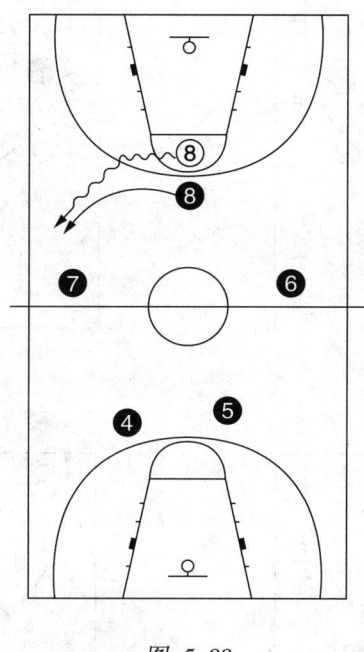

图 5-89

### （三）综合防守战术的基本要求

全队团结一致，战术阵势转换意识要强，行动要快，要具有良好的顽强拼搏和坚韧不拔的精神，充分信任和发挥各种防守的威力和作用；要具备良好的身体素质，保证适应高速度、高强度的比赛能力；在提高个人防守能力的基础上，熟练掌握多种防守战术；要针对进攻队和个人特点，重点防守，明确主次；负责重点防守的队员要大胆地紧逼对方，尽量做到不换防；全队行动要协调一致，积极协防，抓住攻守转换时机，互相呼应，层层设防，形成一个多层次、多功能的特殊防守战术。

### （四）进攻综合防守方法示例

在比赛中，进攻综合防守要针对综合防守战术的特点，抓住攻守转换阶段对方的漏洞，采取"以静制动""以动制动""交换位置"等策略来进攻综合防守。方法有：

#### 1. 对位进攻法

图 5-90 中，④为被防守盯住的队员（下同），通过④的快速移动吸引、牵制对手，为其他同伴创造摆脱防守获得投篮的机会。

#### 2. 掩护进攻法

图 5-91 中，④利用同伴⑤做定位掩护，摆脱接球投篮。④为同伴做侧掩护（图 5-

92)或定位掩护（图 5-93），使同伴得以摆脱接球投篮。

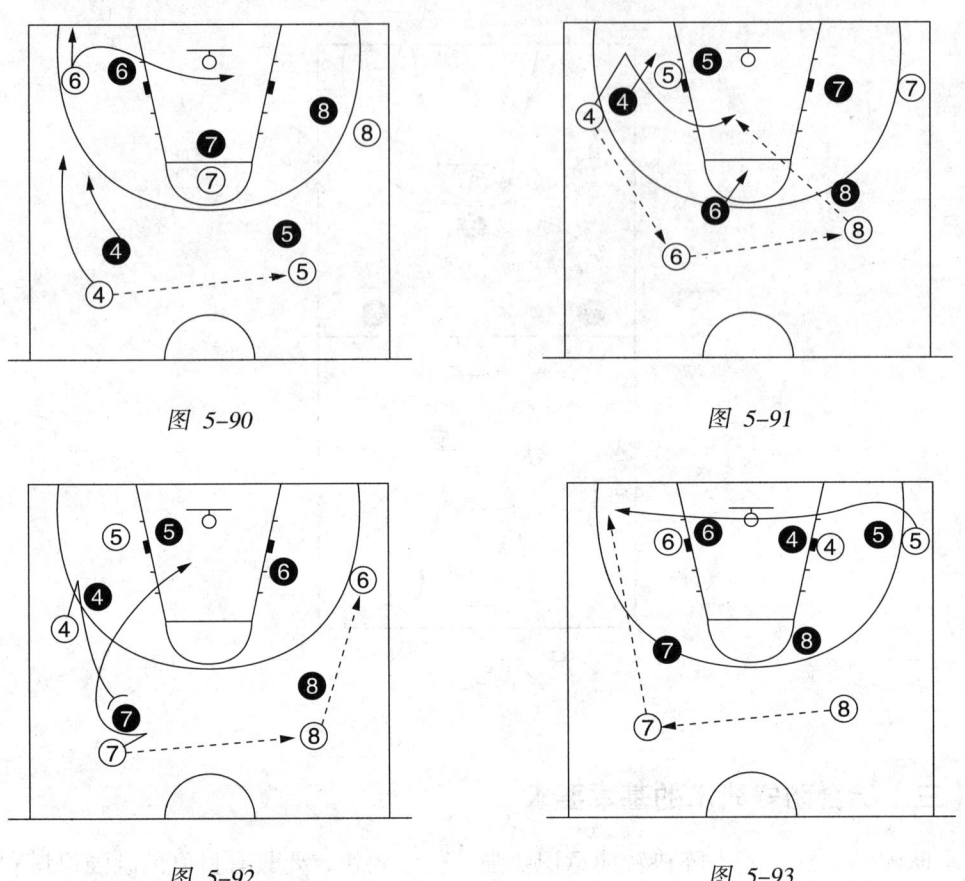

图 5-90　　　　　　　　图 5-91

图 5-92　　　　　　　　图 5-93

### 3. 大范围穿插移动进攻法

图 5-94 中，④拉开到中场（或底角）落位，以牵制对手，扩大其他进攻队员的攻击点和面。

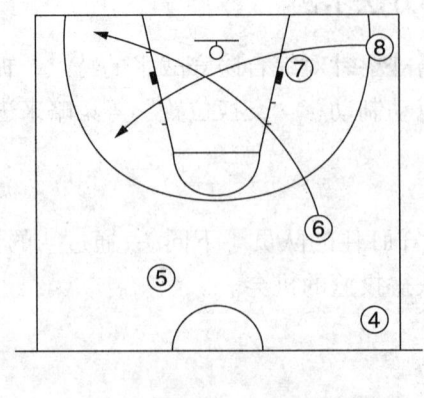

图 5-94

进攻综合防守的战术配合方法很多，应该在运动员全面掌握各种进攻战术和提高战术意识的前提下，逐步适应打破锋、卫队员的界限后运用，以便使他们在比赛中一方面能履行自己基本位置上的特殊职责，另一方面战术需要时又能相互替代和弥补不足，以增强进攻综合防守战术的机动灵活性与进攻的攻击性。

### （五）进攻综合防守的基本要求

针对综合防守的阵势与特点，选择防守中的薄弱环节，以相应的对策组织力量进行配合进攻；被防守者盯住的队员应根据攻守双方的态势，选择有利于牵制防守和自己摆脱后的攻击位置，利用动静的节奏，攻其空隙地带或采用连续不停顿的穿插移动、换位和掩护等方法摆脱防守，造成在局部地区内的人数优势，以多打少；无论是方形站位还是菱形站位的综合防守，限制区内及底线一带的防守均较为空虚薄弱，应当加强在这两个区域的配合与进攻；当对方把主攻队员和核心队员牢牢盯住时，必须采取相应的进攻措施，重要的是保持清醒的头脑，严防急躁和慌乱，被盯住的队员可以去为同伴做掩护，也可以利用同伴的掩护创造机会。

## 七、固定战术

固定战术是指进攻队在比赛中，在特定的区域和时间条件下（如掷界外球、跳球、罚球、8秒、5秒等情况）组织的简单易行、速战速决的一些战术打法。

固定战术配合方法示例：

### （一）前场发边线球时的固定战术配合

#### 1. 进攻盯人时的发边线界外球配合

示例一，如图5-95，④发球给⑤，同时⑥移动到④位做掩护，④利用掩护向篮下插入，⑤传球给④上篮。如⑤未能接到球，则中锋⑧向罚球线左前上方移动接④的球，⑤则利用⑧定位掩护贴近其身体向篮下纵插（形成行进间掩护），⑧接球后根据实际战机传球给④或⑥，或做策应由⑥摆脱接球跳投（图5-96）。

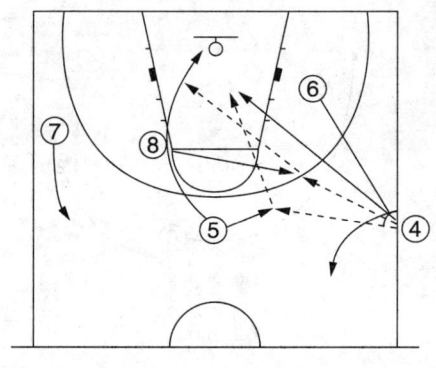

图 5-95

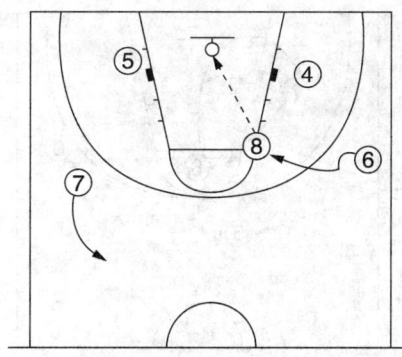

图 5-96

示例二，如图 5-97，④掷边线界外球，⑤⑥⑦⑧一字式平行站立，⑤与⑦为⑥关门掩护，不让❻跟出来防守，⑥接球投 3 分球。如无机会，⑧⑦⑤此时要紧靠，⑧利用⑦⑤也可利用⑦做定位掩护，先后插到篮下左右两侧接球。如再无机会，⑦应该跑到外线接球进攻。

示例三，如图 5-98，④掷边线界外球，⑤利用⑥⑦⑧做定位掩护，切到另一侧篮下接④的高吊传球投篮。如无机会，⑦利用⑥做定位掩护，切到外线接球。此时，⑥与⑧再紧靠，⑥可以利用⑧做定位掩护切到内线，⑧也可以利用⑥做定位掩护切到外线接球进攻。

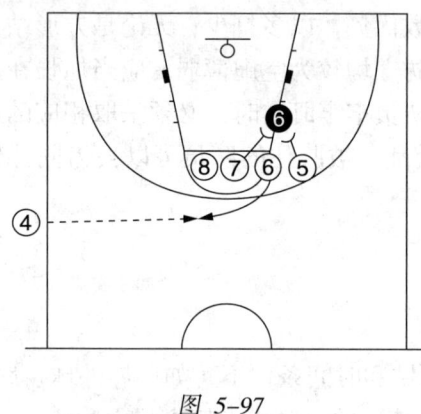

图 5-97

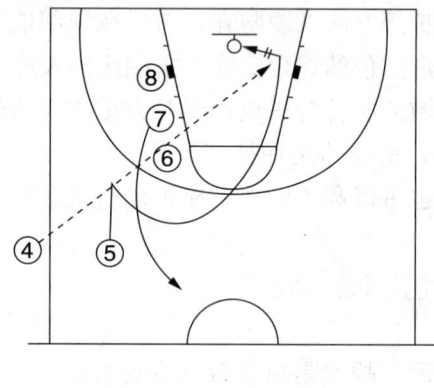

图 5-98

### 2. 进攻联防时的发边线界外球配合

示例一，如图 5-99，④发边线球给⑤，⑤如有机会便做中远距离投篮，否则将球传给⑥。在⑤传球给⑥的同时，⑧下滑要球沉底，④则在⑧沉底移动中快速由左横向插中，⑥及时将球传给④投篮。如④未能获球，则拉至右角，⑦随即也做横向移动接⑥的传球投篮，而⑧则从右侧底线移动至⑦的位置上。若此时防守已压缩于右侧，则⑥将球做对角转移（图 5-100），由⑤转移至⑧处并利用⑧挡人掩护接球投篮，而⑥则迅速外拉补上⑤的位置。

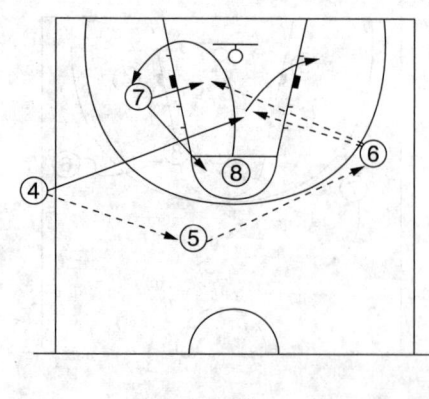

图 5-99

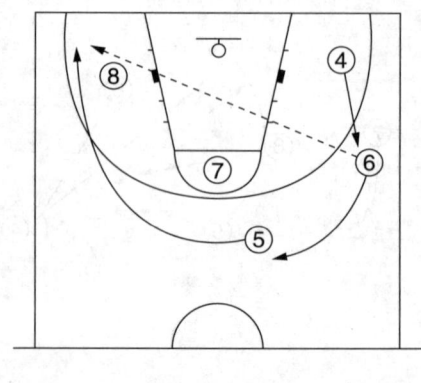

图 5-100

示例二，如图 5-101，④发球给⑤后迅速向右插中接⑥的传球投篮；如未能得球，即拉至右边角。⑤传球给⑥后，若见④未能得球，便立即向篮下纵插要⑥的球投篮；若仍无机会，便从底线绕至左侧边角。⑧与⑦则上下分路向右侧做横向移动，准备接⑥的传球投篮。⑥接球后向插中的同伴做助攻传球时，既要考虑到主攻的位置与人，又要观察其他同伴可能出现的攻击机会。若一旦失去助攻机会，则应随即将球转移给④，⑥自己则做战术性移动。

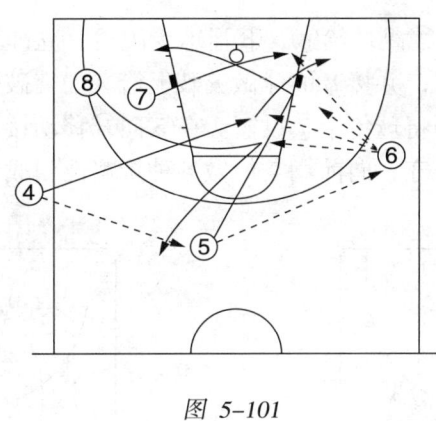

图 5-101

## （二）前场掷端线球时的固定战术配合

示例一，如图 5-102，④在右侧端线发界外球，⑦⑧⑥三人重叠站在罚球线左侧，⑥利用⑧⑦做定位掩护插到篮下接球。如无机会，⑤利用⑥⑧做定位掩护跑到外线接球。如再无机会，⑦利用⑧做定位掩护跑到罚球线接球。如仍无机会，⑧可以插到篮下接球。此时，⑥已经跑到外线设法接球。

示例二，如图 5-103，④在左侧端线发界外球，⑦⑧⑥三人平行站在罚球线前，⑤利用⑥⑧⑦做定位掩护，跑到外线接球。如无机会，⑥利用⑧做定位掩护，插到篮下右侧接球。如再无机会，⑧跑到外线接球。总之，不能全部插到篮下接球进攻，要内线与外线相结合，移动中接球投篮。

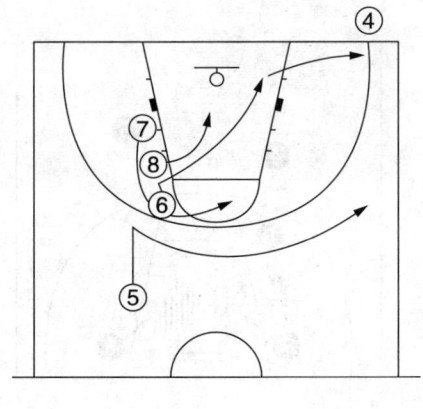

图 5-102

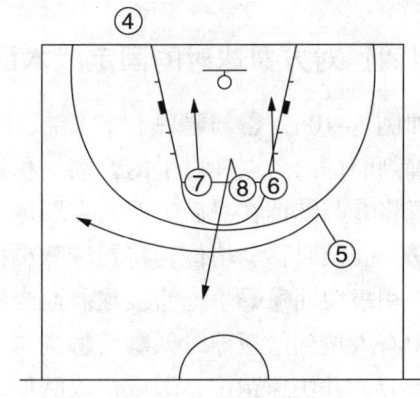

图 5-103

## （三）中圈跳球时的固定战术配合

示例一，如图 5-104，④跳球给⑦，当⑦可能接到球时，⑧突然向前场篮下快速移动，⑦及时将球传给⑧投篮。⑦传球后应立即从左侧跟上，以防⑧进攻受阻时接应。其他队员做相应的策略性或战术性移动。

此时配合也可以由④跳球给⑤或⑥，由⑧与⑦向前场篮下两侧移动，接⑤或⑥的传球投篮。

示例二，如图 5-105，④跳球给⑧，⑧运球受阻后，立即转身做定位掩护，⑤快速移动利用⑧的掩护摆脱防守，并接⑧的球做突破上篮。如突破受阻或当左侧⑦移动中有更好的攻击机会时，⑤立即将球传给⑦投篮。在⑤向⑧移动接球或运球突破过程中，其他队员要相应地积极摆脱防守，向前场空位做各种策略性和战术性移动。

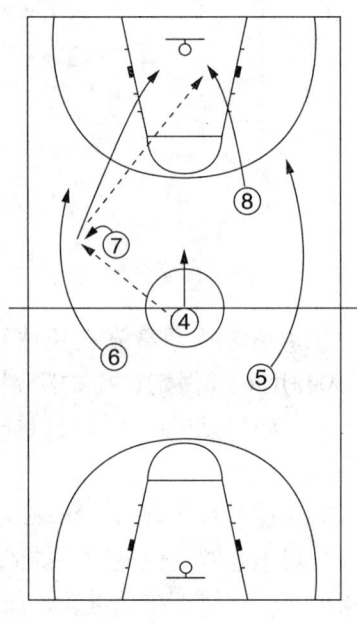

图 5-104

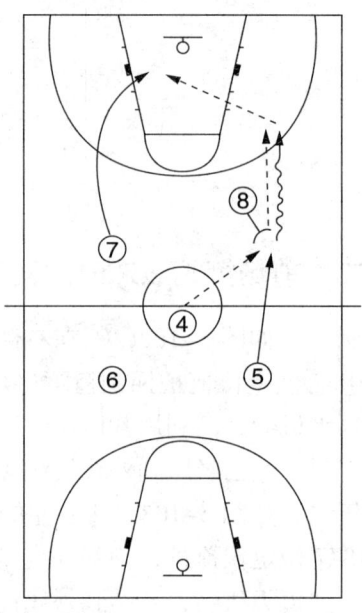

图 5-105

## （四）对方罚球时的固定战术配合

如图 5-106，❽与❼站位抢篮板球时，要精确判断球的落点和对手的行动，积极抢占位置将❽与❼挡在身后。而站在罚球线附近的❻，要及时移动堵位，将罚球队员挡在身后，积极协同❽❼争抢篮板球。而当❽❼或❻中有人抢到篮板球时，❹与❺则应迅速移动接应，并快速跑位，形成快攻队形，如图 5-107、图 5-108 所示。

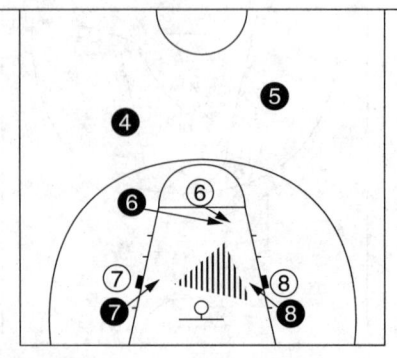

图 5-106

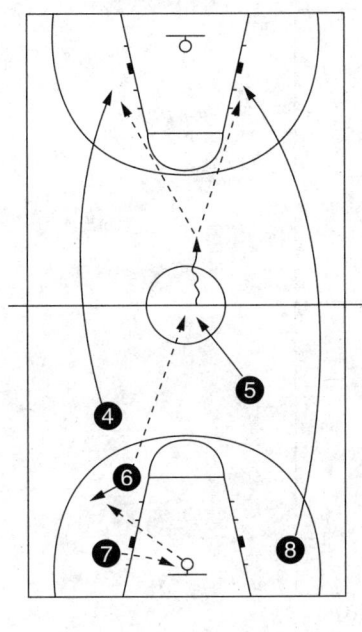
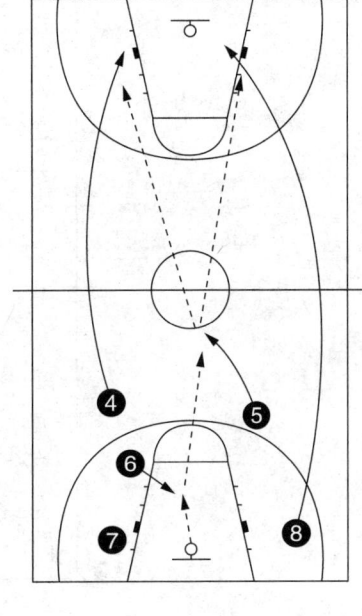

图 5-107　　　　　　　　图 5-108

### （五）5秒钟内在前场发边线球时的固定战术配合

如图 5-109，⑧发界外球传给⑥后，快速摆脱防守，或利用⑦的掩护空切篮下接⑥的球上篮。如果⑥与⑧的防守者换防时，⑦则利用⑥的策应接球跳投。而⑥接到⑧的界外球后，也可以捕捉时机进行个人强攻。⑧也可以在发球给⑥后直接利用⑥做定位掩护接球跳投攻击。

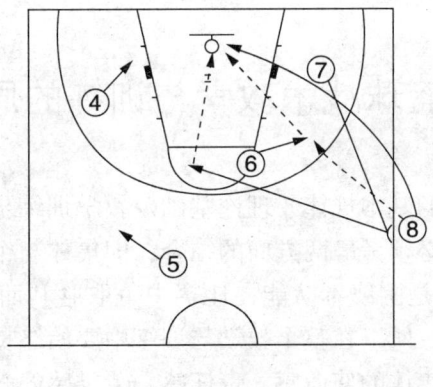

图 5-109

### （六）5秒钟内在后场发端线球时的固定战术配合

如图 5-110，⑧发球给由⑥做掩护的⑦，⑦接到球后快速运球突破，或直接突破篮下投篮，或在运球推进中将球传给利用⑤掩护摆脱的④上篮。而④与⑤要随时注意⑦突运过程中的意图，以便随时配合，协助⑦攻击，或接⑦的传球攻击。

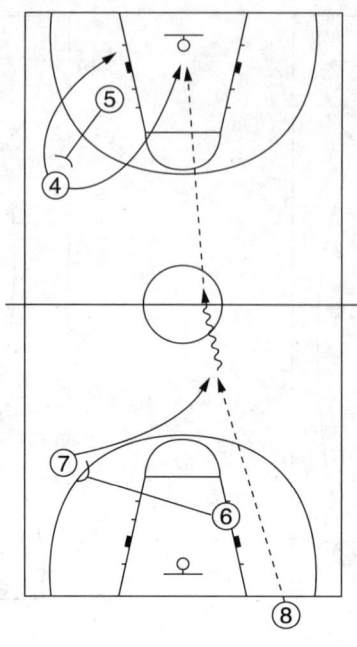

图 5-110

固定战术配合的基本要求：战术结构要简单，配合的战术行动路线要短，参与直接攻击配合的人数要精干（2~3人）。队员部署要有利于就近组织攻击和转入防守。要避免运球单干，以便争取时间捕捉战机。在队员部署上要组织有攻击力的队员结束进攻，同时注意第一攻击手失利后的机动变化，以提高配合的机动性。要注意把固定战术配合与常规战术打法有机地结合和转化，以使配合保持连续性。总之，组织战术配合时要充分地发挥全队的整体特点和队员个人的特长。

## 第三节 篮球战术教学与训练的原理和方法

篮球战术教学与训练的基本规律、理论基础及教学训练步骤、基本原则的实践，与技术教学训练基本类同。必须考虑两方面的结合，即集体与个人相结合、模拟性与可变性相结合。篮球战术训练是围绕本队能在比赛中争取胜利而进行的相互配合、彼此帮助、协同行动的准备过程。所以在整个教学与训练中要始终贯穿着正确认识集体与个人相互作用的关系，要加强集体的使命感、责任感和荣誉感的教育，从而促使运动员自我严格要求，在技术上精益求精，不断适应战术的需要。而队员之间的同场切磋、相互合作和彼此默契，是共同完成战术训练任务的保证。在这一过程中，既要培养运动员的集体主义和爱国主义的精神，又要激发运动员在战术实施中发挥个人主观能动性的作用。另一方面要正确处理战术模拟范例（典型模拟的方法）与应变（完成战术任务的战术可变性）的关系。学习战术的范例要有渐进性，要联系实际进行分解与完整的训练，对所选择的某个战术的范例，必须明确目的，掌握其合理的规律配合方法与基本要求。不要

只限于固定的阵形、位置、路线和方法等方面，而要领会该战术的特点、本质和比赛中变化方法的可选择性。同时，要加强对运动员战术思维和意识的培养，使其在对抗中能适应情况的变化，提高应变能力，以便更好地控制比赛，灵活而有效地运用战术。其间，必须注意到战术训练不仅要重实际操作，而且要在这个过程中对运动员战术思维进行训练。战术思维形式与实践形式之间是相互联系的，但也要认清它们之间存在的区别，培养运动员在比赛中具有迅速观察、善于分析、有智有谋和果断抉择的思维方法。战术意识和战术行动在攻守对抗中是密切联系的，意领于行，行反映着意，意行合一表现于对抗的一瞬间的正确意识指导下的正确决策行动。

篮球战术教学与训练方法的基础，是根据篮球运动的运动规律、发展趋势、相关学科的影响和比赛的特征，以及运动员实际水平，以教育、训练学的一般原理为指导而确定的。主要的步骤：首先是采取无防守的训练，以解决掌握战术方法问题；其次是有假设对手的训练，这是为了改进战术配合的时间感和节奏感，促进和发展运动员的视觉、动觉和用力感等；再次是配合训练，是为了掌握战术配合的基本行动程序，在同伴之间积极的合作下，正确掌握协同行动的时机意识规律，明确配合行动的目的；最后是对抗训练，是用来进一步掌握与运用战术方法，提高对抗意识，提高意志品质，培养在有对手干扰破坏的情况下发挥个人与集体的作用。在对抗训练中，可以增减难度。模拟比赛训练和进行战例分析，应采用循序渐进、先分后合等训练方法，以增强运动员完成战术行动的信心，克服困难，掌握行动的时机与变化等，不断提高竞技能力。教练员要及时予以提示，帮助分析和纠正错误，提出解决问题的方法，来提高运动员的战术训练水平。

篮球战术教学与训练的基本要求：

第一，要有正确的战术指导思想，有明确的训练目标。

第二，要使运动员真正理解和掌握所要训练的战术内容的理论与方法，组织战术教学训练时要注意形象直观、富于启发性，提高训练的自觉性和积极性。

第三，要使全队思想统一，行动一致，相互帮助，彼此合作，形成一个战斗的集体。

第四，既要攻守并重，又要注意在某个阶段、某个时期有所侧重，要相互促进、相互提高。

第五，要理论联系实际，既要重视战术知识的传授，又要加强战术实际的操作，还应注意战术意识培养和战术思维的完善，促进在实践中战术方法的掌握与运用。

第六，对重点与基本的攻守战术方法训练，必须持之以恒，使之熟练掌握，并与其他相应的战术方法训练相结合。

第七，战术训练要与战术意识修养、技术训练、身体训练、心理训练相结合，使运动员的训练水平综合地在战术行动中表现出来。

## 一、篮球战术教学与训练的步骤和方法

篮球战术教学、训练的任务，是使队员掌握战术知识与方法，学会在比赛实践中运用。由于篮球战术内容丰富，方法比较复杂，因此，战术教学训练与技术教学训练应注意有机统一结合。其基本的教学原则，教学训练的步骤、方法与基本技术类同，只是形

式内容要求有区别。

### （一）建立战术概念，掌握战术方法

通常战术教学初级阶段，一般采用完整和分解结合的方法进行。第一，建立完整的概念。第二，掌握局部战术配合方法。第三，掌握全队战术方法。

### （二）掌握攻守转换和战术综合运用能力

通常在掌握两个或两个以上全队攻守战术方法的基础上，结合比赛的攻守转换进行各种战术组合的练习，提高运用战术的应变能力。

### （三）在比赛中运用战术，提高应变能力

在比赛前应明确指导思想，确立基本打法，再提出战术要求。比赛中应进行具体指导，比赛后要认真总结成功的经验，指出失败的原因，以改进和不断提高运用战术的能力。

## 二、个人战术行动的教学与训练

个人战术行动是指队员在比赛中根据本队的战术方案和整体及个性特长，结合对方的特点和临场变化而采取的有谋略的、有实效的组合成自己所承担的战术方案，它是以个体独立作战的形式表现于比赛之中，也是队员"综合能力"的体现。

个人战术行动是整体战术行动的组成部分，任何战术方法中的每个环节的衔接和效果，都取决于个人行动的质量，它影响着战术配合的运用和整体战术的实现。比赛中的一切个人战术行动，都是在几个人战术配合和整体战术配合的基础上去完成攻守任务，但是每个攻守回合又是千变万化的，要允许队员从实际出发有谋略地应变战术方案执行的方法，从而把主观意图与客观情况统一起来。个人战术行动的应变要服从和有利于全队任务的完成。所有战术方案都不是万灵妙方，不能以固定的战术模式去束缚队员，要在贯彻战术部署的原则下发挥队员的主观能动性。只有把原则性与灵活性结合起来，约而不死，活而不乱，才能创造性地去完成攻守任务。

### （一）个人战术行动的原则

个人战术行动是队员在比赛中对复杂多变情况果断作出应答性的技能与技巧。这个瞬息过程，要通过队员观察与分析，综合成总的反馈信息，要体现在队员行动的具体动作上。个人战术行动质量取决于战术意识、反应和动作技能，它们是队员行动的基础。个人战术行动的原则：一是要有全局的战术观点和意识，二是要及时正确地判断，三是要果断地决策和合理地动作。

### （二）个人战术行动的训练内容与方法

个人战术行动的教学训练要与几个人配合战术行动、整体战术行动的教学训练结合

进行,尤其要重视在集体与整体的背景下进行,因为任何战术行动都与技术运用不可分割,个人战术行动也是不断提高技术运用能力的过程。在某种意义上说,战术教学训练实际上是一个个人战术行动的培养和塑造过程。反过来说,个人战术行动的内容融于整体战术行动和几个人配合战术行动之中,更存在和反映于技术运用之中。总之,在个人战术行动的教学训练中,应遵循一般运动教学训练规律和原则,培养战术意识和提高运用战术的机敏性,改进与强化技术运用能力,并使三者有机结合,相辅相成。

### (三)个人战术行动的教学训练要求

个人战术行动作为队员对篮球比赛复杂多变情况迅速作出应答的运动活动能力,是需要在运动过程中通过不断的渗透和潜移默化的熏陶学习而获得的。因此,必须在教学训练中采取相应的方法和要求去进行培养。首先要重视有谋略地组合运用技术动作能力的培养,要把技术训练中的攻与守、意与形、位与向、时与空、动与静、快与慢、分与合、真与假等方面在意识与行动上形成整体,要与比赛技术和各种战术行动的具体方法联系起来,以丰富队员的战术知识,提高他们的思考与计谋。

## 三、基础战术配合行动的教学与训练

基础配合战术行动是指两三名队员之间有目的地以各种形式的攻守基础配合方法为基础,扬长组合成的某些协同配合的行动和运用过程。它是整体战术行动的重要组成部分,是攻守过程中有效地为主动协同创造机会,应答比赛实际情况的运动行为。通过基础战术配合方法的教学与训练,对培养队员的战术意识、协同观念和组织整体战术行动都将起着重要的作用。

### (一)基础战术配合行动的层次

基础战术配合行动,实质是争取比赛主动,协同行动,创造机会攻击对手。是队员之间高度协作关系的体现。基础战术配合行动是两个层次的协调机制,一是战术形式的操作层次协调,二是队员之间的心理层次协调,二者彼此联系,不可分割。

操作层次上的协调:通过战术配合方法的教学与训练,经过反复练习,相互协同配合达到一定的熟练程度,这是战术配合明显的外部结构,也是战术配合训练最主要的内容。

心理层次上的协调:是队员之间心理相容的一种表现。相容的人际关系是以彼此之间情感和谐、认识协调统一、行动合作一致和配合默契。

在篮球运动教学训练和比赛中,这两种协调是缺一不可的。如果参与战术配合的队员之间缺乏心理上和感情上的必要联系,只重视操作层次上的协调,是不能适应比赛复杂多变情况的。

### (二)基础战术配合行动的内容

基础战术配合行动方法种类很多,进攻基础战术配合有传切配合、掩护配合、策应

和突分配合等，防守基础战术配合有抢过配合、穿过配合、绕过配合、关门配合、夹击配合、补防和交换防守配合等，其中不少配合又有许多不同的种类和变化的方法，它们都来自比赛实践经验的积累与总结所形成的、行之有效的具体方法。因此，在教学训练中应分清主次，突出重点。

### （三）基础战术配合教学训练的要求

在基础战术配合的教学训练中，要遵循突出重点、由易到难和循序渐进的原则。同时要重视战术配合的意识培养和协同运用个人技术能力的培养，尤其要特别重视配合时机、配合位置、配合方法，以及应变配合观念的培养。在掌握了基本配合方法后，要及时结合实战对抗，以培养与提高实战能力，为学习整体战术配合打下基础。

## 四、整体战术行动的教学与训练

整体战术行动是指篮球比赛的战术活动过程中，全队整体组合运用的战术配合行动，它在某种意义上反映了队的风格和竞技实力。整体战术活动必须建立在明确、统一、符合实际的战术指导思想的目标上，实施整体战术配合要严格要求，相互协调，方法运用上要机动灵活，表现出整个战术行动是有组织进行的。

### （一）整体战术行动组织过程

篮球比赛是双方攻守交替和不断转化的对抗过程。整个战术行动不论是进攻与防守，都是在快速、多变的运动中，一般都由开始组织、配合攻击、结束转换三个阶段组成。一个完整的战术行动过程，可以说是一个非常复杂的思维过程，应具备对抗、全局、动态、时空和协同等观念。

### （二）整体战术行动的快攻

快攻是进攻中力求先发制人的最锐利的武器，是建立在快速决策、快速移动和快速配合中攻击得分策略基础上的最好手段。快攻教学训练中应思考的几个问题是：

1. 有明确统一的快攻战术指导思想，树立快的意识，培养快的作风与配合行动。
2. 要善于主动创造和捕捉快攻的时机，如加强拼抢防守篮板球、抢断球、跳球、抢发界外球等。
3. 重视阵势、布局与推进的层次，攻击中要保持有气势、有组织、有顺序、有重点、有模式、有应变、有节奏、有节制、有实效的结果。
4. 创新与完善结束快攻的得分手段。

### （三）整体战术行动中的阵地进攻

阵地进攻在进攻战术中的全局时间部署上占有重要的地位，由守转攻首先应积极争取快攻，但如遇对方堵截破坏，则应掌握节奏，有机衔接地转入阵地进攻。在阵地进攻中，整体战术行动需要周密地组织实施，在教学、训练中应注意：

1. 明确落位阵势。是指全部队员转入阵地进攻时的落位队形。阵地进攻阵势的确定与队员条件（特别是中锋队员的特点）和本队进攻的打法有关。阵势只是相对形态，在实施过程中是绝对不固定的，因此，要思考随机应变、扬长避短和避实就虚，有利于配合的攻击实效性和连续性，有利于保持攻守平衡。

2. 阵地进攻打法繁多，但绝无万能的打法。只有结合自己的队员特点，合理地组合阵容，设计优势打法，主动诱引和捕捉对手的防守漏洞，才能创造更多的进攻机会。

3. 明确投篮攻击点和主要投篮攻击手。作为整体战术行动，设计打法时要选准攻击点，确定投篮攻击的区和点。如在半个球场，可分为正面、左翼、右翼、左角、右角，要确保本队的主要投篮手有更多、更好的投篮机会。

阵地进攻中攻击点要力求全面、多人、多点、多位，否则难以实现战术的灵活性。当然，战术变化的灵活机动不只是攻击点的变化，还有战术形式、方法、活动区域和人员组织的多种变化。但在阵地进攻中，攻击点毕竟是技术变化的核心问题，攻击点要全面，如内外结合就是很好的证明。由此，在战术实施中明确每名队员的职责也很重要，如主攻、辅攻、助攻，或是组织者、接应者、策应者等，要合理地组织力量，保证攻击点的实现，更好地发挥战术的功能。

4. 善于将各种战术阵势与打法有机衔接与应时变化。阵地进攻中所采用的战术配合都不是孤立地进行，往往是两个、三个，甚至更多的人组成某种配合行动，并在运用中随机配合，临时应变组成某些特殊形式的配合行动。因此，必须在战术打法设计中考虑它们之间的衔接，一环扣一环，不断调整位置和阵势，不断重新组合，保持主动，迫使对方防不胜防。

5. 善于掌握节奏，控制时间。在阵地进攻中，队员行动的节奏和配合的时间，关系到配合成败，队员善于在不同阶段时间内变化各种行动的速度节奏，就能摆脱防守，争取时间与空间的主动。

6. 注意阵地进攻中攻守保持相对平衡。平衡就是为了保持主动和创造优势，解除后顾之忧。就比赛而言，始终处于由平衡——不平衡——平衡的动态之中。如果说进攻是为了得分，那么防守则是为了胜利，为了获得冠军。

综上所述，阵地进攻中整体战术行动是一个有组织的、动态的、变化的过程，需要精心设计、组织与实施，队员在行动上更要相互协同创造机会，发挥整体的优化作用。

### （四）整体战术行动中的防守

现代篮球比赛防守战术打法的主要特点是具有凶悍性、攻击性、破坏性和个人防守基础上的整体性、多变性。首先是从单纯防守转变为攻击性防守，并从以球、人或区域为主的防守原则转变为以防人为主、人球兼顾的原则。进攻中的人是防守的焦点，任何时候、任何位置上的防守队员都必须随时注意到对手的动态，并要遵循"人、球、区兼顾"的原则去展开一切防守行动。其次是明确"强侧与弱侧"，由此确定对强侧、弱侧的不同防守方法。例如：

1. 防强侧无球队员。防内线无球队员要以控制对手接球为主，进行错位防守。
2. 防弱侧无球队员。防守队员的位置要与对手拉开适当的距离，处在传球路线稍后的位置上，以便控制其接球和插向强侧或篮下的行动，并向强侧靠拢，加强协防，造成有球一侧以多防少的阵势。

3. 对中锋队员防守。由于中锋队员的站立方向与球所在的位置相关，若有新的变化，防守也必须根据球的变化来选择和及时调整位置，既要能控制中锋队员接球，又要能防范他向限制区横切移动接球，还要能看到球的动态。

### （五）整体战术行动的教学训练提示

整体战术行动在很大程度上反映整个训练水平，因此，既要重视不同攻守战术方法的操作训练，又要注意培养战术意识，提高队员战术素养和加强集体主义观念，不断提高战术教学训练质量。整体战术行动的教学训练，是在个人及几个人战术配合行动教学训练基础上进行的。在方法上也必须遵循一般教学训练原则，先在消极对抗的条件下熟悉全队战术阵势、配合路线与协防方法，再在积极防守条件下提高战术运用能力。在战术训练实施中，必须从整个攻守进程来组织操作过程，做到攻守并重，提高攻守转换意识和速度，使攻守能有组织地顺利平衡进行，特别是要注重转换攻守战术配合之间的衔接。战术训练的负荷一般小于技术、身体训练的密度和强度。特别应增加对抗训练的次数和时间，重视充分调动每名队员的积极性，完善他们的战术思维，提高分析、操作、应用和解决战术问题的能力。

# 第六章
# 篮球教学理论与方法

## 第一节 篮球教学概述

### 一、篮球教学概念

篮球运动是学校体育课的重要内容，其教学的本质是着眼于以人为本，通过篮球教学过程对学生进行全面的综合素质、技能、智能、体能等教育。从广义来说，凡是学习与传授篮球知识技能的有组织活动都可以称作篮球运动教学；从狭义来说，在特定条件下通过篮球知识技能的学习和传授活动来实现特定教育目标的教学过程可称作篮球运动教学。在我国开展篮球运动教学的主要场所有普通学校体育课，体育院校、系科有关专业的篮球普修、专修课，各级专业篮球运动队和业余体育学校的篮球课。

### 二、篮球教学的目的

篮球运动作为社会体育文化活动的有效手段在我国城乡有着广泛的开展。篮球运动教学的目的在于通过落实对学生的全面素质教育，使更多的人了解篮球运动的有关知识，掌握篮球运动的方法和技术技能，把篮球运动作为终身进行体育锻炼、增进健康的方法手段。篮球运动教学在造就大批篮球爱好者的同时，也使篮球文化得到广泛的普及和传播。

篮球运动的发展和提高，对我国社会主义精神文明建设有着巨大的推动作用，每当我国篮球运动队伍在国际篮球大赛中取得优异成绩时，都会振奋广大人民群众的民族精神和爱国热情，使中华民族的自信心和凝聚力得到增强。在各级学校中开展篮球运动教学，可发现和选拔具有篮球运动天赋的青少年和儿童，对他们进行更为系统的教学与训练，使其成为优秀的篮球选手，为我国篮球竞技运动队伍源源不断地输送优秀后备人才。因此，篮球教学作为基础性工作直接影响我国篮球运动的整体水平，必须给予高度的重视。

### 三、篮球教学的任务

篮球教学是由教师和学生共同参与的教与学相互作用的教育过程。在这一过程中，

通过课堂教学的组织形式，使学生在教师的主导下，积极主动地掌握篮球运动的理论知识和技术技能，同时开发智力，全面地发展身体形态、机能和素质，培养正确的人生观和良好的道德情操。具体任务有以下四点：

### （一）贯彻素质教育，促进正确世界观的形成

篮球课程教学是一个培养人才的完整的教育过程，要重视寓政治思想教育、道德素质教育和集体主义教育于篮球课程教学之中，并结合篮球运动的特征培养顽强的意志和勇于斗争、敢于斗争的作风以及力争胜利的精神。

### （二）掌握与提高篮球理论知识、技术和战术

篮球课程的教学内容有理论、技术和战术三种主要形式，篮球教学就是要使学生在掌握技术和战术的同时也要掌握相关的理论知识。理论知识是掌握技术和战术的依据，技术是战术的基础，因此，这三方面的学习内容是相互作用和统一的整体，教学过程中必须给予同等的重视。

### （三）发展学生的身体素质，增强体质

身体素质是从事各项体育运动的物质基础。篮球运动本身需要运动者具备跑、跳、投多种运动技能，篮球运动的学习可以活跃学生身心，促进身体正常发育，提高机能素质，增强体质。而学生运动素质的提高，为顺利完成技术和战术的学习提供了有力的保证。因此，发展学生身体的力量、速度、耐力和灵敏等素质是篮球教学的重要任务。

### （四）培养学生正确的思想意识和坚强的意志品质

由于篮球运动是集体型的对抗性项目，因此，篮球教学和竞赛过程，具有培养学生坚强意志品质的作用，而作为教育过程，篮球教学必须完成对学生的教育和教养任务。因此，使学生形成正确的世界观和人生观，养成团结、协作和热爱集体的良好思想作风是篮球教学的主要任务之一。

## 四、篮球教学的内容

篮球教学的对象主要是初学者，因此，教学要从教授最基本的知识技能开始。篮球教学的内容很多，根据不同层次的教学对象和教学目标可选择不同的教学内容。教学又是训练的基础，在许多情况下教学与训练的过程交融在一起，成为一个统一的整体，所以教学内容与训练内容没有本质的区别，所不同的是教学侧重于掌握基本的动作概念、方法和技术规范，是由不会到会的过程，而训练则侧重于技术技能的熟练性和运用能力，是由会到提高的过程。

### （一）篮球技术动作的教学

掌握篮球运动技能必须从技术动作的学习开始，因此，篮球技术动作的教学是初学

阶段最主要的教学内容。技术动作的教学包括技术规格、技术动作方法要领和技术的运用方法等内容，为使学生提高和发展技术，教学要强调动作的规范性，使学生打好基本功和技术基础，为进一步学习提高篮球技能创造条件。

### （二）篮球战术方法的教学

篮球运动集体对抗是以特定的战术布阵出现的，战术阵势和配合是篮球运动竞赛的主要特征之一。因此，篮球战术方法是教学的重要内容。战术方法的教学包括两三人之间的简单配合（又称基础配合）和全队配合等等。在战术教学中要使学生了解战术配合的方法、要点和运用时机，与此同时，还要培养学生的配合与协作意识，使学生能够在实战比赛中机动灵活地运用。

### （三）篮球理论知识的教学

篮球运动的发展已经使其形成了比较完善的理论与知识体系，其中包括教学训练理论、战术实践理论、规则与裁判方法的理论和竞赛组织的理论等等，这些理论构成了篮球运动的学科体系，是学习篮球运动必须掌握的教学内容。理论知识的教学有助于技术和战术的学习，学生只有在正确的篮球理论指导下，才能正确地从事篮球运动的锻炼和比赛。

## 五、我国篮球教学的发展现状与改革进程

### （一）我国篮球教学活动的发展

#### 1. 少年儿童的篮球教学

在我国，对少年儿童进行篮球教学的主要场所集中在中小学、各级业余体育学校、社会开办的业余篮球俱乐部和篮球学校，形成由中小学——业余体育学校——重点体育学校——省市及俱乐部运动队——国家队组成的一条龙训练网络体制。在这个体制中，经过科学选材选拔出热爱篮球运动、身体形态和素质好、有篮球运动天赋的少年儿童，并经过层层培养、训练和选拔，提高他们的全面素质，向更高一层次球队输送优秀篮球选手。在这一过程中，始终伴随着篮球教学工作，初学者经过各级学校的规范化教学，比较扎实地掌握了篮球运动的技术和基本功，为他们在高一层次队伍中继续发展打下比较坚实的基础。随着社会体育事业的发展，近年来我国各地相继出现了许多业余篮球俱乐部，有的地区还专门开办了篮球运动学校，这将为更多的少年儿童学习篮球运动和接受篮球运动的教学训练提供有利的条件。实践证明，业余篮球俱乐部和篮球运动学校是新的社会条件下普及篮球运动的有效途径。

#### 2. 普通学校体育课篮球教学

在学校体育中，篮球运动是重要的教学内容，也是对学生进行全面素质教育的重要手段和贯彻健康第一、增强体质的有效方法。大部分初中和高中都设有学校篮

球代表队，把体育课上发现的有篮球运动天赋和才能的爱好者集中起来，利用课余时间进行较为系统的训练，并代表学校参加相应的篮球比赛，在这一过程中，选拔出一部分有发展潜力的运动员，成为高水平篮球队的后备人才，另一部分则成为基层篮球运动的骨干。可见，学校体育中的篮球教学不仅是我国篮球运动发展提高的基础，而且是提高青少年全面素质、增强体质的基础环节，要克服单一以提高竞技水平为中心的观念。

### 3. 体育院校、系科的篮球课程教学

目前，全国有14所体育院校和近百所二级体育院系，为国家培养各级各类体育专门人才。这些专门院校和系科都把篮球作为一门重要的课程开设，一般开设有供大部分学生学习的篮球普修课和供一部分有篮球运动专长学生学习的篮球专修课。普修课的教学目的是向学生传授篮球运动的基本理论知识和基本技术技能，使学生具备在学校体育中组织篮球教学和课余训练工作的能力，而专修课的教学，除了要完成上述教学任务外，还要进行更为全面系统的学习和训练，要求学生在篮球运动能力上达到相应的运动等级，在组织比赛能力上达到相应的裁判等级，具备组织篮球运动训练和竞赛工作的能力。

## （二）我国篮球教学改革的进程

### 1. 篮球教学改革的社会背景

20世纪80年代前，我国篮球运动的教学体系不少方面曾沿袭20世纪50年代苏联的构架，其理论基础是该国教育学专家的教育学和传统的体育教学论，尽管历经我国篮球界学者的不断补充完善，但始终没有摆脱原本的理论框架。从教学的目标到教材内容、从教学模式到教学方法、从教学的组织到教学的评价等，基本上几十年未曾大变革。由于20世纪80年代以前我国与国际社会的交流较少，很难获得国外新的技术信息，加之当时体育教育界不同程度存在的思想桎梏，促使在篮球界形成了一个单一的技能教学目标和一本教科书、一种教学模式的状态。80年代以后，我国实行改革开放的基本国策，在加强经济建设的同时大力发展科学技术，篮球学术界也和其他行业一样，解放思想，更新观念，人们在大力呼唤教学改革的同时，积极吸收世界篮球运动水平较高国家的理论、技术与战术，出现了思想活跃和理论研究空前繁荣的大好形势。特别是篮球教学领域，随着学校教育的改革，也大量引进了各国现代教育和教学思想，经过我国广大篮球教师、研究生和教练员的研究，剔除糟粕，取其精华，使许多先进的教学理论运用于篮球教学实践，提高了篮球教学的质量和效率。我国篮球教学的改革和发展进入了一个崭新的阶段。

### 2. 篮球教学改革的内容

我国篮球教学改革的核心任务是革除多年来教学实践中存在的弊端，围绕提高学生的全面素质、健康水平和技能能力，调动他们学习的积极性和主动性，在教材体系、教学内容、教学模式和教学方法等方面进行改革，力图大幅度提高教学工作的效率。其改革的主要内容如下：

（1）教学思想和观念的改革。篮球教学改革是理论与实践相结合的科学探索过程，因此，必须在一定的理论指导下进行。教学观念又称教学理念，是教学的理想和信念在人们头脑中的反映，是对教学进行理性思考的结果。由于人们所依据的教学理论和思想观念不同，必将对教学过程产生不同的认识和看法，形成了不同的教学目的观、过程观和质量观，它直接影响着篮球教学的实践行为。因此，教学思想观念的变革是篮球教学改革实践活动的先导。通观篮球教学思想观念改革的研究，可以有几个方面的内容，例如：

一是对篮球运动规律的理论研究。它关系到篮球教材的体系能否适应篮球运动的发展趋势，是关于对篮球运动规律的再认识。新的篮球运动观和篮球技术技能观必将导致整个篮球教材体系的革新，从而构建更加符合篮球运动规律的教材体系。

二是对篮球教学过程中篮球技能习得规律的理论研究。它关系到教学效率和教学过程的组织，是关于对篮球技能性质和习得规律的再认识。这方面的研究大多是对传统的篮球教学方法的种种质疑，试图依据现代科学研究成果来解释篮球技能学习的本质，围绕着提高教学的质量和效率来科学构建新的篮球教学方法及模式，力图不断有序地提高教学的效率。

三是关于篮球教学过程中师生双边活动的研究。它关系到学生学习的动机和积极性，是对篮球教学主、客体关系及教学过程的再认识。新的教学观认为，篮球教学活动中，学生是学习的主体，教师和教练员是教学过程的主导，提高学生在教学中的主体地位，处理好主体与主导之间的关系，是提高教学质量的关键所在。

（2）教学内容、教学模式与方法的改革。篮球教学改革的另一个主要内容，是在更新旧的教学思想观念基础上，重点对篮球课程教学内容和教学方法进行改革。许多改革方案依据现代教学思想和教学理论，结合新的篮球课程教学目标和对象的特点，对传统的篮球教学内容和教学方法进行更为科学的组合构建，使之更能体现篮球运动的规律，更加符合学生习得篮球技能的规律，力求达到提高教学质量的目的。

在我国篮球教学改革的实践中，有关改革篮球教学方法的研究较多，而涉及教材内容改革的研究却较少，教学内容的改革相对较为滞后。随着当代科学技术的发展和体育教学观念的更新，广大篮球教师和科研人员已经认识到我国篮球几十年不变的教材内容体系不仅落后于发达国家，而且已不适应现代社会文化发展的需要，必须进行大胆的改革和重新进行科学构建。

——20世纪80年代以来，随着体育科学的进步，对篮球运动规律的研究成果陆续进入篮球教材体系，如篮球运动员的科学选材、篮球比赛攻守转换、篮球意识的培养和篮球运动员的基本功等等，这些科学命题准确地描绘了篮球运动的规律，给篮球运动的教学与训练注入了新的理论信息，对我国篮球运动水平的提高产生了积极的推动作用。

——20世纪90年代初，我国篮球理论界开始了篮球教材技术分类问题的探讨，部分学者认为，多年延续的以动作结构为依据的分类方法不能适应高水平篮球教学训练的需要，提出以技术组合与对抗为依据重新科学构建篮球教材技术分类体系的研究命题，引起了广大篮球工作者的普遍关注。

在我国篮球教学改革的实践中，移植国外先进的教育教学理论，改革传统篮球教学，构建更能提高教学效率新模式的研究成果较为丰富。类似的研究主要沿着两条主线进行：一是依据先进的理论，研究调动学生学习积极性的有效策略；二是依据篮球运动和教学规律，研究教学的组织过程，使教与学有机地结合起来最终实现提高质量与效益的目的。

——国外先进教学理论的移植和应用研究起源于20世纪80年代初我国恢复研究生教育，从那时起，开始在学习国外先进教育教学理论的基础上，对原有的篮球教学过程进行改革，如对发现式学习理论的运用研究、对掌握学习理论的运用研究，以及对程序教学理论的运用研究等等。

教学手段的研究一直是广大篮球教师科研的主要命题，近年的研究动向和特点是：综合性与实践性相结合，研究的重点不再是教学的某一点，而是全方位的教法改革，如篮球教学过程组织最优化的研究；创新性与继承性相结合，所有的改革都是在前人的成功经验基础上发展起来的，人们在创造新教法的同时也充分肯定了行之有效的传统教法；科学性与先进性相结合，具有高科技含量的电化手段大量进入篮球运动的教学领域，如篮球教学中声像视听技术的运用研究；计算机多媒体技术在篮球教学中运用的研究，篮球技术、战术教学辅助系统和软件的研制等等，极大地丰富了篮球教学的可利用资源，篮球运动教学呈现出崭新的面貌。

### 3. 篮球教学改革取得的经验及注意事项

我国篮球教学改革工作已经取得了初步的成果。改革的实践活动告诉我们：首先，篮球教学改革必须从篮球运动规律和篮球教学理论研究出发，通过学习研究教育教学的科学理论来确立改革的基本依据，树立起现代教学思想和观念，使改革成为自觉的行动。其次，要客观地分析篮球教学实践多年来存在的弊端，通过教学改革达到兴利除弊的目的，以创新推动发展。第三，篮球教学改革是一个边实践边探索的研究过程，改革是教学工作永恒的主题，因此，要结合教学的具体情况，把改革作为篮球教学训练的经常性工作。第四，改革不是为了标新立异，而是为了更准确和更深刻地认识篮球教学的规律，使教学的质量和效益得到提高。第五，要加强成果的开发应用研究，使来自改革实践的理论成果得到大面积的推广和应用。

## 第二节　篮球教学理论与原则

### 一、篮球教学理论

现代教学论认为，任何教学过程都是以认知活动作为核心的复杂信息交流系统，因此，必须依据一定的科学理论来组织实施。篮球运动属于身体直接接触的集体对抗性项目，教学过程较为复杂，社会学、生理学、心理学和运动技能学等科学理论都对篮球运动教学具有重大的指导意义。篮球教学理论依据于：

### （一）认知的理论

篮球教学不仅要组织学生进行身体运动，而且要传授大量与之相对应的操作性知识，因此，篮球运动教学是促进学生认知能力发展提高的过程。学生对篮球教材的感知、体会、理解、巩固、运用和评价等认知活动有其固有的规律，篮球教学必须遵循这些规律。在教学实践中要特别注意使篮球知识与篮球技术表象之间建立起巩固的联系，使身体练习在高质知识——表象的定向作用下进行，同时要通过认知活动来激发学生学习篮球运动的动机和兴趣。

### （二）动作技能形成与发展的理论

篮球运动技能的形成与发展一般经历粗略掌握、改进提高、巩固运用和创新发展阶段。其生理学和运动技能学机制是运动技能学习的刺激在大脑皮层相应的运动神经中枢之间建立暂时性神经联系的过程。这一过程分为泛化、分化和自动化三个阶段，是大脑皮层相应的运动中枢兴奋与抑制由扩散趋向集中、分化抑制逐步建立的过程，其本质是建立复杂的、连锁的和本体感受的运动条件反射。

### （三）运动过程中人体生理机能活动变化的规律

篮球教学是教师组织学生进行运动实践的过程，身体练习是掌握篮球技术技能的主要途径。进行篮球技能的身体练习，就必须遵循人体生理机能活动变化的规律。运动练习中人体生理机能活动变化的规律是由安静状态进入工作状态，人体工作能力由逐步提高进入到最大限度的水平，最后又逐步降低。经过长期的身体活动练习，既提高了篮球运动技能和身体素质，又使身体的运动机能能力得到适应性改善。遵循规律组织篮球教学，不但可以提高教学的质量，而且可以增进健康，减少运动创伤事故的发生。

### （四）篮球运动技能开放性和对抗性的理论

体育运动技能分若干种类，各类技能的性质存在一定的区别。篮球是直接对抗性运动项目，其技术的运用完全取决于实战中攻守关系的变化，没有固定的模式，因此，篮球技能属于开放性运动技能（又称非周期性技能）。在体育教学中，开放式技能与封闭式技能（又称周期性技能）在学习上有各自的认知规律，篮球教学必须遵循篮球运动技能学习与认知的规律，采用与之相适应的方法，要把培养应变能力、对抗能力、配合能力以及意志品质放在重要的地位。

## 二、篮球教学原则

教学原则是教学规律的总结和概括，是从事教学活动必须遵循的准则。篮球教学过程既要遵循一般的教学规律和原则，又要遵循篮球教学所特有的规律和原则。

## （一）一般教学原则

1. 自觉性、积极性原则：在篮球教学过程中，学生是学习活动的主体，而教师则处于主导的地位，惟有学生的积极参与，教学方可成功。因此，必须培养兴趣，调动学生热爱篮球学习的主动性和自觉性。

2. 直观性原则：在篮球技能的教学过程中，学生获取有关信息的主要途径是观察，而观察必须借助各种直观手段。直观的手段很多，除示范外，把各种声像和计算机多媒体技术广泛运用于技、战术教学，都可收到较好的效果。

3. 渐进性和巩固性原则：篮球知识技能的学习是一个渐进的过程，技术技能的掌握要由浅入深地进行，学到的知识技能如不练习巩固就会遗忘或消退。因此，要采用有效的方法，及时巩固新学习的知识。

4. 合理安排运动负荷原则：运动教学的主要特征是身体练习，学生在承受运动负荷的情况下学习掌握篮球技能，同时要促进学生有机体机能能力的适应性改善。因此，合理安排运动负荷不但是技、战术学习的需要，而且是促进学生运动素质提高的需要。

## （二）专项教学原则

依据篮球运动技能的开放性和对抗性理论，深入研究篮球运动的特点和篮球教学的实践经验，从认知策略的角度可以提出如下特有的教学原则：

1. 专门性知觉优先发展的原则。篮球是以球为工具的运动，场地、器材和同伴等要素构成了特有的运动环境。对环境和器材的感知是专门性知觉发展的过程，其中手指、手腕对球的控制能力对篮球教学至关重要，教学中常常采用大量的熟悉"球性"的练习来优先发展这种能力，以确保技术动作的学习。因此，专门性知觉优先发展是篮球运动所特有的教学原则。

2. 学习技术动作与实战对抗运用相结合的原则。篮球技术的对抗性和开放性决定了其教学过程必须把实战对抗能力放在重要地位。从认知策略上来说，技术动作的学习与实战运用相结合发展，符合开放性运动技能教学的规律。学生在习得篮球技能时首先建立起对抗的概念和技术实效的概念，而不是把技术仅视为固定程序的身体操作。从某种意义上来说，从实战中学和在适应中学是篮球技能形成与发展的普遍规律，因此，必须把技术动作的学习与实战运用的能力培养发展结合起来。

3. 技术个体化和区别对待的原则。技术动作的规范性是篮球教学普遍追求的目标。规格和规范是指动作的基本结构符合人体运动学特征，达到节省和实效的目的。由于学习者在身体形态、行为习惯、身体素质、智力和篮球运动经历等方面存在区别，使得"技术的规范化"的个体表现也存在较大的差别。教学的目的是使初学者通过练习，形成符合自身条件的动作完成方式。因此，篮球教学要在规范化的基础上遵循技术的个体化原则，允许学生之间存在技术动作上的细微差别。由于个体差异的存在，篮球教学必须根据对象的不同来选择不同的教学方法，要照顾不同能力的对象的学习速度，贯彻区别对待原则。

# 第三节 篮球教学步骤与方法

## 一、教学步骤

篮球教学步骤是教师为完成教学任务根据学生特点而采取的策略。根据篮球运动的特点，可分为技术教学步骤和战术教学步骤。

### （一）技术教学的步骤

#### 1. 掌握技术动作方法，建立正确动力定型和初步的对抗意识

篮球技能的形成首先从技术动作的掌握开始。采用各种直观手段使学生感知正确技术动作的方法，在头脑中建立起初步的动作表象，然后进行体会与模仿性的练习，使动作表象得到加深。与此同时，教师通过讲解和分析使学生了解技术的方法、要领和运用时机等关于所学技术的理论知识，从而使知识与动作表象之间产生直接的联系，这就是所谓"知识—表象"的建立，是对所学技术的认知过程。知识—表象是学生练习篮球技术过程中行为定向的参照系。学生在知识—表象的定向作用下继续体会练习，就可以建立初步的动作概念，形成初步的动力定型。在教学初期向学生灌输技术动作运用的对抗性质，为练习操作赋予实战意义，不仅能够增加练习的兴趣，而且可使学生在一开始就在头脑中打上对抗的烙印，建立起初步的对抗意识。

#### 2. 学会组合技术，掌握初步运用能力，建立对抗概念

由于篮球技术属于开放性运动技能，这一性质也决定了技术的组合性和对抗性，因此，要使学生掌握组合技术。组合技术学习是掌握篮球技能的必然步骤。组合技术就是根据实战中技术运用的组合规律提炼出的结合性练习单元，它们可分为先后组合、同时组合和附加组合等，例如运投组合、运传组合、接投组合和投突组合等等。通过组合技术练习使动作之间合理衔接，体会技术运用的速度、节奏以及攻防意义，学会初步运用。由于组合技术练习具有变换的要素，就使得练习的意义更加深刻。此阶段的练习，可增加假设对手的标志物或象征性对手，使学生带着对抗的拼争意识练习，使对抗的概念得到强化，为下一步实战对抗练习打下坚实的基础。

#### 3. 在攻守对抗情况下提高技术运用能力

篮球教学中一切技术练习都是为了在实战中有效地运用，因此，对抗就成为篮球教学中最为重要的作业练习过程。对抗练习是在掌握技术动作和组合技术的基础上，在攻守对抗的条件下，学会根据对手的阻挠和制约而采取相应对策，准确而合理地运用技术的作业方法，是学习与掌握篮球技术技能的必然途径。在教学实践中，对抗性强度的处理应依据循序渐进的原则，分为在规定的对抗条件下练习、在消极攻守对抗条件下练

习、在积极攻守对抗条件下练习和在教学比赛条件下练习等几种形式。但无论采用哪种形式，都必须牢牢地把握技术合理运用与实战对抗意识、对抗作风培养的有机结合，既要提高技术的运用水平，又要培养顽强的作风和意志品质。

### （二）战术教学的步骤

#### 1. 建立战术概念，掌握战术方法

篮球战术教学首先要使学生建立起对战术概念的认知，了解战术的配合方法，逐步建立相应的战术意识。可采用直观演示手段并结合语言阐述，使学生明确战术的名称、战术的阵势、配合的位置、移动的路线、动作的时机和行动的顺序等等，重点的配合环节要进行重复演示，启发学生的积极思维，加深对所学战术的理解。教学实践中可按如下步骤进行：

（1）学习局部战术配合方法。篮球的全队战术是由局部基础配合构成的，因此，要从两三人之间的基础配合学起。基础配合的教学应根据战术构成的逻辑规律确定学习的先后顺序，一般先教主要配合，后教次要配合。如：策应配合是传切和掩护的综合形式，所以应先进行传切和掩护的教学；突分是掩护后的发展形式，所以应先进行掩护的教学等等。在教学方法上要遵循由浅入深的原则，首先在固定的无干扰障碍的条件下练习配合的方法和路线；然后再设置假设的对手或标志物，进行以简单对抗条件为背景的练习，建立队员之间的配合时机默契，同时改善配合性技术；再进行消极攻守条件下的练习；最后在积极攻守对抗的条件下进行练习，提高所学战术配合的运用能力。

（2）掌握全队战术方法。全队战术的教学是在完成了局部战术学习的基础上进行的。一般首先进行战术阵势、运用时机和配合路线等理论知识的教学，然后在消极攻守条件下进行配合练习，最后在积极攻守对抗的条件下进行实战练习。

#### 2. 掌握攻守转换和战术综合运用能力

在学习掌握了基础战术和全队战术方法以后，应结合实战比赛进行攻守转换和各种战术组合的练习，其目的是培养队员的攻守转换意识和灵活运用战术的能力。

（1）攻守转换意识是现代篮球教学中特别强调的内容，是快速进攻和攻势防御的前提条件。攻守转换意识的教学要在日常教学训练中坚持不懈地进行，使队员养成自觉的意识和行动；在比赛中自觉地加快攻守转换的速度，争取比赛的主动权。

（2）战术的运用要根据实战比赛中双方的实际情况，采用不同的战术组合，以己之长攻彼之短，才能始终保持比赛的主动权，因此，要掌握多种战术组合运用的方法。如在一个防守回合中，前场采用区域紧逼，到后场则采用区域联防；根据需要立即变为对位联防等等。

#### 3. 在比赛中运用战术，提高应变能力

实战比赛是战术练习的最高形式。在比赛之前要提出比赛的具体战术要求，比赛当中要对战术运用的情况进行具体的指导，比赛结束之后要对成功的配合打法进行总结，找出失败的原因，吸取教训，提出改正的方法。

篮球战术教学要注意战术意识的培养，同时要强化学生的集体配合观念，使他们处理好个人和集体的关系，养成团结、协作的精神。

## 二、教学方法

教学方法是教学过程中师生之间进行信息交流，教师向学生传授有关知识技能时所采用的技术手段。依据现代教学理论和篮球教学的实践经验，篮球教学方法可分为常规的方法和现代的方法。常规方法是现代方法的基础，是广大教师多年教学实践中行之有效的经验总结和概括，任何时候都不能忽视常规教学方法在教学过程中的作用。篮球教学的现代方法是近年来发展起来的以现代教学理论为依据的教学方法，它针对传统教学中存在的某些弊端，通过合理的教学设计，在教学双边活动中发挥学生的主体作用和教师的主导作用，采用启发和诱导的方法，调动学生学习的自觉性和积极性，使教学的效率得到提高。近年来，电化教学手段的广泛运用，使教学方法革新的速度越来越快，声像技术、电子技术和多媒体技术等已经在篮球教学领域广泛运用，篮球教学手段的现代化、科学化已经成为必然的发展趋势。但是，在篮球教学中无论采用哪种方法，都必须重视信息反馈并强化这个环节。

### （一）篮球教学的常规方法

篮球运动常规教学方法的理论基础是传统教育学中关于教学过程的理论。其特点是注重教学双边活动中教师教授知识技能的方法，其教学方法的程式比较简单，各种方法相互配合，构成了以"教"为核心的教学方法体系。主要方法有如下几种：

#### 1. 演示的方法

教学中适时地进行技术动作的示范和战术配合方法的示范，运用幻灯、投影、挂图和录像等电化媒体手段，使学生通过观看来直观地感知教学内容。实践中示范要与讲解相互配合，要正确选择示范的队形和示范的面，示范的动作要正确。

#### 2. 讲解的方法

教学中采用简练准确的语言来分析技术动作的方法和要领、战术配合的方法和要求及运用过程中的注意事项等，使学生通过听来感知教学的内容。实践中讲解要与示范相互配合，讲解的内容要与学生的程度相适应，要掌握好讲解的时机，突出重点，避免冗长枯燥。

#### 3. 练习的方法

在讲解与示范的基础上，组织学生进行身体练习是掌握篮球技能的最重要的方法。根据练习的形式可分为分解练习、完整练习、简单条件下的练习和复杂条件下的练习；根据篮球运动特点可分为个人技术练习、配合性练习和对抗性练习等等。运用练习的方法要讲求实效，合理安排练习的强度、密度和运动量，使学生承受适当的运动生理负荷。

#### 4. 纠正错误的方法

在练习的过程中，学生不可避免地要出现错误的动作，教师必须及时地采取相应的措施予以纠正，此时要运用纠正错误的方法。教学实践中，纠正错误首先要找到产生错误的原因，然后再采用相应的措施进行纠正。实践中经常采用的方法有诱导法和条件限制法。

上述教学方法是一个统一的体系，教学中相互配合使用，单一地使用某种方法不能实现教学的整体功能。其整个方法体系构成的常规教学模式如图6-1所示。

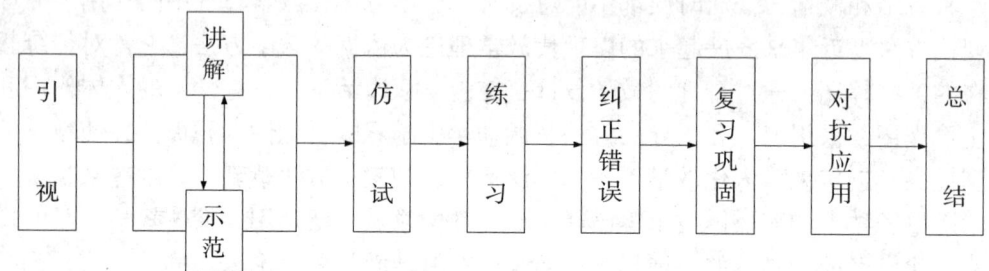

图 6-1

### （二）篮球教学的现代方法

当代世界先进的教育教学理论在我国体育教学领域已经产生了广泛的影响，而且在20世纪80年代初期，我国篮球教学领域也有大量选择革新教学方法的课题进行研究，许多教师取得了可喜的成果。研究证明，依据先进教学理论设计的教学过程与方法具有科学性强和效率高的特点，因此，代表着篮球教学手段现代化的发展趋势。篮球现代教学方法的理论基础来自现代科学理论中关于学习理论的研究成果，如认知心理学中发现学习理论和掌握学习理论、新行为主义心理学中关于程序学习理论和社会学习理论等等。这些方法的共同特点是把当代系统论、信息论和控制论运用于教学实践，强调教学过程中学生的主体作用，使学生成为教学过程中的主人，而教师则处于主导的地位。现代教学方法能够最大限度地调动学生学习的积极主动性，在传授知识技术的同时，注重能力的培养。在当前普遍重视对学生能力培养的社会背景下，篮球教学方法既适应了社会的要求，也适应了篮球运动发展的要求，因此，采用现代方法进行教学易于调动学生的积极性和主动性。

#### 1. 指导发现教学法

教师通过指导语的方式对所授篮球教材内容进行改造，使之成为学生通过努力可以自行解决的问题，同时向学生提供大量的观察和分析的直观感知材料。学生在课前根据自己对篮球知识、经历和理解进行预习，带着遇到的问题，到课堂上寻找解答方案，在学生解决问题时教师给予必要的指导，最后采用分析和归纳的方法共同进行总结。此方法在学习篮球战术和理解攻防关系、掌握技术要点时应用更为有效。其整体教学模式如图 6-2 所示。

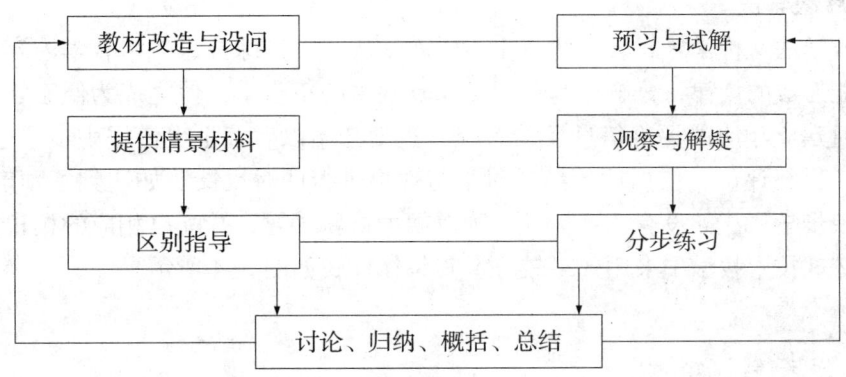

图 6-2

### 2. 掌握学习教学法

依据教学目的任务和初始测量的结果，把所教授的篮球教材内容分解成为具有不同层次的目标体系，称目标分类体系。然后依据目标分类体系制定出相应的评价标准。在教学的开始、过程之中和教学结束，分别对教学状态进行若干评价——开始阶段为初始评价，过程中为形成性评价，结束时为终结性评价。评价结果作为反馈信息提供给教师和学生，使教师始终了解教学目标的达成度，通过重复教学、调整、强化和个别辅导等措施，使教学目标分层次地实现，最终达到所有学生都得到提高和发展的教学目的。其整体模式如图 6-3 所示。

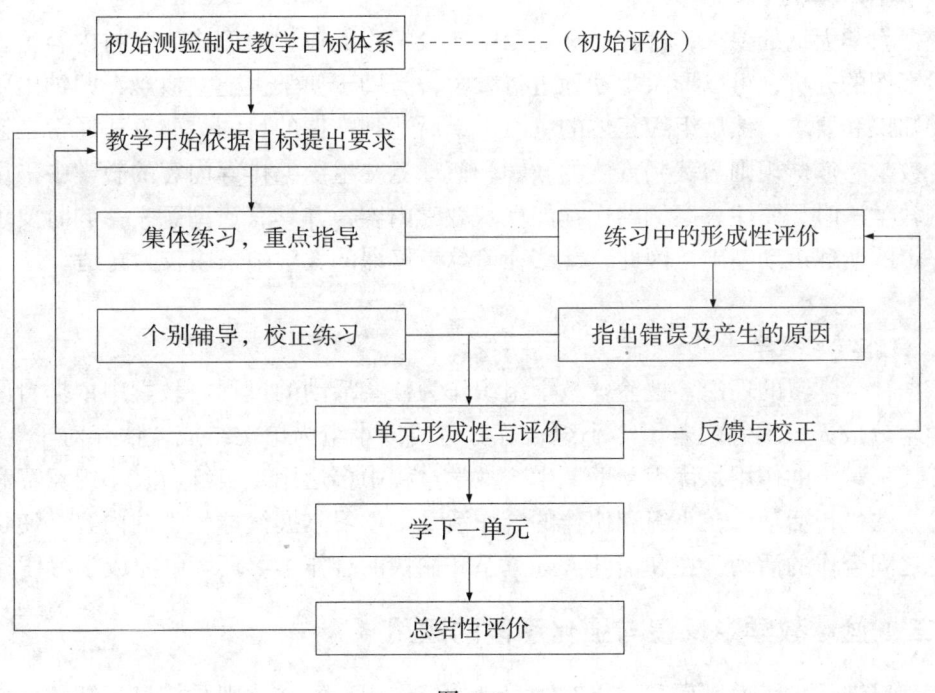

图 6-3

### 3. 程序教学法

程序教学法又称学导式教学法或小步子教学法。将篮球技、战术教学内容依据认知规律和技能形成的规律，分解成为若干个相互联系的小步子，使之成为便于学习的逻辑序列，同时建立相应的评价信息反馈系统。教学开始以后，学生依据小步子进行学习，学习后及时进行评价，依据评价结果对学习效果进行即时反馈。如达到了预定的标准，则进行下一步学习；如没有达到标准，则返回去重新学习，并配以相应的校正措施。此教学法在篮球技术教学中采用效果较好。其整体模式如图 6-4 所示。

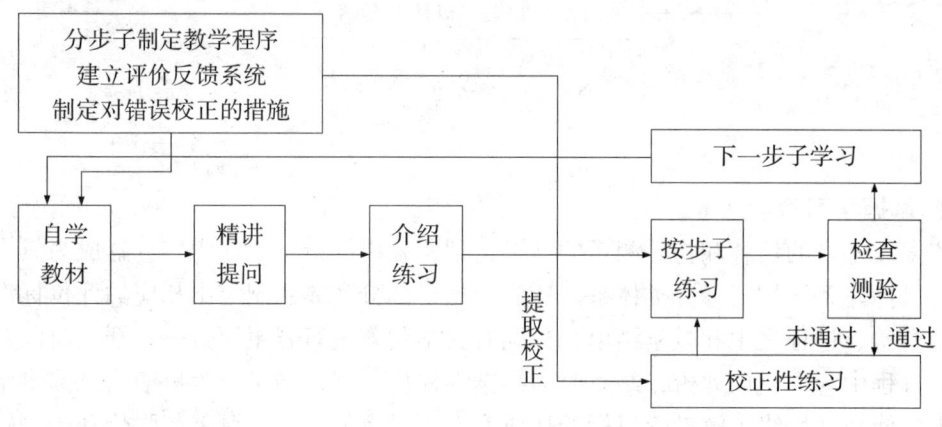

图 6-4

### 4. 案例教学法

依据教学大纲的要求，选择篮球比赛中比较精彩的典型战例作为教材内容，教学中通过对案例的分析，可以形象生动地进行教学，有助于使学生建立概念，归纳出要掌握的有关知识和要求，然后组织集体的练习，最后达到掌握的目的。此方法通常在篮球战术配合教学、篮球规则与裁判方法的教学和篮球竞赛组织编排等内容的教学中采用。运用案例教学法时，要注意案例的选择能反映教学内容，并具有典型意义，同时要求学生具有一定的篮球运动基础，因此，此法在篮球专修课的教学中采用较为合适。

### 5. 合作学习教学法

依据社会学习的理论，把篮球教学组织作为社会活动的过程。教学中依据自愿的原则把学生分成人数不等的若干个小组，练习时要以小组为单位结成"伙伴对子"。小组内发挥技术骨干的作用，优生帮助差生。教学过程中多运用小组练习、小组竞赛和小组评价等方法进行活动，在小组和伙伴的合作活动中学习掌握篮球教学的内容，使学习成为学生之间合作的活动，在和谐的人际关系和愉快的合作学习环境中完成学习任务。

## （三）篮球教学中反馈与强化手段的运用

信息反馈是指练习过程和结果对练习者的反作用，而强化则是信息反馈的反作用对练习者学习行为产生的影响。教学中有信息反馈发生，就必然产生相应的强化。有的反馈信息使练习的技术动作得到加强，叫做正强化；有的反馈信息则使其减弱，叫做负强化。这是篮球教学中客观存在的原理。能否合理地运用反馈—强化原理，关系到教学活动的效率和教学任务的完成，必须给予高度的重视。

运用运动技能学的原理分析篮球教学过程，篮球教学中存在两种可影响学习行为的反馈与强化作用：一种是技术练习本身引起的强化作用，它的发生不以人的意志为转移，是练习本身和练习结果的自然作用，通常自然的强化作用来自练习者直接追求的目标，影响练习者的情绪；另一种是由教师依据练习的结果设置的强化作用，由教师控制发生的频率和时机，不是练习本身所产生的作用，而是由"教者"的地位和活动产生的强化作用。篮球教师和教练员要认真地研究这两种反馈与强化作用的运用规律，合理地运用这两种强化作用。

### 1. 自然的反馈与强化作用

所谓自然的反馈与强化是指练习本身的自然作用。如投篮技术的练习中，无论学生技术动作完成得如何，球的命中与否是不可预计的，而"命中与否"事件的发生，却对练习者的练习行为产生必然的强化作用，投中了就使练习行为得到加强，没投中就使练习行为相应减弱，这是篮球投篮练习的必然规律。在篮球投篮教学中，依据这一规律进行的教学，就能使教学的效率得到提高。在教学的不同时期，自然的反馈与强化可产生不同的作用和效果。比如在初学阶段，学生的错误动作较多，如果此时的命中率较高，虽可使练习产生激情和兴趣，却对错误的动作进行了强化，使不完善的技术动作得到加强，这显然与教学的目标相悖，是不可取的。而在规范的投篮技术动作形成后，命中率的提高，必然相应地带来较多的强化，促使学生产生持续练习的激情，使规范的技术动作得到加强，这与篮球教学的目标相一致，是教师所欢迎的。

尽管自然的反馈与强化作用不以人的主观愿望和意志为转移，但并不是无法控制的。下面以投篮技术练习为例，说明采用控制练习难度变化的方法来控制自然强化作用发生的频率，使之为完成教学任务服务的问题。

（1）简化练习的难度。为了提高投篮练习的命中率，增加练习的自信心，可采用使自然反馈与强化作用增加的方法。例如：教学中常采用缩短距离的投篮练习方法，让学生首先在篮下投，其目的是使学生在较小用力的情况下顺利完成投篮技术动作。而对练习者来说，直接的作用是实现了较高的命中率，因而使"命中"这一动作结果所产生的反馈信息对完成的投篮动作进行了强化。具有相同效果的方法还有很多，有报道表明，适当降低球篮的高度，将球篮前沿适当向下倾斜，可大幅度提高命中率，这种方法在对初学者的教学中有效。在初学阶段，为了使初学者集中注意力学习规范的投篮技术动作，必要时可采用剥夺练习结果信息的方法，使自然的反馈与强化减少或不发生。教学实践中常常采用对墙投或两人对面对空假设目标做互相投的练习，如此练习不产生"命中"与否这一练习结果，也就不产生由"命中"所导致的强化作用。这种剥夺练习结果的方法，在初学阶段的模仿性练习中采用，由于学生注意力集中于技术动作的完成，所以效果较好。

（2）增加练习的难度。在技术掌握的熟练阶段，为了提高技术完成的精确性，采用缩小的球篮、将球篮前沿适当翘起和防守对抗等方法，来增加练习的难度，练习者只有在动作的用力极为精确的情况下才能命中，这对增加投篮技能完成的熟练性和精确性具有重要的作用。增加练习的难度，实质上是降低了通常意义上的自然强化作用发生的几率，为练习者提出了新的难度要求。这种方法在初步掌握投篮技术动作要点后的训练提高阶段运用效果显著。

### 2. 非自然的反馈与强化

篮球教学中的非自然反馈与强化作用是指教师对练习者的指导与评价。由于教师的权威性使学生对其产生依赖感，每当学生进行投篮练习之后，他就会期待着教师对其完成情况作出评价。如教师说：做得好！这就对练习者的操作进行了正反馈与强化，使他当时的练习得到加强。如教师说：做得不好，应注意……这就对练习者的操作进行了负反馈与强化，使当时的练习减弱，改用相对正确、能够获得好评的动作。教学中所有错误的纠正都遵循这一原理。教师进行何种评价与投篮动作是否成功毫无关系，教师评价较好的动作，球也可能未投中；教师认为有问题的动作，球却可能命中。所以，非自然的反馈与强化是人为的，何时出现和出现得多少完全由教师进行人为的控制。而自然的反馈与强化则不同，教师并不能控制其发生，完全是练习目的所自然引起的结果。

### 3. 两种反馈与强化作用的合理运用

反馈与强化作用的理论在篮球教学中有其合理运用的规律。依据教学的目标和篮球动作技能形成的规律，在教学的初期，技术规范的学习相对重要，此时动作的分化还没有建立，应以非自然的反馈与强化作用为主。实践中表现为加强人为的指导，使学生在每次练习后都得到及时的评价，以求提早掌握正确和规范的技术动作方法。为了增加非自然的反馈与强化作用的数量，篮球教学中常采用互帮互学的方法，发挥学生中篮球骨干和爱好者等"小先生"的作用，使教师的指导和评价效能得到延伸。

初学阶段的练习，自然的反馈与强化处于次要地位，教师要合理地控制发生的频率，使学生既能集中学习技术动作，又能保持一定的练习兴趣。此阶段要使自然强化作用与正确的练习操作之间建立"相依"关系，即凡是正确的操作就能得到相应的强化。以投篮练习为例，凡是学生主观上努力按照教师的要求进行的练习操作，就能够投中或有着较高的命中率。为了把握这种相依关系，教师可以采用简化投篮练习难度的方法，使学生在较小用力的条件下能够把球较多地投中。实践中通常采用近距离和在篮下投的方法。对少年儿童教学实践中采用的小篮球、低篮架和大球篮等方法，都是行之有效的。教学实践中还要尽可能地避免投篮动作错误时球命中，此时的强化作用与教学目标相悖，不利于正确投篮技能的形成。

在技术的提高阶段，由于动作自动化的建立，练习的目的是动作熟练和准确，这时应以自然的反馈与强化为主，通过自身完成技术的自然效果来强化所练习的技术动作，使成功的动作增加，失误的动作减少，最终达到技术动作准确。

## 三、练习手段的设计

练习是篮球教学中采用的最重要的方法之一。由于篮球运动的集体性和对抗性特征，决定了篮球练习方法具有复杂性和专门性的特点。篮球教师不仅要具备合理选择和运用篮球练习方法的能力，而且必须具备依据教学的要求科学设计篮球练习方法的能力。

### （一）设计练习手段的注意点

#### 1. 要从教学对象的实际出发

篮球练习方法是作业练习的组织形式，是所教授篮球技能的信息载体，是为学习者设计的。因此，要与练习者的实际水平相适应，从教学对象的实际出发，在正确理解教材内容的前提下，设计出学生经过努力能够完成的练习形式，使学生通过练习来正确地掌握教材内容。

#### 2. 要使内容与形式相统一

设计篮球练习方法首先要使选择的练习形式与练习的内容相统一。练习的形式是作业的外在表现，而内容才是作业的实质，因此，要使形式正确地反映内容。篮球练习通常有个人的形式、配合的形式和对抗的形式，教学组织上通常有循环的形式和交替的形式等等。篮球练习的内容与教学内容相一致，有各种技术的个人练习、综合技术练习、配合技术练习和对抗性练习等等。各种练习都必须体现练习内容与练习形式相统一的要求。

#### 3. 要符合篮球运动特征的实效性

与其他运动项目的练习相区别，大部分篮球练习方法在运用之前需要学习。学生只有掌握了练习方法的位置、路线、节奏和时机等要求，才能使所学习的篮球技术得到练习。因此，设计练习要符合篮球运动的特点，力求简单并讲究实效，避免追求形式复杂的"花架子"。

#### 4. 要有适宜的运动负荷

任何运动技能的学习与提高都是在一定数量、密度和强度的练习中出现的，因此，设计篮球练习方法时要充分考虑到练习的运动量。要使设计出的练习能够提供较多的练习次数，使每次练习都具有合理的运动强度，使练习者在篮球技能练习的同时，运动素质也得到较好的发展。

### （二）设计练习手段的方法

#### 1. 对实战比赛的模拟、提炼和抽象

篮球技、战术的大部分练习方法都是对比赛的模拟，因此，设计篮球练习方法是

对复杂实战比赛进行提炼和抽象的过程。要根据比赛中技、战术运用的一般规律来设计练习，如传切练习、策应投篮练习和二人快速推进练习等，都是模拟和提炼比赛中实际配合方法的产物。依据篮球运动的特点，把练习开始的位置、起动的时机、移动的路线、动作速度和节奏及练习结束时位置的互换等，作为影响篮球练习质量的基本要素，在练习方法上要根据比赛中出现的可能性来安排这些要素，这就是对比赛的模拟、提炼与抽象。同时还要根据教学对象的实际情况，对从比赛中提炼出来的方法进行适当的改造和重新制作，使之成为初学者经过努力能够完成的作业形式。如此设计的篮球练习方法不但体现了篮球运动的特点，而且是与初学者水平相适应的作业练习形式。

**2. 对实战比赛典型现象的简化**

在对比赛模拟、提炼和抽象的基础上，设计练习的另一个重要环节是重新进行改造和制作。通常采用适当简化难度的方法进行重新改造和制作，使之成为初学者能够完成的和便于多数人集体轮流的练习，并提供适宜运动负荷的作业形式。实际比赛中队员的任何行动都是在防守条件下完成的，而初学者的练习可以在无防守的条件下进行；实际比赛中队员的行动受同伴、对手和当时场上情况的制约，而初学者的练习可以仅仅设置某一种制约条件，其他制约条件可以全部忽略不计；实际比赛中是在快速和对抗的条件下完成技术动作，而练习却可以放慢速度，在相对消极的防守条件下进行，这些都是对实战比赛进行难度上的简化，通过简化可设计出各种各样的篮球练习形式。

## 第四节 篮球教学文件的制定

篮球教学活动是一个有组织、有目的的教育过程。为了使教学工作顺利进行，就必须制定出相应的教学文件，把为完成教学任务而采取的组织策略，通过文件的形式表达出来。这些文件包括教学大纲、教学进度、课时计划和教学工作总结等等。

### 一、教学大纲

#### （一）教学大纲的作用

篮球教学大纲是依据学校专业教学计划而制定的课程教学纲领性文件，它反映出篮球课程在学校专业教学培养计划中的地位，是篮球课程组织（教研室、组）和教师个人组织篮球课程教学工作的基本依据。在教学大纲中规定了课程教学的基本任务，体现了课程教学工作的主导思想，限定了教学的知识范围，确定了课程的考核标准和方法，是衡量教学任务完成情况的基本依据。科学合理地制定教学大纲可使本门课程的教学为学校的培养目标服务，同时教学大纲的建设也是课程建设的主要内容之一。

## （二）教学大纲的结构与内容

1. 说明：主要阐述大纲制定的依据和课程的性质，扼要阐明编制大纲内容的主要原则，提出教学中确保大纲完成的措施等等。

2. 教学目的要求：阐述本门课程在教育、教学及教养方面的具体任务。一般包括篮球课程专业知识技能方面的要求、发展学生身体素质方面的要求和思想品德教育等方面的要求。

3. 教学内容及时数分配：阐述课程中理论、技术、战术及规则裁判法和相关的基本能力培养等不同教学内容的时数划分比例、理论教学与实践教学的比例、理论教学的题目和课时等等，通常以表格的形式来表述。

4. 教学内容纲要：是教学大纲的主体部分。它通过知识点的形式把教材中各章节的内容，包括政治素质教育、体能素质教育、实际能力培养的内容详细罗列出来，并根据教学的要求，确定一般教材、重点教材和介绍教材等等。

5. 考核方法：依据教学的目的确定课程考核方法与标准。

6. 教材及主要参考书：列出本门课程使用的教材和主要教学参考书。

## （三）制定教学大纲的基本要求

1. 从实际出发，体现教学计划中规定的培养目标和要求，准确地提出篮球教学的总任务。

2. 根据教学任务合理地精选教材，要把主要的、基础的和先进的知识内容列入教学大纲。要主次分明，注意科学性、系统性和实用性。

3. 合理地分配教学的时数，注意理论教学与实践教学的适当比例，以确保教学任务的完成。

4. 重视考核的内容与方法，合理地确定理论知识与技术实践考核成绩在总成绩中所占的比例，使考核结果能够有效地衡量学生学习的水平。

# 二、教学进度

## （一）教学进度的作用

教学进度是根据教学大纲所规定的任务、内容和时数分配，把教材内容具体落实到每次课中的教学文件。它是依据篮球知识技能认知学习基本规律而确定的教学内容的逻辑序列，因此，它是教学法和教学策略的反映。合理地制定教学进度对提高教学的质量与效果具有重要作用。

## （二）教学进度的格式

教学实践中，通常采用的教学进度有两种格式：

### 1. 表格符号式

把教材内容按编号顺序逐个列入教学内容栏内，然后按出现的先后顺序在相应的课次栏内做"√"号，科学地排列组合，从而反映出每次课的教材安排和整个教材排列顺序及数量，如表 6-1 所示。

表 6-1

| 编号 | 教学内容 | 时数 | 出现次数 | 课次 | | | | | | | | | | | | | |
|---|---|---|---|---|---|---|---|---|---|---|---|---|---|---|---|---|---|
| | | | | | | | | | | | | | | | | | |
| | | | | | | | | | | | | | | | | | |
| | | | | | | | | | | | | | | | | | |
| | | | | | | | | | | | | | | | | | |
| | | | | | | | | | | | | | | | | | |
| | | | | | | | | | | | | | | | | | |
| | | | | | | | | | | | | | | | | | |
| | | | | | | | | | | | | | | | | | |
| | | | | | | | | | | | | | | | | | |

### 2. 顺序名称式

按课次的顺序将各类教材的名称填入表格的教学内容栏内，在课程类型内填写采用的组织方式，如理论讲授、实践教学和研讨等。其他事项填入备注栏，如表 6-2 所示。

表 6-2

| 课次 | 教学内容 | 课程类型 | 备注 |
|---|---|---|---|
| 1 | | | |
| 2 | | | |
| 3 | | | |

### （三）制定教学进度的基本要求

1. 全面安排，突出重点：教学进度要根据教学大纲的要求和运动技能形成的规律，把教材内容安排到适当的位置。要在全面考虑的基础上，增加重点教材内容出现的次数，使整个教学过程科学、合理地进行。

2. 遵循逻辑关系，合理利用迁移的原理：教材的排列要体现篮球运动和篮球教学的自身逻辑特点,知识单元和技术的排列要体现合理逻辑关系,还要使教材之间在学习时产生积极的迁移,防止消极的干扰。

3. 理论与实践要密切结合:理论课与实践课要合理安排,相互配合。要本着理论指导实践的精神,有针对性地安排好理论课教学。实践课的教学要采用多种形式,使学生的多种技能得到发展。

4. 注意新旧教材相互搭配:教学进度中要合理分配每次课的不同教材分量,各类教材合理搭配,充分体现循序渐进的教学原则并反映出课型种类模式。

## 三、课时计划(教案)

### (一)课时计划的作用

课时计划是教师为完成教学任务而制定的文件之一,是教师经过备课,以课的组织形式编制的教学实施方案,是教师上课的具体依据。

### (二)课时计划的基本形式和结构

#### 1. 表格式

课时计划的格式与写法多种多样,篮球教学的实践课通常采用表格式课时进度(表6-3)。表格式课时计划的特点是结构固定、简单,教学内容和组织教法一一对应。在课的部分栏内,一般应注明课的结构,使准备部分、基本部分和结束部分的内容各有侧重。教学内容与组织教法要一一对应,前后之间要相互衔接。在时间栏内要注明每个组织环节所分配的时间。

表 6-3

班级_____  第_____次课  时间_____  任课教师_____

| 教学内容 | | 地  点 | |
|---|---|---|---|
| 课的任务 | | | |
| 课的部分 | 时间 | 教学内容 | 组织教法 |
| 器  材 | | | |
| 小  结<br>布置课后作业<br>和下次课内容 | | | |

### 2. 条文式结构

条文式课时计划一般多用于理论课的教学，除填写表格式课时计划规定的项目之外，以讲授提纲与组织教法的方式配合理论课讲稿共同使用。

### （三）编写课时计划的基本要求

1. 教学任务的提出：依据培养目标的要求、教学进度的安排、教材内容的性质和学生的实际情况来提出具体教学任务。要提得准确，便于检验教学的效果。不同的教材内容可提出不同的任务，如"初步掌握""基本掌握""改进提高"和"初步运用"等等。总之，要反映学生认识过程，要有针对性，符合实际，能够全面体现篮球教学在教育、教学和教养方面的任务。

2. 教学组织模式的确定：针对课的任务来合理确定教学的组织模式。实践课的教学可采取常规教学或现代教学的模式，理论课可采用以讲授为主、讨论为辅的模式。通常在组织严密的情况下，问题式和讲演式也可收到较好的教学效果。

3. 教学方法的选择及合理安排：要依据教学内容、学生的实际情况和场地设备条件来选择教学方法。讲解、示范、练习、纠正错误和反馈与强化等手段在不同课中运用要有所侧重，教法要灵活多样，相互配合，防止简单枯燥。

4. 运动负荷的确定：课时计划中要对运动负荷作出估计，通过练习的安排使运动的量和强度反映出课的高低潮，有利于学生掌握篮球技能和发展身体。

5. 注意课程之间的衔接：在课时计划中要体现出前后课次的衔接，学习新内容时要复习前面学过的内容，做到温故而知新。

## 四、教学工作总结

课程结束时，教师要向教研室和上级主管部门提交教学工作的总结性文件，它是教师自身评价教学任务完成情况、总结经验和找出差距的文字教材。在提交教学工作总结时要实事求是地反映教学过程，特别要注意总结教学规律，发现影响教学质量的新问题，为在下一轮教学中进行深入研究提出课题，使教学质量不断提高。教学工作总结一般包括以下几个部分：

（一）课程的性质和任务、教学的时数、学生的人数及所在的系和班级、教学的条件等基本情况介绍。

（二）教学过程中采取的教学改革方案或措施，并实事求是地对执行情况作出自我评估分析，总结出改革的成功之处，指出存在的问题和原因。

（三）学生学习状态的总体评价，特别要分析教学中学生的主体作用的发挥情况。同时要对学生的学习成绩作出客观的分析，必要时可进行比较，以数据和事实根据对教学过程作出准确的评价。

（四）根据本阶段或学期教学任务的完成情况和对教学中所遇到的问题的分析，对下一轮教学工作提出改革的设想和建议，必要时可建议教研室和教学主管部门组织专题进行研究。

## 第五节 篮球教学课的组织模式与方法

篮球课程的教学通常有理论课和实践课两种组织模式。教学组织模式的选用与教师的教学主导思想和教学能力有关，它是教师为完成课的任务而确定的教学组织流程。

### 一、理论课的教学组织与方法

理论课教学的主要任务是让学生掌握教学大纲规定的篮球理论知识，通过理论课的教学使学生掌握篮球技术、战术基本理论，了解发展趋势，学会篮球教学、训练、裁判、组织竞赛等方法，达到理论联系实际和指导实践的目的。

理论课教学一般根据教学大纲所列出的题目，采用课堂教学的形式来完成。通常理论课以教师的讲授为主，配合适当的课堂讨论。教师首先以提问或讲述的方法引导学生回忆前次课教学的内容，为讲授新内容做好学习准备。然后重点讲授本次课的理论内容，在这个过程中对重点和难点部分进行反复论证。采用提问、作业等形式对新、旧内容进行强化，使学生当堂理解本次课的主要知识内容。在课的结束部分，教师要扼要总结和归纳本堂课的知识点，布置课后作业，宣告下堂课的内容。

在理论课教学中大量采用幻灯、投影、录像等多媒体现代化教学手段，开展启发式的教学是当前篮球理论教学现代化的发展趋势。在多种媒体配合下，充分发挥学生学习的积极主动性，师生之间和学生之间展开热烈的讨论，对于培养学生分析问题和解决问题的能力具有非常显著的效果，是值得大力提倡的教学组织形式。

理论课的教学要求教师预先编写好教学用讲稿，设计好课堂讨论的题目，同时要准备必要的教学辅助器材，如挂图和模型等直观教具。

### 二、实践课的教学组织与方法

根据篮球教学活动的特点，实践课教学的组织模式可分为技术课、战术课、综合课、教学比赛与裁判实习课、考核课等类型。无论采用哪种类型，都必须符合运动技能形成和运动中人体生理机能活动变化的科学规律，同时要遵循篮球教学的组织原则，发挥学生的主体作用和教师的主导作用，使教学活动在生动、活泼的气氛中进行。实践课的组织结构通常分为准备、基本和结束三部分。

**准备部分**

依据运动中人体生理机能活动变化的规律，准备部分的主要任务是通过一定的身体活动使机体由相对静止状态进入工作状态，为学习课程内容做好生理和心理上的准备。此阶段除进行课堂常规要求的内容外，采用与基本教学内容、任务相呼应的基本体操、走跑练习、控制球的专门练习和引导性、激励性、针对性的活动性游戏等方法进行身体活动，运动负荷应由低到高，逐步增加，达到活动身体的目的。为了提高时间的使用效率，也可采用简单技术练习的方法，达到既活动身体，又练习技术动作的目的。

准备部分的活动组织形式一般采用集体作业的形式，内容要简单易做。通常活动的时间在 15~20 分钟，可根据课的任务、时间、学生身体训练程度和气候条件等略有增减。

**基本部分**

基本部分是在准备活动之后进行的教学组织过程。此阶段的主要任务是根据教学进度的内容安排，组织一定数量的技术、战术教学和练习，发展学生的身体素质，使学生掌握和改进规定的篮球技术、战术，同时培养良好的心理品质和篮球意识。

基本部分要突出重点教学内容，根据课时计划的内容安排，结合学生的具体情况，选择相应的教学方法和手段，进行必要的作业练习。此阶段要充分利用讲解与示范、练习和纠正错误等教学方法，使学生改进或巩固学过的内容，练习体会新内容。通常在基本部分教学中，先学习新教材内容，然后进行巩固和改进已学过的教材内容，最后进行教学比赛和发展身体素质的练习。在基本部分的组织过程中，要合理分配教学的时间，充分利用场地和各种教学辅助设施，增加练习次数，提高练习的运动负荷量，使学生在精神和精力最佳段练习中掌握和改进篮球技能。但高潮在课的中后段较宜，选择练习方法要符合循序渐进的教学原则，由浅入深地进行。同时教师要时刻注意观察学生练习的情况，及时地调整练习方法，进行信息反馈，使整个教学过程在有效的控制下进行。基本部分的时间最长，通常为 70~90 分钟，占全课时间的 75% 左右。

**结束部分**

结束部分的主要任务是使学生逐步恢复到相对安静的状态，通常采用集体活动形式进行。一般根据基本部分最后一个教学内容的性质、练习的强度与密度，选择一些降低运动负荷的练习，如慢跑、放松性质的练习、轻松的活动性游戏、一些较简单容易的投篮和罚篮练习等等。放松整理活动结束之后，由教师对课堂学习情况进行简明扼要的总结，总结时要对教学任务完成情况作出恰当的评价，使全体学生看到已经取得的成绩，激励学习的热情，同时也要使学生意识到存在的不足，明确下一步努力学习的方向。最后布置课后作业，预告下一次课学习的主要内容。结束部分的时间通常为 5~10 分钟。

## 第六节 篮球教学质量的测量与评定

教学质量的测量与评定是教学管理的主要手段之一。在篮球教学训练中，经常对技术、战术、身体素质、战术意识等指标进行测量，对测量所得数据进行分析、对比，其结果可用于教学评定。教师和教练员可以依据测量的结果对教学、训练过程进行客观的分析，进而使教学工作得到调整和改进。因此，篮球教学评定是依据一定的标准对在篮球教学过程中所采集到的系列信息进行判断的过程。

## 一、篮球教学质量测量与评定的目的

### （一）监控教学质量

采用科学的手段和方法对篮球教学过程进行测量与评定，对于有效地控制篮球教学过程具有重要意义。通过对教学过程中的各个环节的测量与评定，发现教学中存在的问题，将评定的结果反馈给教师和教学管理部门，使其及时对教学工作作出调整和改进，从而确保教学任务的完成。教学过程评定主要由阶段性教学工作和阶段性学习效果评定构成，通常评定的内容有教师教学文件齐备情况，备课质量，教学组织，教法运用，作业与辅导，学生参加篮球课学习的主动性、学习兴趣、技术掌握情况等等。这些内容通过简单的可观测指标来进行测量，获得教学过程中反映上述内容的有效信息，对信息进行科学分析，与常模（往届相同指标）参照标准进行对比，就可得出相对准确的评定结论。

### （二）评定教学效果

篮球教学的效果评定是对教学任务实际完成情况进行的评定。依据教学大纲的有关规定，采用大纲规定的方法对所有学生进行严格的考核，得到学生的学习成绩有效信息，对这些信息进行对比分析，使教师和学生都能够及时、准确地掌握教学的实际效果，从而对教学工作和学习行为进行有针对性的改进和调整，使教学质量不断提高。

## 二、篮球教学质量测量与评定的内容

篮球教学质量测量与评定的内容，通常为教学过程的可观测指标。首先要对指标含义进行界定，然后确定分级指标，并依据指标的重要程度进行加权，赋予相应的权重，制成过程评定指标体系和评定量表，以便采用模糊评判的方法进行评定。

### （一）教学目标的测量与评定

教学目标的测量与评定包括两部分内容：一是目标制定的合理性的测量与评定，二是教学目标达成情况的测量与评定。合理性的测量与评定是对教学大纲和课时计划中确定的篮球教学目的任务进行客观分析，判断大纲的教学目标是否符合教学计划的规定，课时计划的目标是否符合大纲的规定。达成情况的测量与评定是指在教学过程中进行的对阶段目标完成情况和教学结束后进行的对教学任务完成情况的测量与分析，通过评定来准确地把握教学的进程，并对教学的效果作出客观的估计。

### （二）技术、战术掌握的测量与评定

采用一定的方法对学生学习掌握篮球技术、战术情况进行测量与评定，是教学过程的重要环节。在课堂教学过程中和结束时进行的临场实践考试，测量与评定的主要内容

是技术、战术学习与掌握情况的信息。技术测量的内容包括技术达标和技术评定：技术达标是指学生经过学习后完成定量技术指标的能力，如命中次数和运球跑动的速度等等；技术评定是指学生经过学习后完成定性指标的能力，如投篮技术动作的规范性、防守动作姿势的规范性和对抗的能力等等。

### （三）理论知识掌握的测量与评定

理论知识掌握的测量与评定的目的主要是通过考核了解学生掌握篮球理论的情况。通常采用的测量方法有笔试和口试，也可通过撰写论文的形式来进行。

1. 笔试：笔试分闭卷和开卷两种。闭卷主要考核学生对记忆性篮球知识的掌握程度，开卷主要考核学生运用知识分析问题和解决问题的能力。前者适用于低年级学生理论考核，后者适用于高年级学生的理论考核。

2. 口试：口试的方法适用于各年级学生。低年级可以通过课堂提问的形式进行，高年级可以采用专题答辩的形式进行。通过口试了解学生掌握篮球理论知识的深度和广度、分析和解决问题的能力及语言表达能力。

3. 撰写论文：撰写论文是一种对综合能力进行考核的方法。其特点是必须把学习掌握的知识与篮球运动实践结合起来，因此，主要是了解学生对理论知识的理解深度，以及在实践中运用的能力。

### （四）其他内容的测量与评定

篮球教学测量与评定的内容很多，在不同教学层面上要求有不同的测量与评定内容。例如：教学起始状态的测量与评定，主要分析学生学习篮球课程前的基础情况，在篮球教学实践中大量采用；篮球意识的测量与评定，主要分析通过教学训练，学生在篮球意识水平方面提高的情况；裁判能力的测量与评定，主要测量学生通过学习所达到的裁判能力，授予相应的等级裁判员称号；篮球运动能力的测量与评定，通过参加比赛和获得的比赛名次，判定运动员的篮球运动能力，授予相应的等级运动员称号等等。无论进行何种内容的测量与评定，都必须采用与之相适应的方法，确保测量与评定的真实性。

## 三、篮球教学质量测量与评定的原则和方法

### （一）篮球教学质量测量与评定的原则

篮球教学质量的测量与评定要遵循科学性与可行性相结合的原则。科学性集中表现在测量的可靠性、有效性和客观性三个方面；可行性是指评定的过程与方法和篮球教学的实际情况相符，现有的条件能够保证实现评定的目标，在教学实践中能够应用。科学性与可行性相结合，就要学习掌握有关测量与评定的基本知识，熟悉篮球教学的基本规律，在不断的实践探索中构建篮球教学的评定体系。

在篮球教学实践中还要注意正确使用绝对评定和相对评定两种不同的评定方法。

绝对评定是采用异常明确的标准进行的评定，它依据一定的判断标准和学生完成的技术达标结果即可作出评定，如篮球课程考试中采用的投篮技术达标，标准规定在1分钟内投中若干次为合格是绝对的，凡达到规定次数者都为合格，无须考虑学生之间的相互比较。而相对评定是以学生之间测验成绩的相互比较为依据，按其好坏和在同一群体中所处的位置来确定成绩的方法，也就是说某学生的成绩相对于在班级总体成绩中的位置而言，分数是所处位置的表示。相对评定方法能够在同一班级内区别出优生和差生，使在群体中测量到的成绩呈现正态分布。相对评定指标通常在篮球考试中进行技术评定时采用。

为了使评定做到科学准确，必须测量到可用于评定的信息。指标是信息的载体，在设定测量指标和方法时必须符合如下原则：

#### 1. 测量的可靠性原则

可靠性是指重复使用同一考试方法衡量学生成绩时，所得到的结果的一致程度。对同一批学生反复多次进行同一方法的测验，测到的结果具有高度的一致性，说明测量的可靠性较高；反之，说明测量的结果缺乏可靠性。

#### 2. 测量的有效性原则

有效性是指测量的方法与拟测量内容之间的一致性程度，它应反映拟测量事物的本质特征。因此，选择的测量与评定指标必须具有明确的指标含义。测量篮球技能的方法很多，要注意可行性，选用哪种方法能够准确地反映教学大纲规定的技能考试内容，要经过有效性的检验。

#### 3. 测量的客观性原则

测量的客观性是指评定或评分的可靠性，在篮球考试中通常指若干个主试教师对学生完成篮球技能评定的一致程度。主试教师们的评分一致程度高，说明大家的评定看法一致，尺度掌握相近，这样的测量结果客观性较强；反之，说明分歧较大，测量的结果缺乏客观性。客观性差的测量结果，其可靠性必然差，不能对教学作出准确的评价。

### （二）篮球教学质量测量与评定的方法

#### 1. 定性指标的设计与实施

所谓定性指标是指那些无法用具体度量单位来衡量而又必须测量的指标。在篮球教学实践中大量采用定性评定指标，各类篮球课程的考试、考核中采用的技术评定就属于定性指标。根据篮球技能教学的特点，定性指标主要有两类：一类是技术动作完成的规范程度指标，依据预先确定的技术规格进行分数赋值，测量时由多名主试教师根据受试学生完成技术的实际情况来评定分数；另一类是技术动作完成的熟练程度指标，依据主试专家的经验进行分数赋值。定性指标的分数赋值通常要进行细化，使其表示技术若干环节的完成情况。下面以投篮技术的考核为参考实例，说明定性指标的设计与实施方法。

（1）测量与评定的内容：跳起投篮技术。

（2）指标选择：1分钟内连续投篮时完成动作的规范性得分。

（3）指标含义：学生在1分钟内连续进行跳起投篮时技术动作的规范性和稳定性能力。

（4）数据采集方法：聘请若干名非任课教师同时对受试者技术完成情况进行技术评定。分数取值为去掉一个最高分、一个最低分，取剩余分数的平均分。

（5）测量方法：受试者在以球篮中心垂直投影点为圆心、以4.23米距离为半径的弧线外，进行为时1分钟的连续跳起投篮。球出手后应立即冲抢篮板球，接球后采用运球的方法移动至线外，接球急停做下一次跳起投篮。连续往返进行，到1分钟止。

（6）评分标准如表6-4所示。

表6-4　1分钟跳起投篮技术评定分数参考实例表
（适用专业：体育教育专业普修课）

| 技术环节 | 评分点 | 得　分 |
| --- | --- | --- |
| 投篮用力与手法（20分） | 手法正确，用力精确 | 17～20 |
| | 手法较正确，不熟练 | 12～16 |
| | 手法不正确 | 11以下 |
| 起跳动作与腾空（20分） | 动作正确，起跳有力 | 17～20 |
| | 动作较正确，力量差 | 12～16 |
| | 动作不正确 | 11以下 |
| 整体姿势规范性（5分） | 姿势正确，整体性好 | 5 |
| | 姿势正确，不够协调 | 3 |
| | 姿势错误 | 2以下 |
| 连续与熟练性（5分） | 动作连贯，非常熟练 | 5 |
| | 动作连贯，尚熟练 | 3 |
| | 动作不连贯，不熟练 | 2以下 |
| 总计分数 | 50分 | |

**2. 定量指标的设计与实施**

所谓定量指标是指那些可以用具体度量单位来衡量的指标，如命中次数、跑动速度和跳起高度等等。篮球教学中采用的定量指标主要有速度指标、高度指标和准确性指标三类。各类指标的选用依据测量与评定的目的而定，如测量技术熟练性可采用速度指标，测量弹跳能力可采用高度指标，测量投篮和传球可采用准确性指标。采用定量指标进行教学测量与评定，必须事先依据一定的样本制定出测量的方法和评定标准，使方法与受试对象的总体水平相适应。评分表的制定可采用统计学的方法，使分数赋值具有较好的区分度,客观反映受试者的实际水平。下面以运球跑动投篮技术考核作为供参考的实例,说明定量指标的设计与实施方法。

(1)测量与评定的内容:运球跑动投篮技术。

(2)指标选择:半场4次运球跑动投篮的速度。单位为时间。

(3)指标含义:连续完成4次快速跑动投篮技术的熟练性和能力。

(4)数据采集方法:3名主试教师用秒表计时,去掉最高和最低成绩,取中间成绩,依据查分表进行分数赋值。

(5)测量方法:受试者在边线中点持球站立,起动用外侧手运球跑动投篮,投篮的方式不限。投中后(如不中须补中)立即抢篮板球向对侧边线中点用外侧手运球跑动,至中线并踩到线后快速折回,用外侧手运球跑动投篮。往返两次,投中4次篮后结束。主试者在受试者起动时开表,至第4次投中篮时停表。

(6)成绩查分如表6-5所示。

表6-5 运球往返投篮技术测验达标评分参考实例表
(适用专业:体育教育专业本科普修课)

| 男 生 | | 女 生 | |
| --- | --- | --- | --- |
| 成绩(秒) | 得 分 | 成绩(秒) | 得 分 |
| 29 | 10 | 34 | 10 |
| 30 | 9 | 35 | 9 |
| 31 | 8 | 36 | 8 |
| 32 | 7 | 37 | 7 |
| 33 | 6 | 38 | 6 |
| 34 | 5 | 40 | 5 |
| 37 | 4 | 42 | 4 |
| 39 | 3 | 45 | 3 |

注:如成绩在两个分数之间,则按上一个分数计算。

# 第七章 篮球训练理论与方法

## 第一节 篮球训练概述

### 一、篮球训练的概念

篮球运动训练是竞技能力的提高过程，是指在教练员的指导和运动员的参与下，为不断地提高和保持运动员的技术水平而专门组织的教育过程。在这个过程中，教练员要根据运动项目的特点及发展趋势，遵循教育及教学训练的原则，运用科学的训练方法和手段，对运动员的身体、技术、战术、心理、智力和恢复进行有计划的训练，为在比赛中创造运动成绩做充分的准备。在我国，篮球训练不仅在国家、省、市、企业等高水平运动队和职业性俱乐部中开展，而且在各级各类学校和社会体育群体领域中也开展业余训练，只是训练的目的、要求各不相同。

### 二、篮球训练的目的

篮球运动训练的目的就是通过教育过程不断地提高运动员的全面综合素质和运动技术水平，促进身体形态、机能协调发展，并在比赛中创造出优异的运动成绩，为国争光。

### 三、篮球训练的任务

篮球运动训练应完成以下任务：
第一，促进身体素质发展，改善身体形态，提高有机体的机能能力。
第二，提高运动员篮球专项技术、战术素养和水平，掌握篮球运动的理论知识。
第三，提高运动员参加篮球训练和比赛的良好心理品质。
第四，贯彻综合素质教育，培养篮球运动员热爱篮球事业和顽强拼搏、勇攀世界篮球运动高峰的雄心壮志，团结友爱的集体主义精神，为国争光的爱国主义精神和优良的体育道德风尚。

## 四、篮球训练的内容

篮球训练的主要内容有思想素质与职业道德、身体训练、技术训练、战术训练、比赛训练、心理训练、智力训练、恢复训练等。具体训练内容的选择，应根据球队的发展方向、训练任务、运动员的条件、训练时间和场地器材等情况来确定。

### （一）思想、政治素质教育

在篮球训练过程中，要把提高学生和运动员政治思想素质和职业道德品质及敬业精神教育放在重要的位置，作为培养人才不可缺少的基本内容，并结合篮球运动特点、学生或运动员的实际比赛任务，贯穿于训练工作的全过程，以便使受训者在德、智（篮球知识技能）、体诸方面得到全面发展，使他们具有明确的政治方向，高尚的道德风尚，刻苦的敬业学习精神，为集体、为祖国勇攀高峰，争取荣誉。具体内容既要有针对性，又要重视综合性，克服竞技运动训练中容易出现的单纯技能能力训练的片面性。

### （二）身体训练

身体训练是指运用各种身体练习，有效地影响人体各组织、器官机能，代谢及形态结构，从而达到促进健康、提高竞技能力目的的训练。

#### 1. 身体训练的内容

篮球运动中的身体训练包括一般身体训练和专项身体训练。

一般身体训练是指在篮球运动训练中，运用多种非专项身体练习的手段，进行旨在增进运动员身体健康，改善身体形态，提高各器官系统的机能水平，全面发展各项运动素质，为专项训练打下基础的训练。

专项身体训练是指在篮球运动训练中，采用与篮球运动特点相似的方法进行的速度、力量、耐力、柔韧、灵敏、弹跳素质的专门训练。

（1）速度训练：篮球运动所要求的速度，是在短距离内能迅速发挥的最快速度，并能控制重心，及时变化。因此，篮球运动员的速度训练，应以提高各种情况下的起动速度，快跑的速度，变化方向、变换动作和各种曲线跑的技术和频率，以增加跑的强度为主。速度素质训练采用的方法有时间感觉训练法、重复训练法、比赛法和游戏法等。

（2）力量训练：篮球比赛的对抗性越来越强，身体接触越来越频繁，强壮和力量就成了占据主动和优势的重要因素之一。因此，篮球运动员必须具有很好的绝对力量和爆发力量。一般力量训练的方法有静力性（等长）训练法、动力性（等张）训练法、等动性训练法、退让性训练法、超等长训练法、组合训练法。

随着力量训练方法的发展，根据力量素质成分的需要，可将各种力量训练方法进行组合，并采用相应的负荷安排。这些训练方法有最大力量训练法、快速力量训练法、反应法、力量耐力法、电刺激法等。

（3）耐力训练：篮球运动具有比赛场次多、比赛时间长、速度快、奔跑距离长、动作重复次数多、对抗强度大等特点，要求运动员具有在较长时间内保持高强度工作的能力，所以篮球运动员必须达到较高的耐力水平，尤其是专项的速度耐力。耐力训练的方法有有氧耐力训练法、无氧耐力训练法、肌肉耐力训练法等。

（4）柔韧训练：运动员在篮球比赛中的快速奔跑、急停与跳跃、转身、跨步、空中动作的变化、地面位置的争夺与控制，都要求运动员的各关节、韧带和肌肉具有大幅度伸缩变化和抗强拉伸的坚韧程度，特别是肩关节、躯干、髋关节、膝关节及踝关节的灵活性，更是篮球运动员必备的柔韧素质。柔韧训练的方法主要有主动性训练法和被动性训练法。

（5）灵敏训练：篮球运动是在极其快速和复杂多变的情况下进行的，它要求运动员具有反应速度快、应变能力强和动作灵活多变的能力。通过对灵敏素质的训练，可使大脑皮层的灵活性及神经过程的相互转换能力都得到提高。因此，在训练中，应建立多种多样的动力定型，这样才能使运动员具有随机应变、针对不同情况迅速做出各种不同反应的能力。灵敏素质的训练，应与其他素质的训练结合进行。

（6）弹跳训练：弹跳力是篮球运动员的一项重要的身体素质，弹跳力强，不仅可以增加争夺空间的能力，而且有助于掌握高难的技术动作。篮球比赛中，争抢篮板球、抢断球、跳投、盖帽和补篮、扣篮时，既要跳得高，又要跳得及时和连续跳，这是争取空间优势所必备的条件。提高弹跳力的训练方法有：发展下肢力量以伸膝肌、伸踝肌为主，注意提高股后肌群的力量和伸展性的方法；在提高伸膝肌、伸踝肌的向心收缩力量和速度的基础上，加强其离心收缩力量的方法；在力量练习中采用大重量、少次数的方法；用速度练习改善肌肉机能，同时提高股后肌群的力量和伸展性，提高起跳技术的训练方法。

**2．身体训练的基本要求**

（1）在多年训练过程中，要合理地、全面地、有计划地安排身体训练。

（2）身体训练要和篮球技术、战术、恢复、心理训练相结合。

（3）身体训练要根据篮球运动专项特点、训练对象、训练时期、比赛要求、训练条件等具体要求，进行科学合理的安排。

## （三）技术训练

篮球技术是篮球战术的基础。任何正确战术意图和先进战术配合的实现，都要求运动员必须掌握一定数量和质量的技术动作作保证，只有技术掌握得扎实、熟练、全面，才能保证战术的多变性和高质量。

**1．技术训练的内容**

篮球技术内容繁多，形式多样，主要有进攻和防守两大类。每一类技术中，既有基本技术（单个技术），又有组合技术和位置技术。技术训练的基本方法有心理训练法、讲解示范法、完整与分解练习法、重复法、变换法、组合法、间歇法等。

#### 2. 技术训练的基本要求

（1）技术训练要运用现代的科学理论知识和技术手段。随着篮球运动的发展，新的技术不断替代旧的技术，在训练中要不断地提高训练的科学化水平，从而使运动员的竞技能力得到充分的发展。

（2）技术训练要全面安排，突出重点，发展个人技术特点。技术全面，就是要求运动员全面掌握各种技术。在掌握全面技术的基础上，还要培养运动员的技术特长。

（3）基本技术训练应贯彻始终。基本技术是掌握复杂技术和创新的基础。因此，运动员应该长期、系统地坚持基本技术训练，使基本技术与高难技术结合起来，不断提高技术水平。

（4）要充分利用运动技术间的积极迁移。在技术训练中，应根据技术动作结构的相似性和难易程度，安排技术练习的先后顺序，使其产生积极影响，促进新技术的形成。

（5）技术训练要与战术训练相结合。技术训练要以战术训练为背景，要适应战术的具体要求，运用战术局部配合的各种练习方法、手段，提高技术动作质量并培养战术意识。

（6）技术训练要适应篮球比赛规则的发展变化，严格按照规则规定进行训练。

（7）技术训练应遵循从易到难、从简单到复杂的原则。先练习单个技术动作，再进行组合技术练习，然后根据运动员的特点和位置分工，进行专门的位置技术练习，逐步形成和发展个人技术特长。

### （四）战术训练

战术训练是指根据本队的训练目标和实际，在选择与设计战术打法的基础上，按战术基本结构、组织形式、配合方法进行系统的练习、运用和提高的一种教育过程。战术训练的目的是使运动员具有一定的战术素养，熟练、全面地掌握各种基础配合和整体战术配合阵势与方法，达到在实战中能应用的目的。

#### 1. 战术训练的内容

篮球战术的训练内容包括进攻和防守两大类，每类战术中又有基础战术配合和全队战术配合，每种战术都可以在全场和半场范围内组织进行，每一个战术又有很多的战术阵形与方法。

#### 2. 战术训练的基本要求

（1）要树立正确的以辩证唯物主义为指导的战术指导思想。战术指导思想是制定战术的准则。战术训练要正确处理高度和速度、进攻与防守、内线与外线、局部与全局、个人与整体的关系。在设计战术方案时，既要根据战术的发展，又要结合本队的实际情况。通过战术训练，建立本队的战术体系，形成本队的战术风格。

（2）要十分重视培养运动员的战术意识。比赛中的情况瞬息万变，要求运动员根据临场情况的变化，及时、准确地观察判断，并迅速、果断地决定自己与同伴合理配合的行动。这就需要通过训练和比赛培养运动员机动灵活的战术意识。

（3）要把基础战术训练同整体战术训练结合起来。把基本战术训练与多种应变性战术结合起来才能适应比赛中战术变化的要求。

（4）战术训练要与身体训练、技术训练、恢复训练、心理训练、智力训练相结合。要在战术训练中不断提高训练的水平。

（5）战术训练应该遵循从易到难、从简到繁的原则，合理地安排战术训练内容的顺序。一般说先练进攻，后练防守；先练局部战术配合，再练全队战术配合；全队战术训练先采用完整演示法，后用分解法，再用完整法，这种训练过程有助于整体地掌握战术。

## （五）比赛训练

比赛训练是指组织竞争性的、有胜负结果的、以最大强度完成练习的一种训练。比赛训练的目的在于在对抗条件下形成正确地进行比赛的能力。通过比赛训练促使运动员最大限度地动员自己的力量，提高战术意识，改善个人技术及与同伴的配合，培养运动员沉着、冷静、机智、果断的品质和顽强拼搏的精神。

### 1. 比赛训练的形式与内容

篮球比赛训练有教学比赛、检查性比赛、适应性比赛等。篮球比赛训练的方法一般有以下几种：

（1）采用"加分"或"扣分"的手段，鼓励或限制运动员在比赛训练中运用某些技术。

（2）限制比赛规则中规定的时间。

（3）采用模拟某一比赛对手的方法进行比赛训练。

（4）采取战术"暗号"的方法，提高运动员的战术变换能力。

（5）采用调配比赛阵容的方法，设计不同的上场阵容。

（6）模拟比赛关键时刻的打法。

### 2. 比赛训练的基本要求

（1）比赛训练的目的要明确，要求要具体。

（2）比赛训练过程中，要使运动员进入"角色"，并全力以赴。

（3）教练员在比赛中要具体指导，并做好技术、战术统计和录像工作。

（4）比赛训练后，要善于运用统计资料进行分析研究，让运动员从个人和全队的角度进行全面总结。

## （六）心理训练

心理训练是指有意识地对篮球运动员心理过程和个性心理特征施加影响，帮助运动员学会调节自己心理状态的各种方法，使之能更好地参加训练和完成复杂比赛任务的训练过程。心理训练的目的是培养运动员具有适应篮球比赛和训练中所需要的各种心理品质，克服在训练和比赛中出现的各种心理障碍，激起运动员从事训练和比赛的良好动机，提高自我控制、集中注意力和防止各种干扰的能力，使运动员能在训练和比赛的各

种困难条件下,具有积极的、适宜的、稳定的心理状态,从而保证训练的成果在比赛中表现出来,创造优异的成绩。

### 1. 心理训练的形式与内容

篮球运动心理训练有一般心理训练、准备参加比赛的心理训练和比赛中的心理训练。在安排心理训练时,必须考虑它们之间的条件和相互依赖的关系,才能圆满地完成心理训练的任务。

心理训练的方法很多,在篮球运动训练中,主要采用的有模拟训练、放松训练、自我暗示训练、集中注意力训练、生物反馈训练、系统脱敏训练等。

### 2. 心理训练的基本要求

(1)要想获得良好的心理训练效果,必须激发运动员心理训练的需要,自觉地投入心理训练。

(2)要科学地选择和运用心理训练手段,处理好心理训练中的各种反应,以便及时调整和巩固心理训练效果,防止发生副作用。

(3)必须根据运动员的个性特征进行心理调理训练,这样才能获得良好的心理状态。

(4)对运动员进行心理训练的任务、内容、方法、要求的安排,都要由易到难,由简到繁,逐步深化,不断提高,这样才能收到良好的心理训练效果。

(5)心理训练必须与身体、技术、战术训练及思想政治教育等有机结合起来进行,只有这样,心理训练的目的才能实现。

## (七)智力训练

智力训练是指在运动训练过程中,有目的、有计划地提高运动员智力水平的训练。现代运动训练愈来愈多地吸收和应用其他科学技术,这就要求运动员具有较高的智力水平,只有这样,才能学习和运用先进的科学技术去提高训练水平。篮球比赛既是运动员比体力、比技术的过程,又是运动员斗智的过程。特别是在两队势均力敌的情况下,对运动员的智力要求更高。智力对比赛胜负的影响愈来愈大,运动员在比赛中的分析判断、战术运用、应变能力、战机的掌握等都是斗智的过程。因此,智力训练已成为现代训练中不可缺少的组成部分,是提高训练质量的重要一环。

### 1. 智力训练的形式与内容

智力训练有理论知识教育和各种能力培养。理论知识教育的内容主要有体育教学、运动训练的基本原理、专项理论(包括专项技术与战术分析、训练法、裁判法等)和专项基础理论知识(包括人体解剖学、生理学、运动医学、运动生物力学、运动生物化学等)。各种能力的培养,包括观察能力、记忆力、想像能力、思维能力、分析问题与解决问题的能力等。

智力训练可以采用多种方法进行,如写训练小结、训练日记、比赛分析报告、赛后小结,组织自学、讨论、讲课等,这些都有助于运动员智力的发展。教练员在训练过程中进行智力训练，要注意基本概念、基本知识和基本理论的传授。在训练实践中，要启发运动员，创造活跃的思维条件，培养运动员分析和解决问题的能力。要善于在训练结束时进行归纳总结，使运动员形成概念，找出事物的规律。同时还要提出问题让运动员思考和归纳，作出判断性结论，从而发展他们的智力。

### 2. 智力训练的基本要求

（1）提高运动员对学习理论知识和发展智力意义的认识，使他们自觉积极地配合教练员进行智力训练。

（2）智力训练应列入训练计划，以保证有目的地发展运动员的智力水平。

（3）应逐步建立智力测定与评价的标准和制度。

## （八）恢复训练

运动员在训练和比赛后，能否迅速而充分地恢复，直接影响着运动水平的提高，因此，加强对训练和比赛后的恢复训练是极其重要的。恢复训练，是指使用合理的恢复手段，加速消除运动员体力和精神上的疲劳，使机体活动能力得到恢复与提高。

### 1. 恢复训练的形式与内容

恢复训练有身体恢复和心理恢复。身体恢复包括能量物质的恢复、心血管功能的恢复、呼吸功能的恢复、肌肉系统功能的恢复、神经系统功能的恢复，心理恢复主要是心理能量的恢复。恢复训练的方法主要有：

（1）教育学方法。包括训练中练习的合理间隙，运动负荷大中小的合理安排，训练结束前所采用的轻松、愉快、富有节奏性的练习，以及合理的作息制度和文娱活动等。

（2）医学生物学方法。包括营养、理疗（按摩、热敷、淋浴、桑拿）、药物等方法。

（3）心理恢复方法。主要包括肌肉和呼吸放松训练、集中注意和言语暗示训练。

### 2. 恢复训练的基本要求

（1）根据训练负荷的大小、性质和特点，安排不同的恢复训练时间。

（2）要有针对性地使用恢复训练的方法与手段。

（3）根据超量恢复、恢复的异时性原理等，在恢复训练过程中要注意区别对待和循序渐进。

# 第二节　篮球训练理论与原则

## 一、篮球训练理论

篮球训练理论是以发展运动员的竞技能力，提高专项运动成绩为目的，研究运动

训练过程的规律、相应的原则和训练方法的一种专项性理论。篮球训练理论研究的具体内容概括起来就是"练什么、怎么练、练多少"：练什么，就是根据篮球运动员竞技能力和运动成绩的诸因素确定训练的内容；怎么练，就是根据确定的内容，运用多学科知识和训练的物质条件，筛选出适合运动队和运动员特点的最有效的方法与手段，合理地安排各项内容的比例和程序；练多少，就是合理确定训练过程中的运动负荷问题，解决负荷的定向、定量、节奏、负荷量和强度的配合、最大负荷以及负荷后的恢复等。

### （一）周期训练理论

周期训练理论，是训练安排和制定训练计划的基础。周期训练理论的提出源于人们对运动训练规律的深刻认识，其依据是训练适应性的形成规律、竞技状态发展规律、疲劳与恢复规律。周期性运动训练过程以循环往复、周而复始的方式进行，每一个循环往复不是简单的重复，而是在前一个循环的基础上不断提高训练的要求，从而使运动员不断提高竞技能力与水平。周期性是运动训练的基本规律之一，它的实质在于系统地重复各个完整的训练单元，包括训练课、小周期、中周期、大周期。以周期为基础来安排训练就能把训练任务、方法和手段系统化，并能保证其连贯性。

#### 1. 训练适应原理

（1）训练适应的定义。由运动而产生的有机体与施加负荷的外环境不断取得平衡的过程叫做训练适应。

（2）训练适应的特征

普遍性：训练适应的普遍性是指机体在形态、机能、运动素质、技术、战术和心理过程等方面都能发生训练适应现象。

特殊性：机体对训练适应的特殊性，表现在不同性质的运动负荷可以引起特殊的适应性变化。

异时性：机体由于运动训练而产生适应性变化需要一定的时间，而机体各个方面的训练适应现象出现的时间也有所不同。机体在机能上的适应性变化往往先于结构的适应变化。

连续性：机体各方面训练适应的形成具有连续性。由于机体在形态机能、运动素质、技术、战术、心理等方面的适应具有异时性的特点，便导致了机体全面适应以渐进积累的方式而形成。机体对某一运动负荷形成了训练适应之后，机体的反应会越来越小，最终这种负荷便不再能引起竞技能力的提高。为了使机体各方面的训练适应进一步发展，就要不断适量增加运动负荷。负荷提高后，机体又能产生一个新的适应过程，使竞技能力进一步提高。

#### 2. 竞技状态的形成原理

（1）竞技状态定义。运动员获取优异成绩的最适宜状态叫竞技状态。

（2）竞技状态的形成与发展。竞技状态的形成与发展是一个连续的发展变化过程，

主要包括以下几个阶段：第一阶段是初步形成竞技状态阶段。此阶段又分为两个小的阶段，前一个阶段为"形成竞技状态前提条件阶段"，前提条件包括有机体机能水平不断提高，运动素质得到全面发展，专项运动技术、战术的形成和心理素质的初步养成。后一个阶段为"初步形成竞技状态阶段"，这一阶段竞技状态的形成、发展具有专项化的特点，彼此有机、和谐地结合起来，形成了一个完整的统一体，基本上形成了竞技状态。第二阶段是发展和保持竞技状态阶段。这一阶段的主要任务是进一步发展和保持竞技状态，并使运动员在参加重大比赛前，通过赛前调控和热身赛等手段，达到最佳竞技状态。第三阶段是竞技状态暂时消失阶段。此阶段中竞技状态暂时消失，运动员进入调整、恢复阶段，并为进入下一次竞技状态周期做好准备。

## （二）训练调控理论

### 1. 超量恢复原理

（1）超量恢复的定义。在运动后的恢复过程中，被消耗的能源物质含量，不仅能恢复到原有水平，而且在一段时间内还出现超过原有水平的情况，叫超量恢复。

（2）超量恢复理论在调控中的作用。超量恢复是对未来重复进行较大运动负荷时能源物质再一次耗尽的一种预防性、保护性机制，是机体对运动负荷产生训练适应的第一阶段。它对训练调控具有重要的理论意义和实践意义。在运动训练中，这一理论已经得到了广泛的运用，如间歇训练的间歇休息时间的掌握，就是根据恢复原理和规律选择反应的时间，使间歇休息中物质能得到一定程度的恢复，既能保证刺激强度，又能为进一步运动提供物质保证。超量恢复也为肌糖元填充法提供了理论依据。通过糖元负荷法，即在比赛前一周进行衰竭性训练，随后三天进行高蛋白、高脂肪膳食，使肌糖元水平下降，同时提高肌糖元的活动，最后三天进行高糖膳食。在这一周时间内完成一定的运动量和强度，并注意减少或防止肌糖元的多余消耗，使肌糖元产生明显的超量恢复，从而大大提高运动员的竞技能力。

### 2. 应激性原理

（1）应激的定义。应激是人体对于外部强负荷刺激（包括生理和心理刺激）的一种生理和心理的综合反应，它是指当有机体受到异常刺激时，身体就会引起一种紧张的心理状态，这种状态称为应激。在运动训练中，运动负荷不可能始终停留在一个水平上，要想不断提高运动竞技能力，就要不断地提高运动负荷水平，打破机体对原有负荷的平衡状态，达到一个新的负荷水平，在稳定一段时间后，再增加负荷。如此循环往复，从而达到提高训练水平的目的。这是"超量负荷原理"，而这一原理的生理学基础就是应激学说。

（2）应激在训练调控中的作用。应激学说应用于运动训练中，不单是为了防御机体的衰竭过程发生，避免过度训练，更重要的在于对运动负荷后恢复期中如何改变酶的活性和细胞的通透性，从而对恢复过程进行调整，以加强合成代谢，加速适应的过程。因此，在运动训练中，不但要掌握应激过程中肾上腺皮质系统的活动，而且要充分提高垂体性腺系统在合成代谢中的机能，这是当前应激系统在运动训练中应用的发展。

运动应激提高人体机能的适应过程一般包括机体能源储备能力、机体调节能力和机体防御能力等。而运动应激的核心是激素调节，即由激素调节引起酶活性改变和机能储备提高，以及机体免疫能力提高等适应过程。

### 3. 恢复性原理

（1）身体机能恢复的异时性。在恢复过程中，恢复的各个阶段基本上是一致的，但在恢复的时间上却表现出明显的异时性特点，这种异时性对运动训练的安排与调控具有极为重要的作用。这种异时性主要表现在以下几个方面：第一，不同能源物质的恢复速度不同。篮球运动活动是以 ATP-CP 和乳酸系统为主。第二，不同器官的恢复速度不同。首先是大脑和神经中枢的恢复，其次是心血管系统的恢复，最后是肌肉和心理的恢复。第三，不同的运动负荷恢复的速度不同。负荷越大，恢复越慢，负荷强度比负荷量恢复得快。第四，不同训练水平的运动员恢复的速度不同。训练水平越高，恢复速度越快，反之越慢。

（2）恢复在调控中的作用。在运动训练中，运动活动之后的恢复过程具有时值不等现象，即机体各种机能的恢复和超量恢复不是同时发生的。根据恢复过程的规律，在运动训练实践中会出现两种不同的恢复类型。一种是完全恢复，指负荷后人体机能恢复到或超过原有水平时进行下一次训练。完全恢复用于下列训练过程：第一，协调和注意力集中训练；第二，最大力量训练；第三，反应和速度训练；第四，技术训练；第五，比赛练习。另一种是不完全恢复，指负荷后人体机能已大部分恢复，但尚未达到原有水平时进行下一次训练。不完全恢复用于下列训练过程：第一，速度耐力训练；第二，力量耐力训练；第三，专项耐力训练；第四，意志力训练。

### 4. 运动负荷训练原理

（1）运动训练负荷的特征。运动负荷是指运动训练中运动员有机体承受运动刺激并由此产生的机体内部生理效应和心理效应的一系列变化的应答过程。运动训练负荷的特征，是给运动员的负荷能冲击自身的"生理极限"，最大限度地挖掘其内在潜力。具体表现在下面几个方面：第一，负荷水平的极限化；第二，负荷量度的个体化；第三，负荷内容的专门化；第四，负荷内容的定向化；第五，负荷水平的动态化。

（2）运动负荷的科学调控。运动负荷具有以下几个共同的特征：第一，运动负荷内容的目的性与选择性。任何负荷结构都有它一定的目的性和功能特点，根据训练任务和目的来选择。第二，运动负荷调控的综合性。同一个总负荷可以由不同的量和强度组合而成。第三，运动负荷的个体性。由于运动员的生理机能、素质、技术和战术要求的不同，他们所承受负荷的能力也不同，因而安排的运动负荷应具有明显的个体性特点。第四，负荷量度的定量性与等级性。负荷的表示有两种方法，一种是以大、中、小定性方式表示，另一种是以具体的定量方式表示。在训练中，为了提高负荷调控的精确性和科学性，越来越趋向各负荷量度的定量化。第五，负荷的动态性。运动负荷是一个持续的过程，这与训练过程的持续性直接有关。运动负荷表现出的动态性有以下几个特征：负荷的连续性与系统性、负荷的节奏性、负荷的周期性。第六，负荷的可监控性。运动负荷的定量化特点表明了运动负荷的可监控性，训练计划中要求有反馈调控，所以必须确定各训练过程的监控指标与训练水平的评定指标，建立相应的负荷监测。

## 二、篮球训练原则

篮球运动训练原则是运动训练过程客观规律的反映，是运动训练实践普遍经验的总结，是进行运动训练必须遵循的准则。

### （一）自觉性和积极性原则

同篮球教学过程一样，训练过程要注重思想政治教育，启发运动员训练的自觉性和积极性，使运动员深刻认识并自觉主动地参加训练，积极地进行训练思考，创造性地完成训练任务。在训练过程中，教练员要把教育运动员深刻认识训练的目的放在重要位置，通过启发教育和采取各种有力措施，不断提高他们的自觉积极性，促使运动员刻苦地进行训练。

### （二）一般训练与专项训练相结合原则

是指在运动训练过程中，应根据专项的特点、运动员的训练水平和不同训练过程的任务，把一般和专项训练结合在一起进行合理安排，从而使其协调发展。一般训练是指在运动训练中以多种多样的身体练习，以及训练方法和手段，来提高运动员各器官系统的机能，全面发展运动素质，改进身体形态和一般心理品质。专项训练是指在运动训练中以篮球专项的技术动作、战术方法，提高篮球专项运动所需要的器官系统的机能，发展篮球专项所需要的心理品质。

### （三）合理安排运动负荷原则

篮球训练运动负荷不同于篮球教学运动负荷，在训练过程中，要根据训练任务、对象水平与要求，科学合理地在各个训练环节中提高运动负荷量，直至达到最大负荷要求。为此，首先要根据训练任务和对象水平及每个练习的目的、要求、负荷来考虑运动负荷的安排。在训练过程中，运动负荷要经过加大、适应、再加大、再适应的这样一个逐步提高的过程。

### （四）全队训练与个人训练相结合原则

全队训练是指在训练中，根据全队必须掌握的技术、战术，组织全队进行旨在提高队员之间技术、战术组合和在对抗下配合能力的集体练习与竞赛。个人训练是指在篮球训练过程中进行个人技术等方面的训练。由于运动员的个体特征，如年龄、性别、身体条件、承担负荷的能力、技术水平和心理品质的不同，以及不同位置的分工和职能，对运动员提出了不同要求，训练要根据运动员的个人特点，有针对性地确定训练内容，选择训练方法、手段和安排运动负荷。

### （五）训练与比赛相结合原则

训练与比赛相结合是指在篮球运动训练过程中，技术、战术的训练要符合竞赛实际的需要，通过训练与竞赛，发现问题，促进技、战术水平的提高。从训练与比赛的关系来说，训练的目的是为了比赛，练为战。训练的任务是创造条件、改变条件、变换环境、增强实力。通过比赛让运动员取得实战经验，提高运用技术、战术的能力。从比赛中提高竞技能力，也是一种重要的训练手段。

## 第三节　篮球训练步骤与方法

### 一、训练步骤

#### （一）技术训练的步骤

**1. 单个技术训练**

篮球技术是由大量的单个技术动作组成。单个技术训练的目的主要在于掌握、提高单个技术的动作技能。单个技术是掌握复杂技术和创新的基础，运动员应该坚持进行单个技术的训练，不断提高技术水平。

**2. 组合技术训练**

篮球组合技术，是指两个以上单个技术动作有机衔接所形成的各种特殊的技术群的总称。在进行组合技术训练时，要从实战出发，分析和提炼比赛中出现的各种复杂情况，设计不同的组合技术练习手段。掌握各种组合技术，为在对抗条件下运用技术打好基础。

**3. 位置技术训练**

篮球比赛中队员的位置分为中锋、前锋和后卫，不同位置的队员在比赛中承担着不同的职责和攻守任务。教练员必须根据队员的位置和攻守任务，有针对性地强化位置技术训练。

**4. 攻防技术的对抗训练**

篮球技术训练的主要任务不仅是形成动作技能，更重要的是学会如何在比赛条件下运用已形成的动作技能达到一定的战术目的。为此，必须有计划、有要求地进行攻守技术的对抗运用训练。在掌握单个技术、组合技术及位置技术的基础上，学会在攻守对抗的情况下克服对手的阻挠和制约，达到及时、准确、合理地运用技术的目的。

## （二）战术训练的步骤

### 1. 基础战术配合训练

篮球比赛的战术形式繁多，但都离不开基础配合。基础配合是全队攻防战术训练的基础，只有熟练地掌握和运用这些基础配合，才能在运用全队战术时更加灵活机动，更有效地发挥战术的作用。

### 2. 全队战术配合的衔接训练

在局部基础配合的训练有了一定基础的情况下，可以进行战术配合的衔接训练，包括局部战术配合衔接训练和全队战术配合的衔接训练。局部战术配合的衔接训练，就是将局部的基础配合进行组合训练。在这种训练中，要强调主次配合的衔接、进行过程中的连接性和变化性。全队战术配合的衔接训练，就是在局部战术配合训练有了一定基础后，所进行的全队完整战术训练。通过这种训练，提高全队配合的整体观念，明确在全队配合下自己的行动，以提高行动与配合的合理性和攻击性。

### 3. 战术配合的综合应变训练

在掌握两个或两个以上全队战术的基础上，需要进行各种战术综合变化的组合练习，提高运用战术的应变能力。一方面要提高进攻与防守战术的转化能力，另一方面要掌握综合运用战术的能力。

### 4. 战术配合的比赛训练

战术配合的比赛训练是检验战术训练水平的重要手段，具有很强的对抗性。通过比赛训练，可以发现战术配合训练中存在的问题，提高队员的运用能力。

## 二、训练方法

### （一）重复训练法

重复训练法是指不改变动作结构和运动量，在相对固定的条件下，重复练习某一动作或某一战术的方法。如定点定距离连续跳起投篮若干次；连续跳投 20 次为一组，间隔 1 分钟再投，练习若干次。前一练习为连续重复训练法，后一练习称为间歇重复训练法。

### （二）变换训练法

变换训练法是指在变化的条件下进行反复练习的方法，如变换动作的要求（动作速度、幅度、距离等）、变换动作的形式（原地传球、跑动中传球）、变换动作组合（原地接球跳投、移动中背向篮接球转身跳投）、变换训练的环境（馆内、露天、气候变化、高原训练）、变换训练器材（用小篮筐、加重球）、变换运动量（同一训练时间不断增加运动量或强度或运动量时大时小）等。变换训练法又分为连续变换与间歇变换训练法两种。

### （三）间歇训练法

间歇训练法是指重复练习之间按严格规定的间歇时间休息后再进行练习的方法。如篮球比赛的总时间是 40 分钟，分成 4 节，要求运动员在快速中进行比赛。每节中间休息 3~5 分钟。随着训练水平的提高可以逐步提高要求。各种练习间歇时间长短，取决于训练的目的、训练的强度、运动员的训练水平和身体状况。

### （四）循环训练法

循环训练法是指根据训练的具体任务，按预先设计的带有一定顺序的练习站，运用循环练习的方式周而复始循环往复地进行练习的方法。

### （五）模拟训练法

模拟训练法是指用一种模型去模拟另一系统，并借助模型，通过训练实践进行方案比较的一种"逐次逼近"最佳化的训练方法。主要适用于赛前训练。

### （六）比赛训练法

比赛训练法是指组织竞争性的、有胜负结果的、以最大强度完成练习的一种训练方法，包括教学比赛、检查性比赛、适应性比赛等。目的在于调动运动员训练的积极性，提高技术、战术、身体训练水平和实战能力，发展心理素质以及检查训练手段与方法。

### （七）综合训练法

综合训练法是指把重复训练法、变换训练法、循环训练法等各种训练法结合起来运用，或者在一组训练中安排各种技术训练、灵敏训练、力量训练等多种内容的训练方法。

## 第四节　篮球训练文件的制定

篮球训练文件是指训练过程中的各种工作计划。它是用来控制、指导、实施和检查训练工作的重要依据。

篮球训练文件包括全年训练计划、阶段训练计划、赛季制训练竞赛计划、周训练计划、课训练计划。正确制定各种训练文件是顺利进行训练工作的保证。

### 一、全年训练计划

全年训练计划是多年训练安排的组成部分。安排全年训练，是以分期理论和训练原则为基础，以重大比赛期间达到最佳竞技状态为出发点而制定的计划。首先要确定本年度参加的主要比赛及其目标，根据应达到的目标提出训练任务及技术、战术、各种素质、专项能力应达到的具体训练指标与要求，总体的运动负荷要求，全年中的最大负荷、最大数量、最大强度出现的大体时间，以及全年运动负荷的曲线。有了全年总体任务与要求，再具体落实到各个时期、各个阶段去逐步完成（表 7–1）。

**表 7–1　按照阶段和周期划分的全年训练计划示例**

<table>
<tr><td></td><td colspan="26">年 训 练 计 划</td></tr>
<tr><td>训练阶段</td><td colspan="10">准备阶段</td><td colspan="12">比赛阶段</td><td colspan="4">休整阶段</td></tr>
<tr><td>初级阶段</td><td colspan="5">一般准备阶段</td><td colspan="5">专项准备阶段</td><td colspan="3">赛前阶段</td><td colspan="9">比赛阶段</td><td colspan="4">休整阶段</td></tr>
<tr><td>大 周 期</td><td colspan="3"></td><td colspan="2"></td><td colspan="2"></td><td colspan="2"></td><td></td><td colspan="3"></td><td colspan="3"></td><td colspan="3"></td><td colspan="3"></td><td colspan="4"></td></tr>
<tr><td>小 周 期</td><td></td><td></td><td></td><td></td><td></td><td></td><td></td><td></td><td></td><td></td><td></td><td></td><td></td><td></td><td></td><td></td><td></td><td></td><td></td><td></td><td></td><td></td><td></td><td></td><td></td><td></td></tr>
</table>

## （一）全年训练计划的类型

### 1. 单周期训练

全年训练按一个完整的大周期组织实施，称为单周期计划，包含一个准备期、一个比赛期和一个过渡期。由于只有一个比赛阶段，所以运动员只为一次重大比赛实现一次竞技状态高峰。

### 2. 双周期计划

全年训练按两个完整的大周期组织实施，称为双周期计划。双周期实际上是由两个连接在一起的短一些的单周期组成，中间有一个不长的减量和准备阶段。在现代竞技运动训练中，双周期安排是一种重要的年度安排模式。运动员可用两三个月的时间做准备，使总体竞技能力或竞技能力的某一个方面发生明显的改变，并在一个半月至两个月的时间内，参加一系列的比赛，把已具有的竞技能力充分地表现出来，再加上半个月至一个月的减量或短时间的准备阶段，总共 5 ~ 7 个月的时间完成一个大周期的训练过程。因此，一年便可以安排两个训练大周期。

### 3. 多周期计划

按三个以上训练周期组织全年训练的过程的计划称为多周期训练计划。多周期训练目标要求运动员能在三个月左右时间内，有效地提高竞技能力，并在比赛中充分表现出来。这就要求有更为科学的训练方法，更为有效的恢复手段。在制定三周期训练计划时，三次比赛中最重要的一次应出现在最后一个周期。在三个准备阶段中，第一个应当最长。这一阶段所打下的身体准备的基础将一直影响到以后的两个周期。

## （二）全年训练计划格式范例

全年训练计划的总体安排，涉及的内容较多，因此，必须从系统的观点出发，使整个安排科学合理。要提出一些定量指标，并使各方面的指标相关协调和系统连贯（表7-2）。

表7-2　全年训练计划示例

项目 _____　运动员（队）_____　性别 _____　年龄 _____　训练年限 _____
年度主要任务 _____

| 类　别 | | 运动员现实状态分析 | 年度训练的目标状态 |
|---|---|---|---|
| 运动成绩 | | | |
| 机能 | | | |
| | | | |
| 素质 | | | |
| | | | |
| 技　术 | | | |
| 战　术 | | | |
| 形　态 | | | |
| 心　理 | | | |
| 智　能 | | | |
| 负荷 | 课次 | | |
| | | | |
| | | | |
| 时　期 | | 准备期 | 比赛期 | 过渡期 |
| 阶　段 | | | | |
| 时　间 | | | | |
| 主要任务 | | | | |
| 比赛安排 | | | | |
| 负荷变化的总趋向 | | | | |
| 主要手段及负荷要求 | | | | |
| | | | | |
| | | | | |
| | | | | |
| 恢复措施 | | | | |
| 检查评定的内容、时间 | | | | |

注：负荷栏的空栏内填写负荷的主要指标，如果安排双周期，则分为六格。

## 二、阶段训练计划

阶段训练是指全年训练中特定时间范围内的训练。它有两种类型，第一种是作为完整的全年训练过程中的一个有机组成部分，第二种则是指中短期临时性集训。

### （一）大周期的阶段训练计划

#### 1. 准备期的训练计划

准备期对于全年的训练有着极为重要的意义，在这一阶段中，运动员为比赛阶段做好了身体、技术、战术及心理等方面的全面准备。

准备期还可以分为两个阶段，即一般准备阶段和专项准备阶段。一般准备阶段的目的是完成一般身体准备，改善技术和基本战术，主要是提高身体能力。专项准备阶段是向赛季的过渡。这一阶段的训练更为专项化，主要是提高专项竞技能力与水平。

#### 2. 比赛期的训练计划

比赛期的主要任务是完善所有的训练要素，形成最佳竞技状态，参加重大比赛。比赛期可以分为两个基本阶段，即赛前阶段和重大比赛阶段。赛前阶段是在正式进入赛季和准备参加重大比赛前，从准备期进入到比赛期的衔接阶段，在这一阶段，运动员在体能、技术、战术和心理等方面进行专门训练，为参加大赛做准备。比赛阶段是指进入正式比赛的这段时间，主要任务是保持最高竞技状态，争取优异成绩。

#### 3. 过渡期的训练计划

过渡期是指从比赛结束到下一周期开始训练的这段时间。它的主要任务是防止出现过度疲劳，防止机体延续耗竭的可能性，以及借助于积极性休息与恢复，保证前后两个训练大周期之间的衔接。

### （二）赛前中、短期集训的阶段训练计划

为准备某些特定的比赛，要组织赛前集训。这种赛前的中、短期集训，通常为几周至两三个月。赛前中、短期集训的内容和计划，具有较为鲜明的特点。

#### 1. 赛前中、短期阶段集训计划的结构及负荷特点

在大多数情况下，可将中、短期阶段集训看做是若干个周训练的组合。这些周训练过程，既有各自明显的特点，又彼此连接，共同组成一个统一的阶段训练过程。

#### 2. 赛前中、短期集训中的区别对待

对集训前一直系统坚持训练的运动员，中、短期集训应该被看做是系统的全年训练的一个组成部分。对那些没有经过系统训练的运动员，在制订训练计划时，应以中等程度的运动负荷为主，只有在能够保证有足够的时间得到必须恢复的条件下，才可

以安排带有强化性质的运动负荷。对一些长期间断训练的老运动员，应以适应性及诱导性的训练为主，注意负荷安排的循序渐进，使其身体机能尽快地适应一定强度的负荷。根据篮球运动项目的特点，中、短期集训应主要抓好全队的协调配合，通过集体配合来提高全队的战斗力和弥补个别运动员在某些方面的不足，努力创造更高的集体竞技能力。

### 三、赛季制训练竞赛计划

赛季制是"赛季型竞赛制度"的简称，它是我国男子篮球甲级联赛所实行的一种新的竞赛制度。其命名是根据竞赛的时间安排、竞赛方式和竞赛办法来确定的。赛季制的特点是竞赛期跨度长，比赛场次多，各场比赛之间间隔均匀分布，并采用主客场的方式。这种竞赛制度最明显的特点是训练与竞赛频繁交替，每次训练时间只有 3~6 天。因此，赛季中的训练基本是一个小周期的连续。

#### （一）赛季制竞技状态的变化

主客场赛制具有准备期和过渡期（调整期）较短、竞赛期较长的特点。在这种情况下，教练员可以小周期（三天型和四天型）比赛成绩为训练目标，以三四天为单位的小周期来安排运动训练，以适应主客场赛制的特点。根据竞技状态发展变化的特点与规律，可把主客场制竞赛的状态分为几种不同的类型。

**1. 状态发展的稳定型**

这种类型的竞技状态，表现为在整个主客场的比赛过程中，其进攻得分都比较稳定，基本上保持在一定范围之内。

**2. 状态发展的锯齿形**

这种类型的竞技状态，表现为在整个主客场比赛过程中其进攻得分忽高忽低而呈锯齿状。这种状态类型的特点是，在整个赛季过程的竞争中，其状态时好时坏，呈连续的锯齿状。造成这种状态的主要原因是心理因素，即由于主客场制竞赛的心理影响所致。

**3. 状态发展的波浪形**

这种类型的竞技状态，表现为在整个主客场的比赛过程中，其比赛的效率指数是由低——高——低，或者是低——稳定——低这样一个发展过程。这一类型的状态在竞赛中反映比较普遍。这种状态类型的共同特点是在赛季的开始和最后阶段，未能进入或保持良好的竞技状态，再就是中间的稳定阶段其比赛效率指数明显高于两端的起伏段。产生这种状态类型的原因，一是赛前的训练安排存在问题，不能使球队在赛季一开始就进入良好的竞技状态。二是在赛季的最后阶段，竞争越来越激烈，在这种激烈的竞争中，有三个方面的问题可能解决得不好：其一，训练、竞赛过程中的安排不合理，造成运动员体力下降；其二，心理压力增大，心理调整不够；其三，主客场因素的影响。

### （二）不同状态类型的训练竞赛安排

#### 1. 稳定型及其训练竞赛安排

稳定型的发展状态，说明在整个赛季中，能较充分地发挥自己已有的竞技水平。这种稳定，根据各队的实力，可以表现出高、中、低三种不同的层次。实力强的队，表现出的是一种高水平的稳定状态。根据竞技状态形成的规律，结合训练、竞赛安排，科学、合理地进行训练，是这种类型的特点。

#### 2. 锯齿形及其训练竞赛安排

锯齿形的发展状态，造成的原因主要是心理因素影响，其次是训练竞赛综合因素安排不尽合理。因此，应加强对客场作战抗干扰能力的心理训练及实战模拟脱敏训练和加强主场作战的心理放松训练，还应根据竞赛目标与对手，调整好训练、竞赛的负荷安排，使生理、心理均处于良好的状态。

#### 3. 波浪形及其训练竞赛安排

流浪形的发展状态，表现为赛季的前后两个阶段的比赛效率指数偏低，状态不甚理想，在安排上存在问题。因此，必须根据不同队的不同目标、不同的主要竞争对手，在整个赛季的训练、竞赛安排上应采取针对不同的周期类型和负荷安排，并注意加强心理上的调整，积极采取措施改变这种在赛季前、后阶段的起伏现象。

### （三）运动负荷安排的基本要求

更合理、科学地安排好主客场制赛季中的运动负荷，并在不同阶段、与不同对手的竞赛时，保持良好的竞技状态。应该明确本赛季的目标和达到这一目标所必须战胜的最主要的对手，根据目标和与主要对手比赛的时间，选择不同的赛季负荷安排模式。根据主客场竞技状态发展的特点看，在整个赛季中，至少有2～3个竞技状态的形成与发展过程，因此，在这个过程中，必须注意：1. 状态与状态之间的过渡与衔接，必须通过边调整、边训练、边竞赛来进行；2. 把过渡与衔接之间的竞赛，当作一种强度训练，并纳入小周期或中周期的计划与安排中；3. 注意过渡与衔接阶段运动训练量与强度的合理安排及心理调整。

## 四、周训练计划

周训练计划是指以一周中的一系列训练课为基本单位安排的训练。周计划是保证阶段和年度训练计划实施的最基本环节，也是教练员十分重视的一种训练计划，尤其是在现代训练中，由于周训练课次和负荷增加，使得周期训练安排的科学性更具有重要意义。

## （一）周训练计划的基本内容及格式

### 1. 基本内容

（1）每周训练的总任务与每天、每次课的任务与要求；

（2）一周训练的日数、周总课次数和每天的课次数，以及每次训练的具体时间及安排；

（3）每日和每次课的主要训练内容；

（4）每日负荷及周负荷节奏；

（5）每日的恢复措施；

（6）测验、比赛的安排。

### 2. 周训练计划格式

周训练计划采用表格形式便于执行（表7-3）。根据周训练计划的任务和要求，把主要训练内容及负荷安排在每次训练课中。

表7-3 周训练计划示例

_____年___月___日至_____年___月___日 训练阶段第___周

主要任务_____

| 星期 | 课次 | 主要训练内容 | 主要训练方法与手段 | 负荷 |
|---|---|---|---|---|
| 一 | 上午 | 快攻，投篮，半场区域联防 | 快攻：分解练习为主<br>区域联防：对抗下完整练习为主 | 中 |
| | 下午 | 力量，柔韧 | | |
| 二 | 上午 | 速度，投篮 | 速度：间歇法<br>投篮：无对抗下自投 | 大 |
| | 下午 | 投篮，全场区域紧逼防守 | 投篮：对抗与无对抗相结合<br>区域紧逼：分解与完整相结合 | |
| 三 | 上午 | 速度耐力，投篮 | | 小 |
| | 下午 | 快攻，分组比赛 | 快攻：松动与强对抗下进行<br>比赛：队内分组 | |
| 四 | 上午 | 投篮 | 对抗与无对抗下多点投篮 | 中 |
| | 下午 | 个人攻防，区域联防 | 区域联防：中等对抗下完整练习 | |
| 五 | 上午 | 投篮 | | 大 |
| | 下午 | 教学比赛 | 与外单位球队 | |
| 六 | 上午 | 个人攻防，快攻 | | 小 |
| | 下午 | 力量，投篮 | | |

注：星期日休息

## （二）周训练计划的不同类型

周训练的持续时间一般为 3~7 天，但随着现代篮球训练的发展，在一些特定条件下，尤其是临近比赛时经常打破 7 天的固定型小周期训练，以适应比赛安排的需要，如联赛主客场制就有三天型和四天型小周期。根据竞技状态的发展过程，可把小周期分为引入性小周期、准备性小周期、比赛性小周期和恢复性小周期。

### 1. 引入性小周期

引入性小周期的主要任务是将运动员的机体引入即将开始的紧张的基本训练，常安排在准备期第一阶段的开始。引入性小周期的安排能促使运动员机体尽快地进入工作状态。

### 2. 准备性小周期

准备性小周期的主要任务是为比赛做好一般与专门的准备，因此，又分为一般准备小周期和专门准备小周期。一般准备小周期的任务是发展运动员的一般体能，形成竞技状态所需要的各种身体条件。专门准备小周期的任务是发展专项体能和技能，提高运动员机体对比赛的训练适应性，为过渡到比赛期训练打下良好的基础，完成向专项化训练的转化。

### 3. 比赛性小周期

比赛性小周期最主要的任务是使运动员能在比赛日的比赛中表现出最佳的竞技状态。比赛性小周期分为赛前诱导小周期和比赛小周期两种类型。赛前诱导小周期主要用于比赛期的重大比赛前的专门准备性训练，其主要任务是力求使运动员的机体适应比赛的要求和条件，把长期训练过程中获得的各种竞技能力集中到篮球竞赛上。比赛小周期是指即将参加的主要比赛的小周期，其主要任务是为运动员在各方面进行最后的调控，使其在比赛中达到最佳竞技状态。比赛小周期的安排，是根据竞赛的规程确定的。

### 4. 恢复性小周期

恢复性小周期的主要任务是通过降低负荷和采取各种恢复措施，消除运动员机体由于比赛期或准备期中因大负荷训练而产生的疲劳，以求尽快地实现能量物质的再生，促进超量恢复的出现。恢复周的安排多在比赛期激烈、紧张比赛后的过渡期和大负荷训练周后，而且多为两个大负荷之间安排一个恢复性小周期，这种安排可称之为"练二调一"的训练模式。

## （三）确定周训练计划结构的依据

1. 依据实现训练任务的需要选择训练的内容。小周期训练内容必须与小周期训练所要完成的任务相吻合。

2. 不同的训练形式会产生不同的生理效应。负荷后所需要的恢复时间也是不同的。在一次训练后，人体有些系统会产生深度的疲劳，而另一些系统则只产生中度或轻度的疲劳。因此，在设计周训练计划的结构时，必须对不同负荷后所必需的恢复时间予以考虑。

3. 发展身体素质、技术、战术等不同的竞技能力的训练，对运动员机体的状态有着不同的要求。运动员只有在神经系统处于适度兴奋的状态下，才能有效地学习和掌握篮球的技、战术。运动员只有在体力充沛时，才能有效地发展弹跳力和最大速度素质。而对于发展篮球运动员的速度耐力及培养顽强拼搏的精神和疲劳情况下仍能较好地发挥技术、战术水平的能力，则应在运动员略感疲劳的情况下进行，这样才能取得理想的训练效果。

## 五、课训练计划

训练课是训练过程最基本的组织形式，是保证各个训练过程的计划实现的基础。不论是周训练计划还是多年训练计划，都必须通过一次次训练课来予以贯彻和实施。要解决训练中的各种特定任务，必须在训练课中运用各种发展身体、掌握技术和战术、进行心理训练，以及培养专门意志的手段和方法，使训练达到预期的目的，获得良好的效应。

### （一）篮球训练课的任务和特点

#### 1. 训练课的任务
（1）发展运动员的身体素质，提高机能能力。
（2）掌握和提高运动技术和战术，并达到运用自如的程度。
（3）掌握篮球训练和比赛所需要的知识和方法，培养运动员具有独立训练和参加比赛的能力。
（4）培养运动员具有篮球比赛所必需的心理素质。
（5）培养运动员优良的道德品质、勇敢顽强的拼搏精神。

上述任务是有机联系在一起的，但每次训练课都应有所侧重。训练中，教练员应发挥主导作用，善于激发运动员的自觉积极性，把教与练融为一体，才能更好地完成训练任务。

#### 2. 训练课的特点
（1）篮球运动是集体对抗项目，根据这一特点，要重视集体的成队训练，同时重视几个人的分区、分位、局部性和个人的训练。因此，训练手段、运动负荷、作业方式和方法条件要不断变化，针对性要强。
（2）训练课可采取多种类型，以求更好地解决不同要求的任务。
（3）训练课的负荷可呈波浪形，以适应篮球比赛的强度起伏性变化。
（4）训练课持续时间较长，教练员要合理组织训练内容，掌握负荷与间歇的合理安排,并采用有效的恢复手段,不间断地进行训练。

### (二)训练课的结构及构成原理

#### 1. 训练课的结构

篮球训练课通常与教学课相似,由准备部分、基本部分和结束部分三部分组成。

(1) 准备部分的任务是使机体逐步进入工作状态,从心理和生理两个方面做好承受训练课负荷的准备。

(2) 基本部分应按照训练任务及内容安排练习顺序。所选择的练习手段可以多样,练习的组织可以采取成队的、小组的和个人的练习交替进行。

(3) 结束部分的安排可有两种情况,一种情况是根据运动员机能活动性的自然下降进行安排;另一种情况是人为地在机能活动性处于稳定状态时降低工作强度,或在机能活动疲劳过程中急剧降低工作强度,使有机体机能活动性加速下降。结束部分的安排主要是为课后的迅速恢复创造有利条件。

#### 2. 训练课结构的构成原理

运动员有机体在运动过程中机能活动性表现出的变化规律是训练课结构的生物学基础,这种变化规律表现为三个阶段,即进入工作阶段、稳定阶段和疲劳阶段。

在进入工作阶段之前,中枢神经系统和植物性机能活动随着机体有意识完成某种工作时的准备,已经进入了工作前的兴奋时期。在进入工作时期后,通过安排适当的练习,对即将完成的技术、战术等做准备。在进入工作阶段后,随着运动性和植物性机能活动进一步协调,有机体工作能力达到相当稳定的水平,进入稳定阶段。在工作能力处于相对稳定的水平时,训练课的主要练习使有机体机能系统的紧张性得到增长,有机体能量储备有所消耗,与此同时疲劳过程也就随之逐渐发展,机能活动性的第三个发展阶段即随之而来。疲劳过程实际上存在着两个部分:第一个部分是潜伏性(补偿性)的疲劳过程,这时完成练习的效率并没有下降,疲劳的程度处于"可克服"的状态;紧接着的第二个部分则是明显的疲劳过程,此时练习动作的生物力学结构、战术配合的流畅性被疲劳逐步破坏,完成技术、战术的动作发生困难,最终表现为工作能力大幅度降低。

将运动员有机体机能活动性变化的三个阶段规律与人为控制的教育学过程相对应,就可以把训练课划分为准备部分、基本部分和结束部分。

### (三)训练课的类型

根据训练的主要任务和内容,可以把训练课划分为几种类型。

#### 1. 身体训练课

通常分为一般和专项身体训练,大都安排在训练的准备时期进行。主要是通过多种训练方法和手段,发展运动员的一般和专项运动素质,提高和保持身体训练水平。负荷相对较大。

### 2. 技、战术训练课

安排在训练的准备期和比赛期，主要进行技术、战术训练。课的负荷视任务的不同而异，如学习与掌握技术、战术时负荷较小，而量较大；为适应比赛的需要，巩固与提高技术、战术水平，则负荷强度较大，并安排适当的训练量。

### 3. 测验课与比赛训练课

大都安排在准备期后半段和赛前训练中，在一个阶段结束时，也大都安排测验课，以检查训练效果，为下阶段的训练课安排提出依据。比赛训练课负荷强度要大，甚至达到或超过比赛强度。

### 4. 综合性训练课

综合性训练课是包括上述三种类型课中的两种以上内容的课。这种课在训练过程中安排得比较多。在课上通常将不同的内容交替安排进行，以利于促进各项运动素质与运动技能的积极转移。

### 5. 调整性训练课

调整性训练课通常安排在训练的过渡时期，在一个阶段大负荷训练和激烈比赛后也穿插安排。这类训练课的负荷较小，主要采用某些技术、战术练习或其他运动项目作为训练的恢复手段，消除运动员的疲劳。

## （四）训练课的组织

训练课的组织主要有运动员的组织、作业组织、课的时间和负荷安排四个方面。

运动员的组织有两种形式，即集体训练形式（成队或小组）和个人训练形式。在实践中常常将两种形式结合一起进行。在一次课中既有集体练习，又有个人训练。作业的组织是指训练课作业进行的程序及作业内容的组织，一般是先进行基本技术练习，后进行战术配合、全队战术练习和比赛训练。根据练习程序及内容，采取个人、小组、全队的组织形式进行训练。

合理安排训练课的运动负荷，对训练课的效果具有重要作用。在制定某一次训练课计划时，要力争做到以下两点：第一，训练内容要有足够的难度与要求，使之能成为促进运动员运动机能能力的有效的刺激因素；第二，要使训练计划与运动员的训练水平和机能状态相适应。同时还必须注意：一是必须保障在疲劳逐渐发展情况下的训练达到一定的训练量，只有这样才能在达到极限负荷量的同时达到需要的应激性和较高的训练效应；二是在出现明显疲劳状态下，训练活动的持续时间不应太长，以免对运动员的技术训练水平和心理状态产生不良影响。

## （五）训练课计划的格式

训练课计划的制订，要求更为具体和详细，不仅要讲究训练手段，提出负荷要求，而且还要考虑场地器材、组织形式及制订现场恢复的措施，考虑如何记录、评价训练课的进行和计划执行情况。训练课计划如表7-4所示。

表7-4 训练课计划

课的任务 _____　　　　　负荷要求 _____

| 阶　　段 | 训练手段 | 时间 | 负荷量强度要求 | 技、战术要求 | 组织形式 | 场地器材 |
|---|---|---|---|---|---|---|
| 准备活动 |  |  |  |  |  |  |
| 基本练习 |  |  |  |  |  |  |
| 生理活动 |  |  |  |  |  |  |
| 恢复措施 |  |  |  |  |  |  |

小结 _____

## 第五节　篮球训练负荷的构成因素与特征

训练负荷是篮球运动中最基本、最活跃的因素，它贯穿篮球运动训练的整个过程。运动员的机体形态、健康状况、机能水平的改善与提高，以及运动技术、战术的掌握与完善，都必须在训练负荷的刺激下才能实现。由于有机体具有很强的生物适应性，所以，训练负荷不能始终在原来的基础上，必须不断地、系统地加大训练负荷。然而，训练负荷的加大也不是无限的，当负荷超出运动员所能承受的最大限度时，运动员的机能能力非但不会提高，反而会下降，甚至会导致健康的损害和竞技能力的下降。

### 一、训练负荷的构成因素

训练负荷是以身体练习为基本手段对运动员有机体施加的训练刺激，它是由负荷量和负荷强度两个因素构成的。负荷量和负荷强度又各自通过不同的方式表现出来。

#### （一）训练负荷的定性与定量

篮球运动训练负荷的科学含义包括定性和定量两部分。只有对训练手段与方法作定性后，再作定量，才能对负荷作出正确的计量。

#### （二）训练负荷定性的依据

**1. 训练负荷的专项性**

专项性是指负荷要与运动员的训练水平和篮球比赛要求相符。训练中负荷的练习分为篮球的专项练习与非专项练习。专项性练习是提高专项运动技术、战术水平的直接因素。只有专项训练才是取得高水平成绩的惟一途径。

### 2. 训练负荷对供能系统的作用方向

确定练习时机体工作的供能系统，是为训练负荷定性的内容之一。篮球运动 ATP-CP 和糖酵解供能占 80%，糖酵解和有氧代谢占 20%。篮球运动训练应采用无氧代谢为主有氧代谢为辅的方法发展运动员的运动能力。由于不同的训练内容和手段消耗的能量物质不同，因而与这些内容和手段有关的运动能力的超量恢复时间也是不同的。

### 3. 动作的复杂程度

动作的复杂程度是运动负荷定性的一个方面。在篮球运动中，动作复杂程度决定着负荷大小。动作复杂程度是训练中客观存在的，区分它是控制训练负荷的需要，但目前对此要作出量化评定难度较大，因为篮球运动的竞争，许多动作事先并不是预定的，必须根据对手的表现做出选择性反应。

## （三）训练负荷定量的依据

### 1. 外部负荷指标

外部负荷指标又称负荷的外部指标或外部负荷，包括负荷量和负荷强度。负荷量是指练习的数量指标，负荷强度是指练习对有机体刺激强烈程度的指标。负荷量和负荷强度对有机体刺激所引起的反应是不同的。如机体对负荷量的反应不强烈，比较缓和，则所产生的适应程度也较低，比较稳定，消退也较慢。而负荷强度刺激所引起的有机体的反应比较强烈，则能较快地提高机体各器官系统的机能水平，所产生的适应性影响也比较深刻，不太稳固，消退也较快。

在篮球训练中，负荷量的各个指标测定的方法相对比较简单。如统计一次训练课、一个小周期、一个阶段或一年的训练负荷量，只要记录每次训练课练习的时间、练习的次（组）数、练习的总距离和练习的总负重量，而后加以累计就可以得知单位时间内负荷量的大小。负荷强度的各个指标的测量方法复杂，且相对比较困难。身体训练部分比较容易，而技术、战术训练比较复杂。目前在篮球训练中还没有简单易行的外部负荷指标的测量方法，一般是通过记录技术、战术训练的时间，练习的次数、难度，练习的激烈对抗程度等方法进行量度。

### 2. 内部负荷指标

内部负荷指标是指由于运动员在训练过程中进行各种身体、技术、战术练习，练习的负荷使运动员有机体内发生一系列的生理和生化变化，可以用心率、血压、血红蛋白、血乳酸、尿蛋白、氧债、最大吸氧量等指标去进行测量，从而确定其变化的程度，因此，用内部负荷的指标来测量训练负荷是现代运动训练广泛采用的方法。它能比较科学、准确地反映有机体在负荷时产生的各种变化，从而根据这种变化去掌握训练过程，安排训练负荷。

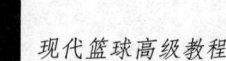

在篮球运动训练、竞赛过程中，通常以心率来作为判定负荷大小的指标。根据篮球训练和竞赛中心率的变化规律，可确定训练负荷的等级。为了更精确地评定训练负荷，可以将平时训练的负荷与竞赛时的负荷（也称"训练负荷""竞赛负荷"）分别进行测量、分析和评价，以使平时训练负荷的安排更接近和符合竞赛时负荷的特征。

### （四）训练负荷量和负荷强度的组合关系

负荷量和负荷强度是互相联系、对立统一的。任何练习通常都是有一定的量就有一定的强度，有一定的强度就有一定的量。在训练过程中通过加量或加强度都可以提高整个训练负荷的水平。然而，负荷量加大了，负荷强度的增加就会受到一定的限制；负荷强度加大了，负荷量的增加也会受到一定的制约。这种限制与制约，与人体运动能力的生理、生化因素有关。在训练实践中加大负荷量就相应减少负荷强度，而加大负荷强度就相应降低负荷量，其组合的一般关系为：最大强度时负荷量最小，大强度时负荷量中等，中等强度时负荷量大，小强度时负荷量最大。训练实践中在加大强度的同时也加大量的情况也是存在的，但要慎重。

负荷因素可以用不同数值搭配和组合形成不同形式的负荷结构，产生不同的训练效果。负荷结构中每一负荷因素的变化，都可以使整个负荷的性质发生相应的变化。由于负荷强度、负荷量等因素的可变性，可搭配组合成许多种负荷结构形式。这些负荷结构形式具有不同的性质，可产生不同的训练适应过程。因此，在运动训练过程中，负荷结构中各种因素的组合方式，应根据训练的任务来确定。

## 二、训练负荷的特征

### （一）负荷水平的极限化

在篮球运动训练中，训练负荷的水平达不到自身承受负荷的最大能力，就不能很好地促进身体机能、技术、战术水平的提高。只有通过各种身体、技术、战术练习给运动员有机体以强烈的刺激，才能引起有机体强烈的反应和产生深刻的变化，才能充分挖掘有机体的机能潜力，以适应运动员参加紧张激烈的比赛和创造优异运动成绩的需要。

### （二）负荷量度的个体化

由于人体的复杂性和个体的千差万别，教练员应该根据运动员的个体情况去确定各运动员和整体的适宜的负荷。

### （三）负荷内容的专门化

根据篮球运动的专项特点确定负荷的内容，使训练负荷刺激具有专门的性质，这就是负荷的专门化。随着篮球运动技术、战术水平的提高，根据专项的特点和供能的特征来进行训练的要求也越高。这种专门化并不意味着只进行篮球运动本身的训练内容，而

是要求所采取的负荷内容能有利于身体素质、技术和战术水平的提高。

### (四) 负荷水平的动态化

运动员机体对训练负荷具有很强的适应性,当机体对原负荷适应后,原负荷就失去了刺激的意义。只有在不断加大负荷水平的情况下,才会使机能能力更进一步提高。不管是对个体还是从负荷发展的总趋势来看,整个负荷都是在动态变化中不断提高的。

## 三、合理的训练负荷

### (一) 合理安排负荷的基本要求

1. 有利于达到高水平的专项竞技能力;
2. 运动员有机体训练负荷的可接受性;
3. 能够促使运动员各种能力产生定向性变化;
4. 训练负荷的量与强度要有适宜的比例;
5. 负荷安排的节奏要保证课与课之间衔接,能产生后续效应。

### (二) 大、中、小负荷的判别

当训练课内容练习手段的特点相当稳定时,可以明显地观察到有机体机能能力表现出来的动态变化。因此,可根据运动员有机体机能活动性的动态变化来判别训练课的负荷。负荷的大、中、小可以客观地按照恢复的时间予以判别。训练课负荷的大、中、小与有机体内环境稳定性的变化紧密联系,并且反映到恢复过程的时间上。小负荷与中等负荷后,恢复过程的时间是几十分钟或几个小时,大负荷则在运动后会有一个较长的恢复时间,甚至可以达到几个昼夜。负荷的大小不仅可以根据生理学和生物学的指标来判别,而且也可以采用其他相对间接但又相当客观的指标来判别。

## 第六节 篮球训练水平的测量与评定

训练水平是指运动员经过系统训练后,有机体对运动训练适应能力的程度。它表现在运动素质、技术、战术、智力和心理素质等方面的发展水平上。运动员或运动队所具有的训练水平,集中体现在参加重大比赛时所创造的运动成绩上。训练水平越高、运动能力越强,运动成绩就越好。运动成绩的取得,通过日常训练,使身体、技术、战术、心理和道德意志品质得到提高,并且和谐地结合在一起,构成夺取胜利的整体因素。为了判断运动员和运动队在某一阶段中的训练水平,就必须组织专门的测量,即对各组织器官、机能系统、运动素质、技术、战术、心理、智能等方面进行测量,并根据测定资料进行分析与评定。

## 一、训练水平测量与评定的基本内容和要求

### （一）测量与评定的基本内容

训练水平是由多种因素组成的，测量与评定的基本内容必须是能反映训练水平的主要因素。这些因素包括运动员的身体形态、机能、运动素质、技术和战术、心理品质与意志品质、智力的发展水平等方面。

### （二）测量的基本要求

1. 采用的基本方法必须具有可靠性、有效性、客观性。
2. 测量的方法应符合篮球运动的要求，并能反映训练水平的主要因素，如篮球运动员跑的特点是短距离多、变速多，以视觉信号为刺激物多等。在选择和设计测量速度的方法时应考虑上述特点。
3. 测量方法与手段要简便易行。
4. 制定测试的细则，严格遵守操作规程。
5. 在安排测量时间时，要考虑运动员的体力情况与精神状态。

### （三）评定的基本要求

1. 对测量的各项数据，必须进行统计学处理。
2. 对各种测量指标要进行综合分析，只有在全面分析各项指标的基础上，才能够对运动员的训练水平作出正确的评定。
3. 确定或制定评定运动员训练的具体标准。评定是通过与标准的对比来判断测定的结果，并对这一结果给以一定的分析与评定。
4. 尽可能地用图表来表示评定的结果。

## 二、训练水平测量与评定的基本手段和方法

### （一）身体形态的测量与评定

1. 身高：篮球运动训练对身高的增长有积极的影响，特别是对青少年运动员更为明显，这个指标可以作为选材的重要条件之一。
2. 体重：在运动训练中，体重的变化是明显的，而且有一定的规律性。通过一次或一周训练课前、后或整个阶段训练前、后的体重测定，可以综合分析训练对机体的影响，还可以观察其适应和恢复情况。
3. 胸围：胸围指标可以用来间接判断运动员的心肺功能。胸围／身高的比值越大，心肺功能的水平越高。
4. 体型：布罗卡指数（$L-100+W$）$D1 \sim 15$ 范围内为匀称，最佳指数男为 $5 \sim 8$，

女为 3～5。L 代表身高，W 代表体重。

5. 腿围（大、小腿围）、臂围（上臂围、前臂围）：腿围和臂围指标可以间接反映上、下肢的肌肉力量，而肌肉力量是速度、弹跳和灵活性的基础。

### （二）身体机能的测量与评定

1. 心率：心率是心脏周期性收缩活动的频率，以次/分表示。测量心率最简易的方法是计算脉搏。脉搏的频率即脉率，在正常情况下是和心率一致的。因此，在运动实践中多用测量脉搏的方法代替心率测定。心率与吸氧量呈线性关系。因此，心率快慢能反映运动量和强度的大小。

2. 血压：血压是大动脉内的血流对血管壁产生的侧压力，它是由心室射血和外周阻力两者相互作用的结果。通常用上臂肱动脉血压代表血压。

3. 肺活量：肺活量是检查人体肺通气功能的指标之一，它是人体尽全力深吸气后，再尽全力呼出的气体总量，即一次深呼吸的气量。肺活量的数值与性别、年龄、身高、体重、肺组织的健全程度以及锻炼水平等因素有关。

4. 血红蛋白：血红蛋白是人体血液红细胞中含有的含铁蛋白质，它的主要生理功能是携带氧气。在运动中人体的氧气供应是否充足，将直接影响到人体的运动能力。因此，测定血红蛋白则成为评定运动员机能的指标。

5. 尿蛋白：尿蛋白是指尿液中的蛋白质。运动员的尿蛋白含量与一般常人无差异。运动引起尿蛋白增加的现象，称为运动性尿蛋白。

6. 血乳酸：乳酸是糖代谢（无氧酵解）的重要产物，在进行肌肉活动时其生成率和训练水平、负荷强度、运动持续时间、糖元含量、环境温度以及缺氧等因素有密切关系。

7. 血尿素：蛋白质和氨基酸等含氧物质在分解代谢中，先脱下氨基，氨在肝脏转变为无毒的尿素，经血液循环至肝脏排出体外。正常人其生成和排泄处于平衡状态中，故血尿素保持相对恒定。运动时肌肉中能量平衡遭到破坏，蛋白质及氨基酸的分解代谢加强，尿素生成增多而使血中含量升高。

8. 心电图：在确定运动员心电图特点之前，首先应查明心电图上的改变是否属病理现象。因为在实践中发现，运动员心电图上的改变很多。

9. 反应时：反应时是指从对感受器施加刺激起到肌肉产生收缩的一段时间。机体的一切生理过程，无不受神经系统的支配与调节。人在运动时，通过运动神经的传导，支配骨骼肌产生相应的动作。反应时越短，机体对刺激的反应越迅速，灵活性也越高。

### （三）身体素质水平的测量与评定

1. 力量素质的测量与评定：可用各种专门的测力计来测握力、背力、上下肢力量。如无测力计，可用引体向上、俯卧撑测上肢力量，用仰卧起坐测腹肌力量。还要结合篮球专项特点测定某些专项力量，如篮球传远可测臂力，投篮的投远、投准（按投篮技术规格要求）可测手腕、指和前臂的力量，可用原地纵跳和助跑摸高测下肢力量和弹跳力。

2. 速度素质的测量与评定：可用专门测定仪器测定视觉反应速度，还可以用100米、200米来作为一般速度的测定指标。还要测定结合篮球特点的专项速度，如30米跑、变向跑、折回跑、短距离滑步和直线、曲线运球等。

3. 耐力素质的测量与评定：可用300米、越野跑作为一般耐力测量指标。可用反复折回跑、反复滑步练习、二人直线全场反复传球练习（如3~5个往返）作为专项耐力的测量指标。

4. 柔韧性的测量与评定：篮球运动员的柔韧性是非常重要的，它可以减少损伤，增大运动幅度。

(1) 肩部柔韧性测量方法：双手握棒或绳向后和向前做翻手动作，根据双手之间的距离评定其肩部柔韧性的好坏。

(2) 髋部柔韧性测量方法：根据劈腿（纵、横两种）以臀部与地面的距离评定其成绩。

为了评定运动员身体训练水平，需运用统计等标准百分法或累进计分法专门的评分表，根据测定所得数据查表，即可评定其训练水平。

### （四）技术水平的测量与评定

1. 基础技术水平的测量与评定：研究表明，采用以下几项测验，能够比较准确地反映篮球运动员的基础训练水平，这些项目有：

(1) 跨步双脚起跳摸高（简称摸高）；
(2) 十点二十次跳投（简称跳投）；
(3) 对墙双手胸前快速传接球（简称传球）；
(4) 综合运球（简称运球）；
(5) Z字形跑（简称Z形跑）；
(6) 防守脚步移动（简称脚步移动）。

2. 攻防技术的测量与评定：篮球攻防技术的测量与评定，在实际当中主要是根据比赛的技术统计来进行。

(1) 比赛效率：指一名队员或全队在比赛中的效果。凡投中1球、罚中2分、抢到1次篮板球、抢断1次球、1次助攻、1次协防等，各计正1分。1次失误、违例、失守等各计负1分。正分加负分除以该队员上场时间（以分钟为单位），就是该队员的比赛效率。其计算公式为：

$$个人效率数 = \frac{（个人正分）+（个人负分）}{该队员上场时间}$$

$$全队效率数 = \frac{（全队正分）+（全队负分）}{200分钟（一场比赛时间）}$$

(2) 投篮次数：指一场比赛中某方投篮的累计数。比赛中投篮次数的多少，决定着比赛攻守速度的快慢，以及失误次数的多少。比赛速度快，攻守回合多。失误少，则投篮次数多；反之，投篮次数就少。

(3) 投篮命中率：是指投篮次数和投中次数之间的比值。其计算公式为：

$$投篮命中率 = \frac{投中次数}{投篮次数} \times 100\%$$

(4) 罚球命中率：是指罚球次数和罚中次数之间的比值。其计算公式为：

$$罚球命中率 = \frac{罚中次数}{罚球次数} \times 100\%$$

(5) 篮板球获得率：是指本方获得篮板球次数和双方总篮板球次数间的比值。其计算公式为：

$$篮板球获得率 = \frac{本方获得篮板球次数}{本方获得篮板球次数 + 对方获得篮板球次数} \times 100\%$$

(6) 进攻成功率：是指积分与进攻次数之间的比值。其计算公式为：

$$进攻成功率 = \frac{总积分}{进攻次数} \times 100\%$$

(7) 防守成功率：是指比赛中防守次数与防守成功次数之间的比值。其计算公式为：

$$防守成功率 = \frac{防守成功次数}{防守次数（对方进攻次数）} \times 100\%$$

(8) 助攻：是指某队员在持球时或运球过程中，以巧妙的传球协助同伴创造的较好的投篮机会。助攻次数的多少，反映了队员技术掌握、运用能力及配合意识的强弱。

(9) 失误和违例：控制球的队员由于个人行动不当而失去控球权，为该队员失误或违例。失误和违例次数的多少，反映了一名队员或一个队技术水平的高低以及在对抗激烈的竞赛中运用技术的能力。

(10) 抢断球：是指防守队员从对方手中抢到球、打掉球或截获传球后控制住球。抢断球次的多少，反映了一名队员在防守过程中，防守的积极性、主动性和攻击性的程度。

### （五）战术水平的观察与评定

主要是根据比赛中运动员战术行动的合理性和所起的作用进行评定。

1. 进攻方面：个人攻击意识和能力，配合意识和能力，调整位置、助攻传球意识和能力等。

2. 防守方面：防守的策略和攻击性，协防意识和能力。

### （六）心理机能水平的测量与评定

#### 1. 运动焦虑的测量

运动焦虑产生时常伴随着不同的心理和生理反应，如思维混乱、注意力过度狭窄、感知觉迟钝、表象模糊、想像力缺乏、心跳加快、血压升高、呼吸深度加强、肌肉颤抖、出汗、尿频、失眠、无食欲等，因此，对焦虑的测定可以采用多种方法，目前常用的有：

(1) 脑电测量。以放松与紧张时脑电图中的阿尔法波与贝塔波的变化进行测量，以鉴定焦虑及焦虑的程度。

(2) 皮电测量。人在紧张时，毛细血管收缩，汗腺活动增强，皮肤出汗，从而产生皮肤电阻变大、电流量增高的现象。通过对皮肤电的变化就可以对焦虑进行测量。

(3) 肌电测量。心理紧张还会伴随有肌肉紧张的变化。通过肌电的测量可以发现运动员的心理紧张状态。

(4) 生化测定。人在紧张时，某些腺体分泌的激素（如肾上腺素、去甲肾上腺素）就会增加，在血和尿中可以测得这些变化。

(5) 心率测量。心跳加快，心律不齐等变化都是焦虑增加的表现。

(6) 血压测量。血压升高是心理紧张的表现之一。

(7) 问卷调查。用设计良好的问卷对运动员在赛前或赛中的状态焦虑感受进行书面调查，以诊断和鉴定运动员的焦虑水平。

### 2. 反应能力的测量

(1) 落尺法。主要测试运动员的视动反应。此方法的优点是简单易行，不足是准确性稍差。

(2) 神经机能测试法。此方法可以测试运动员的简单反应时（光反应时、声反应时）和选择反应时。简单反应时主要是测试被试者对简单刺激做出快速反应的能力，选择反应时主要测试被试者对某一刺激从多种刺激中选择出来并做出快速反应的能力。

(3) 综合反应测试法。主要测定运动员视觉—动觉调节，手、脚协调配合反应的敏捷性和准确性。

### 3. 肌肉用力感觉的测试

肌肉用力感觉是肌肉收缩的程度在大脑中的反映，它是运动技能形成的最基本的心理成分，是准确地完成技术、提高技能质量的保证，是发现和纠正误差的必备前提。肌肉用力感觉的测试一般都是在遮眼排除视觉的情况下复制出指定的肌肉用力，复制的误差越小，肌肉感觉越准确。

### 4. 动觉方位测试

动觉方位指的是大脑对躯干和四肢位置变化的反映。动觉方位感受性也是运动技能形成、改进和提高的心理因素之一，对运动员准确地完成动作有重要意义。动觉方位感受性的测试主要是在排除视觉的情况下根据动觉表象进行的。目前，国内采用较多的是用动作方位测量仪对运动员臂和腿动觉方位准确性进行的测定。

### 5. 深度知觉测试

深度知觉是人脑对知觉对象的深度与主客体的距离的反映。深度知觉是以视觉为主，并由动觉和视觉的协同活动来实现。在篮球运动中，运动员对知觉对象的判断能力具有极其重要的意义。因此，深度知觉可作为选择和诊断篮球运动员心理素质的一个指标。深度知觉准确性的测试可用深度知觉测试仪进行。

### 6. 注意分配的测试

篮球运动员不仅视野要广阔、注意范围要大，而且要有比较强的注意分配的能力，要具备在同一时间内将注意分配在球、攻防队员的位置与意图等活动的能力，合理地完成传、接、运、投、突等技术动作。注意分配能力的测验可用注意分配仪。

### 7. 操作思维的测试

操作思维是运动员在完成技、战术过程中所进行的思维，它是篮球运动员能否有效地完成技、战术配合的一个重要保证。操作思维的测试主要采用三筹码的方法进行，主要测量运动员操作思维的准确性和敏捷性。

# 第八章

# 篮球基本功训练

## 第一节 篮球基本功概述

### 一、基本功的概念

篮球基本功是指繁多的各类篮球技术动作中有共性的、基础性的、关键性的技能。它存在于各项基本技术之中，在比赛中通过运动员运用技术、战术的实战过程表现出来，所以它是篮球运动员必须掌握的基本技能。

万丈高楼从地起，关键在地下基础坚实。优秀篮球运动员所以能达到世界级最高竞技水平，就在于他们首先是一名基本功底深厚的运动员。可以说，基本功扎实的运动员才有可能攀登世界篮球竞技高峰，形成自己的技术特长，也才能延长运动寿命。

篮球基本功可分为手功、脚功、腰功、眼功，它们之间既是相辅相成互相关联的，又是相对独立的，并且各具个性和形成自己规律的特点。

### 二、基本功的作用

#### （一）有利于全面掌握篮球技术

由于篮球基本功是篮球技术中带有共性的技能，它与各类复杂的篮球技术有着直接关系，所以从复杂的事物中找到共性的内容，也就是抓住了事物的关键。具有较好的基本功训练的基础，必然会为掌握各类篮球技术起到积极的促进作用。而熟练地掌握篮球的各类技术，是组织多种多样战术所必须具备的条件。比赛的双方是通过各自不同的战术方法来达到相互制约战胜对手的目的，而要实现战术目的，关键是提高掌握基本功和各类技术的质量。

#### （二）有利于形成特长技术

基本功是掌握全面技术的基础，而特长技术是在掌握全面技术的过程中逐渐形成的。只有在具备全面技术的基础上形成的特长技术，才能在实战中根据自己的特点和球场上的变化，创造性地应用和发展创新各种变异性的动作，显示出灵活多变的威力。

### （三）有利于避免运动性损伤

篮球运动是一个对抗性较强的项目，比赛中出现一些创伤是很难避免的。但从实践中可以发现，具有扎实基本功功底的运动员，由于他们在基本训练中掌握技术结构合理、身体的灵活性和协调性都很突出，在比赛中可以运用灵活的脚步动作避开冲撞，在确实遇到难以闪躲而被冲撞时，在倒地的瞬间他们也可以运用协调、灵活的自我保护动作来减缓撞击的力量，避免或减轻伤害程度。

## 第二节 篮球基本功训练的内容

篮球基本功训练的内容包括三大部分，即专门动作及质量、专门意识及反应能力和专门素质及实际水平，它们又分别包括较多的具体内容。基本功训练内容的三大部分既有区别又有联系，它们相互影响、相互制约、相互作用，又与篮球运动训练的其他内容有着密切的联系。

本节就"专门动作及质量"训练内容作较详细说明，专门意识及反应能力和专门素质及实际水平将在其他章节中论述。

篮球基本功训练内容如图8-1所示。

### 一、手 功

手功是篮球运动员在掌握和运用传、接、投、运、抢等基本技术时，双手对球体的大小、重量、软硬度、弹性等的特殊适应能力及控制球和支配球的能力，特别是手指、手腕的集中爆发用力的能力。在现代篮球比赛中，高难度的投篮、绝妙的传球和多变的运球技术，要求运动员手控制球的能力要强，支配球的方法要多，运用与应变的技巧要高，这就需要有扎实的手上基本功。手上的功夫是篮球基本功的关键内容。运动实践证明，运动员除要具有高度的篮球专门意识修养和体能素质外，手指指端触觉感应力和手指肌肉的弹性、关节的灵活性和韧带的柔韧性都要好，手部各肌肉、关节、韧带在几个技术环节组成一个完整动作的过程中，综合协调身体各部位用力的特殊能力要强。手的活动能力强，就能合理地掌握球体的性能和运动规律，随时调节用力的部位和力的大小，以控制球体飞行的方向、距离、角度、路线、弧度和速度，从而达到目标准确。为了有助于探讨篮球运动员手上基本功训练的科学体系、内容和方法，在总结国内外优秀教练员和运动员对手上基本功训练的实践经验的基础上，可把手的基本功归纳为"三功""五类""十八式"。"三功"即指功、腕功、臂功，"五类"即传、接、投、运、抢五类手上攻守技术动作，"十八式"即寓于"三功""五类"动作之中的仰、翻、转、抖、拨、弹、点、抄、展、摆、屈、勾、拍、推、抓、拉、打、挑技术环节。其中

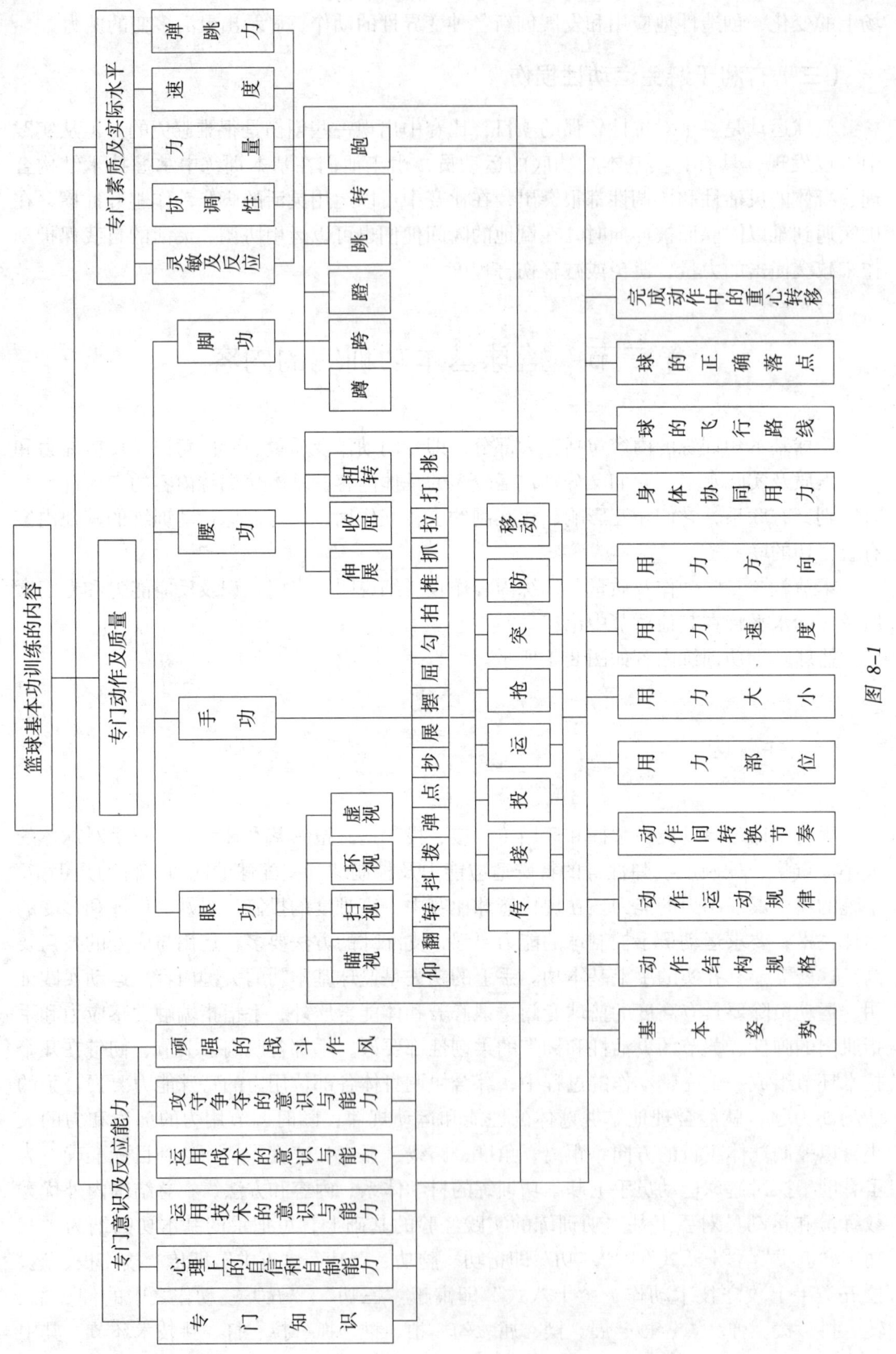

图 8-1

手指功的感应力和弹拨动作、手腕功的灵活翻转动作、手臂功的柔韧展摆动作，以及它们的专门力量，则是手上基本功的关键环节。

由于"十八式"中像手腕功的仰、翻、转、抖、屈，手指功的拨、弹、点、抄，手臂功的展、摆、屈等，在运用中并不是以单一的动作出现，而是伴以指、腕、臂三部位的几个环节相结合和衔接，才能做出传、接、投、运、抢等不同的技术动作，而且有时各技术环节在快速衔接中其分辨度又甚微，如手指的弹与点，手指与手腕的屈、抓、勾等，所以我们把"十八式"技术环节分为六组，即仰、翻、转，抖、拨，弹、点、抄，展、摆、屈、勾，拍、推、抓、拉，打、挑。

### （一）仰、翻、转

仰、翻、转是属于手指、手腕和手臂紧密衔接不可分割的技术环节，通常又与手指的弹、拨、抄、点，以及手腕的仰、屈、展等技术环节组成不同方法的接、传、投、抢等完整动作。它体现在双手胸前传球、运球推进时的仰腕翻转抄球和推点传球、双手胸前投篮、行进间单手或双手的低手投篮、单手反手投篮、双手抢球等技术动作中。翻、转动作以双手胸前传球的翻、转动作为例，传球时要以手腕外翻带动前臂转动，即翻腕时大拇指迅速弹拨，给球以初速度，同时手腕主动向前伸展，前臂内转，肘关节根据传球的距离向出手方向做不同幅度的伸展动作。

翻腕时要有力，前臂转动时肘关节要前送。指、腕、臂各部位在翻、转过程中要连贯、柔和、一致。

### （二）抖、拨

抖、拨是手腕与手指部位两个不同的技术环节。抖是指投篮或传球时手腕短促用力的爆发性动作，它微妙地寓于手腕与前臂的翻转动作之中，是内含的用力动作。拨是投篮和传球中手指出球时的特殊用力方法，是比较明显的一种表象性的用力动作。抖腕的快速有力为指拨动作奠定了发力的基础，而手指快速柔和的弹拨能力，有助于加快抖腕的速度。所以说抖与拨是紧密衔接的广泛寓于传球、投篮、盖帽、跳球、变向运球等各种完整动作之中的重要技术环节。而手指的弹拨更起着调节力量、控制和支配球体运动的关键作用。

### （三）弹、点、抄

弹、点、抄是三个手指部位的技术环节，广泛应用于传球、投篮、补篮、跳球、抢篮板球等动作之中。在具体完成动作过程中，通常与手腕的翻、转、抖、屈，手指的拨、抄、推、拍，以及手臂的屈、展、摆等技术环节连接成各种完整的攻守动作，如运球中的弹点传球、翻腕摆臂抄手传球、弹点补篮和跳球弹拨等。

弹与点两个技术环节区别甚微，紧密相连而不可分割，往往又与指拨连贯在一起，组成投篮和传球的最后出手动作。按动作的运动规律来说，拨弹动作在前，靠手指屈伸的弹力给球力量，而点的动作是弹击动作的后继，主要是当球离手前一瞬间用食指、中指指端部位，加力点球使之加速运动。而抄接球和抄传球及抄抢篮板球时，手指要尽量

张开，以扩大与球体的接触面，有助于单手控制球，同时前臂与手腕转翻要迅速，以带动整个手臂的充分伸展。

注意手指由自然弯曲到快速伸展，要既柔和又有力。球离手指指端一瞬间要主动弹点球，以求加速和调节球体运动。抄手接传球和抢篮板球时要注意手指、手腕的抓勾与手臂的屈收或挥摆动作有机结合。

### （四）展、摆、屈、勾

展、摆、屈、勾是由指、腕、肘、肩各部位关节参与活动的技术环节，也都是传、接、投、运、抢等各类手上动作的技术基础。如抢篮板球、跃身抢断球和投篮时手指的拨、弹、点等动作，都要求肩、腕、指各部位关节和韧带的充分伸展，以扩大控制球和控制空间的面积。而运球中的方向、高度、速度、距离的变化，既要靠手指与手腕的屈伸，又要靠手臂灵活地做不同速度和幅度的屈伸动作来合理调整。在投篮出手一瞬间，手腕柔和前屈与手指弹拨，更是调节球体运动的重要因素。

展、摆、屈、勾四个技术环节通常以成串动作来反映。它们的共性是肩、肘、腕、指各部位关节的灵活性和协调性。展时关节要放松，尽量使手臂展开伸直。摆时要靠手臂展开伸直后肩、肘关节的高度灵活性，既要摆得快又要摆得宽，以使手臂伸展后的制空面大。屈收时主要靠上述手部四个关节有力而快速地收缩，相比展与摆而言，屈收时的关节处于稍紧张的状态。勾时主要靠指端的控制力，与指根部位的关节及手指、手腕前屈后与前臂形成的钩形角度，角度愈小，手指和手腕的韧带就拉得愈长而关节相对愈紧张。其中展与摆的动作幅度和速率、屈与勾的力量与角度，对完成上述四个技术环节的质量起着决定性作用。

### （五）拍、推、抓、拉

拍、推、抓、拉也是由肩、肘、腕、指各部位关节参与活动，由手指体现控制与支配球能力的技术环节。主要应用在运球变化速度、高度、节奏、方向、落点等过程中。例如：拍是一切运球技术最基础的动作，推是运球加速推进的关键，抓与拉是改变方向和节奏的主要环节。因此，正确熟练地掌握上述四个技术环节，又能与手指的拨、弹、点、抄等协同运用，有利于全面掌握传、接、投、运、抢等各类技术动作，也就能更好地促进手指感应力和控制与支配能力的提高。

拍击球时手指要自然弯曲，以手腕柔和屈伸，带动肘关节和前臂转动，并以手指指根以上部位拍击球的不同部位；推球时手腕要稍仰起，并主动向运球前进方向送腕，以带动肘关节和前臂前移，使推球的力量加大、速度增快；抓与拉是靠手指末节的用力抓球和手腕自然弯曲的动作将球勾抓住，并与前臂快速拉收及脚步移动相配合，来调节运球前进的速度与方向。所以在用手指与手腕勾抓球时，要注意及时改变手指触球的部位，并相应减慢移动中的前冲速度。

### （六）打、挑

打、挑是防守中常用的两个攻击性较强的手上动作，例如对运球或原地持球队员以

及投篮队员进行干扰和破坏。

挑球时要结合短促快速的箭步移动靠近对手,同时迅速伸臂,用手指与手腕屈伸的动作(掌心向上,用手指屈收挑球;掌心向下,用手指、手腕屈压打球)将对方手中的球打掉。

打、挑球时判断要准确,移动要突然,展臂要快速,指腕动作的幅度要小而有力,并不失身体平衡。

## 二、脚 功

脚功是指在完成篮球各种移动的基本技术的过程中,最基本而有关键性的脚部和腿部的动作技能,它是一种转移身体重心、变化速度和身体方向的脚步的控制能力,也是双脚自由支撑和改变身体在地面与空间的位置,维持身体平衡的特殊技能和能力的总称。

篮球运动虽然是一项展示多类手上动作的技艺,但现代篮球运动已是一项全方位的动态性活动,在比赛攻守对抗中争夺主动权的主要手段是速度,高强度下的高速度攻防依靠扎实的脚上功夫。速度是竞技运动的一个标志,提高移动速度则是提高全面速度的基础。兵家说"兵贵神速",篮球比赛中同样只有利用自身速度来制约对手的速度才能取得比赛中的主动权,只有脚上基本功多样而扎实才能在进攻时摆脱对手的防守,在防守时才能控制对手的移动速度,而不被对手甩掉。尽管现代篮球运动在高度上非常重视保持制空的优势,但事实证明只有在比赛中将高度与速度相结合,高度才能显示出更大的威力。篮球运动在竞赛中要求的速度最突出的特点是:不同的步法、不同的频率、不同的节奏、不同的方向、不同的姿势,要求起动快、急停快、变向快、起跳快、转身快。在攻守对抗中,双方在速度上争夺的只是一肩半步的优势,脚步移动的快慢很关键。由此可见,脚上功夫是关系到能否掌握全面攻防技术的带基础性和全面性的问题。

从篮球技术结构来看,几乎所有的篮球技术都是由脚步和手法这两个关键部分紧密结合构成的,但脚步又是手法的基础。正如习武人所说:"脚不稳,事则乱。"脚步动作正确熟练与否,不仅影响着手上的动作质量和变化能力,而且更影响着各项技术之间的衔接效果。可以说,脚步动作是篮球技术的基础,具有灵活快速的步法,才能掌握快速、灵活的技术。脚步基本功包括蹲、蹬、转、跨、跑、跳。

### (一)蹲

蹲是指运动员在球场上屈膝、弯腰的蹲身姿势。保持正确的攻守姿势,是比赛中争取时间、抢占地面与空间位置、随机变化行动和维持身体平衡的重要保证。

蹲的姿势应是两脚左右(或前后斜线)开立约同肩宽,用脚掌内侧着地。两膝微屈稍内收,膝关节与脚尖方向基本一致。抬头含胸上体略前倾,眼睛环顾四方。两臂自然屈肘置于体侧,身体重心的投影落在两脚之间。这种姿势实质上是既能保持稳定的身体重心,又能快速移动、转移身体重心的一种最佳准备姿势。在训练中,首先应把降低重心和转移身体重心放在主要位置。一名篮球运动员如果身体重心降不下去、重心转移迟缓，他就很难适应篮球比赛中快速、多变的战术要求。要想保持身体在快速多变跑动中的稳定性，只有在低重心的情况下才可以实现。转移重心是改变动作、决定变速变向的关键环节，在篮球技术中，身体重心的转移分左右转移、前后转移、上下转移。

例如：通常防守持球突破和运球队员时，双膝弯曲度略大些，重心要低，两脚开距应稍宽，上体前倾角度要大些；防守投篮队员时（特别是处于防内线的投篮队员时），膝曲度则稍小，重心略高，两脚开距更有针对性，上体应稍挺直；通常在进攻中做运球或持球突破时，膝曲度稍大，重心要低，两脚开距也应稍宽；在外围做投篮动作时，膝曲度则稍小，上体略挺直，重心可稍提高，两脚的距离既要考虑到投篮攻击，又要有利于转换移动动作。在做双脚一步急停接球后，运用交叉步或顺步突破时，身体重心主要是左右转移的。然而无论做任何一个攻击动作，蹲身姿势都不能过死，脚掌和踝、膝等腿部各关节，都要始终保持富有弹性的机动状态，以利于应变地向不同方向、位置迅速起动和转移身体重心，变换动作。

## （二）蹬

蹬是寓于跑、跳、停、转、滑等各类移动步法中的一个微妙的内含性技术环节。它是一切移动步法起动的发力基础。蹬地时要充分运用下肢的力量给予地面作用力，地面又给人体一个大小相等、方向相反的支撑反作用力来推动人体的各种位移。它是位移的决定性动作环节，是各种移动步法的发力基础。蹬地虽然只是前脚掌最后对地面施加力的动作环节，但它需要整个下肢（髋、膝、踝各关节、肌肉的工作）以及腰胯和全身的协调配合来加大蹬地对地面的作用力，并获得地面的支撑反作用力克服人体重力和惯性力，保证人体重心的迅速转移和各种位移的变化。脚的不同部位的用力，影响人体重心转移和位移的方向，蹬地力量的大小决定人体运动速度的快慢。如：比赛时由于要随时改变跑动的方向达到攻守战术的目的，在变向时双脚蹬踏用力主要是前脚掌内外侧的侧蹬动作，在侧蹬时身体向另一侧倾斜的角度越大，身体重心也就要越低，做弧线跑时，内侧脚用的是前脚掌的外侧蹬踏地面，而外侧脚用的是前脚掌的内侧蹬踏地面。

## （三）转

转是借助支撑腿与摆动腿协同蹬碾地面而转动身体改变位置的一种专门性动作，也是在篮球攻守技术中运用最为广泛的动作。利用身体的转动来改变身体方向作为完成下一个动作的过渡手段。转时要求既快又稳。转动得快从理论上讲是缩短旋转的半径，但为了保持一定的稳定，在转动的过程中，髋、膝、踝关节都要保持一定的弯曲度，以降低重心，身体不可上下起伏波动。必须特别注意要运用前脚掌作为转动的轴，绝不可以用脚跟做轴。

转动技术动作难度较大的是，快速跑动中急停前转身折回跑（也称往返跑），对这样一个最基本的转体动作，也不能忽视技术规范细节的要求：在急停转身前的第一步，上体稍向后仰，同时身体重心下降，脚尖转向 50°~70°，而在第二步踏地时已完成 180°转体，面向返回方向。

### （四）跨

跨步动作是在抢前占位的急停变向中经常运用的步法。它是指两腿之间跨出去的角度、幅度及速度。在实战中，为争取攻守的主动权，双方争夺的是时间和空间。在此时间上要夺得优势，就必须起动要快、变向要快、急停要快、持球突破要快等等，这在一定程度上取决于"跨"，如果跨不出去、跨得太小或太大或跨的速度太慢，都不能很好地完成这些技术。如边线跨步单脚急停接球后顺步突破的衔接动作，以及在各种情况下抢前跨步接球与后转身突破等，这些技术动作的质量都取决于：第一是接球后重心要低，跨步要有一定的幅度，跨得出去；第二是动作衔接要紧密，要有速度的变化，只有这样才能在实战中占有一肩半步的优势。

### （五）跑

跑是比赛中争取时间、争抢时间、改变身体方向位置、摆脱或控制对手，以及协同组成攻守战术配合的主要手段。跑动中两膝自然弯曲，身体重心自然降低，上体稍前倾，用全脚掌或前脚掌着地。两臂要自然协同快速摆动，眼睛要环视球场四周。

篮球运动由于受场地面积的限制和战术组织的要求，在攻守对抗过程中，较长距离的直线跑动是很有限的，而绝大多数的情况是快速起动、快跑、急起、急停、曲线跑、变向跑、侧身跑、转体跑，相当多的情况是 6~8 米弧形线上的跑动，这是篮球运动在竞赛中的一个突出的特点。所以，为适应多种类型的跑，篮球运动员在场上跑时重心不宜太高，而要相对保持较低重心，平稳地跑动。

### （六）跳

跳同样是比赛中争取时间、控制空间与地面位置的重要移动手段。特别是现代篮球比赛空间争夺与空间配合十分激烈和微妙，运动员跳起制空能力的强弱，既是衡量专项体能训练水平高低，又是预测能否掌握与运用高超技术展开全面抗衡能力的客观标志。在比赛中必须要求运动员连续不停地、不加手臂摆动地起跳去争夺空间优势，有时又要求运动员不加助跑的、原地单脚或双脚向上方或向侧方起跳去封盖或抢断球，有时又要求运动员在起跳后腾空或飞越时完成各种技术动作，这些都是篮球运动本身的特点所决定的，因此，跳在基本功中是不可忽略的。

## 三、腰　功

腰功是指在各项篮球技术中，用腰部动作控制身体平衡和掌握重心转移去完成各类相关篮球技术的能力。腰是支持人体运动的主干，它起着联系上体与下肢进行整体活动的枢纽作用，也是调节人体各部位综合用力、控制身体平衡、转移重心的重要环节。特别是随着现代篮球比赛对抗强度的不断提高和高空技术与战术的进一步发展，要求运动员在掌握运用技术、战术和抢占地面位置及争夺时间与空间优势时，都要依赖于腰腹部强劲的爆发力、柔韧性和灵活性。

腰功可归纳为伸展、收屈、扭转等动作。

### （一）伸　展

伸展是腰、胸、腹、背综合用力使上体自由向前上方伸展的专门动作。伸展能力对一名篮球运动员来讲具有特殊的重要作用，这是由篮球运动项目的特点决定的。因为众多的技术动作都对运动员的伸展能力提出了较高的要求，如高空篮板球争夺和空中扣篮、防守中抢断球、各种投篮和接传球技术动作，没有较好的伸展能力就很难达到技术动作的规范要求。

### （二）收　屈

收屈是腰、腹、背综合发力收腹、含胸、弯腰的动作。它与腰的伸展能力有同等重要作用。腰腹部的伸展与收屈能力对扩大地面与空间的控制范围，提高各种攻守动作的爆发力和柔韧性，都起着决定性作用。如抢篮板球的运动员在做各种技术动作时，躯体最大限度地伸展和收屈，既要伸得出去又要收得回来，是体现篮球运动技术较为突出的特点。再如在接球的瞬间跨出一大步，此时身体的有关部位肌肉要放松达到伸展的要求，但在接球后，腰腹要迅速收屈降低重心，双腿弯曲，保持稳定的基本姿势，为下个技术动作做好准备，并迅速过渡到下个技术动作。腰部的收屈与伸展是相互交替的过程，它在调整、维持身体平衡和衔接技术动作中具有主导作用。

### （三）扭　转

扭转是靠腰、背部突然发力扭动上体，使身体前后左右变移方向和位置的动作。人体的任何转动，在脚掌蹬踏地面的同时，必须用腰腹扭转带动身体，尤其是后转体，运用腰腹力量显得最为突出。而转体动作在篮球技术中运用得最为广泛，基本功的质量在很大程度上是取决于腰腹的技能。

## 四、眼　功

眼的基本功是指运用眼睛观察及运用眼角余光扩大视野的能力。表现于视觉的准确性，视野的广阔度和了解全场情况的速度。它反映出篮球运动员的一种特殊的观察能力。观察得准确、范围大、内容多，也就得到的信息准确，就越有助于决策。眼的基本功可分为瞄视、扫视、环视、虚视。

### （一）瞄　视

瞄视是篮球运动员必须最先掌握的一种最基础的短距离迎面观察物像的视觉技能。它的特点是视物距离较近，并相对固定，正面对物像。主要运用于定位、定点投篮时对篮圈、篮板的瞄准，或应用于对近身攻防队员的观察。

根据比赛中运动员瞄视的特点，可以分为瞬时瞄和定时瞄两种形式。

瞬时瞄：是一种极短时间内不眨眼的迎面观察法。它主要运用于比赛中持球与不持球队员，在大强度、高速度对抗条件下，一经捕捉到投篮时机，即瞬时对视物（球篮、篮距、对手、同伴）作出完整准确的视察判断，并果断决定自己投篮方式，出手角度、速度、力量、抛物线等投篮技术的合理运用，以及其他生理与心理行动上的调整应变。而这种由最初对象的瞄视观察判断，到最后作出投篮行动决断的全过程，只是稍纵即逝的一瞬间。

定时瞄：是一种相对有一定时间去注视物像的迎面视察法。通常用于罚球和获得充裕时间从容投篮时。由于定时瞄视物的时间较长，视速反应相对缓慢，物像就较清晰地集中在两眼的视网膜上。为此，对初学者和青少年进行视觉训练时，可从定时瞄开始打下瞄视基础，掌握瞄视要领，并逐渐对球场上不同位置、角度和距离的视物（人、球、篮）建立起牢固的视觉条件反射，不断提高视觉反应速度。

瞬时瞄和定时瞄的区别在于瞄视时间的长短和决断行动速度的快慢。

### （二）扫　视

扫视是篮球运动员一种特殊的视距较远、视速反应较快的视觉技能。随着现代篮球运动攻守转化速度的全面提高，在几秒钟内往往会出现两个以上的攻守回合，因此，在攻守转化的一瞬间，运动员扫视观察能力的强弱，便直接影响攻守转化的速度。扫视观察速度快、判断准，能及时做出反应行动，那么必然有助于攻守转化速度的提高。尤其当突然改变视察方向和视察对象时，扫视观察便成为运动员瞬间捕捉攻守战机和观察物像的主要手段。

例如：在由守转攻的一瞬间，转攻的队员为了迅速地组合并布置力量，就必须通过每名队员快速的直线平面扫视，来协同掌握转防对手的撤防布置和他们各自的行动踪影，以此及时相应作出自己的进攻方向、移动路线、协同配合的形式和结束进攻的点与面的连接的选择。扫视观察技能对中锋队员具有更为重要的战术意义，由于他们相对占有一定的身高优势，又身处近篮区，扫视观察能力便成为他们能否以身高优势去为全队创造更多攻守优势的重要保障。

再如：从由攻转守来说，扫视还是瞬时掌握对手进攻动向、缩短撤防布置时间、及时采取防守对策和达到全面瓦解对方进攻设想的关键。尤其在采取全场紧逼时，扫视观察判断的反应能力，是及时控制对手和变防守中被动为主动的重要保证。扫视快、视野宽、判断准才能对被防对手的行踪看得清、追得紧、控制得严。

### （三）环　视

环视是篮球运动员在比赛过程中运用最多，并最富有攻守性的一种以两眼视轴共转地迅速移动视线，环顾视物的视觉技能。它的特点是：主要依靠两眼视轴共轭过程中的眼角余光，在同一时间内环视多点和多面，而这种环视观察，仅仅把物像的形影和衣服的色彩作为视觉反应的依据。因此，环视被运动员广泛运用于攻守争夺的全过程。

例如：在防守无球的进攻队员时，为了避免因转体扭头导致不能遵循"他、球、我"三兼顾的防守原则，因此，绝大部分时间内都应采用眼角余光去环视物像，借以调整防守位置和行动。同样，进攻队员无论在做传、投、运、突动作，还是在做不持球进攻的跑位、摆脱、空切、掩护、策应、冲抢等攻击行动，也主要依靠环视观察来捕捉战机。正如某些运动员进行传球助攻时，为了避免暴露助攻目标，也总是以余光环视主攻目标，以眼球正视伴攻方向迷惑对手，从而形成一点多面的视野范围，以便捕捉更多的助攻机会。

### （四）虚 视

虚视是基于上述三种观察技能的一种综合性的应变性视觉技能。即借助眼睛的斜、转、睁、眯等动作，与面部、腰部、手部、脚部的各种动作结合，使对手真假难辨，从而主动制造出种种攻守机会。如进攻时"视东击西，视人袭球"、防守时"视前防后，视上堵下"等，这便是有声有色的眼睛假动作攻击。然而这一视觉技能的形成，除了进行必要的专门性训练外，更多的是靠运动员积累比赛中的经验。

## 第三节　篮球基本功训练的方法

### 一、手功训练

#### （一）双、单手持球翻转手腕、手指练习

1. 双手胸前持球，肘自然下垂，上臂靠近胸两侧，运用肘关节做轴，前臂轻微向前推动时，双手手腕翻起；当前臂向后收回时，双手手腕复原。运用前臂的反复前后推拉，练习手腕关节翻动的灵活性。

2. 双手头上持球，手腕翻起，运用上臂向上伸展推动前臂，同时手腕借用手臂力量翻起，轻轻地将球推出，离手 10~20 厘米，然后双手仍在头上接到球，继续反复练习。

3. 两臂侧平举，手心向上，右手持球，主要运用手指、手腕力量将球经头上轻轻传到左手，在传球用力时，肘关节一定要伸直，强制运用手腕、手指力量将球传出。

4. 单双手对墙传球：面对墙 50 厘米站立，运用单手或双手持球，举球高过头部，迫使手腕翻起，主要运用手指、手腕力量轻巧地向墙上连续传球。

5. 单手持球滚转：将球托起过头，运用手指、手腕左右转动力量，使球在手掌上左右滚转。左右手交替做。

6. 单手直臂持球手腕反转练习：单手持球，手臂向同侧伸直，手腕做反转动作。注意手指、手腕要控制住球，防止球掉下。

7. 胯下前后反弹抓球：双腿分开站立，双手持球于体前，用手指、手腕的力量使

球经过胯下反弹传向体后，双手在体后接球后。用同样的方法，将球经胯下反弹传向体前，双手在体前接球，连续反复做。

8. 跨步胯下内8字、外8字绕球：向前做行进间跨步，同时用单手将球从前跨腿的内侧（内8字）或外侧（外8字），在胯下将球交递给另一只手。左右连续交换做。要求单手接球后顺势向同侧后上方摆动，幅度越大越好，这时手指、手腕一定要控制好球，全身协调用力。

跨步可向前做顺步，也可向左右做交叉跨，以加大难度。

## （二）运球练习

1. 变速运球：身体重心下降，手臂伸直，只限运用手指、手腕轻巧快慢结合地变速运球。球的反弹高度限制在5~20厘米之间。

2. 体前左右推拉运球：先在原地用右手运球，球的反弹高度在50厘米左右，运用手腕力量向左推球，然后及时转动手腕将球拉回到原地，球在左右移动过程中始终控制在体前80厘米的范围内，运用手腕的连续翻转将球控制在体前左右移动。

3. 体侧前后推拉运球：开始用右手在身体右侧运球，然后手腕仰起推球向前，再迅速屈腕将球拉回原位。运用手腕的连续屈伸使球在体侧前后移动。

4. 胯下左右手8字运球：两脚左右分开比肩稍宽站立，重心下降，右手体侧运球，右手臂向体后绕，同时运用手腕翻转动作将球通过胯下反弹到身体的左前方，左手接球后继续在身体左侧运球，而后左手臂向体后绕，运用左手腕的翻转动作将球再通过胯下反弹到身体的右前方。

5. 行进间左右手交替运球抄球：向前跑动中用右手在身体右侧运一次球后，随着身体向前移动，迅速用右手将球抄起，交给左手向左做同样的动作。左右交替进行。注意运球不宜过高，抄球要快。

6. 原地左右手向左右两侧大跨度地运抄球：原地持球，两脚左右开立，成基本姿势，左手在身体左侧运球一次后迅速将球抓抄回来交给右手在身体的右侧运球一次，右手向右做同样的抓抄动作。左右反复交替做。要求运球时手臂尽力向身体的左右伸展，抓抄球时要利用手指、手腕、前臂依次卷曲的动作将球收回到胸前交另一只手。

## （三）传球练习

1. 背后传球：两脚平行站立，右手持球，右手臂向体后摆动，运用手指、手腕快速转动拨球的力量，将球从背后经过头上方传至体前左手的位置。左右手反复连续做。在将球引向背后的传球过程中，不能有弯腰的动作；在球出手的刹那要求运用手腕的转动和手指拨球的力量，使球由背后传向体前。

2. 头上双手传球：双手持球，两臂伸直高举头上，传球时两臂不要弯曲，更不要向后摆动，将全身力量集中于手指和手腕，运用手指和手腕的快速抖动将球传出。

3. 单手直臂传球：右手持球，直臂右侧上举，肘关节要伸直，不要弯曲，不要向后摆动，运用手指和手腕快速抖动的力量将球传出。

4. 五个人一组，每人持握一个球，其中四人各相隔50厘米成扇形站立，另一人

面对扇形队相距 5 米居中站立。练习时居中者快速交替轮转向前面的四人做双手胸前或单手胸前传接球。要求传球时夹紧手臂，只允许用手腕抖动和手指弹拨的力量将球传出。

5. 在快速运球过程中，向固定或不固定的目标做弹点传球或抄手传球，如沿球场四周快速运球中，向场中央做弹点和抄手传球。

### （四）打、跳等其他练习

1. 双手托住球的底部，将球轻轻抛起后，左右手交替用食指、中指、无名指向上挑弹球至胸前或额前上方。也可以双手持握球后，直臂前平举或上举或下垂，用两手食指、中指、无名指快速交替弹点球。可以原地练习也可以在行进间练习。练习时手与球的距离要不断变化。

2. 自己或同伴向高空抛球后，原地或移动中跳起，伸展单臂，用手指和手腕勾抓球。练习时，接球和抛球者要互相协同配合，尤其是接球者更应注意选择有利于练习摆、展、屈、勾等动作的位置、角度和时间，以求体会细微动作环节，真正做到手臂摆幅大、展得开、屈收快、勾得牢。

3. 在 4 米范围的场地上，四周各挂一个吊球（或各站一名持球队员），居中站一防守队员，按教练员的特殊要求，向四个方向移动，进行打、挑球练习。打球后迅速返回原位。

4. 组成特定的练习形式进行打、挑球练习：例如一人连续跳起投篮，另一人防守，伺机跳起做打球练习。也可以一人运球上篮，另一人在跟防中或打运球时的球，或打伸臂举球时的球，或打投篮出手后的球。

5. 用重球或杠铃、哑铃等重器材定时定量做手腕与手臂的专门性力量练习，并结合各部关节做仰、屈、推、摆、翻、转等柔韧性练习。器材的重量、练习的速率和重复的次数，要根据不同技术环节的生理结构和技术结构特点进行全面的调整。

6. 单手或双手捏抓硬度大、弹性较足的小橡皮球，或定时定量连续用手指抓放铅球和沙袋。练习时手臂可以随意屈伸，抓放球的部位可以忽高忽低。

## 二、脚功训练

### （一）转移重心练习

身体重心的转移与比赛中的任何一个行动都有着非常密切的直接联系，是解决起动速度最关键的问题。

1. 左右转移重心：两脚原地平行站立，距离比肩宽 20～30 厘米，重心下降，上体前倾，腰部放松，头抬起，两臂自然张开，肘微屈，利用两脚掌的蹬踏做重心的左右移动，同时特别注意运用腰髋带动身体转移重心，重点体会腰髋带动和两脚蹬踏的协调用力感觉。在左右蹬踏的重心移动中，身体重心要保持在一个水平线上，绝不能上下波动。左右转移的速度不要过快，要掌握快慢不同的节奏。

2. 前后转移重心：取原地两脚前后站立姿势，身体重心下降，上体微前倾，两臂自然张开，可依据教练员快慢不同的节奏，运用脚掌蹬与踏的腰髋带动的力量向前、后转移身体重心。训练中重点体会快速起动时重心由后脚脚掌移向前脚脚掌协调用力的感觉。

3. 上下移动重心：两脚平行站立和前后站立交替运用。此练习要求身体重心下降到大小腿（膝部）弯曲的角度在90°以内。同样根据教练员的信号节奏，利用蹬踏脚掌、提腰、收腹上下移动重心。腰腹的快速屈伸是训练中重点解决的问题，同时身体重心的下降要达到最高要求。

以上三个练习是基本功中的基本功，基础中的基础。从练习的形式上看都极为简单，但就是要在"简练之中见真功"。能否在不同的节奏中将蹬踏和腰、腹、髋的力量非常协调地运用到突然起动的动作中，这是显示脚功深浅的一个重要标志。

4. 双脚跳停结合左右转移重心：在慢速地向前跑动中做双脚跳停动作，跳起高度10~20厘米，在跳起短暂的腾空时间要特别注意提腰动作，落地要求像一个弹簧，两脚掌着地时，要利用踝关节、膝关节和腰腹的力量缓解落地时向前的冲击力量，两臂自然张开保持身体平衡。落地后重心保持在两脚中间，然后做左右转移重心，并结合突然起动动作。

5. 两步急停结合转移重心：在慢速跑动中利用两步急停动作缓解向前的冲力和调整身体的平衡。在双脚落地时，成前后站立姿势，身体重心在两脚之间，然后前后转移重心，可结合在不同速度下做起动急停练习，体会重心转移。

## （二）降低重心练习

1. 横跨步单脚急停降重心：两脚原地分开平行站立，左脚用力蹬踏，右脚向右跨出一步急停。单脚急停的难度较大，因此，在练习中必须重视急停动作规范的要求：(1) 左脚发力蹬踏右脚向右跨出，腾空时要提腰展臂为平衡落地创造条件。(2) 单脚落地时，提腰和收腹动作的协调，以及脚掌、踝关节、膝关节力量的运用，是一个完整的系列的组合技巧，目的是把单脚落地时的冲击力量减缓到最低程度。(3) 为使落地后重心稳定，便于衔接下一个技术动作，要求身体重心下降。最佳重心的高度应是膝关节弯曲到接近90°。(4) 在右脚落地的同时左脚要跟上，以便保持身体平衡，然后右脚用力蹬踏，左脚向左跨出一步，技术要求与前同。

2. 跑动中捡地面球：在一个直径6~8米的圆周上，等距离地放置3~4个球。要求在慢速跑动中屈膝降低重心，捡起地面上的球，然后再将球放到下一个球的位置上，同时捡起第二个球，依次进行。在顺时针跑动中，捡球时左脚在前右脚在后（球在身体的右侧），要求右膝距地面20~30厘米，以降身体重心。

3. 跑动中接地滚球：教练员站在一个直径6~8米的圆周中心手持球，队员在圆周上按照规定的速度跑动，教练员向圆周方向传出在地面上滚动的球，队员接球的技术动作规范同练习2，接到球后用单手或双手把球传给教练员。接传球动作都在跑动中进行。

4. 胯下拨地滚球：跨步前进，同时双手交替拨地滚球呈8字路线，使球在两腿之间滚动前进。

### （三）蹬转练习

1. 踝关节蹬转：双手叉腰，两腿左右分开直立，宽度与肩相同。开始做提踵动作，要求双脚跟尽力向上提起，身体重心置于前脚掌上。在提踵动作做到一定数量后，转变为双脚跟向外转动张开，然后再向内收回。此动作主要是训练踝关节的灵活性，是各种变向动作中最基本的蹬转动作。

2. 转体转髋：两脚左右分开站立，距离比肩宽20～30厘米，重心下降，成半蹲姿势，上体稍前倾，双手持球于胸前，利用蹬踏和腰髋的力量，带动身体在原地以前脚掌为轴左右转动。在向左转动时，左右脚尖同时指向左前方，身体重心要求达到最低限度。

3. 转体跨步：预备姿势与前相同，首先以左脚为轴，右脚掌蹬踏向左前方跨出一大步，然后仍然利用左脚为轴，右脚再利用脚掌蹬踏和腰腹向后收缩的协调力量后撤到原位。此训练的重点要求是：（1）注意脚掌在原地转动中的轴心作用，（2）后撤步时腰腹与蹬踏的协调配合动作。变换轴心脚反复练习。

4. 后撤步：两脚平行站立，重心下降，两臂抬起，重心移到左脚，同时右脚蹬踏，利用腰腹的带动力量，右脚向后撤步，然后左脚蹬踏，利用腰腹的带动力量，左脚向后撤步。左右脚连续交替进行，重点要求做好左右脚在蹬踏时与腰腹力量运用中的协调配合动作。

5. 侧滑步结合变向跨步：开始向右前方做右脚在前、左脚在后的侧滑步，然后右脚做侧蹬送髋，同时左脚向左前方跨出一大步，形成左脚在前、右脚在后的滑步动作。在滑动两三步后，左脚再做侧蹬送髋动作，同时右脚向前方跨出一大步，继续做滑步动作，一直连续反复做下去。重点要求是左右脚的侧蹬与送髋的协调配合。

6. 交叉步转体：两脚平行站立，开始时右脚向左前方交叉跨出一步，此时以左脚掌为轴，在地面转动。当右脚在左脚的左前方着地后，变为轴心脚，此时左脚抬起向右脚的右前方跨出一步，以右脚为轴，在原地转动，而后反复进行。

### （四）跑的练习

篮球运动由于受场地、规则等限制，队员在比赛中的跑动具有非常突出的特点。速度是比赛中争取主动权的最主要因素之一，而在篮球场上表现速度的最大特点是利用急起、急停、变速和变向等多种的跑动形式来争夺攻守的主动权。

1. 曲线跑：曲线跑是篮球实战中最主要的一种跑动形式。它的技术结构特点是：在弧线跑动中，外侧脚是用前脚掌的内侧蹬地，而内侧脚是用前脚掌的外侧蹬地，身体向内倾斜的角度是依据弧线的大小而改变。

练习时可在场地内设置一定数量的障碍物，障碍物之间的距离可以根据队员的训练水平而定，可以选择等距离或不规则距离以增加训练难度。

2. 小8字跑：给每名队员在地面设间距为2米的两个点，要求在两点之间做8字形的跑动。主要是训练队员在短而快的频率中变向跑动的技能。

3. 变向加速跑

（1）由后退跑变向前加速跑。

（2）由横滑步变向前加速跑。

教练员手持球站在 A 点，队员与教练员保持一定距离，做后退跑或做横滑步等动作，在看到教练员抛出的球后，迅速转变向前急速起动去接反弹球或空中球，接球的难度由教练员掌握。在急速起动技术动作中，要注意后蹬送髋的腰腹协调用力动作。

4. 交叉跨步跑：此练习主要是训练左右脚掌外侧蹬踏的能力。开始时，右脚向左前方跨跳，利用右脚掌的外侧着地，随之运用右脚蹬踏，左脚向身体右前方跨跳，利用左脚掌外侧着地，然后再运用左脚蹬踏，右脚再向身体左前方跨跳，反复进行。

5. 多种变向跑：重点要求是注意转变方向中运用侧蹬、后蹬的同时与腰、髋、腹协调用力的技巧。在转变方向时，脚尖和膝关节必须指向跑动的目标，否则容易拉伤、扭伤腿部肌肉。

由 A 点起跑至 B 点做放松慢跑，在 B 点做侧蹬变向加速（图 8-2）：

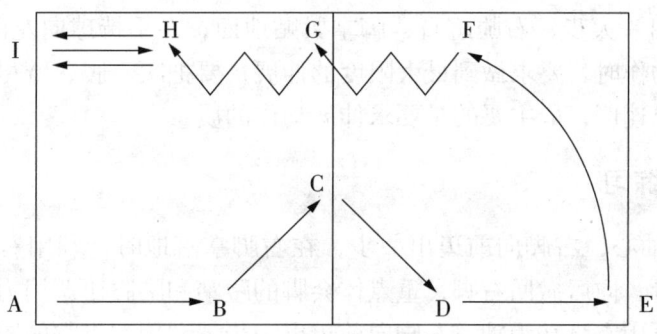

图 8-2 多种变向跑练习

由 B 点至 C 点做加速跑，在 C 点做后转身变向；

由 C 点至 D 点做加速跑，在 D 点做后转身；

由 D 点至 E 点做后退跑，再由 E 点至 F 点做弧形侧身加速跑；

由 F 点至 G 点做左右脚连续变换抢前步，在 G 点做后转身；

由 G 点至 H 点做连续后撤步，到 H 点转身；

由 H 点到 I 点做往返跑。

## （五）跳的练习

1. 原地双脚或单脚连续起跳摸高。

2. 教练员与运动员面对面站立，距离 3～5 米，教练员向运动员前后左右传高吊球，运动员借助一两步滑步向不同方向起跳，用单、双手接球或击球。教练员传球可采取从定向到不定向、从不连续到连续的办法来加大难度。

3. 两人跳起空中接传球。传球距离可逐渐增加。

4. 队员排成一路纵队，助跑单脚或双脚起跳空中接篮板球后，立即将球向篮板抛去，下一名队员重复以上动作。

## 三、腰功训练

### （一）伸展练习

1. 左右伸展：两腿分开比肩宽站立，成半蹲姿势，要求膝部屈成90°角。向右侧伸展时，左腿蹬直，左脚掌紧贴地面，上体及右臂尽力向右侧伸展，这是最关键的要求，要达到最大限度的伸展程度。左右侧反复进行。

2. 上展下屈：两腿分开站立与肩同宽，下蹲后双臂抱膝，快速站起，两臂高举，腰腹做到最大限度的伸展，同时脚跟提起。下蹲与站起的节奏要适当，重点要求是伸展的幅度大。

3. 持球伸展：两腿分开站立，手中持球，右脚向右跨出一大步，右手持球向脚右前方做伸展动作，此时左腿伸直，脚掌紧贴地面，右膝屈成90°角。然后右腿收回原位，左脚再向左侧跨出一大步，右腿蹬直，脚掌紧贴地面，左手持球向左前方做伸展动作。在向左右做伸展动作时，要求做到最大限度的伸展，要把腰、腹、臂尽力伸展开。左右变换动作，不要求速度，最主要的是要求伸展动作的质量。

### （二）转动练习

1. 左脚掌为轴心，右脚向前迈出一步，在右脚掌落地时，利用右脚掌的蹬踏和腰腹带动的协调力量，向后撤回右脚，重点体会脚的蹬踏和腰腹协调用力的技巧。在反复做一定数量后，改用右脚掌为轴，左脚向前迈出一步，利用左脚掌的蹬踏和腰腹带动的协调力量，向后撤回左脚。左右脚交换练习。

2. 空中转体：两脚原地站立，两臂抬起，肘微屈，下蹲做原地双脚踏跳，在空中利用腰腹力量转体180°~360°。落地时，注意运用提腰收腹的动作。在空中转体的难度可以逐渐增加，空中左右转体的动作要交替进行。

## 四、眼功训练

眼功的训练一般都是结合基本技术和战术训练进行，如运球进攻的运动员，要及时把球传到有利于进攻的同伴手中，这就要求运球队员的余光视觉范围大；又如防守时无论是防守持球人或防守无球人，都要用余光来环视观察周围的情况，了解人、球、篮的区位，以便破坏对手的掩护或保持正确的防守位置。所以在练习各项基本技术时，教练员都可以根据该项技术的特点，在运动员余光视觉范围内制造一些情况，如运动员在运球时，可在尽可能大的范围内，让同伴或对手变换位置，让运球运动员及时传球给同伴，或说出变换位置后同伴的名字等等，以扩大眼角的余光视觉范围。

## 五、基本功训练中应注意的事项

在基本功训练中应注意以下几点：
（一）要严格要求，动作正确规范。
（二）要突出重点，反复磨炼，常练不懈，持之以恒，精益求精。
（三）要有强度、数量要求，但要避免伤害事故。
（四）要在年度训练计划中明确目的、指标，系统地进行安排。
（五）各项基本功可以结合起来训练。
（六）要在把握世界篮球运动发展趋势和本队实际的基础上，与基本技术紧密结合、与作风培养相结合、与身体训练相结合。
（七）要重视在启蒙教学初期狠抓基本功练习，练习中既要注意趣味性，又要重视实效性。

# 第九章

# 篮球中锋、核心后卫的分析与培养

## 第一节 篮球中锋的分析与培养

篮球中锋位于篮下争夺最激烈的区域，必须具备较高的身材和较大的体重以及良好的力量和灵敏等身体素质；要求技术全面、能攻善守，既能得分，又善于拼抢篮板球。他是组织指挥全队战术配合的枢纽和防守的中坚力量，需具有顽强的意志、聪慧的头脑和稳定的心态等良好心理品质。中锋的实力是体现球队水平的重要标志之一。

### 一、当代篮球中锋发展现状

#### （一）身材高大

世界男子篮球中锋身高多在 2.10～2.20 米之间，体重在 110 公斤以上，如 NBA 的著名中锋沙奎尔·奥尼尔，身高 2.16 米，体重 143 公斤；黑肯·奥拉朱旺，身高 2.14 米，体重 115 公斤；戴卫·罗宾逊，身高 2.17 米，体重 113 公斤。女子中锋身高在 1.90～2 米之间，体重在 75 公斤以上，如美国的莉莎·莱斯莉，身高 1.96 米，体重 77 公斤；俄罗斯的伊琳娜·巴拉诺娃，身高 1.92 米，体重 78 公斤；澳大利亚的亚劳伦·杰克逊，身高 1.95 米，体重 77 公斤。

中锋的身体形态主要有两种类型，一种是高大、粗壮和剽悍型，另一种是高大、匀称和灵活型。

#### （二）具备全面良好的身体素质

世界优秀中锋都具备良好的力量素质，尤其是下肢力量和上肢、肩、背肌肉群发达。速度快，不仅是移动速度快，而且动作反应速度也较突出。弹跳力好，爆发力强，这为抢篮板球和防守封盖打下良好的基础。优秀中锋虽然类型不同，但都具备很强的奔跑能力和良好的一般耐力及速度耐力素质。另外，他们都具备了良好的协调性、灵敏性和柔韧性。

## （三）活动范围较大，为中锋局部进攻和全队配合提供了有利的空间

如果把篮球场的半场划分成近、中、远三个区域，即以球篮中心的投影点为圆心，以到罚球线中点的距离为半径画一个半圆弧，圆弧的两端接两条平行于边线的直线，半圆弧内区域为近区，半圆弧到 3 分线中间的区域为中区，3 分线以外为远区，那么，从统计情况看，第 13、14 届世界女篮锦标赛优秀中锋在近区接球占 45.2%，中区接球占 24.6%，远区接球占 30.2%，如图 9-1 所示。另据统计，第 27、28 届奥运会和第 13、14 届世界男篮锦标赛优秀中锋在近区接球占 62.8%，中区接球占 22.5%，远区接球占 14.7%，如图 9-2 所示。

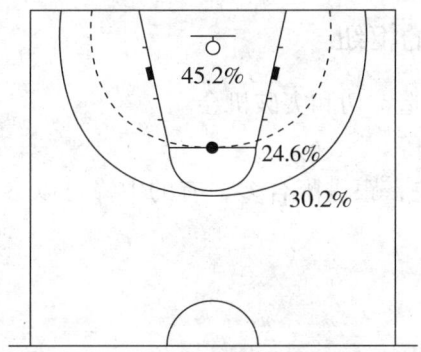
图 9-1　世界女篮优秀中锋在前场活动情况

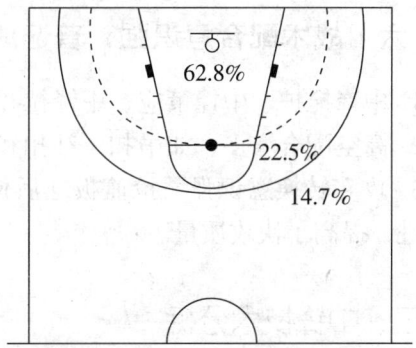
图 9-2　世界男篮优秀中锋在前场活动情况

从上述数据可以看出，现代篮球优秀中锋活动范围已不仅仅局限于篮下狭小范围之内，而是在近、中、远区都可接球活动，这样不仅是中锋的活动范围增大了，而且也为外线队员空切、背切篮下提供了更大的空间。

## （四）技术全面，尤其是投篮形式多样，投篮点多，出手点高

1. 具备内外线的各种投篮技术，动作上灵活变化，方向上能左能右，距离上能远能近。
2. 传球方式多、隐蔽性强。
3. 快速移动技术好，能参加快攻和快速回防。
4. 抢篮板球技术好，能力强。
5. 盖帽、补防、协防技术好，能力强。

## （五）渗透了贴身强攻意识的各项进攻技术成为中锋的主要进攻手段

根据对第 27、28 届奥运会和第 13、14 届世界男篮锦标赛的统计，男篮中锋在身体接触情况下平均每场各项技术运用情况如表 9-1 所示。

表 9-1  中锋在身体接触情况下平均每场各项技术运用情况

| 技术 | 次数 | 百分比 |
|---|---|---|
| 接球 | 747 | 74.4 |
| 传球 | 398 | 51.6 |
| 突破 | 325 | 91.7 |
| 投篮 | 635 | 80.6 |

从以上数字不难看出，渗透了贴身强攻意识的各项进攻技术已成为中锋的主要进攻手段。

### （六）战术配合意识强，普遍成为进攻的枢纽

1. 中锋掩护、中锋策应、中锋拉开给外线创造空切和突破机会。
2. 高空配合增多，如吊扣、补扣和重叠盖帽等。
3. 攻守转换意识强，抢篮板球后传球速度快，跟进配合多，有的中锋可以参与快攻推进，提高了快攻质量。

## 二、中锋技术分析

篮球中锋技术很多，这里只就其主要技术作分析，其中包括对脚步动作、抢位与接球、策应与传球、投篮、防守和抢篮板球技术等作简要分析。

### （一）脚步移动

#### 1. 脚步移动分析

现代篮球比赛，攻守对抗程度超过以往任何时期，进攻者和防守者之间的距离越来越小，尤其是中锋在限制区内处于贴身攻防的状态。因此，现代中锋脚步移动的特点是在小范围内有极大阻力的情况下完成移动步法，移动技术必须快速、灵活、多变，在短距离内急停、转身、变速、变向相当灵活，各种步法衔接快、转化快、动作力量强，以利于在激烈的身体对抗中争得行动的自由和占据有利的位置。防守时身体重心低、步幅宽、滑动步伐大而快，尤其是第一步跨出大而及时，步法转换迅速，富有极强的攻击性。

#### 2. 脚步移动的运用要求

（1）合理的准备姿势。准备姿势是两脚左右（或前后）开立，距离约同肩宽，两膝弯曲成135°左右，前脚掌着地，上体微向前倾，两臂屈肘，置于身体两侧，两眼平视。这样的姿势既能维持身体平衡，又能快速起动，向欲前进的方向迅速移动。

（2）正确观察、判断。观察、判断是正确运用移动技术的前提，它贯穿于整个比赛的每项技术和战术配合之中。观察时，首先要看清对手所处的位置和距离，同时要观察进攻队员及其防守者的位置和阵势。观察要有主有次，由点到面，由局部到全局，然后根据所得的情况进行综合分析，作出正确判断，采取果断行动。如中锋抢到后场篮板球，观察的重点是本队的快下队员及接应队员和防守者的分布，由此决定传球给谁和自己的跟进路线；在半场阵地进攻中观察的重点是本队的主攻方向及防守者的破坏行动，根据观察的结果决定自己是拉开牵制佯攻移动，还是空切、掩护等。

（3）快速、突然、灵活变化。移动技术的运用必须突然快速，出其不意，攻其不备，才能取得良好效果。灵活变化表现在能根据场上的不同情况，由一个动作迅速地转化为另一个动作。例如前进中受阻，就要改变方向前进；变方向后又碰到防守者时，应及时变为转身前进。这一连串的变步法、变方向跑和转身等要结合运用，应变自如，衔接连贯，并富有攻击性。

（4）善于做假动作。移动技术的运用如能真真假假、虚虚实实、声东击西，往往会取得事半功倍的效果。例如中锋在右侧做摆脱空切时，右腿向右跨出，同时上体虚晃，接着左腿向左横跨一步，然后右腿立即插向防守者的身前，侧肩蹬地起动，从他的右侧切入。如果左腿向左横跨步时被堵，那么不再从防守者的右侧切入，而改为用左腿继续用力蹬地向右侧跨出，侧肩从防守者的左侧切入。这种假变真的做法，往往能达到切入目的。

## （二）抢位与接球

抢位与接球是中锋最基本、最重要的技术，好的抢位技术可以接到球攻击。中锋在进攻中，必须善于运用快速灵活的脚步动作摆脱防守者的阻挠，用身体的合理部位紧贴对手，抢占有利的位置接球。进攻中锋能否争得主动，首先取决于他所掌握的抢位接球技术的熟练程度。

### 1. 抢位与接球的动作方法

（1）固定抢位与接球。中锋站位可分为内中锋站位（低位、中位）和外中锋站位（高位）两种，如图9-3所示。

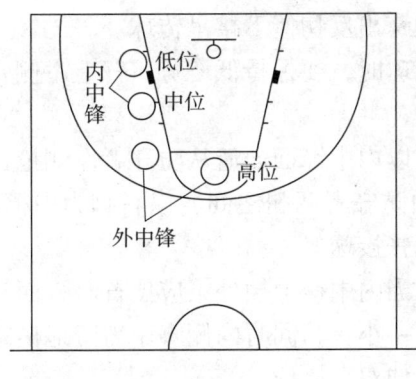

图9-3

内中锋在背对防守者接球时，要求两脚开立，膝微屈，上体伸展，腰、臂用力，保持重心稳定，防止对方挤压；一手上举示意传球落点，另一手置于身侧后，感知对手的位置和动向，并随时挡开对手伸臂在体前干扰接球。靠近对手一侧的腿、臂要及时横出，卡住对手绕前脚上步抢位；接球时快速向来球方向出步，伸臂近球，触球后指、腕用力，握球于身前，两肘侧张。

如对手在身侧，则必须抬起靠近对手的臂，屈肘顶住挤靠的对手；对手在身前防守时，内中锋要侧对篮站立，近人臂略弯曲保持空间，接球时向球的落点方向跳起，尽量靠近球篮接球。

外中锋接球，应根据对手的防守位置和脚步，灵活变化，抢占有利位置。要求重心略低，扩大两腿和接球手的伸展幅度。

（2）移动抢位与接球。移动中抢位要根据球的动向决定起动时间，一般有三个方向、四至五条移动路线，如图9-4、图9-5所示。

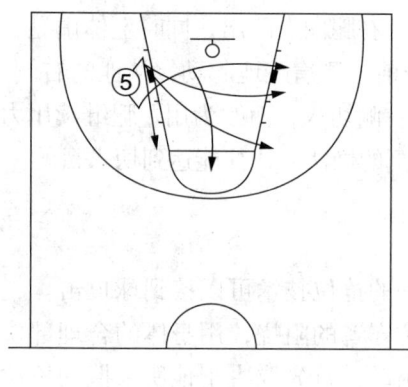

图 9-4

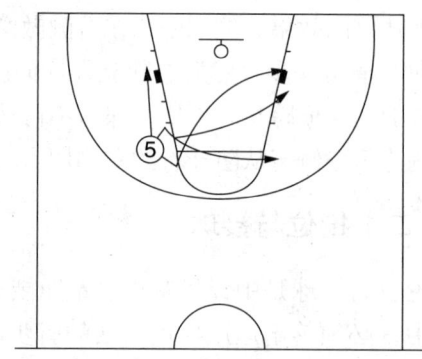

图 9-5

抢位接球方法主要有三种：

甲、交叉步转身抢位接球。以内中锋面向篮从防守者左侧抢位为例：开始左腿向左跨出，同时上体虚晃，紧接着左脚掌用力蹬地，同时向右转胯，插臂侧肩，左腿迅速插向防守者身前卡位，背向篮接球。如果防守者抢前卡位，交叉步转身抢位受阻，则可立即以右脚蹬地，左腿向左侧跨出反切篮下接吊传球。

当背向或侧向防守者接球时，要保持低姿势，臂上举侧张，以背、臀挤靠对手，滑动抢位。

乙、后转身抢位接球。以内中锋面向篮从防守者左侧抢位为例：左腿向左跨出，同时上体虚晃，接着右腿插向防守者两腿之间，以右脚为中枢脚，紧贴防守者做后转身，将其挤在身后，两臂高举侧张接球。

丙、横跨步抢位接球。当内中锋上插外策应位置时，面对防守者向球移动，在即将到达位置时，外侧脚快速出一小步，同时内侧脚用力蹬地横跨在防守者身前，以身体的有力转动将对手挤在身后，伸双手接球。

### 2. 抢位与接球的要求

（1）掌握好抢位时机。同伴刚接到球做瞄篮或突破假动作时突然起动抢占有利位置。

（2）动作凶狠有力，先发制人。突然起动，以合理的身体接触和暗劲阻止对手的破坏。

（3）真假结合，灵活变化。要保持正确的准备姿势，准确观察、判断场上情况，做到声东击西、真假结合；当一个方向受阻时，立即变换其他位置，灵活运用各种抢位步法。

## （三）策应与传球

中锋的策应是以中锋为枢纽所组成的进攻战术配合。中锋处在限制区附近，起着联系其他队员的枢纽作用。因此，中锋必须善于通过接传球把左右和内外的其他队员联系起来，组织全队进攻配合。

### 1. 策应与传球技术动作方法

中锋的策应动作应是两脚平行站立，两膝弯曲，上体稍前倾，两肘微屈，两眼平视，开阔视野，两手持球于腹前，利用身体和两肘保护球。这样的策应动作站得稳，不至于因防守者碰撞而失去平衡，并且有利于保护球和衔接下一个动作。

中锋在半场策应的范围，一般多在限制区两腰和罚球线及其延长线的附近。

中锋传球以指、腕发力为主，在熟练掌握各种传球技术的基础上，重点提高单、双手头上传球，击地传球，单手胸前和单、双手低手传球等多种传球方式。要求传球面广，出球点灵活、多变，传球和其他技术结合得自然而紧凑，传球隐蔽性强。

### 2. 策应与传球技术运用要求

（1）中锋必须具备较强的攻击能力做出攻击动作，吸引防守中锋的注意力，为传球创造有利的机会。

（2）中锋应熟练地掌握各种传球动作，使传球的点多、面广，传球应突然、快速和隐蔽。

（3）中锋要掌握良好的传球时机，当同伴摆脱防守的瞬间或抢在防守者的身前时，应立即传球。

（4）传球的落点要准确，应根据同伴及防守者的位置和移动速度及时准确地将球传到位。一般球传到远离防守者一侧的位置。

## （四）投　篮

### 1. 投篮技术分析

投篮是中锋最主要的进攻技术之一，中锋一切进攻技术和战术运用的最终目的都是为了寻找良好的机会投篮。现代篮球中锋应掌握三类投篮动作。

（1）贴身投篮。贴身投篮是在防守队员贴身防守时，持球中锋在规则允许的范围内，用身体的某一部分（如腿、臀、肩、背、臂等）挤、顶、靠、压对手，在与对手发生身体接触时投篮的总称。贴身投篮多数是在篮下，进攻中锋在身高、体重相对略占优势或相等时运用。贴身投篮主要包括前转身、后转身插步挤投，勾手投篮，侧身投篮，突破投篮和扣篮等。

（2）时、空差投篮。它是在激烈的对抗中，进攻中锋以快速、连续的移动和持球假动作，造成自己与防守者在动作节奏的时间上和占有位置的时间上出现短暂的时、空差别时投篮的总称。这种投篮多数是在限制区内，进攻中锋因身高和体重相对防守中锋略显劣势时运用。时、空差投篮包括前、后转身投篮，横跨步投篮和跳起后仰投篮等。

（3）中距离跳投。这种投篮不发生身体接触，是通过中锋快速移动、掩护和接突破分球等创造投篮机会。

**2. 投篮技术运用要求**

（1）观察和判断选择良好时机。观察和判断是中锋正确运用技术的前提，它贯穿于整个比赛的每项技术之中。观察是把场上的其他 9 名队员的活动看清楚，主要利用眼睛的余光，要求视野开阔。特别是中锋对自己的对手所处的位置、距离、重心、形态、身体素质等要了如指掌。判断是根据观察所得的信息，综合分析对手的动向，判断他们的意图，预见他们的行动，然后做出正确动作。良好的时机是指在时间和位置上，对手干扰不到或干扰较小的情况下完成动作，取得最佳效果的机会。

（2）合理运用假动作，迷惑对手。中锋运用技术时，应善于合理运用假动作，隐蔽自己的真实意图，迷惑对手。中锋利用自己的身体、动作、球甚至面部表情和眼神，做出各种动作，使对手产生错觉，致使其在位置、距离、重心和动作等方面跟着发生变化，然后自己改变动作和方向实现真实意图。

（3）对抗中主动用力，保持出手稳定。中锋的活动在限制区周围，是攻防最激烈的区域，中锋各项技术的运用多是在贴身攻防中完成的。因此，必须学会主动用力，合理地保护自己。在做动作时，身体接触的部位应紧张用力，用身体的合理部位，如腿、臀、臂、腰、背来挤、顶、靠、压对手，保持自己动作的稳定，又可造成对方犯规，没有接触的部位应协调放松，保持动作的准确性。

（4）一点两面，灵活变化。中锋各项技术的运用，必须灵活多变，在方向上能左能右，在距离上能远能近，当一个方向被堵死时，能很自然地转移到另一个方向进攻。一点两面增加了进攻的方向，扩大了攻击点。如中锋做插步挤投，如果没有遇到防守，可以顺利完成投篮；如遇到防守，则可向反方向做横跨步勾手投篮或转身投篮。也可以利用动作节奏的变化，突然地加速或减速进行攻击，以取得良好效果。

（5）在战术组织下，主动攻击。中锋处于阵地进攻的腹地，许多球队的战术配合都是通过中锋进行的，例如通过中锋策应、掩护和强攻等配合。在这种战术组织下出现的投篮、传球或突破时机，中锋如能果断行动，往往会取得良好效果。

（6）内、外结合，发挥整队优势。中锋在篮下持球时，往往会受到夹击，此时中锋不要勉强进攻，而应及时传球给被漏防的同伴，为他创造一个无人防守的投篮机会，做

到内外结合。有时中锋也可以突然跑到外线，把篮下拉空，给同伴创造空切、背切和突破的机会，使战术配合更加灵活机动。

## （五）防　守

### 1. 防守技术分析

中锋防守多在篮下，这是攻防争夺最激烈的地区。中锋不仅要防住对方中锋，而且要协防和补防同伴的漏洞。中锋防守的具体任务是：积极抢占有利的防守位置，堵截和干扰进攻中锋的移动路线；破坏和减少进攻中锋在限制区附近接球，封盖和干扰进攻中锋投篮、传球和突破；积极协防、补防和拼抢后场篮板球。

（1）防守无球中锋。防守无球中锋分三种情况，即防强侧内中锋、防弱侧中锋和防外中锋。不论哪种情况，防守的脚步动作都是滑步、上步、撤步、绕前步、绕后步和转身等。防守强侧内中锋时的位置应在对手的侧面或前面，前脚的同侧臂伸在传球路线上，干扰其接球，另一手臂屈肘贴顶在对方的腰胯上，尽量和对手保持一定的距离，不让进攻队员靠近自己的身体。防守外中锋时要保持一定的距离，不使进攻队员靠近自己的身体，防守时的位置应在对手的侧面或后面，和球同侧的手伸出，封锁传球路线，另一只手屈肘贴顶在对手的腰胯上，尽量和他保持一定的距离。防守弱侧中锋时的位置应在人和球之间偏向球的一侧，防守距离和球的远近成正比，近球侧的脚稍向前，两臂向侧张开，保持人球兼顾。当进攻队中锋空切时，应贴身防守。防纵切时，一臂屈肘顶在对手的腰腹部，另一臂伸出在对手的接球路线上；防横切与插上时，一臂屈肘顶在对手的腰腹部，另一手臂伸在对手接球路线上，伸臂的同侧脚抢在对手的移动路线上。当对手未接到球，进行反切或溜底线时，要面对进攻中锋运用转头、换臂保持人球兼顾，使自己始终处于球和对手之间的位置上。

（2）防守持球中锋

防守持球中锋时应处于对手和球篮之间的位置上，面对对手，用平步防守。对手背向球篮时要贴近防守，对手面对或侧向球篮时应保持半臂距离。防守中锋投篮时，距离要近些，一只手上举，积极干扰其持球；另一只手侧举，防守传球和突破。当中锋投篮时，应及时跳起封盖。投篮后要顶人抢篮板球。防中锋突破时应降低重心，加宽步幅，两臂侧张，滑步堵截。当持球中锋进入限制区内时，应贴紧防守，胸部用力顶住对方的挤压，两臂上举，迫使其远离篮下。若对手投篮时，要调整好脚步，用力起跳封盖。对手投篮手要拼抢篮板球。防中锋传球时要贴近他，一手上举，一手侧举，两手轮流上下挥摆封堵。当中锋传球后，要立即向传球方向移动一步，以阻止对手向篮下空切。

### 2. 中锋防守技术运用要求

（1）提高脚步移动的灵活性、速度和各种脚步动作的变换与衔接能力。

（2）提高观察判断能力，根据球和进攻中锋的站位与意图，选择有利的防守位置。在强侧防固定中锋时，要保持若紧若松状态，既能主动用力，又可行动自由，便于抢占有利位置。

（3）当进攻中锋空切时，应提前堵截防守。进攻中锋进入限制区时应贴身防守，胸、臂、胯和腿主动用力，阻止他在限制区内接球。

（4）防守无球中锋时应树立"防一半人"的观念，除了防住进攻中锋以外，还应协防或补防同伴的漏人。

（5）投篮后应积极拼抢篮板球，得球后快速一传，然后跟进冲抢，或落位进攻。

## （六）抢篮板球

1. 中锋队员抢篮板球技术动作同其他各个位置队员基本相同，但对中锋抢篮板球还有特殊要求。

2. 抢篮板球技术运用要求

（1）必须具备勇猛顽强的作风、强烈的意识和愿望。篮板球的争抢是发生身体接触最频繁和最激烈的时刻，抢篮板球时应不怕顶撞，敢于进行身体接触。加强抢篮板球的意识和愿望，就是懂得抢篮板球的规律，准确判断投篮不中球的反弹方向与落点，及早抢占良好的位置，并养成外投内抢、左投右抢、右投左抢、有投必抢的良好习惯。

（2）掌握投篮不中球的反弹方向的基本规律，提早行动，抢占位置。投篮不中球反弹的方向与投篮距离、角度、弧度，以及篮圈、篮板和球的弹力都有密切的关系，依据其规律，当同伴或对手投篮时，提早移动，抢占位置，才能取得良好效果。罗德曼之所以成为抢篮板球大王，就是他熟知球反弹的规律，当同伴投篮时，他提前行动，抢占有利位置，先得到篮板球。

（3）增强"挡抢"和"冲抢"意识，占据良好位置。抢占良好位置是抢篮板球最关键的环节。抢后场篮板球的关键是挡抢，抢前场篮板球关键是冲抢。当投篮出手时，应力争抢占对手和球篮之间的位置，把对手挡在身后，如果抢不到内线的位置，也应力争抢占对手侧面的位置。抢到前场篮板球后不要把球拿到腰以下，以持球在肩以上为最好，这样便于保护球和快速投篮。

（4）提早起跳、连续起跳，利用点拨技术抢球。篮板球争抢要求提早起跳，占据空间位置，抢先控制球的落点，如果起跳前和对方已有身体接触，那么应主动用力，顶靠住对方，以便先于对方起跳和维持身体平衡。中锋抢篮板球，还要善于连续起跳和运用点拨球技术。因为几个人一起冲向球的落点，几只手臂一齐伸向球，很难直接把球抢到手。当被对手挡在身后失去有利位置时，可运用连续起跳和点拨球技术，把球挑向有利于自己的位置再次起跳抢球或把球拨向同伴。

## 三、中锋技术训练

### （一）专项素质和脚步移动训练

#### 1. 柔韧性训练

目的：拉长肩、髋、膝、踝关节韧带，提高柔韧性，增加动作幅度，防止伤害事故。

（1）俯卧反弓。俯卧，两手由下向上伸，塌腰抬头后仰成反弓形，以腹部支撑地面，拉长到最大幅度时静止 10~15 秒钟。要求尽量加大反弓幅度，充分拉长肌肉、韧带。

（2）跪膝后仰。屈膝跪地，以脚背和膝关节支撑地面，上体后仰至仰卧于地面，静止 10~15 秒钟。要求后仰时动作缓慢、柔和。

（3）"跨栏步"坐拉。以"跨栏步"坐于地面，左腿向前伸直，勾脚尖，右脚侧伸，屈膝，小腿折收贴靠大腿，两腿夹角不小于90°。塌腰，上体前屈，稍向左侧转动，以胸部贴靠左大腿。右手臂向左脚前伸，至最大幅度时静止 10~15 秒钟。两腿交替进行。要求前腿伸直，保持塌腰，逐步加大拉伸幅度。

### 2. 关节灵活性和脚、腿、腰部力量练习

目的：增强脚、腿、腰部力量，提高关节的灵活性和柔韧性。

（1）提踵走。双手叉腰，足跟提起，用前脚掌走。尽可能提踵，行走时要有弹性。

（2）脚外侧走。双手叉腰，以脚外侧着地行走。要求以脚外侧着地，不得屈膝，上体正直，保持好身体平衡。

（3）下蹲走。屈膝下蹲，成深蹲姿势，向前行走。要求保持身体平衡，重心不得上下起伏，足尖朝前，尽量加大步幅。

（4）侧跨跳。双手叉腰，行进间两腿交替向侧摆动踏跳。要求左、右腿协调摆动，踏跳有力，加大动作幅度。

（5）垫上跪跳。在垫上成跪姿，靠摆臂提腰的力量向前跳跃行走。亦可跳起成深蹲姿势再还原，反复进行练习。要求全身协调一致，爆发式用力。可规定跳跃的距离、次数，逐步加大难度，如跳跃过沟等。

（6）前滚翻。成蹲姿，双手撑地，头后、肩背着地，向前团身滚动，双手抱膝成蹲姿，再继续进行前滚翻练习。要求头后、肩背先着地，注意颈部安全，控制身体平衡。

（7）行进间踢摆腿。行进间两腿交替向前上、向外侧、向内侧踢摆腿。要求身体保持正直，支撑腿不能屈膝，加大摆腿的踢摆幅度。

（8）行进间垫步跑跳踢摆腿。行进间两腿交替向前、后，向内、外侧踢腿，支撑腿做垫步跑跳动作。要求动作协调、连贯、速度快、幅度大。

（9）弓箭步大步走。背手、挺胸，上体直立，向前跨大步成弓箭步，两腿交替连续进行练习。要求尽可能加大步幅，上体保持正直，控制好身体平衡。

（10）踢脚小步跑。做前踢脚跑、后踢脚跑、侧后踢脚跑（内侧、外侧），向前内侧踢脚跑，向前、后内侧左、右交替踢脚跑。要求动作协调、连贯、快速。做后踢脚跑时，足跟要踢到臀部。向侧后、前内侧、前内侧左右交替踢脚跑时，要用脚有节奏地交替触及两手。

（11）左右转胯跑跳。两臂协调摆动，主要以髋关节转动，带动下肢向前跑跳。也可向后做转胯跑跳。要求臂的摆动和髋的转动形成相向运动，协调一致，同时加大动作幅度和加快速度。

（12）行进间团身跳（亦称收腹跳）。行进间做双脚起跳，屈膝收腹，大腿靠胸，双手抱膝。连续做两三次团身跳后再向前移动。要求起跳有力，提高滞空时间，落地要有缓冲。连续跳时动作要协调用力。

（13）行进间跳起空中左、右转胯、转体。行进间做双脚起跳，在空中做左右转胯动作和双脚起跳在空中转体 360°。要求起跳有力，空中动作协调、舒展，控制好身体平衡。

（14）顶肩对抗走和跳起空中冲撞。按大致相同的身高和体重分为两人一组，两人以肩接触用力对抗向前行走。然后，两人保持一步距离，行进间同时向斜上方起跳，两人在空中以肩背冲撞对抗。要求顶肩对抗走时屈膝降低重心，相互用力顶靠，保持好身体平衡；跳起在空中冲撞时，两人协调配合，冲撞应由轻到重，冲撞后要控制好身体平衡，落地要保持平稳。

### 3. 转移重心提高平衡能力的练习

目的：通过跨步、转身等练习，加快重心转移，提高自身的平衡能力。

（1）跨步转移重心。持球成基本站立姿势，跨动脚前脚掌蹬地向前、向侧或向后方蹬出。中枢脚的前脚掌配合用力碾、转，但不准移动。要求持球手臂和上体与跨步动作协调一致，保持好身体平衡。动作要有一定幅度和速度，保持低重心。

（2）前、后转身。基本同跨步转移重心练习。蹬转时以头带肩，以肩带髋。要求保持低重心，身体不要上下起伏，转身要快而平稳。

（3）跨步抢地板球。球放在地面上距队员约 2 米，队员保持基本站立姿势（或起跳落地后）。抢球时，先上一小步，然后降低重心再迅速跨出一大步，双手抢地板球。之后将球放回原处，重新开始跨另一脚做同样练习，反复交替进行练习。要求动作迅速有力，出手抢球快，重心低而平稳。

（4）前后交叉步碎步移动练习。队员成一路纵队沿边线或中线站立。以向前移动为例：左脚向右脚侧前方跨出，右脚碎步跟上，左脚再向右脚后方交叉，右脚碎步退回。三步后变方向，以右脚向左侧前方跨出继续练习。同样的步法也可向后移动。要求两腿稍屈，重心平稳，保持快频率碎步移动。

### 4. 结合专项技术的脚步练习

目的：提高脚步的灵活性和专项移动的能力。

（1）侧身跑。沿边线做弧形侧身跑，快速向前跑动时，面部和上体向球的方向侧转，以便观察。要求面向球转体侧肩，外侧肩稍领前。

（2）变向跑。跑动中向左变向时，最后一步右脚落地，同时上体向右做虚晃动作，右脚脚尖向左转，用力蹬地，上体左转，左脚向左前方迅速迈出，右脚跟上。向右变向时，动作相反。要求变向瞬间降低重心，异侧脚用力蹬地，脚尖指向欲变的方向，同时转体。变方向的第一步向斜前方迈出要快。

（3）侧跃断球。行进间向左侧前、右侧前移动做到跳跃断球动作。可用单脚或双脚起跳，向斜上方跃出。要求起跳有力，上肢充分伸展，落地后要控制好身体平衡。

#### 5. 提高手脚配合协调性练习

目的：降低重心，提高手脚配合的协调性。

（1）跑动中绕膝传递球。行进间持球跑动中，按顺时针或逆时针方向，不停地围绕膝部传递。要求降低身体重心，抬头观察前方，动作快速、协调。

（2）跑动中胯下传递球。行进间持球大步跑动中，在胯下迅速来回传递。要求跑动中注意抬腿，上体不过于前倾，不许垫步，手脚协调配合。

（3）低重心跑动中胯下传递地板球。行进间持球低重心大步跑动中，在胯下擦着地板来回快速传递。要求抬头，降低重心，跨大步（近似弓箭步），手脚协调配合，动作快速。

### （二）抢位与接球训练

目的：学会和掌握在积极防守情况下抢位接球方法，提高实战能力。

#### 1. 原地挤位练习

方法：如图9-6所示，两人一组，一攻一防。●用胸、腹顶、挤○，不让○进入内中锋位置。○用腰、背、臀、臂挤、靠●，努力进入到内中锋位置上去。10秒钟后，攻守交换。

要求：双方全力以赴争抢位置，○以腰胯、肩背用力挤靠●，两臂张开，两肘用力，扩大空间占有面积。

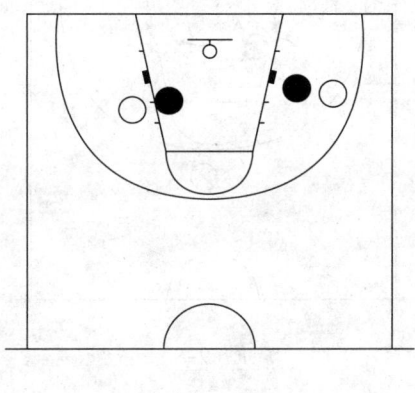

图 9-6

#### 2. 一对一抢位接球练习

方法：如图9-7所示，全队分成两组，一组防守，一组进攻。两组依次各出一名队员做固定抢位接球动作和防接球练习。外围设两名教练员或队员来回传球。如○抢位正确，占据了有利位置，教练员可立即传球给他。练习30秒钟后，两名队员分别站到对方排尾，换下组重新开始练习。

要求：●积极抢占○的位置，干扰其接球；○依靠背部感觉和眼睛的余光，判断●

的位置，做出正确的抢位接球动作。○身体稳定，向前移动一小步接球。

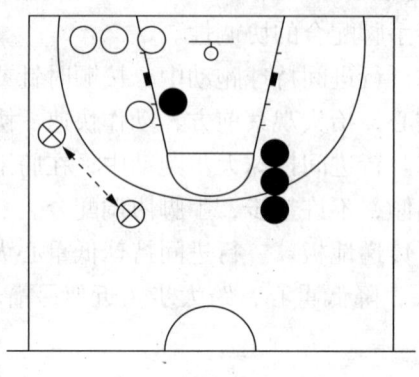

图 9-7

### 3. 一对一交叉步转体抢位接球练习

方法：如图 9-8 所示，两人一组，一攻一防，⊗协助传球，●积极防守，○做交叉步转体抢位横滑动作。⊗看到○把●挤压在身后时立即传球给○。○接球后立即回传给⊗，站到对侧做同样练习后返回，●继续防守。做 20 秒钟后，攻守交换练习。

要求：●积极防守，干扰○接球；○转体时，起动脚用力蹬地、转胯，插臂、侧肩，两臂上扬张开，滑动时腰臀用力，挤贴●。

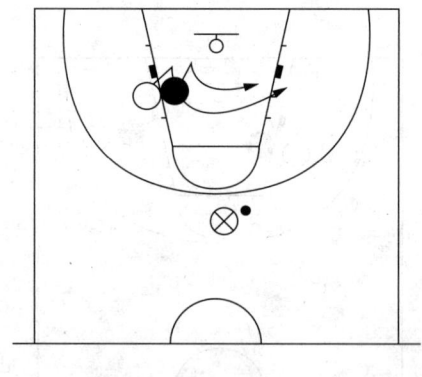

图 9-8

### 4. 一对一后转身抢位接球练习

方法：与练习 3 相同。

要求：后转身时，中枢脚快速插向●的两脚之间，紧贴●转身，把●挤在身后。

### 5. 一对一滑步挤身抢位练习

方法：与练习 3 相同。

要求：横滑步，腰、胯用力，背贴●，两臂上举张开。

## 6. 一对一横跨步抢位接球练习

方法：如图 9-9 所示，两人一组，一攻一守，教练员协助传球。当⊗2 传球给⊗1 时，○插到罚球线上接球。当⊗1 传给⊗2 时，○再由罚球线上下插到腰线上接球。在往返抢位的过程中，如果接球位置好，教练员立即传球给○，然后○再回传球给教练员。20 秒钟后，攻守交换练习。

要求：内侧脚蹬地横跨速度要快，腰、臀用力，把●挤在身后。

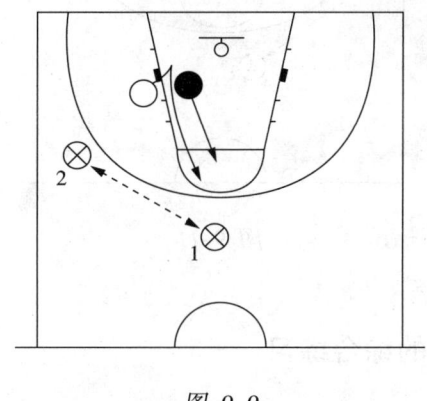

图 9-9

## 7. 利用背部感觉跨步抢位练习

方法：如图 9-10 所示：两人一组，一攻一守。●有意识地推压○右背或左背，○根据感觉，做出相应的跨步抢位动作。15 秒钟后，攻守交换练习。

要求：○感觉推压右背时向后跨左脚，感觉推压左背时则向后跨右脚。跨步时，腰、髋用力挤、靠●。

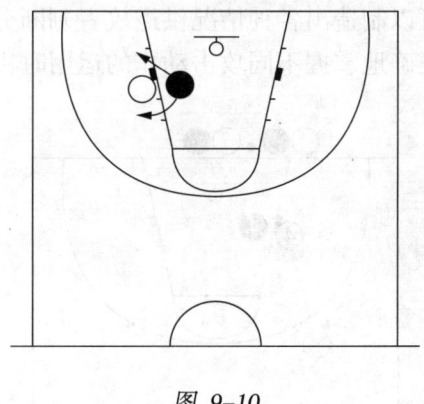

图 9-10

## 8. 插上后转身抢位纵向移动

方法：如图 9-11 所示，两人一组，一攻一守。○由内中锋位置向上插到外中锋位置上，受阻后立即做后转身下滑接⑥的传球，然后再回传给他，重复做插上后转身抢位练习。20秒钟后，攻守交换练习。

要求：准备做后转身时，内侧脚应插向●两腿之间做中枢脚；转身要快速、有力，紧贴●。

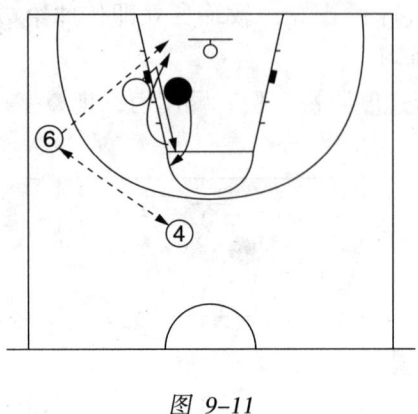

图 9–11

## （三）中锋内线强攻的综合练习

目的：学会在对抗的情况下合理地运用各种强攻手段，提高中锋内线强攻的实战能力。

### 1. 积极防守一对一内线强攻练习

方法：如图9–12所示，两人一组，一攻一守，教练员协助传球。④接球后❹积极防守，④根据❹防守的位置和所处的角度合理地运用插步挤投、勾手投篮、侧身投篮或转身后的各种插步挤投动作。④抢到篮板球时继续进攻直到投中，❹抢到篮板球时则快速传球给　　，④干扰传球。然后换下一组队员练习。

要求：防守积极，并可以制造出各种情况供进攻者判断分析。进攻者根据防守情况合理运用各种攻击动作，正确地掌握不同攻击动作的运用时机、节奏和变化。

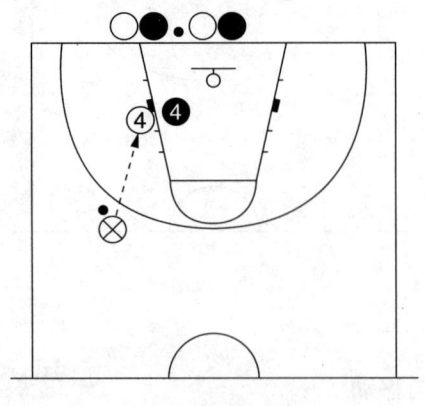

图 9–12

## 2. 加推、拦、盖犯规动作的内线强攻练习

方法：由教练员（或一名队员）在篮下做固定防守，进攻队员在内线强攻时，教练员故意做推、拉、拦或盖等犯规动作，加大队员强攻的难度，同时对其增加心理压力。队员自投自抢，结束后站到队尾，其他队员依次练习。

要求：防守队员犯规动作不宜过大、过猛，以免伤人。进攻队员要主动排除干扰，大胆地以身体主动发力挤靠防守者，合理地运用强攻技术。

## 3. 篮下固定防守的强攻练习

方法：如图 9-13 所示，两人一组，一攻一守，开始时④和❹练习。④传球给　后摆脱切入接　的回传球，在篮下强攻，与❹一打一，然后双方拼抢篮板球，最后以④投中篮或❹抢到篮板球结束，攻守交换站到对方的排尾，下一组继续练习。

要求：❹积极防守，允许有小的犯规动作；④应根据❹的防守位置和动作，合理地运用各种强攻动作，要主动用力挤靠❹，以保持投篮的稳定性。

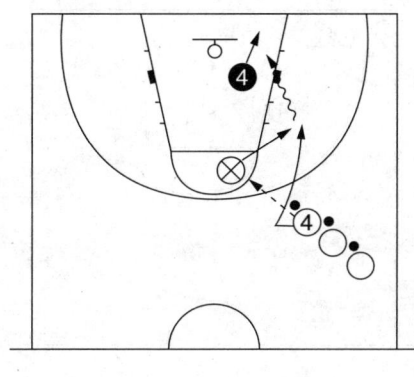

图 9-13

## 4. 一对二强攻内线练习

方法：如图 9-14 所示，两人一组，一攻一守，篮下固定一防守队员。④和❹一对

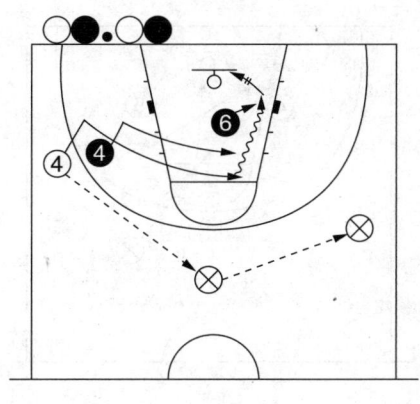

图 9-14

一到篮下攻守时，篮下固定防守者❻参加防守，使④一打二，在内线强攻，以增加强攻的难度。练习以④投中篮或❹抢到篮板球结束，然后攻守交换，分别站在对方的排尾，❻保持不动，下一组重复练习。

要求：进攻队员应大胆攻击，主动用力，要在加大难度的情况下合理运用强攻技术的时机、方式、节奏和变化。

### 5. 双中锋掩护后摆脱接球投篮

方法：如图9-15所示，两人一组，双中锋站位，⑤给④做反掩护，④横切篮下接球做近篮跳投或扣篮，⑤掩护后面向球转身插向篮下。投篮后双方都抢篮板球，然后交换位置，继续练习。过一段时间换另外两人练习。

要求：掩护队员首先做抢步摆脱要球动作，然后突破变向去做掩护，掩护后面向球转身，准备接球或抢篮板球；被掩护队员掌握掩护时机，主动利用掩护做摆脱抢位接球跳投，动作要衔接连贯。

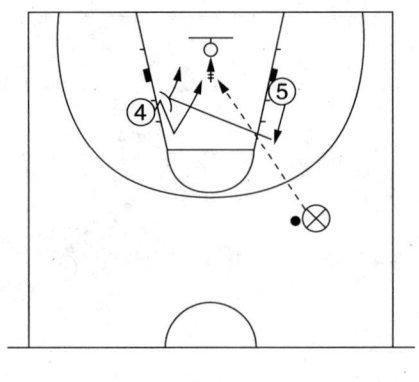

图 9-15

### 6. 利用掩护斜插上线接球转身跳投

方法：如图9-16所示，⑤先向上摆脱要球，然后突然变方向去给④做掩护，④利

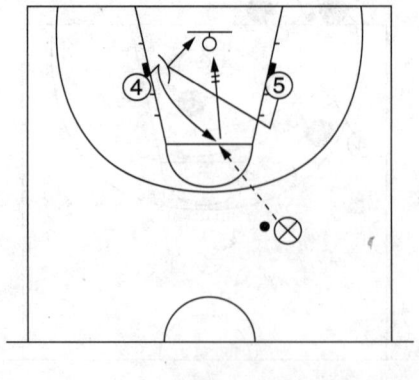

图 9-16

用⑤的掩护走上线接球跳投。⑤掩护后面向球转身插向篮下。投篮后双方抢篮板球，然后交换位置继续练习。练一段时间后换另外两人练习。

要求：与练习 5 相同。

### 7. 利用掩护走底线的接球跳投

方法：如图 9-17 所示，⑤上提，突然改变方向去给④做掩护，④利用⑤的掩护走底线接 的传球转身跳投。⑤掩护后面向球转身。投篮后双方抢篮板球，然后交换位置继续练习，练一段时间后更换练习者。

要求：与练习 5 相同。

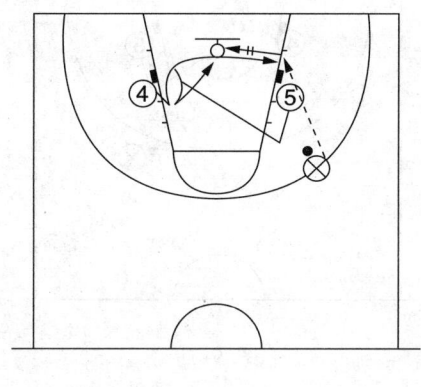

图 9-17

### 8. 利用掩护，中锋弹出接球跳投

方法：如图 9-18 所示，两人一组，外中锋⑤给④掩护，④利用⑤的掩护弹出接⊗球跳投，⑤掩护后面向球转身准备接球。投篮后双方抢篮板球交换位置继续练习。练一段时间后换另外两人练习。

要求：被掩护的④弹出的动作要突然、快速，接球的同时转身做跳投，整个动作协调、连贯、快速。掩护队员⑤掩护后转身，屈膝降低重心，两肘外展，背、臀、腿用力挤靠，准备接球攻击或迅速抢篮板球。

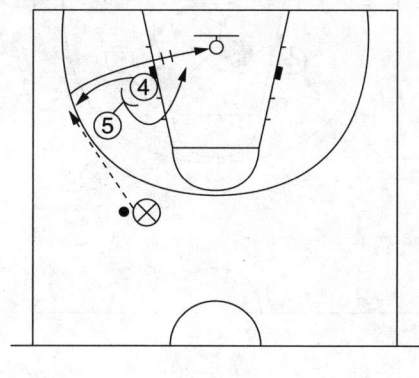

图 9-18

### 9. 掩护人第二机会接球投篮

方法：如图 9-19 所示，⑤给④做掩护，④照常走上线要球。⑤掩护后面向球后转身接球挤投、跳投、空中直接补篮或扣篮。投篮后双方抢篮板球，交换位置继续练习。练一段时间后换另外两名队员练习。

要求：掩护队员⑤掌握好掩护后的转身时机，面向球转身下顺，背、臂、腿用力顶靠对手，接球后的投篮动作要快速有力；被掩护队员④利用掩护快速走上线，以吸引防守者。

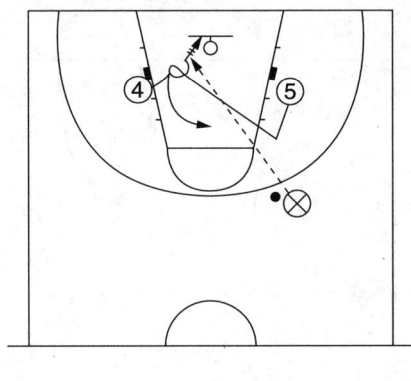

图 9-19

### 10. 双中锋篮下二攻二练习

方法：如图 9-20 所示，4 人一组，二攻二守。进攻者可以个人摆脱抢位接球，也可以相互掩护摆脱接球进行攻击。投篮后双方拼抢篮板球。进攻组抢到篮板球后继续进攻，直到投中为止；防守组抢到篮板球后（包括投中的球）立即传球给　　，然后攻守交换，继续练习。

要求：攻守都要积极、认真，全力以赴，进攻者要合理地运用内线强攻和近篮攻击的动作方法，掌握好不同的运用时机、节奏及其变化。

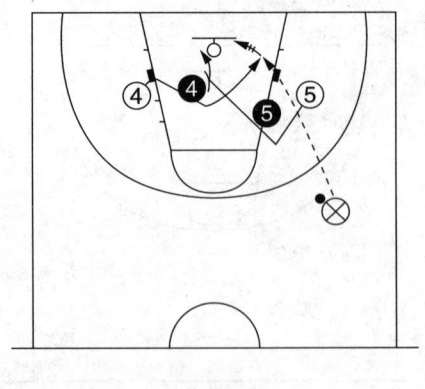

图 9-20

**11. 限制区内三对三练习**

方法：如图 9-21 所示，6 人一组，三攻三守。⑤摆脱抢位要球。与此同时，⑥给④做掩护，④利用⑥的掩护插上要球。⑥掩护后面向球转身下插篮下要球。⊗可传球给④⑤⑥中的任何一人进攻。投篮后双方拼抢篮板球，进攻者抢到篮板球后继续进攻，直到投中为止；防守抢到篮板球后（包括投中的球）立即传球给　　，攻守交换，继续进攻。

要求：与练习 10 相同。

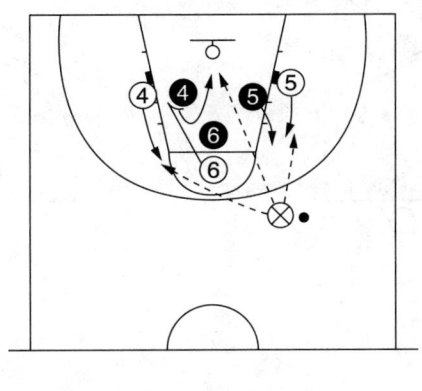

图 9-21

## 四、中锋防守的脚步训练

### （一）中锋防守的脚步训练

目的：学会中锋防守的基本步法，打好防守的基础，提高步法灵活性和控制身体重心的能力。

**1. 滑步、撤步防守的基础**

方法：如图 9-22 所示，队员依次利用纵半场做滑、撤步练习。

要求：做滑、撤步时，保持低重心、宽步幅。滑步有力量、速度快，滑步、撤步衔接协调连贯。

**2. 滑步、撤步堵球练习**

方法：如图 9-23 所示：进攻队员持球于腹前做蛇形移动，防守队员用滑、撤步快速跟随移动。

要求：防守队员和进攻队员保持一臂距离，如影随形，保持位置。防守队员始终把进攻队员的球置于自身的两腿之间。

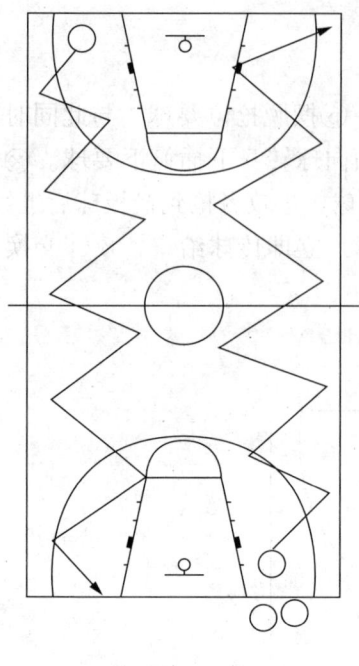

图 9-22　　　　　　　　　　　　图 9-23

### 3. 两手摸地滑步练习

方法：与练习 1 相同。只是滑、撤步中要求两手摸地。

要求：弯腿降臀，避免直腿、弯腰。其他同练习 1。

### 4. 追地滚球滑步练习

方法：如图 9-24 所示，两教练员之间相距 5~6 米，相互传地滚球，两名队员位于两侧用摸地滑步追赶地滚球，往返 5 次后换另外两名队员练习。

要求：教练员传球的速度适合队员滑步速度，不能太快，也不能太慢。队员滑步保持低重心，宽步幅。队员滑步速度应尽量追上球速。

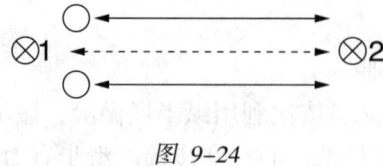

图 9-24

### 5. 滚球快走练习

方法：与练习 1 的形式相同，沿纵半场练习，把滑步改成滚球做蛇形快走。

要求：滚球时应弯腿降臀，切忌直腿弯腰。走的速度尽量加快。

### 6. 抢步防底线，倒地练习

方法：如图 9-25 所示，罚球线延长线两侧各站一名队员，练习开始队员向底线做抢步动作，到底线后再返回原处，然后再做抢步动作到底线，接触底线后即做倒地动作。然后换另外两名队员练习。

要求：抢步动作要快，要低重心、宽步幅。做倒地动作时，要弯腿，臀部先着地，然后团身。

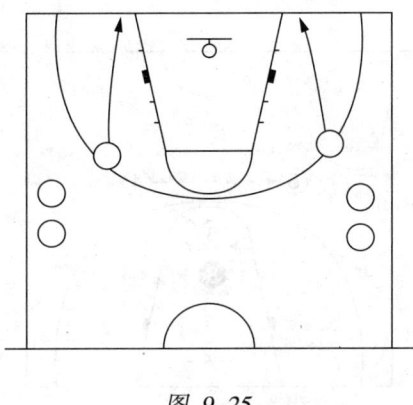

图 9-25

## （二）防守中锋的综合训练

目的：提高防守有球、无球进攻中锋以及防守纵切、横切投篮、突破、补防、抢篮板球的综合能力。

### 1. 内策应位一防一练习

方法：如图 9-26 所示，⑥和④相互传球，防守队员❽应根据球的位置做绕前选位防守。当⑥把球传给⑧以后，❽立即移到⑧的身后防守，⑧转身投篮或突破时，❽应积极防守。

要求：防守中锋时应准确判断其动向，不要被其假动作所迷惑。防投篮和突破的动作要正确。双方积极拼抢篮板球。

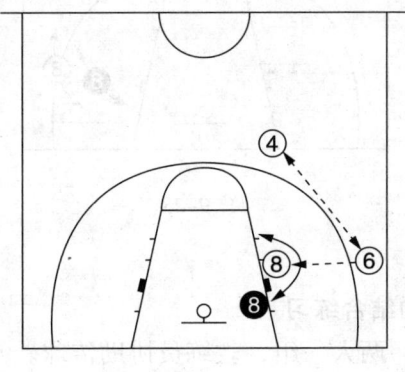

图 9-26

## 2. 罚球线上一防一练习

方法：如图9-27所示，⑤和④相互传球，❽根据球的位置从⑧的后面移动做选位防守练习。当④把球传给⑧以后，❽应立即移动到⑧的身后正位防守。

要求：与练习1相同。

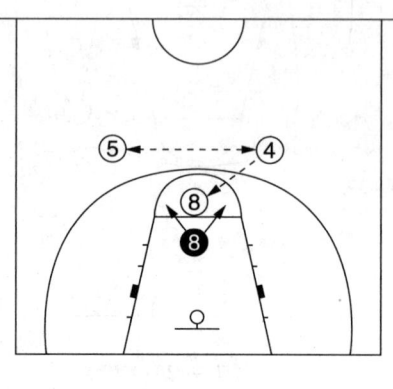

图 9-27

## 3. 外策应位一防一练习

方法：如图9-28所示，④持球，进攻中锋在外策应位置上做摆脱接球，❽积极防守干扰⑧接球。一旦⑧接到球后，❽迅速调整位置，站在球、篮之间，将靠底线的手臂侧张，防⑧突破和传球，另一手臂上举，防⑧投篮。⑧投篮后，双方积极拼抢篮板球。

要求：❽应错位防守，破坏⑧接球。⑧接球后，❽应防⑧投篮与突破，特别应加强底线防守。双方积极拼抢篮板球。

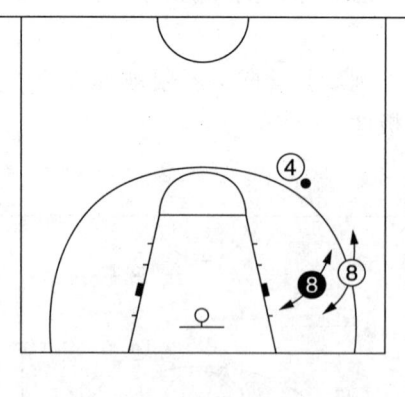

图 9-28

## 4. 防纵切变防溜底线的结合练习

方法：如图9-29所示，两人一组，教练员协助传球。④传球给　后立即纵切，未接到球时跑向右底角继续做溜底线切向篮下，❹积极防守，阻止④接球。

图 9-29

要求：严格遵循防纵切和溜底线的防守原则。始终保持抢前位置，人球兼顾。当看不到球的一刹那，要采用面对、转头、换臂的方法。

**5. 结合传球转移，练习绕前、侧前防守和防堵空切的综合练习**

方法：如图 9-30 所示，④和⑥相互传球，防守者❽根据球的位置做绕前和侧前防守。当④突然把球传给⑦时，进攻中锋⑧立即向球空切，❽积极防守，干扰和破坏⑧的接球。

要求：❽在绕前和侧前防守时，选位要正确、快速、及时，手脚配合协调。❽堵空切时，要抢在对手身前，向球一侧的脚和手始终应抢在⑧的接球路线上，封阻其接球。

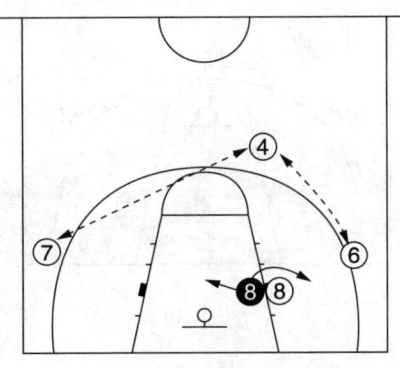

图 9-30

**6. 从防无球到防投篮和抢篮板球的一防一练习**

方法：如图 9-31 所示，④和⑥相互传球，❽做绕前和侧前防守，阻止⑧接球。当④传给⑦时，❽防⑧空切，不让⑧接球。在整个攻防过程中，一旦⑧接到球，❽应积极防⑧投篮和突破。⑧投篮，双方积极拼抢篮板球。

要求：⑧积极摆脱接球和攻击。❽全力破坏⑧接球和防投篮与突破。投篮后双方积极拼抢篮板球。

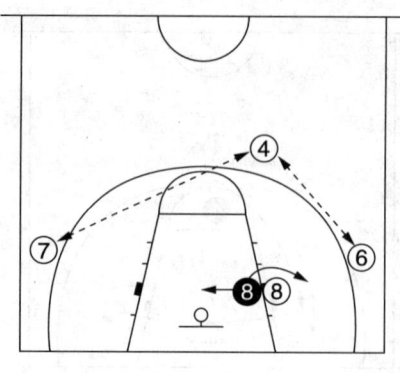

图 9-31

### 7. 抢得 12 分练习

方法：如图 9-32 所示，❽沿限制区做三角移动抢位接球，❽积极堵截⑧的接球路线，干扰和阻止他接球。⑧接到球即可投篮或突破，❽积极防守。⑧投篮后双方积极拼抢篮板球。可规定⑧接球得 1 分，投中得 2 分，抢篮板球得 1 分，抢篮板球补中得 4 分；❽破坏 1 次接球得 1 分，盖帽 1 次得 2 分，抢断球 1 次得 4 分，抢篮板球得 1 分。先得 12 分者算胜一局，然后攻守交换。五局三胜。

要求：与练习 6 相同。

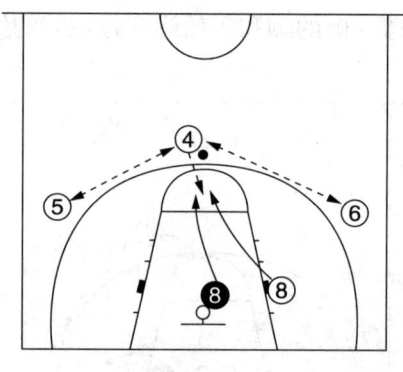

图 9-32

### 8. 防篮下双中锋的协防、补防配合

方法：如图 9-33 所示，⑦和⑧是位于内策应位的两名进攻中锋。④持球可传球给⑤，接回传球再传给⑥，如此重复进行。❼和❽根据球的位置做绕前和补防断后练习。假如④传球给⑤，则❼绕前防守，❽补防篮下，防止⑤传高吊球给⑦。如④传球给⑥，则❽绕前，❼补防篮下，防止⑥传高吊球给⑧。如此反复练习。

要求：两防守中锋应观察清楚，绕前和补防断后移动迅速、及时，默契配合。

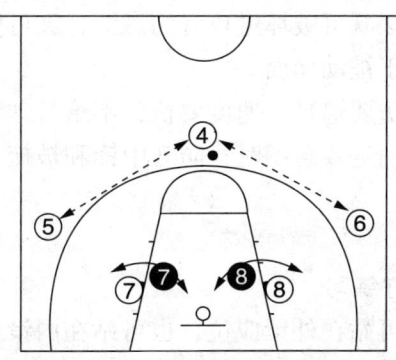

图 9-33

### 9. 防篮下双中锋掩护时的换防配合练习

方法：如图 9-34 所示，当④传球给⑤时，⑦给⑧做掩护；当④传球给⑥时，⑧给⑦做掩护。❼和❽进行换防配合练习。

要求：防掩护的人向同伴喊"掩护了"，接着到达换人的位置，迅速顶上，抢占球一侧的位置。防被掩护的人迅速抢占掩护人与球篮之间的位置，并迅速抢占向球一侧的位置。

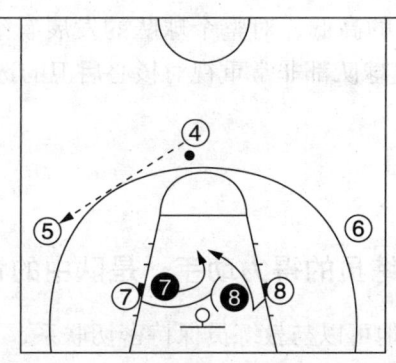

图 9-34

### 10. 防篮下双中锋掩护时的挤过配合练习

方法：与练习 9 基本相同，只是在进攻中锋掩护时，两防守中锋做挤过配合练习。

要求：防掩护的人向同伴喊话"掩护了"，然后以假换防迷惑或延缓对方切入的行动，接着迅速抢占向球一侧的位置。防被掩护的人伸出与掩护方向同侧的手臂，以扩大与掩护人的距离，并贴近对手准备挤过，然后提腰、伸臂、横跨步，迅速挤过。

### 11. 中锋防掩护时"假换抢前"练习

方法：当进攻中锋去给持球后卫或前锋做掩护时，防守中锋采用假换防抢前堵截进攻人的路线，延误持球人投篮或突破时机，待进攻者失去进攻机会时，防守中锋立即回

防自己的对手。这种防守方法既可破坏进攻者的意图，又可防止换防后在位置和高度上的不均衡，从而导致防守陷于被动局面。

要求：防守中锋的假换防要逼真，速度要快，不给持球者有投篮、突破的机会或延误其传球时机。当进攻者打消进攻意图时，防守中锋和被掩护的同伴立即回防原来自己的对手。

#### 12. 半场三对三协同防守练习

半场三对三，进攻中锋可站在外策应位，也可站在内策应位上，进攻者可以用各种基础配合进攻，也可个人攻击。防守队积极防守。

要求：防守有针对性。若进攻者用掩护，则防守者用挤过或交换；进攻者用突破，防守者则用关门和补防。防守中锋时应眼观六路，判断准确，随时注意抢前防守、换防、挤过和补防。

## 第二节 篮球核心后卫的分析与培养

篮球运动中的核心队员是在球队中起主导作用的人物，是场上战术的组织和指挥者，可谓球队的灵魂和教练员的助手。由于绝大多数核心队员由后卫担任，所以通常称为核心后卫。核心后卫水平的高低，对整个球队的发展有举足轻重的作用。"千军易得，一将难求"，国内外的篮球队都非常重视对核心后卫的选拔与培养。

### 一、核心后卫的作用

#### （一）核心后卫是教练员的得力助手，是队中的骨干力量

在激烈的比赛过程中，他可以与教练员保持密切联系，贯彻教练员的意图，带领场上队员在比赛中实施全队既定的作战方针。核心后卫具有广阔的视野，敏锐的观察力，准确的判断力和灵活果断的处理能力，在比赛过程中能及时、迅速地发现机会和问题，当机立断地采取对策，采取最恰当的战术打法，发挥本队的长处，抑制对方的优势，把握比赛的主动权，以至战胜对手。

#### （二）核心后卫是场上的组织者，是全队的灵魂

比赛中，他能带头树立必胜信心，发扬顽强拼搏的精神和"胜不骄，败不馁"的作风，成为全队的中坚。他能以严以律己、身先士卒和团结协作的精神带领全队夺取胜利。不论比赛情况多么紧张、激烈，他都能保持冷静的头脑，用积极的情绪和扎实的行动影响全队。尤其是在关键的时刻，核心后卫勇挑重担，控制场上局面，组织成功的攻守配合。比赛进行过程中，核心后卫既能把握时机组织进攻，又能助攻，为同伴创造得分机会。有时还能一马当先，突破防守直接得分，起到力挽狂澜的作用。

篮球比赛不仅是比技术、比战术、比体力，而且也是比思想、比意志、比团结的集体项目。核心后卫应审时度势，注意观察，随着比分的起落、时间的推移和主动与被动的转化，及时了解彼我攻守战术的变化，识破对方的策略意图，统一本队的思想和打法，鼓舞斗志，团结全队，及时果断地采取有效措施，去争取比赛的胜利。

## 二、核心后卫应具备的素质和条件

### （一）应具备的素质

#### 1. 核心后卫应是全队的表率

核心后卫应有无私奉献的精神，思想境界高，心胸开阔，待人诚恳、热情、虚心好学，能调动全队的积极性，能处理好个人与集体的关系，遵守纪律、谦虚谨慎，不骄傲自大、盛气凌人，不搞特殊化，勇于承担责任，具有责任感、荣誉感和使命感，在队内有威信、有凝聚力。

#### 2. 核心后卫必须具有较好的心理素质

核心后卫要有主见，有毅力，有气魄，有自控能力，在场上遇到各种干扰和挫折时，善于控制自己的情绪，防止急躁、蛮干、消极、失望和泄气等心理变化。核心队员的认知能力、感知运动的反应和起动能力，以及注意力合理分配与操作思维的合理性，均应优于其他位置的队员。

#### 3. 核心后卫应具有决策果断的领导素质

核心后卫既是战斗员，又是场上的指挥员，必须头脑清晰，精明灵活，反应迅速。从神经特点上要求，应该是具备分配与集中相结合的特点，性格活跃，善于接受新事物，观察问题面宽，善于与同伴配合，并具有坚持性。

#### 4. 核心后卫应具有一定的文化素质

核心后卫必须具有一定的文化素质，因为只有这样才有可能理解并掌握较全面的专项知识，不断探索、总结和丰富专项理论，吸收新的信息，积累篮球比赛的经验，了解篮球运动规律，更加提高解决具体问题的能力。

#### 5. 核心后卫应具有良好的身体素质

身体素质是掌握技术、战术和发展高难度技巧的基础，是进行对抗拼搏的本钱。只有具备良好的跑跳能力，力量强、灵活、反应快的队员才有可能掌握高超的技巧，充当核心后卫的重要角色。

#### 6. 核心后卫应具备良好的篮球意识

具备良好的篮球意识才能掌握攻守规律，正确处理攻与守、主与次、快攻与阵地进

攻、内线与外线、局部与整体、主动与被动的转化等等各种辩证关系，从而起到核心的作用。

### （二）应具备的条件

#### 1. 生理条件

(1) 身体形态：体格健壮、体形匀称。
(2) 身高：男运动员一般在 1.80～1.95 米之间，女运动员一般在 1.70～1.80 米之间。
(3) 年龄：男运动员一般在 24～32 岁之间，女运动员一般在 22～28 岁之间。
(4) 肌肉类型：具备极强的弹性，其肌肉类型应是以白肌纤维为主的混合型。
(5) 身体素质特征：身体素质全面，速度、力量和灵敏素质更为突出。

#### 2. 心理条件

(1) 气质类型：以"多血质"类型为主，具备很高的灵活性，容易适应变化的环境和条件，同时应具备"胆汁质"类型的优点。
(2) 时空知觉：对物体和空间的形状、体积、距离、深度、方位及时间的延续性和顺序性反应敏感。
(3) 情绪特征：具有积极向上、克服困难、战胜对手的激情。比赛时能够调动一切力量，思维清晰、明确，活动积极，具备应付各种挑战的应激能力。
(4) 个性品质：有理想、有事业心，勤奋、谦虚、自信，并且有毅力，有凝聚力和舍己精神，有为国争光、勇夺冠军的追求。
(5) 性格类型：从心理机能来确定为"情绪—意志"型，外向，以冷静的理论思考而行事，以理智来支配行动，活泼、开朗，善于交际。
(6) 意志品质：有作战勇敢、勇于拼搏、临危不惧的优良作风。

#### 3. 人文条件

(1) 人格特点：具有较强的自尊心，有很强的表现欲，不服输，有极强的获胜欲望，同时有大局观，不自私。
(2) 领袖才能：具有领袖的品质，举止、谈吐优雅，处理各种情况及时、果断、准确，考虑问题及决策公正、全面，能够服众。
(3) 威望：享有极高的声誉，对同伴极具亲和力，外部推崇、队内仰慕。

#### 4. 技术条件

核心后卫必须掌握全面的、熟练的、正确的技术，才能自如地施展指挥才能。主要应掌握好以下几种技术：

(1) 控制球。一般指掌握球的能力，主要体现在运球的技巧上。运球是持球队员取得行动自由的手段，是压住阵脚的重要手段。运用有效的急停、急起、变向、变速等运球技术，不仅是发挥个人攻击力的重要手段，而且是组织集体配合和创造机动灵活多变打法的基础。

(2) 支配球。一般指对球的处理，主要体现在传球技巧，特别是助攻传球的能力上。传球是指导全队组织配合的关键技术，一切配合都必须通过传球来完成。但组织配合机会的出现往往是瞬间即逝，球必须在这一刹那传递到位。因此，核心后卫必须掌握各种传球技术动作，做到熟练、隐蔽、准确、快速、舒适、及时和变化莫测。

(3) 攻击能力。核心后卫不仅应是一位优秀的助攻手，而且还应是一位强有力的得分手。若核心后卫没有进攻威胁，防守队员就会将其防守注意力放在协防他人上，这样就会加大其他进攻队员的压力，影响进攻组织配合的灵活性。因此，不具备锐利进攻能力的核心后卫，是不全面、不称职的。准确的中、远距离投篮是核心后卫攻击能力的主要表现，它可以吸引防守者，为同伴进攻创造机会，便于助攻传球和组织配合，具有重要的战略意义。把中、远距离投篮与突破技术有机结合起来，并与全队配合紧密衔接，就能更好地发挥核心后卫组织指挥的作用。

(4) 防守。防守是阻止对方得分、保持优势与取得胜利的保证。积极的防守不仅能创造反击的机会，而且能激励全队的斗志，提高士气，增加取胜信心。核心后卫不仅是进攻的组织者，也是防守的指挥者，他不仅要防住自己的对手，而且还要洞察全局，发现对方的主要打法、主攻方向、主要得分手段和攻击点，以便组织有效的集体防守。因此，核心后卫除具备良好的防守技术外，还要具备良好的集体防守意识，较强的机动防守能力，比如换防、堵位、夹击、抢断，做到"眼观六路，耳听八方"。

## 三、我国核心后卫的类型及与世界强队核心后卫的差距

### （一）核心后卫的类型

1. 组织型后卫。位置比较固定，移动距离短，活动范围小，个人攻击意识、技术和能力较弱，主要起接应和通过传球组织进攻的作用。得分、抢断、抢篮板球和"杀伤力"低，罚球机会少。只起"调度"作用，缺乏激励全队战斗力的调动作用。

2. 攻击型后卫。个人技术和身体条件较好，活动范围大，攻击力强。有较强的鼓舞和带动作用，但组织和调动全队的积极性能力较差，有时可能过于单干，妨碍全队战术配合的实施，影响其他队员的配合积极性。

3. 防守型后卫。进攻时多半起接应和组织作用，主要特点是防守意识强，防守行动积极主动，具有全面的防守协同意识。能主动控制和破坏对方快攻及其核心队员的行动，还能组织率领全队及时应变防守战术，制约对方的进攻。为此，许多队针对对方攻击力强的核心队员及其战术特点，配备并培养了专长于防守的"防守型核心后卫"，以提高本队的整体防守能力。

4. 全面型后卫。既具有较强的组织全队配合能力，又具有强烈的个人攻击意识和助攻能力，防守积极，斗志高昂。具备优秀的身体素质和技巧，在两军对峙比分拉不开的情况下，能充分发挥个人攻击力和调动全队攻防能力，或施展个人绝招，或组织发挥本队特长，寻找战机打开局面。

现代篮球运动高水平、强对抗和综合多变的发展趋势表明，单纯组织、攻击和防守

型核心后卫已不适应全场攻守和立体争夺的需要。培养具有良好的身体素质和突出的技术，富有强烈攻击意识及能力，有丰富的比赛经验，能带动和指挥全队应付多种复杂局面的现代全面型核心后卫势在必行。

## （二）目前我国核心后卫的现状及与世界强队核心后卫的差距

对照世界强队核心后卫的现状，我国的核心后卫在思想修养、技术水平、战术意识、组织能力等方面都有较大的差距，特别是担任组织进攻的核心后卫，往往过分关注调动进攻而较少参与攻击，得分能力很差，这与国外强队核心后卫极强的攻击力相比，差距很大。由于核心后卫进攻中得分能力差，攻击水平低，不仅影响了个人整体技、战术水平的发挥，也极大地限制了各队战术组织的数量和质量，妨碍球队整体水平的提高，这成为制约我国篮球运动发展的一个重要原因。我国核心后卫的差距具体表现为：

1. 身体素质和体能较差，个人技术不够全面，助攻、妙传、全场突破、投突结合、防抢技术等方面有差距。

2. 活动范围小，很少运动到底线或内线实施攻击，影响全队战术的灵活性。

3. 攻击意识薄弱，在得分能力上与世界优秀核心后卫比较，每场平均相差10分以上。

4. 临场反应慢，应变能力差，对场上出现的特殊情况洞察不够，不能及时调动和组织全队力量。"锦上添花"可以，"雪中送炭"不足。

5. 对全队的影响力不够，主观能动性较差，改变攻守战术不主动，过多依赖教练员。

## （三）造成差距的原因

**1. 训练水平较低**

（1）身体训练：主要是力量训练和专项素质训练不足，造成核心后卫不能适应激烈的对抗。

甲、弹跳力和动作的爆发力欠缺，在身体对抗和动作对抗中处于下风，攻时冲不上去，守时跟不上去。

乙、脚步动作不灵活，特别是各种脚步动作的串联、组合与衔接速度不够，使技术动作效果达不到应有的要求。

（2）技术训练：主要体现在技术动作的速度、动作间的转换上，特别是在强对抗条件下完成技术动作的质量达不到要求，造成准确性降低，说明在训练中高强度对抗练习不足。

（3）战术训练：在比赛中反映出灵活运用个人战术行动和实施集体配合时过于循规蹈矩，不能根据具体情况灵活运用和发展全队战术配合，缺乏获胜的激情和即兴的创造力。说明平时的训练过于讲究既定的整体和局部配合，没有训练核心后卫把握战术打法的内在规律和实质，培养其随时随地实施灵活、多样、变化的攻守配合的能力。

### 2. 文化素质不高

我国大多数核心后卫的文化素质水平不高，理解和掌握篮球运动内在规律和基本理论知识的能力差，这是长期制约我国篮球核心后卫成长、提高的老大难问题。

### 3. 培养途径与手段无特殊保障条件

我国核心后卫从总体上讲个人成长的成分较大，教练员虽然也重视培养工作，但采取的措施不到位，没有针对不同类型队员采用有针对性的培养措施，加之队内培养核心后卫的氛围不够，对核心后卫进行培养与其他因素的处理相冲突时，往往不能坚持培养核心后卫的思路。

### 4. 观念落后

核心后卫作为全队的组织核心，的确是应该调动场上其他队员的积极性和发挥全体队员的作用，他也必须组织好全队的配合，发挥出整体效应，这样的思路并没有错。问题是，目前我国核心后卫在场上大多是以控球、传球、组织进攻为主，个人攻击基本上处于被动的状态，只是在或因时间紧迫、或因比分落后、或因其他位置队员进攻不利时才进行个人攻击；教练员、核心后卫本人及其他队员也都认为核心后卫就是应该把组织进攻放在首位，以致很多时候核心后卫的个人攻击还受到限制。其结果是攻击能力稍弱的核心后卫不想攻击，攻击能力强的核心后卫往往又不能攻击。久而久之，核心后卫养成不好的心理定势，从心理上把个人的攻击放在次要位置，从而导致其攻击能力越来越弱。

### 5. 实战对抗不系统

我国的核心后卫从少年开始学习篮球，经过十几年的训练，成为一名专业的篮球队员。但考察我国篮球运动基础训练，不难发现，在他们成长经历中，每年参加的正式比赛并不多。特别是随着年龄的增长，技术水平的提高，需要大量的实战来锻炼其临场经验、增强对抗能力。有研究表明，要想使一名好苗子成长为优秀的核心后卫，每年须经历 80~100 场正式的篮球比赛，而我国的队员从少年到成年所能参加的比赛场次远远达不到这个数字。核心后卫锻炼机会不多，造成比赛经验缺乏，使长年的训练效果打了折扣。

为了适应现代篮球运动的发展，必须迅速提高我国核心后卫的水平，培养和训练核心后卫就成为我国篮球运动赶上世界先进水平的重要课题之一。

## 四、核心后卫的培养

核心后卫的培养是一个长期系统的工程，必须遵循运动训练的客观规律和科学原则，如选材与训练相统一的原则、专门训练的全面性原则、阶段性训练与长期训练相结合的原则和训练与比赛相结合的原则。

## （一）从实际出发，不拘一格选人才

每位优秀的核心后卫在其发展和成熟的过程中，都要经过长期磨炼。只要队员肯于动脑和苦练，有进取心和较广阔的视野，在训练和比赛中有勇猛顽强的拼搏劲儿，并具有良好的身体素质、优良的心理品质和快速掌握技巧的能力，就要大胆培养和重用。对技术稳定程度、心理承受能力和比赛经验等方面的不足，可以通过合理的训练和实战锻炼逐步解决。

## （二）从小抓起，重视遗传因素

国内外著名核心后卫大多数从七八岁开始参加篮球运动，实行多年程序化训练，并按阶段目标序列演进规律打好身体素质和基本技术基础。与运动能力相关的指标，包括体形、生理功能、生化指标、身体素质、智力和个性特征等有 70%～95% 的遗传度，所以科学合理地选材，特别是选择优秀篮球运动家族的后代，无疑能获得更大的成功。同时，在选材方面要注意：同等条件下，力求提高核心后卫的身高，向培养技术全面的高后卫方向发展，这样可使他们具备能里能外的本领，扩大活动范围，有利于灵活多变战术的应用。

## （三）坚持高标准，敢于严要求

核心队员的培养必须坚持"严出于爱，爱寓于严"的原则，刻苦磨炼，重点对待。在日常生活、训练和队伍管理中教育其严以律己，身体力行，树立良好的形象和威信。要求核心后卫系统掌握比赛的一般规律和各种战术的变化，在主动或被动的情况下，通过技术手段、战术运用或语言信号等调动全体队员同心协力，实现教练员的意图和既定的作战方案。因此，教练员要敢于坚持标准，严格要求。训练安排上应加大难度和强度，弥补薄弱环节，让他们通过刻苦练习和不断总结，练就过硬的本领。教练员应清楚：任何姑息和放任都有害于核心后卫的成长及全队水平的提高。

## （四）重视比赛环节，在实战中锻炼提高

篮球运动在技能类集体同场对抗性项目中，由于场地相对较小，所以攻防速度、技术精确度和战术变化更显得复杂。一般来说，技术的掌握与巩固提高较易显效，而要达到熟练运用和真假变幻的成熟阶段则要经历更艰难的过程。特长和绝招的形成，意识和心理承受力的提高，对抗技术运用及其应变能力的增强不可能以几种单一训练模式达到完善。核心后卫应多打比赛，敢打敢拼、不怕打错才会增长经验，技术、意识和心理素质总是在不断纠正错误和频繁克服困难中培养起来的。按"用脑筋苦练——频繁的比赛——反复分析总结"多次循环，辅以教练员的合理指导，可作为核心后卫向成熟阶段过渡、提高全面素质的综合性训练模式。

## （五）女队员的综合训练要向"男子化"靠拢

由于男篮的竞技水平高于女篮，因此，在女篮训练中借鉴男篮训练的经验越来越受

到广泛重视，例如女子核心后卫按男子的要求发展速度和弹跳力、掌握男运动员的对抗技术和个人作战方式、运用男队综合多变的技术和负荷量进行训练，以及由男队陪练等措施都已取得了良好的效果，被实践证明是行之有效的方式方法。

### （六）注意延长优秀核心后卫的运动寿命

一名优秀的核心后卫的培养及其成长，是个人天资及后天努力等多种因素和机遇长期塑造的结果，由于他们的特殊作用关系到一个队的成功，因此目前各队都非常重视延长他们的运动寿命。应尽量减少大龄核心后卫的伤病，努力保持他们的体能，尽量使他们发挥更大的作用。

### （七）具体培养措施

1. 加强学习

（1）提高文化修养，多看、多学篮球书刊和理论，了解和掌握发展趋势，提高专项理论水平。

（2）多看世界先进水平的比赛（包括录像），吸取经验教训，提高意识和运用能力。

2. 转换角色，即督促核心后卫换位思考，创造机会让他们用教练员的思路去分析问题。

（1）临场评论。在观看高水平比赛时，教练员有意识地提出问题，让核心后卫以教练员的身份分析场上形势及应采取的对策。

（2）客串教练员。在教学比赛或不重要的练习比赛中，让核心后卫布置战术打法，暂停时由核心后卫来重新布置全队打法。

3. 安排工作。即让核心后卫承担一定的工作，目的是通过核心后卫在工作中传达教练员的意图、管理本队队员，使队内同伴产生角色认同，提高核心后卫的威望。

（1）担任队长。管理日常事务，为全队服务。

（2）临时助理。充当临时助理教练员，独立完成一定量的训练任务。

（3）参与决策。参与制定本队计划，研究攻守战术，与教练员交换看法，了解、熟悉本队的打法及个人特点，提高运用技术、组织配合、指挥比赛的能力。

（4）发表意见。在赛前准备会、赛后总结会的分析、布置与总结时，核心后卫要大胆发言，主动提出攻守战术意见。教练员要鼓励并适当采纳核心后卫的意见与建议。

总之，核心后卫是教练员场上的代言人，是教练员的得力助手，要给予他们足够的权利，敢于放手，充分信任，支持他们的工作。核心后卫应充满自信，敢于负责，身体力行，勇挑重担。

## 五、核心后卫的训练

### （一）核心后卫训练的基本要求

1. 训练中注意安排针对性的专门训练，进一步提高和不断强化核心后卫在高速、

激烈对抗中及对手严密防守情况下利用急停、急起、变速、变向和巧妙的假动作,摆脱对手、控制球的能力。

2. 要加强中、远距离投篮训练,注意培养适合个人特点的远投技术,提高其 3 分球的命中率,扩大其攻击范围,并能结合空切和突分,彻底改变"只组织,不进攻;只传球,不得分"的状况。

3. 要加强不同位置、不同距离、不同角度、不同飞行速度和弧线的体侧、反弹、背后、胯下等各种传球方法的训练,兼顾左右手传球技术的均衡运用,传球力量、出手时机的把握,尤其应掌握隐蔽、变化、突然、快速的点、拨、抄、推、弹传球手法,并能在比赛中结合敏锐的观察力、精确的判断和传球假动作,合理应用各种传球,力求点多面广,不断提高助攻能力,增加战术组织的灵活性和战术效果的稳定性。

4. 要重视结合本人的技术特点与条件,在全面提高的基础上,培养和加强特长技术,使其具备一两个能反映个人特点、有较强的攻击能力和实效性的措施,同时加强组合技术和特长技术的结合及个人技术与全队战术相结合的训练。

5. 要加强防守技术训练。一位技术全面的核心后卫应是攻守兼备的。由于后卫防守处于全队防守的前沿,因此,除了协同、组织防守外,更应提高自己的抢、断球能力。

6. 加强对其在比赛的关键时刻的心理素质训练。教练员应帮助核心后卫认真分析关键比赛和关键球处理的经验教训。核心后卫应通过比赛开阔眼界,积累经验,掌握比赛规律,不断巩固和提高自己的篮球意识。另外,还必须不断提高自己的文化素养和智力水平,从理论上加强对篮球运动的内在规律的分析、研究与认识,成为应变能力强、有科学头脑的赛场主角。

## (二)核心后卫的训练方法

训练核心后卫的练习方法多种多样。原则上讲,一切适合训练外线队员的练习方法均有益于提高核心后卫的水平。当然,作为全队的组织者和灵魂人物,要求核心后卫具备更高的技术、战术能力,需要有一套独特的练习方法,并由教练员根据本队核心后卫的实际条件和训练思路,有针对性地安排适宜的训练方法和手段。以下为核心后卫训练方法、手段的几个范例。

### 1. 传球练习

(1) 提高传球速度的练习:三人一组两球,在半场进行练习。

如图 9-35~图 9-37 所示,先由原地开始,过渡到原地跑步,再过渡到行进间。原地练习先做 60° 角的站位练习,然后到 120° 角,最后到 180° 角。

如图 9-38 所示,三人两球三线推进。后卫分别接其他两名同伴的传球后,用最快的速度回传给传球者。

要求:三人连续动作,球在手中没有停留。

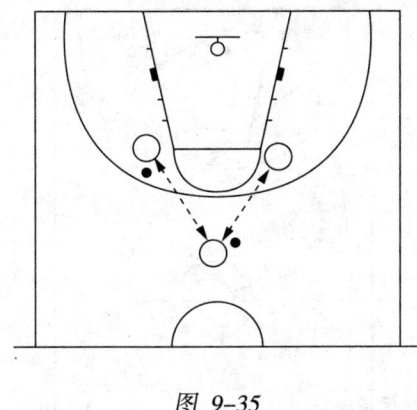

图 9-35

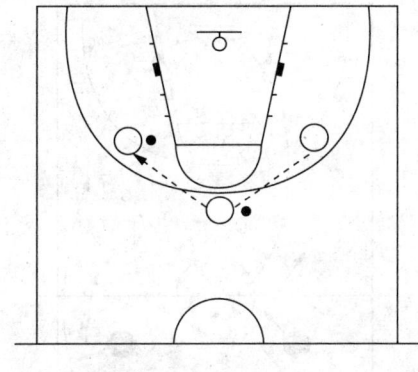

图 9-36

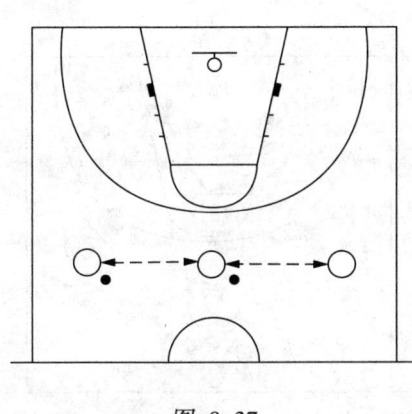

图 9-37

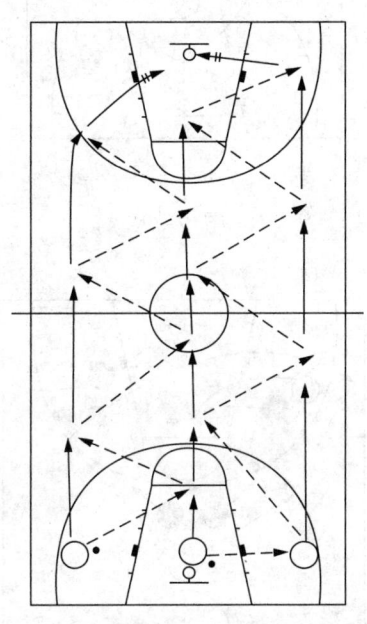

图 9-38

(2) 传球视野、方式和落点的综合练习

甲、全场练习：后卫两人或三人一组，全场攻防。如图 9-39 所示，⊗将球抛向篮板，两后卫队员交叉跑动，快下接应⊗的传球后，不间断地相互传球完成进攻。也可以是往返数回合的全场攻防，如图 9-40 所示。

要求：练习中不得运球，亦不得在手中停留，进攻后卫快速移动、推进、传接球，最后快攻上篮。

乙、半场练习：后卫三人一组，防守四人一组进行。如图 9-41 所示，后卫组在半场范围内跑位躲避防守的同时，连续传球。

要求：防守尽全力追防、抢断，攻方快速移动接、传球，球在手中停留时间不得超过 2 秒钟。练习中不得运球，连续传 20 次为完成一组。

(3) 突破分球手法练习：三人一组一球，在半场进行。如图 9-42 所示，后卫队员

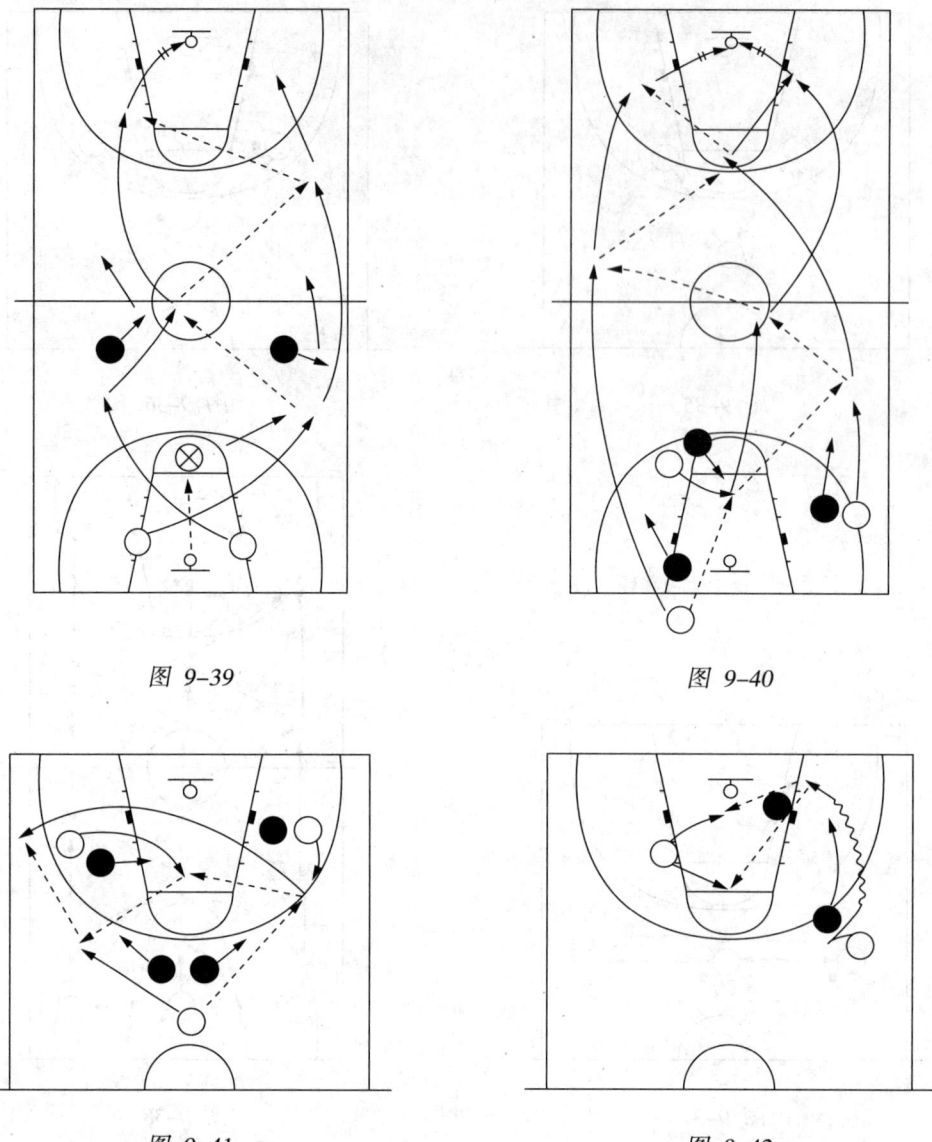

图 9-39　　　　　　　　　图 9-40

图 9-41　　　　　　　　　图 9-42

持球突破，起跳后投篮受阻，后卫队员用不同的方式将球传给防守队员身后的同伴。

要求：进攻后卫突破动作快，投篮动作逼真，选择传球手法多样，防守队员全力封盖。

#### 2. 运球练习

（1）运球中动作反应练习：后卫两人一组，每人一球，纵场进行。两人一前一后，后面的队员模仿前面队员的各种运球动作。

要求：保持固定距离，模仿的动作要相同，跟随得越快越好，不得遗漏动作。

（2）注意力分配及控球练习：后卫一人两球，防守一人，纵场进行。如图 9-43 所示，后卫队员双手各运一球，纵场一攻一守。

要求：防守队员不抢球，只堵截进攻队员的行进路线。必要时如图 9-44 所示，进攻队员将一球传给做接应的　　，突破上篮后回接第二个球转身跳投。

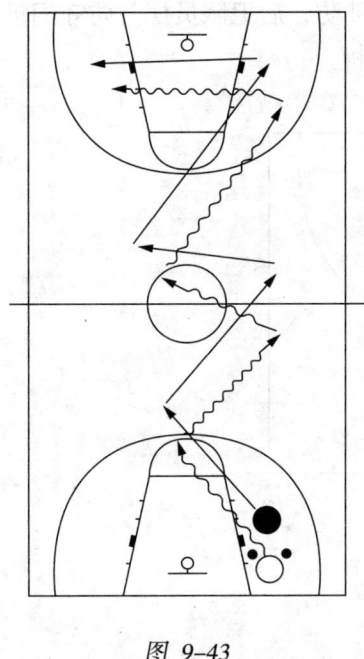

图 9-43　　　　　　　　　　　　　图 9-44

(3) 一攻二练习：进攻后卫一人，防守者二人，纵场进行。如图 9-45 所示，二防守者围堵运球的后卫队员，运球的后卫队员尽力运球突破上篮。如图 9-46 所示，必要

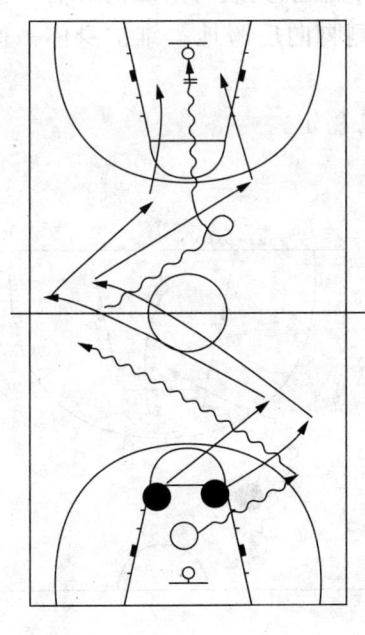
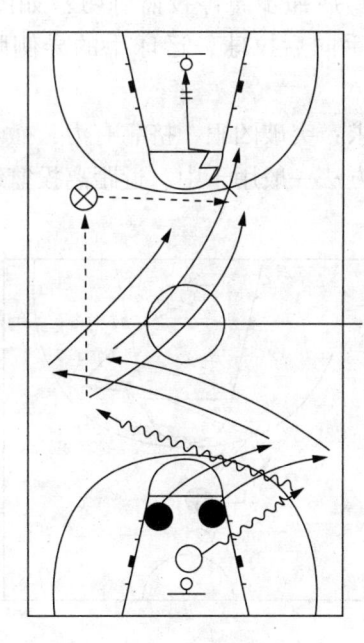

图 9-45　　　　　　　　　　　　　图 9-46

时可在前场增加做接应的　　，以训练后卫队员个人攻击中的配合意识。

要求：防守全力围堵，进攻后卫运用各种方法突破防守投篮。

（4）攻补防练习：进攻后卫一人，防守者二人，在前场1/4场进行。如图9-47所示，后卫突破后，被突破队员追防，另一防守队员补防，后卫队员摆脱防守伺机投篮。

要求：补防到位，追防迅速，进攻后卫行动果断。

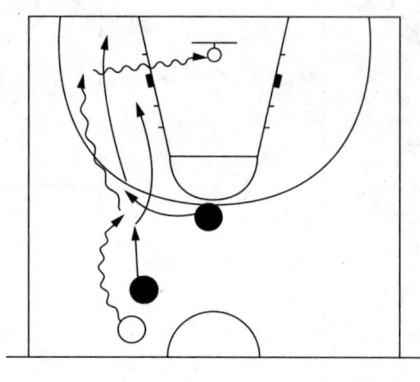

图 9-47

### 3. 投篮练习

（1）横撤步急停投篮练习：如图9-48所示，后卫突破时挤靠防守者，外侧脚向远离防守者的一侧跨出，另一脚蹬地后跟随跨步脚，维持身体平衡起跳投篮。

要求：突破凶狠，挤靠有力，撤步突然，重心稳定。

此方法一般用于中、近距离投篮练习。

（2）后撤步急停投篮练习：如图9-49所示，后卫突破时挤靠防守者，急停的同时运球手向后拉球，运球手的异侧脚后撤，同侧脚向后蹬地，维护身体平衡起跳投篮。

要求：突破凶狠，挤靠有力，撤步突然，重心稳定。

此方法一般用于中、近距离投篮练习。

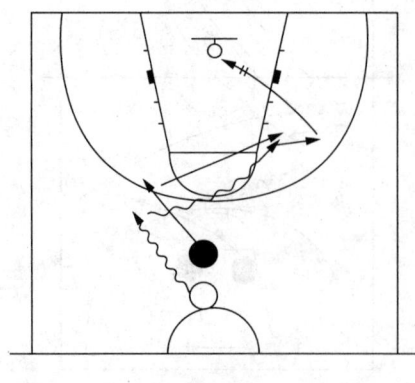

图 9-48

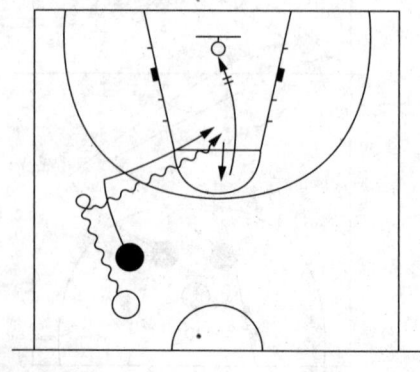

图 9-49

(3) 行进间高抛投篮练习：如图 9-50 所示，后卫突破防守者后，跨一步或两步单脚起跳后快速投高弧线球。

要求：出手速度快，投球弧度高，根据球篮的位置和与防守者的距离决定采用一步或两步起跳。

此方法一般用于近距离投篮练习。

(4) 接球横跨步错位投篮练习：如图 9-51 所示，后卫外线接球后，以投篮动作吸引防守者，然后迅速横向运球一次，交叉步急停跳投。

要求：运用时机适宜，横跨步速度快、幅度大，重心稳定。

此方法可用于中、远距离投篮练习。

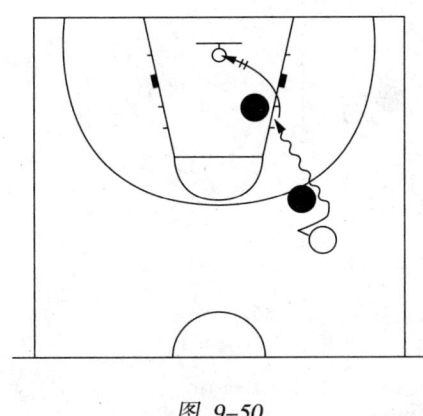

图 9-50

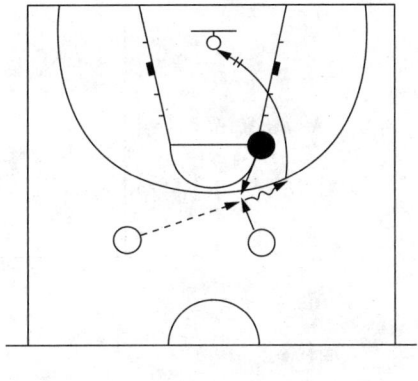

图 9-51

### 4. 抢球练习

(1) 抢运球队员的球：如图 9-52 所示，当进攻队员运球沿边线突破时，防守方核心后卫贴身紧逼，当运球队员认为无法突破对手，放慢速度准备停步的一刹那，防守核心后卫突然加快速度，利用大幅度的交叉步，抢到运球队员的行进路线前方，同时前手迅速伸向球，将从地面反弹起来的球抢下，并将抢球手的同侧脚后撤做后转身，保护抢到的球。如抢球失败，则顺势做交叉步，向场地内侧调整防守位置。

图 9-52

要求：抢球时判断准确，交叉步抢球时保持身体平衡，及时衔接下面的动作，注意抢球时与进攻队员有一定的距离，避免犯规。

（2）抢运球变向队员的球：如图 9-53 所示，当进攻队员突破时，防守核心后卫突然横向堵截运球路线，迫使运球队员改变方向，此时防守核心后卫迅速运用后撤接前交叉步法，抢到运球队员的另一侧，横向跨出，将球抢下。

要求：抢球队员不能勉强，找准时机迅速出击，要做好准备，随时调整位置，以便继续防守自己的对手。

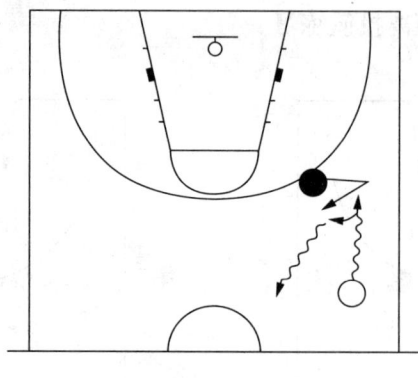

图 9-53

# 第十章 篮球比赛中的攻守转换

攻守转换是篮球比赛中双方对控制球权得与失之间的转换，这种攻守之间的相互转换构成了篮球比赛系统中的重要内容，它反映在转换的思想意识、身体应激、技术动作、战术行动、配合方法、组织与变化上，同时也作为特殊的攻守组织形式被世界篮球界认可、采纳和重视。对此，人们在认识上也由过去认为攻守交替自然过渡现象升华为一种特殊的攻守组织形式加以重视。攻守转换不仅是衔接和连接攻守两大方面的纽带，而且成为个人攻击行动的先导，全队战术方案实施环节中的关键环节和链条效应，呈现出一定的规律性，对现代篮球比赛起着承上启下和举足轻重的作用。

攻守转换是指比赛中双方由进攻状态转为防守状态或由防守状态转为进攻状态、进攻与防守或防守与进攻之间互相转换，以及攻攻、守守或守守、攻攻转换阶段的一切技术动作和战术行动。攻守转换的进攻 → 攻守转换 → 防守，或防守 → 守攻转换 → 进攻，这三个方面是对立统一、密不可分的整体。

攻守转换训练的目的是为了帮助解决本队比赛中出现的由攻转守、由守转攻过程或环节中的问题，提高运动员的攻守转换意识和技术、战术运用能力，争取瞬间转换的时机与优势，获取篮球比赛中最大的攻守效益。

## 第一节 篮球比赛中攻守转换的特征

攻守转换的特征可从以下四个阶段来反映和描述，而且是不规律、循环交替进行的。

### 一、进攻时的两个阶段

#### （一）反 攻

由防守突然地获得球快速转入进攻称为反攻（或反击）。进攻的反攻时机有抢获后场篮板球，制造对方失误或犯规掷界外球，抢、断对手的球等。

**1. 反攻时有球队员的行动**

运用合理的方法、技术获得球者即称为有球队员。他的第一个行动是应当先看前方有无已经跑向前场取得较好位置的同伴，如果有，则应及时、快速传球，并应注意选择合理实用的路线，同时精确控制落点；假如没有，或者快下队员位置不合理，其第二个行动就是应当快速、及时传出第一传，可以传给离自己较近的队员或传给赛前已安排好的接应队员。如若不传出第一传，其第三个行动应当是向中路运球快速推进，推进中一旦发现机会，应快速传球，使之顺利地进入前场。

### 2. 反攻时无球队员的行动

反攻时除一名队员获球（有球）外，其余四名队员均为无球队员。他们的行动应当根据战术需要和临场情况的变化而合理地分布。例如，有的应当积极地选择跑向前场的路线和抢占合理的位置接球投篮，有的则应当接应第一传，以便顺利地推向前场。总之，无球队员的行动，一定要围绕球、同伴及对手的变化，灵活机动地跑动与调整，一切行动都要有利于反攻的需要。

## （二）落位（阵地进攻）

落位就是按本队已定的进攻战术配合方案各落各的位置。如对方的阵地防守是"2-3"联防，则进攻队可按"1-3-1"队形落位；若对方内线队员防守高度能力差，则进攻队可按"1-2-2"进攻阵势落位。落位的目的是为了发挥本队的进攻特长，制约对方。落位的安排可根据防守战术实际和本队特点而定，使之有利于发挥本队进攻威力。在落位阶段，球一般是在外围队员控制中。

## 二、防守时的两个阶段

## （一）封堵与退守

进攻中失去了对球的控制而转化为防守时，首先应对篮下获得篮板球的队员做封堵第一传，阻止他顺利传球，推迟对方发动反攻。其他防守无球的队员应夹击接应队员或抢占合理位置快速退守，退守时应根据对手、球与球篮距离的变化而选择合理的位置和适当的速度。如果封堵与退守成功，则应立即就转入进攻；若封堵不成功，对方运球推进前场时，则立即进入防守落位与调整阶段。

## （二）落位与调整（阵地防守）

这里的落位是指按本队已定防守战术配合方案各落各的防守位置，如根据对方进攻的特点可按人盯人或区域联防落位，或者是按事先已安排的几号队员防几号队员的位置落位。落位的目的是为了发挥本队队员的防守特长，控制对手，阻止对方的进攻。

这一阶段，场上进攻队员有外线和内线、无球及有球几种情况，所以防守队员的防守位置应根据对手人、球及球篮三者的关系而及时调整。注意贯彻"人球兼顾，以球为主"的原则。这样的防守位置比较主动，有利于控制对手的活动。

## 第二节 篮球比赛中攻守转换的方式与类型

### 一、攻守转换的方式

从生理学的角度来分析,转换首先是兴奋与抑制的两大神经过程的转换。进攻时,运动员大脑皮层的运动中枢关于进攻的技、战术条件反射无疑是处于兴奋占优势状态,而当进攻结束时便会转换成六种起始状态的转换方式;相反,在防守时,运动员的条件反射无疑也处于另一方面兴奋、集中占优势状态,而当防守结束时便会换成另六种起始状态的转换方式。具体如图10-1所示。

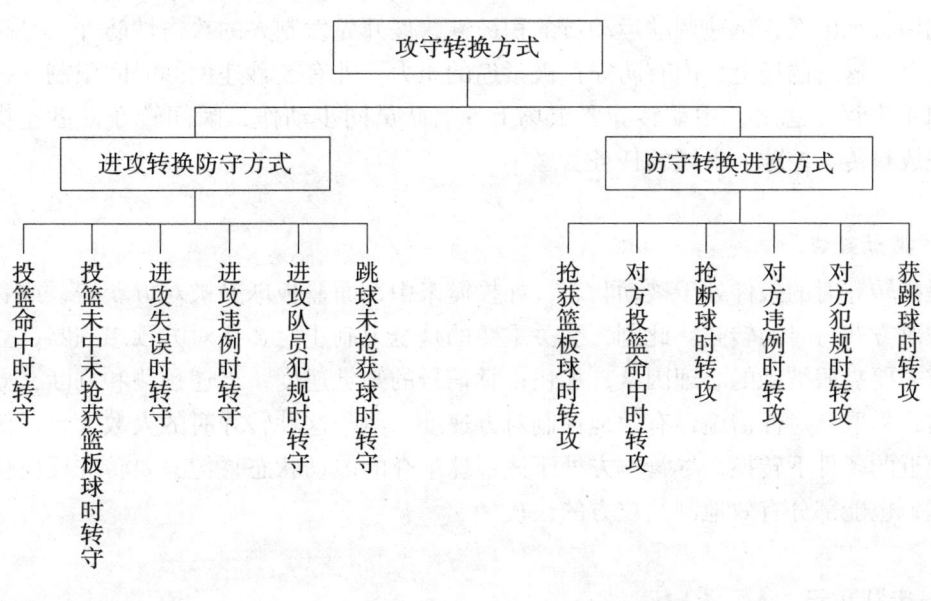

图 10-1

### 二、攻守转换的类型

依据篮球比赛中反映出的状态,攻守转换的类型大致可概括为如图10-2所示几种。

#### (一)攻转守类型

**1. 主动转守**

是指转守时的条件有利,如投篮命中时转守。此时,无论是心理准备方面还是神经过程的转化方面都处于最佳状态。心理上由于投中得分,队员产生积极情绪,信心十足地迎接即将来临的进攻挑战。只要妥善诱导,神经过程此时也易于高度集中和灵活转

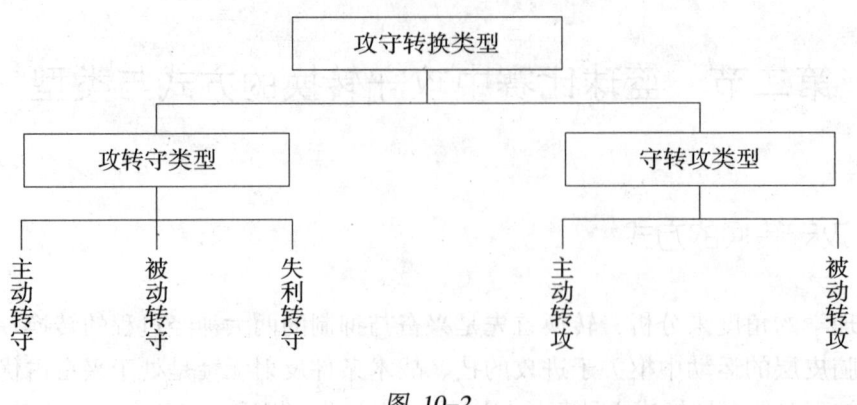

图 10-2

换。另外，此时所处的攻守态势相对而言也有利于转守：人数对等，位置相宜，转守时间较充裕。这些条件为攻转守时采用全场攻击性防守提供了有利条件。能否抓住机会，充分利用有利因素，迅速调动运动员的积极性，展开先发制人的攻击性防守，是瞬间转守的关键。这时的场上，内有防守积极紧逼的压力，外有5秒违例的时间限制，往往能迫使对手失误。总之，主动转守要求场上5名队员同步动作，瞬间转守，迅速找人抢位，完成封传、控球、卡堵的任务。

### 2. 被动转守

是指转守时的条件处于被动状态，如投篮未中，而篮板球又被对方获得，或者是跳球时被对方获得时的转守。此刻，至关重要的是全力制止比赛按对方预想判断，立即转守。首先要克服被动的心理因素，加快视觉信号的知觉速度，迅速预测和判断，立即转守设防，采取针对性措施，有效地控制对方速度。由于这种转守时的人数大致对等，在位置相近的条件下转换，尽管本方处于篮板球争夺的被动状态，但只要转守反应快，动作协调，也能部分有效地制约攻方的快攻。

### 3. 失利转守

是指本方传、接、运球失误，对对方抢断球直接转入反击时的防守。这时从攻守态势看，转守一方处于不利的劣势状态。攻击行动的失败往往导致心理因素的变化，出现心理惰性，注意力不集中，产生无力与自卑感，陷入追悔、自责的情绪中，这些都会直接影响攻转守的速度，而此时恰恰是对方反击的良机，所以这类转守难度最大，难在不仅要求队员具备极好的身体素质（尤其是起动速度）和高超的以少防多的技术，而且更主要的是队员必须具备顽强的意志品质、坚韧不拔的战斗作风。失利转守其条件艰难，其转化结果多为追防，其时间要求十分紧迫，这一点是共性，所以在训练中应花大力气、下大功夫重点解决。对于各种情况的失利转守，必须进行不定期的强化训练，使队员身处逆境而无丝毫气馁的表现，在任何不利条件下都能应付自如，采取决断措施瞬间转守，并通过个人和全队的拼命追防扭转局面。

## （二）守转攻类型

### 1. 主动转攻

是指转攻时条件有利，在强守阻攻中抢、打、断掉进攻队员手中的球，或抢到后场篮板球、抢获到跳球时的球，这时队员情绪振奋，呈现增力态势，能快速形成转攻意识，要迅速分散队形，发动快速反击，趁对方人数难以相等、位置不相适宜、转守时间紧张的时机，果断攻击，使对方难以布防，取得主动转攻后的攻击成效。

### 2. 被动转攻

是指在不想主动转攻的条件下，不是在强守助攻的转换中获得球，而是由于对方出现失误、违例、进攻犯规或投中等自然转换的一种形式。这就要求队员在转换后攻击的指导思想上仍然坚持打快、追着打，力求在衔接阶段发动迅猛攻击并奏效。

## 第三节　篮球比赛中攻守转换训练的内容、方法与要求

### 一、攻守转换的训练内容

为了发掘攻守转换中深层次的内涵，这里把相关的有可能转换的内容作如下叙述，如图10-3所示。

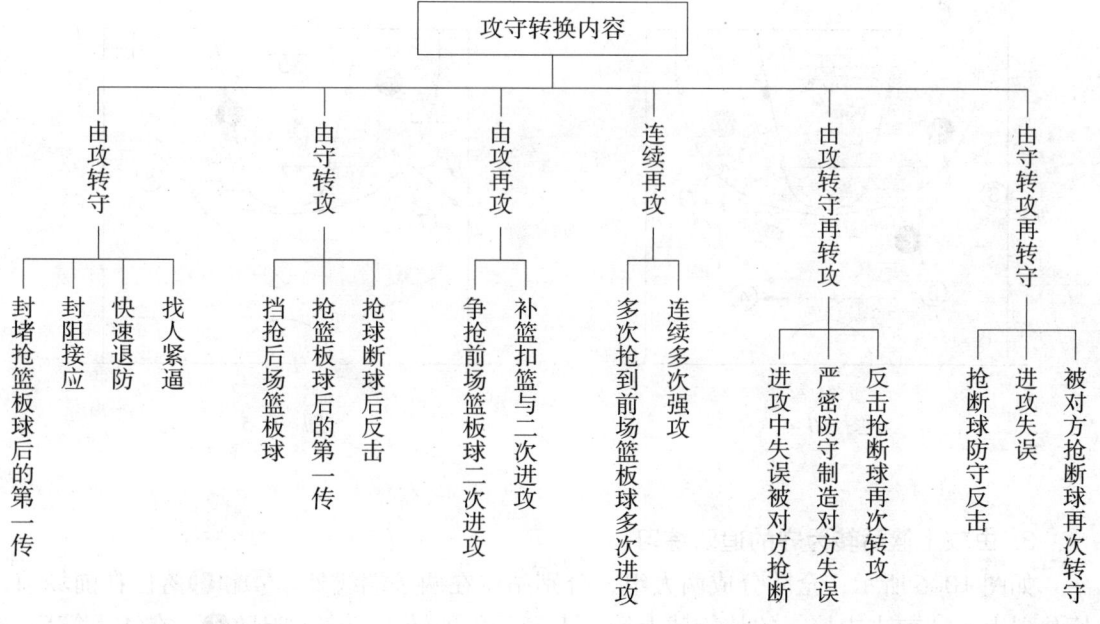

图 10-3

## 二、攻守转换的训练方法

为了获得最大的比赛效益，提高攻守转换训练的质量，必须使运动员具备如下条件：一是具有快速的转换意识。意识是行动的先导，具有快速的转换意识才能出现快速转换的行动。二是具有良好的身体素质，尤其是速度素质，主要是具备高效的反应速度、起动速度和变化速度，同时具备良好的速度耐力。三是具有全面、扎实、准确、快速、熟练运用技术的能力。四是具有高度灵活、机动的支配运用能力。五是具有较强的应激与变化能力。

### （一）由攻转守的训练方法

#### 1. 攻守转化速度的练习

如图 10-4 所示，⑥传给④，④传给⑦，⑦投篮后，防守组转为进攻组，进攻组迅速转为防守组，教练员在端线发界外球，并数"1秒、2秒、3秒……"，要求防守组的运动员，以每秒必争的速度紧逼防守各自的对手，谁的转化速度最慢，教练员就将球传给谁所防守的进攻队员，并罚做俯卧撑若干个，以强化个人攻守转换速度和战术行动。

#### 2. 由攻转守个人行动练习

如图 10-5 所示，教练员将球传给⑧，⑧突破或投篮，如果❼抢到篮板球，则⑦立即由攻转守，❼运球突破，⑦转为防运球队员。

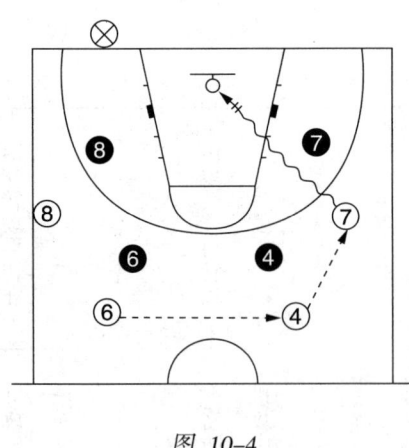

图 10-4

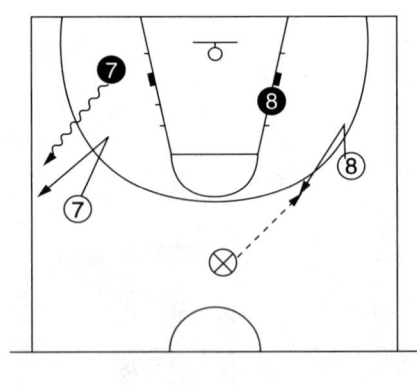

图 10-5

#### 3. 由攻上篮后转为守的追防练习

如图 10-6 所示，全队分成两大组，分别站位在两条端线外。④和❹落位在前场前锋位置上，④前进中接⑤的长传球上篮，上篮后立即转入防守，追防❹。在④上篮后，❺迅速抢获篮板球，然后迅速长传给快下的❹上篮。依此连续进行。

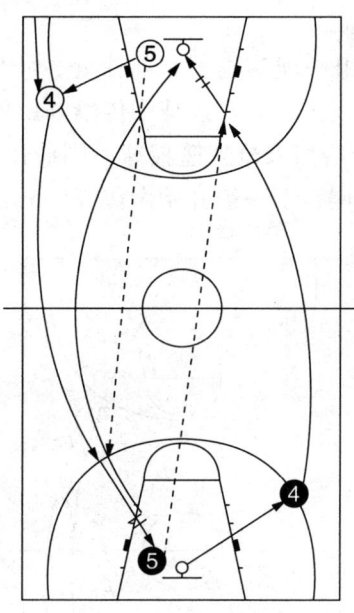

图 10-6

### 4. 由攻转守的一对一练习一

如图 10-7 所示，全队分为四组，④运球上篮或急停跳投，❹防守。如果❹抢到篮板球可继续进攻，直至投中。如果❹抢到篮板球或④投中，❹快速发端线球传给❻时，④立即去防守❻，直至抢到篮板球或对方投中，然后换上❼做练习，依次进行。另一侧⑤和❺同时做。

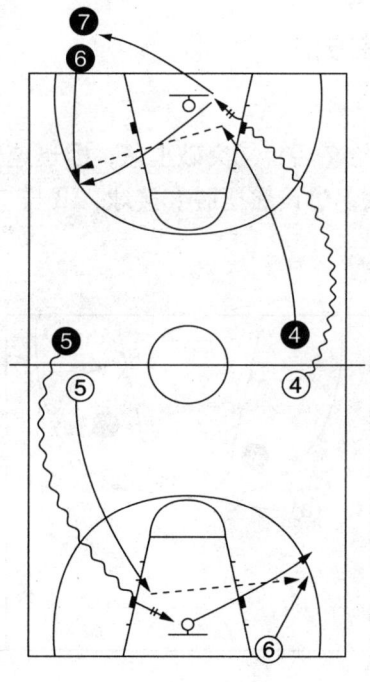

图 10-7

### 5. 由攻转守的一对一练习二

如图 10-8 所示，两人一组一球落位于右前锋处，④做突破上篮，无论投中与否，❹只要抢到篮板球就立即运球反击，并在运球中传给　，然后快速摆脱④，接　的回传球运球突破上篮。④突破上篮后如未抢到篮板球，则应快速转入防守，防守❹的反击。在另一侧篮攻守结束后排于队尾，下一组开始做。

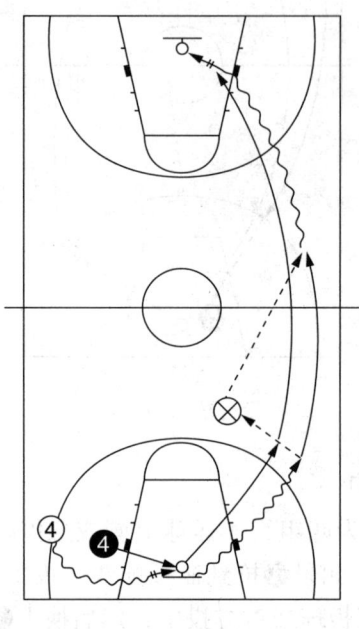

图 10-8

## （二）由守转攻的训练方法

### 1. 由守转攻的练习一

如图 10-9 所示，⑧传球给⑦后，⑦突破上篮，❼迅速抢球后跑至端线抢发界外球，并与❽以最快的速度由守转攻。⑧设法摆脱❽接球，⑧与⑦转为全场紧逼防守，❽与❼转为进攻全场紧逼。

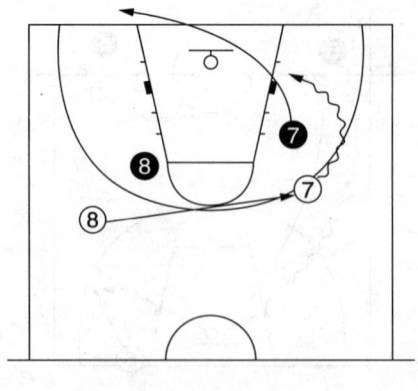

图 10-9

### 2. 由守转攻的练习二

如图 10-10 所示，全队落位于四点处，⑥站位于对侧的弧顶附近防守，⑦站在⑥侧旁靠近边线的位置准备快速反击。④与⑤做短传推进二打一，⑥防守并出击抢断球或在对方投中掷界外球时快速长传给快下的⑦，投篮的队员迅速退守防⑦的运球上篮或跳投。这一组练习做完后，下一组开始做。④与⑤顶替⑥与⑦。

### 3. 由守转攻的练习三

如图 10-11 所示，防守队落位成"2-3"区域联防，进攻队用两名队员来回传球后投篮，防守队抢到篮板球后立即发动快攻。⑧与⑥传球后投篮，❻④⑤形成挡抢篮板球的三角形保卫区，❻抢到后场篮板球后，可发动快攻，进行三攻二练习。

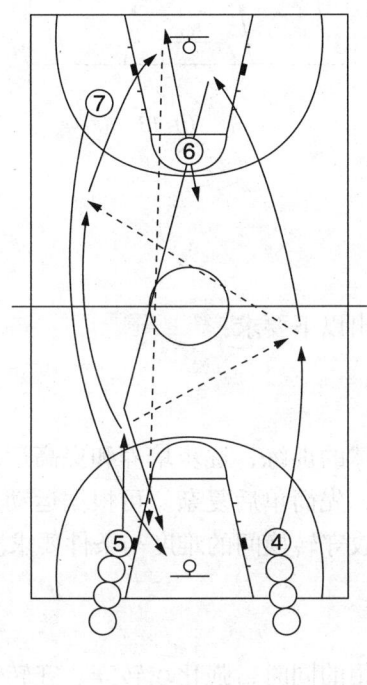

图 10-10

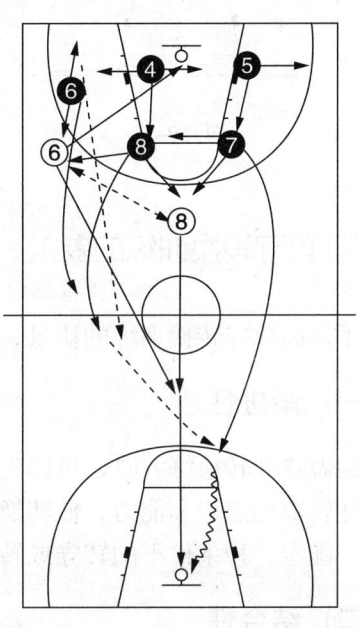

图 10-11

### 4. 由守转攻的练习四

如图 10-12 所示，防守队在外线防反掩护配合时，当进攻队员⑧进行反掩护投篮后，防守队挡抢篮板球并发动防守反击，进行三攻三训练。

### 5. 由守转攻的练习五

如图 10-13 所示，防守队 3 名队员对进攻队 3 名高大队员，防守队员利用堵卡运球突破的攻击性防守，把运用小 8 字进攻的高大队员朝外线顶出，并设法使⑧停止运球。❼堵卡⑦与⑧交接球并积极封、断、抢进行由守转攻的反击性练习。

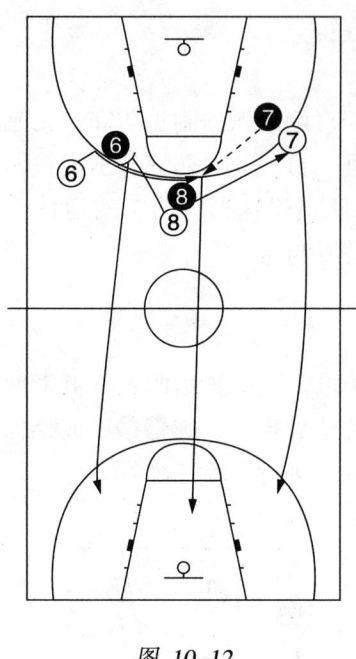

图 10-12

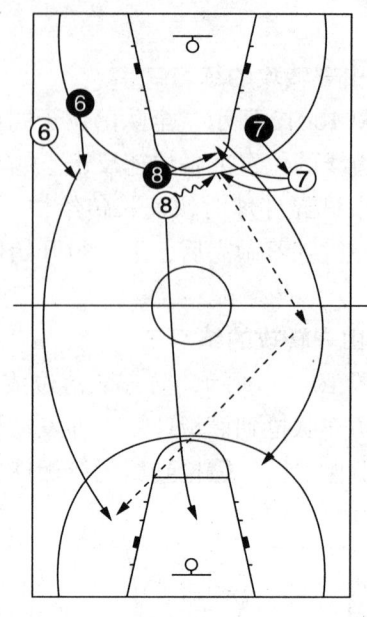

图 10-13

### 三、攻守转换训练的要求

为了提高攻守转换训练的质量，对训练过程提出以下要求：

#### （一）渐进性

开始做攻守转换练习时，可以先做徒手后做有球的训练，逐步培养和提高运动员攻转守、守转攻的意识和能力，使转换条件先易后难，先简单后复杂。可根据运动员的具体情况，确定一种条件下的转守或转攻，逐步增加攻守转换间的难度与条件要求。

#### （二）结合性

与攻守技术训练紧密结合，在提高攻守技术运用的同时，强化攻转守、守转攻的意识；与攻守战术训练紧密结合，在提高攻守战术配合能力的同时，强化攻转守、守转攻的意识。力求在对抗训练中提高攻守转换技、战术的运用和质量问题，提高综合运用能力。

#### （三）均衡性

凡是做有对抗的攻守转换练习，无论是个人的行动还是全队的战术配合，都必须同时要求攻转守和守转攻两个方面，如只要求一方面，则会淡化另一方面的转换。同时，应当保持攻守的均衡性，力求做到攻中有守、强守助攻。

#### （四）针对性

一是针对本队运动员在训练中全体攻守转换方面的弱点和难点，采用强化手段来解决，二是赛前模拟对方转换时攻与守的长处，反复进行针对性训练，以利运动员产生适应能力，提高运用水平。

### （五）辅助性

用辅助性手段来培养和提高攻守转换意识与速度，如在训练过程中用音控指令调动攻与守的转换，使运动员在教练员有意识设立与创造的特殊情况下来强化攻守转换意识和提高快速转换的能力。

### （六）激励性

达到一定训练水平之后，可采用时间限制的激励性方法来促进攻守转换训练，如在全队全场训练中规定5秒钟之内全队必须到达前场或退回后场，7秒钟之内进攻队员必须跑到各自进攻位置，防守队员也相应跟随自己的进攻队员；再如24秒钟之内完成一次进攻，快攻和防快攻成功，给予特殊加分等，以此来培养和提高攻守转换的意识、速度和运用能力。

# 第十一章

# 篮球比赛训练

篮球比赛训练指的是教练员专门组织和指导的全场五对五教学比赛，全面提高运动员的比赛能力。

比赛训练是篮球运动训练完整统一的形式。通过比赛训练，把运动员的身体、技术、战术和心理等方面专门训练的结果转化为比赛能力。比赛训练不是直接取得比赛成绩，而是形成合适的比赛能力。

比赛训练的显著特点是具有很强的针对性、实战性和竞争性，它要求运动员根据比赛情况，合理地、创造性地运用身体、技术和战术与对手进行对抗，不断地积累比赛经验，全面提高比赛能力。

在训练实践中，全场五对五比赛训练的时间占训练计划很大的比重，这就充分说明比赛训练的重要意义。所以，对比赛训练要合理安排，精心组织与实施，充分发挥比赛训练的作用，不断地提高训练质量。

## 第一节 篮球比赛训练的任务与种类

### 一、比赛训练的任务

（一）把专门身体训练中所获得的身体素质，通过比赛训练转变为比赛的对抗能力，即运用身体素质与对手进行对抗，在体能上战胜对手，不断地提高身体的对抗能力，保证技术、战术得到充分的发挥。

（二）把技术训练中已经掌握的技术动作和技术动作组合转变为"比赛技术"，使技术符合比赛的要求。在错综复杂的比赛情况下，培养运动员合理运用技术的能力，提高技术运用的效果，逐步形成技术特长。

（三）把战术训练中已经掌握的攻守战术打法转变为战术能力，使战术符合比赛要求。在比赛条件下，培养运动员善于根据对方的情况，不仅能够熟练地运用某一种战术，而且能够从一种战术转变为另一种战术，从一种配合转变为另一种配合；能够掌握比赛速度，控制进攻与防守节奏等应变能力，形成球队熟练的战术打法。

（四）提高运动员的运动时间感觉。篮球比赛规则有 3 秒、5 秒、8 秒、24 秒等的时间规定。在比赛的关键时刻，运动员应该根据比赛的时间和比分，采取相应的战术打

法和攻守技术。所以，时间感觉能力是篮球运动员专门能力之一。只有通过比赛训练，才能培养运动员掌握比赛时间感觉的专门能力。

（五）组织和调配阵容是比赛训练的重要任务之一。一个球队有主力队员（首发队员）和替补队员，在快速剧烈的比赛中，需要变换战术打法，运动员会出现疲劳、受伤、犯规多、技术发挥不稳定等情况。教练员应该根据不同情况，在比赛训练中及时组织力量，合理调配场上阵容，调动全体队员的积极性，发挥全队的整体实力，使运动员在场上保持充沛的体力和旺盛的战斗力。

（六）提高运动员的比赛适应能力。在大赛前，应该根据主要比赛对手的技术特长、战术打法以及正式比赛的竞争规程、地理位置、时差、气候等情况，制定模拟模型，模拟不同对手的情况，提高运动员的比赛适应能力。

（七）在比赛训练中，培养运动员勇敢顽强的意志品质和拼搏精神、自我调节心理紧张的能力、团结协作的集体主义精神，以及服从裁判员的判决、尊重对方和观众的道德品质。

（八）比赛训练是教练员提高组织、指挥比赛能力的重要途径。只有通过比赛训练实践，教练员才能不断提高对比赛规律的认识，丰富指挥比赛的经验，提高比赛指挥能力。

## 二、比赛训练的种类

比赛训练有教学比赛、检查性比赛和适应性比赛（热身赛），这些比赛训练都服务和服从于正式比赛。

### （一）教学比赛

教学比赛是在训练课中，教练员有计划、有目的、专门安排和组织的比赛训练。根据课的任务，可以在训练课的部分时间进行，也可以按照正式比赛时间进行；可以在本队内组织不同的阵容进行，也可以邀请其他球队共同进行。教学比赛训练要遵循一般的教学训练规律，贯彻本次训练课的任务和内容，也可以针对未来比赛对手的技术特长和主要战术打法进行比赛训练。教学比赛对培养运动员的技术特长、战术打法和战斗作风具有非常重要的作用。

### （二）检查性比赛

检查性比赛训练是完成某一阶段训练任务之后，专门组织的一种比赛训练，可以邀请几个队共同进行循环赛。检查性比赛要选择好比赛对手，只有与不同技术特长、战术打法和比赛风格，并且具有较强实力或高于本队水平的对手进行比赛，才能积累更多的比赛经验，获得更好的训练效果。比赛前，应该提出检查性比赛训练的任务、要求和具体的技术、战术指标。不应该把比赛胜负作为衡量检查性比赛的惟一标准，重要的是检查前一阶段的训练效果，积累比赛经验，调整下一阶段的训练计划，改进训练工作。

每个训练阶段的检查性比赛时间和场次都应该根据训练计划进行合理安排，一般是 7~10 天，安排 5~7 场比赛为宜，比赛场次太少，达不到检查训练的目的；比赛场次太多，用的时间过长，会影响整个训练计划的完成。

### （三）适应性比赛

适应性比赛训练是正式比赛的总演习，它的任务是全面检查大赛前的各种准备情况，一般称热身赛。

为了使运动员了解比赛对手和适应比赛环境，提高运动员的心理稳定性和生理机能的适应能力，在参加大赛前，应该针对比赛的地理位置、时差、气候、比赛日程、对手等情况，组织安排专门的模拟训练，使运动员的生理机能、技术、战术及心理状况逐渐适应正式比赛的要求，竞技能力进入适宜的状态。

适应性比赛训练可以安排在正式比赛前一个月进行，以便总结经验，解决适应性比赛中发现的问题；也可以在赛区参加"热身赛"，进一步了解比赛对手，适应比赛环境。要客观地分析适应性比赛的情况，恰当地评价比赛成绩，以免产生错觉，影响正式比赛。

## 第二节　篮球比赛训练的方法与要求

### 一、比赛训练的方法

在全场五对五比赛训练中，通常是在体能、技术和战术专门训练的基础上，根据进攻和防守对抗的规律，针对比赛对手的具体情况，采用变换训练法和模拟训练法，提高运动员的体能、技术和战术的运用能力与对比赛的适应能力。

#### （一）变换训练法

在全场五对五的比赛训练中，应该根据训练课的任务和要求，有目的地变换练习条件，提高运动员运用技术、战术的能力。例如，在防守中，变换防守战术形式、配合方法、防守区域的大小、松紧程度以及防守的伸缩性，以提高防守能力；同时，作为进攻练习的背景，使进攻有的放矢，协助进攻练习。在进攻中，变换进攻战术形式、配合方法、进攻范围距离，以及内外结合、进攻速度和节奏，以提高进攻能力；同时，作为防守练习的背景，协助防守练习。例如：

**1. 提高中、远距离投篮的运用能力**

在训练中，要求防守队采用扩大防守，不让进攻队员原地投篮，迫使其运用掩护、策应配合方法和个人战术行动，压缩对方的防区，摆脱对手，创造中、远距离投篮机会。

### 2. 提高运球突破的运用能力

在扩大防守的条件下，进攻队运用传切、掩护配合方法和个人战术行动，吸引对手，拉开防区，创造运球突破的进攻机会，提高运球突破能力。

### 3. 提高中锋篮下进攻能力

在扩大防守的条件下，进攻队采用传切、掩护和策应配合方法，进攻队员在移动中，将球传给摆脱防守的中锋，减少对手对中锋的协防，为中锋创造篮下进攻机会，提高中锋的进攻能力。

### 4. 提高战术配合的连续性和应变能力

在进攻练习中，发动一次进攻配合，未能创造出较好的进攻机会时，进攻队员不要停顿、观望，要迅速发动下一个战术配合，直至进攻结束。例如发动传切配合，未能创造较好的进攻机会，进攻队则利用拉开对方的防区，进行运球突破或中锋插上进行策应配合，如果中锋未能接到球，则继续移动给持球队员做掩护，为同伴创造进攻机会。在进攻练习中，要控制进攻的速度和节奏。

### 5. 提高内、外结合的进攻能力

要求防守队采用扩大与缩小相结合的伸缩性防守，进攻队采用运球突破、掩护的配合方法，创造篮下进攻机会。一旦对方缩小防区，进攻队员可以运用个人战术行动摆脱防守直接投篮。如果对方扩大防区，那么进攻队由外围投篮变为运球突破或传球给中锋做篮下进攻，培养运动员根据防守变化而变换进攻策略的应变能力。

### 6. 提高快攻与阵地进攻的衔接和应变能力

要求防守队快速退守堵截快攻，变换防守战术，由守转攻的队抢到篮板球和抢断球后，立即发动快攻反击。如果快攻受阻，进攻不要停顿，后线队员要迅速跟进切入接球进攻，或冲抢篮板球补篮，使快攻与阵地进攻紧密衔接，连续发动进攻，不断地创造进攻机会。如果防守队变换防守战术形式，进攻队应该采取有针对性的进攻战术和策略，要控制进攻速度和节奏，提高运动员的应变能力。

### 7. 提高防守战术的应变能力

根据进攻队的情况，防守队应该确定几种防守策略和"暗号"。例如，对方外围投篮多、命中率高时，立即采取人盯人或全场紧逼防守；如果对方运球突破或中锋篮下进攻多，则由人盯人防守改为区域联防。总之，绝不能让对方进攻连续得分，要破坏其习惯战术打法，降低其投篮命中率，增加其失误次数。

### 8. 提高固定战术配合能力

在比赛训练中，跳球、掷界外球时，要求运动员必须运用固定战术配合，明确分

工，迅速站好进攻队形。当裁判员抛球或将球递给掷界外球的队员时，立即发动固定战术配合，通过训练不断地强化运用固定战术配合的意识，提高运用固定配合的质量。

### 9. 提高攻守转换能力

在比赛训练中，由进攻转为防守时，要积极封堵对方掷界外球或篮板球第一传与接应，防止对方发动快攻，其他队员要迅速退守，形成半场防守阵势，绝不允许在前场停留。由防守转为进攻时，要积极发动快攻反击，迅速掷界外球或做好篮板球第一传与接应，外围必须有1~2名队员快下，1名队员快速跟进接球或冲抢前场篮板球补篮。如果快攻受阻，不要停顿，迅速与阵地进攻衔接。

### 10. 提高运动员控制比赛时间和比分的能力

在训练中，根据比赛时间和比分，对进攻和防守提出不同要求：对比分落后的一方，进攻时要缩短持球时间，减少传球和运球次数，运用掩护、策应和突破分球等简练配合方法，创造投篮机会，果断投篮，并积极拼抢篮板球补篮；在防守上采用全场紧逼防守战术，积极抢球，尽力创造争夺控制球的机会。对比分领先的一方，进攻时要控制比赛时间，充分利用24秒的进攻时间，耐心地发动进攻配合，创造较好的进攻机会再果断投篮；要减少失误，提高进攻成功率，保持或扩大比分领先的优势。

## （二）模拟训练法

模拟训练法是根据比赛环境、比赛对手的特点和比赛关键时刻可能出现的情况等建立模拟模型，进行更有针对性的模拟训练。

### 1. 模拟比赛环境、比赛编排的训练

选择与正式比赛地点相似的地理位置、时差、气候条件，按照正式比赛的竞赛规程所规定的比赛编排，以及作息时间等，建立模拟模型，进行比赛训练，提高运动员适应比赛环境的能力。

### 2. 实景模拟训练

针对比赛时对手的实际，运用技术设备拍摄和统计对方主要队员多次比赛的技术特长、战术打法，然后运用计算机对收集的资料进行处理和分析研究，明确对手的技术特长、习惯打法及其运用规律，制定本队的对策和模拟训练方案，进行有针对性的模拟比赛训练。实景模拟训练法是一种针对性很强的训练方法，可以在准备期的教学比赛中使用，也可以在正式比赛期间运用。

### 3. 模拟比赛关键时刻的训练

在当前的比赛中，经常出现参赛双方实力相当、比分接近、难分胜负的关键局面。根据比赛的具体时间和比分，果断地采取相应的对策，对于比赛胜负至关重要。因此，应该根据比赛关键时刻的情景，制定相应的攻守策略和战术打法，或选择一些成功的典

型战例，制定模拟模型进行比赛训练，培养运动员的比赛意识和应变能力，使运动员能够在比赛关键时刻，应对各种局面，从而取得比赛的胜利。

（1）模拟比分领先时的训练。若是比赛时间还剩 15 秒钟，甲方领先 3 分，并且控制球，甲方应该采取拖延比赛时间的进攻策略，运用最熟练的战术配合方法，由控制球能力最强的队员控制球，不投篮，把比赛时间消耗完，保持比分领先优势，直到比赛结束。若是甲方领先 3 分，乙方控制球，甲方应该严密防守，积极封盖对方的 3 分球投篮，甚至可以容忍对方中、近距离投篮，并积极拼抢篮板球，而绝对不能让对方投 3 分球。

（2）模拟比分落后时的训练。若是比赛时间还剩 10 秒钟，甲方落后 2 分，由甲方在前场掷界外球，甲方应该运用掷界外球的固定战术配合，为投篮最准的队员创造一次投篮机会。若投中 3 分，反败为胜；若投中 2 分，打成平局，再打加时赛。甲方应该根据对方的情况和比赛时间，制定一个进攻方案：第一，掷界外球时，明确分工，迅速站好进攻阵势。第二，当裁判员把球递给掷界外球的队员时，用 2~3 秒时间把球发给场内接应队员。第三，用 6~7 秒的时间，运用最熟练的配合，为投篮最准的队员创造一次投篮机会，并积极拼抢篮板球补篮，力争投中，反败为胜。若是乙方控制球，甲方应该立即采取"犯规"战术，如果对方罚球不中，或 2 中 1，应该积极拼抢篮板球或迅速掷界外球进行快速反击，由投篮最准的队员投 3 分球，争取打成平局或反败为胜。

（3）模拟比分平局的训练。假定比赛时间还剩 20 秒钟，双方战成平局，甲方控制球，则甲方首先要控制进攻时间，不到最后时刻不投篮，绝对不能给对方留下进攻时间。在进攻中要明确进攻战术配合方法，使全队统一思想，统一行动，耐心地发动战术配合，要在比赛结束前 2~3 秒钟的时间内，以最熟练的进攻配合，为投篮最准的队员创造投篮机会，力争投中，战胜对方。如果投篮不中，比赛时间已到，仍然保持平局，再打加时赛。切忌慌乱、失误和过早投篮。乙方要严密防守，积极封盖投篮，伺机抢断球发动快攻反击，争取胜利。切忌防守漏人和犯规。

## 二、比赛训练的要求

教练员应该根据训练计划，按照不同的训练阶段、月、周和课的训练任务与内容，制定比赛训练方案，在身体素质、技术和战术专门训练的基础上，提出比赛训练对身体素质、技术和战术的规范性要求与指标。例如，对比赛的攻守速度，攻守的对抗程度，进攻次数与成功率，快攻次数与成功率，中、远、近投篮次数与命中率，罚球命中率，拼抢篮板球，抢断球，失误，犯规次数等等规定具体的要求。教练员应该通过严格要求来控制比赛训练的全过程，提高训练质量。这对于培养运动员的技术特点和形成全队的战术打法与比赛风格，都具有极其重要的意义。具体要求如下：

（一）每次比赛训练都应该明确战术打法和阵容配备方案，对运动员比赛作风、身体、技术和战术应该提出规范性的要求和具体的指标。

（二）比赛训练场上，应该设置比赛时间、比分、犯规次数的明显标志，要有专人担任裁判员，培养运动员对比赛时间和比分的感觉，提高运动员控制比赛的能力。

（三）要专门进行技术、战术统计，制作个人技术、战术配合和全队战术的战例录像，以便分析研究比赛训练状况，使运动员自我完善有标准，学习有榜样，赶超有目标。

（四）在比赛训练前、训练中和训练后，都要测量运动员的心率，以便控制比赛训练的运动负荷，使比赛训练的运动负荷接近、达到或超过正式比赛的运动负荷，不断地提高运动员的比赛能力。

（五）要教育运动员服从裁判员的判决，尊重裁判员、比赛对手和观众，提高运动员的体育道德修养。

（六）教练员要认真、及时地解决比赛训练中出现的问题。根据运动员的体力和技术发挥情况，应该随时调配阵容，变换战术打法和策略。暂停时，解决的问题要明确，重点要突出，方法要具体，语言要简明扼要，并善于运用统计数据和沙盘。

（七）在比赛训练中，应该有针对性地采取表扬奖励和批评与象征性的惩罚措施，例如对比赛训练任务完成好的队员要进行表扬或"加分"，对完成任务差的队员要进行批评或"扣分"。

（八）比赛训练后，要认真进行总结，要运用技术、战术、统计数据和录像资料，对照比赛训练的规范性要求和数据指标，检查训练效果，积累比赛经验。运动员要写比赛训练日记，教练员要写比赛训练纪要。

（九）建立比赛训练档案。内容包括比赛的时间、次数、占训练计划的比重，比赛训练的技术统计、录像资料和纪要，检查性和适应性比赛训练对手的资料与评述等，作为以后训练和比赛的参考资料。

# 第十二章
# 篮球运动员的专项身体素质训练

身体素质训练的目的，是在运动训练中科学地运用各种练习手段，有效地影响运动员的体格、体能，提高身体素质和基本活动能力，改善体质状况所进行的有目的、有组织的系统发展过程。

篮球运动员身体素质的训练任务是要全面发展运动员的体能、体质，提高与篮球技、战术相关的专门素质，挖掘运动员的身体机能潜力，尤其是提高构成篮球技术、战术要素的速度、爆发力、灵敏、协调反应和平衡能力，从而保证运动员掌握难新技术的数量和质量，提高运动员的竞技水平，增强篮球比赛的对抗性、应变性能力，延长运动寿命，减少运动创伤，培养优良作风和顽强的意志品质。篮球运动员身体训练是篮球训练内容的重要组成部分。

篮球运动员身体素质训练分为一般身体素质训练和专项身体素质训练。一般身体素质训练是指运动训练普遍采用的训练方法手段，以增进运动员的健康，提高各器官系统的机能，全面发展运动素质以及改善运动员的体形和姿态。一般身体素质训练是专项身体素质训练的基础，它为运动员稳步提高运动成绩提供良好的身体条件。

篮球专项身体素质训练是根据篮球专项运动的特点及对运动素质的专门要求，采取与专项运动有紧密联系的训练手段和方法，以提高专项运动素质和使体形适应专项的要求。只有深入了解篮球专项特征和发展趋势，才能正确把握运动素质的专门内容，从而准确地选择和运用专项身体素质训练的方法与手段，达到提高专项运动素质和专项运动成绩的效果。

篮球运动员专项身体素质的特点要求运动员专项身体素质必须全面发展。然而，根据比赛要求、进攻位置与特点，运动员专项素质的发展应有所侧重。相对而言，内线高大队员要求有突出的对抗性力量和较高的跳跃能力，外线队员要求有良好的灵敏素质和较快的反应起动能力。

篮球运动员的身体训练对身体素质的影响是多维的，发展一种身体素质对其他身体素质有直接或间接的影响，有些发生良性迁移，有些具有劣性影响。因此，在安排身体素质训练时，既要考虑篮球竞技状态的形成过程，又要遵循身体素质均衡发展的内在规律，全面、系统、有控制地安排训练计划，促进身体素质的良性转移。

## 第一节　篮球专项力量素质训练

力量素质是篮球运动中的首要素质，对其他素质的发展起着重要作用。力量素质的

提高，有助于提高其他素质的水平，同时，对于提高篮球技术、战术水平也有极大的推动作用。力量素质的发展，对于防止肌肉拉伤和意外事故的发生具有预防作用，对提高心理素质、增强拼搏精神具有保证作用。总之，力量素质对取得优异成绩的作用是非常突出的。

## 一、力量素质的种类

按不同的分类标准，可将力量素质分成不同的种类。各种不同种类的力量其训练的原理和方法也是不同的。按运动时肌肉克服阻力的表现形式，可把力量素质分成最大力量、速度力量、力量耐力几种。

（一）最大力量。也称绝对力量，是指无论体重大小，身体或身体某一部分肌肉克服最大阻力的能力。因为肌肉体积增加，最大力量一般也会得到相应的提高。

（二）速度力量。是指肌肉在运动时快速克服阻力的能力。速度力量是力量和速度有机结合的一种特殊力量素质。速度力量最典型的表现形式就是通常所说的爆发力。爆发力要求运动员在运动时，在尽可能短的时间内，爆发出尽可能大的力量。肌肉在运动时克服阻力的过程中，阻力越大，速度越慢。

（三）力量耐力。是指运动时肌肉长时间克服一定阻力的能力。阻力越大，运动的时间越短。只有在克服一定的较小阻力的情况下，才能长时间地持续运动，或重复尽可能多的克服阻力的次数。

如果按肌肉在克服阻力时的收缩形式分类，可分为静力性用力（等长收缩）和动力性用力（等张收缩）两种。

## 二、篮球专项力量素质的特征

篮球运动员的力量素质具有全面发展的特点。不仅要求上肢、下肢、腰背部肌群均衡发展，而且要求肌肉的爆发力、耐久力、最大力量在整场比赛时间内跑跳、对抗的比赛中都具有很强的能力。在训练中不能单一发展某种力量能力而忽视其他。

篮球运动员的技术动作要求比较精细，不仅要求运动员有效敏锐的时空判断能力，而且对用力的大小、方向也有很高要求。

现代篮球运动要求运动员身高而敏捷，体格强壮，对抗力强，瞬时输出功率大。在行进间跑跳过程中力量的冲撞与对抗对比赛争取主动、取得比赛胜利起着很重要的作用。

## 三、篮球专项力量素质训练的要求

最大负荷。在篮球力量素质训练中采用的负荷量与强度及在完成每一组和每一次所承受的力量负荷时都要力求使运动员发挥出最大的机能潜力，使参加运动的肌肉，在收缩过程中精疲力竭。

重复性。篮球运动员在承受大负荷的力量训练中，必须多次数、多组数反复进行大负荷的练习，以增加对肌肉刺激的深度。大负荷次数或组数不足只能保持原来的水平，不能提高力量素质能力。发展力量素质最根本的目的是使运动员承受大负荷，在数量上不断积累，由增加次数或组数的不适应到适应，再增加重量由不适应到适应，使运动员力量素质逐步发展。

符合篮球运动专项特点。这种特点包含两层意思：第一，篮球力量训练过程中要力求选择与篮球运动技术、结构相一致的动作方法。第二，要把运动员的一般运动素质转化为篮球运动员的专项力量能力，即跑跳能力和对抗能力。

（一）篮球运动员的力量素质训练要针对运动员的专项素质弱点，做到差什么练什么，不能盲目地安排力量素质训练，要力求做到区别对待。

（二）篮球运动员的力量素质训练要首先以力量训练为基础，改善毛细血管网。青少年力量训练要以小肌群力量和小负荷徒手力量训练方法为主。一般认为篮球运动员的力量在其20岁左右时达到最佳水平，因此，较大负荷的力量训练应在16岁左右或以后进行安排。

（三）篮球运动员的力量训练要科学地安排训练计划。篮球运动员的力量素质要求比较全面，不同力量素质能力既有联系又有区别。一般在安排力量素质训练计划的过程中，要重视发展爆发性的力量，每组力量负荷量应从实际出发，有针对性地强调次数要求。如果力量素质水平较低的运动员每组力量安排应在1~3次之间，那么对于发展最大乳酸产生能力的力量训练应安排12次左右，而且从时间上要求连续不间断。对于发展肌肉力量的无氧耐酸训练可采用轻重量、持续时间长、组间间歇时间短的方法。总之，要严格按照不同的力量能力的发展目的，选择安排训练计划，促进力量能力的良性转移。

（四）篮球运动员的力量训练要注意各肌肉力量的平衡发展。不仅要重视大肌群练习，而且要小肌群练习；不仅要较多地采用上下肢的练习，而且也不可忽视腰背肌群的练习。

（五）篮球运动员的力量训练要适时地专门安排训练时间。根据专项特点和运动员力量训练之后疲劳的消除规律，以及不进行训练力量素质就容易消退的情况，专门组织力量练习，练习间隔一两天，也就是一周安排两三次课。也可以每天连续地交替安排不同的肌群练习。

（六）篮球运动员的力量训练要根据训练任务的不同安排训练计划。在训练的准备前期应以中小力量为主；在训练提高期应以大中力量为主，小力量为辅；在比赛前期应以小负荷、轻重量、小肌群力量为主，尤其是远端肢体应为小力量负荷；在比赛期和休整期应该用小负荷、轻重量，保持肌肉的收缩能力。

## 四、篮球专项力量素质训练的主要方法

### （一）最大力量素质训练的主要方法

篮球运动员的最大力量训练要根据肌肉收缩原理，提高骨骼肌的收缩力，其收缩能

力受参加肌肉工作的运动单位、神经冲动频率和强度的影响。运动单位的肌纤维是分布在整块的肌群内，一个运动单位受刺激时，运动单位内所有的肌纤维都会引起收缩。参加肌肉工作的运动单位越多，肌肉收缩力越大。

发展最大力量的训练，主要有两条途径：一是通过增大肌肉生理横断面，增加肌肉收缩力量；二是改善肌肉的内协调能力，提高神经系统指挥肌肉工作的能力，动员更多的运动单位参加工作。这两条途径最常用的手段是以动力性向心工作形式进行的。

### 1. 增加肌肉生理横断面的最大力量训练

为取得增加肌肉生理横断面发展最大力量的训练效果，必须科学地确定负荷强度（即负重量）、练习重复的次数与组数、练习的持续时间及组间的间歇时间。

（1）负荷强度。以负重量为指标，要采用本人最大极限负重量的60%～85%的强度进行重复练习，这可促使肌肉功能性肥大，增加肌肉的生理横断面。100%的极限负荷强度应慎用或少用，一般可每周穿插进行1～2次。慎用的目的在于减轻运动员的心理负担和防止受伤；少用的目的在于动员更多的运动单位参与工作，提高肌纤维的同步化工作程度和运动员的心理适应能力。

（2）练习重复的次数与组数。每组4～8次，可做5～8组。最后几组和次数必须坚持完成，这样肌肉的能量供应才能得到充分改善，才能造成肌肉横断面增大。因为最后几组和次数的练习，参加工作的运动单位达到最多，与完成极限负荷时用力是相似的。

（3）练习的持续时间。每次练习的动作速度要稍许慢一些，并使动作做得流畅，不停滞。通常在4秒钟左右完成一次动作，这有利于工作的肌纤维变粗，肌肉横断面增大。

（4）组间的间歇时间。在上一组练习肌肉所产生的疲劳得到基本消除之后，再进行下一组练习为宜。高水平运动员一般2～3分钟即可，力量水平较低的运动员可适当延长。间歇时间里，可做一些轻微活动和放松练习，以加快恢复。

### 2. 改善肌肉内协调能力的最大力量训练

（1）负荷强度。用本人最大极限负重量的85%以上强度。这种强度刺激能加速中枢神经系统发放冲动的频率及增加强烈程度，动员更多的运动单位参加工作。

（2）练习的重复次数与组数。每组1～3次，可做5～8组。组数以完成既定强度的次数为准。但是，高水平运动员可根据具体情况适当增加练习的组数。

（3）练习持续时间。每次练习的动作速度要适当加快，带一点"冲劲"，通常在2秒钟左右完成一次动作。

（4）组间的间歇时间。一般在3分钟左右，或再长一些。如果是局部肌肉参与工作，间歇时间可短一些，反之则长一些。总之，要使负荷的肌肉得到恢复，再进行下一组练习。间歇时间里也可做一些轻微活动和放松练习。

在训练中，应先做增加肌肉生理横断面的训练，有了一定的力量基础，再进行肌肉内协调能力的训练，这样可防止受伤。

发展最大力量还可采用静力性等长练习和等动性练习。

静力性等长练习通常多采用大强度和极限强度，也就是本人最大强度的100%。每次练习的持续时间为5~6秒钟，在训练课中全部静力性等长练习一般不超过15分钟。等动性练习要借助等动练习器，预先标定练习的速度和肌肉的张力。等动性练习是在动作速度基本不变的情况下，肌肉在练习的全过程中都能发挥出较大的力量，由于在各个关节角度上用力基本上是均等的，因此具有等张和等长练习的优点。练习的强度要大，每组练习4~8次，可做5~8组，组间的间歇也应充分。

## （二）速度力量训练的主要方法

由于速度力量是力量和速度有机结合的一种特殊力量素质，因此具有速度和力量的综合特征。运动员在完成某一个动作时所用的力量大、速度快，则其所表现出的速度力量就大。只有使最大力量和速度两方面都提高，才能取得速度力量训练的最佳效果。训练中提高力量相对比提高速度容易一些。因此，提高速度力量往往广泛采用发展力量的练习，在力量提高的同时注意发展动作速度。

速度力量训练的主要方法，一是负重练习，二是不负重练习。

### 1. 负重练习发展速度力量的方法

（1）负荷强度（负重重量）要适宜。若负重过大必然影响动作完成的速度，负重过小又难以表现出速度力量。一般多采用本人最大力量的40%~60%的强度，这可兼顾力量和速度两方面的发展。练习中还应要求运动员尽量体会最大用力和最大速度感，如要发展爆发力，其强度伸缩性较大，既可用较大的负荷强度，也可用低于40%的强度。在使用较大的负荷强度（如70%）训练时，要注意动作完成的速度，如动作速度变慢，动作变形，则减少重量或停止练习。

（2）练习的次数和组数。通常每组重复练习5~10次，做3~6组。但组数的确定应以运动员不降低完成动作的速度为限，如动作速度下降，则可停止练习。

（3）组间的间歇时间应较充分，但也不宜过长，过长会导致中枢神经系统兴奋性下降，影响下一组练习。通常为2~3分钟。

（4）练习的动作要求协调、流畅、正确，并尽量与专项技术动作结合。

### 2. 不负重发展速度力量的方法

不负重练习可采用发展下肢速度力量克服自身体重的练习，如单、双足跳台阶和跳深练习等；也可采用发展上肢和躯干的练习，如投掷重复出手、排球扣球的鞭打练习。用小重量（如垒球、小石块、小哑铃、滑轮拉力器）以通过发展动作速度发展力量为目的的训练也可包括在内。

（1）跳深练习。主要用于发展下肢速度力量，特别是爆发力。训练实践中多采用跳深和连续不停顿地跳过障碍物的方法。

跳深练习实际上是一种超等长的练习方法，也就是先使肌肉做离心工作（即拉长肌肉），紧接着做向心工作（即肌肉缩短），这可动员更多的运动单位参加工作，使肌肉产生短促而有力的收缩，表现出很大的爆发力。

跳深练习一般可从 50~60 厘米的高度跳下，双足落地后，立即往另一个 100 厘米左右的高度上跳。落地时主要用前脚掌先触地，而后过渡到全脚。注意防止脚跟先着地，避免脚跟挫伤和脊椎震动过大造成运动损伤。以 6~10 次为一组，做 6~10 组，组间间歇 2~3 分钟。

连续跳越障碍物的高度要适宜，障碍物的间距以不停顿能连续跳过下一个障碍物为准。跳台阶（楼梯）也要保持动作的连续性和具有爆发用力的特征。这些练习可用双足跳，也可单足跳。练习前要做好充分的准备活动，防止肌肉拉伤和踝关节扭伤。

（2）完成专项比赛性动作的快速练习。这种练习可以是徒手的，也可以带轻器械，轻器械的重量一般不超过比赛器械。其目的主要是通过发展动作速度来发展快速力量。练习可 6~10 次为一组，做 6~10 组，组间间歇 2~3 分钟。练习中要注意动作快速有力，并符合专项比赛动作的技术要求。

### （三）力量耐力训练的主要方法

由于力量耐力主要是有氧供能，其发展不仅依靠肌肉力量的发展，而且要依靠血液循环、呼吸系统机能的改善和有氧代谢能力的提高，以满足长时间工作的肌肉所需氧气和能源的供给。

最大力量与力量耐力有关，不同运动员在完成同一负重时的重复次数，取决于其最大力量的大小。最大力量大的运动员练习中重复的次数多，表现出的力量耐力好。所以力量耐力水平的提高，也依赖于最大力量的发展。力量耐力训练的基本方法是：

1. 练习的强度。若是发展克服较大阻力的力量耐力，则可采用本人最大力量的 75%~80% 的负荷进行重复练习；若是发展克服较小阻力的力量耐力，则其最小负荷强度不能小于本人最大负荷强度的 35% 的负荷强度，否则练习效果不大。

2. 练习的重复次数与组数。一般要达到极限的重复次数，即坚持做到不能再做为止，这样才能改善血液循环和呼吸系统的供氧能力及糖酵解供能机制，保证力量耐力的增长。练习的组数也应视具体情况而定，通常是在保证每组达到极限的重复次数前提下确定练习的组数。

3. 练习的持续时间。若是采用动力性练习，则由练习的次数和组数确定，以完成预定的次数、组数为其练习持续的时间；若是采用静力性练习，则单个动作的持续时间一般是 10~30 秒钟。这取决于负重的大小，负重大则持续时间短一些，负重小则持续时间长一些。

4. 组间的间歇时间。要在未完全恢复的情况下就进行下一组练习，以达到疲劳积累、发展力量耐力的目的。如果进行几组练习后，运动员已相当疲劳了，就可适当延长组间休息时间。

### （四）综合性力量训练法

综合性力量训练法是指不单纯对某一种训练因素起作用，而是具有多种训练目的的

训练方法。它常常采用两种以上训练方式混合安排。篮球运动员综合性力量训练，主要采用耐酸性的肌肉增粗法，然后再进行绝对力量训练，最后再发展相对力量，改善肌肉用力的协调性和肌肉持续用力的能力。这种方法能逐步使肌肉发挥最大力量，充分动员肌肉运动单位参加工作，达到最佳状态，并防止准备活动不充分，避免运动伤害事故的发生。

### 1. 塔式训练法

塔式训练法是进行次极限和极限的肌肉收缩，逐渐提高负荷重量，最后采用的练习重量仅仅只能完成一次，然后再减少负荷重量，增加重复练习次数的训练方法。

如最大负荷的全蹲为100公斤，则可选60公斤做20次1组，70公斤12次1组，80公斤10次1组，90公斤3次1组，100公斤1次1组，然后选择80公斤，直到做不起来最后一个为止。做1组或2组。

### 2. 混合训练法

混合训练法是采用两种以上力量能力的训练方法，如先做肌肉增粗法3~4组，再做快速力量法4~8组。

### 3. 循环训练法

循环训练法是设立若干个力量练习点，综合安排不同训练内容，多维地影响不同肌群的力量能力。

### 4. 结合专项力量素质的训练

（1）利用专门器材进行技术训练。常见的有用加重的篮球练习投篮、传球，穿沙衣进行篮球各种技、战术训练。

（2）结合球的爆发力量训练。常常采用结合球的各种跳跃训练，如中场三级跳投篮，连续抢篮板球、扣篮和抢断球等。

（3）提高身体对抗能力的训练。通过对抗性的练习，强化运动员在移动中的时空感觉，掌握动作用力的时机，使正确的用力方法与比赛的要求一致。常常采用下面主要的练习手段：

甲、以少打多的训练方法。在教学的组织中安排一打二、二打三、三打四，或者以小打大、以弱打强，设置训练障碍，增加对抗用力的频率和难度。

乙、辅助阻力的训练方法。常常在各种基本技术训练中，人为地制造阻力，提高有碰撞的技术用力，如在挤、压、推、拉的条件下强行突破投篮，在顶挡的情况下拼抢篮板球、挤过、穿过、绕过等练习。

丙、模拟比赛要求。采用激励的方法增强对抗积极性，如篮下有对抗投篮规定得3分、内线与外线队员得分分开记录成绩的教学比赛等。

篮球专项力量练习，必须使练习动作幅度、用力方向与技术动作的要求一致，练习时负荷要大于比赛要求，使动作用力在技术要求的关键环节中得到充分的发挥。

## 第二节  篮球专项速度素质训练

速度素质是指运动员在比赛中快速进行移位的能力。篮球运动中按照动作过程有反应速度、动作速度和移动速度之分：反应速度是从外部接受各种刺激到开始动作的速度，动作速度是指运动员完成篮球技术动作的速度，移动速度是指篮球运动员在短时间内发挥出最大位移的能力。三者反映了篮球运动员速度能力既相互依存又相互独立的不同方面。反应速度是动作速度和移动速度的前提，动作速度和移动速度直接影响到速度过程的快慢。

### 一、速度素质的种类

（一）反应速度：是指运动员对种种外界刺激（声、光、触等）快速应变的能力，也就是做出反应的潜伏时间。

（二）动作速度：是指运动员快速完成某一动作的能力，如铁饼、链球投掷的旋转动作时间，篮球运动员完成转身、持球突破、防守移动的时间。

（三）动作频率：是指在单位时间内运动员完成同一动作的次数。

通常所说的移动速度，是指单位时间内运动员通过一定距离的能力，它是上述三种速度素质综合表现的一种快速运动能力，而且受力量、耐力、柔韧性和动作技术的影响。运动员位移的快慢，受起跑的快慢（听到哨声后的反应速度）、跑的动作频率、腿部力量、柔韧性、跑的技术，以及后程的耐力等诸多因素的影响。

### 二、篮球专项速度素质的特征

（一）篮球运动员的速度在激烈比赛中主要表现为连续反复的快速度冲刺。这种基本能力不仅要求 CP 供能，而且要求糖酵解供能。因此，篮球运动员在临场中表现出起动速度快，长时间的变速能力强。

（二）篮球专项速度要求运动员对复杂的运动过程判断清晰，对篮球技术动作的时空特征熟悉，对对手的动作行为事先就有感知，对球场、球速和个人控制的空间范围都能准确地把握。

（三）篮球运动员的速度素质在动作结构方面的特点，是身体重心低，不断改变运动方向，在短距离内能发挥最大的速度能力。

### 三、篮球专项速度素质训练的要求

（一）篮球运动员的速度特点是低重心，在没有充分蹬伸的情况下快速移动。在发展速度方面，要特别注意发展动作的频率。

（二）正确安排速度训练的顺序。在周期训练中应尽量安排在前期，在各素质训练的安排中速度素质应安排在力量和耐力素质的前面，使运动员能在较好的体能和精神状态下完成速度练习的量与强度。

（三）要培养运动员对时空特征的反应判断能力，并使运动员具有良好的反应起动速度。

（四）篮球运动员的快速跑动应与技术动作协调，使运动员在运用技术过程中不降低跑动速度，或者减少速度损失。

## 四、篮球专项速度素质训练的方法

### （一）局部速度训练法

#### 1. 反应起动速度训练

篮球运动员的反应主要有：简单的信号反应，如同伴获得球后，快速起动跑；简单的预测反应，如同伴长传球后，迅速起动，根据传球的速度、高度、远度判断接球落点，调整动作速度，有控制、有准备地衔接接球后的动作；复杂的选择反应，如根据对手的变化，不失时机地快速作出正确的判断选择，就像投篮时遇对手封盖，突然变化为传球；复杂的分化反应，这种反应是指运动员根据自己的经验，对动作的时空特征进行判断，做出相应的动作，如进攻运动员向左做假动作通常会向右切入，防守队员不受欺骗，直接堵截右面，迫使对手进攻受阻，达到防守目的。篮球运动员反应速度的训练，主要通过与专项技术动作结构一致的速度练习，增加信息量，训练运动员感知的能力，对运动员的不同技术动作特点进行判断，并迅速发挥运动过程中的动作速度。因此，篮球运动员的反应起动速度的训练方法主要有：

（1）熟练各种专项动作，增加运动技术动作的信息量，从而提高人体的积极感知能力，缩短反应时的潜伏期，如娴熟球感和运球过人技术动作，以及在变化的防守者面前随机应变地起动突破。

（2）缩短动作各环节，尤其是关键环节的反应时间。主要通过各种专项技术动作结构的强化训练，如开始的准备姿势、迅速发力的快速动作，提高反应速度。在篮球专项训练手段中，广泛采用追逐球、起动跑、抢篮板球后第一传起动跑、运球起动、各种防守步法和变向起动等。

（3）提高运动员对时空动作相互影响的预测能力，如通过大量的比赛和各种技术动作细微特征训练，以及一般技术动作规律分析，使运动员对各种动作的结果，能有比较强的预见性，从而主动地预先作出判断，弥补被动判断反应的不及时。

#### 2. 动作速度训练

篮球运动技术动作速度（动作速率和转换动作的速率）主要有单个技术动作速度和组合技术动作速度，单个技术动作速度对组合技术动作速度有决定性影响，篮球运动技术结构关键技术环节的速度都是以快速完成动作为基础的，因此，发展篮球技术动作的速度要重点提高关键技术环节的速度。提高动作速度的训练方法有：

（1）反复加强单个动作的关键环节和组合动作的衔接动作速度，提高完成动作速度，如运球中变向后的加速、投篮快出手、传球的抖腕和挤过中的跨步移动等等。

（2）提高完成动作的频率。在规定的时间内完成动作的次数，或者在规定完成的动作次数中缩短完成的时间。如在距离墙3米处1分钟内完成传球60次以上；又如两点原地运球，运动员两脚开立比肩稍宽，运球至左右脚的外侧，30秒完成30次以上等方法。

### 3. 移动速度的训练

篮球运动员的位移是非周期性运动，移动速度与运动的频率和各项技术动作的幅度有直接关系。运动频率的快慢和各项技术动作的幅度大小，要根据个人的身体条件、技术动作的掌握程度和身体素质情况而定。

（1）动作频率的训练方法：在保证一定动作幅度的情况下，通过改进技术，提高素质，在一定时间内尽量多地完成各种动作次数（同动作速度训练一样），如直线运球往返上篮（28米）10秒以内完成等等。

（2）动作幅度的训练方法：主要采用改进技术动作，提高肌肉的伸展性、关节的灵活性，以及肌肉的力量素质，最大限度地利用篮球运动员的身体条件。如中线快速行进间跨步投篮，要求步幅大，投篮动作尽量伸展。

## （二）综合速度训练法

综合速度是篮球比赛所需要的整体速度，包括进攻速度、防守速度、攻守转换速度、战术配合速度、各种战术意识的反应速度，以及运动员的技术动作速度等。综合速度的训练方法主要有：

1. 全面提高运动员的个人快速技术，使运动员的基本功扎实，动作娴熟，运用自如，方法多样，如通过快攻以多打少和三人直线快攻发展运动员的快速技术。进攻中只要出现机会，就做到人到球到，避免因完成技术动作的速度慢而错过战机。

2. 加强配合速度的训练，形成和建立队员之间的默契。如移动进攻速度、交叉配合速度、反跑配合速度和全场人盯人时夹击补位速度等。

3. 战术反应速度的培养。主要通过教练员的严格要求，培养运动员对比赛规律性的认识，熟悉各种配合方法，使运动员战术反应速度提高。如在训练中不断变化防守阵形，使运动员能按照配合路线较快地进入角色；又如通过快攻二打二或三打三培养运动员攻守转换速度，迅速进行两三人间的配合，并使这种配合顺利地与阵地战术衔接。

# 第三节　篮球专项耐力素质训练

耐力素质是指运动员在运动中长时间抵抗神经、肌肉疲劳的能力。它是篮球运动员的重要素质。疲劳是训练后的必然结果，没有疲劳就没有训练。但疲劳又会使有机体的

第十二章　篮球运动员的专项身体素质训练

工作能力下降，而不能保持长时间地工作，所以疲劳又是训练的障碍。运动员在训练和比赛过程中抗疲劳的能力，反映了他的耐力素质水平。

篮球运动员必须具备很好的耐力素质，才能在比赛中始终保持充沛的精力和旺盛的斗志，才能保证技术、战术水平的正常发挥。运动训练过程中由肌肉工作引起的体力上的疲劳，是耐力素质训练所要克服的主要疲劳。耐力素质的发展对篮球运动成绩的提高有着十分重要的意义。

## 一、耐力素质的种类

耐力素质从器官系统分类可分为肌肉耐力和心血管系统耐力，从供能特征角度又可将心血管系统耐力分为有氧耐力和无氧耐力。

从耐力素质与篮球运动的关系，可分为一般耐力和专项耐力。而按一般耐力和专项耐力的分类体系研讨耐力训练的方法，则更适合于篮球运动训练的实际需要。

### （一）发展一般耐力素质

提高一般耐力素质的途径是提高运动员的摄氧、输氧及用氧能力，保持体内适宜糖元和脂肪的储存量以及提高肌肉、关节、韧带等支撑运动器官对长时间负荷的承受能力。

发展一般耐力，经常采用持续匀速负荷和变速负荷的方法。负荷强度一般应控制在接近无氧代谢阈的强度，心率控制在 160 次/分左右。训练时应注意正确处理负荷强度、数量及休息三者的关系。

### （二）发展专项耐力素质

专项耐力指运动员在其专项比赛中或训练中所要求的时间内，坚持高强度工作的能力。运动员的无氧耐力水平也取决于有氧代谢状况、能源物质储存及支撑运动器官对长时间大强度工作的承受能力。

篮球运动员在发展专项耐力的训练中，要特别注意专项总体代谢特点，科学合理地安排训练。发展专项速度耐力训练，一般以发展非乳酸性无氧耐力为主，采用 95% 左右强度、心率可达 180 次/分的训练方法，重复组数可达 5~6 组，重复次数比组数少些为宜，如重复 3~4 次。发展乳酸性无氧耐力时，负荷强度控制在本人可承受最大强度的 85%~95%，心率在 160~180 次/分之间，负荷时间可控制在 1~2 分钟之间，间歇时间逐渐缩短，如第一次与第二次跑之间的休息为 7~8 分钟，第二次与第三次跑之间休息为 5~6 分钟。专项耐力训练中要注意安排长时间专项对抗练习或加大防守和进攻技术训练强度，以提高运动员在疲劳情况下运用技、战术的能力。

## 二、篮球专项耐力素质的特征

篮球运动员的耐力素质主要体现在速度耐力方面，所以篮球运动员的耐力素质主要以糖酵解的供能形式为主。因此，在篮球专项耐力的训练安排中，要以最大耐乳酸的能力训练为主，有氧氧化供能形式的训练为辅，并且要处理好两者之间的训练关系。有氧氧化供能形式的训练是糖酵解供能形式训练的基础，有氧氧化能力强，运动员在比赛和训练中的恢复能力就强，而糖酵解供能是保证篮球运动员在比赛中保持长时间快速能力的物质要素。

篮球运动员的身材高，体重大，通常左心室壁较厚，而且心脏房室的容量大。运动过程中做功多，运动员的心肺功能强，表现出每搏输出量大。许多优秀的篮球运动员在安静时表现为运动性的心跳徐缓，基础代谢率低。快速的运动中，在加快心率的同时，每搏射血量较其他运动项目的运动员更大。

### 三、篮球专项耐力素质训练的要求

（一）在阶段训练计划中，在准备阶段前期应更多地发展有氧耐力，在准备阶段后期和赛前阶段则应更多地发展无氧耐力。在周训练计划中，每周一般只安排2~3次强度大或者持续时间较长的大运动量耐力训练。要充分考虑负荷的指标要求、运动员的营养状况、睡眠情况、身体的恢复是否适应新的刺激等因素，避免产生过度疲劳而影响其他素质和技术、战术的训练。

（二）篮球运动员的耐力训练首先要提高有氧耐力水平。在达到一定的耐力能力水平后，再采用无氧阈的训练方法，不断提高篮球专项耐力水平。有氧耐力持续时间，应考虑不同运动员的训练水平，过长时间的连续训练会使耗氧水平下降，组织活动不协调，影响训练效果。在发展无氧耐力时，要根据不同的训练目的，按一定顺序安排运动强度。如果是发展乳酸供能系统并维持较高值，则运动时间可由短变长；否则，如果为了迅速地动员乳酸供能系统，则可相反安排。

（三）篮球运动员的耐力训练，要突出专项耐力。专项耐力训练要先增加运动量，再增加运动负荷的强度。在每次的训练中，要逐渐增加练习的次数和组数，然后再增加训练的强度要求。合理地分配体力，使运动机能节省化。

（四）耐力训练要长年进行，练习内容要多种多样，逐步提高对各种新异刺激的适应性，避免因练习内容单调，使训练积极性不高，引起思想上的厌倦。

篮球运动员耐力素质训练安排，原则上要使每次训练后机体充分恢复再安排下一次耐力训练。然而，在篮球运动实践中，运动员每次进行耐力训练并不一定都完全恢复，这就要求运动员具有较强的有氧氧化供能的能力，使体力迅速得到恢复。

### 四、篮球专项耐力素质训练的方法

#### （一）持续负荷法

这种训练的基础是保持最大吸氧量水平，提高人体有氧代谢水平，心率控制在150次左右。方法是常常采用匀速跑、变速跑和超越跑。如长时间安排快攻、防守步法、趣味性活动，又如折线跑、8字围绕、连续跑动28米折返、连续碰板100~200次。

### （二）间歇负荷法

这种训练的基础是有氧和无氧的混合代谢。负荷采用50%左右的有氧和50%左右的无氧进行（速度约为5米/秒以上），心率上限为28次左右/10秒，间歇时间是在没有完全恢复的（18次左右/10秒）情况下再进行下一次练习的刺激。如400米跑、100米快速跑、100米放松跑，反复进行。又如采用各种连续跑动40秒钟左右的练习，重复进行。如3人直线快攻3个或4个往返为1组完成5~10组，两点移动快速投篮投中10个为1组完成5组；再如，连续篮下一打一或者一打二进10个球。

### （三）重复负荷法

这种训练方法的基础是无氧代谢。负荷最大心率达28次以上/10秒，组间休息5分钟左右，心率下降至15次左右/10秒，再进行下一次的负荷刺激。如400米做5~10组，计时。采用不同的强度安排各种重复性的练习。在篮球训练中常有3人直线快攻，可安排1~5个往返，然后再安排5~1个往返，即每组逐步增加往返次数，然后由最大到最小，强度随重复往返的次数而增减。还有连续抛接困难球10个等。

## 第四节　篮球专项灵敏素质训练

灵敏素质是指在各种突然变换的条件下，运动员能够迅速、准确、协调地完成动作的能力。它是一种典型的复合素质，是运动技能、专门的运动感觉和各种素质在运动中的综合表现。篮球运动员宽阔的视野是迅速、准确、协调地改变身体运动能力的基础。篮球运动员的灵敏素质实质上是经过视觉感受在大脑皮层神经过程的转换，使已形成的各种准确有效的动作动力定型适应突然变化的运动情况。也就是说，篮球运动员的灵敏素质包含有快速的反应过程和较准确的运动过程。灵敏素质有助于掌握、运用各种复杂技术、战术和提高场上的应变能力，对篮球运动有着重要作用。

### 一、灵敏素质的种类

#### （一）一般灵敏素质

灵敏素质是由力量、反应、速度、协调性等多种素质组合而成的。提高灵敏素质水平的基础是全面发展各种运动素质，因此要加强全面身体素质训练。

#### （二）专项灵敏素质

篮球运动员发展灵敏素质应从培养运动员视觉判断等各种能力入手，其中包括视觉反应能力、掌握动作的能力、平衡能力和节奏感等。这就要求在结合技术训练和其他专

门训练中，运用各种信号和手段，加强反应速度练习。提高运动员神经系统迅速集中和分散的能力，使大脑皮层的灵活性与神经过程的转换能力都得到进一步提高。同时要熟练掌握各种攻守技术和战术，不断提高机动灵活的战术意识和运用能力。

## 二、篮球专项灵敏素质的特征

### （一）精确性高，动作反应快

篮球运动员专项灵敏素质的精确性，反映自身运动与周围环境的感知能力，不仅要求视觉宽阔和目标的准确性，而且要求反应的快速性，表现为准确的投篮得分。

### （二）运动时空感觉强

篮球运动的灵活性，要求运动员能感觉得到内在结构和由此而产生的快速协调与精确性的协调。在精确地完成动作的同时不降低速度要求。通过人体的本体感觉控制篮球运动员的身体姿势和平衡能力，如在行进间急停跳投中，速度快、控制平衡能力强是投篮命中率高的重要保证。另外，篮球运动员的空间感觉好，优秀的篮球运动员对球场的位置感、距离感、球感、节奏感、灵敏感强，能感知球的落点、同伴和对手的位置、同伴和对手所能达到的空间高度和远度。

一般而言，篮球运动员的灵活性存在个性差异。中锋、前锋和后卫，在时间和空间的灵活性的要求上侧重点不同，它是篮球运动员的特殊体形所决定的。

## 三、篮球专项灵敏素质训练的要求

篮球运动员的灵敏素质训练要全面提高与灵敏素质相关的反应速度、柔韧、爆发力，改善肌肉的弹性和关节、韧带的伸展性，使篮球运动员的素质能力均衡、协调地发展。

（一）灵敏素质的负荷强度较大，持续时间不宜过长，练习安排应放在每次课精力最充沛的阶段，避免在身体疲劳和大脑不兴奋状态下安排练习，以便提高练习的效果。

（二）儿童和青少年应加强灵敏的训练，特别要大力发展与灵敏相关的某些专项素质，如速度、柔韧、协调、弹跳等，为篮球训练的专项化全面打好基础。但不宜过早地进行专门化训练，如为了发展速度而过早地进行大力量训练，会影响灵敏素质的发展。

（三）篮球运动员的灵敏素质要求特别重视专项灵敏素质的发展，应使运动员参加各种形式的比赛，了解篮球运动技术、战术的时空特征，从而能在复杂的条件下随机应变。

（四）经常进行篮球专项的脚步动作练习，提高身体重心的转换能力，从而提高神经过程的转换速度，在神经中枢的参与下使手脚协调配合，完成各种高难动作。另外，还要加强弹跳训练，并提高人体在空中的控制能力。

### 四、篮球专项灵敏素质训练的方法

（一）分解。通过各种基本技术动作、战术配合的分解和完整组合的训练，提高运动员的各种感觉（球感、用力感、动作感、距离感、速度感等），如各种基本技术和基础配合训练。

（二）形成最有利的篮球专项移动动作的姿势，提高各种运动动作的平衡和身体重心的转移能力。如持球的基本姿势，防守的基本姿势，采用滑步、交叉步、抢断球、变向跑、变速跑等发展身体重心的转移能力。

（三）全面发展各项身体素质，特别是对形成灵敏素质有重要影响和相关素质，如快速的反应起动速度、协调的手脚配合和良好的爆发性弹跳速度等。

（四）通过换项训练培养运动员在新异和复杂环境下的主动性和创造性，发展灵活机动的能力。如采用足球训练发展脚步的灵活性，采用排球训练发展各种爆发弹跳速度；又如采用丰富多彩的各种游戏。

## 第五节　篮球专项弹跳素质训练

弹跳素质是指通过下肢和全身协调用力，使人体迅速跳起腾空的能力。弹跳素质是篮球运动员的一项重要身体素质。好的弹跳力，不仅可以提高争夺高空优势的能力，扩大控制攻守范围，而且能更好地掌握高难技术和复杂动作。

弹跳素质是一项综合素质，训练时必须抓住力量、速度和协调性这几个重要因素，还要与技术训练相结合。要在提高下肢最大力量的基础上大力发展爆发性的快速力量。篮球运动员的弹跳具有随意性特点，既要有绝对弹跳高度和速度，又要掌握好起跳时机，能在各种情况下向不同方向及时起跳和连续起跳。跳起腾空时要控制身体平衡，以便完成投、传、接、抢、打、封盖等技术动作，在落地时要迅速衔接下一个攻守动作。

### 一、弹跳素质的种类

#### （一）一般弹跳素质

影响弹跳力的重要素质是力量、速度和协调性。发展下肢力量应以伸膝肌、伸踝肌为主，注意提高股后肌群的力量和伸展性。在力量练习中可采用大重量少次数的方法，加快动作速度，在改善肌肉机能的同时提高股后肌群的力量和伸展性。加强速度练习，也有助于爆发力的增长。

#### （二）专项弹跳素质

篮球运动员的弹跳力是在篮球比赛中争取高度和远度，亦即争夺空间控制权的能力。它是取得比赛控制权、发展运动技术、提高战术配合质量的物质基础，因此，弹跳素质的训练在篮球专项身体素质训练中占有极重要的位置。发展运动员的弹跳素质，重点在于综合专项特点，提高起跳技术。篮球运动员只有进行大量接近比赛实际情况的跳跃练习，提高各种起跳技术，才能在比赛中的各种情况下发挥出弹跳的最好效果。

## 二、篮球专项弹跳素质的特征

篮球运动员的弹跳力表现在比赛中具有多维的方向性。运动员跳起时，不仅具有突然爆发性，而且具有运动方向的不确定性。运动员可能前冲跳起，也可能后仰跳起，还有可能侧身或转身跳起，这符合专项技术、战术的需要。

篮球运动员的弹跳具有快速连续性。运动员在比赛中为了控制球权或者争取空间高度，往往需要多次起跳才能完成。运动员连续起跳的弹速快慢对抢篮板球、封盖和跳起投篮具有重要作用。

## 三、篮球专项弹跳素质训练的要求

篮球运动员弹跳力的训练以大强度、少次数、多组数的训练为主，每组之间有适当的间歇，其目的是为了改善篮球运动员起跳用力时能量释放的效力。篮球运动员弹跳力的训练要遵循全面发展小肌群、提高肌肉的伸展性和弹性的训练原则，改善肌肉协调用力的次序。因此，发展弹跳力必须全面协调地发展身体各部位的肌肉力量，增强肌肉爆发力，使各肌群的整体能力提高，从而有效地发展弹跳力。要注意以下几点：

（一）篮球运动员弹跳素质的早期培养，应以小肌群的弹跳练习方法为主。改善肌肉用力的协调性，往往多采用颠跳、跳绳等练习，并且安排在软地上进行，防止运动员膝关节过度劳损。

（二）篮球运动员专项弹跳训练要注意灵敏和柔韧的培养，提高运动员的身体重心转换能力和控制能力。在训练中要较多地采用踝关节的练习方法，使运动员在比赛的复杂条件下能迅速地制动起跳，保持身体的平衡。

（三）在进行篮球弹跳训练时，要结合专项技术，使篮球专项技术动作与跳起的高度和远度吻合，融为一体，减少完成专项技术动作对争取高度和远度所造成的损耗。

## 四、篮球专项弹跳素质训练的方法

（一）提高踝关节弹速训练是为了加强踝关节的着地缓冲，并在瞬间发挥最大的力量能力。因此，训练方法要根据 ATP-CP 供能系统，发挥瞬间产生能量大的特点。在方法上多用大强度、多组数的方法，如双脚颠跳、两脚交换跳和跳深等。

（二）加强大腿和腹背肌爆发力训练。篮球弹跳力的训练要根据运动技术的动作结构发展腿部和腹部肌群爆发力，使作用力的大小和方向能够由水平位移速度迅速转换成向上的加速度，使作用力点能够通过身体的重心。因此，可广泛地采用各种大强度、

多组数半蹲力量训练,如半蹲跳、壶铃跳、立卧撑等类型的练习方法,发展大腿和腹背肌肉的爆发用力,并有意识地发展上肢的摆动力量和速度,以获得向上的支撑反作用力。

(三)改善协调能力的训练。踝关节、大腿和腹背肌群爆发能力的训练是跳跃的物质基础。在肌肉收缩过程中运动单位不是同时进行收缩,而是以一定顺序进行收缩活动,首先是小的、易传导兴奋的运动神经元,然后是大的、传导速度快的运动神经元引起兴奋冲动。这一特性表明,运动员在负荷大、中重量时,肌肉的快速收缩常常使运动单位没有完全在收缩过程中发挥作用,至少没有起机械力的作用。因此,肌肉的内部协调性以及肌肉之间的协调性(对抗肌)对最大力量和快速力量都有重要影响。篮球运动技术是多种多样的,肌肉力量的协调性及各关节肌肉收缩的最大用力次序对篮球技术动作有很大影响。因此,改善专项力量素质必须在发展一般力量素质的基础上,根据不同技术动作的生物力学结构特点,使用力的时间、方向、动作幅度和频率等因素同步,才能发挥篮球技术动作的最大效果,如在训练中采用台阶跳、蛙跳、跨步跳、收腹跳,以及在篮球专项训练中采用中场跨三步投篮、连续抢篮板球、扣篮等方法。在负荷强度和练习次数上,要根据运动员的基本能力进行安排,原则上负荷强度要达到极限,而练习次数则根据训练目的而定。如果是为了发展和改善跳跃的协调性和弹力,则安排 8~15 次为宜;如果是为了发展跳跃的长时间工作能力,则安排 15 次以上,组数通常超过 6 组。

## 第六节　篮球专项柔韧素质训练

柔韧素质是指人的各个关节的活动幅度、肌肉和韧带的伸展能力。肌肉和韧带的伸展能力对关节的活动幅度有较大影响,但关节的活动幅度更受关节结构的制约。

篮球运动是综合性活动,要求做动作时既能较大幅度地伸展,又能及时地收缩变化;动作既要有力,又要协调。为此,必须注意加强运动员关节韧带,特别是腰、胯、肩、踝关节韧带的锻炼。拉长韧带、加强韧带的弹性,不仅可提高灵活性,而且对提高力量,避免受伤,都有重要作用。实践证明,柔韧素质差是有的运动员灵活性差,且易受伤的主要原因之一。因此,教练员和运动员必须对提高柔韧素质给予足够的重视。对青少年运动员尤其需要注意。

### 一、柔韧素质的种类

柔韧素质通常分为一般柔韧素质和专项柔韧素质两种。

(一)一般柔韧素质是指适应各项目一般身体、技术、战术训练所需要的柔韧素质。可以说它包括机体各关节的活动幅度和肌肉、韧带的伸展性。

(二)专项柔韧素质是指各专项所特殊需要的柔韧素质。专项柔韧素质是掌握和提高专项技术必不可少的素质。

由于身体各关节的活动幅度和各部位肌肉、韧带的伸展性在各专项运动中都能表现出来，只是所要求的活动幅度和伸展性的大小不同，人们才根据各专项对柔韧性的特殊需要将柔韧素质分为一般和专项两种。专项柔韧素质是建立在一般柔韧素质基础上的。一般柔韧素质发展得好，有利于专项柔韧素质的提高。

## 二、篮球专项柔韧素质的特征

篮球运动要求运动员有较好的柔韧性，特别是手指、手腕、肩、腰、踝及腿部的柔韧性要更好。篮球运动员身材高大，身体健壮，肌肉粗大。篮球运动员柔韧性的解剖学特性与一般人群并无差异，它主要受到对抗肌维持姿势的肌紧张、牵拉性条件反射而引起肌肉收缩的限制，以及神经过程的兴奋与抑制的协调性，对肌肉收缩与舒张（紧张与放松的快速转换）的影响。因此，篮球运动员的柔韧性受到肌肉、肌腱、韧带、关节囊的弹性的影响，与其他运动项目相比稍差，尤其是身材高大的运动员若缺少柔韧训练就会更差。

## 三、篮球专项柔韧素质训练的要求

篮球专项柔韧素质训练要早期专门化。篮球运动是一个对灵活性、协调性要求很高的项目，并且运动员身材高大，肌肉健壮。因此，柔韧训练应从少儿时期开始改善关节的灵活性，提高韧带、肌腱的弹性和肌肉的伸展性。由于少年儿童的软组织质量更有利于柔韧性的发展，因此，早期柔韧性训练容易取得事半功倍的效果。

篮球专项柔韧素质训练要持之以恒。篮球运动员柔韧性的重要性容易被人忽视。肌肉韧带的牵拉过程伴有疼痛，长期系统地训练要有较大的意志力，况且柔韧性还受力量、耐力和身体发育的影响，年龄变大，柔韧性会变差。因此，保持和改善篮球运动员的柔韧性是长期艰苦的过程，在训练中要坚持课课练，经常进行专门的柔韧训练课。

篮球柔韧素质训练要与其他素质结合进行，特别是要与力量素质训练相结合，使肌肉、韧带柔而不软，韧而不僵，刚劲有力，使关节的活动幅度掌握自如。

## 四、篮球专项柔韧素质训练的方法

篮球运动员柔韧性练习主要是为了改善肌肉的伸展性和弹性，提高运动员的运动技术的动作幅度和动作灵活性，减少运动伤害事故的发生。常用的训练方法主要有被动性练习法、主动性练习法和混合性练习法。

### （一）被动性练习法

被动性练习法是通过身体的重力、辅助器材和同伴的协助，使肌肉韧带被拉长。

1. 各种负重和不负重的悬垂练习。如利用身体的重力做单杠、双杠、肋木上正反肩关节的悬垂练习；又如利用器械的重力悬垂，把重物放在直角压腿的膝关节下，使大腿后群肌肉被动拉长；再如轻负荷的提拉，下放时对脊柱后群肌有拉长作用。

2. 同伴协助或者助力，维持某种动作姿势。如一人平躺在地上挺直，抬举双腿放在另一人肩上，用臂或肩向前下方推压，进行直角压腿练习。

### （二）主动性练习法

通过人体肌肉的快速收缩所获得的惯性，使肌肉的放松部位获得牵拉。

1. 利用各种摆和振动，如各种踢腿、绕环、推墙等。
2. 协调发展关节周围小肌群轻力量，使参加完成动作的肌群与放松的对抗肌协调配合，并利用放松的惯性力，使关节的柔韧达到最大限度。如手腕力量练习，使手背肌群放松，并使手背肌群牵拉，爆发性惯性越大，肌群拉伸越大。

### （三）混合性练习法

有外力作用的影响，同时也受自主肌肉收缩的影响，两者共同起作用加大作用效果。如直角悬垂压腿，既通过腹肌的收缩加力，又利用上体的重力下压，使腹后肌群拉长；再如负重仰卧起坐的前压腿练习，对腹后肌群、脊柱后群肌肉和韧带都有良好的牵拉作用。

# 第十三章
# 篮球意识及其培养

辩证唯物主义认识论认为，存在决定意识，一切符合事物发展规律的正确意识的形成都来源于实践，所以说意识是人脑对社会客观事物存在的主观能动反映，是人脑的特殊机能。根据实践证明，意识有有意识与无意识和正确意识与不正确意识的区别。

## 第一节 篮球意识的概念、作用、特点及相关理论

### 一、篮球意识的概念及作用

#### （一）篮球意识的概念

所谓"篮球意识"，是指篮球运动员在从事篮球实践活动中经过大脑积极思维过程而产生的一种正确反映篮球运动规律性的特殊机能和能力。它是篮球运动员在长期篮球运动实践活动的认识过程中提炼积累起来的一种正确心理和生理机能的反射性行动的总称。简而言之，是篮球运动员对篮球运动比赛规律客观现实的主观反映。

篮球意识被认为是篮球运动员最宝贵的"精髓"，是比赛中指导正确行动的"活的灵魂"。

篮球意识的形成有它一定的规律，需要经过较长时期科学的、系统的训练，并在无数次激烈的篮球比赛实践风雨的吹打磨炼下，不断地积累知识和经验而逐步形成。它随着运动员篮球技能的形成而产生，也随着篮球技术、战术的发展而提高，并形成自己的特点、规律和构架。可见，实践是"正确篮球意识"的源泉，"正确篮球意识"的形成是从感觉阶段的概念、判断到推理阶段的决断过程。反映到心理学上，就是从感觉到知觉的过程。运动员在比赛中行动的正确与否，绝大部分情况下取决于感觉、知觉和思维加工的正确与否，思维加工认识正确，形成的意识就强。回顾国内外许多优秀的篮球运动员，在比赛中所表现的那种超群才干，无不充分体现他们具有良好的"正确篮球意识"。

#### （二）篮球意识的作用

球场上运动员一切正确的行动都是运动员在自身正确意识指导下的客观反映，起

着以下具体作用：

#### 1. 支配性作用

具有正确篮球意识的运动员，通常在训练和比赛中，就能以正确的潜在意识支配自己的合理行动，决断应变时机，自觉主动并创造性地根据已经变化或预测可能变化的情况，及时调整自己的思路与决策，从而更有针对性地、有效地发挥自己和全队的特长，表现出高度意识化的主观能动性作用和对篮球技术、战术与谋略运用的放大性作用，达到在激烈复杂的比赛对抗下始终把握全局的主动权。

#### 2. 行动选择作用

运动员在比赛过程中，某一时刻所意识到的攻守对抗情况不是笼统的，而是依据比赛分层次、分轻重缓急和有选择的。一般情况下，运动员首先意识到当时的攻守对抗态势，在纷杂的情况中重点意识到与自身行动意向最为密切的信息，进而作出准确的判断和选择，为选择攻守目标的个人战术行动作出正确的定向。

#### 3. 行动预见作用

篮球意识不但是对比赛对抗现实情景的主动反应，而且可预见到攻守态势的下一步发展和某种可能。通过对攻守态势发展和可能的预测，来决定采取的个人战术行动，进而实现对技、战术行动的主动调节。

## 二、篮球意识的特点

### （一）潜在性

人的有目的、有意识的行动，是通过大脑思维对客观事物的反应，通过感觉、表象、判断而决定的。篮球运动员在比赛场上的行动，实质上是对比赛中出现的各种复杂情况，通过本身具有的篮球意识的推理、判断而决定行动的。运动员篮球意识的形成，是随着他在长期篮球实践活动中积累知识和经验的过程而发展起来的，并以观念的形式存在于头脑中，平时看不见、摸不着，具有潜在性。而在篮球比赛中，运动员所具有的篮球意识就会由潜在变为显形，并自觉地对运动员的行动起指挥作用。

### （二）能动性

篮球意识的能动性表现在篮球运动员在行动前主动地反映攻守情况，并在意识的支配下积极地、创造性地调整自己的战术行为，既能使己方最大范围地限制对方的优势发挥，又能最大范围地充分发挥自身的技术优势、体能优势和其他方面的优势，并可使运动员在自己处于相对弱势的情况下，通过意识活动将自己的局部或个别环节上的优势放大，从而战胜在整体上比自己强大的对手。

### （三）连续性

篮球比赛中的进攻和防守行动极少是单一性的，而常常表现为连续的、不间断的攻守行动。运动员在比赛中的各种行动，都是在篮球意识支配下进行的。因此，运动员在连续的行动过程中，必然会产生连续的意识活动，以支配不间断的行动。一次战术行动的结束，往往就是下一次战术行动的开始，运动员进行思维和决策，必然要在获得特定的战术行动决策信息的基础上，经过分析判断方能最后作出决定。信息是思维过程得以进行的基本资料。没有各种信息，思维难以进行。这就要求运动员"意在动前，意在动中"，不间断地思维决策。因此，篮球运动员的意识活动具有连续性的特点。

### （四）瞬时性

篮球比赛中，运动员的各种攻防行动常发生在转瞬之间。这就要求运动员的意识活动必须敏捷，即从观察、判断、思维到决策等一系列意识活动必须瞬间完成，否则，将会贻误战机。特别是在激烈对抗的情况下，运动员往往是运用直觉思维的形式来进行意识活动的，直觉思维具有非逻辑性、突发性、下意识性等特征，这些都表现出篮球意识的瞬时性特点。

### （五）择优性

在比赛中，当出现某一战术局面时，运动员通过篮球意识的作用，会从几种可行的具体的行动方案中选择其中一种"相对最好"的行动方法。确定原则为：进攻中取其威胁较大、方法较简单、成功可能性大的，防守中取其利大弊小、效果好的。篮球运动员在比赛中的所有行动决策，都表现出"利取其大，弊取其小"的择优性特点。

## 三、篮球意识的形成过程

篮球运动员在比赛中的意识活动过程，实质是一个对比赛情景认识的过程。在这个过程中，运动员的篮球意识表现为意识和行动的相互作用。首先，是运动员的自我意识活动。时刻意识到自己在全队中的地位和作用，同时必须意识到在攻守双方对抗中以我为主的战略思想，还要意识到自己在对抗中所处的位置、条件和应该采用的行动方法，这是意识对行动实施调节作用的前提。其次，是意向指引下的积极行动。运动员在主观意向的指引下，意识活动时刻都在主动获取攻守情况变化和行动结果的反馈信息，进而在战术思维的参与下，选择更为有效的行动方法。当所采取的行动奏效时，效果信息将使意识得到进一步强化和提高。

总之，篮球意识形成的过程是由观察感知——思维判断——行动应答——效果反馈等环节有机构成（图13-1）。

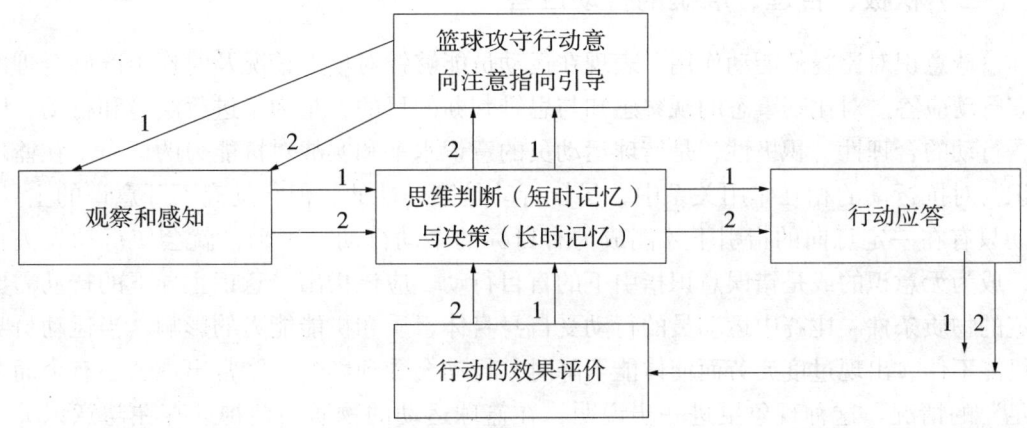

说明：图的中间部分为意识的主体，两侧为外周知觉和应答动觉部分。

图 13-1

具体过程包括以下几方面：

### （一）在训练比赛现实中的观察感知

感知是运动员意识到比赛现实客观存在的前提条件，没有感知就不可能产生意向和思维。篮球运动员主要是通过视觉观察的感知来获得场上信息。通常优秀篮球运动员都具有良好的观察能力，他们的视野范围超过普通人，这是多年训练实践反复磨炼的结果。另外，篮球运动员的观察感知具有选择性的特点。比赛中的诸多信息，可能同时进入运动员的视野，但不可能都被注意到。哪种信息首先被视觉感知，取决于它与运动员主观意识中比赛目标意义的相关程度。通常与目标意义相关程度高的信息，被首先感知到的可能性较大；反之，可能性则小。一般情况下，运动员在主观意向的指引下，首先感知到视野范围内的是那些与主观意向相关的攻守对抗信息，而对于其他信息则忽略不计。可见，篮球运动员的视觉感知受主观意向的指引，而视觉感知又是意识过程的必要条件。

### （二）对抗条件下的思维判断与决策

篮球运动规律决定了比赛场上的情况瞬息万变，运动员的思维与决策行动必须与此相适应，要时刻意识到情况的变化。运动员在观察感知比赛情景的基础上，要求在瞬间完成对情况的分析、综合等思维过程，通过思维对情况作出准确的判断，进而作出行动的决策。这一过程是在瞬间实现的。具有良好篮球意识的运动员，通常就能够准确把握复杂的比赛对抗情况的不断变化，做到行动胸有成竹，大胆、果断、准确、自如。这是他们在多年训练和实战比赛中积累起来的高度精密的意识活动反映。因此，运动员的瞬时判断、思维与决策过程是篮球意识活动的核心，培养篮球意识必须重视围绕提高瞬时的思维与决策能力来进行。

## （三）积极、合理、准确的行动应答

篮球意识对比赛的能动作用，表现在运动员能够针对场上情况及时作出准确合理的攻守行动应答。对比赛事态的观察感知与思维判断的目的，是为了进行决策和行动，因此，行动的合理性、积极性，是篮球运动员的意识水平和实战对抗能力的标志。在篮球意识与对抗行动的相互作用关系中，尽管行动是第一性的，但行动离不开意识的主导，行动只有在一定意向的指引下才能成为有目标的主动行动。否则，就会使行动失去目标，成为无意识的或是错误意识指引下的盲目行动。应该指出，意识主导下的行动需要一定的物质条件。比赛中运动员的行动受自身身体素质和机能能力的影响，当运动员身体机能不佳、出现过度疲劳而使体能下降时，行动会受到影响，常常出现"心有余而力不足"的情况。这种现象更进一步说明，在篮球运动的物质与精神、存在与意识关系中，物质与存在是第一性的，精神与意识是第二性的。没有物质与存在作为基础，意识与精神就不能发挥应有的作用。

## （四）意识行动效果的评价与反馈

在篮球比赛中，运动员的篮球意识强弱与攻守对抗行动的激烈程度是始终相互伴随的。依据意识的规律和特点，由于大多数技术动作是由无意识机能控制的，因此，运动员往往意识不到行动的过程，而行动的结果常常成为意识活动的重点。这是由于运动员攻守行动的结果与行动的意向目标密切相关，因此，运动员会始终意识到攻守过程的成效。在运动员的大脑中枢内，存在着与行动结果相对应的智能评价模型，这些模型是篮球意识的重要组成部分。具体来说，运动员依据评价模型能够意识到哪些行动是奏效的，而哪些是失败的，因此，评价与行动时刻相伴。成功的行动可对意识进行强化，失败受挫的行动可使意识中的智能模型得到修正，运动员的篮球意识在不断的评价——反馈过程中得到完善。

## 四、篮球意识形成过程的影响因素

实践证明，与意识关系最为密切的心理因素是注意和记忆，同时行动也是影响意识的主要因素。篮球意识也不例外，它也受运动员的有意识注意、记忆等心理因素的影响。科学地分析篮球运动员比赛中的注意和记忆功能的特点，对于正确培养运动员篮球意识具有积极的意义。

### （一）感知与注意

在篮球比赛中，运动员可通过多种渠道来感知场上攻守对抗情况的变化。例如：听觉、视觉和触觉都可以同时接收到来自场上的各种信息，然而哪些信息能够进入意识的领域，取决于运动员注意的指向和注意的广度，其中视察感觉是关键，因而要扩大视野范围。一般来说，注意是指对比赛场上诸多感知信息进入意识领域的选择和局限，运动员的注意指向受主观意向的指引。主观意向就是在比赛攻守目标的控制下，决定注意对

有关信息进行取舍的评价体系。

篮球比赛过程中运动员的有意注意指向，通常集中于具有较高评价效果的攻守战术及技术运用结果的有关信息，而把自身行动和对球的控制过程放在注意的边缘，使技术动作和战术意识水平不断提高，技术的自动化使意识的注意指向得到了解放，大脑高级神经中枢的有意识注意指向集中于与战术目标更为密切的对抗情节信息，而把其他相对次要的运动操作信息交给较低级的神经中枢来进行控制。在篮球运动员的注意品质中，注意的广度和敏锐性反映运动员对比赛情况变化的洞察能力，优秀篮球运动员由于具有较好的视野基本功而使注意的广度增加，平时篮球运动训练中所形容的"眼观六路，耳听八方"，就是指注意在广阔的视野范围内捕捉有效信息的能力。比赛中，由于运动员视野和注意范围的增大，使其能够意识到最隐蔽和最有利的攻击机会，在传出出其不意的好球的同时，把防守者的注意力吸引到不利位置上来，为同伴进攻得分创造良好的条件。

在篮球运动训练中，影响注意分配的重要因素是篮球运动特有的专门性知觉，即手、脚、腰、眼基本功的扎实程度。例如：手对球的控制能力是手与球之间的专门性知觉，熟练的手上功夫可使运动员不必通过意识来实现对球的控制，即使在对手严密防守和抢夺时，也能熟练自如地进行控制，并能保护球的安全，而把意识的注意重点放在如何超越和攻击上。此时运动员的注意不在球的安全，而是采用行动后对手的位置变化。当意识到机会到来时立即抓住，实施有效的攻击行动。因此，具有良好的专门性知觉和基本功是建立篮球意识的重要条件，教学训练中必须给予高度的重视。

## （二）记忆与思维

记忆与思维同篮球意识的形成关系十分密切。人的记忆可分为短时记忆和长时记忆，短时记忆一般指注意指向所感知到的一切信息，这些信息在记忆中停留很短时间就会被新的信息取代，在篮球运动比赛中则表现为对瞬息之间情况变化的感知和记忆。长时记忆是指经过检索被意识到有价值的信息，这些信息通过记忆在头脑中长期保留，使用时可随时提取，是深刻的感知和学习的结果。篮球运动员的长时记忆中储存的信息一般是关于技术、战术打法的智能模型，这些模型是在平时教学训练中积累起来的。比赛中技术、战术运用的成功体验也可以成为智能模型，在长时记忆中储存，当遇到类似的情景时，就会立刻被激活和提取，成为引导行动的意向。与篮球意识有关记忆的内容主要有以下两部分：

### 1. 篮球运动的相关知识

人们对客观存在现实的认识是意识的核心，而对客观存在的正确认识常表现为各种形态的知识。篮球意识的建立和培养，也必须以有关篮球运动知识的学习为基础，在运动员的头脑中建立丰富的篮球知识体系。当运动员掌握了有关篮球的社会文化知识，就会对篮球运动产生正确的情感，进而形成正确的篮球实践动机；当运动员掌握了关于比赛攻守对抗技术、战术运用规律的知识，就能正确地反映比赛的现实，用知识来指导攻守行动；当运动员掌握了正确完成技术的方法以后，就能够进行有意识定向的练习，进而使技术水平迅速提高。因此，学习和掌握篮球知识，可以强化记忆，促进思维，对于培养正确的篮球意识具有重要的意义。

#### 2. 临场实战对抗的经验和体验

篮球比赛临场经验和实战对抗体验是一种特殊的知识形态，具有只能意会、不能准确表述的特点。它是在比赛场上获得的，是运动员在与对手的实战较量中运用技术、战术配合和身体的体能实施攻守行动时得到的体会，这种亲身体验被运动员意识到并进入长时记忆。体验的长期积累就形成了宝贵的实战经验。在篮球运动员的记忆中，实战经验以智能模型的方式进行储存，每当在新的实战比赛中，当运动员感知到与经历过的相似对抗情况时，储存于头脑中的智能模型会立即被意识提取，成为唤起和指引行为的主观意向，由此产生意识主导下的个人战术行动。

### （三）行动与反馈

篮球运动员在比赛中的积极行动必须由意向来指引，这是意识对行动的调节作用。而正确和富有成效的行动又可以反过来影响篮球意识的形成，这是行动效果对意识的反馈作用。因此，行动与反馈是篮球意识形成过程不可缺少的关键因素。

#### 1. 行动受意向的指引

篮球运动员的意识可通过具体攻守行动表现出来，运动员在行动之前首先在意识中产生与目标相关的行动意向，这样才能使行动具有明确的目的性。由于篮球运动比赛具有复杂多变的特点，就使行动意向必须具有明确的目的性。也就是说，在攻守总目标之下，运动员可同时具有多种行动的可能，与目标最为贴近的行动意向优先被意识提取和采用。因此，篮球意识水平高的运动员在比赛场上总是能够做出快速、准确、合理的行动，而篮球意识水平低的运动员由于感知和注意等方面的原因，经常产生错误的意向，致使所采取的行动屡屡受挫。

#### 2. 行动需要体能、技能和意志力的保证

篮球意识指引下的个人战术行动，需要一定的体能和技能来保证。在激烈的对抗和竞争中，当双方都意识到应采取的行动时，双方行动的效果除了意识和智慧作用之外，很大程度上取决于体能和技能，体能强、技术好的一方行动容易奏效。因此，仅仅有良好的篮球意识，而缺乏必要的身体素质和持续大强度运动的能力也难于在比赛中争取主动。要提高篮球意识水平，就要加强体能的训练，使篮球意识与身体运动能力同步发展。

#### 3. 无意识控制机能对个人技术、打法运用的控制

在初学篮球阶段，完成技术动作依赖意识的控制，这是学习篮球必然要经历的过程；而在进行大量练习之后，当技术动作逐步熟练起来时，则动作渐渐脱离有意识的支配，控制动作过程的神经中枢逐渐下移，进入无意识机能控制领域，例如优秀篮球运动

员在抢篮板球时，无须注意起跳用力的过程和方法。在技术动作进入自动化阶段之后，一般无须思维和注意来关注动作，只有在动作出现意外问题时才重新唤起意识的注意。因此，技术动作的反复实践和练习，本质上也是对运动技能进行长时记忆的过程，只是它进入长时记忆储存时，不是语言、词汇的形态，而是体验的形态。篮球运动员技术训练的目的，就是使更多的技能动力定型进入长时记忆，使更多的技术动作在完成时脱离意识的控制，由无意识机能来控制和支配。

运动员的无意识领域是构成篮球意识的重要组成部分。无意识是指那些不需要注意指向来调节的神经中枢控制机能，运动员无意识控制机能的高度发展是篮球运动训练的必然结果，也是评价篮球运动员竞技水平的重要标志。运动员在训练和比赛中练就的打法和成功经验，在意识的主导下历经大量的练习，在熟练的过程中也可以逐步脱离意识的控制，进入无意识控制领域，成为由无意识机能控制的自动化操作过程。这样，就可以使运动员的意识关注更为重要的比赛情况，在激烈的争夺中去意识那些更为复杂、更加新颖和对本队获得比赛胜利目标意义更大的信息。可见，篮球运动教学和训练过程就是发展运动员无意识机能对运动行为进行控制的过程，运动员无意识控制机能的高度发展是其长期从事篮球运动实践的结果，只有使无意识控制机能得到适当的发展，篮球意识才能加速建立起来。

## 五、篮球意识的结构要素

### （一）知识体系

知识体系是篮球运动的专项基础理论知识和应用理论、发展前沿和趋势、基本的技术和战术方法原理、技术和战术运用的规律、篮球规则和裁判知识等，是篮球运动员进行意识活动的物质基础。

### （二）实践经验

实践经验是运动员在长期篮球运动实践过程中积累的，对比赛中技术、战术运用和应变的规律的实战体验与经历，是篮球运动员对攻守信息进行思维判断的基础。

### （三）心智活动能力

心智活动能力是篮球运动员进行意识活动的大脑的机能能力。包括以下四个方面：

#### 1. 瞬时观察能力

观察是篮球运动员意识活动的前提。任何一种反应以及随之所采取的一切行动，都取决于观察所获得的信息。改善篮球运动员的观察能力，最重要的是对运动员视野范围进行训练。一开始就应注意对运动员进行观察习惯的训练，形成宽阔的观察能力，在一般观察能力的基础上，再进一步培养运动员视觉的选择能力，使之在全面观察的基础上，把视线集中在重点的位置、区域和人身上，把场上其他攻守队员的行动收入自己视野范

围内，从中进行选择与分辨，然后决定如何行动，这样才能在瞬时做出正确的行动。

### 2. 分析判断能力

良好的判断能力应表现为决策正确、及时，并有预见性。篮球比赛十分激烈，瞬息万变，即使运动员正确观察到了场上情况，如不能作出正确判断，也不能收到良好的效果。在培养篮球意识过程中，提高运动员对场上情况的分析判断能力极为重要。运动员首先要理解技、战术的特点及运用变化规律，并结合场上的具体情况进行预测和判断，以期准确地估计出双方行动的意图，提高分析判断能力。

### 3. 反应应变能力

具有良好的篮球意识的运动员必须对观察判断好的情况做出快速反应，这样才能及时、准确地抓住战机。从观察场上情况进行分析判断，到将分析判断的结果经过运动神经传导至肌肉产生相应的应变行动，这是一个复杂的神经活动过程，训练可以加速这一活动过程。

### 4. 战术思维能力

战术思维能力是指在实施战术方案时，充分调动和运用自己的各种心智能力去预见可能发生的情况和预测形势的发展，并迅速准确地考虑对手、自己及全场的情况，然后明确自己的战术意图、选择战术手段的一种能力。它是培养篮球意识的主要内容。

## 第二节　篮球意识培养的途径与评定

篮球意识的形成有其独自的规律性，这个规律即实践——认识——再实践——再认识，从而使认识升华。为此，篮球运动员意识的提高，需要经过教练员长期科学、系统地进行思想、文化、科技熏陶和在训练、比赛中渗透，以及运动员主动地在篮球运动实践中自我积累、提炼和加工。它随着运动员运动技能的形成而产生，也随着技术、战术能力的提高及在比赛实践中经受磨炼而提高。只有对运动员进行有计划、有目的的培养，才能使运动员的意识与身体、技术、战术得到有效和谐的发展。篮球运动实践是形成篮球意识的源泉，篮球意识的形成是带规律性的认识过程，即从感觉阶段到概念、判断和推理阶段的过程。运动员在比赛中行动正确与否，取决于感觉、知觉和思维加工。思维加工的过程短而正确，意识活动过程的时间就短，建立的意识反射能力就强，行动就正确。

篮球意识的培养要贯穿于技、战术训练的始终，因为篮球意识只有在实战中运用才具有实际意义。在技术训练中渗透意识培养，是培养运动员篮球意识的基本途径；反复练习战术配合（通过战术训练及比赛），是培养与提高运动员篮球意识的主要手段；丰富运动员的理论知识，改善和提高运动员的知识结构，重视与心理训练的结合，可以促进运动员篮球意识的形成与深化。

从篮球运动员的意识活动过程看,从对攻守信息的感知(观察场上情况)到以"标准模式"为依据的思维决策,直到具体行动,都与运动员的观察能力、分析判断能力、反应能力、战术思维能力密切相关,这些正是篮球意识结构中心智活动能力的要素。可见,培养运动员的篮球意识,就是要在训练和实战过程中使其建立正确的"思维模式",使其在正确思维模式的引导下不断总结,积累实战经验,巩固正确的篮球意识行动。

## 一、篮球意识的培养途径

### (一)在技术训练中渗透篮球意识培养

在技术训练中渗透篮球意识培养,是培养运动员篮球意识的基本途径。篮球意识是长期、有计划地在整个训练过程中不断渗透才形成的。一名篮球运动员从开始参加篮球运动训练到结束篮球运动生涯,教练员都在不间断地采取各种手段和方法潜移默化地对其进行篮球意识的培养与熏陶,这就是对运动员不知不觉地进行点点滴滴的意识加工、渗透与提炼,使其产生和形成一种正确的潜意识。运动员之所以能在球场上随心所欲地运用与应变技术、战术,正是其潜意识的作用,而最初的技术基础训练阶段是关键。在技术对抗性训练阶段,特别要重视在技术动作的个性训练中培养运动员的篮球对抗意识,着重解决运动员心智能力中的观察能力和分析判断能力的提高,并在能力培养过程中丰富运动员的基本知识体系,积累技术运用经验。

**1. 培养观察能力**

培养观察能力是形成篮球意识的前提。在篮球比赛中,运动员对任何一个技术动作的运用与应变,都首先取决于能否周密地在瞬间作出正确的观察。为此,在技术训练初期就必须重视观察习惯和观察能力的培养,加强视野训练,并且在训练一般观察能力的基础上,要进一步培养运动员的视觉选择能力。

(1)加强视野训练,提高眼睛余光的观察能力。篮球比赛瞬息万变,绝大多数情况下主要用眼睛余光来观察全场情况的变化,捕捉战机,及时应变,如观察运动员的面部表情、移动速度、方向、角度、节奏、球的落点、配合的路线、攻守特点等等。所以要特别强调培养运动员用眼睛的余光来扩大视野,提高用余光观察的能力。在技术训练中,可用有助于扩大视野的技术动作来培养运动员的余光观察能力。如:在练习运球技术时,要求运动员用余光照顾球或不看球,观察的重点是场上双方全面的攻守情况;在练习传接球技术时,可采用多人快速传接球(加防守)练习,要求用余光观察接球人及其被防守情况,接球后立即将球传出,并要求传球及时、准确到位。在两个技术动作以上的组合性技术衔接中,特别要注意观察能力的培养,这对提高运用技术的应变能力极为重要。如运球突破——传球或运球突破——急停跳投,要求运动员不仅要考虑自己的被防守情况,而且还要观察场上同伴的位置、移动及其被防守的情况,以便于及时、准确地作出判断。

(2)培养视觉选择力。视觉选择力是在全面观察的基础上,把视线集中在特别重要

的位置、区域和队员身上的能力。培养篮球运动员的视觉选择力，就是要训练善于把场上其他队员的行动收入自己的视野范围内，并从中进行选择与分辨，以便正确决策行动。实践证明，篮球运动员在比赛中对攻守信息的获取是有先后顺序的。如抢到后场篮板球时，观察的一般规律是：首先观察前场，然后是观察中场，最后观察后场这种依次"观察模式"；在突破和投篮时，要重点观察篮下的变化；抢篮板球时，要考虑投篮队员的距离，以及自己和篮圈所形成的角度、对方队员抢篮板球的组织特点和队员的位置等，但观察的重点是球的落点。在技术训练中，不断总结带有规律性的"观察模式"并组合成某种练习方法应用于教学训练之中，是培养运动员篮球意识的重要任务和有效方法。

### 2. 培养分析判断能力

通过技术动作的实战运用训练，可培养篮球运动员的分析判断与运用技术的应变能力。基本技术中的每个动作方法都有其特点、应用范围、条件及"规格"标准，在比赛中具有相对独特的战术价值。这些既是运动员在比赛中意识活动的物质基础，又是技术训练中培养运动员篮球意识的重要内容。

篮球比赛激烈多变，每个技术动作在运用方式上不可能一成不变，同一动作在不同时间、不同位置、不同条件下都可能千差万别。所以，要重视在技术动作个性训练中培养篮球意识，在对抗因素和对抗条件中培养篮球意识，在运用真假技术的变化中培养篮球意识。这就要求教练员对运动员在掌握正确动作"规格"的基础上，还要使技术动作具有对抗性、应变性和实效性，以简练适时的方式去解决临场的各种具体问题，通过技术动作的实战运用训练，可使运动员在掌握"规格"标准的技术动作基础上，进一步强化技术运用的特点、范围、条件及变化规律，为在比赛情况下合理地运用与应变技术、创新发展变异性个性绝招技术打下物质基础。同时，不断培养运动员在各种攻守具体情况下的分析判断和应变能力，积累技术运用与应变的实践经验，就能使运动员在篮球比赛中分析判断及时、准确，应变合理，运用有实效，达到在技术动作的运用训练中既掌握动作应变方法又培养应变意识的目的。

## （二）在战术训练及比赛中培养篮球意识

在战术训练中培养篮球意识，首先应在单个战术配合训练时使队员了解战术的结构及配合的规律、方法、特点和每个战术位置上的职责、作用，提高战术变化的灵活性。

战术训练最重要的任务就是培养提高运动员个人和整体协同作战的战术行动能力，提高运动员整体竞技水平，而发展运动员的战术能力要以培养运动员的篮球意识为主。战术训练不仅是熟练一种或多种战术配合方法，而且更要重视培养战术素养，提高运动员的篮球意识。在比赛中，运动员的每一个行动都属于战术性的活动，有其明显的战术目的。在与同伴的战术配合中，意识起着支配行动的作用，决定战术的实现。篮球意识的核心要素是战术思维能力，所以在战术训练阶段培养运动员的篮球意识，应主要发展运动员的战术思维能力。

篮球运动员在训练与比赛的思维决策中，一方面需要用已有的概念、原则、原理等理论知识去思维，形成理论思维；另一方面，篮球运动员意识活动时的思维决策又需要用从运动实践中获得的诸多经验知识去思维，进而形成经验思维。此外，篮球运动员在比赛中的战术行动是极其丰富繁杂的，在对抗状态下进行战术思维活动，常常要以经验的"直觉"方式进行思维决策，去解决自己面临的战术任务，即形成直觉思维。篮球意识活动时思维类型不同，对于运动员的思维决策起的作用也不相同。理论思维运用知识、概念等进行思维决策，在意识活动中主要从"宏观"的角度上发挥作用；"直觉思维"是在运动员对情况不明、时间紧迫和对抗激烈状态下解决小范围个人战术行动时发挥"随机应变"的作用。

为此，教练员对于设计组织每一种战术配合如何行动都要有一个基本的"标准模式"，并且用这个"标准模式"去衡量运动员的战术行为是否适当。运动员应在思维决策过程中以"标准模式"的思维语言方式进行活动。实际上，运动员接受教练员的指导和训练的过程，就是运动员在战术决策及行动方面向"标准模式"趋近的过程。

篮球比赛中攻守对抗情况瞬息万变，因而在不同的位置和不同的攻守对抗状态下的战术思维决策，应有不同的合理"思维模式"，随着情况和位置的变更其战术思维决策的"思维模式"也在变更，进行思维决策的主导因素也是不相同的，即随着情况的改变，战术思维决策活动的主导因素主次作用是变化的，由其主次作用的变化形成思维决策活动过程的变化。在不同情况下，相应改变思维决策的主要因素和思维决策活动中的主次地位以及前后序列，不但可以"简化"战术思维决策活动过程，提高战术思维决策活动效率，而且能够使运动员在复杂的环境下尽快地获取自己所需要的战术决策信息并尽快地决策。对运动员来说，在平时训练中依照教练员的"思维模式"进行战术思维活动，是提高篮球意识的有效途径。这就要求教练员在篮球战术训练过程中，有计划、有步骤地将各种战术行动的"标准模式"以思维决策的形式传授给运动员，并通过比赛的反复磨炼和典型的战例分析，不断总结经验，就能不断提高运动员的篮球意识。总之，教练员在战术训练中要使运动员掌握不同战术运用时机、结构、特点、配合规律及变化，要明确战术位置分工职责与各位置的相互关系，要加强现代战术打法的针对性训练，选择典型战术应用演示，提高战术意识。而对抗训练与实战训练是形成正确战术意识的最主要途径。

### （三）提高人文素质，改善知识结构，丰富篮球意识

由于现代科学的发展和各学科的相互渗透对体育科学的影响，推动着各专项体育运动的迅速发展，篮球运动当然也受社会科学、自然科学以及其他综合学科的影响。一名运动员掌握知识的深广度、一个球队整体的知识结构水平的高低，是直接影响着教练员能否用现代化科学知识培养运动员的一个重要因素。因为篮球运动员头脑形成的某种意识和功能，都是以相应的某些文化科技知识结构作基础的。知识结构不同，功能也就不同。尤其是现代篮球比赛的高度集体性和综合化，需要运动员具有更聪明的才智和意识，而掌握必要的知识对提高他们的篮球意识修养起着保障作用。从国外篮球资料获悉，当前各国篮球劲旅都十分重视队伍的文化知识结构。例如：美国职业队和业余队中绝大部分运动员，以及南斯拉夫等世界先进水平球队中许多优秀运动员，无不都是有相当文化知识的大学生。运动员通过学习和训练掌握综合文化、理论知识和形成合理的、

必备的知识结构（知识的深度和广度），提高专项素养，是形成和丰富篮球意识的重要因素。

篮球运动员在意识活动时的理论思维必须善于运用概念、原理、原则、规律等思维语言，这些思维语言属于理论知识范畴，是以相关文化科技知识作基础的。由于理论知识在一定的时期内是相对稳定、较为系统的，具有高度概括性和普遍指导意义，有助于使运动员在相对较短的时间内掌握其内涵意义，从而促使运动员的篮球意识快速发展。因此，在训练中重视文化科技理论知识的传授，有利于加速培养和发展运动员的篮球意识。

篮球运动员的知识主要包括：了解运动生涯过程中必备的常规知识、专项运动的发展趋势，理解技术和战术的特点、原理、专项运动规律以及规则裁判法，掌握各种相关学科基础理论知识；掌握马克思主义哲学的基本观点、唯物辩证法的基本原理和逻辑学；还要阅读一些古今中外的兵法、战例等等，借以开阔思路，拓宽思维领域，从各种文化知识中吸取营养，丰富智慧，增加灵感，提高想像力、理解力和创造力。这不仅需要加强运动员的基础知识，而且还要特别重视通过训练把他们具备的知识充分地运用到篮球实践上，通过理论知识的学习，使每名运动员都成为既具有共性又具有个性的不同知识结构的人。

运动员的篮球意识绝不是孤立存在的，单纯就篮球意识来进行意识培养是很难奏效的。篮球意识的提高涉及诸多因素，例如运动员的观察能力、分析判断能力、对教练员作战意图的理解能力、综合分析能力、抽象思维能力、理论知识水平及实践经验等等。对我国篮球运动高水平运动员来说，迫切需要重视的是如何解决提高基础文化知识和基础的相关科技知识，克服通常存在的竞技高水平、文化低层次、素质待教养的状态。一名有良好意识的优秀篮球运动员，其综合分析能力的抽象思维能力必须是较强的。为了提高运动员的篮球意识，篮球管理部门和教练员必须重视他们的文化素质的提高。智商不改善，意识层次也难提高，所以随同训练和比赛要花一定的时间与精力来帮助队员充实智商，只有高智商的运动员才能达到高水平的竞技能力。当然，教练员平时训练中结合实际战例分析、传授理论知识，提高运动员的综合分析和抽象思维能力，也是培养和丰富运动员篮球意识的有效途径。

### （四）提高心理训练水平，培养篮球意识

篮球意识是运动员在基本技、战术学习和比赛实践中，通过大脑分析、判断、推理的积极思维过程而形成的一种能正确反映篮球运动规律与特点的能力，是运动员心智能力的集中表现，因此，良好的心理素质是运动员篮球意识得以发展的重要因素。篮球意识是随着技、战术的学习而逐步形成的，加之认知训练、意志训练和心理调整训练等一般心理辅助训练，可使组成运动员篮球意识结构要素的心智能力得到改善和提高，为篮球意识的提高打下坚实的基础。通过有目的的一般心理训练，可提高运动员的感知觉能力的反应速度。而运动员专门化知觉能力的建立和提高，是培养篮球意识的重要内容，为此，教练员应加强篮球运动员球感和临场感的培养。其中反应速度是指运动员意识活动的应答时间，缩短应答时间可提高意识活动的效率。培养运动员的意志品质，提高自

我调节能力和情绪控制能力,学会调节心理状态的方法,以创造临场时的良好心理环境,为比赛中的正确意识活动做好必要的心理准备。总之,比赛期间的心理训练是培养和提高篮球意识的主要手段,即通过赛间、临赛的心理训练,促使运动员的心理处于最佳的状态,保证运动员在正确的篮球意识支配下采取自己的行动。

### (五) 强化作风训练与培养篮球意识

凶悍拼搏对抗是现代篮球比赛的基本特点,因此,比赛中正确的行动需要以顽强的作风作保障。所以说,意识强、作风强、技巧强、体能强,才能队伍强、队员强,最后构成实力强。

篮球意识与良好比赛作风都是运动员头脑中必备的精神素质,是一个事物中的两个不同的侧面,既有区别又有密切联系。

我国篮球运动在20世纪50年代中期曾提出"积极主动、勇猛顽强、快速灵活、全面准确"十六字方针,它既是世界篮球运动发展特征的要求,也是我国篮球运动发展的经验总结,被认为是从我国篮球国情出发,在比赛作风、技术特点、战术风格上提出的发展方向,至今仍然符合世界篮球运动发展总趋势和我国篮球运动的国情。就"十六字方针"的实质来说,虽然内涵充实、丰富,提法有待进一步发展,但就整体而言,它既反映了我国篮球运动员具备的和将要培养的技术、战术特点,又深刻包含着篮球意识和良好作风的内容及它们之间的辩证关系。其中,"积极主动、勇猛顽强"就是指运动员必备的精神面貌和比赛作风,而"快速、灵活、全面、准确"则是指运动员要具备的篮球意识指导下表现出的技术特点和战术风格,从而构成了中国型的篮球运动。可见技术和战术的特点、风格和意识与作风是相辅相成的,运动员没有良好的作风,就不可能在比赛中体现出篮球意识,而没有篮球意识作指导,要想反映出良好的作风和最大限度地发挥技术、战术的作用也是不可能的。

当然,我们所要培养的运动员,并非是鲁莽地蛮干,而是"智谋"与"勇敢"行为相结合。而"智谋"正来源于篮球意识,是篮球意识具体而生动的反映。思想作风好才能有政治观、责任观,为国争光;战斗作风好,才能敢于斗争,遇强不馁,遇弱不懈。然而长期以来,在训练工作中并未能真正理解这种辩证关系,把作风训练与意识培养有机地统一起来,所以有些优秀运动员,在关键时刻该"拼"而"拼"不上去,该"抢"而"抢"不下来,其原因固然有技术等方面的因素,但平时缺少培养作风与培养篮球意识相结合的训练,却是个关键。我国原五连冠女排和我国女足获世界杯亚军、乒乓球队长盛不衰正在于作风强、技术强等诸强因素的统一结合才确保他们获得优异的世界级成绩,他们是值得学习的榜样。

## 二、篮球意识的评定

### (一) 篮球意识评定的意义

在教学训练中有计划、有步骤地培养运动员的篮球意识,必须改变对意识自然成长的传统认识，建立科学培养运动员篮球意识的观念与观点。如果能对运动员的篮球意识水平作出客观的评定，就能有目的、有计划、有针对性地对其进行意识的培养，同时，还能检验培养方法的实际效果。

较为客观地评定运动员的篮球意识，是教练员控制意识训练过程的一项重要内容。通过对运动员的篮球意识评定，可以找出运动员在篮球意识方面存在的问题，向教练员提供分析资料，以便对运动员的篮球意识培养实施有效的控制。这对改变教练员在训练中单凭经验、直观感觉的传统方法，使之能较客观地、因人而异地调节和控制意识训练过程，加快提高运动员的篮球意识，可起到积极的促进作用。

### （二）篮球意识的评定原则

篮球意识以主观观念的形式存在于运动员的大脑中。意识活动是在大脑中进行的，人们不能直接看见意识活动的内容，但这并不是说就不能对篮球意识进行评定。意识是人头脑中主观观念的形式和客观实在的内容的对立统一，虽然意识的形式是主观的，但其反映的内容是客观的，并且人的行动是受意识支配的。通过观察行动表现，可以间接地了解意识活动的情况。篮球运动员在比赛中的观察、判断、思维决策等意识活动内容，只能通过运动员在篮球意识支配下所做出的"应答式"行动来反映。因此，行动的正确与否是篮球意识的评定信息，是评定篮球意识的主要依据。所以，运动员的篮球意识应以在其意识指导下行动的正确性为原则来评定。

篮球比赛中的每一名队员的各个行动都属于战术性活动，都带有一定的战术目的，是在篮球意识支配下的行动。个人行动也不能仅理解为单独存在的、无意识的活动，任何行动都是处在集体配合当中。技术的合理运用和应变，完全是通过战略决策和战术组织体现出来的，球场上每项技、战术的运用，都是受一定的篮球意识支配的。因此，对于比赛中运动员的每一个行动，都必须超脱单纯的技术概念，而应将它们视为体现篮球意识的反馈信息。

运动员在良好篮球意识支配下的行动应表现为：行动的正确性、行动的目的性、行动的预见性、行动的急蔽性、行动的应变性、行动的创造性、行动的实效性和配合的协调性。通过观察判断这几方面信息的反馈，便能较客观地评定出运动员的篮球意识水平。

### （三）篮球意识的评定方法

目前，教练员在评定运动员的篮球意识时，大多是依靠自身的经验或临场技、战术行动效果统计分析，没有一种比较客观的量化性评定方法。通常采用战术录像片的方式，为运动员提供一些"逼真"的战术配合场景，让运动员根据战术场景确定自己的决策行动，以此考查运动员的意识水平。还有采用战术配合示意图的方法测试评价运动员的意识水平，这也只是战术录像方法的简便替代。从测试的内容及方式来看，它们都带有较明显的局限性和随意性，并且战术情景示意的仿真程度较低。因为，篮球运动是一种对抗性极强的项目，队员之间的对抗是动态的，而非静态的，完全脱离比赛的实际情况而单独对运动员的意识水平作出评定，不仅不能客观地对运动员的意识作出评定，而

且这样的评定结果也是无意义的。因为，行动是篮球意识的根本归宿和最终表现，篮球意识的评定应以在意识指导下行动的正确性为原则来进行。对运动员篮球意识的评定必须与比赛的实际结合起来，只有通过运动员在比赛中的意识表现才能真正反映其意识水平，运动员的篮球意识只有在比赛的实际运用中才具有价值。

对运动员的篮球意识评定是一个难以定量的问题，目前还没有一种客观的定量评定方法，有待进一步研究和探讨。

# 第十四章
# 篮球运动员的心理训练

　　心理训练是指有意识、有目的地对运动员的心理过程和个性心理特征施加影响的过程。其目的是使运动员的心理产生最适宜运动训练和运动竞赛的变化，具有自我动员、自我调节和自我控制的能力。

　　篮球心理训练是适应现代运动竞赛的需要而运用发展起来的。任何竞技运动项目都与竞赛有着不可分割的联系，现代篮球竞赛的最大特点，就是对抗性越来越激烈凶悍，在比赛双方身体、技术、战术水平势均力敌的情况下，胜负往往取决于心理素质训练水平的高低。我国男女篮球队在参加的国际大赛中，功亏于心理训练水平较低的情况屡见不鲜，而我国职业球队中心理训练无章无序的现象更为严重。因此，加强我国优秀运动队伍的专门心理训练刻不容缓，尤其职业化后的主客场联赛，使得心理因素对球队的影响愈加重大。为此，在篮球训练中有关人士至少在口头上已愈来愈重视心理训练，正在努力提高运动员心理活动的水平。

　　篮球运动的竞赛具有社会性、生理性和制胜性的专门特征，它在于争取优异成绩的高度责任感及其社会意义。为此，要培养运动员有正确的参与训练和比赛的动机，促进心理上有良好的状态和身心能量的恢复，消除与治疗心理方面的障碍，掌握一些自我的心理训练方法，保证整体训练水平在竞赛中的正常发挥，从而实现既定的目的。心理训练是篮球整体训练中的主要组成部分之一，它包括两个相对独立又相互联系的方面，一是意志品质的培养，二是专项心理素质训练。运动员的意志品质通常包括主动性、果断、勇敢、自制、坚毅、坚定、独立等特性。篮球运动中意志品质突出表现在运动员的独立性和创造性上，这也是篮球竞赛特点所决定的。因此，更需要全面地培养他们的意志品质，才能使他们形成克服困难的坚强意志。篮球运动员的心理素质训练应把重点放在稳定性、自控能力和注意力集中与分配以及注意转移的能力上，使之适应比赛激烈对抗中各种外来的复杂情况，保持良好的心理状态，不断提高心理活动的水平。

　　心理训练是一个教育过程，应遵循自觉自愿、重视个体差异、持之以恒的原则，并根据不同对象（性别、年龄、运动经验、智力水平等）和不同要求，有重点地、区别对待地进行。心理训练要有针对性，特别要注意全面与重点相结合原则，必须与身体、技术、战术等训练有机地结合起来。例如表象训练，只有在技术训练的基础上进行才能收到实效，促进技术提高与发展。在心理训练内容方面，应当包括心理过程和个性特征的训练，只进行全面的心理训练而忽视重点的心理训练，也不利于技能的提高和发挥。在训练方法上，应根据篮球运动项目和个体的心理特点来选择和使用。常用的心理训练方法有：

放松训练——通过自我暗示改变肌肉紧张度（使肌肉放松），从而促使心理安定（尤其是情绪安定）的一种心理技能训练，可以有效地应用于运动员的心理训练。放松训练有自我放松法（催眠放松和调节呼吸）和渐进放松法。

表象训练——又称念动训练、想像训练，是指有意识地、积极地利用自己头脑中已形成的运动表象进行回顾、重复、修正、发展和创造自己的动作，从而起到巩固技术动作、提高技术动作和技术的精确度，帮助增强比赛的适应性和调整情绪、提高斗志等作用。

模拟训练——是一种适应性训练，它是人为地设置某些对象、境况、环境等，让运动员在这种条件和环境下进行训练或比赛，使之逐步适应，产生与之对应的抗干扰能力，以利在正式比赛时保持比较稳定的心理状态。模拟有语言形象的模拟和实景情况的模拟两种，具体做法是模拟对手的特点、模拟比赛时观众的噪声、人为地改变比赛局势、认知压力模拟等。

生物反馈训练——是借助现代电子仪器，显示运动员内脏活动信息，使之与主观感受相联系，从而在一定程度上能反射性地控制内脏活动，以降低紧张程度的一种训练方法。生物反馈训练的特点是使运动员逐渐体验到某种精神状态、姿势、方法与生理变化之间关系，便于控制内脏活动，使生理变化朝着篮球运动特征需要的方向发展。

催眠术——通过一套语言暗示和动作暗示，作用于运动员的听觉、视觉和触觉，使之介于一种觉醒和睡眠之间的特殊心理状态。催眠在心理训练中的作用在于：它有助于激发精神力量，提高信心，克服紧张和恐惧情绪；有助于学习、校正和提高动作技能，加强人际间的友好关系。

系统脱敏训练——主要用以帮助运动员克服恐怖症和顾虑等等。

运动员的心理训练，可分为一般心理训练和比赛心理训练两类：一般心理训练，目的是提高运动员的个性心理品质，掌握心理训练的技能，形成运动员有效地参加比赛的心理准备状态；比赛心理训练，包括赛前心理训练和比赛时心理训练，目的是使运动员运用自我调节心理状态的方法，形成最适宜的竞技状态或最佳竞技状态，以便在比赛中争取优异成绩。一般心理训练和比赛心理训练的关系是相互依赖、互为条件的，它们需要在整个运动训练中有目的、有针对性地并且长期系统地具体组织安排。运动员良好的心智能力和个性特征是长期训练的结果。如果说一般心理训练是基础，那么专项心理训练则重在应用。

# 第一节 篮球运动员的专项心理训练

篮球运动员专项心理训练是根据篮球运动的特点和竞赛的需要，对运动员施加影响，促使其能在比赛极度紧张的条件下保持与提高自己的情绪状态，具有自我心理调节的能力，以利发挥运动能力的心理过程。运动员的专项心理训练有比较具体的含义和内容，它能保证为比赛和完成难度很大的训练作业做好准备，从而去发挥最佳水平。

## 一、篮球专项心理训练的任务

在篮球运动员心理训练中，专项心理训练是重要组成部分，也是高水平运动员现代化训练的重要内容。为了达到篮球比赛所需要的心理准备，有以下一些具体的训练任务：

（一）促进和改善运动员的专门化知觉、记忆、想像、思维等心智能力。

（二）适应能力训练，特别是适应比赛活动，保持情绪的稳定性和适宜的兴奋状态。

（三）对完成技术动作有很好的自控能力。

（四）能在瞬间作出准确的时空判断和有较好的"时机感"。

（五）能调节和消除自己在训练和比赛中的紧张状态。

（六）有坚强的意志品质，在训练和比赛中为实现既定的目标克服困难而努力。

以上任务的实现和心理活动水平的提高，在很大程度上取决于运动员注意力集中与分配以及注意的转移能力。由于篮球比赛中运动员的决定是来自大量而带有外向性特点的注意，从一种注意转向另一种注意的能力，所以控制注意力范围和方向的能力是篮球运动员心理活动水平的重要组成部分和注意力可塑性的标志。它们一方面是决定运动成绩的最有效的因素之一，另一方面也是在篮球训练实践中形成的，是篮球运动员所必需的心理素质。在篮球比赛中，必须要求运动员具有不断完善运动技术的愿望，对比赛中发生的情况能找出有效的解决办法，而机智、果断、勇敢、灵敏、情绪的稳定性，注意力范围大，并能迅速转移和保持稳定，就能在完成比赛动作时反应快速、准确和运用自如。篮球比赛的活动处于不断变化的动态之中，要敏锐地观察判断情况，果断作出决定与对手进行抗衡，这时理性和情感占据首要地位，也决定了专项心理训练的内容。意志品质对篮球运动员来讲尤为重要，意志是指为了达到既定的目的，根据目的支配自己克服各种困难，从而实现目的的心理过程。意志是意识中的一个积极方面，它与理智和情感相统一，在困难的情况下调节人们的行为和活动。运动员主要的意志品质包括坚定的目的性、主动性、自觉性、果断性、勇敢性、自制性、坚毅性等，这些品质与人的任何特征一样，很难进行直接的评价，它们在各个竞技项目中的作用，也是难以严格区分的。实践证明，全面地培养意志品质应当成为心理训练的主要内容之一。特别是高水平运动员的智力水平发展的要求很高，这样才能使他们意识到自己在比赛中的地位和取得运动成绩的社会价值，从而更好地创造性地对待训练任务。所以说，专项心理训练水平是与运动员的智力表现密切联系的。智力的具体内容有：在训练和比赛过程中把注意力集中于有效地完成动作上的能力，有效地接受知识的能力，逻辑思维、联想、创造性思维能力，以及在行动中观察、接受和利用信息的能力等。

篮球运动员专项心理训练应针对比赛的需要和运动员的个体差异性进行操作性"调整"（尤其面对国际大赛和职业俱乐部球队联赛时），除了以激励为基础经常保持稳定的动机之外，应与和比赛任务有关的动机相联系，而动机变化，取决于个人定向和任务的意义（包括情感态度），还应结合具体情况去增强动机。运动员的操作性心理调整，除了教练员相应的作用以外，还要求运动员积极和大胆地使用一系列自我集中和自我动员的方法。这些方法应是通过专门心理训练已经掌握了的。自我调整方法包括内部激励性的自言自语、面临行动的"自我交谈""自我命令"等。调节特点是要使运动员引起高度的心理紧张状态，即心理应激。必须克服抑郁状态，建立自信和最佳情绪。在过分兴奋状态下，应降低它的程度，但不能损害它的高涨，保证在训练和比赛过程中情感的稳定性。解决以上这些任务应当是综合性的，以便更好地达到有效的调节。其中包括下列因素、手段、方法和条件：

第一，对运动员教育和运动员自我教育的一般因素。教练员的动员和帮助的作用，集体中的友谊、乐观、进取精神的气氛，意志的培养和自我培养。

第二，从心理训练的角度，安排具有专门方向的运动训练手段、方法和形式。在调节赛前状态过程中可使用"激活性""安静性"以及"放松性"练习、"注意力"练习、"准确性"练习和专门针对降低紧张度或集中注意力的呼吸练习，通过最佳的交替负荷和休息，形成合理的负荷状态，有节奏地交替训练的主要方向。

第三，对比赛条件的适应和调节比赛的紧张程度。合理组织优化赛前状态和培养运动员的心理稳定性。

第四，心理调节和自我调节的专门方法。即心理调节训练，包括暗示和自我暗示法，一方面消除过分的心理紧张，达到放松和一般的恢复；另一方面去激活和过渡到积极的活动状态。既针对"安静"，又针对"动员"，将心理调节训练与意念练习相结合，用以纠正技术性错误，调整动作速率和节奏，使之对具体比赛形势形成必需的定向。

第五，有助于优化心理状态的自然环境条件、卫生因素和其他环境因素。

总之，篮球专项心理训练应是带有技能性和操作性的心理训练。关键还是自我调节。

## 二、篮球专项心理素质的基础分析

篮球专项心理素质是指运动员在具有一般心理素质的基础上，通过训练所形成的有专项特点的心理素质。众所周知，运动技能的形成是在多种感觉机能的协调配合下，同大脑皮层运动中枢及其他有关区域建立暂时性联系的结果，是运动员经过反复练习所获得的技能。在建立运动技能的过程中，本体感觉起着非常重要的作用。每个技术动作、每一个细小的动作成分都与一定的关节和肌肉工作相联系，经过反复练习，不断完善，才能建立正确的动作模式。例如在训练投篮时，不论在什么位置、距离上进行，都要强调处理好投篮入射角与抛物线的关系，瞄篮点是肌肉感觉的前导，是视觉与本体感觉的联系。所以说，专项心理素质与一般心理素质两者是有机联系不可分割的。

### （一）专门化知觉

专门化知觉是指运动员所从事的专项运动的某些心理的特殊感受知觉，它们是一种复合知觉，也是运动员主要的心理因素之一。篮球运动员的专门化知觉，如球感和时空感等。

### 1. 球感

球感是运动员在长期持球训练过程中发展起来的对篮球球体的一种专门化知觉，它的特点在于对球的性能（包括球的形状、大小、轻重、弹性以及通过身体用力使球在空间运动的速度和方向的变化）达到极为精细分化的程度。球感是一种复合知觉，是在练习球时进入视觉分析器、运动分析器和能力分析器的各种刺激物进行精细分化，并在大脑皮层中形成复杂而稳固的神经联系的结果。它也反映着运动员其他方面的多种素质，是经过刻苦训练和反复实践才能获得的。运动员球感的精度和广度是运动技能高低的标志，也是运动员最重要的专项心理素质之一。

运动员形成了精确、敏锐的球感后，不仅增强自信心和对抗胆量，使自己在球场上的行动也获得自主和自由，而且可以把注意力转向解决攻守中的判断与技、战术动作的运用上，变得灵活自如。这种知觉也使运动员在完成传球、接球、运球、投篮、争夺球权的行动上达到稳、准、狠、快、巧。所以说它是高水平运动员突出的心理特点之一，也是比赛争取胜利的重要因素。

要想球感好，必须坚持长期触及球的训练，做到球不离手，否则此种感知觉必然不能形成，即使暂时建立某种初步知觉，也会逐渐消退或减弱。通常在情绪过于激动或身体过度疲劳的情况下，球感也会减弱。

### 2. 时空感

时空感是指篮球运动员在球场上对时间和空间的判断能力。判断来自运动员对时空的感知觉。时空感好，才能在动态对抗中完成攻守技术动作和战术配合。它也是一种复合知觉，也是运动员所必备的专项心理素质。由于篮球运动对抗特征是地、空双向展开，所以运动员的时空感强，比赛中才能在瞬间争取时间而获得空间的自由，并占据空间取得时间的主动，创造防守中获球或进攻中捕捉住攻击的机会，做到有机不失。时空感对各个不同运动项目是不同的，篮球比赛攻守对抗瞬息万变，所以时间知觉特别重要，必须是反应敏捷，行动果断。所谓空间知觉，是指场上运动员对同伴、对手、球篮、位置、距离、高度等因素的判断与反应，它们之间相对的位置与转移的路线和速度等，都是空间判断的依据。篮球运动对时空感训练中的视动反应、预测反应、选择反应等有更高的要求，要视野范围广阔，有良好的深度知觉和方位感，对人和球的移动、方向、距离和速度等都要有准确的判断和把握。

## （二）情绪稳定

情绪是情感体验在心理过程进行中的具体表现形式，是人类对客观事物的态度体验及相应行为的反应。体育竞赛中的情绪稳定，是运动员最佳心理状态中最核心的内容，是训练水平正常发挥的保证，所以情绪稳定是运动员主要的心理因素之一。

人的情感是在实践活动中产生、发展和变化的，篮球运动员在训练与比赛过程中也会产生与发展相应的情感体验。由于篮球比赛紧张激烈，运动员的整个身心都处于极度的紧张状态，因此，伴随产生的强烈而鲜明的情感体验也是丰富多彩的。这是和篮球运动比赛的复杂多变以及运动员的个人特点的多样性相联系的。尤其势均力敌的比赛，客观条件复杂多变，运动员的情感也随之不断变化，表现出多变性的特征。由此，运动员情绪必然会直接影响训练与比赛的质量与效果，甚至导致比赛的胜负。因此，要特别注意对运动员情感的倾向、深度和稳定等因素进行及时的调节与自我调节和控制。尤其面对强手，在比赛前和在激烈拼搏的比赛中，运动员的情绪必须适度，过于兴奋或消极低沉都会对比赛产生负面的影响。

所以要重视做好赛前的准备。首先，要对运动员赛前心理状态进行分析，对过分激动、淡漠或盲目自信等状态，要分析原因与后果，引导运动员有良好的精神准备状态。其次，要在比赛中采取相应的手段以使运动员保持稳定的心理情绪。所谓稳定情绪，就是使运动员保持比赛中适宜的兴奋状态，把平时的训练水平更好地发挥出来。比赛过程中，随着战局的起伏，运动员常常是由一种情绪状态转入另一种情绪状态。因此，特别要注意区分比赛中陶醉状态与狂热状态、悔恨状态与消极状态。为此，要通过针对性的暗示，鼓舞信心与斗志，消除紧张状态，指出问题与采取防范措施，保证比赛中战斗精神处于振奋状态，并激发比赛中最深刻和最复杂的情感，即运动荣誉感、自豪感、义务感和责任感，从而使运动员的力量、能力和意志得到最大限度的发挥。随之，在比赛后还应对胜利与失败的主要心理表现进行分析，从意志、适应性、思维的正确发挥及其对比赛成败所起的主要作用都要加以讨论，以提高运动员的心理素质和在个性特征方面作正面的引导。

总之，情绪稳定性在比赛中的作用是十分重要和显而易见的，保持镇定的情绪，是发挥全部潜力的主要因素，是取得比赛胜利的重要条件。

### 三、意志品质的培养

#### （一）篮球运动员意志品质的特征

篮球运动员的意志品质突出地表现在比赛攻守对抗的激烈争夺中能否全力为实现既定目的做出克服困难的努力。尽管篮球运动是集体对抗的竞技项目，但在比赛中的每一个攻守环节上都是靠运动员个人独立地去完成比赛动作，每一个具体的技、战术动作又都是在对抗中需要有谋略地、有创造性地去实现既定的目的，并以行动来分析意志品质的结构独立性和创造性的主导品质，而其他坚毅、顽强、果断、勇敢、沉着、自制力等因素则是寓于主导的意志品质之中，它们之间是相辅相成的。所以教练员要重视把所有意志品质内容联系在一起进行训练，每名运动员的独立性与创造性才能充分表现出来。同时要意识到意志品质的本身也需要有良好的运动技能作前提。为此，教练员在篮球实践过程中，要科学地把运动员意志品质培养寓于身体训练、技术训练、战术训练的过程中，并应与专项心理训练相结合，使之互为作用，相得益彰。

#### （二）培养意志品质的方法

培养意志品质的方法就是要不断提高克服困难程度的定向。通过加大困难、克服困难、战胜困难来培养运动员的意志品质，在所有训练手段和方法中，也是最具有决定性意义的。培养意志品质要系统地增加难度与负荷来组织训练。实践证明，训练和比赛中，困难不是一成不变的，教练员要善于摸清情况，事前多设想困难，既要不断增加困难的难度，又要使运动员感到只要经过努力就有实现的可能，只要在一个个克服困难的过程中有效地发展意志品质，就能产生无畏的精神力量。关于意志品质培养的方法有以下几点：

### 1. 确定目的，持之以恒

一名优秀运动员必须树立明确目的，有坚持不懈的精神，养成不达目的誓不罢休的习惯，把意志的锻炼和勤学苦练紧密联系起来。教练员则在训练中通过周密安排，要求运动员认真完成具体的训练作业，有意识、有系统地去培养磨炼他们。

### 2. 提高难度，增大负荷

在训练中，针对运动员意志品质的培养要求，有目的地、有可行性地提高练习难度，包括环境条件、人为设置的障碍、疲劳状态、消极性感情等，要求运动员有限制地经过努力克服困难完成任务。当运动员在这个过程中主观感觉到战胜困难的喜悦，就会增加信心。附加困难的方法如表 14-1 所示，这些方法也可用于完成身体训练、技术训练和战术训练的任务中。根据不同技、战术的特点，通过附加困难的练习可以增大运动员心理负荷，提高心理训练的难度，并有效地消除有关的心理障碍。当然，这需要细致地考虑、准备与安排才能取得效果。

表 14-1　在运动员意志训练过程中使用附加困难的方法

| 方法原理和主要的方向 | 方　　法 |
| --- | --- |
| 使用在疲劳背景下延长训练作业的时间、次数（预先不告诉运动员）和有关的附加作业（方向——培养自制力和坚毅性、忍耐的技能） | 1. 克服追加距离段要求，并在成组越野跑结束时超越的定向<br>2. 在比赛训练结束时使用追加时间和阶段，带取胜的定向<br>3. 在杠铃练习系列结束时使用追加的次数，带极限性重复次数的定向（如果作业是比赛的形式来完成，则可采用对于所有参加者相同的相对重量——对个人成绩的百分比） |
| 在复杂的自然环境条件下，或使用不习惯的器材和设备进行训练（方向——形成技能的可靠性，培养信心） | 1. 在不利的气候条件下进行训练<br>2. 在变化很大的条件下，或在山上、在松软的土地上、在使用水阻力的条件下完成周期性练习<br>3. 从室内转到室外场地进行训练课（例如对空间定向增加难度）<br>4. 周期性地使用不同质量、重量和不同运动器材的练习<br>5. 带重物跑或跳（铅腰带、加重鞋等） |
| 改变行动的实际条件和空间条件，目的是提高完成的准确性和信心 | 1. 在缩小的范围内投不同重量的运动辅助器具<br>2. 使用狭窄的跳高架跳高和撑竿跳高<br>3. 在缩小的赛台上进行拳击练习<br>4. 在足球和冰球场地上缩小球门进行射门练习 |
| 提高危险程度的练习（方向——培养勇敢） | 1. 在升高或缩小支撑的条件下完成平衡练习<br>2. 高台跳水，高台滑雪<br>3. 在滑冰时、在自行车争先赛中增加弯道的坡度 |

(续表)

| 方法原理和主要的方向 | 方　　法 |
|---|---|
| 使用不良的感觉、情感因素（方向——培养稳定性和自我控制力） | 1. 在喧闹的条件下进行比赛时完成罚球或各种距离投篮（通过录音传送情感紧张的比赛）<br>2. 遵守规定跑的节奏，不受声音或光显示器发出的其他节奏的信号干扰 |
| 增加比赛相互作用的难度和评价成绩条件的难度（方向——培养斗志、取胜的意志） | 1. 让分或反让分的练习比赛（与运动技能较高，但无身体能力方面优势的同伴进行缩短时间的格斗；以少对多比赛过程中交替相对，与一个队或若干个队或数量上占优势的队攻守对抗）<br>2. 减少用以展示成绩的次数（跳高时按第一次试跳的成绩确定胜负）或增加它们的数量<br>3. 按"超越标准"确定胜负（将对手按倒在垫子上2倍于正式摔跤规则规定的时间） |

### 3. 强化比赛因素，提高竞技意识

充分利用比赛形式、方法和竞赛中的对抗，提高竞技意识。比赛的重要意义在于力争胜利，追求比赛定向，竞赛对抗赋予运动员相互较量的特殊人际关系和意志磨炼，这就要求运动员在复杂变化的条件下去掌握、运用和发挥自己的能力。同时又要去适应比赛的负荷和条件，使自己的意志得到磨炼与发展。因此，要充分激发运动员的竞争意识，利用比赛去动员他们面对困难，战胜困难。提高比赛负荷和对变化形势的适应，这是对运动员意志品质的最好考验。只要在不断提高要求中使运动员得到必要的意志储备，那么无论对个人或对集体都是有重要意义的。

### （三）意志品质的自我教育

训练与比赛中运动员要用明确的目标去控制自己，提高控制自己的意向、感觉、行动、行为的能力。这一能力的最高表现是自我教育。意志的自我教育首先要求运动员思考自己在训练和比赛活动中的表现和自强意识。自我教育能力同样需要培养，教练员的指导作用就是不断地提高运动员的思想认识和引导运动员主动地和独立地去解决训练和比赛中的问题，要用完整的自我教育的知识、技能去武装运动员，同时要认真地督促他们掌握执行的结果。要严格执行与训练、比赛有关的生活制度，克服惰性，使运动员养成自我约束、自我完善、严格要求的自我教育习惯意识，自觉地去完成规定任务。在训练和比赛中，要启发运动员自我确信、自我激励和自我强迫，这是在训练过程中培养意志品质的重要途径。而克服以往的消极性经历所形成的心理障碍是有特别重要意义的，如通过责任感、自身价值、自尊自强的典型实例等来自我激励，借助意念练习去集中注意力和实现动作的完成，自觉完成特别困难的任务和主动承担责任等。借助意念或类似的方法，自我调节情感、心理状态、自我组织，不断地自我监督、自我评定和分析，如定期记个人训练日记，记录和分析所完成的训练计划和比赛中的表现、比赛成绩和个人技术统计、测试结果、监督资料及个人的感觉、心得和体会等。其中记训练比赛日记是自我教育最有效的形式，是一项具体的基本操作，要持之以恒。

总之，自我教育途径的方式是多种多样的，运动员的自我教育应当渗透到训练和比赛的各个环节中去，这里关键在于教练员的责任心和科学管理教育才能，在于运动员的自觉性、坚持性和自我严格要求。

## 第二节　篮球运动员比赛时的心理训练

### 一、篮球运动员比赛时的一般心理状态

篮球比赛情况千变万化，运动员的心理状态也随比赛性质、任务和战局的变化而不断地变化，一个职业化篮球俱乐部球队的整体训练水平固然是比赛中取得优势的基础，但其良好的心理状态，则是临场技、战术水平正常发挥的重要保障。在篮球比赛中，强弱的转化往往是以某些心理因素干扰作为突破口的，例如强队败给弱队常是由于心理上的准备不足而形成的，所以当临场出现预想不到的比赛局面时，就完全可能陷入被动，其中最为主要的是情绪的变化引起技术的走样、战术的失调，最后导致失败。

#### （一）比赛前的几种心理状态

1. 对弱队容易产生轻敌思想，主要表现在对困难估计不足。比赛中顺利时，又常表现得防守不积极，进攻中处理球随意。一旦遇到困难，特别是比分落后的被动局面时，就产生急躁情绪，也导致在防守时容易犯规；进攻中则消极松懈，不讲究基本打法，运用技、战术也失去正常的动作节奏，导致成功率降低，失误频繁，从而由此造成力量对比上强弱转化。

2. 对强队有两种心理状态，一种是敢于发挥自己的特点，在比赛中积极拼搏，斗志旺盛，从而发挥较好的或突出的竞技水平；另一种是"畏敌"情绪，缺乏取胜的信念，缺乏克服困难的积极性、主动性，往往导致临场出现斗志不高、动作犹豫、缩手缩脚的情况。

3. 对势均力敌的队，容易产生想赢怕输的不良心理状态。这种"怕"的情绪，主要来自信心不足、怕字当头，如怕失误、怕投篮不中，也怕自己发挥不好而影响全队的胜负等。而对如何去克服困难则想得少，得失心太重，导致球场决策行动不果断，反应迟钝。

赛前运动员会对比赛抱有不同的态度和想法，因此，教练员要善于在赛前与赛中做好思想上、心理上的调整工作，克服各种非正常情绪；对与比赛有关的情况，要充分估计，仔细观察，认真考虑，冷静对待。既要鼓励运动员轻装上阵，放下包袱迎接比赛，又要估计比赛中可能遇到的情况，及时采取措施，增强运动员的信心，全力投入到比赛中去。

#### （二）临场比赛中常见的几种心理现象

**1. 比分领先时常见的心理状态**

（1）全队充满信心，士气高涨，技术、战术发挥正常，得心应手，不断扩大战果。

(2) 产生松懈情绪，表现在比赛中防守时不积极，进攻时随便处理球，使比赛转化为不利局面。

(3) 盲目自信，臆想扩大战果，导致情绪急躁。当攻守暂时失利时，往往会产生急躁，进攻时急于求成，防守时容易出现犯规现象等。

(4) 由于思想松懈导致比分起伏时，情绪低落而显得不知所措。一种是表现得紧张、急躁，打法变乱，成功率低；另一种是表现得沉闷、消极，节奏混乱，士气下降。

对上述心理状态，教练员要分清场上主流与支流，及时采取预防、稳定措施，及时相应调整阵容和打法，采取应变策略。

**2. 比分落后时常见的心理状态**

(1) 全队思想统一，攻防积极，充满信心，殊死一搏，顽强应战，士气高昂，从而变被动为主动。

(2) 缺乏信心，攻守都缺乏主动性和积极性。

(3) 队员之间相互埋怨，互不谅解和理解，导致球场上行动不统一，打法上不协调，全队实力无法发挥。

(4) 随着战局与比分起伏，情绪与心理承受能力失控，导致个人或整体出现被动局面。

**3. 比分相持和决战阶段时常见的心理状态**

(1) 全队思想行动一致，决心大，攻守成功率高，甚至能超常发挥。

(2) 由于思想上胜负包袱重，导致思路较窄，出现意想不到的决策与攻防战术运用的错误。

(3) 由于竞争激烈，导致情绪紧张，出现怕负责任的行为。

### （三）比赛中运动员的几种特殊心理状态

1. 有些运动员常因比赛开局或换上场开始时技术水平发挥得好坏而产生不同的心理状态，如发挥得好就信心十足，反之则信心不足，甚至一蹶不振。

2. 主力替补队员，常有战局变化不利于本队时渴望上场的强烈愿望，由此产生各种心理障碍，一旦上场有时由于过于自信而失常，有时能打出水平，而且能正确对待自己。

3. 一些年轻的队员，由于缺少比赛实战的锻炼，一般心理比较紧张和胆怯，因此一旦上场比赛往往不知所措。然而也有一些年轻队员，性格开朗，跃跃欲试，敢于在场上展示自己与强手争高低的潜能。教练员调配使用时要区别对待。

## 二、篮球运动员比赛时的心理训练

比赛时由于通过实战分胜负，加上由于对手、裁判员、观众、传媒等等因素刺激，必然引起运动员心理上产生不同变化，因此，教练员和运动员都应该重视比赛时的心理

训练。通常应以自我调节机制为基础，树立正确的比赛观，调节心理状态，消除紧张情绪，形成良好的心理状态，保证竞技水平的正常发挥，争取比赛的胜利。

## （一）赛前心理训练

### 1. 赛前的心理状态

一般情况下，如果思想、身体、技术和战术准备较充分，知己知彼，认识统一，运动员在赛前的体力、技术和战术等方面不会有太大的变化，可能变化的是以情绪变化为主的不同心理状态。而造成赛前不同心理状态的原因主要有对竞赛重要性的认识问题和对成功的渴望与对失败的恐惧（想赢怕输）。概括起来有以下四种类型：

（1）最佳竞技状态。这是理想的赛前积极应战的心理状态。主要表现为对竞赛跃跃欲试、斗志昂扬、注意力集中和有适度的兴奋性等。这种状态的基本反映为：清醒地认识自己的力量，具有顽强战斗和取胜的志向，有适宜的兴奋程度，有高度抗干扰的能力，有自己控制动作、思维、情绪和整个行动的能力。

（2）赛前焦虑状态。具体表现为在赛前一段时间生理反应失调，如吃不下饭、睡不着觉、心跳加剧、呼吸不畅、身出虚汗、四肢发凉、尿次增多等。心理表现为提心吊胆、担心害怕、注意力涣散、急躁易怒、坐卧不安、手脚哆嗦、动作僵硬失调、头脑昏沉、兴奋过度等。

（3）赛前抑郁状态。这是一种"比赛淡漠心理状态"。这种状态表现为对竞赛态度消极、没有欲望、打不起精神、意志消沉、注意力分散、对自己的运动能力产生怀疑、动作呆板、食欲和睡眠不正常等。形成这种状态的主要原因是因多次在竞赛中表现不佳而形成缺乏信心的自卑感，或因对比赛自估值过高与实际结果较差形成的失望感。教练员要分别情况进行思想教育和针对性的心理调节。

（4）虚假自信状态。这种状态主要表现为口硬心虚，实际上缺乏自信心；虚假自信心，实质是认识上的片面性和在心理上的一种恐惧症反映。教练员要善于引导教育，端正其比赛态度，正确摆正位置，有针对性地进行心理调节。

### 2. 赛前心理准备

（1）建立正确的竞赛心理定向。将竞赛心理定向在运动员所能控制的事物上，不是指向竞赛的结果。这样反而容易把握竞赛，赢得胜利。要明确指出运动员能够控制的是自己，内因是决定自我的主要因素。竞赛场地、观众、裁判员、对手、气候等外因要通过内因才能起作用。

（2）教练员要制定周密的竞赛方案，尽可能地设想一些场上可能出现的情况和采取的对策。

（3）调整好赛前心理状态。首先要运用心理诊断的理论与方法来确定并掌握运动员比赛前处于何种心理状态及其程度，其次要有针对性地运用心理调整方法来帮助运动员形成理想的赛前心理状态。

（4）做好全面的准备，仅仅在赛前从心理方面准备是不够的。不能形成心理学上的"木桶理论"。比赛中全队总体水平的发挥，显然也要受到身体、技术、战术等因素准备

情况的制约。

### 3. 赛前心理训练内容与方法

赛前心理训练的任务是为比赛做好心理准备，克服心理的不适应性，提高比赛的自我调节能力，为比赛打好心理基础。

赛前心理训练是一种特殊训练，具有鲜明的情景性和较强的针对性。它是利用常规心理训练作基础，从比赛具体情景出发，针对运动员个体赛前的心理特点进行有的放矢的心理训练。它的好坏决定着运动员技、战术水平的发挥，直接影响比赛的成绩，所以说它是日常心理训练在特定条件下的延续，又是与比赛心理训练之间有机衔接的重要一环。在赛前心理训练中，教练员要善于要求运动员的身体素质、心理素质、技术动作和战术配合全面转化到最佳竞技状态，所有这些都要靠赛前的心理训练来完成。赛前心理训练内容包括：

（1）了解比赛双方队员技术、战术、个性和心理状态的基本特点，制定赛前心理训练的具体任务和实施大纲。训练大纲应从对方队员情况和假想对方可能采用的战术及相应的心理状态，结合我方战术和人员部署以及队员相互关系、心理默契、可承受的心理负担的实际，来确定心理训练的内容。双方的心理影响实质上是一种心理战术。教练员若能够分析透彻，掌握双方的心理倾向和战术意图，充分做好心理负荷的准备，就能处于主动的优势的地位，产生积极的心理影响，增强抵御对方心理压力的能力。

（2）针对运动员心理现状进行模拟比赛的心理训练十分重要。模拟比赛，由于近似正式比赛的环境条件，不仅可以从中提高技术动作、战术水平及身体素质的适应力，而且可以借此进行集体的心理训练。在模拟比赛中，应着重训练队员对比赛形势的心理适应性，提高彼此的心理配合、调节能力。对在模拟比赛中暴露的心理障碍，可以有针对性地采取心理调节措施加以纠正，进行修补训练。在模拟比赛中尽可能记录和收集各种心理反应，并留有充分的时间进行心理调节试验。要突出心理训练因素，着重心理调节，加强心理指导。

（3）教练员应针对运动员参加比赛时的主要心理障碍进行专门性心理训练，即针对不同的心理障碍，分别训练他们学会自我放松调节、集中注意力的调节和进行自我控制，提高他们的心理素质，发展他们的心理优势，树立克服心理障碍的信心，以长补短，发挥心理机能本身的主导调节的作用。

（4）准备好心理调节手段。在比赛前应当充分预料比赛中的情况，制定出应付各种情况的心理调节手段，并认真进行练习，熟练掌握，以备比赛时应用。心理调节手段的储备要有针对性，以防比赛中的措手不及，这是带有战略性的心理训练措施。

（5）抓好比赛时意志品质培养与教育，其中包括比赛信心和战术思维等方面的心理训练。比赛时运动员的最佳心理状态是由坚强的意志品质和以一般心理素质为基础的良好的专项心理素质，通过全面的实战型的心理训练而形成的。一个完整的心理素质结构，单靠运动员的个别心理素质因素是无法取得良好比赛心理状态和取得比赛胜利的。为了正确判定运动员的心理素质，在赛前可用心理测量手段检验各项心理指标，从而为培养比赛的最佳心理状态提供客观依据。

(6) 做好适应比赛环境的心理训练。在接近比赛的时期，安排运动员到近似赛场的地方去进行现场训练是很重要的。但仅仅靠对自然环境的消极适应是不够的，必须进行有意识的心理训练，如采用主动睡眠法、营造比赛环境适应法、气功健胃消化法、性格训练法等，主动改变生活、训练和心理习惯，加强自我主动的调节，以缩短适应的过程和提高运动员之间性格矛盾的适应度。

(7) 赛前储备力量的心理训练。赛前力量的储备，是心理训练的重要任务，没有足够的力量储备，运动员就失去了竞赛的物质基础。在赛前适当调整运动训练负荷、增加营养和休息、开展娱乐活动是积蓄生理能量和心理能量的措施，同时还要采取心理训练方法，减少体力和脑力的消耗。其中赛前做好心理放松训练是消除心理负担、储备力量的关键。不能单纯依靠自然的休息，必须针对具体情况，采取不同的调节手段，进行自我调节和控制。

## （二）赛中心理训练

### 1. 赛中的心理状态

篮球竞赛不仅要比智慧、比谋略、比体力、比技术和比战术，而且还要进行心理上的较量。比赛不同于训练，除了要承受更强的身体负荷外，还要承受更强的心理负荷。赛中的心理状态一般有理想的、不良的和恐惧的三种：

（1）理想的赛中心理状态。是运动员最佳竞技状态的一个重要组成部分。它是指各方面心理机制和谐协调，最有利于发挥运动水平的心理状态。这种"进入角色""找着感觉"的状态反映，一是充分发挥自己的体能，运用自如，省力而不紧张；二是聚精会神，注意力集中地投入比赛竞争拼搏之中；三是身心和谐协调，动作感觉得心应手；四是感到竞赛是一种职责和义务，也是展示自我的机会，队员相互间充满协同团结气氛，集体处于这种最能发挥水平的状态。

（2）不良的赛中心理状态。是一个消极的不利于全队协同作战的障碍。主要表现为比赛中过度紧张状态，其构成的重要因素是对竞赛胜负要求过高和负担太重、特定情景下的失去信心、不适应外界环境的干扰、本身训练不足或训练过度、过去比赛的阴影和运动员的基因和神经类型影响等。受到这种过度紧张状态干扰的运动员，常想摆脱而往往事与愿违，越发紧张，这与平时缺乏心理训练和赛前心理准备不足密切相关。

（3）赛中恐惧的心理状态。常有个别运动员容易在比赛中临场对对手产生强烈惧怕心理，未战而先从心理上败下阵来，害怕与其交锋；有的对客观环境和对比赛结局都有恐惧感。产生的原因大致与过度紧张产生的原因相同，这种情况受运动员的性格和神经类型以及训练水平的影响更为突出。

### 2. 赛中的心理战术

心理战术是指根据比赛中的实际情况施加心理影响的策略，其目的是使本方在比赛的拼争中获得主动与优势，直至获得最后的胜利。常用的心理战术有以下几种：

（1）知己知彼，避实击虚。

（2）出其不意，攻其不备。

(3) 露强藐敌，先发制人。

### 3. 赛中心理训练内容与方法

（1）比赛场上的心理调节训练。比赛中心理训练的任务是发展和维持赛前的最佳心理状态，并根据赛场双方心理状态变化情况，采取心理调节手段。在比赛过程中的心理调节是大量的，如由于对方改变战术，往往会引起运动员心理上的不适应；又如在比赛中，当双方的比分交替上升，赛场形势变化较大时，运动员会因此造成某种心理障碍等。这就要求教练员随时了解运动员内心变化的情况，并准备好各种心理调节手段以备随时运用。如果每名运动员都具有自我调节的能力，教练员只需作适当的提示。这需要进行长期的心理训练，特别需要教练员和运动员之间形成特殊的心理关系。

临场心理调节的一些举例：

临场运动情绪的调节——提高或减低强度，改变消极性质，保持相对稳定等。

临场排除干扰——排除临场外来的干扰，主要是专项技、战术动作和配合的专门化。

知觉调节——对专项的球感、节奏感和配合的时机感等等知觉练习或表象记忆。

战局恶化时的心理应急性调节——采取果断决定，运用已备策略、战术等等。

身心疲劳或伤痛时的"忍阈"调节——降低伤痛敏度，改变注意焦点，分散恐惧情绪等。

（2）赛场身心恢复训练。比赛是对运动员身心力量的考验，运动员的体力和脑力都消耗极大，特别是那些两队实力相当的比赛场次，其消耗量更大。因此，在比赛过程中，利用比赛间隙进行体力和脑力恢复是非常重要的。教练员必须适时采取心理调节措施，如精神放松和注意力转移等，来加强运动员心理能量的恢复训练，这是坚持比赛并取得胜利的可靠保证。

## （三）赛后心理训练

### 1. 赛后心理调整的意义

竞赛结束后，运动员不仅会感到身体疲劳，而且也会体会到心理疲劳。因此，作为教练员在赛后要重视心理恢复。因为赛后的心理训练好与差，直接影响下次比赛的成绩，涉及运动员整个心理状态的恢复和发展，也关系到运动员整个个性的发展和完善。教练员要十分清楚赛后运动员的心理活动并没有结束，只是改变了方式，他们隐蔽内心的变化，没有演变到一定程度也会以有形的方式表露出来。一次比赛的结束，实际上是下次比赛的赛前准备的开始。教练员应仔细洞察赛后运动员心理状态的表现，发现好的或不好的倾向和言行，要及时加以调节与恢复。善于捕捉和消除对下次比赛可能产生的隐患十分重要。赛后心理调整的主要意义，在于及时解决和消除直接影响下次比赛以及运动员整个身心健康发展的因素。

### 2. 赛后心理调整的方法

（1）身体、技术、心理的全面恢复。一场比赛，身心力量消耗巨大，随着身体能量供应的不足，技术动作和战术配合的质量都会因此而降低。所以，赛后的心理恢复训练是全面的。主要方法仍然是心理训练的基本方法，要结合具体对象特点及身心技术和战术变化情况进行，既要全面又要有所侧重。

(2) 赛后紧张情绪的解除。伴随着比赛而产生的运动情绪，并不随着比赛的结束而消失，有些运动员在比赛中的冲动情绪常会延续到赛后，如比赛失败而迁怒于人，推卸责任；也有因比赛胜利而得意忘形，听不进善意的劝告，视提意见者为妒忌，或因受表扬而骄横等等。这种紧张情绪的消极作用是十分明显的，不仅继续消耗运动员的身心力量，而且因长时间不能恢复正常而仍陷于自我陶醉之中。解决赛后遗留的紧张情绪，可用放松、注意转移、改变认识等方法。总之，要采取有意识的心理训练措施与方法，不能放任自流。

(3) 赛后自我形象的修整。在比赛过程中运动员的形象随着战局变化而变化，胜时容易夸大，过分美化自己，以理想代替现实的自我形象；败时又会缩小、歪曲自己的形象，缺乏客观的、真实的评价。赛后自我形象修整的任务在于：在头脑中重新恢复自己的本来面目，除去不真实的成分；对自我形象中的长处与不足，要使前者发扬，后者抑制；同时不断地在实战中树立新的理想的发展形象，使运动员的心理状态不断向上，全面发展。常用的训练方法有想像演习法、想像训练法等，前者为整个自我形象的内心表演过程，后者是对形象中的个别成分进行修复训练。

总之，随着现代篮球竞赛的日趋激烈，胜负的决定因素相互交错，运动员情绪也变化万千，为此，重视全面训练中的心理训练显得格外重要，它不仅影响比赛的结果，而且反映着教练员的智慧才干和运动员的训练水平。

# 第十五章
# 篮球比赛的准备与指挥工作

　　随着世界篮球运动竞技比赛职业化、产业化步伐的加快，促使现代篮球竞技比赛向高智慧、高体能、高强度、高技艺、高比分、高空配合进一步发展，从而使现代篮球高水平球队的实力评估与对比赛的观念、形式、内容、方法发生了根本变化。聪颖的智慧与谋略，高大全面而健壮的形态、机能、素质及体质，凶悍拼搏的作风，创新发展的精湛技艺，灵活多变的战术阵势，稳定的心理承受能力，教练员运筹帷幄的指挥才干等综合因素，已成为球队实力对比和决定比赛胜负的根本标志与关键，这种综合因素交织于教练员与运动员并成为一体，使现代篮球比赛格外激烈紧张，起伏跌宕，悬念种种，扣人心弦。

　　可见，现代篮球比赛其本质是比综合实力水平的高低，既比教练员训练质量和指挥管理才干，也比运动员的觉悟、作风、体能、技术、战术和心理等诸因素的实际水平与应用能力。然而就比赛而言，教练员组织比赛指挥工作的能力、水平及所起的作用则是关键，它是衡量和显示球队实力对比的重要内容。所以说现代篮球队伍力量对比和实力抗衡，不仅是对比运动员在思想觉悟、战斗作风、技术、战术、身体条件、体能素质和心理素质等方面的抗衡能力，而且更深层是比教练员的聪明智慧、人格魅力、慧眼选材、严格管理、科学训练，以及巧妙布阵、调配人员和现场督战的谋略与应变才华。从这个意义上讲，篮球比赛的指挥工作，就是指比赛双方教练员以自己的智慧、谋略、才干在比赛中有针对性地合理组织调配力量，应变战略、战术，最大限度发挥每个成员的积极性和体能、技能特长，使球队始终争得主动，夺取优势的斗智、赛技、比艺的过程。

　　除了客观物质条件的比较外，胜者必由于主观指挥的正确，败者必由于主观指挥的错误。由此可见，即使实力较强的队，因其教练员准备不足，主观指挥失策、失误而影响潜在实力最大限度地发挥，最终导致失去实力优势形成被动。相反，相对处于实力劣势的队，由于教练员从准备比赛到临场主观指挥与客观得到统一，就能由劣势转化为优势，改变被动的局面。所以，教练员特别在双方均势对赛前的准备与临场指挥中，要善于观察、判断，因势利导，把握时机，不断运筹帷幄解决主观指挥与客观情况之间的矛盾，调动自身和全队的主观能动性，及时应变，去主动创造优势，改变劣势，这样就能使球队打出水平，打好比赛，获取胜利。

## 第一节　比赛前的准备

　　篮球比赛的全过程是一项复杂的系统工程，教练员必须周密设计与预测比赛全过程

可能的结果，采取可行性部署。

兵家曰："凡事预则立，不预则废"，即要求教练员遇战必须有计划，即针对性地做好比赛的各项准备工作，这是争取打好比赛、获取胜利的前提。赛前准备工作包括以下几个方面：

## 一、组织与思想准备

### （一）组织准备

组织准备是指在比赛前数个月内将参赛队的各类主要人员确定下来，注册报名。如果球队原有管理、训练、组织系统完备，则可根据联赛性质、任务、参赛球队对象的实力，以及对比之中本队人员、制度存在的不足，略进行完善调整；若原管理、训练、组织系统不完备的俱乐部队，则在正式报名前一个月左右的时间（根据竞赛举办单位的竞赛章程和运动员注册要求规定）及时充实调整确定下来，其中主要涉及的人员是参赛的领队、教练员、运动员以及有关工作人员的具体情况。对需要借聘引进外援、内援的参赛队，要按照相关的规定办理临时转会手续，以免延误注册报名时间；对于制度建设不完备的俱乐部参赛队，更要制定或修订完善有关签约、训练、比赛胜负奖惩制度等等。只有在组织上做好参赛准备，保障赛前的训练安排和整体磨合，才能形成一支坚强队伍的群体形象。

### （二）思想准备

是指参赛前在日常思想教育管理的基础上，根据球队组建、训练目标方案、主力阵容配备、比赛任务和相互实力对比，以及球队中产生的各种不同的思想状态等情况，进行针对性的思想工作。特别是甲A、甲B联赛推行主客场赛制后，竞赛已推向市场，而球队构成的成员来源已不尽相同，其比赛性质不同、比赛场地更换、比赛对象多次移地交锋、胜负奖励各俱乐部形式与额度很不统一，这些都会影响球队参赛的思想活动，并以各种形式在赛前、赛中、赛后得到反映。为此，作为教练员（包括领队与俱乐部负责人）应在比赛前对所存在的思想干扰，摸清真实情况，有针对性地分别轻重缓急，抓住主要矛盾耐心细致地做好思想疏导工作，以便在大原则、大问题上（包括对联赛成绩排位的目标确定，引进内、外员的态度，阵容的确定与赛前训练方案的实施，奖励金额与形式，以及对比赛任务所持的态度等等）求得全体参赛人员的共同认识，形成一种全队上下任务明确、保障到位、思想统一、团结奋进、积极争优、士气高昂和精神饱满的迎战局面。

## 二、技术与战术准备

赛前技、战术训练是日常训练的深化，是针对性极强的精雕细刻，是一种强化性、特殊性的训练阶段，其根本的目的是完善本队基本打法，发挥优势，重点改进不足。因此，训练既带有强制性，又讲求实效性，更重视针对性。为此，赛前技、战术训练准备通常要做好以下几项实际工作。

### （一）采集信息，制定总体方案

俗话说，"知己知彼，百战百胜"，因此，赛前运用各种手段采集、侦察、掌握彼此情况，特别是对方的情况格外重要。现代篮球比赛过程始终贯穿着制约与反制约、发挥与制约发挥、争夺与反争夺的激烈多变的凶悍对抗，比赛双方都尽力发挥自身的技、战术特点和风格，限制对方的特长，真正做到"用己所长，攻彼之短；抑彼之长，避己所短"，力争局部和全局的主动。能否做到这一点，关键是要做好信息收集工作。

收集信息以直观资料与观摩分析为最好。直观资料分析印象深刻，容易记忆，便于捕捉关键环节分析研究。所以要求教练员千方百计创造条件观看对方的训练、比赛，并布置运动员分工观看与统计对手技术特点、战术风格，配合着较系统地观看技术和比赛录像、电影以及图片资料，并发动全队进行集体分析、研究，群策群力，鼓励运动员大胆表述自己的见解，使教练员能集思广益，制定出切实可行的作战方案，调动运动员积极性、自觉性，使球队实力得到充分发挥。

另外，在获得直观资料后，要密切注意队员反应，防止出现两种偏差：一是轻敌麻痹思想，队员会私下议论"稳赢"的轻敌思想；二是遇到强手出现想赢怕输的"恐慌症"。这两种偏差都会束缚自己的手脚，教练员要及时抓住苗头，正确做好思想工作，落实到策略打法上，鼓舞士气投入赛前训练。

收集信息的具体内容包括：

1. 对方的全队状况，主力阵容和替补队员身体条件；
2. 全队整体的竞技状态，基本打法与风格、配合特点；
3. 特殊队员的攻守习惯动作，得分手段，区域活动范围，技、战术应变能力；
4. 战斗作风和心理承受能力；
5. 战绩资料，病伤情况等；
6. 同时要掌握对方教练员的临场指挥的素养、胆识、暂停与调度队员的习惯、应变战术的时机，以及其他种种能反映其指挥决策的谋略行动。

调查的方法：通常可以采用现场观摩赛情，并进行指标统计；也可以放映录像与展示图片；收集有关对方比赛的统计资料及文章报道，侦察对方训练；邀约对方进行教学比赛或邀请知情者介绍情况等等。在广集信息的基础上，教练员应根据所留印象、所得资料，去伪存真、去粗取精，全面客观地认真进行实事求是的分析，权衡利弊，最后作出彼我对比的长短，分别类型，真实估计，下决心制定比赛训练计划和具体作战策略方案，并组织模拟训练。

### （二）制定具体训练、比赛方案

制定赛前训练准备与对手的作战具体方案，是赛前工作进入细致部署阶段，也是对即将比赛的总策划、总动员和总部署。

全国及洲际以上的大型比赛，赛前制定作战方案既要整体考虑又要分段部署，抓住

重点,逐个研究解决,要一场一场地部署,瞻前顾后设计,要坚定自己球队的指导思想、风格特点,坚决贯彻方案意图。

### 1. 确定策略

从实际出发确定每场比赛的策略指导思想。不同对手、不同场次的比赛,其指导思想和基本打法应不同,策略应从全局着手,要建筑在自己球队的实际基础之上。首先要注意发挥战斗作风优势,力争主动,例如确定进攻突破口的选择、捕捉对手漏洞及弱点、主要战术的运用、创造打出小高潮的阶段、攻守转变的强攻时机、策略运用中的应变等等,都要建立在知己知彼和以我为主、积极主动地消灭对方有生力量、争取主动的指导思想基础之上。但通常在自己处于以弱战强的情况下或均势时,要重视抑制对方进攻特长,格外加强防守,突出解决对对方重点人的具体防守手段和战术形式应变的时机等环节上。

### 2. 扬长避短

制定比赛作战方案的基本原则之一是扬长避短,全队与每名运动员的战术行动都不能偏离这个原则,所以在训练与实战进程中要以计谋制约对方的优势,攻击对方的弱点,主动引导对方暴露短处而进行制约;或者在防守时有意放弃对手的短处,以此来协助同伴加强另一局部的防守力量。如:对手不善远投,就应果断暂时松防他,去帮助同伴补防强攻手,争取干扰和抢断球机会。对速度缓慢的对手则利用节奏变化快速摆脱他,创造进攻良机。如对方善于突破,则在防守上可以采取联防加强协防,即使对手突破后还会遇到第二道、第三道防线,接连使对手处于被动绝境。或者采取缩小防区的人盯人防守来减小其攻击的杀伤力。例如进攻时,若本队高大队员多,进攻与防守转换速度慢,则要重视掌握节奏,迫使对方打阵地攻防,以高度优势强攻内线,并提高成功率,最大限度发挥制空拼抢篮板球二次进攻的优势,以此来控制对方防守特点,弥补本队的弱点,发挥自己的优势,使强弱关系向有利于本方转化。

### 3. 阵容组织及应变

比赛的技、战术运用主要表现在限制与反限制上,攻守有相持阶段,也会有进攻势如破竹、防守一泻千里的阶段,关键在于教练员能否审时度势,调配阵容的组织和采取应变的战术,如阵容配合运用恰当就能产生意想不到的效果。现代篮球比赛拼斗激烈,仅仅五名主力队员打球肯定是适应不了激烈争夺需要的,赛前战术打法、阵容的组织应针对不同类型的队,适时调配不同特点的队员上场,这样会让对手感到不适应,从而取得出奇制胜的效果。所以说及时变换阵容就能提高战斗力,教练员善于以变争取主动、以智争取胜利,就可以在指挥赛事中做出许多有声有色的好文章。

### 4. 准备应急的打法

赛前要做好各种克服困难的准备,例如当比赛出现低潮时,教练员应意识到恶战开始,绝不能束手无策、优柔寡断、失去信心。而应遇危不惧,当机立断地采用特殊的打

法以求过渡，缓和局势。这时打法上应简练实效、任务明确具体，尽量发挥优势搏斗。若防守上一时失利，对手全面攻击，换人也不见效时，要立即利用暂停，稳定情绪，变换战术打法，控制攻防速度，强调打成功率，并明确攻击重点，集中力量强攻，积极创造和掌握3分球的机会。若仍不成功，则可改为整场破坏性打法，不惜力量加强防守，在转攻时猛冲猛打几个回合，以求从心理上后发制人，抢占上风，试探可能获得摆脱困境的效果。或者以自己最熟练、最有把握的固定配合变换运用。总之，充分做好思想和打法变化上的准备，就能临危不惧。临场比赛中队员只要耐心组合，针对性强，作风硬，决心大，连续打出两三个有效配合，可能就起到扭转局面的作用。

#### 5. 应用智慧，设计谋略

教练员在比赛中，要充分应用自己的篮球智慧，确定比赛的整体谋略和适时地调整、转变谋略。不仅要有准备在战机成熟时作出出奇制胜的战术部署，而且也要有防备对手派"黑马"、出"绝招"、发"冷箭"的准备。例如：埋伏神投手，利用经验突然打"蘑菇球"；再如换上高中锋似要强攻篮下，而实则是声东击西布置外线3分投篮。也可以利用"明修栈道，暗度陈仓"的计谋以虚避实，转移对方注意力，从而达到自己攻防的目的。

### （三）组织模拟训练

模拟训练即模仿对方的攻防打法特点和队员配备变化进行针对性的实战训练，举例如下：

#### 1. 我强彼弱的情况

教练员首先要注意在赛前训练安排时的言行举止，绝不能盲目自傲，产生轻敌麻痹思想，以导致队员斗志松懈的情绪。在这种情况下，教练员要注意坚定战略指导思想，严肃认真地做好赛前准备、模拟训练以及针对性的思想教育工作。

我强彼弱的模拟训练：比赛实战中，强弱转化是经常发生的，模拟的重点要全队警惕和防止强变弱的转化。模拟训练时要一丝不苟，认真进行。在熟悉对方战术打法、阵容配备的基础上，还要预见其攻守的套路变化，不能忽略其变化中每个配合的关键的细节。特别要强化本队防守意识，并部署具体防守任务，因为通常思想放松是从防守松懈开始的。模拟比赛中要重视模拟突发情况出现，思想上要事先有所准备。要重视在模拟训练中有针对性地做好思想工作和实战部署。

#### 2. 我弱彼强的情况

教练员首先要承认其强，但必须具有遇强不馁的精神，从战略上藐视对方，在战术上重视对方，树立敢打敢拼、力争胜利的信心，并严密组织赛前训练，落到人和区与位的实处。鼓励队员扬长避短，努力发挥优势，振奋士气，全力以赴。同时在策略、打法和人员配备上要注意反正为奇，出其不意排兵布阵，使对方措手不及，力求最大限度地打出水平，缩小比分差距，激励队员在强手面前磨炼成长。

我弱彼强的模拟训练：训练要建立在以弱胜强的指导思想上，树立不畏强手、敢拼敢打的精神，心理上要有打强队比赛的挑战愿望，在此前提下认真研究对策。演练战术时要根据对手的整体和主要队员的技术特点，一个个、一环环地进行模拟演练。要善于抓住对方两三个攻守特点反复练，破坏其习惯配合、习惯动作。如对方强于快攻得分，则练习堵截其路线，分段堵发动、堵接应、堵推进，影响其速度，迫使其改变方向，这样，就会降低其得分率。如对方内线强攻实力雄厚，则专门练习破坏其内线攻击的习惯打法，全力破坏其向内线输送球的路线，派人埋伏在传球区与传球点上干扰，以减少其内线得球机会，并制造其强攻时犯规。同时也可缩小防区，加强防守伸缩性，使对手在狭小的区域内很难得分。演练进攻时要坚持打成功率和针对性配合，同时要演练突然打出高潮和低潮的模式，紧紧抓住攻守转换的环节咬紧比分，并乘对手急躁盲目之际扩大战果取而胜之。

### 3. 势均力敌的情况

教练员要坚定决战胜利的信心，要格外重视彼此情况的科学对比分析，切实把握对方整体和个人的特长优势，并最精确地采取对应的制约措施，把具体任务明白、扎实地落实到整体打法和区、位的每名队员身上，同时要强调随时做好战术应变和人员调配的准备，以及同心协力全员做好各种最艰难的作战准备。

势均力敌的模拟训练：比赛双方实力相当而且彼此很熟悉，赛前模拟训练首先应在策略上先胜一筹，一切战术部署都要在保持本队的实力、状态的基础上进行。对过去本队常规的重点攻守打法要略加改进，补充一些新的变化，使其更完善、更富于攻击性，使对方捉摸不透，打乱其战前部署。同时，尽力找出以往比赛中本队曾遇到的不利或不顺的环节，如防守中控制不住对方某个重要得分手等，对此则要采取换人防守，并注意解决防守的细节问题，准备两三名队员轮流追防。在整体战术上如对方已较适应本队打法，则应主动在攻守区域和位置、人员上作某些调换，给对方产生意想不到的影响。比赛实践证明，在一两个环节上采取主动都会对全局产生主动作用。

### 4. 遭遇战的情况

当教练员在赛前无法了解与掌握对方实力情况和具体打法部署的情况下，比赛则出现遭遇状态，对此准备赛前训练时，应确定以我为主的决策原则，力争打好开局。为此，赛前训练应设计几套打法进行模拟实战比赛训练。具体战略部署上，首发阵容通常宜以主力出战为主（也可以组配试探阵容）。战术安排可选择某种最有把握的阵势，以求在比赛开局时的最短时间内占有攻守优势，并在掌握对方的基本打法后随机应变。

遭遇战的模拟训练：由于双方过去没有直接交锋，这种比赛的模拟会有一定的难度，因此，教练员应尽量根据对手的阵容、战术、队员的技术特点，确立模拟性具体战术打法，并尽可能设计组织陪练队阵容模拟实战对抗，以求强化自己的打法，形成形象意识。在模拟训练中要边练习、边探讨，建立初步概念后，即可进行真实性很强的战前比赛对抗加深直观印象。在演练过程中，要与资料、信息、情报反复对照，并试验自己的攻守效果。在具有一定感性认识的基础上，确定比赛作战明确方案。方案要留有余地，主力队员出场，要讲策略，既要力求先发制人，又要有后发制人的部署。总之，要尽快发挥本队的攻守威力。

### 三、开好准备会

赛前准备会的目的，一是进行实战思想动员，内容应宏观简明，但对联赛实际进程、战绩、胜负名次排列也应客观分析。对其他相关的能影响队员心理情绪和调动积极性的因素，要以正面引导鼓舞士气解除正负包袱为主。二是明确战略指导思想，重点部署落实比赛方案，确定具体打法与应变谋略，组织好首发阵容及梯队人员配备，使每名队员都清楚了解自己在本场比赛中的攻守任务，做到个个心中有数，随时准备上场迎战。

准备会的形式通常可以先召开各种小组会，教练员分别下组听取意见，然后将小组会上队员的不同意见和建议，由主教练归纳分析，提出初步方案，在队的主要成员组成的决策会上进行研究确定。然后召开全队成员会，由主教练进行明确部署。若在作战指导思想和打法与部署上仍存在不同意见，可以在全队会上进一步让队员畅所欲言地发表意见，求得统一认识后予以确定。

另一种形式，也可以在准备会前，教练员分别向主力队员个别征求意见，然后由主教练进行归纳，提出初步方案再提交队的主要成员决策会上研究，统一认识后再召开全体成员会，进行具体部署。

再有一种形式，即召开在现场进行实战演练式的准备会，教练员边听取意见、边归纳、边部署。这种形式也可以与其他几种形式结合进行。

准备会主要目的是统一思想，明确打法，部署力量发挥优势，力求打出水平，争取最好效果。因此，准备会一定要充分发扬民主，听取队员意见，以求决策正确。至于采取何种方式，应从实际出发，各种准备会的形式都有一定的优点和缺点，教练员应因人、因时和因事采用为宜。总的要求，会议时间不宜太长，教练员表述要简明扼要，决策态度要坚定，充满信心，重点部署要突出，形式与内容要有利于调动积极性。力避准备会开得压抑、紧张，使队员背上种种包袱上场打比赛。

## 第二节　临场比赛的指挥

教练员临场比赛的指挥工作，既是实地督战落实比赛方案的全过程，也是展示自己指挥督战的才干和反映队员训练成效的试场，对比赛的胜负至关重要。

### 一、教练员指挥比赛要树立的观念

（一）树立辩证唯物主义的指挥观，即战略上藐视对手、战术上重视对手、敢于斗争、善于斗争、战则求胜的观念。

（二）树立以我为主、扬长避短、知己知彼、从实际出发确立作战方案的观念。

（三）树立动态应变的观念，善于观察判断，审时度势，当机立断地处理赛间矛盾。

（四）树立群策群力、调动一切积极因素、发挥团队智慧力量、倡导集体主义精神的观念。

（五）树立运筹帷幄、反正为奇、出奇制胜的观念，具有镇定自若、沉着督战的将帅风度。

（六）树立严以律己、宽以待人，在任何情况下都敢于负责、无私无畏、勇于承担责任和自我批评的观念。

（七）树立整体思维观念，即善于将觉悟、作风、技术、战术、身体、心理等实力因素融为一体，思考球队人员实力的组配，处理好思想素质与专业技能之间的关系。

（八）树立胜不骄、败不馁、能上能下、能进能退、能胜能败的观念。

## 二、指挥比赛要处理好几个关系

### （一）全局与局部的关系

教练员作为临场指挥者要纵观全局，绝不能以局部或一时的失误、失机、场上的起伏，乃至一场比赛的成败来判断因果，以至误导全局的指挥。例如一场比赛，全场时间是一个全局，而其中每个阶段则是局部；就一个赛季与一场比赛而言，一个赛季是全局，一场比赛是局部。因此，在准备整个赛季也好，在准备一场比赛中战局发展的每个阶段的变化也好，对队员的发挥好坏和对双方的攻守战术表现都应纳入全局观念来观察、判断、分析和决断，因为全局是由各个局部组成的，有些局部得失对全局可能影响不大，但也有些局部却对全局起着决定性的作用。为此，作为指挥者必须把握全局，抓住主要矛盾和矛盾的主要方面，正确处理全局与局部的关系，做好指挥工作。

### （二）强弱与必胜的关系

作为竞技体育的篮球运动，比赛是形式，求胜是目的。比赛中不想胜的教练员不是一位好教练员，求胜是每位教练员必备的一种职业素质。因此，教练员需要有充分的勇气，依照奥林匹克倡导的更快、更高、更强的精神，对自己、对全体运动员来说都必须树立必胜信念。虽然比赛队伍有强弱之分，但与必胜信念是不矛盾的，如果面对弱者能够正确把握必胜信念而不盲目自负，或者面对强者能够坚定必胜信念，敢于对抗、敢于拼搏，从心理上超越对方、超越自我，就能充分调动全队成员的主观能动性和创造性，发挥平时的训练水平甚至超水平发挥，这样的例子不胜枚举。如果确定了必胜信念，比赛也发挥了正常的水平，由于对手的实力强大而输球，这并不等于没有必胜信念，相反，从辩证的观点看，由于实力悬殊，可以从失败中吸取经验教训，进而对以后的比赛更增强必胜信念。

### （三）知己与知彼的关系

知己知彼是教练员最基本的用兵督战之道，但真正做到知己知彼却并不容易，而通常知彼比知己要容易些，原因在于不能正确摆正自我位置，不能客观估价自己，认真对待对方。为此，教练员指挥比赛必须下大力气来改善主观偏见的认识。如果说知己不易，原因在于观察自己时不能像观察对手的有利有弊因素那样比较客观、思考也较清楚，那么就应该用观察对手外在因素的方法来客观观察自己，进行逆向思维，以我为彼，一分为二地通盘考察，即一方面是站在本方角度，另一方面则是站在对方角度，经过反复的客观周密的分析思考，那么就有可能真正做到更知彼知己。总之，篮球比赛与战争一样，谁理解了知己知彼这一真谛，谁就可能是比赛的主动者，就可能是真正的胜利者。

### （四）谋略与决策的关系

谋略即智慧，是才干、能力、素质与素养的综合反映。俗话说"眉头一皱，计上心来"，说明指挥者只有博学广识，胸有成竹，才能在千变万化的对抗环境中运筹帷幄。有智慧才能掌握篮球比赛的规律，只有做到知己知彼，才能勇于和敢于决策与决断。现代篮球高水平队的比赛往往是势均力敌，胜负不仅事前难以预测，即使在比赛过程中，双方运动员由于主客观因素的影响，比赛过程起伏，或长时间相持，使胜负悬念于最后瞬间。为此，这一过程中，教练员在正确思维下的用兵布阵的变化谋略时机和决断的胆量，就成为控制比赛主动权的关键。正确的决策来源于正确的思维，正确的思维来源于知识的丰富积累和与实践经验的结合，所以说提高决策水平和决策胆量，要靠智慧的结晶——谋略。谋略就是战斗力，就是球队实力的保证。

### （五）镇静与应变的关系

冷静是教练员必须具有的品质，只有冷静才能头脑清醒地客观分析场上出现的各种复杂情况。因为在激烈的比赛过程中，情况瞬间万变，改变作战方案和调整力量组合，是经常的、绝对的。只有冷静才能在复杂情况下对彼我双方的态势及发展趋势进行客观判断，并有胆识地作出灵活的相应变化。临场比赛中，教练员的任何正确决策都是在平静的情况下才能作出的。头脑发热就会惊慌失措，措手不及，脑子一片空白，"计"难从心来，也就拿不出招来，往往作出误断，造成一举失千里的后果。然而镇静与灵活应变是相辅相成的，如果镇静而不能机动灵活地改变现状，麻木不仁，就不是真正的镇静，而是无智呆板的表现。镇静与灵活的表现在于在十万火急的情况下，给渴望指导的场上队员及时拿出应变的对策来，以一两句画龙点睛的话，起到转危为安的作用。

## 三、掌握好比赛中几个重要阶段

### （一）重视开局阶段

作为比赛的指挥者，每位教练员都强调打好开局。从理论上讲，开局是个时机问题，是个主动权的问题，同时又是个心理压力的问题。开局的好坏，实质是双方对比赛准备的始战检验，也是对事前制定的谋略与决策是否正确合理可行的直接考验。打好开局不仅能从心理上增强本队的信心，而且也是给对手一个强大的心理压力，迫使对手丧失信心，产生心理危机，促使其或换人或暂停或改变原来的战略战术。不同打法的队与不同对象的比赛，其开局都有不同的打法，会出现不同的场上局面。如有的比赛双方都谨慎从事，使比赛之始毫无生气；也有的比赛开局即采取全场紧逼，打出一个小高潮，士气大振；还有的比赛按既定方针打固定战术配合来先发制人等等。说明强队之战更重视开局，但实战证明设想的开局打法并不一定能奏效，为此必须在重视打好开局的同时，要有第二对策设想做准备，做到有备无患。总之，无论对强队或弱队，都应重视开局。打响第一炮，打好首发阶段，对整场全局至关重要。所以模拟训练也要练开局打法，力争打好开局。

## （二）打好相持阶段

整场比赛 40 分钟对抗中，实力相等两队之间的比赛过程绝大部分时间为相持阶段，约为 36 分钟。如按一次防守获球之后反击成功，彼此攻守往返得分通常是在 4～6 分球之间，而防守反击成功的时间也在 5～6 秒钟，这样强队控制篮板球反击几次就使得失分相差十几分。一场比赛某一队打出两个高潮，另一队就负了不少分。所以教练员必须重视比赛中的相持时间。从防守的角度看，加强防守抑制对手的成功率、控制篮板球、加强反击快攻是制胜的法宝。也就是说，要想取得比赛胜利就要打破相持局面，要想打破相持阶段，最好的办法除了增加进攻次数、提高进攻成功率外，就是要加强防守。因为只有在获得球权的情况下提高进攻成功率才是取胜之道，只有加强防守才能打出反击高潮，只有打破相持状态才能取得主动的地位。所以说相持阶段的投篮进攻固然能得分，然而，有效防守却能使自己赢得比赛最终的胜利。

拉锯是双方比分接近交替上升，要想突破这种局面必须针对性地应变战术，合理地调配力量，或加强防守严格控制对方得分，或是把握时机利用对方空隙加强投篮攻击，或强行发起攻击以改变拉锯局面。弱队面对拉锯战若能有"奇招"，是使强队措手不及的最大的威胁，同样可以赢得时间，获得进攻与防守高潮，从而主动创造出获胜机会。为此，无论强队或弱队，改变拉锯局面的办法是必须果断决策，大胆改变战术，主动提早决策，这样才能争取主动。

## （三）上半时结束前的争夺

教练员应根据上半时比赛的比分情况及所剩时间来决定如何处理好上半时结束前的比赛。如比分领先较多时，应警惕队员思想松懈，力戒处理球随意性大，或不按教练员战术要求行动。为此，教练员应重视洞察时机，如对手失分多、士气低落，则是扩大战果的有利时机，应要求全队乘胜追击，以更大优势结束上半时。如对方虽比分落后，但却加快进攻节奏，增加投篮次数，或是强行投 3 分球，或是变化防守战术为全场紧逼抢攻等进行反扑，胜方应冷静识破对手意图，然后利用加强攻守的办法来制约对方。如遇对方运用全场紧逼，则应明确布置每名队员的落位传球路线及可能攻击点。如在本方强大的防守压力下对方不能得分，本方则赢得时间，等于是赢得了胜利。如比分接近呈拉锯状态，而时间又快到结束时，行动不宜冒险，可在维持现状的前提下，作试探性战术应变的调整。但此时应谨慎稳定，避免出大漏洞，宜考虑如何打好下半时。如果比分落后，应力争取回失分。但教练员应审时度势地客观布置上半时结束前的战术打法及人员安排。首先，要求不能继续输分；第二，专门布置本队投手在全队配合下发挥投3分球特长，缩小比分；第三，应考虑保存自己的主力队员，不应犯规过多，以利下半时再战。

### （四）下半时进入高潮的争夺

上半时结束的比分将直接导致双方教练员和运动员在中场休息时的认真总结和重新组织力量应变战术，所以下半时开始实际上就是高潮的争夺。上半时结束时无论是胜负还是平局，对双方来说下半时开始都是知己知彼有备而来，因此，下半时开局前5分钟处理得好坏将影响到全场的胜负。如胜方骄傲自满，负方准备充分，顽强拼搏反攻得势，有可能很快扭转不利局面为有利形势，也就形成所谓高潮争夺的到来。此时往往原来的胜方队员和教练员会产生由胜到负的心理不适应，所以说下半时作出不同的战略战术部署和队员配置的变化，很可能改变场上的面貌，提早转为高潮的到来。但此时教练员在注意加强进攻的同时，必须格外重视防守，以借防守提高反击速度，争取快攻得分，不断创造高潮条件，掌握主动。为此，教练员在下半时必须时刻注意比分与时间的关系，以此来指挥全面的比赛。而把握战机、利用对手的弱点、提高攻守成功率、减少失误尤为重要，如不注意，往往可能会因任何一次细小的失误就导致整场比赛的失败。

### （五）最后决战时的掌握

由于比赛争夺激烈，因此势均力敌的双方教练员对最后几分几秒钟的打法特别重视，因为它往往成为一个队胜负的关键时刻，所以要特别重视加以研究。正由于现代高水平队的竞争贯穿于整个比赛过程，比分交叉起伏，所以各队教练员都想利用最后的几分钟几秒钟施展各种谋略和打法，力争主动得分，甚至以几秒钟内双方的攻防次数来决定战术，根据对方队员的犯规次数、本方场上队员的实际情况，以及胜几分方能小组出线，或负几分才既能保证保级出线，又能避开强队等等，以便利用规则调整特殊阵容和打法。例如：进攻时是攻内线还是攻外线？要用多少秒开始攻击？可以控制球多少秒，由谁担任最后攻击任务？攻击点在哪个区域？第一攻击人、点受阻，第二攻击人、点如何衔接？攻击完成后如何组织防守？对方可能采取的行动是什么等等。总之，最后时刻的分秒打法没有公式可循，完全取决于本队与对手之间的实力与当时的实际情况。在分秒的时间之内可以演化出许多种情况，教练员要加以考虑和处理，但一个根本的条件是统一的，就是对最后时刻的打法运用，既要强调坚定，又要强调应变，见机行事。有时候队员从实际出发而"将在场，帅命有所不从"也是可以理解的。当然，这一点是要冒险，但又力求有相当的把握，这种把握既是平时技、战术训练的反映，又是心理稳定性训练的表现，也是对教练员和运动员智谋胆量的检测。能打好最后几分钟或几秒钟时间的球队，才是高水平的队，其运动员和教练员也才是高水平的。

### （六）临场指挥战例介绍

战例一：抓住矛盾，从实际出发，以奇布阵

之一：1981年在印度加尔各答举行的第11届亚洲男子篮球锦标赛上，中国队对韩国队争冠军的比赛中，韩国队速度快、外围投篮命中率高，经过研究讨论决定对韩国队采用"对位联防"战术。这是个符实的决策，因为韩国队外围投篮十分准确，他们的李忠熙是当时亚洲著名的神投手，如何在联防中控制他的出手是关键。中国队对韩国队从1974年在伊朗亚运会上第一次交锋至1981年，彼此已打过7场球，我方是6胜1负，但从未守过联防。由于我队有高大队员穆铁柱，占有身高优势，战术意识强，但移动较慢，在场上有指挥队员补位的能力，所以决定战术要求整个防区扩大到7米左右，5名队员全部对李忠熙作为重点防守，凡是李移动到谁的区域，谁必须迎上紧逼，绝不让他出手，如被突破则由内线补防。另外，李忠熙每场得分都在30分以上，我方要求控制他在20分左右。由于韩国队对我队的扩大对位联防准备不足，加上严封李忠熙，他到哪里我方队员都采用特殊战术使其大受影响，技术发挥失常，命中率降低，出手减少，结果得20分，而我方则大胜31分，这是中韩比赛的最大差距。

之二：2000年CBA半决赛，上海东方队和广东宏远队前两场比赛战绩为1∶1平。第三场比赛前，东方队根据宏远队外围投篮准的特点，确立了立足于拼防守、防外线、以快制胜的思想，在制定作战方案时，不惜放弃内线优势，启用了小个子、年轻、体力好又无思想包袱的队员。先发排出一个从未用过的"三小两大"阵容，以刘炜司职得分后卫，郑志龙司职组织后卫，刘鹏负责紧盯李群，3名队员严防宏远队的外线投手。这一反正为奇的布阵收到了奇效，全场比赛宏远队3分球20投仅4中，快攻仅7次，而东方队3分球则10投4中，快攻发动达到了20次，最终以111∶102力克宏远队。

战例二：以我为主，扬长避短，力争主动

之一：中国队1982年在哥伦比亚，参加第9届世界男篮锦标赛对美国队比赛。中美双方实力相差较大，但我队绝不认输。考虑到当时美国队习惯攻击区域在4米左右，为此我队方采用密集的集体性盯人防守，在4米区域内形成以多防少的局面。结果非常奏效，使双方比分形成拉锯，由此我队攻防积极性随之大振。进而我方又提出提高进攻成功率，减少失误和进攻时注意攻守平衡的要求，避免退守无人，防守空虚，并在进攻时力争双方打阵地战，迫使美队无法打出反击扣篮的特点，也不能形成高潮。结果，上半时美队无一次扣篮，比分则仅相差3分。

之二：八一队2000—2001年CBA总决赛和东方队第一场比赛。赛前东方队制定了攻克八一队内线的策略，准备用姚明和外员道宾斯联合钳制八一队的王治郅和刘玉栋，全力防守八一队内线进攻。八一队则在经过充分准备后，根据本队队员的特点和对方的战略部署，在比赛中充分发挥每名队员的优势，防守上严密切断东方队内外线的联系，在进攻中则把王治郅拉到了外围，让他更多采用中投和远投而不是仅在篮下进攻，从而把姚明吸引到外线防守；同时让刘玉栋和刘强频频冲入内线强攻，再配以阿的江的快速突破，这就打乱了东方队原定的部署。最终八一队在客场以116∶94大比分战胜东方队。

战例三：知己知彼，虚实结合，以谋取胜

之一：中日两队可以说知己知彼，1983年在中国香港举行的第12届亚洲锦标赛相遇，当时日本队有高大队员岗山，身高2.30米，我队有穆铁柱，但相比之下对方年轻，竞技状态好。为此，我队制定出回避战术，即如果岗山上场，我队则用王立彬移动攻击；岗山下场，则换穆铁柱强攻对方的小中锋，但在战术部署上必须制造假象使日方相信穆铁柱将会首发上场。为此，上场准备活动时穆使出全力活动，临上场前也站在场边上佯作上场的样子，待跳球时对方才发现上当失算，打了几分钟就将岗山换下场。此时我队已观察到实情，又立即让穆准备上场。总之，当对方一换人我方也换人，这样优势主动权始终掌握在我队手中，使对方随着我队的战术意图变，从而失去主动。这场比赛的结果日队失败，我队蝉联亚洲冠军。

之二：中国队在2002年第14届世界男篮锦标赛上，最后一场小组比赛与美国队对阵。在前几场小组赛中，中国队的中锋姚明和巴特尔发挥均很出色，给对手造成了很大压力。赛中美国队了解到了这点，作了针对性的防守部署，加强对中国队内线的防守。比赛一开始，中国队考虑到美国队会重兵防守姚明，所以有意启用姚明、巴特尔第一次同时上场，摆出与美国队力拼内线的态势，而实际上却把进攻的重点放在了外围。第一节比赛中，胡卫东3分球3投3中，全队6投5中。当美国队扩大防守范围时，中国队又把进攻重点转到内线。这样虚实结合，让美国队跟着我方的节奏打。第一节结束时，中国队以28∶16领先美国队12分。尽管由于实力的差距，最终中国队以65∶84不敌美国队，但中国队本场比赛将计就计、虚实结合，两大中锋联手拿下29分，外线投篮命中率高达40%，并创下了与美国队历次交锋比分差距最小的纪录。

战例四：坚定信念，调整心态，以柔克刚

之一：中美1984年奥运会比赛。当时美国队依靠实力，采用全场紧逼，迫使各队失去了大量的攻击投篮机会，我队经过研究，认为美国队的全队实力确实超过我队一大截，如乔丹、尤因都是名手。但美方的紧逼并不是不可破的，这里有个心理因素，我队便做了核心队员孙凤武的工作，要求孙利用起动快、灵活、控制球能力较强、重心低、敢于突破的特点，打破美国队的全场紧逼战术。结果，他带动全队从心理上消除了顾虑，他的大胆突破成功获得不少好机会，迫使美国队改变紧逼防守。可见，每个队从整体实力上看虽有差别，但弱中有强，强中有弱，都是可以利用的。

之二：2002年第14届世界女篮锦标赛的一场半决赛，比赛双方为巴西队和韩国队。巴西队是1994年第12届世锦赛冠军、1996年第25届奥运会亚军和2000年第26届奥运会季军，实力明显高出韩国队一筹。赛前人们也一致认为巴西队将取胜。但韩国队整场比赛表现得信心十足，气势如虹，并针对巴西队制定了一整套战术。首先在第一、二节进攻中，主动放弃内线，以外围3分球为主，如第一节所得的15分全部来自3分球。第三节一开始，韩国队凶狠的全场紧逼防守使巴西队的失误明显增多，心理也急躁起来。而在第四节一开始，韩国队又突然改变进攻重点，力拼篮下，巴西队则毫无准备，篮下犯规增多，同时完全失去了耐心。最后，韩国队以1分（71∶70）险胜巴西队，昂首挺进四强。纵观整场比赛，韩国队敢打敢拼，战术灵活多变，堪称以弱胜强的经典之战。

战例五：临危不慌，出奇用兵，反败为胜

之一：中韩男篮1986年在韩国汉城亚运会上决赛，本来形势对我队十分有利，离结束比赛还有10分钟左右时我队领先11分，但由于裁判员过严要求我队，仅过5分钟，我队反负对手11分，一来一往相差22分，形势非常危急。教练员立即考虑到3分

球投手张勇军在世锦赛上的突出表现，然而在本场比赛中两度上场都表现不佳，但在此时间不多、比分相差又大的关键时刻，若不采用3分球战术，不易追回比分。为此鼓励张勇军上场要敢于出手，敢于负责，同时在战术部署中强调了全队一致为张勇军做掩护制造3分球机会。张果然信心大增，连中4个3分球，使对方始料不及，无所适从，至比赛结束也未能反应过来，我队超出3分获得了亚运会冠军。

之二：2000年第14届釜山亚运会女篮决赛，对阵双方为中国队和韩国队。前三节比赛中国队打得十分顺利，比分一路领先。至第三节结束时，中国队领先对手达10分之多。第四节一开始，场上风云突变，韩国队的3分球连续发威，加上中国队的两个失误，韩国队比分反超，最多时领先7分。这时，离比赛结束不到4分钟，人们担心中国队先赢后输的历史又会重演。关键时刻，教练员宫鲁明果断地叫了暂停，重新布置战术，防守时派专人盯防韩国队投手郑贤民，进攻时要求外围队员敢于出手，内线利用身高优势强攻。果然，在中国队员的严密紧逼防守下，韩国队投手郑贤民几次出手不中，而中国队利用外围投篮和内线强攻迅速扭转了劣势，将比分扳了回来，并最终以80：76的比分战胜对手，夺回了丢失16年的亚运会冠军。

战例六：转换重点，以守为攻，以准取胜

之一：1987年在泰国曼谷的亚洲锦标赛上中韩决赛，比赛紧张激烈，比分咬得很紧，在最后还剩40秒钟时战平，球权在韩方手中。此时教练员要求我方队员加强防守，即使对方出手，也不能犯规，不然就有输的可能。全队不负众望，一直守了20秒钟，球被我方打出界外，依照规则，对方还有10秒钟的控球权，可是裁判员却要求回表，重新计时，我方不急不躁，又严防了20秒钟，敲锣时打成平手，延长5分钟。这5分钟比赛又是拉锯战，在关键时刻我队获控球权，教练员深知必须投一个3分球才能赢，为此要求场上李亚光、张勇军、宫鲁鸣等4人在外围跑8字，由于对方加强对李与张的防守，我方决定由宫出手投篮，终获成功。

之二：2003年NBA西区决赛马刺队对小牛队的最后一场，开局后小牛队采用3名队员包夹防守邓肯，进攻时轮番强行突破攻击，一路领先，到第三节结束前3分44秒，马刺队落后已达15分。此时，马刺队主帅波波维奇换上了37岁的老将科尔，意图用科尔的3分球追回比分，唤醒其他几位一直找不着状态的3分投手，同时拉大小牛队的防线，使对方不能在内线多人包夹邓肯，造成对方内外不能兼顾。科尔果然不辱使命，上场不到2分钟，即投中1个3分球。其他投手也被激活，第四节一开始，吉诺比利、杰克逊、科尔连续命中3分球，而邓肯被解放出来，也连连得手，最后一刻，科尔的第三个3分球把比分扳平为71：71，而最后一个3分球则把比分锁定为79：71。这场比赛，科尔坚决贯彻教练员的作战意图，最终带领全队出奇制胜。

## 四、比赛后的总结

篮球比赛工作是一项完整的教育过程，也是一个系统的工程构建，除赛前准备和比赛指挥外，还有许多相关的工作要做，如比赛结束后要重视赛后总结工作等等。篮球比赛后的总结，是一次最现实、最生动的篮球教育过程，认真总结使球队全体成员在培养

素质、养成作风、磨炼技术和战术、增强篮球意识、提高篮球理论与分析能力等方面都会得到益处，是运动员成才的重要途径。赛后总结是一个大课堂，运动员、教练员都要积极发言，评价这场球赛，分析胜负原因、技术与战术的优势与劣势和临场战机的捕捉与掌握等，总结出经验与教训。总结要以表扬为主，鼓舞斗志，对缺点及问题要分析和提出改进的办法，并在训练中加以改进提高。

比赛总结方法很多，但参加大型比赛的总结与一般性的比赛总结是有所不同的。一般性的表演赛、友谊赛、检查比赛等可以采取分组或集中总结的办法。参加大型比赛，赛程安排很紧，不可能每场比赛下来都及时进行总结，要选择场次的衔接、轮空，抢时间抓住重点总结，而且还要与打好后面的比赛结合起来。这时的总结解决具体问题较多，如临场暴露的配合问题、防守上责任不明问题、队员之间一些小的分歧问题，以及战术上的改进问题，这时的总结往往结合准备会进行。

赛后总结一般应在有充分准备的情况下进行，有条件时可以结合放比赛录像、查核技术统计资料，使队员温故知新。赛后总结是在教练员的领导下进行，不仅进行分析，还可以提出问题，但不要埋怨和指责，也不要怪罪裁判员。教练员应把讨论的中心引导到研究技、战术训练应用上，以及临场应变能力上。教练员还应表现出高姿态、高风格，实事求是地承担自己的责任。总结不仅动脑，还要动手、动笔，运动员要写出心得体会、经验教训，促使以后更自觉地投入训练。教练员的总结要有详尽的技术资料，要高度概括运动员的分析建议，向队员提出几条提高训练质量的意见，写出书面材料。

为了加强球队的建设，要重视训练的档案工作和训练比赛总结文件的规范，特别是赛后，总结文件是球队的知识库，是一个篮球队的宝贵财富。总结文件应积累成册，妥善保管与应用。总结文件要搜集的内容包括以下几个方面：

第一，本场比赛的作战方案、准备会资料；

第二，比赛的技术统计与记录台计分表；

第三，报刊评论、报道文章；

第四，录像、电影、图片资料；

第五，教练员、运动员总结发言资料；

第六，领导、各队、球迷反映评价；

第七，表彰运动员及授奖资料等。

总结文件应汇集成册并纳入本队技术档案库，根据需要可以随时查阅，以供自己和后人使用，使球队风格特点得以继承与发展。总结文件对球队的建设具有重要意义和作用。

# 第十六章
# 篮球运动员的营养与恢复

## 第一节 篮球运动员的营养

### 一、篮球运动员营养的意义与基本要求

#### (一) 意 义

营养是指人体从外界环境中摄取食物，通过自身的消化吸收及利用食物中的养料以维持生命活动的整个过程。营养对于篮球运动员的体能（形态，机能和素质）和运动竞技水平的保持与提高具有特别重要的意义。

篮球运动员从开始接受专项训练到成才，训练周期较长。运动员体能的好坏，除与遗传和后天的训练有关，还与长期摄取的营养合理与否紧密相关。如果运动员的营养状况不合理，体能就得不到保证，就难以承受大运动量和大强度的系统训练。因此，合理的营养是保证运动训练顺利进行的基本条件。

篮球运动属技能类同场竞技对抗项目，对运动员身体素质要求较高，特别是现代竞技篮球，完成一次大运动量训练或高强度比赛，运动员要消耗安静时的几十倍，乃至上百倍的能量。因此，在运动时，机体会发生一系列生理、生化变化，如物质代谢过程加强、热能及其他营养物质消耗增加、心理负荷加大、激素分泌增多、酶反应过程活跃、体液大量丢失和酸性代谢产物堆积等，使机体对各营养素的需求量大大增加。

我们中华民族有着传统的、为世界称颂的饮食文化，营养丰富的各种佳肴为我国人民和优秀的篮球运动员所喜爱。但随着运动科学的发展，我国传统的烹调习惯已暴露出不足，加上对运动营养认识上的偏见，使得篮球运动员也存在膳食营养不平衡现象。

体育科学研究表明，合理的营养是运动员取得优异成绩不可缺少的一个因素。为了更快提高我国篮球运动竞技水平，必须扬长避短，在饮食营养配制上改变传统观念，提高我国篮球运动员和教练员的营养意识，并将科学的营养观和营养配餐方法付诸实践。

## （二）基本要求

1. 要设营养师对运动员膳食进行搭配与调节。要求营养素齐全，配比适宜，所含热量应与运动的需要（包括其他各种活动）相适应。同时应根据各训练期的特点来安排膳食，使热源物质及其他营养素趋于合理。
2. 合理地补充维生素和矿物质。
3. 食物含热量要高，要新鲜卫生，种类多样化，提高食物的营养价值；体积要小，色香味形俱全，既能促进运动员食欲，又容易被消化；同时利用食物的互补作用，保持酸碱平衡。
4. 烹调方法要合理，要最大限度地保证食物中营养素不被破坏。
5. 充分利用营养素的调节作用，保持竞技能力所需的最佳体重。
6. 膳食制度要合理，进餐次数、时间、膳食分配应根据篮球运动特点和运动员的个体情况以及训练与比赛的实际科学安排。一般进餐应在运动结束后休息30分钟以上，但大运动量后要休息45分钟以上方可进餐。
7. 充足的水分。在训练前、比赛前、间歇时间以及训练与比赛后应及时补充水分。

由于训练的时间安排不同，一日内各餐热量摄入可有三种方案，如表16-1所示。

表16-1 不同训练（比赛）时间各餐热量占全天摄入热量比（%）

|  | 早餐 | 午餐 | 晚餐 | 夜餐 |
|---|---|---|---|---|
| A（上午训练） | 30~35 | 35~40 | 25~30 |  |
| B（下午训练） | 35~40 | 30~35 | 25~30 |  |
| C（晚上训练） | 30~35 | 35~40 | 15~20 | 5~10 |

## 二、篮球运动员的热能代谢

### （一）篮球运动员热能消耗的组成

篮球运动员每天的热能消耗是由基础代谢、训练或比赛代谢、训练以外的活动代谢及食物的特殊动力作用四部分组成。

#### 1. 基础代谢

基础代谢是指人体在清醒、静卧、空腹和环境温度20℃的条件下的热能消耗，即用于维持最基本生命活动所消耗的最低限度的能量。通常用基础代谢率（BMR）表示。它有两种常用的表示单位，一种是以千卡/小时·公斤体重表示，另一种是以千卡/体表面积（平方米）·小时表示。正常成人基础代谢率若以公斤体重表示，男子约为1千卡/小时·公斤体重，女子约为0.9千卡/小时·公斤体重。如体重为70公斤的成年男女篮球运动员，每昼夜的基础代谢应为：

男子　1（公斤）×70（公斤）×24（小时）=1680 千卡
女子　0.9（公斤）×70（公斤）×24（小时）=1512 千卡

若以体表面积表示，基础代谢率如表 16–2 所示。

表 16–2　人体基础代谢率（BMR）（千卡/平方米·小时）

| 年龄（岁） | 男 | 女 | 年龄（岁） | 男 | 女 |
| --- | --- | --- | --- | --- | --- |
| 7~8 | 47.3 | 45.4 | 17~18 | 40.8 | 36.3 |
| 9~10 | 45.2 | 42.8 | 19~20 | 39.2 | 35.5 |
| 11~12 | 43.0 | 42.0 | 21~24 | 38.6 | 35.3 |
| 13~14 | 42.3 | 40.3 | 25~29 | 37.5 | 35.2 |
| 15~16 | 41.8 | 37.9 | 30~35 | 36.8 | 35.1 |

人体的体表面积计算公式是：
BSA（平方米）= 0.0061×身高（厘米）+ 0.0128×体重（公斤）– 0.1529

例如，一名 20 岁、身高 185 厘米、体重 75 公斤的男运动员，按体表面积计算，每昼夜的基础代谢应为：基础代谢 = BSA（平方米）× BMR（代谢率）× 24（小时）

先求得该运动员的 BSA = 0.0061×185 + 0.0128×75 – 0.1529 = 1.9356。

故该运动员的基础代谢 = 1.9356×39.2×24 = 1821 千卡。

2. 训练或比赛的热能消耗量

训练或比赛的热能消耗量主要取决于运动量和强度的大小。一般来说每天训练的热能消耗量为 600~2600 千卡，多数在 1000 千卡以上，约占一天总能耗的 40%。

3. 训练以外的热能消耗量

运动员训练以外的热能代谢率较低，例如学习、搞卫生、娱乐活动等，一般消耗 400~500 千卡，占一天总能耗的 10%~15%。

4. 食物特殊动力作用

由于进食而引起机体能量代谢额外增加的现象，称为食物的特殊动力作用。根据饮食结构的区别，所消耗的热量也不同。一般综合膳食消耗能量占其产热量的 10%，高糖膳食为 8%，高蛋白膳食为 15%。

（二）篮球运动员热能消耗与需求量

篮球运动员的热能需求量主要取决于运动量，男、女运动员在训练课内的热能消耗量分别占他们一日总消耗量的 44% 和 42%。我国篮球运动员的热能消耗与需求量如表 16-3 所示。

表 16-3  篮球运动员的热能消耗与需求量

| 性别 | 热能消耗（千卡/公斤体重·日） | 热能需求（千卡/公斤体重·日）* |
|---|---|---|
| 男 | 46 | 53 |
| 女 | 55 | 63 |

*热能需求量为热能消耗量加 15%食物特殊动力作用。

## 三、篮球运动员的营养特点

### （一）运动与营养素

人体所需的营养素约有几十种，一般概括为七大类，即蛋白质、脂肪、糖、矿物质、维生素、水和食物纤维。其中蛋白质、脂肪和糖是人体三大热源物质，其余的营养素则参与调节人体的生理机能。篮球运动员所需要的营养素与普通人相同，由于运动训练和比赛的需要，他们对营养素在质与量方面的要求远高于普通人。

**1. 三大热源物质与运动的关系**

肌肉收缩是人体运动的动力，人体运动时的直接能量来源于三磷酸腺苷（ATP）的分解，而后是糖、脂肪和蛋白质的氧化分解，所释放的能量可供 ATP 的重新合成。其中：

（1）糖。糖是运动中主要的能源物质。运动时肌肉的摄糖量可为安静时的 20 倍以上，它在有氧和无氧情况下均可供能，耗氧量低，氧利用率高，每消耗 1 升氧所氧化的糖可释放 5.011 千卡热量，而脂肪和蛋白质只能释放 4.686 千卡和 4.801 千卡热量。此外，糖氧化供能生成的产物是二氧化碳和水，对机体无害。而脂肪和蛋白质氧化供能生成的产物分别是酮体和氨，对机体不利，会引发疲劳。体内糖元储量与运动能力成正比。血糖在体内仅含约 5g。随着运动时间的延长，血糖水平下降，则由肝糖元和肌糖元补充。人体肝糖元储量约为 100g，肌糖元约为 300g，优秀运动员可超过 500g。人体内的糖主要来源于食物，如淀粉、蔬菜、水果、乳类和甜食等，其中淀粉是主要成分（大米和面粉含糖量为 79%和 74%）。它们经过消化吸收后进入血液，运至肝脏和肌肉组织，合成肝糖元和肌糖元。合理的糖需求量应占一天总热能的 60%左右。

（2）脂肪。脂肪具有保护机体各组织器官、构成机体某些组织结构等功能，是长时间、低强度运动时的主要能源。有资料表明：以 70% $VO_2max$（最大摄氧量）的强度运动 1 小时，75%的热能来自脂肪。脂肪代谢加强后，可节约糖元的消耗，从而提高耐久力。脂肪的来源除各种食用油脂外，主要来源于动物肉类，如肥猪肉含脂肪高达 90.8%。对于篮球运动员来说，脂肪需求量应为一日热能消耗的 20%～25%。

（3）蛋白质。蛋白质是生命的物质基础，它不仅构成身体基本成分，而且构成具有调节机体生理功能作用的酶和某些激素。血红蛋白和肌红蛋白具有输氧和储氧的功能，肌纤蛋白具有收缩和抗体的免疫作用等。此外，蛋白质还在维持体内酸碱平衡等方面起着重要作用。蛋白质主要来自主食和动物性蛋白，如大米为8%、面粉为10%、动物肉类和鱼类为15%~20%、蛋类为11%、鲜奶为3.5%、大豆为34.2%。动物性蛋白质营养价值高于植物性蛋白质，因为动物性蛋白质中必需氨基酸含量较为齐全，人体利用率较高。对于篮球运动员来说，蛋白质的供给量较一般人高，成人运动员为1.8~2g/kg体重，少年运动员为2.0~3.0g/kg体重，儿童运动员为3.0~3.4g/kg体重，运动员的蛋白质供热量可为一日总热量的15%~20%。

### 2. 维生素与运动的关系

维生素在体内多数构成酶的辅酶参与体内的能量代谢与激素合成，促进伤口愈合及抗氧化。维生素有脂溶性和水溶性两类。

（1）脂溶性维生素。有维生素A、D、E、K四种，维生素A主要功能是促进生长发育，维持正常视力；维生素D主要促进钙和磷的吸收和利用；维生素E保护红细胞和肌细胞的正常结构与功能，使氧利用率增加，促进雄性激素分泌和增强耐力等作用。动物肝脏、鱼肝油、蛋黄、全奶、鱼子等含有丰富的维生素A、D、E。黄、绿色蔬菜和水果也是维生素A、E的重要来源。

（2）水溶性维生素。有维生素$B_1$、$B_2$、$B_6$、$B_{12}$、C和PP（尼克酸），其中$B_1$能促进糖代谢和提高食欲，$B_6$能促进蛋白质代谢，$B_2$和PP参与促进三大物质代谢和能量代谢，$B_{12}$可促进红细胞生成。动物内脏、肉、鱼类、奶、酵母、豆和谷类等含B族维生素较丰富。维生素C具有减少运动时氧债、提高三磷酸腺苷酶的活性，延长红细胞寿命和提高运动员耐力水平的作用。维C主要来源于新鲜蔬菜和水果，但易受储存和烹调的破坏，最好生食。

### 3. 水、矿物质与运动的关系

（1）水。占成人体重的60%左右，在体内具有运送营养、代谢废物、构成细胞内液和外液，并在许多器官中起润滑作用。同时水具有调节体温和维持热平衡的功效，这一点对运动员显得格外重要。有资料表明，篮球运动时会因出汗丢失大量的水，脱水达体重的2%时，即会导致有氧能力下降；脱水达体重的4%~5%时，运动能力下降20%~30%；脱水达体重6%~7%时，全身乏力，运动难以为继。

（2）矿物质。在人体内的种类很多，总量约占体重的5%，其中含量较多的有钙、磷、钾、钠、氯、硫、镁七种，称为常量元素。含量较少的铁、碘、氟、硒、锌、铜等，统称为微量元素。无机盐对人体十分重要，其作用总的可概括为：构成肌体组织，调节生理机能，维持正常代谢。在运动中，钠、钾、钙、镁对维持细胞内外的容量、渗透压、酸碱平衡和神经肌肉兴奋性有重要作用。铁构成血红蛋白和肌红蛋白，它主要负责对氧的代谢和转运。锌参与构成能量代谢过程中一些酶的辅酶，对免疫、伤口愈合和抗自由基等有重要作用。矿物质主要来自海产品、豆、奶制品、新鲜水果、蔬菜及矿泉水等。

## (二)篮球运动员的营养特点

篮球运动高空争夺的对抗特征,要求运动员身材高大、粗壮(去脂体重大),灵敏性高;运动技术动作较为复杂,比赛中运动员需根据场上情况,随机应变自己的行动;身体接触频繁,攻守对抗激烈;比赛时间相对较长,并伴有间歇的冲刺式的无氧运动,以及爆发式的跳跃和投掷。这对运动员力量、速度、耐力、速度耐力、灵敏等方面素质有较全面的要求,运动强度和运动量都比较大,热能消耗也较多,为此形成自己的营养特点。

### 1. 篮球运动员营养的基本特点

(1)膳食供应要丰富,营养要全面,要保证能量消耗的补充。三大能源物质的比例应符合篮球运动供能特点。每天膳食中三大营养素一般应为:糖占55%,脂肪占25%,蛋白质占20%。

(2)膳食供应中,糖应是丰富和易消化的,因为篮球运动员能量来源主要依靠磷酸原和糖酵解系统供能。蛋白质应选用优质蛋白,其中动物蛋白应占60%左右,以促进肌肉生长,组织修复,提高肌肉力量,并促进能量代谢有关酶的生成。

(3)为增加体内的碱储备,以缓冲酸性代谢产物的影响,应当多吃新鲜蔬菜、水果等碱性食物。

(4)膳食中应供应丰富的B族维生素和维生素C,以及钙、磷、铁等富含矿物质的食物。表16-4是篮球运动员一日所需的各种营养,供参考。

表16-4 篮球运动员一日所需的营养

| 热源物质(克/公斤体重·日) | 维生素(毫克/日) | 矿物质(毫克/日) |
|---|---|---|
| 蛋白质 2.3~2.4<br>脂 肪 1.8~2.0<br>糖 9.5~10.8 | C 190~240<br>$B_1$ 3.0~4.2<br>$B_2$ 3.8~4.8<br>$B_3$ (班多生酸) 18<br>$B_6$ 6~9<br>$B_9$ (叶酸) 450~550<br>$B_{12}$ 0.005~0.008<br>PP (尼克酸) 30~40<br>A 3.2~3.7<br>E 25~35 | 钙 1200~1900<br>磷 1500~2370<br>铁 25~40<br>镁 450~650<br>钾 4000~5000 |

### 2. 篮球运动员比赛期的营养特点

篮球运动员随着比赛的临近,大脑皮层进入兴奋状态,表现为:精神紧张兴奋加剧,神经能量消耗很大,消化功能有可能减弱。因此,比赛期的营养有其特殊性,一般包括比赛期前、比赛期间和比赛期后三个阶段。

(1)比赛期前的营养。大型篮球比赛的赛期相对较长,一般赛前10天左右为减量调整期,强度突出而量较小。这一阶段的营养特点是:膳食中热能供应随运动量的变化而减少，以保持适宜的体重和体脂，原则上赛前一周不食用任何新品种的食品。运动员到达赛地后，尽快使机体适应新的作息与饮食制度，提倡少吃多餐，吃容易消化和含糖量高的食物，适当增加高蛋白性食物，减少脂肪的进食量。多吃富含矿物质的食物和新鲜蔬菜、水果，提高碱储备。每日维生素 A、$B_1$、$B_2$、C、E 等可增加到平时 1～2 倍的量。除膳食外，可补充维生素剂。

为了增加运动员的糖元储备，可采用糖元填充法，即赛前一周逐渐减小运动量。前三天吃普通膳食（糖热能比 50%），后三天给予高糖膳食（70%），使运动员肝糖元、肌糖元获得超量恢复。

对于赛前一餐，总的原则是，不妨碍比赛时机体的各种生理应激，有利于体内的代谢进行。具体要求是：应于赛前 2.5～3 小时进餐，食物体积要小，含能高，易消化，合胃口，以七成饱为宜。不吃辛辣类、豆类、韭菜和芹菜等粗纤维、难消化、刺激性大、易产气造成腹胀的食物。膳食中的热源比例，以高糖、低脂、低蛋白为宜。赛前可吃糖，服糖量不超过 50 克，赛前两小时或赛前即刻吃。此外，还可服用维生素 C，用量为 150～200 毫克，在赛前 30～40 分钟时服用。

（2）比赛期间的营养。随着比赛的进行，运动员大量出汗，体液丢失，体内能源消耗增加，血糖水平降低。因此，比赛中及时补充水、糖和矿物质很重要。实践中，常补充含糖和矿物质的饮料。应注意的是，大量出汗，使运动员的体液处于相对高渗状态，所以补充的饮料应是低张（糖浓度小于 5%）和低渗透压的糖——电解质饮料。方法是少量多次。有实验证明，理想的饮料，渗透压浓度为 250～370 摩尔/升，糖浓度小于 8%，糖组合为 2～3 种可运转糖，这利于小肠吸收进入血液。

（3）比赛后的营养。比赛后，特别是大强度比赛后，除了补水和矿物质外，应即刻服用 100～150 克葡萄糖，这对恢复血糖水平和减少血乳酸含量均有良好作用。赛后两三天内，膳食应维持较高热量，富含易吸收的糖和蛋白质，脂肪含量要低，补充维生素 $B_1$、$B_2$、PP、C 和矿物质（特别是钾）。

对于职业联赛，打一场休息 3～4 天，再打第二场，有必要在赛后第一天，给予高糖膳食，以加速糖元的恢复。

### 3. 不同环境下的营养特点

随着篮球运动的普及和篮球竞赛主客场赛制的实施，训练和比赛会在不同的地区进行，如在高原、寒冷或炎热的环境下进行，这时篮球运动员的营养除要遵循前面所说的一般原则外，还应考虑环境给人体机能带来的影响。

在高原环境下，由于气温低，运动员身体散热增加，对热能需求量增加。又由于高原环境缺氧，使运动员处于应激状态，导致糖贮备减少，血糖水平下降，蛋白质和脂肪代谢加强。因此，运动员热能供给量除根据运动量和强度外，应在原基础上额外增加 7%～25%，膳食应采用低脂和高碳水化合物营养。其中蛋白质应增加为总热量的 13%～15%，脂肪占总热量的 20%～25%，碳水化合物为 60%～70%，增加维生素，尤其是维生素 $B_1$、$B_2$、C 和 E 等。

在寒冷环境下，由于体热较易散发，代谢率增加，热能消耗大，因此，运动员膳食中热源物质的量有所提高，应适当增加肉类，以保持能量平衡。运动员对维生素 C、$B_1$、$B_2$、E 等需求量增加，维生素 C 和 $B_1$ 每日可增加 30%~50%，维生素 $B_2$ 可增加 2~4 毫克，维生素 E 可增加 50 毫克，它们能促进能量代谢和激素分泌。此外，在供给的饮料中糖浓度可增加至 15%。

在炎热环境下，由于环境温度高，导致运动员热能代谢率增加，出汗率增加，体内的微量元素（如钾、钠等）和维生素不同程度地受到损失，运动员的食物中枢兴奋降低，唾液、胃液及胰液等消化液的分泌减少。因此，对运动员的膳食安排和调配应多样化，清淡可口。餐前可备些冷饮、菜汤、肉汤、绿豆汤类以解除饮水中枢兴奋，促进食欲。还可以采取一日四餐制，以满足运动员对热能的需求。膳食中应增加蛋白质的供给量，减少脂肪比例，使蛋白质的供给量达总热量的 15%，具体可选用一些瘦猪肉、酱牛肉、鱼、鸡和豆制品。另外，在膳食中应多选用生冷蔬菜（多用绿叶菜）和新鲜水果，并补充维生素 $B_1$、$B_2$ 各 2~4 毫克和维生素 C 50~100 毫克。除此以外，有组织地合理补液在炎热的环境下具有特别重要的意义。补充水可让运动员在运动或比赛前 20~30 分钟摄入 400~600 毫升的水或饮料，在运动中应遵循少量多次原则。每 10~15 分钟给 100~150 毫升水或饮料。在比赛间歇中，饮料以电解质饮料为好，温度在 8~14℃ 为宜，糖浓度以 2.5% 为佳。如出汗在 3 升以上，可在膳食中增设咸菜、咸蛋、咸鱼等食物以补充无机盐。减少脂肪的比例。

## 第二节 篮球运动员的疲劳与恢复

### 一、篮球运动员疲劳的机理与诊断

#### （一）疲劳的机理概述

随着现代篮球运动训练与比赛的高强度、高负荷，必然产生运动性疲劳，必须重视其产生的原因和恢复机理的研究。无论篮球运动的训练还是比赛，疲劳都是不可回避的。自 20 世纪 80 年代以来，各国学者对疲劳的机理从生理、生化方面进行了艰苦的探索和研究。1982 年在第 5 届国际运动生物化学会议上，对疲劳的概念作了统一，将运动性疲劳定义为："机体不能将它的机能保持在某一特定水平，或者不能维持某一特定的运动强度。"目前对运动性疲劳的机理有以下几种代表性的理论：

**1. 保护性抑制学说**

认为疲劳是由于大脑皮层保护性抑制的结果。当运动时，大量冲动传至皮层相应的神经中枢，使之长期兴奋而导致消耗增加，为了避免进一步消耗，当消耗到一定程度时就要产生保护性抑制。20 世纪 70 年代，苏联雅科普列夫由脑生化研究发现，长时间运动疲劳时，大脑 ATP 水平明显降低，γ-氨基丁酸增多，有力地支持了该学说。

### 2. 能量耗竭学说

认为疲劳是由于运动时体内能源物质耗竭所致，且不同条件下的疲劳，其能源物质消耗有所不同，如长时间疲劳与血糖水平关系十分密切。

### 3. 堵塞学说

认为疲劳是由于运动时能量代谢产物如乳酸、氢离子、氨离子等在体内堆积引发。

### 4. 内环境稳定性失调学说

认为疲劳是由于运动时机体内环境变化（如酸碱度、细胞外液水分及离子浓度变化、渗透压改变及温度变化等）所致。

### 5. 突变学说

认为疲劳可能是能量消耗和兴奋部分衰减的综合表现。能量消耗和兴奋性衰减过程，有一个突然急骤下降的阶段——突变阶段，以避免能量储备进一步下降。

此外，近年来我国学者提出了神经-肌肉接点疲劳学说和外周多层次影响疲劳学说。前者认为神经-肌肉接点处 Ach（乙酰胆碱）量变是引起肌肉疲劳的原因之一；后者认为体内存在一个能动性的外周代谢体系，运动疲劳的发生是这个体系中多因素、多部位、多层次的综合性影响结果。总的看来，疲劳产生的原因可能是复杂的，几种因素可能是相互渗透和影响的。

关于疲劳产生的部位，大体上有几种观点：一是疲劳发生在中枢神经系统，二是疲劳发生在外周部分（运动神经以下的部位），三是中枢与外周都发生，四是认为肌肉收缩链条中每一环节都可能是疲劳产生的部位。由于篮球运动属技能类同场竞技对抗项目，它既有短时间的冲刺、爆发式的跳跃、投掷，又有长时间的对抗，运动强度和量都很大。其供能特点是有氧、无氧均有，但以高能磷酸原系统（ATP－CP）和糖酵解供能为主（约占 85%）。而人体肌肉中 ATP 和 CP 含量极其有限，肌糖元、肝糖元的储备量也不多。此外，糖酵解供能还带有副产品乳酸。因此可以认为：能源物质的消耗和乳酸在肌肉与血液中积聚是篮球运动员疲劳产生的基本原因。其发生的部位，外周与中枢神经系统均存在。但对于不同性质的训练课、比赛和不同等级水平的运动员，疲劳产生的机理与发生的部位也会有所不同。

## （二）篮球运动员疲劳的主要诊断方法

在篮球训练、比赛后，对运动员及时、准确地诊断是进行有效恢复的基本保证。采用何种诊断方法，应根据训练的具体情况而定。一般篮球运动员疲劳诊断可采用以下几种方法。

### 1. 教育学观察与自我感觉法

教育学观察是指在运动训练或比赛中，教练员可以通过运动员的外在表现来判断运动员的身体状况，如发现运动员面色苍白、行动迟缓、技术动作效果差（如投篮命中率、传球准确性下降等）、注意力不集中、战术意识下降、对抗能力和意识下降等，可初步判定其已疲劳。

自我感觉是指运动员根据自我感觉来判断自己是否疲劳。因为人的各部位是一个有机整体，一旦身体某一部位不适，就会立刻报告给大脑并做出表象反应。在实践中，将教育学观察与自我感觉相结合效果会更好。

### 2. 生理学指标测定

（1）肌力测定：运动引起的疲劳可使肌力下降。通常用握力计、背力计进行测定。

（2）心电图：疲劳时心电图S—T段下降，T波可能倒置。

（3）呼吸肌耐力测定：连续5次测肺活量（每次间隔15秒钟），疲劳时肺活量值明显逐次下降。

（4）血压体位反射测定：疲劳时由卧姿转为坐姿时引起血压明显下降，并且恢复减慢。

（5）汉契测试：呼气后憋气，运动员机能状态良好时能憋气60~90秒钟，疲劳时这一时间大为缩短。

此外，像皮肤空间阈、视觉闪光融合阈、反射时等，也是常用的简易指标。

### 3. 运动医学检查

（1）血红蛋白检查法：血红蛋白是红细胞中含铁蛋白，又叫血色素。运动员机能良好时，血红蛋白增加或正常（男子不低于12克，女子不低于10.5克），过度疲劳就会造成血红蛋白下降。

（2）尿蛋白检查法：运动员在大运动量训练以后，尿中可能会出现蛋白。除病理原因外，运动后出现尿蛋白称为运动性尿蛋白。蛋白含量增多，恢复时间长，则反映运动量过大，疲劳未能消除。

（3）龙伯格姿势稳定性测验法：运动员站立，闭目，两臂前伸，十指张开（两脚一直线，一脚尖抵向另一脚跟），测出保持稳定的时间与何时出现震颤。疲劳时稳定时间缩短，手指出现震颤。

（4）哈佛台阶实验法：受试者以每分钟30次的频率（一上一下为一次）持续5分钟，负荷结束后，令受试者坐在椅子上，测试恢复期第2、3、4分钟每分钟前30秒钟的脉搏（台阶高度，男子为50.8厘米，女子为42.6厘米）。

评价标准：按下面公式计算，指数越大，表示机能越好。

$$台阶指数 = \frac{登台阶持续时间（秒）}{2 \times 3次脉搏之和} \times 100$$

优，大于90；良，80~89；中，65~79；下，55~64；差，小于55。

此外，还有血乳酸、肌酐、$PWC_{170}$最大吸氧量等检测法。总之，篮球运动员疲劳的诊断，应根据训练与比赛的特点、任务和性质，将教育学观察、运动员自我感觉、生理和医学检测等手段有选择地结合起来运用，这样诊断会更准确。

## 二、篮球运动员恢复的原则与方法

### （一）篮球运动员恢复的原则

#### 1. 系统性原则

作为一名篮球教练员，应根据不同的训练阶段、不同的训练周期、不同的训练课和赛季任务，系统地、有计划地从训练安排、生活制度、营养卫生、医务监督、恢复手段等全面考虑运动员的恢复，重视与认识人体是一个完整的有机系统，大负荷引起疲劳的发生和发展不是单一因素造成的，它往往是多因素综合变化的结果。因此，恢复也应全面、系统地进行。

#### 2. 针对性原则

进行恢复要有针对性。贯彻针对性原则有两层意思：一是要针对不同的比赛或不同训练阶段课的目的、内容和负荷的性质来选择不同的恢复手段；二是要针对运动员不同的个体（年龄、性别、机能状况、训练水平等），选择不同的恢复手段。即使使用同一种恢复手段，在具体操作上也应有所区别。

#### 3. 综合性原则

随着运动水平的提高，单一的恢复手段往往效果不佳。在恢复过程中，应充分将教育学、营养学、心理学、医学、生物学等恢复手段有机结合，综合运用，利用它们的合力来达到最好的恢复效果。

#### 4. 实效性原则

采用任何先进的恢复方法和手段，都要以运动员实际恢复效果来决定。因此，教练员应在平时训练、比赛过程中，对不同训练负荷采用的恢复方法、手段进行生物学监控，通过科学的检测加以比较、选择和总结，找到最有实效性的恢复方法，提高恢复效果。

#### 5. 自觉性原则

运动员是训练的主体，再好的恢复方法只能在他们身上实施。因此，运动员应自觉地、主动地将负荷后的机能状况、恢复的感觉告诉教练员，以便教练员对运动员疲劳进行诊断和对所采用的恢复方法进行甄别，调控恢复过程，提高恢复的效果。

### （二）篮球运动员疲劳恢复（消除）的方法

#### 1. 教育学恢复方法

教育学恢复方法主要用于整个训练过程、单元训练过程、单元训练之间的间隔时间（图16-1），具体如下：

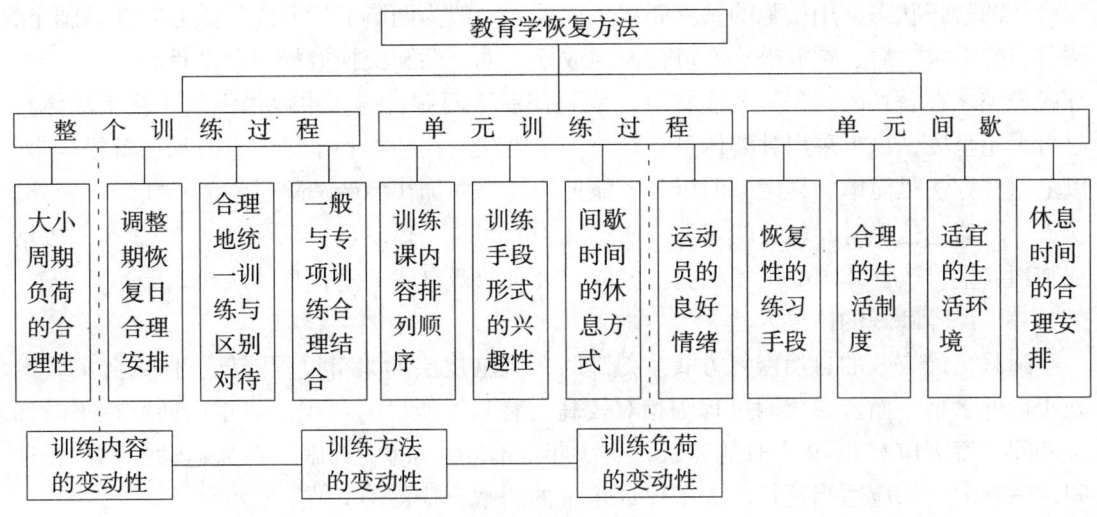

图 16-1

（1）准备与放松活动

准备活动：在教育学恢复措施里，要特别强调训练、比赛前的准备活动，准备活动应根据课的基本部分内容，采用一般性准备活动与专项性准备活动相结合的方法，这样有助于运动员更快地进入工作状态，提高训练效果，延缓疲劳发生。一个完整的准备活动需要 20~30 分钟，一般包括三个阶段。

第一阶段，是指一般性准备活动，主要是使运动员身体预热，其内容主要包括慢跑及简单的跳绳等。这些活动持续 5~10 分钟，直至身体开始出汗为止。

第二阶段，是指伸展练习，包括全身各主要肌肉群的静态和被动伸展。这一阶段大概持续 10~12 分钟。

最后一个阶段，主要指动态伸展，分为原地及移动中的伸展练习方法，需要 5~7 分钟。全部内容结束后，运动员应充分地做好了身体准备。

放松活动：准备活动是运动员为训练及比赛做好身体准备，而放松活动则是为了使身体快速恢复到正常的安静状态。首先，通过积极性的放松活动，有助于肌肉快速恢复，以防再次训练比赛时肌肉会产生紧张、痉挛及损伤。通过放松活动，可增加体液循环，使身体肌肉细胞恢复体液、电解质、酵酶及营养成分的平衡。这对于每天训练多次的运动员来说尤其重要。其次，从能量代谢上看，篮球运动属于无氧供能项目，经过高强度的剧烈运动后，血液和肌肉内会产生乳酸，运动员肌肉细胞及血液内会产生大量的酸性物质。放松活动可使运动员体内的酸性浓度快速恢复到运动前的正常水平，增强体液循环，有助于将氧和其他营养成分迅速输送到血液及肌细胞，并排出废物及恢复能量。因此，训练或比赛后，积极的放松整理活动，是消除疲劳、恢复体力的有效手段。

通常的放松整理活动包括慢跑、呼吸体操和一些伸展练习等。可以根据自己的实际需要，来设计、制定符合自己的放松活动内容，并列入训练计划。

（2）训练或比赛中的恢复方法

运动员可利用训练间歇和比赛中暂停、换人、罚球、跳球、犯规等短暂的时间，改变身体的紧张状态，用松弛的站立姿势来调整。一般为两脚前后开立，重心落在后腿上，两臂自然下垂，肩、腰放松。亦可在原地放松走动，两腿交换放松（移动重心），并结合呼吸调整。在替换时可采用坐姿休息，双腿伸展于两侧，肩、手放松下垂。在半场休息时可采用坐姿，也可采用卧姿休息，一般为半躺状。在替换和半场休息时均可解松鞋带。以上这些方法虽简单、易做，但可节省能量消耗，并加快疲劳消除过程。在罚球、暂停、换人、跳球选位等时间较长的间隙，或训练中的间歇，运动员可做深呼吸2~3次，以增加肺通气量，改善体内的供氧状况。做深呼吸时两臂自然下垂，身体放松。

(3) 保障睡眠的恢复方法

睡眠是最有效的自然恢复方式。熟睡时，大脑皮层的兴奋过程降低，体内分解代谢处于最低水平，而合成代谢过程则相对较高，有利于能量的蓄积。成年运动员在平时训练期间，每天应有8~9小时的睡眠，青少年应有10小时的睡眠。在大运动量和比赛期间，睡眠的时间应适当延长。为了保证正常的睡眠，应注意几点：

第一，睡前1~1.5小时应停止娱乐活动（如看电视、打牌、看小说、嬉闹等）。

第二，睡前两小时应停止进餐（包括喝饮料等），但可喝一点热牛奶，牛奶有助于睡眠。

第三，睡前房间的光线应保持柔和无亮光。

第四，房间床头可放一些水果（如苹果）或撒一些类似芳香剂，因水果的芳香有助于入睡。

第五，睡前可做一些自我暗示或气功，以达到催眠的目的。

第六，可请医师使用催眠术，帮助诱导催眠。万不得已也可在医生指导下服用安眠药入睡。

### 2. 医学生物学恢复方法

(1) 水疗法。水疗是最基本、最重要，又是最简单的恢复手段。水疗的形式有淋浴、盆浴（浸浴）、涡流浴、桑拿浴、蒸汽浴等。下面列举几种形式：

第一，盆浴（浸浴）。一般在热水中浸浴10~30分钟，热水的温度应在39℃以上；然后淋浴，热冷水交替浸浴（冷水温度为15℃），这样效果更好。水的浮力、压力、水流均产生机械力的刺激，热水刺激能扩张血管，促进血液循环与新陈代谢，加速代谢废物的排除，消除皮肤污垢，放松肌肉，安抚神经，促进睡眠。

第二，桑拿浴。桑拿浴自古流行于北欧，目前我国许多训练基地已配备。桑拿浴可促进全身血液循环，放松全身，使人精神爽快，消除疲劳。但每次的时间应根据训练后运动员的情况而定。

总之，水疗简单易行，若再结合浴后按摩，恢复的效果会更好。

(2) 按摩。按摩在我国有着悠久的历史，传统的中医理论有"按其经络，通郁闭之气；摩其壅聚，以散淤结之肿；舒经活络，宣通气血，缓解痉挛，活血化淤"之说。按摩能促进毛细血管扩张，改善局部血液循环和营养状况，有利于肌肉中消除乳酸和其他代谢产物，消除运动后肌肉酸痛等不适症状，并安抚神经。篮球运动员按摩一般安排在浴后，其重点是腰背肌、小腿和肩带肌群。按摩的时间、深度、力度，每名运动员各有不同。按摩应沿静脉、淋巴的回流方向,顺着肌肉的走向进行。按摩的顺序一般从轻按开始,逐步过渡到推摩、擦摩、揉捏、按压、拍打、抖动。按摩的方式可分运动员自我按摩、运动员互相按摩、医师按摩、器械按摩等几种。

(3) 服用药物。药物可以促进运动员消除疲劳,使体力得到恢复。有资料研究表明,大强度训练和比赛后,运动员睾酮出现衰竭。中西药物功效是:中医讲补肾、益气、助阳、滋阴;西医讲促睾酮,其作用异曲同工。我国传统的中药表现出更优的效果,像人参、鹿茸、刺五加、冬虫夏草、紫河车、山茱萸、菟丝子、肉苁蓉、绞股蓝、枸杞子等。药物可以补肾安神、改善睡眠,能有效地解除疲劳。而实验证明采用静脉注射 5% 的复合氨基酸,能快速消除运动疲劳。但服用药物有两点必须注意:一是所选药物一定是国际奥委会禁用以外的药物;二是服用药物并不是种类越多剂量越大越好,要在医师的指导下进行。

(4) 吸氧。篮球运动员在训练和比赛后,可利用高压氧舱,在 2~2.5 个标准大气压下,吸入高压氧。吸高压氧可使血氧含量增加,血液中二氧化碳浓度降低,pH 值上升,提高组织氧的储备量,对疲劳的消除有显著的疗效。若外出比赛也可携带小氧气瓶。

(5) 理疗。利用光疗、蜡疗、电疗等作用于身体局部或全身,可促进血液循环,加速疲劳的消除和机能的恢复。最近国家体育总局体科所研制的体外反搏装置,对消除运动性肌肉疲劳具有较好的效果。

(6) 针灸与气功。对疲劳的肌肉可进行有关穴位针刺,全身疲劳可针扎强壮穴足三里。配合间动电电针有消除局部疲劳的作用。

气功是一种自我调节、自我控制的方法,可消除紧张、调节改善肌体机能状况。调息补气功,经实验是一种较好的功法。

### 3. 心理学恢复

心理学恢复是指采用心理学的方法,通过调节大脑皮层的机能,达到消除疲劳的目的。心理恢复放松的方法很多,可在室内运动场上进行,也可在宿舍里进行。环境要求温暖、舒适、安静,没有直射的阳光。其一般程序是教练员给予诱导词(也可录制成磁带播放),运动员仰卧,两腿稍分开,两臂放在体侧,全身放松。然后,运动员随教练员的诱导词练习。全套练习一般控制在 20~30 分钟。诱导词举例如下:

放松练习现在开始。

排除一切杂念,用腹部进行深呼吸。

我正在放松、安静……

我的右臂完全放松了,我的右臂感到沉重。

温暖和舒适……(重复三遍)

我的左臂完全放松了,我的左臂感到沉重。

温暖和舒适……(重复三遍)

以下,教练员按上述方法顺序发出"放松右脚""放松左脚""放松头部""放松全身"。若在练习的同时配上舒缓的音乐,效果会更好。

 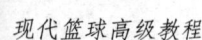

# 第十七章

# 篮球运动常见损伤的处理、治疗、预防与康复训练

随着现代篮球运动不断向高强度、高速度和高空优势对抗方向发展，一方面，对运动员的素质和技、战术水平提出了更高的要求；另一方面，由于篮球运动本身所具有的高空争夺特征，拼抢激烈凶悍，攻防转换速度进一步加快，也使运动员在训练和比赛中的受伤几率升高。如何采取有效的预防措施，避免或降低运动损伤的发病率；应用科学的康复手段，改善和提高伤愈复出时的机能状态，是现代篮球运动伤病防治面临和需要解决的实际问题，这对确保运动员和锻炼者的身体健康，促进篮球运动发展具有重要的现实意义。

伤病防治不仅仅是医务人员针对训练和比赛的保障工作，而且作为篮球运动的直接参与者，教练员和运动员在此工作中也发挥着不可替代的积极主动作用。强化自我保护意识和专门技能的训练，讲究"保强补弱""养伤不停训"的康复训练原则，掌握正确的现场急救处理知识，是现代篮球运动教学训练工作者应具备的能力之一。

## 第一节 篮球运动常见损伤

### 一、篮球运动常见损伤的种类

#### （一）扭 伤

扭伤又称捩伤，是篮球运动中发病率最高的一种运动损伤，轻者关节囊、韧带撕裂，重者可致断裂。常因运动员猛然转身时，动作幅度过大、技术动作僵硬或对方队员的冲撞等因素，致关节活动超出其生理范围而引起关节周围软组织损伤，如膝关节内侧韧带扭伤、急性腰扭伤、踝关节韧带扭伤等。调查研究显示，我国运动员关节囊、韧带扭伤占各种运动损伤发病率的首位。

#### （二）拉 伤

拉伤是运动员在训练或比赛中，由于准备活动不充分、技术动作不合理、肌群协调性差等自身原因所致的主要运动性损伤之一。当运动员突然发力，在肌肉强烈收缩或被动牵拉，加载于肌肉（肌腱）上的牵拉应力或牵拉幅度超过其能承受的范围时最易发生，可造成肌肉、肌腱突然撕（断）裂，或肌腱附着处的撕脱的损伤，如常见的股二头肌拉伤、跟腱断裂等。

### （三）挫伤

挫伤是篮球比赛中外部暴力致伤的主要运动性损伤之一。尤其是随着比赛激烈程度的提高和对抗性增强，双方队员的频繁身体接触、冲撞，或接球时手指动作不正确和来自对方队员的伤害性行为（如用膝、肘部顶撞），使发病率明显增高，如股四头肌挫伤就是进攻队员持球做交叉步突破时，其大腿前外侧部受到防守队员的膝部顶撞而最易发生的运动损伤。此类伤病可致肢体皮下脂肪、筋膜或肌肉、肌腱等软组织受到不同程度的损害。

### （四）陈旧性损伤

篮球运动员的陈旧性损伤常因受伤后治疗不当或不及时、新伤未愈重复受伤、慢性劳损（损伤）等因素所致，临床上多表现为病程长、疗效差、常复发，如髌骨软骨病、腰肌劳损等。此类损伤在训练程度较高（年限长、水平高）的老运动员身上表现较为突出，并对运动员的情绪和在比赛（训练）中的技术动作正常发挥，均有较大的影响。

### （五）骨折和脱位

骨折和脱位类损伤常发生在篮球比赛和训练过程中，如运动员移动中突然蹬地跳起做抢篮板球或投篮等腾空动作后，因落地发生意外（踩在他人脚上或被踩所致的第五趾骨结节骨折）或落地自我保护动作不合理（失去平衡落地前臂后撑所致的肘关节脱位）等情况下，发生韧带断裂、肌肉拉伤。骨折的骨组织多为肢体受应力作用较集中部位的异形骨和短骨，如腕舟骨、掌骨、趾骨等。

## 二、篮球运动常见损伤的部位

### （一）下肢部位

膝关节的伤患在篮球运动损伤中高居第一位，是影响运动员正常训练、比赛和技术发挥的最主要伤病部位之一。由于现代篮球运动具有快速、争夺激烈等特点，要求运动员降低身体重心，经常处于屈膝位，以便有效地完成突然起动、急停、迅速转身、移动中突破跨跳等各种技、战术动作，从而使膝关节局部受到很大的瞬时冲击力、持续应力和剪切应力作用，其受伤的概率也就很高。

膝关节是人体最复杂的关节，构成此关节的肌肉、韧带等附件最多，受伤时累及的部件也就较多，加之受伤机制极为复杂，故其伤病具有多发性（多个附件同时受伤）、复合性（扭伤、拉伤等多种损伤类型同时发生）、综合性（急、慢性损伤同时存在），以及难治愈性的特点。

踝关节是韧带扭伤的易发部位，尤其是运动员在身体腾空抢篮板球或跳起投篮后，因落地时踩在他人脚上或落地缓冲动作不正确而失去重心控制时最易发生此类损伤。踝关节病案在篮球运动损伤中居第三位。由于篮球运动制空拼抢技术向凶悍性方向发展，运动员在篮板球争夺日趋激烈，很多技术动作都是在空中或激烈对抗的情况下完成，在人体腾空后，踝关节因其解剖学特点而处于一种 J 字形的自然 屈内翻位，如果落地时稍有不慎，极易造成踝关节韧带的扭伤，重者还可伴有其他肌腱的断裂或骨折。踝关节损伤的类型多为韧带扭伤，受伤具体部位以关节的外侧韧带为主。

### （二）躯干部位

运动员的腰部是完成一切身体动作的枢纽，现代篮球比赛中贴身攻守对抗都以腰部用力来完成，因此，腰部伤病在篮球运动损伤中占第二位，是影响运动员正常训练、比赛和技术发挥的主要伤病之一。正由于腰部是人体活动的枢纽，具有负重大、活动多、用力集中等生物学特点，在急转身、跨步过人和个人防守、跳起空中拼抢等技术动作中运用十分频繁，所以极易受伤，最常见的腰部损伤有急性腰扭伤和腰肌劳损。

篮球运动员腰部伤病的原因很多，多为间接暴力所引起。具有急、慢性损伤同时存在的综合性特点，且因受伤部位较深而不易治疗，训练与治疗又必须兼顾，因而常表现出难治愈性特点。另外，在训练比赛年限较长的高水平运动员群体中，普遍存在不同程度的腰部疾患，有些运动员甚至因腰伤而不得不退役。腰部的陈旧性损伤是困扰篮球运动员的最主要腰部伤病。

### （三）上肢部位

现代篮球技术动作很多都有"以肩作轴，带动上肢"的技术特点，从而加大了上肢的活动范围，对肩、肘和腕指关节的作用提出了更高的要求，同时也增加了肩、肘和腕指部的负荷和受伤的几率。据统计分析，篮球运动员的肩肘部损伤仅次于膝、腰部，是篮球运动中常见的损伤之一。由于篮球比赛具有高空争夺的特点，要求运动员在投篮和拼抢篮板球时尽可能伸展上肢，故伤患多为因外力过度牵拉所致的肩袖损伤和肘关节内侧部韧带受伤以及指关节的挫伤。

## 第二节　篮球运动常见损伤的病因与影响因素

### 一、篮球运动常见损伤的外在病因

#### （一）间接作用力

由于篮球比赛中队员之间身体接触频繁、对抗性较强，间接作用力（包括传导作用力、扭转和剪切应力及杠杆作用力）就成为篮球运动员软组织损伤的首要致伤因素，常引起扭伤、拉伤等，重者也可导致骨折和脱位。运动员因间接作用力而受伤的最主要原因之一，是队员缺乏自我保护意识和行之有效的自我保护专门训练。

### （二）慢性劳损

慢性劳损是运动员身体局部过度活动、长期负重，或某部受到持续、反复的外力作用而造成的慢性积累性损伤，它在老队员的伤病因素中最为突出。慢性劳损致病多发于人体活动枢纽的腰部和反复受到牵拉、应力作用的髌骨，具有病因较难祛除、伤病不易治愈和队员又不能停训的特点。慢性劳损还与不科学的运动训练、新伤的不彻底治疗，以及重复受伤有关。

### （三）直接暴力

直接暴力致伤具有突发性的特点，常由于对手的无意识习惯动作，或有意犯规动作造成，最常出现的作用力点是与对手的肘或膝部发生直接冲撞，造成身体某部位的损伤。所引起的损伤类型多为挫伤，受伤局部多伴有皮下出血而形成的血肿和淤癜，如胸壁挫伤、股四头肌下血肿等。

### （四）教练员科学训练水平不高

因训练科学化水平低，直接导致运动员训练程度不高而受伤的病案在年轻（新）运动员中最为突出。主要表现在许多年轻运动员完成技术动作时存在不规范、不合理，主动肌与对抗肌收缩不协调，以及自我保护能力较差等因素，故他们受伤的几率比老运动员明显增大。所以，教练员对于年龄较小、个子很高、体形单薄、动作迟缓的运动员尤其要注意协调性方面的专门练习。

## 二、篮球运动常见损伤的内在病因

### （一）运动员生物学机能状态不佳

由于过度训练、生物节律性低潮期、疾病、女运动员经期等因素使运动员的生理机能处于不良状态，运动员在训练时往往注意力不够集中，动作协调性下降，肌肉、关节的本体感受性降低，竞技状态低下，此时对抗能力和运动能力减弱，因而在激烈的拼抢过程中极易受伤。另外，在大强度、大运动量的训练中也容易造成心血管、呼吸等系统的"内伤"，如过度疲劳综合症。

### （二）肌肉收缩力

肌肉收缩力引发的损伤在年轻运动员的伤病中较为普遍，受伤过程往往是队员技术动作僵硬和不合理、主动肌群和被动肌群收缩不协调，或身体大、小肌群力量的不匹配而造成。受伤较多为撕裂（拉）伤，累及部位多为肌腹、肌肉与肌腱过渡部位，以及肌腱附着处。

### （三）缺乏充分的准备活动和整理活动

运动员在比赛和训练前充分做好准备活动，是预防外伤和内伤的一个关键环节。在篮球比赛（训练）的开始阶段，由非对手因素所致的扭伤、拉伤病例中，绝大多数属运动员自己没有充分做好准备活动。特别是在环境温度较低、停训时间较长的情况下，肌肉的黏滞性大，动作僵硬，肌肉及其纤维结缔组织更易被拉伤。在训练或比赛开始后，随着双方的激烈拼抢，生理负荷强度在很短的时间里急剧升高，运动员的内脏机能跟不上运动系统的需要，从而会出现"极点"现象，影响队员技、战术水平的正常发挥。充分做好准备活动，在心血管机能中留下一个"强度痕迹"，能有效地克服内脏机能的生理惰性，将"极点"现象造成的不良影响降低到最小程度。此外，高度重视训练后的整理活动，也是获取训练效果，防止肌肉僵硬，消除体内运动性代谢产物，促进心血管、呼吸系统机能的快速恢复，预防运动性疾病的重要途径之一。

## 三、篮球运动常见损伤的其他影响因素

### （一）场地、器材条件

篮球运动中，场地滑和不平坦、灯光不适宜是造成运动员摔伤和扭、拉伤的重要影响因素。灯光暗淡，影响运动员视力判断，会造成移动、完成技术和战术动作出现身体失控而受伤。地面过硬则极易诱发运动员出现胫腓骨疲劳性骨膜炎和跟（底）痛症，也会间接地加重损伤的程度。篮架未用软物包裹、球场边线外障碍物过分靠近，以及灯光照度不够，也是运动场所的不安全因素，有时也会引发意外伤害。排除场地、器材条件中存在的隐患，虽是后勤保障部门的本职工作，但对于教练员和运动员而言，养成在训练和比赛前有意识地检查灯光、场地、器材的安全性的习惯，对于预防运动损伤的发生具有重要的实际意义。运动员服装与运动鞋袜不合适，也会导致意外伤害事故，必须予以重视。

### （二）医务监督

调查研究资料表明，医务监督工作较为薄弱的球队，其新队员出现过度训练综合征和意外受伤、老队员出现慢性积累性损伤的病案，不仅数量增加，而且在该队运动性伤病总数中所占的比例，也明显比伤病监测工作较好的球队高。因此，提高教练员和运动员的医务监督意识，使其主动配合医学科技人员开展运动性伤病的监测工作，将有助于教练员准确掌握运动员的生物机能变化规律，及时了解运动员的身体状况，合理安排运动量，从而有效地防止运动性伤病的出现。

# 第三节 篮球运动常见损伤的治疗与康复训练原则

## 一、篮球运动常见急性损伤的现场处理原则

### (一) 闭合性软组织损伤处理原则

肢体急性闭合性软组织损伤在篮球运动中经常发生，正确的现场处理不仅可以防止受伤局部的进一步出血，减缓疼痛，而且有利于伤病的后期恢复。现场急救处理的总体原则为局部制动休息 (Rest)、冰疗 (Ice)、压迫包扎 (Compress)，以及抬高患肢 (Elevation)，又称 RICE 原则。

**1. 局部制动休息**

伤肢制动是急性损伤现场处理的重要措施，是有效地减轻伤病疼痛和组织出血、防止再次活动而加重损伤程度的重要措施。当队员受伤时，必然产生一种保护性自我制动的条件反射，此时切忌为了急于诊断和达到手法治疗的目的，使用按压、揉捏、转动、牵拉等方法，否则将加剧伤肢疼痛、局部出血和炎症。分析过去一些伤患部肿胀严重、愈后关节周围软组织增生明显的病例，其中一个重要的原因就是受伤早期的制动处理不当。为了加强制动休息的疗效，除患者自我控制伤肢不动外，还可使用钢丝托板、支撑保护带等。受伤后 48 小时内应连续执行制动休息的原则，禁止使用转动、牵拉等可能导致重新出血的治疗方法。

**2. 冰疗**

在比赛现场，受伤急救时的冰疗常采用氯乙烷配制的雾化降温剂作局部喷涂，旨在降低局部组织的温度和痛觉感受器的敏感性，促使受伤血管收缩，以产生明显的止痛、减轻伤部出血，以及阻止液体渗出的作用。同时也能降低局部组织的代谢率，缓解受伤部位的缺氧状况，有利于受伤组织的后期恢复。在条件较差的情况下，可先用凉水冲洗 15～20 分钟，但离开球场后，需继续使用冰袋作半小时的冷敷。伤后 48 小时内，禁用温度较高的热水冲洗 (或热敷) 患部。

**3. 压迫包扎**

这是伤病现场处理措施中最关键的一步。加压包扎不仅是伤病急性期中减少组织出血、防止伤部组织过度肿胀的有效方法，而且也是防止在恢复期中伤患组织内的结缔组织过度增生、受伤关节在恢复后明显比对侧腿 (肢) 部肿大的疗法之一。在冰疗后最好用弹性绷带对受伤部位进行包扎，包扎所用的绷带的宽度宜宽一些，松紧也应适度。在包扎后 5 分钟，应检查一次伤部远端肢体 (或甲床颜色) 有无发绀、发麻、发胀的现

象。如果不易分辨时,可与对侧健肢进行比较,以便确认有无包扎过紧而出现的肢体远端缺血症状。一般在受伤急性期内,局部均有不同程度的进行性肿胀。因此,运动员自己也应注意观察远端肢体的颜色,如出现皮肤发紫、肢体麻木、疼痛加剧的症状,应立即报告,以便及时调整包扎带的松紧度。

#### 4. 抬高伤肢

适当抬高伤肢能有效地改善血液循环,有利于淋巴液回流,促进肿胀的消退。肢体受伤后,由于疼痛保护性反射或软组织本身的伤病,使肌肉收缩对血(淋巴)液回流的推挤(压)功能暂时不能发挥作用,致使大量的血液因重力作用而潴留在受伤部位和四肢远端的静脉中,从而加重了局部出血和肿胀的病理过程。抬高伤肢的措施,充分利用了血液的重力作用,弥补了肌肉收缩"挤压泵"功能的不足,在一定程度上消除了血液回流不畅的因素,促进了潴留于伤肢局部和远端肢体皮下疏松结缔组织中的液体回流入血循环的过程,因而具有防止进一步肿胀和消肿的功效。一般而言,运动员下肢受伤后,身体宜取半躺位或坐位,足踝部垫(抬)起的高度应超过大腿部水平;取躺位时,下肢垫高应超过心脏水平。上肢远端受伤后,手腕部应抬高,并超过心脏水平。

### (二)开放性软组织损伤处理原则

开放性软组织损伤是指伴有皮肤、粘膜的完整性受到破坏,伤口直接与外界相通的软组织损伤。篮球运动中最常见的有擦伤、挫裂伤等。此类损伤的现场处理原则是有效止血,保护创面和防止感染。

#### 1. 止血

采用有效方法止血,如手指受伤可用另一侧拇指和食指压住出血手指的两侧动脉。当出血严重,一般压迫止血方法效果不佳而必须使用橡皮筋、胶布条等带状物实施止血时,应特别注意结扎的松紧度应以刚好阻断动脉血流(不出血)为宜。结扎止血带的时间要注意,一般上肢每 20~30 分钟必须缓慢解除止血带一次约 5 分钟,下肢每 45~60 分钟必须解除止血带一次约 5 分钟,使伤肢间断恢复血液循环一次,并随时观察结扎止血后肢体远端的状况(参见"压迫包扎"),防止因结扎过紧或止血时间过长,引发神经损伤或远端肢体缺血性坏死。当伤口不再继续出血、创(口)面血液已凝固时,可缓慢松弛止血带,密切观察有无继续出血现象。

#### 2. 保护创面,防止感染

在基地训练时,若场地离医务室不远,原则上不要用任何未经严格消毒的物品覆盖在创面上,应快速到医务室进行清创等处理。若创面上有异物时,禁用嘴吹或用一般水冲洗,以防进一步感染。若运动队经常在远离医务室的训练场地(赛场)训练(比赛),且又无随队医务人员时,建议助理教练员随身准备一个常规外伤小急救包,以便应急。急救包内至少应有碘酒和酒精各一小瓶、消毒橡胶手套、棉签、棉垫、纱布、胶布、绷带、止血带、三角巾、上肢小夹板(一副)等。局部消毒操作时应特别注意由创面中心逐步（画圆圈式地）向外周消毒。

### （三）骨折与脱位处理原则

当发现受伤局部出现明显畸形、剧烈锐痛时，原则上应立即按骨折脱位的病案作现场处理，切忌在未弄清楚伤病的情况下擅自实施手法复位等治疗。闭合性骨折和脱位的现场处理原则主要是：临时夹板固定、肢体制动，以减轻疼痛，避免再伤以及便于转送。当环境温度较低时，还要注意保暖。对于开放性骨折或脱位，除止血、保护创面、防止感染外，也应对患肢进行临时制动与固定。固定时最好按患肢受伤后的自我保护性姿态进行，尽量不要移动伤肢，以免加重运动员的疼痛和伤情。

## 二、篮球运动常见损伤的康复训练原则

### （一）区别对待原则

区别对待原则是指在康复训练过程中，根据运动员不同的伤病情况和个人特点，有针对性地制定和实施康复训练计划（训练的内容、方法和手段，以及生理负荷量、注意环节）的原则。从伤病恢复的角度出发，康复训练必须依据运动员受伤的类型、部位，以及损伤愈合（早、中、晚期）的不同阶段，分别采用相应的康复训练方法，如踝关节急性（外侧韧带）扭伤的早期应以局部制动（静止）休息为主，而晚期则应注重踝关节周围的韧带、小肌肉的抗阻训练，以加强关节的稳定性和抗再受伤的能力。

运动员个性特征、训练程度和心理素质，也是教练员在康复训练过程中应考虑到的方面。由于不同运动员上述特点的差异，他们对受伤后早日恢复的渴望程度和对伤病的态度有所不同，因而落实在执行康复训练（练习）计划的行动上，其表现也不尽相同。如毅力品质较好、训练热情较高的运动员，他们往往能更快、更好地战胜伤病痛苦，积极配合教练员全力投入康复训练。但对于这类运动员要特别注意再度受伤的问题，在制定和实施康复训练计划时，应有意识地适当控制其练习强度，以防止再度受伤。

### （二）动静结合、"保强补弱"原则

动静结合、"保强补弱"原则是指在康复的不同阶段，将静止的休息与动态的训练合理地搭配起来，并在康复训练过程中注意尽量保持自己原有的机能和竞技状态，同时弥补自己在技、战术方面不足的立体性康复训练。这是现代体育康复训练的一大特点。动静结合原则具有广泛的内涵，如早期以静态休息为主，中、晚期以动态练习为主，伤患局部制动与整体训练结合，上肢受伤练下肢，技术不能练则练素质，恢复与保持机能状态相结合等。

"保强补弱"原则是在"养伤不停训"思想指导下的现代体育康复训练学的一大发展趋势。损伤给运动员带来的最大负面效应，不在于伤病本身，而在于运动员对伤病的态度所导致的整体机能水平和竞技状态的大幅度快速下降。这也是现代体育康复训练的一课题。有些运动员一旦受伤，情绪低落，把"养伤"看成是一个绝对静止休息的医疗

过程，从而放弃了积极康复训练和充分利用康复期间弥补自己技、战术不足的宝贵时机。注重康复过程中的保强补弱训练，也是优秀教练员和运动员的特征之一。如美国某优秀篮球运动员平时比赛时的罚球命中率不高，但在某次受伤后的伤病康复训练期间，他在接受局部伤病治疗的同时，特别注意了罚球线处的投篮练习，因而在伤愈复出后，不仅很快进入竞技机能状态，而且其罚球命中率明显提高。

### （三）综合训练原则

在康复训练过程中，采用多种训练手段和内容，对受伤部位和相关肢体进行全面训练即为综合训练。综合训练是康复训练的重要组成部分，它在促进损伤愈合、缩短康复时间、防止再度受伤等方面具有重要的作用。在篮球运动中关节损伤最为突出，围绕受伤关节的综合训练应包含以下几个方面：

#### 1. 等张与等长练习相结合

在训练的手段选择上要注意肌肉动力性和静力性抗阻练习的合理搭配，尤其要注重在某些力量最为薄弱的关节角度上的静力性力量练习，以加强跨关节肌群、韧带在各个运动角度上对抗牵拉和扭转的能力。（负荷）阻力大小的把握应以在练习中受伤局部不产生明显的疼痛为原则。练习中要特别注意逐渐发力，先慢后快，切忌重复受伤动作。

#### 2. 跨关节大、小肌群的协调训练

在发展篮球运动员腿、臂、腰部大肌群力量的同时，特别要注意对在运动中发挥协同作用的小肌群的力量训练是促进伤患尽快恢复、防止再次受伤的重要康复训练环节。调查研究揭示，篮球运动员在关节损伤的病案中，跨关节韧带、小肌群的拉伤后较难愈合是影响伤患全面康复的重要因素之一。因此，在进行肌肉力量训练时，要遵循先练大肌群、后练小肌群的顺序原则，以取得最佳的训练效果。

#### 3. 肌肉和韧带的同步训练

篮球运动过程是身体全方位各关节、肌群整体协同活动的过程，关节运动功能是由围绕（跨）关节的肌肉和韧带共同执行的，关节的损伤程度与关节肌肉和韧带的牵拉能力密切相关。因而，在康复训练中应注意跨关节肌肉和韧带的同步训练，尤其要针对这些有关关节肌肉和韧带的抗阻力量进行训练。如果是踝关节外侧韧带扭伤后的康复训练，在注意跨踝肌力训练的同时，要特别强化踝关节外翻、背屈（勾脚尖）动作的抗阻练习，这对于加强跨踝肌肉和韧带的力量、防止再度受伤，具有积极的意义。

### （四）循序渐进原则

损伤局部修复后的新生组织（如肌肉、韧带等）的抗牵拉、扭转能力较弱，需要一个逐步强化的适应过程，尤其是伤情较重、卧床休息时间较长的运动员，不仅其整体运动能力下降，而且其心血管、呼吸等内脏系统机能在一定程度上也降低，与运动系统的动态平衡关系也要在康复训练中重新建立。因此，在整个康复训练过程中，不同恢复阶

段的运动强度和生理负荷（强度）量的安排应体现逐渐加量、循环交替的原则，并应特别注意观察运动员对训练的反应，随时根据伤情反应调整训练计划。如训练后出现受伤部位疼痛、肿胀加剧，或整体机能水平恢复时间明显延长，即应迅速调整训练强度和量，防止再度受伤而延长康复过程。

### （五）整体康复原则

整体康复原则是指对受伤运动员从伤患局部到整体的生理、心理、竞技状态等方面实施全面康复训练的原则。运动员受伤停训后，除伤患局部的病理改变外，其整体生理机能、情绪（心理）、竞技状态等方面也会发生相应的一系列变化。故教练员在制定和实施康复训练计划时，不能单纯着眼于受伤部位的康复，还应意识到运动员是一个完整的机体，从损伤的治疗、生理和心理机能的调整，到竞技状态的恢复等方面需进行综合考虑，使运动员在伤病复出时，能很快适应严格训练和激烈比赛的环境。

## 三、篮球运动常见损伤的预防原则

### （一）提高自我保护意识，强化自我保护技能的专门训练

提高自我保护意识和强化自我保护专门技能的训练是现代篮球运动训练的重要内容之一。由于篮球运动属于身体直接接触、高强度对抗、空中动作很多的竞技性运动项目，提高自我保护意识、强化保护动作的专门训练，是积极预防出现意外损伤的一个关键环节，具有很强的自我保护意识和很高的自我保护技能是优秀篮球运动员的特征之一，因此，将自我保护意识和动作（技巧）的训练，作为技术训练课必不可少的一个内容来抓，对于提高和保持球队战斗力具有十分重要的意义。

#### 1. 自我保护意识

自我保护意识包括运动员对对方队员可能使用的伤害性动作（如快攻突破上篮时，对方可能从身后做"推人"的动作）的预见和对其他情况（如自我动作的合理性、场地器材等）的估计两方面。运动员的思想上始终应有一根自我保护的"弦"，但同时也不要因为怕受伤而不敢拼搏和不敢大胆完成技、战术动作。

#### 2. 自我保护动作

自我保护动作有两方面，一方面包含了运动员在掌握和完成技术动作时所具有的（规范、协调以及合理等）自我保护性，如运动员在完成运球（左）后转身摆脱对方的动作时，当头部转动带动躯干转向后，作为中枢的右脚应随同及时地使脚跟微离地，以前脚掌为轴心随身体向左侧快速转动。如果队员忽略了脚步的这一正确动作，而以右全脚为轴心，全脚（黏滞）拖拉外旋或滑动转向（"拖脚"），右膝处于外翻位，当急转身用力过猛或受到对方从右侧方向而来的推挤力量时，极易造成右膝关节内侧副韧带、内侧半月板损伤，以及右腿内侧肌群的拉伤。另一方面，自我保护动作还包括了

运动员抵抗对方伤害性动作的能力。通过专门的训练，使运动员具备能有效地"避开""化解"或"扛住"来自对方伤害性行为的素质和技巧，这也是自我保护技术训练的重要内容。

## （二）加强全面身体素质训练，注意对跨关节小肌群和韧带的专门训练

现代篮球运动竞赛对运动员的身体素质提出了更高的要求。运动员既要具有凶悍拼斗的顽强作风，又要具有强壮的体格和较好的素质，这些不仅是在比赛中充分发挥良好的技、战术水平和夺取最后胜利的生物学基础，而且也是在训练和比赛中有效地避免或减少运动伤病发生的物质保障。根据现代篮球运动的发展趋势和针对我国篮球运动员专项技术训练较早、体格普遍较"单薄"的实际情况，教练员更应加强对队员的全面身体素质训练。

抓全面的身体素质训练，不但要强化大肌群的力量、耐力、柔韧等训练，而且要特别注意对跨关节小肌群的训练。一方面，随着篮球技术的发展，以大关节作为运动轴完成的技术动作（如以肩为轴的运球技术）日益增多，而跨关节小肌群在投篮、运球时控制球的"球感"方面、在与大肌群协同发力，以及技术动作的控制与精细调节等方面，越来越发挥着极其重要的作用。另一方面，疲劳往往从小肌肉开始，伤病往往在弱组织发生。跨关节小肌群因体积小和肌力不足，在训练和比赛中最易疲劳和受伤，从而保护性地直接或间接影响大肌群作用的发挥。因此，围绕跨肩、肘、腕，以及膝、踝关节的小肌群，教练员应专门安排有针对性的训练，以改善运动员的整体身体素质条件。

## （三）充分做好准备活动和整理活动

充分做好准备活动是预防运动损伤的重要措施之一。在准备活动中除采用动力性辅助练习外，还应特别提倡使用静力性牵张练习。在使用静力性牵张练习时应注意以下三点：

1. 缓慢牵拉，逐步到位。尤其是对跨关节小肌群、韧带，以及曾经受过伤的肌肉韧带，以防止出现微牵拉伤或不易察觉的再受伤。

2. 大、小肌群和韧带的并重牵拉练习，即不可忽略对围绕容易受伤的关节周围的小肌群、韧带的牵拉练习。

3. 按照先牵拉小肌群、韧带，后牵拉大肌群的原则进行牵拉练习。但对大肌群、韧带进行牵拉，由于牵拉的力量和动作幅度较大，要注意可能造成大肌群周围的小肌群、韧带因未充分活动，肌肉组织粘滞性又较高而出现的牵拉伤。跨关节牵拉顺序应是腕、肘、肩、踝、膝、髋。动力性准备活动练习中的瞬时（短暂）生理负荷强度应适当提高，最好接近比赛时的负荷强度，以使机体内脏植物神经系统的机能水平快速动员起来，并留下强度"痕迹"，以适应比赛一开始即进入强对抗状态的篮球运动的需要。

使疲劳、僵硬的肌肉充分放松，内脏系统工作水平逐步恢复到安静状态，是整理活动的主要内容，它对于促进人体疲劳的消除、防止肌肉因僵硬而失去良好的本体感受性、预防运动性疾病（"内伤"）的发生具有重要的意义，教练员应当高度重视。

## （四）加强医务监督，防止过度训练

加强医务监督既是科学化训练的重要组成部分，又是使训练和比赛顺利进行的医学保障。因此，国内外许多优秀的教练员历来都十分重视这项工作。医务监督工作主要包括三个方面：

1. 督促和检查运动员坚持进行常规的自我检查，使他们养成自测晨脉和体温、书写训练日记的良好习惯。在运动员的训练日记中，应记录晨脉和体温的数据、对训练的身体反应、主观感受、食欲、睡眠、运动情绪等内容，女运动员还应记录月经的情况，从而使运动员的自我医务监督习惯化和制度化。

2. 注意观察运动员在训练中和训练后的机能反应，如训练时的动作灵敏性、反应速度、协调性等，一旦发现异常反应，则应及时采取相应的调整措施，如减运动强度等。每次训练前，还应有意识地检查一下训练场地、器材的安全性能，尤其是在较为陌生的环境进行训练或比赛时，更要高度重视，以防止意外伤害的发生。

3. 定期常规医学检查是医务监督中不可忽略的内容，同时也是教练员获取每一名运动员生理机能状态数据的重要途径。通过对运动员的血红蛋白浓度、激素水平等一系列生理生化指标的系统医学检测，教练员可深入了解运动员的机能、营养状况，及时调整训练计划，有效地防止过度训练。

## （五）经常使用保护支持带

对于曾经受过伤的关节部位应在确信已完全康复，且肌肉、韧带的抗牵拉、扭转的力量已足够强大之前，在训练和比赛时经常使用保护支持带（如使用胶布带、弹性绷带）等，以防止重复受伤，拖延病程，影响训练和比赛。

# 第四节　篮球运动常见损伤的处理、预防与康复训练

## 一、膝部常见损伤的处理、预防与康复训练

篮球运动员膝部损伤约占身体各部伤病总数的40%，主要伤病有膝关节韧带损伤、髌骨软骨病、髌尖末端病、半月板损伤，以及股四头肌挫伤等。膝部伤病的发病机制与现代篮球运动技、战术特点对运动员身体素质的特殊要求、膝关节的自身解剖结构和生理功能，以及在身体运动中所发挥的重要作用等因素密切相关。

### （一）膝关节韧带损伤

膝关节内、外侧副韧带损伤是膝关节韧带中最常发生的损伤。内侧副韧带的损伤机理与膝外翻有关，即运球后转身时，因中枢脚及小腿固定，大腿随躯干突然内收内旋，在膝关节处形成了一个扭转力，或来自膝外侧的一个向内侧的冲撞力所致。外侧副韧带

损伤发病率远比内侧副韧带损伤低,其受伤机理与膝内翻有关。内侧副韧带不完全断裂后临床上常表现为膝内侧短暂剧痛,韧带受伤局部有明显的压痛点,常伴有半腱肌、半膜肌痉挛。现场处理:氯乙烷局部麻醉降温,弹力绷带做8字形(内侧交叉)压迫包扎,继续用冰袋冷敷。经此处理后可酌情继续上场比赛。韧带完全断裂者则病情症状明显加重,在作上述处理的基础上,用棉花夹板固定,急送医院处理。

康复训练:可在伤后3天配合局部治疗的同时开始进行。康复训练的要点:保持伸膝肌(股四头肌)和屈膝肌(股二头肌)的肌力,防止因伤制动导致肌肉萎缩而出现的膝关节"不稳感"现象;加强膝关节伸屈抗阻练习,防止因局部损伤的瘢痕粘连影响关节的活动度。训练时应特别注意先做无阻抗静力性收缩和伸屈膝练习,再逐渐过渡到抗阻动力性伸屈膝练习。单纯性内侧副韧带不完全断裂经 10~20 天的康复训练后,即可恢复训练,甚至参加比赛。

预防:内侧副韧带损伤的发病率远比外侧副韧带高,且内侧副韧带的严重损伤常合并内侧半月板的撕裂伤,故为预防的重点。除采用一般常规预防措施外,还需注意以下几点:

1. 改进后转身技术动作。对于技术水平不高的运动员,克服后转身技术动作中的"拖脚"现象,是预防内侧副韧带损伤的关键环节之一。严格要求队员在完成后转身动作时,作为中枢脚的跟部应微离地面,脚的受力点一定要落在前脚掌,切忌出现"拖脚"动作,这样可有效地化解膝关节处的扭转力,避免膝外翻受伤机制的形成。

2. 强化准备活动中的静力性牵拉练习。在进行其他动力性练习的基础上,预防内侧副韧带损伤可采用膝外翻静力牵拉练习(脚尖向外,分腿,膝内扣,半蹲位)3~5 分钟,预防外侧副韧带损伤可借用"盘腿"练习。

3. 对于曾受过伤的运动员,一方面在做准备活动时不可重复(或过度用力)受伤机制动作;另一方面在训练和比赛前,还应使用弹力绷带在膝部做8字形(内侧交叉)加固包扎,并在鞋跟(或鞋垫)内适当楔形垫高,以有效防止膝关节外展外旋时再度受伤。

### (二)髌骨软骨病

在篮球运动中慢性损伤发病率最高的伤病之一是髌骨软骨病,又称髌骨劳损。髌骨劳损的主要病理变化为髌软骨的一种退行性病变,其发病原因主要与局部外伤和疲劳损伤有关,尤其是运动员双膝因篮球运动特点而经常处于半蹲位,反复伸屈扭转,致使髌、股二骨对应关节软骨面相互异常错位、撞击,以及捻转摩擦,构成了该病的主要损伤机制。篮球运动员常为双侧发病,主要表现为膝痛或膝软(尤其是大运动量训练之后)、半蹲痛,以及过伸痛的"三痛"症状。临床检查的髌骨压痛和髌骨周围指压痛率极高,单足半蹲试验均为阳性。

康复训练:以增强股四头肌的力量为主,可采用直抬腿练习、非痛感角度静力半蹲练习等发展肌力的等长训练方法。静力半蹲练习的下蹲深度应逐步加大,连续下蹲时间要逐渐延长,直至达到每次 15~20 分钟。与此同时,还应加强股二头肌的力量训练,使腿前、后侧肌群力量得到平衡发展。康复训练时应特别注意:避免在有疼痛感的膝半蹲位角度进行各种发力练习，训练的强度和量以及练习方法，应以不产生明显疼痛和加重髌骨症状为准则。

预防：除采用一般常规预防措施外，一方面，训练中应避免使用可造成髌骨过度负荷的"单打一"训练模式，如在一次、一周或一段时期训练课内，安排的下肢半蹲练习过多或过分集中，均可使膝关节局部负担过重而导致劳损。另一方面，在准备活动中增加3~5分钟的静力半蹲练习内容。对已患髌骨软骨病的队员，在训练和比赛时，若有条件，可使用髌骨侧方推压的特别护具和膝软支具。

### （三）髌尖末端病

髌尖末端病又称"篮球膝"，是髌腱腱围炎的一个分型，是由慢性劳损、外伤（髌腱微拉伤和髌尖撞击伤）所引起的损伤性改变伤病。运动员患此病后可表现为跳痛、上下楼痛、半蹲痛以及打软腿等，并伴有髌尖加长、髌尖压痛和股四头肌萎缩等体征。

加强负重静蹲练习、发展蹲起力量和改善跳跃技术动作是使髌尖结构逐渐适应牵拉力量和预防髌尖末端病发生的最主要专门措施。练习中，负荷重量和跳跃运动量应逐步增加，尤其是对新队员和已患此病的队员，也应避免"单打一"的训练模式，以预防局部负担过重而致劳损。

### （四）半月板损伤

半月板处于股骨髁和胫骨平台之间，是膝关节重要的静力性稳定装置之一。当膝关节突然做伸屈运动，同时又受到扭转力（如脚和小腿外旋外展、大腿内旋内收、膝内扣）的作用时，其半月板则处于不协调的运动之中，受到上下两骨的挤压、研磨以及捻转，从而造成内、外半月板的撕裂伤。例如运动员做转身跳起投篮动作时，从屈膝、转身，到伸膝跳起，若脚步动作稍有不协调或防守队员冲撞，其作轴腿的膝关节半月板极易发生撕裂。严重的膝关节内侧副韧带断裂也常伴有内侧半月板的撕裂。半月板受伤时常伴有滑膜、韧带的损伤而出现伤侧剧痛，且疼痛恒定在受伤一侧，但确诊往往需作进一步临床检查。膝半月板损伤因现场不易确诊，其现场急救处理可参照膝关节韧带扭伤的处理原则进行，即氯乙烷局部麻醉降温，弹力绷带压迫包扎，制动，抬高伤肢，继续用冰袋冷敷。

康复训练：可在手术两周后开始。训练要点除参照膝关节副韧带损伤后的康复训练外，还需特别注意三点：第一，经常将患侧"膝眼"与健侧进行比较，以鉴别观察伤侧关节有无肿胀积液现象。若出现此症，应酌情减小运动强度和量。第二，先进行周期性运动，再做非周期性练习。第三，运动强度和量以伤患关节不出现明显的疼痛和肿胀积液为度。

预防：预防要点参照膝关节副韧带损伤的预防措施。

### （五）股四头肌挫伤

股四头肌挫伤是篮球运动中特有的直接暴力所引起的运动损伤。多因激烈比赛中，进攻队员持球做交叉步突破时，被防守队员用膝盖顶撞大腿前外侧所致。受伤处剧痛、肿胀、皮下淤血，不能行走，严重时可形成股四头肌下血肿。

损伤较严重者，现场迅速用氯乙烷喷湿海绵垫或较大的棉花垫后，在受伤部位做压迫包扎，平卧、抬高患肢、制动，用较大的冰袋继续冰敷，能有效地制止损伤处继续出血和肿胀，促进伤肢静脉回流，对于防止形成股四头肌下血肿具有重要的临床治疗意义。损伤较轻，需继续上场比赛者，必须进行适当的压迫包扎（或使用护腿），而不能只是用氯乙烷麻醉降温处理完事。这对于防止受伤肌组织继续出血和进一步损伤，加速赛后的恢复，同样具有积极的治疗作用。

康复训练：须视损伤程度在受伤静止休息两天后逐步进行。避免过早地进行膝关节被动屈曲练习和大力推拿引起的再伤，防止继发股四头肌损伤性化骨性肌炎，是康复训练中应特别注意的问题。开始练习时应躺在床上做轻微的膝伸屈活动（不可放在床沿和负重伸屈），逐步过渡到下地行走。恢复膝关节的正常伸屈功能和股四头肌力量训练，一定要以局部不产生疼痛为原则，切不可急躁和蛮干。

伤愈后投入训练时，为预防再伤，必须采取一定的保护措施，如局部包扎或使用护腿。由于股四头肌挫伤主要来自对方队员的直接外力，故强化自我保护意识，提高自我保护技能，是预防本伤病的关键。

## 二、足踝部常见损伤的处理、预防与康复训练

### （一）踝关节韧带损伤

踝部损伤的发病率在篮球运动中少于膝部，其中以踝关节外侧韧带（新鲜）损伤较为突出，多与运动员跳起落地时踩在别人脚上，或身体失去平衡、被踩等原因造成踝关节内旋、足 屈内翻位受力作用的机制有关。损伤后踝关节外侧疼痛，局部肿胀，皮下淤血，有明确的压痛点，不能立即行走。由于踝部关节、韧带结构较为复杂，受伤后在未仔细检查确诊前，不得盲目使用手法治疗。

现场急救处理步骤：第一，迅速用氯乙烷喷湿海绵垫或较大的棉垫后，在外踝受伤部位做压迫包扎。通过降温、加压包扎能有效地制止损伤处继续出血和肿胀，对后续的检查、治疗和防止后期外踝结缔组织过度增生等都有重要的意义。同时，压迫包扎的8字形交叉点应在足外侧，以防止踝关节内翻（踝内侧韧带损伤时交叉点应在内侧）。第二，患肢制动。有条件时可使用钢丝托板，将受伤足固定于稍外翻、 伸位，以减轻局部韧带张力和防止进一步出血。第三，抬高患肢。可促进伤肢静脉回流，防止局部肿胀。第四，冰袋冷敷。若无条件则可用凉水降温。

一般受伤一周后在配合临床治疗的同时，可开始康复训练。早期练习内容包括：在热水浸泡中和仰卧抬高患肢的条件下，进行踝伸屈练习（切忌做环转、内翻动作），以促进局部血液循环，消除皮下淤血和肿胀，防止局部粘连；在不产生疼痛的前提下，进行 肌、腓肠肌等的被动牵拉练习。中期应加强以锻炼和恢复足、踝部肌肉运动精细调节功能为主的训练，如蹬功率自行车、足滚圆木练习等。后期应以增强踝周肌肉、韧带力量和足伸屈肌群的力量为主，尤其要注重与踝外旋、外翻、 伸功能有关的肌群和韧

带的力量训练，如起踵练习、足 伸（踝屈）抗阻练习等。康复训练后伤踝部常有不同程度的肿胀，故训练后应平卧抬高患肢。

预防：强化踝周和跨踝肌肉、韧带的力量训练，进行踝外旋、足外展外翻、蹠伸的抗阻专门练习，在训练和比赛前，认真进行各 3~5 分钟的足内翻（踝内旋、足内收内翻）和足外翻（踝外旋、足外展外翻）的静力性牵拉练习。

## （二）第五 骨结节骨折

第五 骨结节骨折的受伤机制与踝关节外侧韧带损伤较为相同，常引起腓骨短肌肌腱的结节部撕脱，有时可合并踝外侧韧带损伤。受伤后局部有明显肿胀和压痛，足外翻抗阻试验有锐性疼痛。

现场急救方法与踝关节韧带扭伤相同，即在伤患局部压迫包扎，抬高患肢，托板稍外翻 伸位固定（以减轻腓骨短肌肌腱对结节部的牵拉，便于断端的对位愈合）及冰敷。康复训练与预防仍可参照踝关节韧带扭伤的措施进行。但若骨折有错位时，功能锻炼应适当推后。

## （三）跟腱断裂

篮球运动员的跟腱断裂多数因间接外伤所致。发病前多有跟腱腱围炎病史，跟腱及腱周组织有不同程度的变性。训练或比赛中，由半蹲位（踝处于过 伸状态）突然发力起跳，跟腱因突然受强大牵张力作用而发生断裂或不完全断裂。受伤时跟部有被踢感，运动员自己常能听见断裂声，继感跟腱部疼痛，腓肠肌麻木、发胀，足踝运动失灵，即刻便不能站立。检查可发现踝关节不能自动伸屈，踝背伸位跟腱外形消失下陷，扪之有凹陷和敏锐压痛。现场急救处理仍按 RICE 原则，即压迫包扎、局部制动、冰疗以及抬高患肢，急送医院手术治疗。使用托板固定时，应让踝关节处于 屈位，以减轻跟腱的牵张力，防止进一步撕裂。

康复训练：从手术一个月后去掉石膏托开始，分三个阶段进行。早、中期训练旨在松解踝、跟部伤，术后粘连，恢复踝关节伸屈活动度和精细运动调节功能。早期阶段（术后 4~6 周）以床上踝关节的非阻抗伸屈功能活动为主。中期（术后 1.5~3 个月）应下地走路和进一步做功能锻炼，如向前和向后走路、蹬功率自行车、足滚圆木练习等。初下地训练时，鞋跟应适当垫高，以减轻对跟腱的牵张力，待适应后再逐步将鞋跟减低。后期（术后 3~6 个月）以恢复踝跟肌、腱抗牵拉张力的肌力训练为主，如负重起踵练习、踝背伸抗阻练习等，为重返训练场做最后准备。

预防：第一，除采用一般损伤预防措施外，应高度重视和积极治疗跟腱腱围炎，避免盲目地经常使用封闭治疗。第二，加强踝 屈、伸肌群的专门力量训练，如负重起踵、踝背伸抗阻练习等。同时，也应避免"单打一"的强度负荷过大、过分集中的踝关节背伸位发力练习。第三，训练和比赛前应进行跟腱静力性牵拉练习 3~5 分钟。第四，运动员应经常进行踝跟部和小腿三头肌、腱的自我或相互放松按摩，尤其是在大运动量训练后。

## 三、腰部常见损伤的处理、预防与康复训练

### （一）急性腰扭伤

急性腰扭伤主要指发生于腰部、腰骶部和骶髂部的肌肉、筋膜、韧带损伤及关节扭伤，常因运动员在力量训练提重物时腰部动作不正确，或比赛中腰部伸屈伴扭转（如进攻队员在持球突破中使用交叉步）动作不协调，加之腰背肌力不足而突然受伤，并常反射性引起下肢或臀部疼痛，腰不能伸直。当以腰肌拉伤和棘间韧带捩伤为主时，局部常肿胀，伴有压痛，不能弯腰；若小关节及附件扭伤，则表现出腰部突然不能活动。

在未确诊损伤的具体部位和类型前，现场处理切忌盲目使用手法治疗，应让队员平（俯）卧休息，冰袋冷敷局部。康复训练中应逐步加强腰、腹肌力量的练习。康复早期训练应以徒手练习为主，阻抗负荷要缓慢加量，练习动作的幅度和速度应由小到大，循序渐进。练习结束后应特别注意放松腰部肌肉，如经常性的自我腰部按摩。

预防：除采用一般预防措施外，应加强腰腿和腹部肌力的训练，强化腰部伸屈扭转复合动作的合理性和协调性训练（如在进行负重力量练习的提铃发力时，应屈膝、屈髋、直腰）。近期曾有受伤史的队员在训练和比赛时，以及未受伤队员在进行腰部力量训练时，建议使用护腰带，以加强保护预防措施。

### （二）腰肌劳损

现代运动医学认为，篮球运动员的腰肌劳损是急性腰扭伤后未得到及时根治、腰部活动量和负荷量过大，以及运动中出汗受凉等因素逐渐所致的腰部肌肉、筋膜、韧带等组织的慢性损伤。患者多有腰部酸、胀、痛症状，尤其是大运动量训练后更为明显，甚至放射至臀部和大腿，影响训练和比赛。劳损局部有明显的压痛点，有时可扪及硬结或肌肉痉挛，直抬腿试验阳性。

腰肌劳损病程长，无特效疗法，持之以恒的体疗康复训练是关键。有针对性的训练方法主要有两类：第一，以加强腰、腹肌力量，代偿伤患局部肌力不足为主的训练。如俯卧"飞燕点水""拱桥架势"和负重仰卧举腿等。训练需以不出现疼痛、肌肉痉挛为原则，练习后应特别注意放松腰部肌肉。第二，以松解腰部肌、筋膜粘连，改善局部血液循环为主的训练，如仰卧抱膝、膝胸卧展、直抬腿、旋腰蹬脚等。练习中，松解动作到位后应保持 3~5 分钟，以增加松解牵拉的效果。动作的幅度、速度应由小到大，逐渐增加，以防止局部出血或再度拉伤而影响疗效。腰肌劳损急性发作期应暂停训练，并采取必要的对症治疗。

预防：高度重视、积极治愈急性腰扭伤和其他腰部急性损伤，防止重复受伤，强化腰、腹肌群力量训练，避免"单打一"训练模式，是预防腰肌劳损的关键环节。除采用一般损伤预防措施外，注重腰部肌肉弹性，提倡运动员经常性地进行腰部自我按摩，防止训练出汗后受凉，对于预防腰肌劳损也十分有益。

## 四、肩部常见损伤的处理、预防与康复训练

肩袖损伤。由于篮球运动中进攻是在对抗条件下完成各种传、投、接、抢、运等动作，故易发生肩袖损伤。肩袖损伤又称肩袖损伤性肌腱炎，发病机理与肩关节外展、内旋或过伸，肱骨大结节长期超常范围急剧转动、劳损、牵拉、摩擦有关。患者常感肩痛，尤其是上臂外展 60～120°区间。肩部活动受限，肌肉萎缩，肱骨大结节处有压痛。急性发作期间，应暂停训练，肩关节制动，上臂外展 30°固定，以减小有关肌肉张力而减轻疼痛症状。

急性期后即应进行有针对性的康复训练，如肩关节的回旋、旋转运动和肩外展 90°位负重静力练习等，以改善局部血液循环，增强肩部外展肌群，尤其是三角肌的力量，防止肌肉萎缩。康复训练要以肩部不产生疼痛为原则。积极治愈肩部的微小损伤、强化肩部外展肌群的力量训练（如前臂侧平举抗阻练习等）和注重力量训练后的放松练习是预防肩袖损伤的三个关键环节。

## 五、肘部常见损伤的处理、预防与康复训练

### （一）肘关节内侧软组织损伤

篮球运动中肘关节内侧软组织损伤，多因双方队员空中（单臂）同时争球时，一方队员用力较猛，造成前臂力量较弱的对方队员的肘关节被动外翻和过伸，或因摔倒时前臂保护性外展、外旋支撑而致伤。伤患最为多见的是内侧韧带撕裂伤，严重受伤时往往合并其他组织的损伤，如尺侧关节囊撕裂、肘脱位等。受伤后肘关节尺侧疼痛、肿胀、关节功能障碍，肘内侧有明显的压痛点。现场用氯乙烷喷湿局部后压迫包扎，前臂旋前、肘屈 90°位，用托板或三角巾固定于胸前，冰袋敷局部。

受伤一周后，配合临床治疗，逐步开始康复训练。主要目的在于防止关节粘连和逐步增强前臂肌力。练习中，一方面必须采取保护措施，如使用护肘、粘膏支持带等；另一方面避免重复受伤机制的动作，阻抗负荷也应逐步增加。

预防：关键在于加强前臂屈、伸肌群的力量练习，可经常使用弹簧拉力器发展前臂肌群力量和腕、肘关节的控制能力。另外，在运动前应进行 3~5 分钟的前臂屈肌群静力性牵拉练习。

### （二）肘关节脱位

肘关节脱位多因队员倒地时前臂保护性外展、外旋、后支撑所致，其中后脱位最常见。伤后局部疼痛，关节畸形，功能障碍。现场急救可进行氯乙烷局部麻醉降温，绷带包扎，依肘受伤后的肢体位（角度）托板固定，用三角巾挂于胸前，冰袋续敷局部。

整复后第二天即可开始握拳、转肩的康复练习，以促进前臂的血液循环，有利于消肿。去固定后，坚持进行肘关节的伸屈和前臂旋转运动，防止和松解损伤后的关节粘

连。肘伸屈训练时，动作的幅度必须适可而止，逐渐加大，直至恢复到原有的角度，切忌大力扳拉，以防发生骨化性肌炎，这是康复训练的关键环节。

强化倒地时正确的保护性技术动作是预防肘关节脱位的最重要环节。身体向后倒地时，前臂应外展、稍内旋（禁忌外旋），肘关节微屈（禁忌过伸）、后支撑，膝关节微屈，在身体着地的一瞬间用力向后蹬，以分解倒地时的垂直作用力，避免肘关节脱位和尾椎骨受伤。

# 第十八章

# 篮球队的管理

## 第一节 篮球队管理的目标与原则

一、篮球队管理的目标

### （一）篮球队管理的特点

篮球队因其归属系统、性质、水平、级别层次的不同而各具特色，尤其是职业俱乐部球队更因其产业与商业化气息而具有全面差异，它们的最终目标不同，组合结构不同，成员在智力、能力、知识、性格等方面也大相径庭。为此，要实现一个球队的目标，重要的是挖掘每位成员的最大潜力，同时有意识、有组织地进行不间断的协调活动。另外，人们在群体中的相互作用是一个发展、变化的动态过程，每个人的技能、个性特征、训练水平虽有一定的稳定性，但不是固定不变的，也需要作出及时的调整。这些协调的综合活动就是篮球队的管理，它反映的是整个教学训练过程中对运动员情况的具体管理。

从现代管理学角度看，管理的范围包括人、财、物、时间、信息，其中最主要的管理对象是人。篮球队的管理包括对运动员的训练管理、生活管理、学习管理和思想教育管理。运动员不是孤立存在的，只有当他们在发展的环境中努力从内外两方面约束自己时才能不断完善自己，同时也为创造这种理想环境作出贡献。科学的管理可以充分调动每名运动员的积极性、主动性和创造性，将篮球队建设成一个团结战斗的集体。

随着篮球运动职业化与竞赛产业化进程的加快，篮球队的管理越来越受到人们的重视，加强管理力量、提高管理水平已成为我国加强篮球队的建设、赶超世界先进水平所必须解决的一个问题。篮球队的管理具有以下特点：

1. 篮球队的管理是以竞赛活动为中心的周期性行为。管理过程中的各个阶段（制定计划、组织实施、检查调整、作出总结），既有各自的独立性，又有紧密的连接性，它们之间互相联系、互相促进，并且按照篮球运动和管理学科的基本规律，依照一定的次序，连接成一个封闭的循环系统，即一个管理周期。

2. 管理周期的重复性。篮球队的管理不是随着某次比赛的结束而终结，恰恰是以

它为起点,开始另一轮的管理,周而复始,不断进行。管理周期的重复出现,并非简单地重复,篮球队的整体情况可能会发生一定的,甚至重大的变化,例如新老队员的交替、主力阵容的调整、比赛结果的后作用等,管理者应根据实际情况,有效地调节管理活动。

3. 大量的管理活动渗透在实际的训练过程中,为训练工作的物质和精神两方面作保证。

4. 竞赛期间的管理工作有其特殊性,比赛过程中的生活管理和思想管理尤为突出。

5. 管理工作的效果要在比赛中体现,并得到社会的检验与认可。篮球队的技术和战术水平、比赛作风、文明程度等直接反映管理水平。

6. 篮球队的管理者,以领队、教练员或教练小组为主,其他专业人员为辅。教练员不仅要具有专业技术,还要掌握多种学科知识,具备较高的管理能力。

7. 篮球队的管理幅度(即管辖人数)较大,所以管理的内容较多,是贯彻全面素质教育的重要管理过程。

### (二)篮球队的管理目标与作用

目标是执行计划所要求达到的较为具体的结果。篮球队的管理目标是增加运动员的群体意识,使之落实在行动上。这种群体意识具体表现为全队的凝聚力。运动训练是篮球队的中心工作,在这样一种高度社会化的活动中,运动员的集群倾向尤为明显;在共同的训练过程中,他们相互学习、相互支持的精神,会成为一种强大的鼓舞力量,这种力量有助于运动员克服困难去承受更大的训练负荷。在集体训练中,还要能激发运动员的竞争精神、集体荣誉感和自豪感,这对通过竞赛检验篮球竞技运动效果来说尤为重要。

篮球队管理的最终目的是最大限度地发挥球队的集体潜能。篮球比赛的胜负很少归于某一个人,因为球队所发起的每一次进攻或防守都不是某名队员的单独行为,而是全队共同努力的结果。即使是在比赛中发挥很好的运动员,也必须在一定的集体里进行训练,没有其他队员的帮助和协作,没有合适的训练环境,要想成功是不可能的。事实证明,篮球队的集体机能决定着比赛的胜负。因此,在组建篮球队时,应考虑成员不同个性、技术特点和类型打法的组合,这是管理者必须思考和予以重视的基础建设。

任何管理,总是表现为有效实现组织目标的活动过程,因此,组织目标是管理者和组织中一切成员的行动指南。篮球队管理目标的具体作用,主要表现在以下几个方面:

#### 1. 指向作用

篮球队的管理目标是球队管理目的和宗旨的具体化,指明球队管理的发展方向,它既是管理工作的出发点,又是管理工作的终极归宿。

#### 2. 激励作用

目标不仅指明方向,而且还为运动员的行动提出了明确的基准,成为一种推动力。目标价值越高,实现目标的概率越大,所激发的力量也就越大。

### 3. 标准作用

目标确定以后，管理过程中要以目标为导向，把它作为检查的依据，管理结束后要按照目标进行考核、验收，使之成为评估工作成效的衡量尺度。

### 4. 凝聚作用

篮球队的管理目标把球队的各部门和全体成员凝聚在一起，表现出强大的向心力，形成统一的有机整体，为实现共同目标而协调配合、锐意进取。同时，球队的成员只有在总目标的指引下，团结协作，才能实现自己竞技水平的价值。

## 二、篮球队管理的原则

各个篮球队的情况不尽相同，特别是职业俱乐部球队更有其特殊的产业经营性质，因此，只有根据现代体育管理原则，遵循一定的管理原则，举一反三，结合实际，才能达到管理的基本目标。

### （一）系统管理原则

为了达到管理的优化目标，必须对管理进行充分的系统分析，根据球队的不同性质，制定系统的运筹规划，形成一个考虑周详的管理模式。

#### 1. 整体分合原则

现代高效率的管理者，必须在整体规划下明确分工，在分工基础上进行有效综合。就一个具体的篮球队而言，合理的分工和有力的协作，是保证管理活动有序进行的关键。

#### 2. 相对封闭原则

球队管理是以竞赛活动为中心的周期性行为。在一个管理周期内，作为主要责任者的主教练，应运用相对封闭原则，适度控制运动员训练外的非合理性活动。我国部队俱乐部篮球队依靠特殊化管理，取得较好的效果，说明相对封闭原则在篮球队的管理中，对提高球队竞技水平起着积极作用。

### （二）动态管理原则

篮球队管理的主要对象是人——运动员，运动员的思想、行为状况是复杂多变的，因此，管理过程也必然是动态的，这就要求管理者把握管理对象的变化情况，不断调节各个管理环节，以实现整体目标。

#### 1. 反馈原则

管理实质上是一种控制，必然存在着反馈问题。反馈的最终目的要求管理者对各种变化作出应有的反应，而对永远不断变化的客观实际的管理能否有效，其关键是是否具有灵敏、正确、有力的反馈。篮球队的管理是一项非常艰巨、复杂的活动，应该努力提高信息反馈的效率。在篮球队的管理中，大量需要的是缩小和消除同既定目标存在差距的负反馈❶，用负反馈来调节和控制管理行为，使偏离目标的运动倾向收敛，趋向稳定目标。

### 2. 弹性原则

管理必须保持充分的弹性，及时适应客观事物各种可能的变化，这样才能有效地实现动态管理。管理活动中碰到的问题，从来都不是单因素的，也不是少量因素，而是众多因素千丝万缕地联系在一起。但是，抓住主要矛盾才是根本。管理是人的社会活动，管理者和被管理者都是活跃而复杂的人，所以，某种管理方法在某种情况下可以获得最佳效益，但在变化了的情况下，就有可能导致效益下降，甚至会使管理本身破裂。管理者在处理具体问题时，应把握好"必须"和"灵活"的尺度，给运动员留出一定的心理空间，让他们有思考的余地，努力消除"情绪屏障"，才会有更大的收获。

## （三）控制管理原则

现代体育的核心是要实现对体育领域的最佳化控制。篮球队的控制管理，表现为在训练和比赛中的组织、指导和指挥。

1. 信息统计。在运动员的训练和比赛中，统计人员（通常由助理教练员承担）在训练或比赛现场，借助一些统计表格来获取个人和全队或参赛双方客观的技、战术运用情况，包括投篮、罚球、抢篮板球、抢断球、失误、违例、快攻、助攻、犯规等等。

2. 教练员根据信息统计资料，对运动员的训练和比赛进行有效控制。通过对统计资料的研究，可以了解运动员在训练和比赛过程中的长处和短处，以便扬长避短，发挥球队的最佳机能，对运动员的成长进行有效的控制，以收到最佳效益。

## （四）人本管理原则

现代管理的核心和动力是人和人的积极性，尤其在高水平的职业俱乐部球队，职业化会带来种种经济利益矛盾，因此，一切管理都要把人的因素放在第一位，以调动人的积极性、做好人的工作为根本，这就是现代管理的人本原则。

### 1. 运动原则

管理运动必须有强大的动力才能持续而有效地进行下去。当前，物质保障是市场经济条件下不可忽视的有效杠杆，但要倡导思想修养，只有将精神与物质正确结合才具有巨大的战斗威力。所以每名运动员均应有良好的文化修养、丰富的精神生活及其更高层次的内容——民族自尊心和为国争光之心。总之，做好人的思想工作，调动每个人的积

---

❶ 负反馈：控制论术语，是指给定系统信息与真实信息的差异倾向于反抗系统正在偏离目标的运动，使系统趋于稳定状态。在控制系统中，一般用负反馈控制方法来调节和控制系统，解决系统确定性与不确定性之间的矛盾，从而达到有目的的运动。

极性、创造性,是搞好篮球队管理工作的重要动力,这也是在现代市场经济条件下加强篮球队管理迫切需要解决的问题。

#### 2. 激励原则

激励原则是指对运动员的多种行为进行科学分析,激发其动机,最大限度地调动其积极性,体现在管理中包括民主管理激励、奖惩激励、榜样激励、领导行为激励、竞赛激励、感情激励、反馈激励、目标激励和赏识激励等各种激励方式。在篮球队的管理中,有针对性地灵活运用激励手段是充分挖掘运动员潜力、决定球队训练和比赛实效、实现目标达成的重要因素之一,具有极为重要的作用。

## 第二节 篮球队管理班子的构成与要求

管理主体是指行使管理的权利者,其具体因素包括人和管理机构,它是现代管理的首要因素。对一支高水平的职业化篮球队而言,管理者包括俱乐部董事会及其领导,董事会以下的总经理和主教练、教练员、助理教练员、领队与辅助人员。通常情况下俱乐部球队是一个实体,日常工作由董事会领导下的经理组负责,而球队日常训练管理则以主教练为主要责任者,组成一个专门从事球队管理的班子,篮球运动队的特殊性对上述管理者也提出了相应的要求。

### 一、主教练与教练组成员

#### (一)主教练

任何一个球队都需要选择一位最为满意的主教练。主教练应具备以下素质,并负有相应的职责和权力。

#### 1. 高尚的职业道德

一名出色的主教练,应当具备高度的政治责任心和敬业精神:热爱祖国,投身篮球运动事业;对运动员要出于爱心而谆谆地进行全面指导;对篮球专项业务知识需不断更新充实,形成包括体育生物科学和体育社会科学等大门类学科在内的合理智能结构;具备教学训练、组织管理、科学研究等能力和较高的科技素养。只有具备以上的基本素质,并在长期的实践工作中不断提高,才能成为一名称职的主教练。

#### 2. 明确的专业职责

作为主教练,责任很大:制定球队的训练计划,决定球队的发展方向、球员的选拔和基本打法的战术阵势配合;对队员进行素质教育和各种技、战术的教授;确定比赛策略等等。

### 3. 独特的篮球运动眼光和临场指挥艺术

这是主教练在实际的比赛中所应具备的素质，包括客观地分析彼我双方的实力；正确掌握比赛节奏，处理好攻守关系，灵活运用紧逼防守战术；控制犯规次数，重视拼抢篮板球，掌握暂停的主动权，合理地换人；保持心态的平衡和决策的果敢；充分发挥每名队员的潜力与特长等等。

### 4. 良好的个性形象

主教练在长期的执教生活中，要逐步形成自己的个性和风格，如敬业奉献、惜才爱才、决策果断、沉着冷静、宽容大度等等。

## （二）教练员与助理教练员

教练员与助理教练员在篮球队伍管理工作中要互敬、互补，形成合理的结构。除了基本的职业道德和精良的篮球专业素养外，教练员和助理教练员还应具备以下素质：

### 1. 心理素质

作为辅助主教练管理球队的教练员和助理教练员，首先必须有当好助手的思想境界和积极主动的合作精神，不仅要与主教练精诚合作、互敬互助，而还要与运动员建立高尚的师生关系，既教又导，充分调动其积极性。其次是奉献精神。篮球教练员的职业最终是使受指导的球队在竞技场上比高低，为此，教练员要付出巨大的、艰苦的、细致的劳动，要承受压力和风险，这就要求做到任劳任怨、乐于奉献。不管是合作精神，还是奉献精神，都对教练员和助理教练员的心理素质提出了很高的要求，没有一定的心理承受力，没有健康的情绪和坚强的意志，是不可能做好本职工作的。

### 2. 知识素质

作为球队的指导者，教练员和助理教练员的一切活动均以"智"为中心，这要求他们具备相当的知识素养，了解包括哲学、社会学、心理学在内的多种学科知识。

### 3. 能力素质

能力是指完成一定活动的本领，包括一定活动的基本方式以及顺利完成此活动所必需的心理特征。教练员和助理教练员应具备的能力素质有感知能力、表达能力、组织管理能力、控制协调能力、教育激励能力、决策指挥能力、社会交际能力和创新发展能力。在主教练因故不能履行职责时，教练员、助理教练员要能代替主教练行使管理权利。

## 二、领队与辅助人员

篮球队的管理者还包括领队、医生、按摩师、统计员、翻译等辅助人员，在职业俱

乐部球队，他们必须对董事会和总经理负责，按自己的职责行使相应的权力。

### （一）领　队

领队是与主教练密切配合并工作在运动训练第一线的管理者。在运动训练管理中，领队的主要职责是协助主教练做好思想政治工作，努力为教练员和运动员创造一个良好的工作、学习、生活环境。领队在工作中要妥善处理好与主教练的工作关系，主教练在运动训练中处于主导地位，他对球队的运动训练全面负责，因此，领队要注意尊重和支持主教练的工作。

### （二）辅助人员

**1. 随队医生**

随队医生的主要职责是进行医务监督，负责安排好运动员的营养调理、疲劳消除和运动损伤的康复治疗。

**2. 心理医生或心理咨询人员**

目前，国外高水平球队大多配备心理医生或心理咨询人员，他们的主要职责是排除运动员在训练、比赛和生活中的心理障碍，调节运动员的心理活动强度，提高运动员的心理活动效率。因为心理创伤是不能简单地以思想工作或身体、技术、战术训练来代替的，所以，心理医生或心理咨询人员的作用，就在于确保运动员以最佳的心理状态投入训练和比赛。

## 第三节　篮球队的管理宗旨与管理内容

### 一、篮球队的管理宗旨

#### （一）形成团队精神

篮球运动的集体性要求篮球队是一个相处融洽、互助互爱的群体，只有在这样的群体里，运动员才能同心协力、同舟共济地去争取优异的成绩。因此，篮球队的管理者应想方设法，培育球队形成一种优良的团队精神，而团队精神的形成，有赖于队员之间良好的互容性和集体归属感这两个因素。

#### （二）培养篮球明星

培养篮球明星是现代篮球运动发展的必然要求。球星是赛场上的主要得分手或组织者，他们代表着球队的实力，各队球星的群体力量是篮球俱乐部实现职业化的重要基础条件，即所谓的明星效应。现代篮球明星必须具有崇高的职业素养、非凡的身体素质、

高超的篮球技巧、良好的心理素质和战术意识。因此，教练员必须坚持科学选材与科学训练相统一的原则、全面训练与扎实细致的特长训练相结合的原则、阶段性训练与长期训练相结合的原则、专门训练的全面性原则，以及训练与比赛相结合的原则，在专门能力训练的基础上重视发展创新能力，培养具有特殊才干的篮球明星，并借助明星带动全队训练水平和比赛成绩的提高。

### （三）保持球队的战斗力

　　管理出成绩，管理出战斗力。球队水平的高低，取决于管理者处理管理与训练关系水平的高低，一支高水平的篮球队，所凭借的就是管理与训练的有机结合。训练本身就是一种特殊的管理过程。我国篮坛劲旅八一队，是一支特别能战斗的队伍，他们保持旺盛战斗力的原因有三点：一是有一个团结协作的管理班子；二是队伍有严格的制度保障；三是管理者注意培养队员形成特殊的职业作风，使他们始终保持旺盛的作战欲望和高昂的士气。

### （四）创新管理方法

　　任何一种管理方法的成功使用，不仅要根据不同的管理目标和任务、不同的管理部门和体制加以选择，而且要根据管理条件、管理层次、管理对象和时间因素，进行创造性的灵活运用。因此，管理方法的运用效果，集中反映了管理者的创造性和主动性。如果管理者只是机械地照搬某种模式，忽视具体管理对象的特点和客观环境条件的变化，不讲求管理方法的创新，是不可能取得良好效果的。

## 二、篮球队管理的常规内容

　　篮球队管理的常规内容包括训练管理、竞赛管理和生活管理三方面。

### （一）篮球队的训练管理

#### 1. 明确训练管理的意义

　　训练是运动员在教练员指导下为创造和保持篮球专项运动最高成绩所做准备的全部活动过程，它是一个涉及多种因素、关系复杂的有序系统。为了使训练有效进行以及多出人才，必须实施科学管理，这是保证运动训练活动正常运转的一个重要环节。

#### 2. 训练管理的任务

　　对篮球运动员训练的管理是统一在某个主管领导部门下的工作。职业俱乐部对董事会负责，执行董事会和总经理的要求，在具体工作中主教练和教练员是负责人，其中主教练是主要的管理者。训练管理的基本任务是对运动员进行全面的教育，育人是其根本目的。为此，要端正训练指导思想，启发自觉性，充分挖掘运动员的思想、身体、竞技等方面的潜力，最大限度地提高球队的竞技水平。具体任务包括对运动员起始状态的诊断、训练目标的建立、训练计划的制定、训练活动的实施、训练过程中的检查评定以及

目标的管理等环节。

### 3. 训练管理应注意的问题

篮球运动的训练过程是一个多因素、多层次、有序的动态过程，其计划的执行和目标的实现主要依靠运动员自身的活动来完成。因此，在训练管理中，教练员必须注意调动运动员的主观能动性，应该使运动员了解教练员设计的训练计划中的每一环节的作用和意义，以及各阶段计划的分目标。教练员要善于听取运动员的不同意见，促使他们积极地、自觉地执行计划，从而加快他们成才的进程。另外，教练员要善于创造训练气氛和环境，严格要求、严格训练，只有在一定的氛围和环境下，运动员才能集中思想，延缓疲劳的出现，并能动地完成训练计划，从而使训练获得最佳效果。

### 4. 训练管理的具体内容

训练管理的具体内容主要是指运动训练的业务管理和运动员的文化学习管理。

（1）运动训练业务管理。篮球运动训练的业务管理是指对运动训练过程进行专项技能能力形式的过程管理，一般按以下程序进行：

甲、规划目标及模型的建立。训练目标的确立，要根据主管部门（包括俱乐部董事会）提出的任务要求，坚持先进性、可能性、可行性和科学性的统一，并与长远目标、近期目标结合起来进行考虑。目标的建立在很大程度上带有预测的性质，因此，教练员要运用科学预测的知识和方法进行思考设计，以求目标预测的成功，建立起符合实际的训练目标结构模型。训练目标结构模型是对目标状态更为详尽而具体的描述，通过分析目标构成因素以及它们之间的相互关系，把一个整体目标分解为若干个更为具体的子目标，引导教练员和运动员通过一个个子目标的实现，最终达到总体目标的实现。

乙、选拔运动员。选拔运动员是篮球训练业务管理的重要环节。世界篮球强国都十分重视对运动员选材的科学研究，这些成果为我国篮球运动的选材工作提供了有益的借鉴。运动员选材应在科学预测的基础上进行，通常采用多因素分析法进行最优化选择。除此以外，还应遵循选拔运动员的程序，坚持初选和筛选两个必不可少的过程，初选可按推荐、体检、测试、政审、分析、调查和家访、审批、办理试训手续的步骤进行，其关键环节是科学预测与分析，试训期一般为半年到一年，然后进行筛选，最后确定正式录取入选。

选拔运动员是一项科学性很强的工作，点滴的疏忽和遗漏都会给以后的管理带来许多困难，为此，必须坚决杜绝那种单凭运动成绩和教练员的经验直觉进行选材的现象。

丙、制定各类训练计划。训练计划是对未来训练活动预先作出的理论设计，描绘了运动员以现有状态向目标状态实现转变的道路。我国的甲 A、甲 B 实行主客场竞赛制度，其训练更要根据这一特点进行科学的思考和安排。

任何一个具有时间跨度的现代训练计划，通常都包括对运动员起始状态的诊断、训练目标的建立、训练阶段的划分、各阶段任务的确定，以及训练任务的选择、比赛日期的安排、训练方法与手段的更新、训练负荷量度的确定及动态变化、负荷后恢复措施的采用、检查评定的时间、内容和要求等基本内容。

现代篮球运动的内容体系已由过去的身体、技术、战术三大训练内容，扩展为包括智力训练、心理训练和作风训练在内的多结构训练内容。这一新的训练内容体系说明现代篮球训练已由"体力型"转变为"体力与智力综合型"，形成体力、智力、心理和技能综合训练的体系，因此，在科学地制定训练计划时应从多因素的角度考虑。

丁、有效地组织和控制训练过程。科学的训练计划必须通过有效的组织实施才能产生具体的成果。篮球训练过程的组织和控制是否成功，取决于教练员的科学训练水平和训练艺术。优秀的教练员既能生动而严格地组织好训练课的实施，又能灵活运用各项原则，及时地根据训练中主客观情况的变化，对预定的训练计划予以必要的调整。训练中的控制过程，实际上就是一个纠正偏差、改正错误的过程，它包括获取反馈信息、对照"监督检查模型"进行对比分析、调整纠偏和重新进行控制等阶段，使训练朝着预定的方向进行。为搞好训练的反馈控制，必须建立起各训练过程的监督系统，加强对训练各阶段运动员状况的测定与评定，篮球科研人员在与教练员的结合中，主要的任务就是为教练员提供有关运动员变化的反馈信息，以便教练员随时对运动训练进行有效的控制。

（2）运动员的文化学习管理。文化教育是关系到提高现代型优秀运动队伍素质、促进科学训练、提高运动员技术水平和培养篮球人才的一项战略任务，就当前我国各级运动队伍的现状来看，更有必要加强运动员的文化学习，这不仅是促进运动员综合素质发展的一个重要方面，而且是训练实现科学化的客观要求，同时也是运动员智力训练的一项重要内容。

据调查，我国篮球运动健将级层次中极少有人真正系统地接受过高等教育，而在其他一些体育发达的国家，如原苏联已达36.4%（男）和27.8%（女），美国篮球运动员几乎都受过高等教育。我国篮球运动员的这种状况不仅直接影响运动成绩的提高，而且也给球队的建设带来了许多社会问题。加之运动队长年外出比赛、集训，上课时间很少，教学不能系统进行，严重影响了教学效果。此外，不少主管部门的领导和教练员、运动员轻视文化学习的观念未能得到改正，以比赛成绩论贡献的现象十分严重。所以，我国篮球队伍普遍存在着文化理论、科技知识学习松散的状况，为此，加强运动员文化学习的管理迫在眉睫。

运动员文化学习管理应服从训练与比赛这个中心工作，可采取各种灵活的措施，加以科学的组织。

甲、健全文化学习管理机构。高水平的篮球队要尽可能安排一名教练员分管文化教育工作，保证文化学习在组织上层层落实。

乙、建立一套包括考勤、学籍管理、奖惩等内容的完整的管理制度。

丙、采取灵活多样的方式，科学地安排和落实学习时间。

除了科学地组织与安排外，还要确保运动员文化学习的质量，并使之连续不断，形成完整的教学系统。因此，必须明确规定教学的基本要求：

第一，由于高水平篮球队承担着一线训练的繁重任务，比赛也比较频繁，故应采取灵活多样的学制安排。

第二，根据队员原有的文化基础，选择内容精练的知识进行传授，并采用针对性强的教学方法。

第三，充分考虑运动员的训练时间与体力消耗情况，合理编制运动员的文化学习课程表。

第四，在符合国家总体考试要求的基础上，可以适当地选择考试内容、评分方法及标准，考试时间尤其不要与集训和竞赛相冲突。目前，我国有些高水平篮球队试行的单科结业、逐步累计的办法是一种有效的考试安排形式，比较适合运动队的特点。

### （二）篮球队的竞赛管理

#### 1. 竞赛管理的意义

竞赛是人类的一种特殊活动。篮球运动竞赛是以篮球运动为内容，根据严格的规则而进行的集体性体力、技艺和心理水平的较量，以达到强身健体、夺取优异成绩、自我完善等目的的活动过程。作为体育运动竞争性直接表现形式的篮球竞赛，是衔接篮球训练的主要通道，是实现篮球运动价值的重要途径，也是篮球运动发展的动因和重要杠杆。篮球竞赛需要投入大量的人力、物力、财力和时间等资源，它与社会各界发生着越来越紧密的联系。竞赛管理得法，可以产生良好的社会影响和巨大的综合效益；竞赛管理不善，则会造成不良的社会影响和经济上的极大浪费。因此，依据篮球运动竞赛的规律，对其进行科学的组织与管理，具有十分重要的意义。

#### 2. 竞赛管理的任务

篮球竞赛的管理千头万绪，但其基本任务有以下几点：

（1）明确竞赛目标；

（2）合理分配人、财、物、时间等资源，制定周密的竞赛计划；

（3）对竞赛过程实施科学化管理，保证竞赛各项工作紧密衔接、平衡协调；

（4）调动社会举办竞赛的积极性，提高运动竞赛的社会效益和经济效益；

（5）科学评估竞赛的效果，认真总结成功与失败的经验教训，改革竞赛管理方法与手段，不断提高管理水平。

#### 3. 竞赛管理的要素

（1）观察目标值：目标是计划的灵魂，竞赛管理的主要任务就是要对竞赛的目标进行考察，然后确定出具体目标值，使目标既高度概括、鼓舞人心，又切实可行。不同层次的竞赛，其目标是不同的，在分析和确定竞赛目标考核时，通常将竞赛的目标和具体的目标值结合在一起，构成完整意义上的"运动竞赛目标值考核"。竞赛目标是开展篮球竞赛的指南和主攻方向，是球队在一定时期内运动竞赛的目的和任务；目标值则是目标的具体展开，是促进篮球运动技术和战术水平提高、发挥竞赛的社会功能和取得竞赛效益的具体措施。

（2）制定竞赛计划：首先是确定计划目标，明确竞赛活动所希望达到的境地。

一份规范的竞赛计划，其内容可分为计划纲要和计划表格两个主要部分。计划纲要是竞赛计划的文字说明部分，通常包括计划期内竞赛的目的和任务、竞赛规模、执行竞赛的基本要求与措施方法。计划表格的形式既可以由上级主管部门统一规定，也可以根据实际情况自行设计，以便于直观、形象、清晰地表现竞赛的种类、规模和具体日程安排等内容。

（3）赛前模拟训练：模拟训练分为对比赛对手的模拟、比赛动作的模拟和比赛环境的模拟三类。模拟训练一般按下列程序进行：

甲、明确被模拟的对象，确定被模拟系统的边界。篮球项目的被模拟系统是人与物的复合体，即全面掌握主要对手的运动素质、技术、战术、心理、作风等情况以及近期战绩等一系列参数。

乙、设置动态系统并进行相似分析。依据被模拟系统的情况所设置的动态系统务必与其相似，两者的相似程度越高，主要训练系统的适应能力就越能得到培养。

丙、主练系统与动态系统统一起来练习。例如，与模拟比赛对手的运动员同场对抗时，在与比赛相似的环境中进行练习。

（4）有效地控制竞赛过程：现代篮球比赛紧张而激烈，教练员不仅要善于审时度势、抓住战机、因势利导、合理组织力量、灵活运用战略战术，还要做到沉着冷静、当机立断，胜不骄、败不馁，控制好比赛的全过程，特别要认真做好比赛过程中的临场指挥工作。

## （三）篮球队的生活管理

篮球队的生活管理，是由有关人员进行明确分工、协同配合后共同进行的。生活管理的范围，包含除了训练、比赛和文化学习以外的一切活动。一个球队生活管理的好与坏，将直接影响运动员的情绪、训练态度和训练的实际效果，甚至影响全队运动水平的提高。生活管理主要包括以下内容：

### 1. 建立、健全严格的生活制度

管理者对球队的作息时间、内务卫生、请假审批、业务生活，乃至运动员个人的生活习惯等都应作出具体、明确的规定。此外，还须制定文明公约、卫生公约等辅助规定。这样有利于对运动员进行严格管理，为正常的训练提供保障。为了保证这些制度的实施，还应进行监督检查，如教练员轮流值班就是一种较好的监督检查措施。

### 2. 训练后的恢复与营养安排

恢复是生活管理中的一项重要内容。严格遵守生活制度是疲劳后快速恢复体力的重要前提，在此基础上还须采取一些专门的措施与手段来促进运动员的恢复，通常可进行交换活动调节，如药物浴、蒸气浴、按摩与保障足够的睡眠、以食物进行能量消耗的补充等。

管理者要特别注意运动员的营养安排。营养师应根据运动员的实际情况和需要制定食谱，对其进食量、饮水量及营养素的摄入量作出相应的规定。

**3. 运动员参加竞赛期间的生活管理**

参赛期间运动员的生活管理比平时训练的生活管理更为严格，特别要注意加强纪律要求。通过严格的生活管理，帮助运动员保持良好的竞技状态，同时配合必要的心理训练，稳定其情绪，以便在比赛中正常地发挥应有水平。

## 第四节 篮球队的管理方法

篮球队的管理方法，因其运动水平层次和所属性质的不同而各具差异，但通常采用的主要方法有思想教育方法、行政管理方法、法律管理方法和经济管理方法。

### 一、思想教育方法

篮球训练过程是一个贯彻全面素质教育的过程，而不单纯是练技术、战术和身体。篮球队管理的思想教育方法，实质上就是开展思想教育工作，帮助运动员树立远大的理想和坚定的信念，使球队的目标转变成每一位队员的具体目标，充分发挥每一位队员的内在精神动力，在全队形成一种良好的集体心理氛围和职业道德氛围。这对于建设一支有理想、有道德、有文化、有纪律、荣誉感强、勇攀高峰的优秀篮球队有着十分重要的意义。

#### （一）思想教育方法的作用

1. 进行思想教育是培养高素质、高水平人才的需要，也是实现球队发展战略目标、顺利完成训练竞赛工作的重要方法。随着职业化进程的加快，思想教育的方法与内容要具有新意。

2. 进行思想教育是增强球队内部凝聚力的需要。现代管理学告诉我们，组织内部的凝聚力是组织存在和发展的重要因素，只有不断加强凝聚力，使每一名成员意识到自己身上的责任，自觉地、创造性地完成组织的各项任务，组织目标的实现才有了保证。

#### （二）思想教育方法的特点

**1. 疏导性**

开展思想教育，必须动之以情、晓之以理，进而导之以行，启发运动员的自觉性。对思想上产生的种种问题采取回避或捂堵的做法是不对的，只有因势利导，才能达到教育的实效。

**2. 灵活性**

运动员的思想是复杂多变的，受多种因素的影响。不同的时期和不同的管理对象，其思想基础、性格类型、价值观念等也各不相同。因此，思想教育工作必须根据具体的实际情况来确定内容和重点、形式和手段，保持灵活性和针对性。

### 3. 预见性

很多思想教育是教练员在平时训练中以潜移默化的方式灌输给运动员的，因此，思想教育工作要有预见性，教练员应把许多客观事物可能对队伍造成的影响预测在前，培养队员的自我防范能力，力求避免不良苗头的出现。

### 4. 滞后性

因为思想教育的大量工作是在事情有苗头或是发生之后进行的，这一点可以用认识论加以解释。滞后性特点要求管理者对已发生的问题实事求是地进行分析，只有以理服人才能把思想教育工作真正落在实处。

## 二、行政管理方法

### （一）行政管理方法的概念

篮球队管理的行政方法，是指依靠球队的行政组织（主管行政职能部门、业务主管部门、董事会组织等），运用行政手段，通过自上而下的行政层次，进行组织、指挥和调整的管理方法。

行政管理方法的实质是通过行政组织的职务和责任来对球队进行管理，这种方法特别强调职责、制度和权限。

行政管理方法的结构是以上级发布指令、下级贯彻执行为基点所形成的一种由上而下的纵向结构。

行政管理方法的程序通常分为发布命令、贯彻实施、检查督促和调节处理四个步骤，并按行政管理层次进行。

行政管理方法的形式一般表现为命令、决议、指示、规定等各种行政性文件，这种文件集中体现了上级机构和领导者的意见与决策，它是下级管理部门进行工作的依据。

### （二）行政管理方法的作用和特点

#### 1. 行政管理方法的作用

（1）是保证集中统一领导的重要手段。统一目标、统一行动，是球队完成一定任务的必要条件，也是分工协作的客观要求。而具有强制性、权威性的行政手段，对于实现统一指挥、统一行动起着十分重要的保证作用，为此要健全各种形式的管理机构设置和人员配置。

（2）是迅速、有效调节球队行为的有力手段。当环境突然发生变化，球队需要作出迅速的反应和及时的调整时，采用令行禁止的行政方法，可以迅速地排除阻力，有效地解决问题。

（3）是保证球队坚持正确训练方向、协调发展篮球事业不可缺少的手段。科学的行

政方法对有力地贯彻国家的方针政策、实现篮球运动战略目标，都是极其重要的保证。

#### 2. 行政管理方法的特点

（1）权威性。运用行政手段进行管理，起主要作用的是权威性。行政方法的有效性以及所发指令的接受率，很大程度上取决于管理者的权威程度。因此，提高管理者的权威性（综合素质和专业才干）是运用行政手段进行管理的前提，也是提高行政方法有效性的基础。

由于具有权威性的特点，行政方法有利于发挥领导层的决策作用，便于管理层通过强有力的组织领导对球队进行有效的组织、指挥和调节。但这种权威性是建立在管理者个人的德、能、勤、绩、才、识和个性心理特征基础上的。

（2）强制性。行政方法是通过各种行政指令实施的，这些指令是管理者行使权力的标志，被管理者必须贯彻执行，由此形成行政方法鲜明的强制性特点。

制度是行政方法强制性特点的具体体现，它能把管理系统置于统一的目标、统一的意志和统一的行动之中，便于管理者进行集中管理。但是，制度不利于适当分权，容易出现统得过死的情况，尤其是当强制性程度增大却不被受管理者所理解时，会引发对抗性矛盾，造成管理效率低下的状况。所以领导者在制度建设中要注意发扬民主，关心队员。

（3）针对性。相对于其他方法而言，行政方法比较具体，因为不仅行政指令的内容和对象是具体的，而且在实施的具体方法上也会因对象、目的和时间的变化而有所不同。因此，任何行政指令都是在某一时间，针对某一对象的特定指令，具有明确的指向性和一定的时效性。

（4）纵向性。行政方法是通过行政系统自上而下按一定层次实施的，因此，各种行政指令的下达，通常是垂直性的传递，表现出纵向性特点。

## 三、法律管理方法

### （一）法律管理方法的概念

篮球队管理的法律方法，是指以法律规范和具有法律规范性质的各种体育法规为手段调节篮球队内外关系的管理方法。它既包括国家正式颁布的法规，又包括各级政府机构和其他管理单位所制定的具有法律效力的各种体育规范，如《全国体育运动单项竞赛制度》和《运动员守则》等。此外，还有各职业俱乐部董事会制定和下达的内部法规、制度、要求等。管理者要强化法律意识，做到依法建队、以法育人。

作为管理手段，法律规范的结构主要包括三大部分：条件——任何法规都需要先明确自己的适用范围和条件；规范——即规定人们享有的法律权利和需要承担的法律义务；制裁——即指明若违反了法律规范，将承担何种后果，以及如何执行，如何进行制裁等。

### （二）法律管理方法的作用与特点

#### 1. 法律管理方法的作用

（1）管理控制的有效手段。稳定和有序是任何一个管理系统存在和运动的基础，运用法律手段，可以把人们的行为和组织的活动有效地控制在正常秩序内。在篮球队的管理中，管理者可以通过《运动员守则》和《全国体育运动单项竞赛制度》对运动员的行为和竞赛进行有效的控制。

（2）调节球队内外各种关系的准则。

（3）促进篮球运动管理系统发展的重要动力。

#### 2. 法律管理方法的特点

（1）规范性。规范是指人们的行为所必须遵守的一般规则，如体育法就是调整人们在体育运动中的关系的特殊行为规则。法律方法的规范性，集中体现在法律规范所规定的各种行为规则上，这些规则不仅明确规定人们在某种情况下可以做什么，应当做什么和不应当做什么，而且还可以成为评价人们行为的标准。

（2）法治性。法律规范代表着国家一级行政组织和社团组织的意志，具有鲜明的法治性，它以国家和大多数人的利益为基础，要求每个人无一例外地都要遵守，具有无条件的强制性。

## 四、经济管理方法

### （一）经济管理方法的概念

经济管理方法是指运用经济手段，按照经济规律的要求，调节各种不同经济利益之间的关系，从而达到较高经济效益和社会效益的方法。随着篮球项目职业化进程的加快，竞赛被推向市场，俱乐部走向经济实体，在这种情况下，篮球队的管理方法更明显地起着一定的杠杆作用，其实质是从物质利益的角度处理球队内外的各种经济关系，把国家、集体、个人三者的利益正确地结合起来，利用物质动力调动各方面的积极性。

### （二）经济管理方法的作用与特点

#### 1. 经济管理方法的作用

（1）有利于提高经济效益。这是经济管理方法最主要的作用。我国体育管理的经济方法，贯彻社会主义物质利益原则，把体育工作的结果同集体、个人的经济利益联系起来，从经济利益上激发人们的责任心。它的突出作用在于能够有效地加强球队管理者的市场观点，鼓励他们尽量做到少花钱、多办事、办好事，不断提高篮球项目的社会效益，在此基础上，集体和个人的经济利益也得到一定的满足，从而调动广大体育工作者的积极性。

（2）有利于强化管理职能。具体表现为球队管理机构能够通过各种经济手段来控制

和制约运动员的工作,将他们的经济利益与自身的职责挂起钩来,这样既便于管理机构顺利行使指挥、控制等职能,又能使下级对各种管理决策的接受率明显增大。同时运用经济方法进行管理的效果是由各种具体的经济指标反映出来的,因而特别有利于客观地检查管理效果。

(3)有利于适当分权。在篮球队管理中运用经济方法,其前提就是要给相关管理者以相应的自主权,如人权、物权、财权等。经济管理方法的适当分权与经济制约是相辅相成的。

### 2. 经济管理方法的特点

(1)间接性。经济管理方法是通过对各方面经济利益的调节来间接控制、干预球队和运动员的行为。物质奖励等经济管理方法的运用,并不能直接干预运动员的行为方式,而是通过对他们价值取向和行为的引导与激励,达到调动人们积极性、提高工作效率的目的。

(2)有偿性。运用经济管理方法,不仅要求组织之间的经济往来应根据等价交换原则实行有偿交换,而且在对个体的管理上十分强调训练、比赛成绩与获取报酬之间的关系。因此,在篮球队的管理工作中运用经济方法,必须注意多种动力的综合运用,强化思想教育,使广大运动员围绕共同的目标团结奋斗。

(3)关联性。在篮球队管理中运用经济方法,不仅影响面广,涉及的因素多,而且每一种经济手段的变化都会引起球队内部多方面的连锁反应。因此,在管理中运用经济方法,应把握具体管理对象的特殊性质,注重对未来发展的预测,使经济管理方法发挥其应有的作用。同时,更为重要的是加强思想、组织管理,正确处理为国家、为集体作贡献与纯商品化的个人价值观念、雇佣观念之间的关系。

# 第十九章

# 篮球竞赛的组织管理

篮球竞赛是篮球运动的基本形式，也是篮球运动内容体系的一个重要组成部分，是现代篮球运动中最具魅力的活动。篮球运动的价值往往就是在竞赛中得以最充分地表现与实现。不论举办哪种形式的篮球竞赛，也不论其规模大小和水平高低，它都有一定的时限性，并且涉及其他相关方面。因而，篮球竞赛的组织管理工作实际上是一项网络系统工程，这个系统中横向的协调融合和纵向的连贯流畅，是篮球竞赛活动顺利进行和圆满完成的重要保证。

## 第一节 篮球竞赛的意义与种类

### 一、竞赛的意义

篮球比赛攻守对抗的凶悍性和技艺化，激烈精彩，引人入胜。高水平球队的比赛更为人们所关注，逐渐成为一种现代社会文化的表现形式，越来越深刻地影响着人们的社会生活和经济生活。

#### （一）竞赛的社会性

**1. 促进篮球运动的发展**

篮球是较受欢迎、较易开展的一个运动项目，通过竞赛可以吸引更多的人（尤其是青少年）来参加这项运动，在更大的范围内推广这项运动。通过竞赛可以检查篮球教学训练的质量与效果，促进技、战术水平和身体素质等的提高。通过竞赛也可以相互观摩、交流学习，增强团结和友谊。通过竞赛还可以培养参加者的品质风格和团队精神，激发参加者的进取愿望。

**2. 丰富文化生活的内容**

篮球竞赛是社会的一种文化生活，参加竞赛本身就是一种锻炼健身的生活方式。观看欣赏比赛中激烈对抗的精湛球艺，也使人们的生活空间和余暇时间得到扩展及充实。公平激烈的竞赛本身就传播着平等竞争的文明风尚，也鼓舞着人们对真实、自信、进取和创新的向往。竞赛过程的变幻和竞赛结果的不可预测，还给人们带来极大的悬念与乐

趣，引发和满足人们对身体健康与美好生活的追求。

### 3. 适应社会政治的需要

篮球竞赛作为一种特殊的手段，能够起到提高国家威望、振奋民族精神、创造安定社会环境的作用，也能够起到改善和促进国家关系、充当和平友好及慈善使者的作用，还能够起到协助竞技体育体制的改革、加快运动项目走向市场的作用。

## （二）竞赛的经济性

### 1. 推动篮球运动的产业化进程

从传统意义上来讲，组织篮球竞赛是一种消费，在竞赛水平不高、市场经济不发达的情况下是如此，在竞赛水平较高、市场经济较发达的情况下往往也是如此。美国职业篮球联盟的经营效果，可以说为各国热衷体育产业开发、组织篮球竞赛从消费向生产转化树立了典范。经营组织篮球竞赛，能通过球星的包装宣传、球员的选拔转会、票房收入、彩票发行、电视转播权出让、广告刊登、邮币卡章发行和体育服装鞋帽、吉祥物的销售等等产生经济效益，从而使篮球竞赛成为社会经济生活的一部分。

### 2. 带动社会其他行业的发展

组织篮球竞赛作为一种经济行为，不仅为篮球运动自身的生存发展创造了良好的物质条件，也为其他各行各业提供了机会。规模较大的篮球竞赛必然促使举办地的运动场馆、公路、机场、港口和通讯网络的条件加以改善，基础设施的改善也就促进着科学技术的进步，拉动着相关产业的生产发展。高水平的篮球竞赛，除了有众多的参加者，还会吸引成千上万的人来观看，这样也会使旅游业、宾馆业、百货业、餐饮业、保险业和公用事业等许多其他行业的生意兴隆，服务质量提高。组织大规模的篮球竞赛，在扩大举办地影响的同时，也会为举办地扩大许多就业机会。通过组织篮球竞赛，甚至还会影响到证券市场中以明星运动员作广告的公司股票价格波动。

## 二、竞赛的种类

组织篮球竞赛，根据竞赛的性质和目的，大体上可以分为非职业性比赛和职业性比赛两大类。

### （一）非职业性比赛

#### 1. 综合性运动会中的篮球比赛

篮球作为综合性运动会中的一个项目，与其他项目一起在同一时期内进行比赛，从一个侧面反映参赛国家或单位的体育运动整体水平。这类比赛有国际性运动会中的篮球比赛，如奥林匹克运动会、世界大学生运动会、世界中学生运动会、各洲际和地区运动会中的篮球比赛等；也有全国性运动会中的篮球比赛，如全国运动会、解放军运动会、城市运动会、农民运动会、大学生运动会、中学生运动会中的篮球比赛等；还有各个

省、地、市及厂矿学校等基层单位运动会中的篮球比赛。

### 2. 单一篮球项目的比赛

主要反映参赛国家或单位的篮球运动水平。有国际性的比赛，如世界篮球锦标赛、世界青年篮球锦标赛、各大洲的篮球锦标赛、各大洲的青年篮球锦标赛以及2003年推出的五大洲冠军赛；也有全国性的比赛，如全国篮球锦标赛、全国青年篮球联赛、全国大学生篮球联赛（CUBA）、全国体育院校篮球比赛、全国少年篮球比赛以及各行业系统的篮球比赛；还有省、地及基层单位的篮球比赛。

### 3. 交往性的比赛

主要为了加强交流，增进友谊，发展相互关系。有国际性的比赛，如国家之间双边的访问比赛、几个国家之间多边的邀请比赛；也有国内省、地、市之间的协作性比赛；还有基层单位之间的友谊比赛和表演比赛等。

除了上述的这些比赛之外，还有专门的残疾人轮椅篮球比赛、少年儿童的小篮球比赛、三对三的篮球比赛及扣篮和投篮比赛等。

这类非职业性的比赛，普及的面比较广，参加比赛运动员的层次各不相同，技术水平也有较大的差异，有利于吸引更多的人参加篮球运动。

## （二）职业性比赛

### 1. 国外的职业比赛

主要是为了依靠比赛的票房收入和其他收入来维持球队生计与创造利润。最有代表性的是美国NBA男子职业篮球联赛和WNBA女子职业篮球联赛；还有一些国家举办的职业俱乐部比赛，如意大利、希腊、菲律宾、韩国的职业篮球俱乐部联赛，以及一些国际性的俱乐部比赛等。

### 2. 国内的职业比赛

主要是为了通过改革推动我国篮球运动跟上世界篮球运动的发展趋势，从管理体制、竞赛方式与方法等方面与国际接轨，从而提高整体运动水平。目前也是篮球竞赛、管理逐渐从计划经济向市场经济的过渡过程。我国从1995年起举办了首次8个队参加的职业篮球比赛，而后每年举办全国男子篮球甲A（CBA）和甲B联赛，以及2002年开始的全国女子篮球甲级联赛（WCBA）。

职业性比赛，涉及的范围相对比较窄，但参加比赛运动员的技术水平比较高，它带有明显的商业性，美国的职业联赛已经成为体育产业的重要组成部分，我国的职业联赛对篮球运动的产业化进程是个促进。

## 第二节 篮球竞赛的组织管理

### 一、组织竞赛的要求

组织篮球竞赛应该遵循竞赛的客观规律,提供竞赛的良好环境,保证竞赛的整体质量,创造竞赛的综合效益。

#### (一)遵循竞赛的客观规律

竞赛日期一般情况下都是根据上一级体育组织所制定的竞赛计划来安排的,与上一层次的竞赛时间错开。组织高层次的竞赛,要考虑季节、气候、持续时间的因素,要考虑竞赛规模、方式、方法和相关的其他活动。要通过组织竞赛来提高训练水平,促进后备人才的培养和成长,以赛带练,以练促赛。

#### (二)提供竞赛的良好环境

具备竞赛所需要的场馆(地)设施器材,具有一定的观众基础是最基本的条件。举办大型甚至国际性的竞赛,场馆设施、器材设备必须符合相应的标准,举办地还应提供良好的食宿、便利的交通、通讯和可靠的治安环境。

#### (三)保证竞赛的整体质量

要完成竞赛的任务、达到竞赛的目的,除了具备必要的"硬件"之外,还必须有相应的"软件"来保障。要有一支有素养、有效率的工作队伍,使竞赛工作能够有条不紊地进行。也要有一套严密可行的规章制度,使竞赛能够在公平、公正和公开的氛围中进行。

#### (四)创造竞赛的综合效益

要以组织篮球竞赛来推动和引导这项运动更广泛地开展,丰富人民群众的业余文化生活,宣传积极向上、拼搏进取的精神,获得精神文明建设的收效。也要以组织篮球竞赛来拓展社会办竞赛的渠道,减少政府投入,开发商机和走市场化的道路,获得物质文明建设的收效。

### 二、竞赛过程的管理

竞赛过程的管理是有目的地组织、指挥、控制和调节竞赛工作的过程,可以分为赛前管理、赛间管理和赛后管理三个阶段。

## （一）赛前管理

赛前工作是制定组织竞赛计划和实施计划为比赛做准备的过程。这个过程是从成立竞赛筹备组织起至比赛开幕止，包括建立竞赛组织机构、确定组织方案、制定竞赛指南和拟定具体工作计划等。

### 1. 建立竞赛组织机构

首先要成立竞赛的领导小组，即筹备委员会，也就是竞赛开幕后的组委会，它对竞赛的全过程起组织领导作用。然后在它属下再设立具体的工作机构，这些工作机构负责整个竞赛过程中的各项具体事务，协助领导小组完成竞赛任务。凡是与竞赛有关的事务，都要有相应的部门或人员负责管理。通常情况下，设秘书处、竞赛操作部门、技术代表、仲裁、场地和总务部门等。另外，根据竞赛层次和规模的不同，还可以增设一些专门负责开发、推广、接待、外事、财务、广播电视、电子技术、邮电通讯、新闻中心、兴奋剂检测、大型活动等部门，以及负责各部门之间工作协调的办公室。

### 2. 确定组织方案

竞赛领导小组要对竞赛的任务、规模、水平、承办单位的"硬件""软件"质量、组织竞赛经费等情况有全面的了解。在这个基础上，本着实事求是、精简高效和勤俭节约的原则，对竞赛期间各项活动内容作出计划和安排，对竞赛的各项收支规定标准作出预算。

### 3. 制定竞赛指南

竞赛指南是组织者和参与者都必须遵守的规定。竞赛指南主要有竞赛规程、竞赛管理处罚办法和技术手册。竞赛规程包括竞赛名称、目的任务、日期、地点、参加单位及人数限定、参赛者资格、报名及报到日期、竞赛办法，竞赛所采用的规则、名次评定和奖励办法、抽签日期、地点和注意事项。规程一经审定，就应保证其严肃性与权威性。竞赛管理处罚办法包括竞赛管理的形式、职能、内容、范围、对象和对违反竞赛纪律与规定应受到的相应处罚条例。技术手册包括对竞赛主办、承办、参加队伍和裁判员各个方面的具体工作职责与要求。竞赛指南甚至还包括对场馆设施、赛场气氛渲染、记录台和技术统计的工作规范、队员、球队和赛区（场）的评选办法等具体细则。

### 4. 拟定工作计划

各个工作部门建立后，应根据整个竞赛工作各阶段的进行顺序，按照不同分工，分别拟定具体的工作计划，经领导批准后实施执行。以下是一些部门在竞赛中的主要工作：

（1）竞赛部门的主要工作。对运动员进行资格审查，做好竞赛的编排，安排好竞赛日程、时间、场地，编印比赛秩序册，召集领队、教练员会议，公布比赛成绩，仲裁比赛争议及处理比赛有关事务等。

（2）裁判部门的主要工作。组织裁判员的赛前学习教育，深入领会规则精神，提高认识、端正态度、统一尺度、加强配合；做好裁判员的培训、考核、选派和评估，保证裁判员以良好的精神和身体状态投入工作。记录台的工作人员也要熟悉各种器材设备的操作使用，做到及时准确地反映比赛进行情况。

（3）场地部门的主要工作。检查落实比赛场地、器材设备情况，做到标准、可靠、安全、使用正常，能够符合比赛要求，保证比赛的顺利进行。

（4）宣传部门的主要工作。布置赛场，宣传竞赛法规，编辑简报，安排广播、电视、报刊的报道，组织新闻发布，渲染竞赛气氛，吸引更多的人关注，扩大竞赛影响。

（5）总务部门的主要工作。做好食宿安排、物资供应、交通调度、安全保卫、医务保障、门票订购等后勤服务工作，掌握收支、控制标准、执行预算，做好财务管理工作。

### （二）赛间管理

赛间工作是竞赛组织管理的中心工作，从比赛开幕到闭幕结束，所有工作都要在领导小组的领导下进行，为使比赛顺利正常进行而努力。这期间的工作可分为比赛活动的管理和非比赛活动的管理。

#### 1. 比赛活动的管理

根据比赛的日程，安排好裁判员、记录台工作人员、技术统计人员和场地工作人员，使每一场比赛都能够按时进行，不因工作人员的疏忽或器材设备的故障而使比赛信息不能正确及时反映和使比赛延误、停顿、脱节。要按照篮球竞赛的法规、规则来管理比赛，建立良好的比赛秩序，使参赛的运动队能够在平等的条件下竞争。

比赛活动的管理，关键在于裁判工作。裁判员的公平、公正和敬业态度体现了比赛的严肃性，鸣哨的准确程度体现了判罚的权威性，执法的松紧程度影响着比赛的对抗性，判罚时的待人态度影响着运动员的情绪状态。因而加强对裁判队伍的领导，除了赛前的学习教育之外，赛间的及时检查、小结与监控，是保证比赛顺利进行的重要措施。

另外，对赛场中可能出现的假球、"黑哨"及影响比赛正常进行和有损文明的行为等突发事件也要有充分的估计。竞赛、仲裁甚至保安部门都要有相应的准备。

#### 2. 非比赛活动的管理

在竞赛期间，有许多涉及各个工作部门的非比赛活动需要进行组织管理，这些工作对整个竞赛有很大的影响。这些工作包括：

（1）对开幕式、闭幕式的管理。不管是较隆重的还是较简单的开幕式和闭幕式，都应给予足够的重视。主题要明确，安排要紧凑，场面要热烈，以扩大篮球运动的影响，提高篮球运动的社会地位，加强篮球运动员的责任感。

（2）对赛事服务工作的管理。组织好每次比赛后的新闻发布会，尽快地公布和传递当日比赛的技术统计信息。安排好每场比赛中的赛间表演。抓紧对比赛场地器材设备的

检查、保养和维修。经常对食堂进行食品卫生检查，预防肠道传染疾病的发生。对住地进行相应的封闭治保，避免闲杂人员的干扰，保证参赛人员的休息和安全。为参赛人员提供某些特殊的服务项目。

(3) 对赛场观众的管理。做好文明观赛的宣传工作，引导观众讲礼貌、守纪律，为比赛双方鼓劲加油。组织好观众出入口的疏导，对观众中可能出现的过激行为要有应急措施。

另外，由于竞赛期间各种情况的复杂多变，还需要对各个工作部门的相互关系进行协调管理，以利整个竞赛活动更好地运转。

### （三）赛后管理

赛后的管理工作包括以下几个方面：
1. 编制和印发总的比赛成绩表，评选最佳球员、球队、赛区（场）；
2. 对比赛技术资料的处理归档；
3. 对比赛器材设备的整理；
4. 办理参赛队伍的离会手续；
5. 对竞赛的收支进行财务决算；
6. 进行工作总结。

## 第三节　篮球竞赛的方式与方法

### 一、竞赛的方式

篮球竞赛方式是根据篮球项目的特点和要求，规范篮球竞赛性质、等级、周期，使之有系统、有计划、有目的地组织推动竞赛社会化、多样化的体系。目前广泛实施的有赛会式和赛季式两种。

### （一）赛会式

赛会式是把参加比赛的球队集中在一个地方，用几天或十几天的时间，连续进行比赛的一种竞赛方式。

#### 1. 赛会式的特点

赛会式的运用范围比较广，综合性运动会中的篮球比赛、国际性的篮球锦标赛，采用的都是赛会式。国内大多数的篮球单项比赛，采用的也是赛会式。赛会式的比赛队伍集中，为运动员创造了观摩、学习、交流的好机会。赛会式的比赛地点固定，可以避免参赛队的旅途奔波疲劳。但赛会式的比赛采用的比赛方法具有一定的局限性，参赛队实际水平的发挥会受到一些偶然性因素影响，可是这种偶然性因素也给参赛队提供了一定

的有利机会。赛会式的比赛赛期短，比赛的场次不可能很多，因而运动员锻炼的机会就要少些。赛会式的比赛场次连续，比赛强度大，调整、恢复时间短，容易产生疲劳。赛会式的比赛为承办方提供了持续的社会公众注视热点，从而能带来相应的社会效益和经济效益。

#### 2. 赛会式对组织管理的要求

（1）针对赛会式比赛规模较大、管理工作责任重而复杂的情况，要仔细制定好全面的组织方案，规划好各部门的工作范围，明确各部门的工作职责，协调好各部门的工作关系。

（2）赛会式的比赛赛期短，赛程紧凑，赛间可能出现的问题比较集中，因此各方面工作要具体、细致，要有很强的时间观念，要始终处于紧张的运转状态，保证比赛的顺利进行。

（3）赛会式的比赛参赛队和人员多，后勤工作部门要以全天候的方式保障参赛运动员有良好的休息和营养条件，以充沛的精力投入比赛。

（4）赛会式的比赛需要承办方具有一定的基础设施条件，特别是承办大规模、高水平、国际性的篮球比赛，要事先进行大量的基本建设投入，以适应赛会式比赛的要求。

（5）承办赛会式比赛，要有市场经济意识，要以经营的观念来做好组织管理工作，既要讲社会效益，又要讲经济效益。

### （二）赛季式

赛季式是一种竞赛时间较长、参赛队不集中、分别在参赛队各自的赛地进行比赛，参赛队每赛完一场后伴有若干休整日的一种分主客场的竞赛方式。

#### 1. 赛季式的特点

赛季式最明显的一个特点就是采用主客场的形式进行比赛。这种主客场的形式可以使参赛队都能够有机会凭借主场的天时、地利、人和，充分发挥球队的竞技水平。赛季式的竞赛赛期长，一般为半年左右，而且通常是跨年度的，可以根据比赛性质、时间、水平安排比较多的比赛场次，为运动员的成长、锻炼和发展提供了更多的机会。还能使参赛队避免一些偶然性因素的影响，较客观地体现出实际水平。但由于主客场的比赛赛期长，赛间有短暂休整，对运动员持续性体能要求较高，对运动队的训练安排也有较高的要求。另外，球队经常往返于赛地，需要有雄厚的经济实力作为基础。因而赛季式比赛一般只是在一个国家内最高水平的比赛中运用。美国的 NBA 比赛，从 1946 年起就用这种跨年度的赛季式，我国目前举办的全国男篮 CBA 联赛和全国女篮 WCBA 联赛也实行赛季式。

#### 2. 赛季式对组织管理的要求

（1）赛季式比赛赛场分散，各赛地比赛的持续时间长、次数相对较少，但工作任务延续时间跨度大，因此组织机构更应当精干，要保持很强的机动性，随时能进入程序化的运作状态。

（2）在比赛的管理上，既要利用主场天时、地利、人和的有利条件，又要营造公平竞争的良好环境氛围。要加强对主场工作人员和运动员的职业道德教育与对观众的宣传教育，提高观赏比赛的文明水平。

（3）主客场比赛的形式，是一种市场经营，因而比赛应该属于经营者的一项业务，组织管理应当成为经营者的一项工作，从而促使篮球竞赛真正走进市场。

## 二、竞赛的方法

竞赛最基本的要求，是为了使参加比赛的球队能够在比较公平、合理的条件下竞争，因此采用适当的竞赛方法是创造这种良好条件的前提，也是客观反映参赛队竞技水平的重要保证，而且对竞赛的组织管理也有很大的影响。篮球竞赛中通常采用的有淘汰法和循环法两种。

### （一）淘汰法

淘汰法是在比赛中以胜进负退来确定比赛名次的一种方法，即获胜队可以继续参加进一层次比赛资格、失败队失去继续参加进一层次比赛资格的方法。失败一次便失去继续参加比赛资格的为单淘汰，失败两次便失去继续参加比赛资格的为双淘汰，与同一对手比赛时以3战2胜、5战3胜或7战4胜的形式进行淘汰的为多场淘汰。

**1. 单淘汰的编排法**

先根据报名参加的队数，对照 $2^n \geq N$ 的关系式，来确定比赛的场数、轮数和号码位置数（N为参赛队数，n为大于1的正整数）。

比赛场数 $= N - 1$，比赛轮数 $= n$，号码位置数 $= 2^n$。

然后由参赛队抽签，确定参赛队在比赛中的号码位置，再按顺序将号码两两相连，列出单淘汰的轮次表。

例如，8个队参加比赛（$2^3 = 8$），共要打7场比赛，分3轮进行。如图19-1所示。

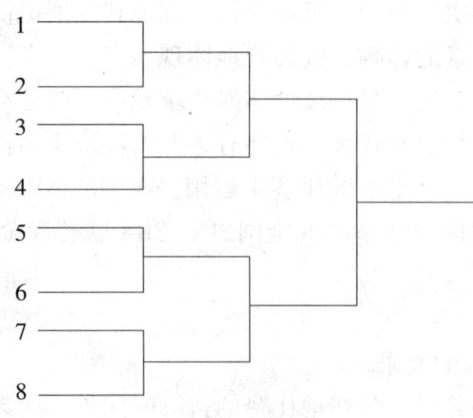

图 19-1

如果参加比赛的队数少于 $2^n$，则将 $2^n$ 作为号码位置数，但要在第一轮比赛中设若干轮空队，以保证第二轮比赛中不再有轮空队。根据 $2^n \geq N$ 的关系，轮空的队数应为 $2^n - N$。然后按照轮空位置表（表 19-1），定出空号码位置，再由参赛队抽签确定各队的号码位置。

表 19-1

| 2 | 31 | 18 | 15 | 10 | 23 | 26 | 7 |
| 6 | 27 | 22 | 11 | 14 | 19 | 30 | 3 |

例如，13 个队参加比赛（$2^4 > 13$），共要打 12 场比赛，分 4 轮进行，第一轮应有 3 个队轮空。3 个空号码位置从表 19-1 中，依次逐行从左至右找出 3 个小于 $2^4 = 16$ 的数，即 2、15、10 就是空号码位置。抽签后确定号码位置的参赛队，与 2、15、10 号相遇者便为轮空队，如图 19-2 所示。

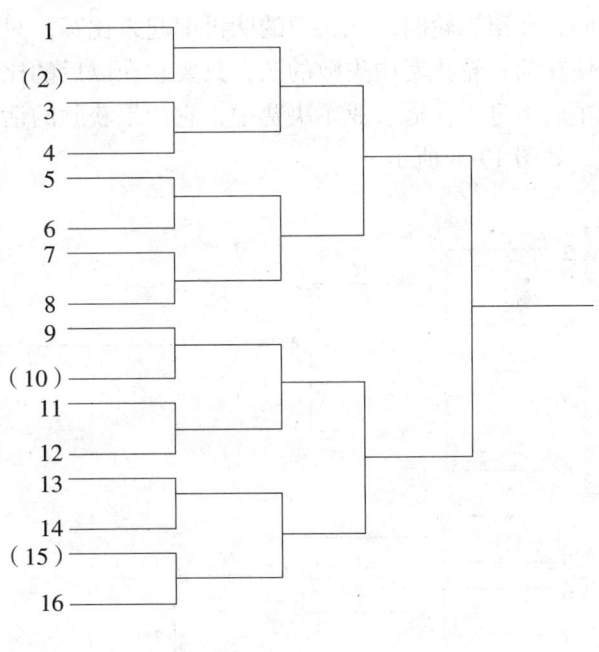

图 19-2

单淘汰的办法只能确定冠、亚军，如还需要确定其他队的名次时，往往采用附加赛的办法来弥补单淘汰赛的不足。附加赛的办法是从第二轮起，在同一轮次中，胜队与胜队、负队与负队再进行比赛，直到排出竞赛所需要的名次顺序。例如，如果在 8 个队参加的淘汰赛中需要排出各队的名次，那么，在第一轮比赛以后，按照图 19-3 所示的方法进行附加赛，就可以将名次排列出来。

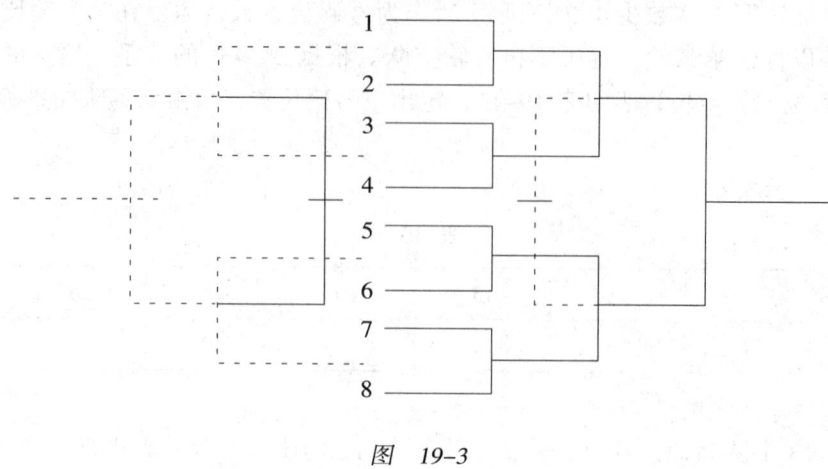

图 19-3

## 2. 双淘汰的编排法

双淘汰的办法是为了使在第一轮中失败的队能够有机会继续参加比赛,甚至参加到最后争夺第一名的比赛,以减少单淘汰中产生偶然性的结果。双淘汰的编排,第一轮与单淘汰的编排相同,在第二轮时,把失败的队再编起来比赛,只有第二次失败的队才被淘汰。因而,即使在第一轮比赛中失败的队,只要它在以后的比赛中能够保持不败,就有可能去争夺冠军。不过,在冠、亚军决赛中,它如果获胜的话,则还必须再赛一场才能最终分出伯仲,如图 19-4 所示。

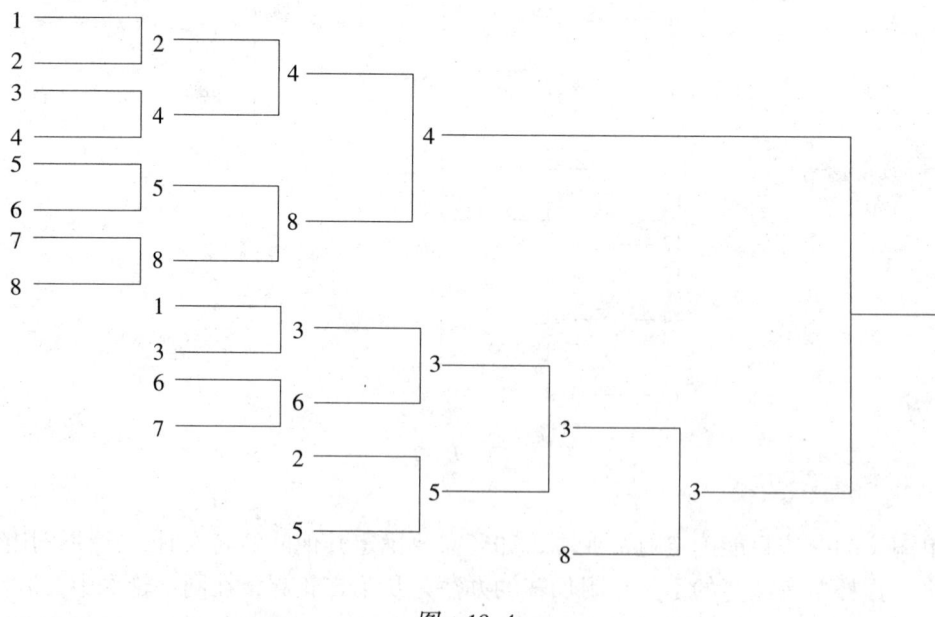

图 19-4

## 3. 多场淘汰的编排法

多场淘汰通常是在比赛水平比较高、双方实力相当或者在竞赛的后阶段比赛中采用的办法。它的编排同单淘汰是相同的,但是多场淘汰克服了单淘汰中两队之间交锋一场论胜负的偶然性缺陷,而且采用两队之间 3 战 2 胜、5 战 3 胜,甚至 7 战 4 胜的结果来论胜负,更加客观实际地反映了参赛队的整体综合实力。

#### 4. 淘汰法的号码位置排定

采用淘汰法的比赛,号码位置的排定是很有讲究的,较多采用的有以下几种:

(1) 完全随意的抽签。这是让参赛队一起抽签确定号码位置的形式。虽然对每个队来说有着相等的机遇,但它同时也伴随着有可能使强队之间相遇而过早被淘汰的不合理性。

(2) 设种子队。种子队的设定应该是有根据的,为各队所公认的。种子队的号码位置,可以用两种形式来排定:一种是按种子队的原来名次依次排定在种子位置号码上(种子位置号码是有规律地分布在比赛秩序表中各个不同"区"的顶部和底部);另一种是让种子队抽签,确定在哪个种子位置号码上。在种子队排好后,再让其他非种子队抽签。

(3) 按照比赛成绩。根据上一次竞赛或本次竞赛前一阶段的名次,以"跟种子"的原理排定位置。图 19-5 是 4 个队和 8 个队按名次排定的比赛秩序表。在我国 CBA 联赛中,还采用了 5、6、7、8 固定,1、2、3、4 可以按名次顺序自行选择位置的办法。

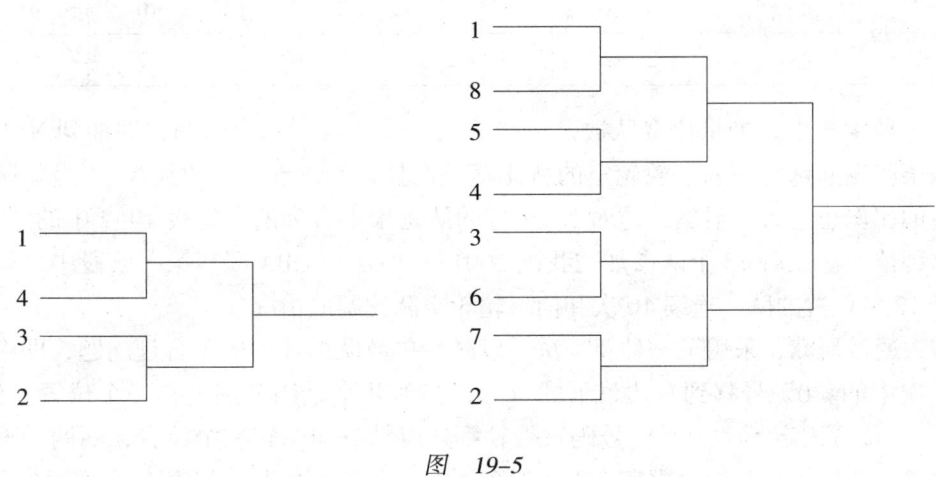

图 19-5

### (二) 循环法

循环法是使参加比赛的队,在整个竞赛中或在同一组的竞赛中,都能够相遇进行比赛,最后根据各队在比赛中的胜负场数,按一定的计分办法排列名次的一种方法。所有参赛队都能相遇比赛一场的为单循环,所有参赛队都能相遇比赛两场的为双循环,所有参赛队都能相遇比赛两场以上的为多循环。在参赛队数较多而竞赛时间有限的情况下,往往把参赛队分为若干小组,分组进行单循环,这就是从单循环衍生出来的分组循环。

### 1. 循环法的编排

单循环比赛的总场数为 $N(N-1)/2$（N 为参赛队数）。

单循环比赛的总轮数：若参赛队数为奇数，则比赛轮数等于队数；若参赛队数为偶数，则比赛轮数为队数减去一。

双循环比赛的总场数和总轮数比单循环增加一倍。

传统的编排方法是，无论参加比赛的队数是单数还是双数，都按双数编排，只不过如果参赛队数是单数，则在队数后面加一个"0"号，使总数成双。将成双的号数一分为二，前一半号数自上而下写于左边，后一半号数自下而上写于右边，两两对应相连，就是第一轮比赛的编排。凡与"0"号相遇的队就是轮空队。第一轮排定后，后面几轮的编排是以前一轮的"1"号位置固定不动，其他号码逆时针方向轮转一个位置，再两两相连，就组成整个比赛的轮次表。表 19-2 是 7 个队循环比赛的轮次表。将整个比赛的轮次再重复一次，便是双循环的轮次表。

表 19-2

| 第一轮 | 第二轮 | 第三轮 | 第四轮 | 第五轮 | 第六轮 | 第七轮 |
| --- | --- | --- | --- | --- | --- | --- |
| 1—0 | 1—7 | 1—6 | 1—5 | 1—4 | 1—3 | 1—2 |
| 2—7 | 0—6 | 7—5 | **6—4** | 5—3 | 4—2 | 3—0 |
| 3—6 | 2—5 | 0—4 | 7—3 | **6—2** | 5—0 | 4—7 |
| 4—5 | 3—4 | 2—3 | 0—2 | 7—0 | **6—7** | 5—6 |

在这种编排中，如果比赛队数是单数的话，要注意到一个问题，即抽到 N-1 号的队，从第四轮起都将和前一轮轮空的队比赛。而且，N 数越大，抽到 N-1 号的队，以劳待逸的比例也越大。显然，这对 N-1 号的队是很不合理的。如表 19-2 中的"6"号就是这种情况。在有 13 个队参加的我国 2001—2002 年 CBA 联赛第一阶段中，就出现过处于 12 号位置的队，连续 10 次和前一轮轮空队比赛的情况。

有人通过研究，采用了一种新方法，以减少单数队循环中的不合理问题，即将原来第一轮次中的"0"号移到右边最下的位置，其他几个号码分别上移一个位置。然后，以"0"号位置固定不动，其他号码每一轮都逆时针方向轮转一个位置，两两相连，组成一种单数队循比赛新的轮次表，大大避免了劳逸不匀的情况，如表 19-3 所示。

表 19-3

| 第一轮 | 第二轮 | 第三轮 | 第四轮 | 第五轮 | 第六轮 | 第七轮 |
| --- | --- | --- | --- | --- | --- | --- |
| 1—7 | 7—6 | 6—5 | 5—4 | 4—3 | 3—2 | 2—1 |
| 2—6 | 1—5 | 7—4 | 6—3 | 5—2 | 4—1 | 3—7 |
| 3—5 | **2—4** | **1—3** | **7—2** | **6—1** | **5—7** | **4—6** |
| 4—0 | 3—0 | 2—0 | 1—0 | 7—0 | 6—0 | 5—0 |

### 2. 循环法的号码位置排定

比赛轮次排定后，各队进行抽签，抽签后按号码代入轮次表中，再把各轮次的比赛编成比赛的日程表。

在进行分组循环比赛时，首先要把分组的办法确定下来。通常采用的分组办法有三种：第一种是按上一届竞赛中的名次进行分组，即蛇形排列的方法。例如，有20个队参加比赛分4组时，排法如表19-4所示。第二种是先协商确定种子队（种子队数应等于或倍于组数），然后由种子队抽签定组别，再由其他队分别抽组别签和组号签。第三种是全部参赛队一起抽签确定组别和号码位置，然后将各队按号码分别代入相应的各组比赛轮次表中去。

表 19-4

| 第一组 | 1 | 8 | 9 | 16 | 17 |
| 第二组 | 2 | 7 | 10 | 15 | 18 |
| 第三组 | 3 | 6 | 11 | 14 | 19 |
| 第四组 | 4 | 5 | 12 | 13 | 20 |

### 3. 循环法的名次排定

采用循环法的竞赛，要确定名次，不是以一场比赛的胜负，而是以在循环中各队的全部比赛胜负来计算的。一场比赛的胜负，以积分的形式来表示，胜一场得2分，负一场得1分，弃权为0分。下面是名次排列的原则：

（1）按积分多少排列。

（2）在积分相等的情况下可按以下原则排列：

第一，按相互间比赛的积分多少排列；

第二，按相互间比赛的得失分率高低排列；

第三，按循环组内所有比赛的得失分率高低排列。

如果只有3个队参加比赛，在按上述原则也无法排出名次时，则按各队在比赛中的累积得分多少来排列；如果累积得分也相同时，那就由竞赛部门组织抽签来解决名次排列的问题。

在双循环比赛排列名次时，还应根据以上某一原则作出具体的范围界定。

但不论采用哪种办法，都应该体现出公平、合理、严密，并且要事先确定，写入规程，使所有参赛队心中有数。

## （三）赛会式常用的方法

### 1. 在不分阶段比赛中所用的方法

（1）单循环：此方法较多见于参赛队不多的基层比赛中，但在最高水平比赛中也采用过，如女子篮球比赛刚刚进入奥运会时的第21届奥运会女子篮球比赛，就是采用单循环。

（2）单淘汰：此方法在参赛队数较多的情况下运用，如三对三街头篮球赛常用此方法。

#### 2. 在分阶段比赛中所用的方法

（1）先淘汰再循环：例如第1届世界男子篮球锦标赛，第一阶段采用的是双淘汰，第二阶段将双淘汰产生的1~6名和7~10名分别进行分组循环，决出10个队的名次。这种方法现在较少采用。

（2）先循环再循环：例如有几届世界男子篮球锦标赛都采用先分组单循环，然后各组的前两名和东道主队组成一组，各组的后几名组成一组，再分别进行单循环，决出前若干名和后若干名的名次。我国的全国联赛也采用过先分组单循环，再按组的名次分组进行不同名次段的单循环。我国的全运会篮球比赛，采用过先分组循环，再将各组前几名合在一起进行单循环决赛。在我国的青年篮球比赛中，曾采用过在两个阶段都以双循环的方法进行比赛。

（3）先循环再同时循环和淘汰：例如在第8届世界男子篮球锦标赛中，先进行分组单循环预赛，然后各组前两名在一起进行单循环复赛，最后在决赛中，让分组循环中后几名的队一起单循环决出第9名以后的名次，让复赛中的1~2名之间、3~4名之间、5~6名之间和7~8名之间各赛一场决出前8名的名次。

（4）先循环再淘汰：例如在奥运会女子篮球比赛中采用过先进行单循环比赛，然后按单循环的名次，在1~2名之间、3~4名之间再各赛一场，最后决出1~4名。在奥运会男子篮球比赛中，也采用过先进行分组单循环，然后各组前两名合在一起再进行单循环，最后再按单循环的名次，在1~2名之间、3~4名之间各赛一场决出1~4名。

现代篮球比赛，比较多地采用先进行分组单循环，然后各组相应名次之间再进行分组循环，最后再进行附加淘汰赛。如2002年进行的第14届世界男、女篮球锦标赛，16个队先分成A、B、C、D 4个小组单循环；A、B小组的前3名组成E组，C、D小组的前3名组成F组，带入小组成绩再进行循环，A、B、C、D小组的第4名进行13~16名的附加赛；然后，E、F组的第5、6名进行9~12名的附加赛，E、F组的前4名进行1~8名的附加赛。

### （四）赛季式常用的方法

#### 1. 第一阶段所用的方法

（1）主客场的双循环：我国的男篮CBA联赛，采用的就是这种方法。它的比赛场次没有专门限制，取决于参赛队的数量，最后根据积分多少来排定双循环的名次。我国的女篮WCBA联赛，刚开始采用的是分组主客场双循环，现在也采用不分组的主客场双循环。

（2）主客场的多循环：美国NBA的联赛，每个队的比赛要打82场，按照排列，分别同本赛区和其他赛区的队进行2~4场不等场数的比赛，最后以胜场率高低来排出东西部赛区的名次，位于赛区前8名的队才能进入第二阶段的季后赛。

### 2. 第二阶段所用的方法

（1）主客场的多场淘汰：我国男篮 CBA 联赛曾经把第一阶段的前 8 名，以"跟种子"的原理排定 5~8 名的位置，1~4 名按名次顺序来任意选择位置，以 5 战 3 胜的方法进行多场淘汰。女篮 WCBA 联赛曾经把第一阶段 2 个小组的后 2 名的位置排定，然后由各组前 2 名按组及名次顺序选择位置，以 3 战 2 胜的方法进行多场淘汰，如图 19-6 所示。

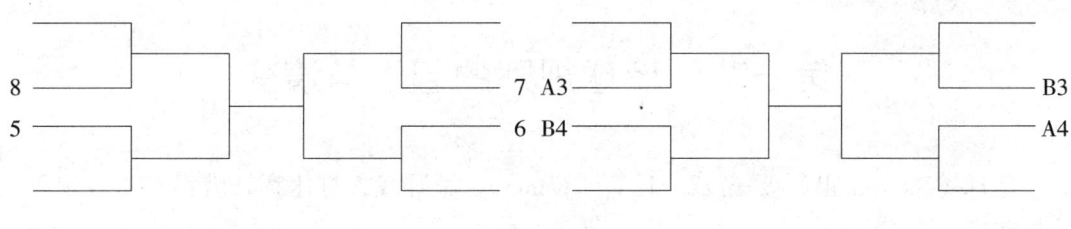

图 19-6

我国 2002~2003 年女篮 WCBA 联赛中第一阶段的第 10、11 名，在保级赛中采用的是 5 战 3 胜的多场淘汰。

美国 NBA 的比赛，东、西两大赛区的前 8 名队，以"跟种子"的原理分别排定位置。原先第一轮（8 进 4 时）以 5 战 3 胜的方法进行多场淘汰，而后以 7 战 4 胜的方法进行多场淘汰，如图 19-7 所示。从 2002~2003 年开始，NBA 季后赛全部采用 7 战 4 胜的方法进行多场淘汰。

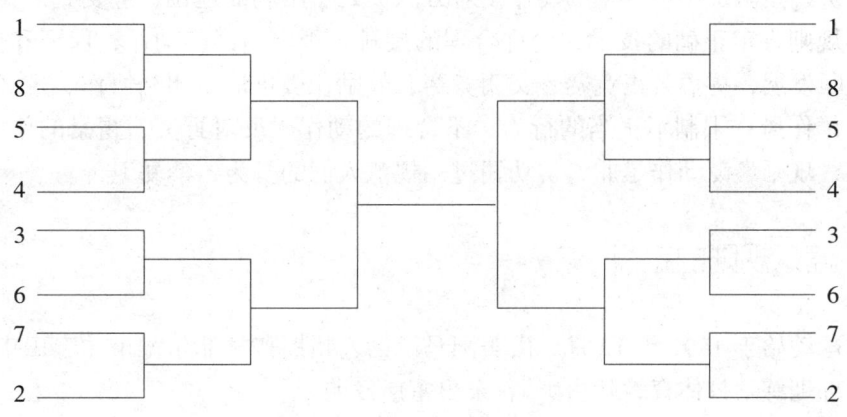

图 19-7

（2）主客场的双循环：我国男篮 CBA 和女篮 WCBA 联赛第一阶段 8 名以后的队，采用这样的方法进行比赛。

总之，采用何种竞赛方式和方法，要根据篮球运动开展的情况、篮球比赛的水平高低和篮球市场的培育程度来决定。

# 第二十章
# 篮球规则与裁判法

## 第一节 篮球规则的起源与演变

篮球（Basketball），是游戏、比赛（Game）。做游戏，打比赛，就得有游戏规则或比赛规则。

篮球规则（Basketball Rule），是由领导和组织篮球竞赛的权力机构制定并公布的规范性文件。它设定条件，明确职责，授予权力，作出规定，指明罚则，是篮球竞赛的法，是参加篮球竞赛的人员必须遵守的比赛规定、技术标准和行为规范。

篮球规则的本质是提倡和禁止，以确保比赛有秩序地进行和本项运动的良性发展。规则允许、要求或禁止、限制做出某种行为或动作，这既表现为权利与义务的关系，也表现为动作的标准及违反规定所招致的后果。

篮球规则的目的和作用是规则本质的体现，是规则在篮球竞赛中所表现的功能。从狭义方面讲，是队员用不合理的动作使对方队员处于不利的地位，应受到处罚。从广义方面讲，规则肯定正确的技术，允许合理的接触，否定错误的动作，保证和促进技术、战术的不断发展；提倡公正竞赛、文明竞赛，鼓励积极进取、团结协作、遵守纪律的优良体育道德作风；限制不正当的行为、不合理的动作，反对野蛮、粗暴的作风和打法。简而言之，规则褒贬动作是非，赏功罚过；规范人们的行为，禁暴卫善。

### 一、篮球规则的起源

篮球运动始于1891年12月，由美国马萨诸塞州斯普林菲尔德市（春田市）基督教青年会干部训练学校体育教师詹姆斯·奈史密斯发明。

篮球规则与篮球比赛同时产生，相辅相成，互相促进。起初，规则和技术都比较简单，只是将桃篮挂在离地10英尺的墙上，向篮内投球。1892年1月，奈史密斯制定了13条篮球规则，先是张贴在体育馆的布告栏里，随后正式刊登在学校出版的《三角》杂志上，此即为著名的原始篮球规则13条。主要内容有：

队员可用一手或两手向任何方向掷球。

队员可用一手或两手向任何方向打球（不得用拳）。

队员不得带球跑，必须在接球地点将球掷出，如果在高速奔跑中接球试图停止但又

停不住时例外。

球必须持在两手之间，不得用胳臂或身体持球。

不准以任何方式扛、拉、推、绊或打对方队员，任何队员第一次违犯规则算一次犯规，第二次犯规时，应取消其比赛资格，直到下一次投篮命中时为止，如果明显地伤人，则取消其参加整场比赛的资格，并不得替补等等。

到1893年增加到21条。1896年美国成立了规则委员会，专门对规则进行修改和补充。1932年国际业余篮球联合会成立，决定每四年对篮球规则修改一次。

篮球规则从1891年的原始13条，发展到2000年的8章58条，反映了篮球规则和篮球比赛从简单到复杂、从初级到高级、从原始到现代的发展过程。

## 二、篮球规则制定和修改的指导原则

篮球规则，作为篮球运动的法，必须保持一定的稳定性和连续性。但这种稳定性和连续性是相对的，随着篮球运动的发展，篮球规则也相应地变化。篮球规则只有及时进行废、改、立，才能反映和适应篮球运动发展的客观需求。

篮球规则的制定和修改应遵循以下十个基本原则：

（一）公平。规则必须保证比赛公平地进行，不允许队员和球队使用不正当手段从对方获得不公平的利益。公平公正比赛，这是一条最基本的和超越其他因素的标准。

（二）均衡。规则必须使进攻和防守保持均衡，在比赛中很容易得分或得分很困难都会使比赛变得不精彩。如果进攻较之防守占优势或相反，比赛就会变得没有吸引力。

（三）定义。严肃谨慎地规定规则的文字和措辞是必要的，定义能取消繁杂和冗长的说明用语。

（四）编纂。比赛规则必须经过整理，在标题下列出有关的规定，并使彼此适当地联系着，否则就会变得十分庞杂或者矛盾百出。

（五）简短。规则的规定应力求简明扼要，尽可能避免重复。

（六）例外。由于比赛存在着例外情况，规则也应有例外的规定，否则结果就会不公正。但例外太多也会给阅读和执行规则带来困难。

（七）安全。在所有比赛中，由于参加者进行身体活动，安全是最重要的，要规定适当的法则以确保安全。

（八）能力。规则要确保裁判员有能力（权力）来实施规则。

（九）连续。运动员和观众都希望保持活动（动作）的连贯性，如果比赛经常被打断，就会变得失去魅力。保持连续流畅，是使球处于活球状态。使球成死球是制裁违犯、给予替换的机会，也是变换战术的需要。

（十）无利。不允许从违反规则中获得好处。为了制止犯规，罚则中应有适宜的规定。

除了以上指导规则修改的原则外，篮球比赛的娱乐性、观赏性和商业性，也是规则修改中常常考虑到的因素。为了在比赛中加强对抗，增多悬念，提高精彩程度，以满足市场的需求，增加财政收入，规则修改中也会增订一些有关的内容。

了解了以上一些原则，就懂得了规则制定和修改的出发点和归宿，这对于从宏观上掌握规则的精神和尺度是十分重要的。规则每作一次修改，都会带来新的问题，开始的时候总是缺乏实践的经验，如熟悉这些原则，就不难解决具体问题。

## 三、篮球规则演变的基本规律与效用

篮球规则同任何事物一样，也是处在不断的发展变化之中。法无定法，不审势即宽严皆误。篮球规则总是随着篮球运动发展中出现的情况和问题，既本着篮球初创时期提出来的基本宗旨、目的和精神，又着眼于现代和未来发展的设想和需要，作出及时的、合理的修改，从而保持篮球运动的锻炼价值，增加比赛的精彩性和提高篮球运动的吸引力。

篮球规则的修改既多又快，平均每隔四年要修改一次，这反映了篮球运动发展的迅速和广泛。以往规则每作出一次修改，人们只能从一个阶段一个局部了解它的变化，因此，对规则的认识是零碎的和表面的。如果将100年来规则演变的情况，特别是近50年来规则变动的内容，进行纵向的回顾、联系和分析，就会发现不少有价值的、有规律的东西。认识、掌握和利用这些规律，可以克服训练和比赛工作中的盲目性，发展自己的风格，开创攀登高峰的新局面。

100年来篮球规则主要在以下四个方面进行变化：

### （一）限定空间，提高比赛难度

"空间"与"高度"有联系。高大队员的出现和增多，是近50年来国际篮球运动发展的主要特征之一。它既给发展带来了新的机遇，也给发展带来了消极的因素。为了促使高大队员向灵活、快速、技术全面方向发展，防止战术呆板、简单化，规则作出了一系列规定和变动。

#### 1. 罚球区、限制区的出现与扩大

篮球初创时期，比赛场上没有罚球区和限制区。据文献记载，1897年增加了罚球区，1932年增订了3秒钟规则。那时的区域很小（5.80米×1.80米），50年代初，区域扩大了一倍（5.80米×3.60米），1958年又扩大成为高5.80米、底为6米的梯形区域。限制区，是对高大队员活动范围的限制。

#### 2. 严格队员干涉得分和对球干扰规则

关于此项规则，在原始13条规则中就有规定：如果球停留在球篮的边缘上和对方队员移动球篮，应算投中一球。到了20世纪50年代，通过中锋的打法盛行，球篮上空的干扰球增多，这时已有了以篮圈为底的假想圆柱体的规定。至1956年，规则中又出现了篮圈水平面的提法和规定，一直演变到2000年规则的第41条干涉得分和对球干扰。此条规则，是从立体上对高大队员的活动进行限制。

#### 3. 扩大场地面积

20世纪30年代，球场面积已确定为26米×14米，这个尺寸一直保持到1984年。1985年，球场面积改为28米×15米。场地面积扩大后，使运动员有足够的空间发挥技术和施展才能。

#### 4. 中线的增加和取消

篮球从9人三区制转到5人二区制以后，大部分时间内有中线，到20世纪60年代初取消了中线，到1968年又恢复了中线。中线涉及8秒钟规则和球回后场违例的规定，设置中线的目的在于提倡积极的进攻和防守，增加比赛回合，鼓励勇往直前的精神，促进运动员灵活性的发展。

#### 5. 增加3分投篮区

1984年规则中增加了3分投篮区，显然是鼓励外线队员投篮，防止比赛活动都密集在篮下致使比赛失去活力。增加了3分投篮区，也是缓和亚非地区同欧美地区因队员高度问题引起的矛盾，保证篮球运动不失去更多的人群。

篮球运动从发明以来，篮圈距离地面的高度一直是10英尺（3.05米）。篮球比赛的直接目的是将球投入对方球篮，得分多者获胜。因此，很容易得分和得分很困难，都会使篮球比赛失去精彩。从规则上对"空间"作出一些限定，可以提高比赛的难度，促进运动员身体、技术和战术的发展。

### （二）限定时间，提高比赛速度

"时间"与"速度"有联系。运动物体在某一个方向上单位时间内所通过的距离是速度，有关时间的各种限定，都是为了保持比赛的连续性，增加比赛片段，提高比赛速度。

1936年，男子篮球被正式列入第11届奥林匹克运动会的比赛项目，美国队获得冠军，这是篮球运动发展史上的重要里程碑。但是当时美国队与第二名的加拿大队比赛的成绩是18∶8（半时成绩15∶4），与第三名墨西哥队比赛的成绩是25∶10（半时成绩13∶2），一个队在半场比赛内只得到2分或4分，是不会有精彩表演的。

时隔16年，即1952年，在赫尔辛基举行的第15届奥林匹克运动会篮球比赛中，美国队仍获得冠军，美国队与苏联队比赛的成绩是36∶25（半时成绩17∶15），不言而喻，比赛也精彩不了多少。

为了提高比赛节奏使比赛更加精彩，也为了防止篮球比赛因队员高度的增长而降低了速度，尤其是为了扭转因控制球打法使篮球比赛变得毫无生机的局面，规则先后对有关时间的规定作出了一系列的限定。

#### 1. 3秒钟规则的增加和恢复

为了限制队员，特别是高大队员在篮下的活动，推动进攻战术朝快速、灵活、多变

方向发展，1932年增加了3秒钟规则，30年代末虽曾被取消，但到40年代末又恢复。

### 2. 5秒钟规定的增订和加强

1932年增加了后场持球队员被严密防守5秒钟判为争球的规定；1956年改为持球队员在他的前场被对方严密防守5秒钟判为争球的规定；1985年改为当一名持球队员被严密防守，在5秒钟内没有传、投、滚或运球时，应宣判违例，改跳球为掷界外球。5秒钟规定的出现，是为了鼓励积极防守和攻势防守，从而带动进攻的快速发展。

### 3. 8秒钟规则的增加

1932年增加了10秒钟规则和球回后场的规定；60年代初随着中线的取消而取消；1960年，规则规定在下半时比赛的最后3分钟和所有决胜期中，进攻队必须在获得球后的10秒钟内使球进入前场；1972年，改为一个队在后场获得球，必须从获球后10秒钟内使球进入前场。2000年，改为每当一名队员在他的后场获得控制活球时，他的队必须在8秒钟内使球进入他的前场。8秒钟规则和球回后场的规定，鼓励勇往直前的精神和打法，从而加快了比赛的速度。

### 4. 24秒钟规则的增加

1957年，增加了30秒钟规则。至今，现行规则中还保留着这一行之有效的规定，只是将30秒钟规则改为24秒钟规则，并规定在24秒钟之内，球不但应离开投篮队员的手，而且球必须触及篮圈或进入球篮。24秒钟规则给篮球比赛带来了崭新的局面，使比赛呈现出高速度、快转换、大比分。

## （三）限定数量，提高比赛强度

数量与成绩有联系，也与制约不正当的行为密切相关，如增加投篮次数和抢篮板球次数、减少各种失误次数和犯规次数等。这里所涉及的主要是指犯规罚则的降低和加重。

篮球比赛的迷人之处，就在于它的对抗激烈、高潮迭起、快速多变、美不胜收。如果比赛总是被打断，精彩的场面难以形成，比赛就会失去魅力和光彩。为了减少比赛的中断，提高比赛的连续性，加快比赛的速度，增强比赛的合法对抗，若干年前，是通过逐次降低犯规罚则来实现的。如规则规定：队员在本方的前场侵人犯规，不判给对方罚球；聚众犯规，不论犯规人数多少，均由被侵犯的队员罚球两次；对非投篮的队员发生侵人犯规时不罚球；取消最后3分钟比赛的犯规罚则等等。这些规定，无疑对当时篮球运动的发展是具有积极作用的。但是，随着运动的发展，由于罚则轻，又引起了犯规次数的迅猛增加。事实上犯规有时竟成了一种制胜的手段，用以获得球权，或破坏对方的进攻，即所谓"犯规战术"。犯规的增加，不良行为的增多，是近些年来国际比赛中出现的一种不良倾向，它严重地影响着篮球技术、战术的提高，败坏着公正竞赛、文明竞赛的气氛。于是，近几十年来，为了促使各队减少犯规，减少由于犯规引起的比赛中断，提高比赛的连续性，加快比赛的速度，又要从相反的方面，即加重犯规罚则来达到所希望的目的——使篮球比赛在更干净和更具有良好的体育道德作风的条件（环境）下

进行，这就是近年来国际篮联世界技术委员会向导致犯规的非法身体接触展开全面进攻的背景。其办法是采用逐步加重对有关犯规的处罚，提出可以完全抵制某队员或某队利用犯规企图获得任何好处的相应规定和罚则。如：1. 最后 5 分钟比赛的规定，最后 3 分钟比赛的规定；2. 选择权的提出；3. 队员人数减少到 10 名；4. 追加的罚球；5. 全队 10 次犯规规定，全队 8 次犯规规定，全队 7 次犯规规定，全队 4 次犯规规定；6. 加重违反体育道德的犯规和教练员、替补队员、随队人员技术犯规的罚则，等等。这样一来，犯规就得不偿失了。措施行之有效，犯规立刻显著地减少了。

### （四）限定质量，提高比赛精度

质量与比赛的现代化、科学化有联系，也与规则自身的系统化、规范化密切相关。

为了使篮球运动保持旺盛的生命力，篮球运动必须与日新月异的科学进步和社会进步保持同步发展。

在设备和器材方面，要充分采用新的科学技术成果，如规定使用倒计数型的电子钟和 24 秒钟计时装置、电子指示标志、良好的灯光照明、安全抗压的篮圈等。在其他物质条件方面也作了不断的改进，如规定场馆的坐位容量、运动员的着装、运动员佩戴和不能佩戴的装备，以及改革记录表等。

在规则方面，为了保证篮球运动在全球发展中达到统一、有序和无误，必须对规则进行规范化的全新编纂和改造。为此，国际篮联世界技术委员会经常对规则作一些章节调整、重新定义和文字修饰，以便使规则更加合理、更加集中和更加完整。

综上所述，篮球比赛，从规则角度来阐述，是两队以相同数量的人员，在一定的时间内、一定的空间里，按照统一的规则，进行思想作风、身体素质、技术、战术和临场指挥的全面对抗与竞赛，其结果基本上是优胜劣败。因此，在探讨篮球运动的发展方向、形成自己的独特风格、制定训练指导思想和比赛方案、总结比赛经验教训时，都不能离开篮球规则所涉及的这些基本因素（空间——高度、时间——速度、数量——指标、质量——要求），以及对这些基本因素的分析和利用。

## 第二节　国际篮联（FIBA）规则与裁判法

### 一、国际篮联（FIBA）规则要点

国际业余篮球联合会（INTERNATIONAL AMATEUR BASKETBALL FEDERATION），简称国际篮联（F.I.B.A.），成立于 1932 年 6 月。国际篮联成立后，首先起草了一个使各国都能接受的篮球规则，从此在国际范围内有了统一的篮球规则。从那以后的半个多世纪里，国际篮联始终把修改规则作为主要任务之一，通常每隔四年要修改一次。由于国际篮联规则具有全球性、业余性、指导性和变动性，而且规则语言简明易懂，内容规范合理，才得以使篮球运动在全世界范围内广泛地流行起来。截止到 2000

年底，国际篮联正式成员已经有二百多个。

国际篮联（FIBA）规则具有严格的时限，以下是2003年篮球规则的重要（相对稳定的）部分：

## （一）比赛通则

### 1. 比赛开始

规则第18条比赛开始的18.5：在中圈跳球，当球被一名跳球队员合法拍击时比赛正式开始。这条规定不是对比赛开始的一般描述，是具有特定意义的。规则第51条在比赛休息期间的技术犯规的51.1，规定下列情况比赛休息期间结束：

- 在第1节、第3节和任一决胜期的开始，当球在开局跳球中被合法地拍击时；
- 在第2节和第4节的开始，在开局掷球入界后球触及场内队员或被场内队员触及时。

由此可见，比赛正式开始，就是比赛休息期间的结束。如果在此后发生犯规，就不是在比赛休息期间内发生的犯规了，其罚则及其处理是不同的。

### 2. 球的状态

旧规则讲球的状态，是指球进入比赛状态、活球和死球。2000年篮球规则已将球进入比赛状态删去，只剩下活球和死球，而且对活球又重新作了定义。2003年篮球规则中24秒钟规则作了改动，有关死球的规定也有删节。这条规定牵涉到许多规定的调整和变动。

当出现下列情况时，球成活球：

（1）跳球中，球被一名跳球队员合法拍击时。

（2）罚球中，裁判员将球置于罚球队员可处理时。

（3）掷球入界中，掷球入界的队员可处理球时。

球成活球，主要涉及下列一些规定：

队员正持着或运着或可处理一个活球时为队员控制球；

活球从上方进入球篮并停留在球篮内或穿过球篮为球中篮；

活球停留在篮圈支架上，一次跳球情况出现，应按照交替拥有程序在最靠近出现跳球情况的地点掷球入界；

记录员只有在死球，并在球再次成为活球之前发出他的信号；

掷球入界队员可处理球时，一次替换机会结束；

掷球入界队员可处理球时，一次暂停机会结束；

从界外的第一名队员可处理球时，开始计算5秒；

当一名队员在后场获得控制活球时，该队必须在8秒钟内使球进入前场；

当一名队员在场上获得控制活球时，该队必须在24秒钟内尝试投篮；

某队控制前场活球，该队的队员不得使球回他的后场；

侵人犯规是不管在活球还是死球时，含有与对方队员非法接触的队员犯规；

在第一次或仅有一次的罚球中，或在掷球入界中，一旦球已成为活球，该罚则就不再能用来抵消另一罚则；

记录员保证在球成活球的瞬间，将全队犯规标志放在记录台上靠近每一节已达4次队员犯规球队的球队席一端。

当出现下列情况时，球成死球：

（1）任何投篮或罚球中篮时；

（2）球呈活球，裁判员鸣哨时。

（3）在一次罚球中球明显不会进入球篮，且该次罚球后接着有：

——另一（多次）罚球时。

——进一步的罚则（罚球和/或掷球入界）时。

（4）比赛计时钟信号响以结束每节或决胜期的比赛时间时。

（5）投篮中飞行的球在下述情况后被任一队的队员触及时：

——裁判员鸣哨。

——每节或决胜期比赛时间结束。

球成死球主要涉及下列一些规定：

发生违例或犯规时，裁判员应鸣哨，同时做出适当的手势以停止比赛计时钟，使球成死球；

记录员的信号声响不停止比赛计时钟或比赛，也不使球成死球；

计时员的信号使球成死球，并停止比赛计时钟；

队长只能在球成死球并停止比赛计时钟时，有礼貌地向裁判员提出请求；

教练员或助理教练员可以在球成死球并停止比赛计时钟期间与记录台人员进行联系，以获得统计资料；

球成死球时，球队控制球结束；

球成死球且比赛计时钟停止，以及当裁判员报告犯规或违例已结束了和记录台的联系时，替换机会开始；

球成死球且比赛计时钟停止，以及当裁判员报告犯规或违例已结束了和记录台的联系时，暂停机会开始；

在第4节或任一决胜期的最后两分钟内有任何成功的投篮得分时，应停止比赛计时钟，在这个特定的死球情况下，不允许得分队暂停和替换；

当投篮出现在比赛时间（每节和决胜期）临近结束时，球在时间终了前已离开投篮队员的手并在空中，如果球在上升时被进攻或防守队员触及，球成死球且比赛时间终了；

要纠正失误，必须在失误后且启动了比赛计时钟之后的第一次死球后球成活球之前被裁判员发现或引起裁判员的注意。

### 3. 控制球

规则第23条控制球是一条较为重要的规定，它也涉及对许多规定的理解和执行，应弄清什么是队员控制球？什么是球队控制球？它们的起始和终止的条件是什么？

下列情况是队员控制球：

（1）当一名队员正持着或运着一个活球，或

（2）在掷界外球的情况下，当掷界外球队员可处理球时。
下列情况是球队控制球：
（1）当某队的队员控制一个活球，或
（2）球在同队队员之间传递时。
直到下列情况之前均为该队继续控制球：
（1）对方队员获得控制球，或
（2）球成死球，或
（3）投篮或罚球中，球已离开投篮队员的手。
控制球，主要涉及下列一些规定：
当在球场上已获得控制活球的队员将球掷、拍、滚或运在地面上，并在球触及另一队员之前再次触及球为运球开始。
队员第一次运球结束后不得再次运球，除非因为投篮或球被对方队员触及或传球或漏接然后触及了另一队员或被另一队员触及而失去了对活球的控制以后。
队员在场上没有控制活球就没有运球规则的违例。
球队在场上没有控制活球并且比赛计时钟正在运行就没有3秒钟规则的违例。
当一名队员在后场获得控制活球时，该队必须在8秒钟内使球进入前场。
当一名队员在场上获得控制活球时，该队必须在24秒钟内尝试投篮。
如果某队已控制球或双方都未控制球时，24秒钟装置错误地发出信号，此信号应被忽略并且比赛应继续。
某队控制前场活球，该队的队员不得使球回他的后场。
如活球中发生受伤事故，裁判员不应鸣哨，直至比赛告一段落，即控制球的队已经投篮、失去控制球、持球停止进攻或球已成死球。
如果控制活球队的队员或拥有掷球入界球权队的队员发生犯规，由非犯规队在犯规地点最近的界外掷球入界重新开始比赛（双方犯规，违反体育道德的犯规，取消比赛资格的犯规，队员的技术犯规和教练员、助理教练员、替补队员或随队人员的技术犯规例外）。
如果发生双方犯规时某队控制了球或拥有球权，则应由原控制球队掷球入界重新开始比赛。如果发生双方犯规时两队都不控制球也没有球权，一次跳球情况出现，应按照交替拥有程序在最靠近出现跳球情况的地点掷球入界。
在防守控制球的队员（他正持球或运球）时，时间和距离的因素不适用等等。

## （二）违例及其处理

违例，是违犯规则。罚则是发生违例的队失去球权，将球判给对方队员在最靠近违例的地点从界外掷球入界，正好在篮板后面的地方除外。如果投篮或罚球的球中篮无效，则应在罚球线延长部分的界外掷球入界。
国际篮联《裁判员手册》（裁判方法和技巧）中规定：从比赛场地的两角画两条假想的线与罚球线和罚球区圆圈交接处相连，从而构成了一个梯形区域，在这个区域内发生的任一违犯，而罚则是掷球入界时，都应在距违犯或停止比赛地点最近的端线执行，正好在篮板后面的地方除外。

队员出界和球出界、非法运球、带球走、故意踢球、拳击球、球回后场、3秒钟违例、被严密防守的队员违例、8秒钟违例、24秒钟违例以及攻守中的干扰球是常发生的违例。违反跳球、掷界外球、罚球等规定也是违例，其中有些违例的罚则不同。

鉴于理解和执行规则的难度，这里着重讲述带球走、球回后场、干涉得分和对球干扰。

**1. 带球走规则**

规则第35条带球走，为旋转和带球走作了如下定义：

（1）在球场上持着一个活球的队员，用同一脚向任一方向踏出一次或多次，而其另一脚（称为中枢脚）保持着它与地面的接触点时为旋转。

（2）当队员在场上持着一个活球，其一脚或两脚超出了本条规则所述的限制向任一方向非法移动是带球走。

关于中枢脚的确定可作如下理解：

第一种类型是，队员两脚着地接到球，这时可以用任一脚作中枢脚。一脚抬起的一刹那，另一脚就成为中枢脚。

第二种类型是，队员在移动或运球中接到球，这时可按下列情况停止和确定中枢脚：第一种情况是，如果队员接到球时一脚正触及地面，那么，另一脚一触及地面，原先那只脚就成为中枢脚。在这种情况中还有一种变化，也就是队员跳起原先触及地面的那只脚并且两脚同时落地，这时，哪只脚都不能成为中枢脚。第二种情况是，如果队员接到球时两脚离开地面，也就是在空中，在这种情况下又有三种不同的变化：一种是两脚同时落地，这时，任一脚都可作为中枢脚。一脚抬起的一刹那，另一脚就成为中枢脚。另一种是两脚分先后落地，这时，先触及地面的脚是中枢脚。再一种是一脚落地，队员又跳起这只脚并两脚同时落地，这时，哪只脚都不能成为中枢脚。

确定了中枢脚后，队员在传球或投篮中，可抬起中枢脚，但在球离手前中枢脚不准落回地面。队员开始运球时，在球离手前不准提起中枢脚。违反此规定，就是违例。

当停步后，哪只脚都不是中枢脚时，队员如传球或投篮，可抬起一脚或两脚，但在球离手前不准落回地面。队员如运球，在球离手前哪只脚都不可以抬起。违反此规定，就是违例。

队员在场上没有控制活球就没有这条规则的违例。

当一名队员持着球跌倒在地面上，或躺在地面上、或坐在地面上时获得控制球，是合法的。但是，如果尔后该队员持着球滑动、滚动或试图站起来，是违例。

**2. 球回后场**

规则第40条球回后场，应作如下理解和执行：

（1）在他的前场控制活球的队员不得使球回他的后场。

（2）球进入某队的后场，当：

甲、球触及后场；

乙、球触及有部分身体接触后场的队员或裁判员。
（3）球被认为已回到他的后场，当控制球队的队员是：
甲、在他的前场最后触及球，并且而后同队队员首先触及球；
• 在球已触及后场后，或
• 如果这名队员接触后场。
乙、在他的后场最后触及球，随后球触及前场，并且而后与后场接触的同队队员首先触及球。
（4）这一限制适用于在某队前场的所有情况，包括掷球入界。
（5）它不适用于每当罚球后还拥有在边线中点处掷球入界球权的掷球入界。

球回后场规则虽几经修改，但还存在着一定程度的不明确性，容易出现不同的理解和不同的宣判，为此，国际篮联规则解释中指出：

下列指导原则应协助裁判员确定是否已发生违例：
（1）球队是否已建立了球队控制球（掷球入界后，跳球的拍击球后，投篮尝试或最后一次罚球之后的篮板球后）。
（2）球队控制球时球是否已接触前场。
（3）在球已接触前场后，是否由于球触及后场地面、站在后场的队员或裁判员使球回到后场。
（4）在球回到后场前是控制球队队员最后触及球吗？在球回到后场后是控制球队队员首先触及球吗？如果是这样，那么，球已非法地回到了后场，裁判员应宣判违例。

努力记住球队控制球，球回后场前最后触及和球回后场后首先触及。

国际篮联《裁判员手册》（裁判方法和技巧）中也指出，裁判员判罚球回后场违例，必须具有三个因素（事实）：
（1）球队控制球；
（2）在前场最后触及球；
（3）在后场首先触及球。

根据上述的规定，遇下列情况应宣判球回后场违例：
（1）队员在前场掷球入界，将球传给在后场的同队队员；
（2）控制球队的球已进入前场，在前场的同队队员或裁判员又使球回到后场，被在后场的同队队员首先触及；
（3）队员在前场抢到篮板球后，再传给在后场的同队队员；
（4）队员在前场抢断球后，又将球带回后场（例如持球队员撤步时脚触及中线）；
（5）队员在前场跳起于空中获球后落在后场；
（6）队员在后场起跳，在空中接住同队队员从前场传来的球后落在前场；
（7）队员骑跨中线时接前场同队队员传来的球；
（8）队员骑跨中线在后场运球，等等。

### 3. 干涉得分和对球干扰

规则第41条干涉得分和对球干扰，是对攻守队员干扰球的重新定义，对高大队员使用不合法动作的限制和制裁，这样将有利于篮球比赛在均等的条件下顺利进行。

这条规则规定，在比赛时间内：

（1）在投篮中，当球在下落飞行并完全在篮圈水平面之上时，进攻和防守队员都不得触及球；在投篮中，当球碰击篮板后并完全在篮圈水平面之上也不得触及球。违反此规定，为干涉得分。

此限制仅适用到：

• 球触及篮圈前；

• 球不再有直接进入球篮的可能性。

（2）当投篮的球与篮圈接触时，进攻和防守队员都不得触及球篮和篮板。

（3）进攻和防守队员不得从下方伸手穿过球篮并触及投篮的球。

（4）投篮后，当球在球篮中时，防守队员不得触及球或球篮。

（5）投篮中，防守队员不得使篮板或篮圈摇动。

违反（2）（3）（4）（5），为对球干扰。

（6）当投篮出现在比赛时间（每节和决胜期）临近结束时，在时间终了（含裁判员鸣哨或24秒钟装置信号响起）前球已离开了投篮队员的手并在空中：

甲、如果球直接进入球篮，该中篮得分有效。

乙、如果球在上升时被进攻或防守队员触及，球成死球且比赛时间终了。

丙、如果球碰篮圈弹起然后进入球篮，该中篮得分有效。

丁、如果这样便是违例：

• 当球在下落飞行并完全在篮圈水平面之上时，任一队的队员触及球；

• 当球与篮圈接触时，任一队的队员触及球篮或篮板；

• 当球在球篮中时，防守队员触及球或球篮；

• 在比赛时间终了的信号响后，当球在下落飞行时，防守队员故意造成篮板或篮圈摆动，根据裁判员的判断，此举可阻止球进入球篮。

这些规定适用于投篮明显不会成功之前。

罚则：

当裁判员宣判违例时球成死球。

甲、如果攻方违例：不得分。将球判给对方队员在罚球线的延长部分掷界外球，除非比赛时间终了。

乙、如果守方违例：则将根据投篮队员的投篮地点判给得2分或3分。如同投篮成功一样，将球判给对方队员在端线后掷界外球重新开始比赛，除非比赛时间终了。

丙、如果攻守双方违例：不得分和一次跳球情况出现，应按照交替拥有程序处理。

为了正确地理解和执行这条规则，应注意以下几点：

第一，所谓"篮圈水平面"，是指一个由篮圈构成的并与球场地面平行的假想平面。

第二，这条规则限定的条件是"在投篮的时候"，因此，传球的球不受限制。

第三，这条规则指的是"完全在篮圈水平面之上时"，"完全"是整个的意思，即球的整体在篮圈水平面之上时，才受此规则的限制。

第四，"当球在下落飞行"，意味着当球在上升飞行时则不受此规则的限制。

第五，"当球在球篮中时"，规则明确规定，即使有极少部分的球体在篮圈中并在篮圈顶部水平面之下时，就认为球是在球篮中。

## （三）犯规及其罚则

犯规，是对规则的违犯，含有与对方队员的身体接触和/或违反体育道德的举止。

犯规，包括侵人犯规和技术犯规两大类。在侵人犯规中，按犯规的情况和性质，还有双方犯规和违反体育道德的犯规。技术犯规中，按犯规的对象和时间，有队员的技术犯规，教练员、助理教练员、替补队员或随队人员的技术犯规，比赛休息期间的技术犯规。包括侵人犯规和技术犯规在内的任何十分恶劣的不道德的犯规，是取消比赛资格的犯规。

### 1. 侵人犯规

侵人犯规是不管在活球还是死球时包含与对方队员非法接触的队员犯规。在侵人犯规中，有阻挡、撞人、背后非法防守、拉人、推人、非法用手和非法掩护等犯规。

（1）身体接触与侵人犯规的关系：关于接触，规则第43条明确指出：在一场篮球比赛中，10名队员快速移动在一个有限的空间内，身体接触是不可避免的。

关于犯规，规则第42条明确提出：犯规含有与对方队员的身体接触。第44条进一步提出：侵人犯规包含与对方队员非法的接触。

规则的定义，已经明白无误地指明身体接触是不可避免的客观存在，非法的接触是构成侵人犯规的重要因素或成分。

显而易见，身体接触与侵人犯规这两个概念并不完全等同。换言之，它们之间既有联系，又有区别。侵人犯规必有身体接触，而身体接触并不都是侵人犯规。这样，自然就出现了合法的身体接触与非法的身体接触之分。裁判员的责任和水平就在于正确地认识这种区分和正确处理这种区分。

2000年篮球规则新规定了处理身体接触的基本原则：

甲、规则的精神和意图以及坚持比赛完整的需要。

乙、运用"有利/无利"概念中的一致性。裁判员不应企图靠不必要的打断比赛的流畅来处罚附带的身体接触，况且这种接触没有给有责任的队员利益，也未置其对方队员于不利。

丙、在每场比赛中运用常识的一致性。比赛中要记住有关队员的能力以及他们的态度和行为。

丁、在比赛控制和比赛流畅之间保持平衡的一致性。对于参与者正想做什么以及宣判什么对比赛是正确的，要有一种"感觉"。

以上这些基本原则，对裁判员提出了更高的要求，这意味着，只是直观地反映比赛和宣判比赛是不够的，还要运用思维，运用常识和运用技巧。这就从根本上克服了见了接触就吹犯规的错误做法。

国际篮联《裁判员手册》（裁判方法和技巧）中强调：裁判员必须判断接触是否影响了比赛。如果接触影响了比赛，那么必须宣判犯规。附带的接触应被忽略，特别是当一名队员在运球投篮得分时，裁判员只寻找需要宣判犯规的动作。

（2）侵人犯规的定义

甲、阻挡：是阻止持球或不持球的对方队员行进的非法身体接触。

乙、撞人：是持球或不持球的队员推动或移动到对方队员躯干上的身体接触。

丙、背后非法防守：是防守队员从对方队员的背后与其发生的身体接触。仅防守队员正试图去抢球的事实，不证明从背后与对方队员发生接触是正当的。

丁、拉人：是干扰对方队员移动自由的身体接触。这样的接触（拉人）能用身体的任何部位来发生。

戊、非法用手：发生在防守队员处在防守状态，并且手放置在持球或不持球的对方队员身上并保持接触，以阻碍其行进。

己、推人：是队员用身体的任何部位强行移动或试图移动已控制或未控制球的对方队员时发生的身体接触。

庚、非法掩护：是非法地试图拖延或阻止不控制球的对方队员在赛场上到达希望到达的位置。

（3）侵人犯规的罚则：在所有情况中均应对违反者登记一次侵人犯规。此外：

甲、如果对没有做投篮动作的队员发生犯规：则由非犯规队在最靠近违犯的地点掷界外球重新开始比赛；如果犯规的队处于全队犯规处罚状态时，则应运用第55条（全队犯规——处罚）。

乙、如果对正在做投篮动作的队员发生犯规：投篮成功，应计得分并判给1次罚球；投篮不成功，则根据投篮地点判给2次或3次罚球。

丙、如果控制球队或拥有掷球入界球权队的队员发生犯规：由非犯规队在最靠近违犯的地点掷界外球重新开始比赛。除非是双方犯规，违反体育道德的犯规，取消比赛资格的犯规，队员的技术犯规和教练员、助理教练员、替补队员或随队人员的技术犯规，则应按相应的犯规罚则处理。

（4）其他犯规

甲、双方犯规。双方犯规是两名互为对方的队员大约同时相互发生接触犯规的情况。其罚则是：应给每一犯规队员登记一次侵人犯规。不判给罚球。

比赛应按如下所述重新开始：

- 如果在同时投篮有效并得分，应将球判给得分队的对方队员从端线掷球入界。
- 如果某队已控制了球或拥有球权，应将球判给该队在最靠近违犯的地点掷界外球。
- 如果任一队都没有控制球也没有球权，一次跳球情况出现，应按照交替拥有程序处理。

乙、违反体育道德的犯规。根据裁判员的判断，一名队员不是在规则的精神和意图的范围内合法地试图去直接抢球，发生的侵人犯规是违反体育道德的犯规。其罚则是：登记犯规队员一次违反体育道德的犯规，判给对方罚球，以及随后在中场的球权。如被犯规的队员未做投篮动作，则判给2次罚球。如正在做投篮动作，投中要判得分并再判给1次罚球；如投篮未得分，则根据投篮的地点判给2次或3次罚球。

丙、取消比赛资格的犯规。队员、替补队员、教练员、助理教练员或随队人员的任何恶劣的违反体育道德的行为，是取消比赛资格的犯规。其罚则除与违反体育道德的犯规的罚则相同外，还要取消比赛资格，令其去该队的休息室并在比赛期间留在那里，他也可以选择离开体育馆。

### 2. 技术犯规

在规则第 48 条行为规定中强调：比赛的正当行为要求双方球队的成员（队员、替补队员、教练员、助理教练员和随队人员）与裁判员、记录台人员以及技术代表有完美和真诚的合作。每个球队都应尽最大的努力去获得胜利，但胜利的取得必须符合体育道德精神和公正竞赛的要求。任何故意地或一再地不合作，或不遵守本规则的精神，应被认为是技术犯规并给予相应的处罚。

（1）队员的技术犯规：队员的技术犯规，是不包含与对方队员接触的队员犯规。

同裁判员、到场的技术代表、记录台人员或对方队员讲话中没有礼貌或触及他们等等，是技术犯规。罚则是：登记违犯者一次技术犯规，判给对方队 1 次罚球，以及随后在中场的球权。

（2）教练员、助理教练员、替补队员或随队人员的技术犯规：教练员未经允许就进入场地，替补队员无礼质问记录员等等，是教练员、替补队员的技术犯规。罚则是：对每一起违犯要登记教练员一次技术犯规，判给对方队 2 次罚球，以及随后在中场的球权。

（3）比赛休息期间的技术犯规：在比赛开始前的阶段（20 分钟）、任何两节间的间隔、半时间的间隔和任一决胜期前的间隔内发生的技术犯规，为比赛休息期间的技术犯规。其罚则是：登记犯规球员一次技术犯规，判给对方 2 次罚球，该犯规要计入全队犯规之中。如是教练员、助理教练员、队员——教练员或随队人员技术犯规，则对教练员进行登记，判给对方 2 次罚球，该犯规不计入全队犯规之中。罚球完毕后，比赛应在中圈跳球或按规则规定的掷球入界开始。

## 二、国际篮联（FIBA）《裁判员手册》（裁判方法和技巧）要点

为了让全世界的篮球裁判员都使用统一的裁判方法，以便不同国家（地区）、不同语言、不同水平的裁判员能在一起工作，并且具有良好的共识、默契与合作，协调地完成现代篮球比赛任务，1998 年 7 月在希腊雅典召开的第 16 届国际篮联代表大会在通过了《1998 年篮球规则》的同时，还通过了《裁判员手册》（裁判方法和技巧）的修改提案。

《裁判员手册》（裁判方法和技巧）内容包括裁判方法和裁判技巧，并规定了在各种比赛情况下裁判员应遵守的分工与合作、占位与责任、手势与程序等。此外，还对比赛前的准备工作、比赛开始和结束的工作等作了明确的规定。

《裁判员手册》（裁判方法和技巧）也是国际篮联制定并公布的规范性文件，各国（地区）裁判员都应认真地学习、贯彻和执行。以下是《裁判员手册》（裁判方法和技巧）的重要部分。

## （一）裁判员的占位和责任

现代的执裁要求两位裁判员在工作中互相合作，一位裁判员负责有球区域，另一位裁判员负责无球区域。

为了达到综观比赛的目的，两位裁判员应力求获得尽可能好的位置。为便于理解，把半场划分成①至⑥号的长方形。如图 20-1 所示。

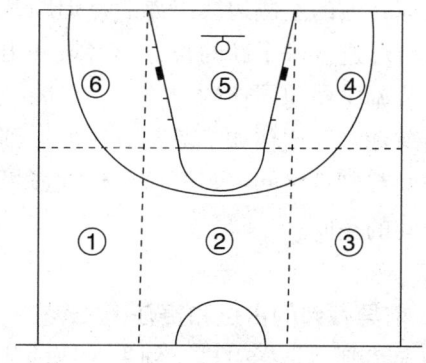

图 20-1　球场分区图

### 1. 追踪裁判的占位和责任

追踪裁判，顾名思义，是指跟踪、追赶比赛的裁判员，换言之，是跟在比赛后面的裁判员，故有时称其为后裁判。

当比赛向前推进时，追踪裁判要在球的左后方站位，离球 3~5 米。

当球在①区时，追踪裁判负责观察球周围的比赛，尤其要观察队员运球、投篮和传球以及防守队员。当球在这个区域时，追踪裁判主要负责有球区域。

当球在②区时，追踪裁判仍负责球周围的比赛。

球进入③区，追踪裁判的主要责任还是在有球区域，并且在必要时还应对他右侧边线处的出界作出宣判。在这种情况下，他需要寻找更好的位置以便覆盖动作。如果球在③区靠近 3 分投篮线的地方，在大多数情况下，球将进入④区和⑤区，队员或投篮或传球或运球，为了抢在动作的前面，追踪裁判必须先向他的左侧移动，以便覆盖远离球的比赛。由于他不在动作的近处，有时他需要前导裁判的帮助来照顾 3 分试投，特别是当视角被防守队员挡住时。如果队员骑跨罚球线延长线做了一个 3 分试投（即③区和④区间），追踪裁判应对此试投负责。如果在③区内出现运球队员被严密防守的情况，追踪裁判可以视情跑到近处观看，一旦情况允许，就回到正常的追踪位置。追踪裁判对他右侧的端线或边线不负主要责任，当球出界要在那里掷界外球时，则要求他去协助同伴。

当球在④区，在他右侧最远的角落里，追踪裁判对球和球周围的比赛没有责任。这时，追踪裁判的主要任务是注视离开球的情况，把观察的重点放在弱侧的低策应区。要特别注意可能发生的非法掩护的情况。当传球、运球或投篮的球推向球篮或端线时，追踪裁判必须插进到罚球线延长线（大约的）以便更好地寻找队员之间的空间。

球在⑤区，即在限制区内时，这种场合下，两位裁判员都要看球周围的比赛，特别是投篮的情况。追踪裁判还负责 2 分投篮和 3 分试投以及球的飞行，察看球是否中篮以及进攻队员或防守队员是否干扰球。对篮板球，特别是对试图从不利的位置上获得球的外围队员保持警觉，也是他的责任。

当球在⑥区时，如球在 2 分投篮区域内，追踪裁判主要负责球，并对高和低的策应区给予特别的注意。如球在 3 分投篮区域内，追踪裁判应注视球和球周围的比赛，尤其要关注投篮的情况。

当球在他的左侧边线出界后，追踪裁判还要负责指出掷界外球的比赛方向。

每当球进入一个新的长方形区域和出现对有球区域责任的改变时，追踪裁判都应重新建立或调整他与同伴的位置。

追踪裁判要记住如下裁判方法的原则：必须不断地移动；监控，也就是把所有队员都置于两裁判员之间；当投篮、传球或投篮的球推进到罚球线以内时，要插进；寻找两队员之间的空间。

### 2. 前导裁判的占位和责任

前导裁判，是指引导、领先比赛的裁判员，换言之，是跑在比赛前面的裁判员，故有时称其为前裁判。

前导裁判应总是位于比赛的前方，这需要他快中求快，尽可能快地跑在前面，让比赛朝他而来。

前导裁判到达端线后，要在其左侧的3分投篮线和其右侧的限制区边缘之间正常地移动。他没有必要越出这个范围。

当球在①区时，前导裁判占据的位置，要使10名队员是在他和他的同伴之间，以便实行"监控"。他的主要责任是观察离开球的比赛，还要特别注意任何可能发生的非法掩护。

球在②区时，前导裁判的主要责任仍是照顾无球区域。只要保持身体正对比赛，就能预见任何可能出现的球向球篮运动的情况。

当球在③区时，前导裁判还是照顾无球区域。他每时每刻都要知道球在哪里，以便当3分试投命中时给同伴以帮助。现代篮球比赛中，在低策应区内的队员之间存在大量的接触，前导裁判要确保这种接触不发展成过分和粗野的动作。

当球在④区内，前导裁判负责有球区域，应以身体正对比赛，注视球周围的比赛。

球进入⑤区时，前导裁判要直接观察球周围的比赛。他的次要责任是注视有球一侧的低策应区的队员们（包括球在④区）。在所有投篮和一对一的情况下，前导裁判都应注视防守队员。

球在⑥区的2分投篮区域内，前导裁判要移到能观察球周围比赛的位置。当球在⑥区的3分投篮区域内，前导裁判的主要责任是观察无球区域，尤其要注视低策应区以及远离球的其他队员。

前导裁判应记住以下裁判方法的原则：总是保持移动；监控所有的队员；寻找两队员之间的空间；从端线向后退以得到更宽的视角。

### （二）裁判员在各种比赛情况下的行动与配合

裁判员负责区域的划分，是为了明确责任，避免两位裁判员都把目光集中于球，而作出相互矛盾的宣判。然而，分工不是目的，分工只是为了更好地合作。由于比赛情况的错综复杂，两位裁判员只有在任何时候、任何情况下都保持密切的合作，才会有高质量的宣判。

### 1. 紧逼防守和夹击防守

紧逼防守能够给裁判员造成困难，这需要打乱正常的球场区域分工，并要求更大的专心和合作。在紧逼防守中，如果有3名或更多的防守队员在对方的后场内，前导裁判不要急着跑向端线，以便协助同伴观看比赛。一旦球进入前场，前导裁判就要移向端线的正常位置。在紧逼防守中，如只有一名防守队员在对方的后场内，前导裁判必须注视靠近他半场内的所有队员。追踪裁判应根据需要尽量靠近比赛，仔细地观察可能发生的犯规和违例。

在夹击防守中，两位裁判员都必须对这种类型的防守保持警觉，恰当地处理好5秒钟违例的宣判。如果夹击防守发生在前场右角或球篮左下方，前导裁判负责持球队员周围的行动。追踪裁判注视离开球的比赛，但始终要做好准备，在两名队员拦阻对方队员时协助他的同伴。如果夹击防守发生在前场右边线与中线交接处或前场左边线与中线交接处，追踪裁判应根据需要尽量靠近比赛，注视可能发生的犯规和违例，前导裁判应使用"监控"原则，注视离开球的比赛。

### 2. 出界和掷界外球

队员出界和球出界都涉及界线，对界线的责任的划分是：前导裁判负责端线和他左侧的边线，追踪裁判负责中线和他左侧的边线。当球从后场向前场推进中发生了转换时，前导裁判负责左侧的边线和端线，追踪裁判负责端线、中线和他左侧的边线。

掷界外球中，裁判员除应按规则的要求进行外，还要注意位置的选择。当在罚球线的延长线和端线之间的边线外（④区外）掷球入界时，负责掷球入界的前导裁判要把球递交给掷界外球队员。由于掷球入界后他将保持前导位置，所以他要以站在队员的靠端线一侧来向他的同伴示意和确认。当在前场靠近中线与边线交接处（①区外）掷球入界时，追踪裁判应将球递交给掷界外球队员。由于要继续保持追踪位置，所以他要站在掷界外球队员的右侧。前导裁判要移到一个所有队员都被"监控"的位置上。当在罚球线的延长线和中线之间的边线外（③区外）掷球入界时，追踪裁判将球递交给掷界外球队员并站在该队员的左侧。当球一触及场上队员，追踪裁判再恢复到正常的追踪位置，前导裁判按"监控"原则进行移动。

### 3. 投篮和干扰球

队员投篮时，追踪裁判负责球的飞行。如果球进入球篮，他还要决定是否算得分。相反，前导裁判应集中精神观察离开球的情况，但是，当宣判犯规时，总是由宣判犯规的裁判员（前导或追踪）决定中篮是否算得分。

当出现3分试投时，由追踪裁判打出手势，他特别要注意投篮队员的脚，以确定该试投是否是从3分投篮区投出的。如果投篮成功，追踪裁判要举起两臂、两手清楚地伸出3指来确认得到3分。如果队员骑跨罚球线延长线（③区和④区间）做试投，追踪裁判必须从中场裁决这个动作。当投篮出现在④区内，前导裁判有责任协助追踪裁判。

当投篮出现在临近每节比赛结束时，能给裁判员造成困难，特别是当观众很多、信号不易被听到时,更难判定是否算得分。按照规定应由追踪裁判主要负责中篮算与不算,另一裁判员即使是主裁判员,也应接受他同伴的判断并尽力支持这一宣判,但是,在看不清比赛的情况下,两位裁判员必须先商量,然后由主裁判员作出最终的宣判。

由于追踪裁判负责观察投篮球的飞行,因此,他必须对干涉得分和对球干扰的情况作出决定。

### (三) 裁判员宣判的手势和程序

由于越来越多的观众对篮球比赛增加了兴趣及传播范围的扩大,裁判员很明确和准确地宣判比赛是十分重要的。

**1. 违例的宣判程序**

每当发生违例时,负责此比赛的裁判员应:
(1) 立即鸣一次哨并同时举手在空中,伸开手掌和并拢手指,以停止比赛计时钟;
(2) 清楚地指出违例的类型,例如做出带球走的手势;
(3) 接着,用同一手臂更加清楚地指出比赛的方向;
(4) 在所有情况下,裁判员都要递交球。

**2. 犯规的宣判程序**

每当发生一起犯规时,负责此比赛的裁判员应:
(1) 鸣一次哨和同时举直手臂并握拳,以停止比赛计时钟;
(2) 用一直臂、手掌朝向地面指向队员的腰部,确实使队员知道他已被登记了犯规。在有争议的情况下,指出在何处罚球、罚几次;
(3) 移向记录台,占据一个使记录员能看清楚和对裁判员无障碍的位置,6~8米;
(4) 用很清楚和慢的手势报告犯规队员的号码,让手势保持几秒钟是可取的,这对记录员登记正确的号码是不可缺少的;
(5) 接着,指出犯规的类型;
(6) 用指出罚球次数和随后的比赛方向来完成联络的程序;
(7) 完成手势后,如果必要,两位裁判员交换位置❶。

## 三、国际篮联 (FIBA) 《三人裁判法》 (三人裁判的方法和执裁技巧) 要点

《三人裁判法》 (三人裁判的方法和执裁技巧) 的出现,反映现代篮球运动朝商业

---

❶任何得分有效或取消,都必须先做出手势。裁判员的宣判方式、语言的表达、罚则的交待,都必须使用正式的手势。做手势时,要明快和简洁,还必须在与眼睛同一高度处做出并离开身体,手势的质量将提高裁判员的形象,并将告知人们裁判员精通业务和做得很好。

化、职业化发展的需要。由于三名裁判员始终保持一个相互成比例的宽阔的三角形位置，而且责任明确又节省体力，使裁判员能更好地实施"监控"、观察和判断无球区的动作，从而作出更加准确的宣判。三人裁判法要求三名裁判员应具有同一高度的宣判水平，否则易出现漏判和尺度不一致。

三人裁判法的含义是：一场比赛由三名裁判员在分工合作、重在配合的前提下进行执裁。在三名裁判员中，有一名裁判员是主裁判员，另外两名裁判员是副裁判员。但在具体的临场工作中，根据位置的变化和转换，这三名裁判员将分别被称为前导裁判、中央裁判和追踪裁判。

凡是未在《三人裁判法》中提及的问题，均按《裁判员手册》（裁判方法和技巧）执行。

## （一）术　语

### 1. 球侧

当球在前场时有关球的位置。在两个球篮间用一条假想线连接，将球场划分为两部分，球在前场所在的一侧为球侧。

### 2. 合围

这涉及裁判员的移动受球的转移的支配。对于追踪裁判，需要朝端线移动 1 步或 2 步；对于前导裁判，要沿端线并朝限制区的线外部分移动 1 步或 2 步。

### 3. 前导裁判（L）（LEAD OFFICIAL）

是位于端线的裁判员。通常他的移动范围在限制区与端线相接的两线之间，只在必要时才移向端线与 3 分线相接的地方。大多数时间内，他是与追踪裁判在同一侧。当队员运球向篮下突破时，他应移向左边或右边去寻找队员之间的空隙，并负责发动轮转。当球在罚球线以上，在罚球线延长线和中线之间，仅仅当球落在或保持在球场的一侧时和球在罚球线延长线以下的任何时候，他才到有球一侧去。另外，攻守转换后，他总是到追踪裁判的位置。

### 4. 中央裁判（C）（CENTRE OFFICIAL）

是位于球所在的前场（球侧）的对侧的裁判员，位置大约在罚球线的延长部分到罚球圈顶的中间。根据球的位置，他可站在前场的任意一侧。攻守转换后，他仍然在中央裁判的位置，他始终是罚球的管理者。在轮转中，他移到追踪位置。

### 5. 追踪裁判（T）（TRAIL OFFICIAL）

大约位于靠近中线的球队席区域边界的裁判员，并和前导裁判在同一侧（球侧）。攻守转换后，他变到前导裁判的位置。在轮转中，他移到中央裁判位置。

### 6. 对侧

指远离记录台的场地一侧。

### 7. 轮转

这涉及一个活球状况,球的移动或落位促使前导裁判根据球在前场的位置,发动一次位置改变或"轮转"。前导裁判改变位置,引起中央裁判和追踪裁判改变位置。

### 8. 强侧

前导裁判落位的场地一侧。

### 9. 转换

这涉及一个死球状况,犯规或违例的宣判需要裁判员们改变位置。

### 10. 弱侧

前导裁判没有落位的前场一侧。

## (二) 基本原则

1. 在任何情况下,三位裁判员应始终试图保持一个相互成比例的类似宽阔三角形的位置,面向场内监控所有队员。

2. 正常攻守转换时,三位裁判员的换位原则是:追踪→前导,中央→中央,前导→追踪。

3. 宣判犯规的裁判员向记录台报告犯规后,他必须移动到记录台的对侧。因此,前导裁判或记录台一侧的裁判员如宣判犯规,则与记录台对侧的裁判员换位;而记录台对侧的裁判员宣判犯规,仍回到对侧,前导裁判和记录台一侧的裁判员仍留在他们的位置上。

4. 宣判犯规的裁判员必须面向记录台执行罚球,他一定成为中央裁判。

5. 没有宣判犯规但需换位的裁判员,应在观察队员的同时慢慢地移向新的位置,另一名裁判员则应选择一合适位置监控所有队员,直到向记录台报告的裁判员已经开始了报告程序。

6. 掷前场端线球时,前导裁判应位于篮板与球之间;掷后场端线球时,追踪裁判则应位于边线与球之间。

7. 每位裁判员负责各自就近的界线,追踪裁判还要负责中线。

8. 裁判员们要始终知道:(1) 球的位置;(2) 其他裁判员的位置;(3) 队员们的位置。

## (三) 裁判员的占位和责任

### 1. 基本的场地覆盖范围和责任

(1) 基本的场地覆盖范围,如图 20-2 所示。

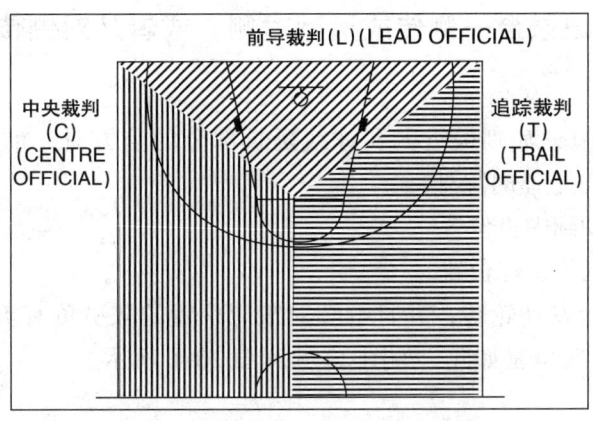

图 20-2 基本的场地覆盖范围

(2) 基本的责任

当球在某裁判员的区域内,他负责球周围的比赛。

当球在另一名裁判员的区域内,他应负责本区域内的无球队员。

### (四) 球在前场时的基本分工区域(记录台一侧或对侧)

1. 每一名裁判员负责一个基本分工区域。
2. 当球在某裁判员的基本分工区域内,该裁判员对球附近的犯规和违例负责。
3. 当球不在某裁判员的基本分工区域内,该裁判员负责本区域内的所有队员。
4. 前导裁判和追踪裁判共同负责共管的区域,即最深黑色的三角区域(DUAL),如图 20-3 和图 20-4 所示。

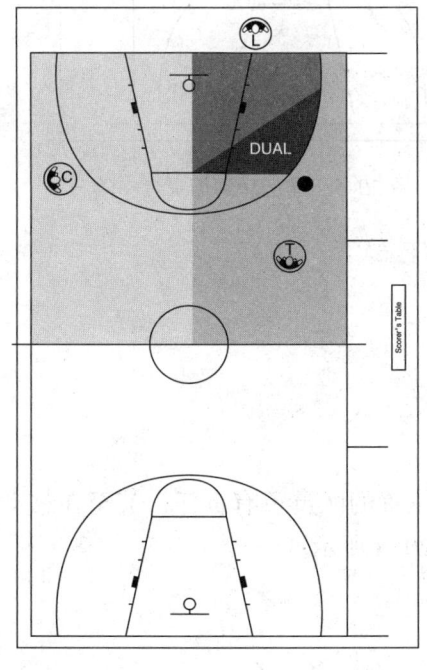

图 20-3 球在记录台一侧

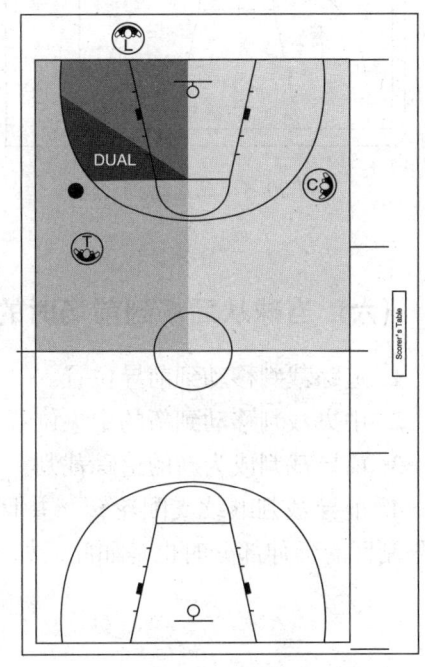

图 20-4 球在对侧

## （五）当球从记录台一侧传或运到对侧，或者从对侧传或运到记录台一侧时的基本移动

1. 当球传到离中央裁判最近的罚球线延长部分的前方时，前导裁判移动到球侧（快速投篮或直接运球上篮时除外）。
2. 追踪裁判移动到中央位置。
3. 中央裁判移动到追踪位置。
4. 前导裁判负责发动轮转，并且继续对策应位置的队员负有责任，甚至在移动越过限制区的延伸部分时也是如此，如图20-5和图20-6所示。

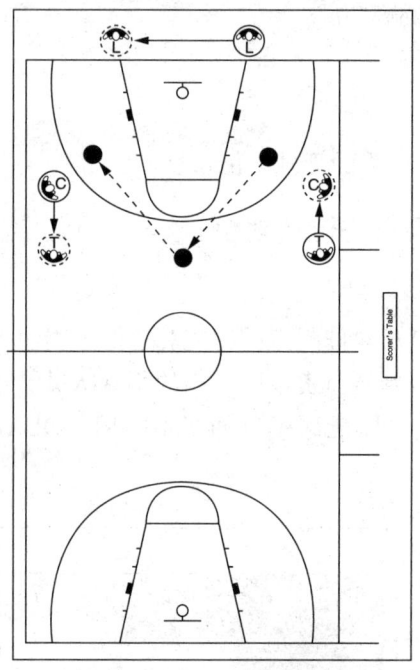
图20-5　球运动到对侧

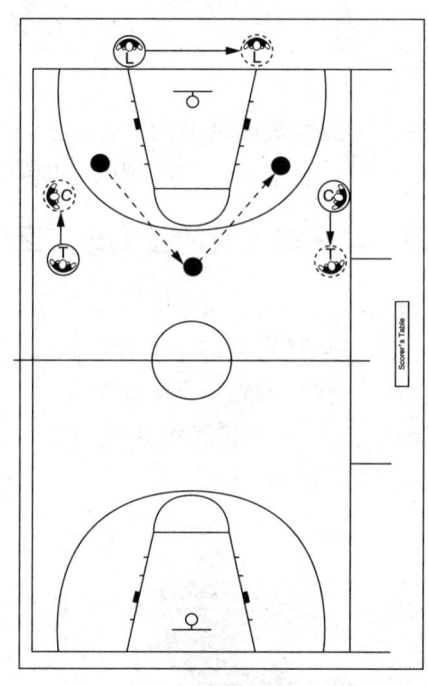
图20-6　球运动到记录台一侧

## （六）当球从后场到前场时的变换区域

1. 追踪裁判移动到前导位置。
2. 中央裁判移动到新的中央位置。
3. 前导裁判成为新的追踪裁判。
4. 前导裁判继续支配轮转，并且继续对策应位置的队员负有责任，甚至在移动越过限制区的延伸部分时也是如此，如图20-7和图20-8所示。

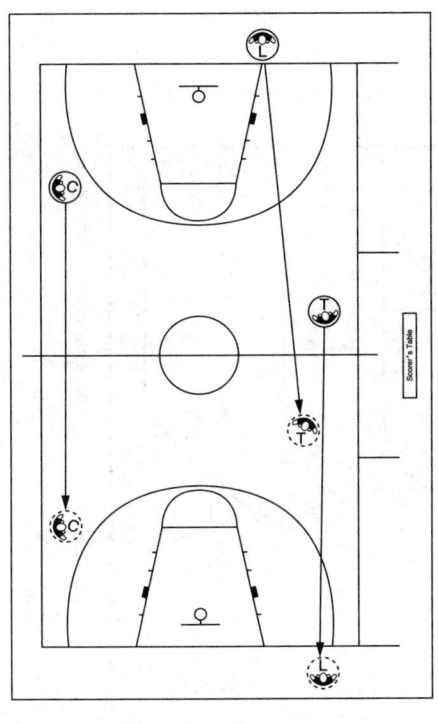 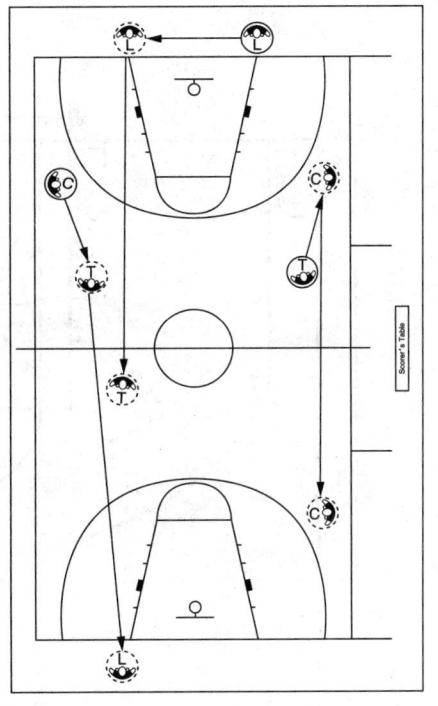

图 20-7　变换区域　　　　图 20-8　轮转后变换区域

## 第三节　职业篮球（NBA）规则与裁判法

### 一、美国全国篮球协会（NBA）规则要点

美国全国篮球协会（National Basketball Association，简称 NBA）正式命名于 1949 年 8 月 3 日，它的前身美国篮球协会（Basketball Association of America，简称 BAA）成立于 1946 年 6 月。NBA 运动至今已有 50 余年的历史，成绩斐然，誉满全球。

NBA 是美国职业篮球队的联盟，由它制定的 NBA 规则必然与国际业余篮球联合会制定的 FIBA 规则不尽相同。NBA 规则除包含 FIBA 规则中各种不可少的行之有效的法则之外，还有自己鲜明的地域性、商业性以及保证和促进精彩表演的特点。

以下是 NBA 规则的重要部分（侧重在与 FIBA 规则不同的部分）：

#### （一）比赛通则

**1. 球场尺寸**

NBA 的球场尺寸是长 94 英尺，宽 50 英尺（图 20-9）。换成公制是长 28.65 米，宽 15.24 米。球场的丈量是从界线的内沿量起，线宽为 2 英寸（5.08 厘米）。球场两端标有长方形的罚球区，长 19 英尺（5.79 米），宽 16 英尺（4.88 米）。

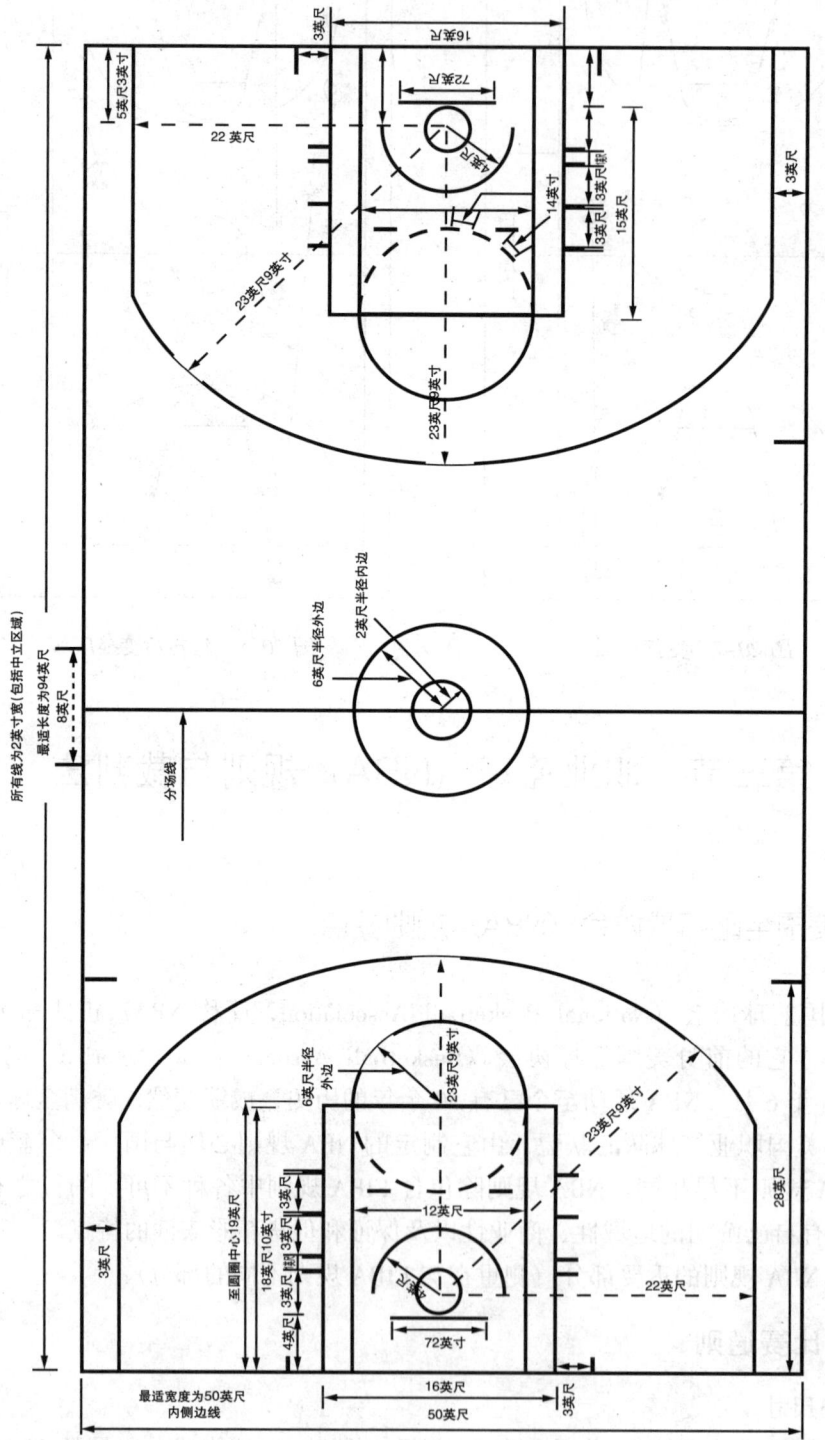

图 20-9　NBA 正式球场图

球场两端标有 3 分投篮线，画法是：从底线引出两条平行于边线的线，各距边线 3 英尺（0.91 米），与以球篮中心点为圆心、以 23 英尺 9 英寸（7.24 米）为半径的圆弧相交。WNBA 的圆弧半径为 19 英尺 9 英寸（6.02 米）。

圆圈的半径 6 英尺（1.83 米）。中圈内圆圈的半径是 2 英尺（0.61 米），一条中线横贯其中。

另有 4 条垂直于边线宽 2 英寸（5.08 厘米）的标志线，各距底线 28 英尺（8.53 米），向场内延伸 3 英尺（0.91 米）。距球篮中心 4 英尺（1.22 米），画一个宽 2 英寸（5.08 厘米）的实线半圆。位置区和中立区域以及一些短标志线略。

### 2. 比赛时间

每场比赛共 4 节，每节 12 分钟。在第一节和第二节、第三节和第四节之间以及任何加时赛之间休息 130 秒钟。两半时之间休息 15 分钟。

在第一节、第二节和第三节的最后 1 分钟期间，投篮成功后应停止比赛计时钟。在第四节和加时赛的最后 2 分钟期间，投篮成功后应停止比赛计时钟。

### 3. 球队

比赛时，每队由 5 名队员组成，场上队员不得少于 5 名。

如果队员第六次侵人犯规，而且该队已无有资格的替补队员，该队员应留在场上，并应登记一次侵人犯规和全队犯规，还要判罚该队一次技术犯规。所有后来发生的侵人犯规（包括进攻犯规），都照此处理。

如果只有 5 名合格的队员，其中 1 名队员受伤必须离场或被驱逐，他应由最后 1 名因 6 次侵人犯规而被取消比赛资格的队员来替换。每一次需要替换受伤或被驱逐的队员时，均应照此倒转的顺序处理。任一被取消比赛资格的队员进入比赛，应判罚一次技术犯规。

### 4. 比赛开始

第一节比赛和加时赛应以在中圈跳球开始。

第二节和第三节比赛应由比赛开球后失掉球权的队在端线掷界外球开始。

第四节比赛应由比赛开球后获得球权的队在端线掷界外球开始。

### 5. 死球、活球、活力球

当出现下列情况时球成死球：争球；球停留在球篮上或卡在篮圈与篮板之间；任何一节时间终了；技术犯规的罚球；侵人犯规（拳击犯规、非赛犯规）；多次罚球中的第一次罚球；场上违例（带球走、3 秒、8 秒、24 秒等）；打架犯规；疏漏的鸣哨；投篮或罚球成功后，队员在界外占有球之前。

下列情况球成活球：在任何跳球中，裁判员抛球时；掷界外球队员可处理球时；罚球队员可处理球时。

下列情况球成活力球：球被一名跳球队员合法拍着时；球离开掷界外球队员的手

时；在一次将留在比赛内的罚球中，球离开罚球队员的手时。

### 6. 替换

替补队员应向记录员报告他和被替换队员的姓名与号码，并置身于记录台前的替换区内。如不向记录员报告，则罚款 25 美元。记录员应在球一成死球时就鸣哨宣告替换（投篮成功后除外），替补队员需经裁判员招手才能进入比赛。替换被取消比赛资格的队员的时间为 30 秒钟。

在多次罚球的第一次罚球后，不论罚中与否，允许替补队员进入比赛。

替补队员不得替换罚球队员和跳球队员，除非受伤队员要求替换，这时应由对方教练员在罚（跳）球一方的球队席上挑选替补队员，受伤队员不能再上场比赛。替补队员一旦进入比赛，就得留在场上，直到下一个死球时才允许替换。

如果是以没有体育道德的行为造成队员受伤，而且不能执行罚球，他的教练员可指定该队任一合格的队员来执行罚球。受伤队员也可再上场比赛。

### 7. 暂停

（1）20 秒暂停。每队每半时有权请求一次 20 秒暂停。每场比赛（包括加时赛）共可请求两次 20 秒暂停。队员请求 20 秒暂停，只有当球成死球或该队控制球时才给予。队员要喊出："20 秒暂停"。在 20 秒暂停期间，球队只可替换一名队员。如果请求暂停的队替换一名队员，对方也可替换一名队员。如果在半时（包括加时赛）中请求第二次 20 秒暂停，应予允许，但要登记一次常规暂停。如果 20 秒结束时比赛不能继续进行，也应登记一次常规暂停。

（2）常规暂停（100 秒）。每队有权请求 7 次要登记的常规暂停。限定每队在第四节中不得超过 4 次暂停，在第四节的最后 2 分钟内不得超过 3 次暂停。在加时赛内，允许每队 3 次暂停。

队员请求 100 秒暂停，只有当球成死球或该队控制球时才给予。队员要喊出："暂停"。每节比赛必须有两次暂停。如果每节比赛剩下 6 分 59 秒时没有任一队叫暂停，记录员应在第一次死球时采取强制暂停，这一暂停登记在主队名下。在每节比赛剩下 2 分 59 秒时没有任一队叫第二次暂停，记录员在第一次死球时采取强制暂停，这一暂停登记在该节先前没有登记的队的名下。

允许有追加的暂停，但要判罚一次技术犯规。主教练员可以在比赛中止时，请求 20 秒或 100 秒暂停。

### 8. 24 秒钟规则

当某队在比赛中获得新的球权时，或在掷球入界中当球在场上被队员合法触及时，24 秒钟计时器将开动。拥有球权的队必须在获得球后 24 秒钟内投篮。完成投篮的条件是：

（1）在 24 秒钟结束之前，球必须离开队员的手；

（2）球离开队员的手后必须与篮圈接触。如果 24 秒钟内球未接触篮圈，为 24 秒钟违例。

## （二）违例及其罚则

### 1. 3秒钟规则

某队控制球，该队队员不得在罚球区（在端线并向场外扩展4英尺——1.22米，假想的——与罚球线远边之间）停留超过3秒钟。

某队在前场控制球，开始计算3秒钟。

罚则：失去球。将球判给对方在罚球线延长部分的边线掷界外球。

### 2. 肘的摆动

不允许队员过分地或有力地摆动肘部（无接触）。当一名防守队员在附近，并且进攻队员持有球，此即为违例。

罚则：失去球。将球判给对方在靠近违例地点的边线掷界外球。

### 3. 非法协助得分

队员不得使用篮圈和篮板来吊起来、支撑或提高自己，以有助于投篮得分。

队员不得协助同伴在投篮时增加高度。

罚则：失去球。将球判给对方在罚球线延长部分的边线掷界外球。

### 4. 孤立

如果进攻队在圈顶外或无球一侧安排3名或3名以上的队员，应宣判违例。

罚则：失去球。将球判给对方在圈顶延伸部分的边线掷界外球。

### 5. 界外的进攻掩护

进攻队员不得为了建立掩护而离开前场端线处的地面区域。

罚则：失去球。将球判给对方在罚球线延长部分的边线掷界外球。

### 6. 黏性物质

队员不得使用黏性物质或任何类似的物质。

罚则：第一次违例，罚款25美元。再发生违例罚款加倍。

## （三）犯规及其罚则

### 1. 技术犯规

对场上或球队席上的球队成员的没有体育道德的行为和违例的处罚，是技术犯规。在球成活球前，与对方队员发生非法的接触，也可判为技术犯规。

（1）没有体育道德的行为。对任何队员、教练员和训练员的没有体育道德的行为最多可判罚两次技术犯规。任何违犯者只要有一次没有体育道德的行为，就可被驱逐；有两次没有体育道德的行为必须被驱逐。没有体育道德的行为如：与裁判员讲话无礼；以身体接触裁判员；对宣判公开表示不满；使用亵渎的言语；教练员未经裁判员允许进入

场地；故意伸肘或试图动手脚但未包含接触。还有一些技术犯规不是由没有体育道德的行为造成的，如：延误比赛；球队席区域的违例；球成活力球时场上队员不足或多于5名；进攻队员故意地吊在篮圈或篮板上，等等。

在死球期间发生非法接触，如果在性质上被认为是没有体育道德的，可判为一次技术犯规；如果接触是不必要的和过分的，可判为恶意犯规。

(2) 打架犯规。比赛中和死球期间，队员、教练员或训练员打架，要登记技术犯规，不判给罚球，参加打架的人员应立即被驱逐。另根据情况判打架人员不超过2万美元罚款和停赛。

NBA比赛中，对犯规的判罚是较为严厉的。如队员、教练员和训练员出现下列情况即可被驱逐：接触肩的水平或以下部位的肘部犯规；没有体育道德行为的技术犯规；以不必要的或过分的接触造成的恶意犯规。

队员、教练员和训练员出现下列行为则必须被驱逐：拳击犯规；打架犯规；接触肩的水平以上部位的肘部犯规；试图挥拳虽无接触；不是比赛的延续动作而是故意地进入看台。

为了惩罚和制止犯规，NBA规则中还列有罚款的规定：裁判员认为队员是故意地吊在球篮上，应判一次技术犯规和罚款100美元；第一次因没有体育道德的行为判罚技术犯规的罚款100美元，第二次犯规加罚150美元，等等。

### 2. 侵人犯规

在球成活球后，与对方队员发生非法的身体接触，是侵人犯规。

队员不准拉、推、撞对方队员；也不准靠伸展臂、腿、膝和弯曲身体成不正常姿势以阻碍对方队员行进。违反规定，将判为侵人犯规并按相关的罚则处理。

(1) 双方犯规。双方犯规是指两名非同队的队员大约同时互相发生侵人犯规或技术犯规的情况。

罚则：不管是侵人犯规或是技术犯规都不判给罚球，只给队员登记犯规，不登记全队犯规。如果宣判双方犯规或打架犯规时某队拥有球权，应保留球权，在靠近比赛中断地点的边线掷界外球继续比赛。如果宣判双方犯规或打架犯规时双方球队都未拥有球权，或投篮不成功球在空中，应由任何两名非同队的队员在中圈跳球继续比赛。如果投篮成功，得分有效，在底线掷界外球继续比赛。如果双方犯规是作为裁判员意见不同的结果，不计得分，应由任何两名非同队的队员在中圈跳球继续比赛。

(2) 进攻犯规。在球成活球后，进攻队员与对方发生非法的接触，是进攻犯规。

进攻队员侵人犯规，如不是肘部犯规、拳击犯规，也不是恶意犯规，应按如下罚则处理：不判给进攻队得分，登记犯规队员一次侵人犯规，不登记该队全队犯规（队员第六次侵人犯规，并且该队已无有资格的替补队员除外）。

(3) 脱控球犯规。在球成活力球后，在双方球队均未控制球时与对方发生非法的接触，是脱控球犯规。

队员侵人犯规，如不是拳击犯规、恶意犯规，也不是肘部犯规，而且发生犯规时双方球队均未控制球，应按如下罚则处理：登记犯规队员一次侵人犯规，登记犯规队一次全队犯规。如果全队犯规罚则未出现，判给对方在靠近犯规地点的边线掷界外球；如果全队犯规罚则出现，判给被侵犯的队员一次罚球加一次罚球。

如果判了防守队一次脱控球犯规，接着投篮（罚球）成功，应判给被侵犯的队一次罚球，使其有可能得 3 分或 4 分。这条规定适用于：不管是对哪名进攻队员犯规，不管全队犯规罚则是否出现。

如果判了进攻队一次脱控球犯规，接着进攻队员投篮成功，不计得分。

(4) 拳击犯规。队员用拳猛击对方，是拳击犯规。

因拳击宣判队员的非法的接触，是一次侵人犯规和一次全队犯规，应判给一次罚球。不论罚球成功与否，均将球判给被侵犯的队在中场掷界外球。

任何队员挥拳猛击对方，无论是否击中，都是没有体育道德的行为，他应立即被驱逐并最低停止一场比赛。

这条规定既适用于比赛进行中，也适用于死球状态。

如果接连发生拳击犯规，这条规定的所有内容都将适用，并由最后被侵犯的队在中场掷界外球。

另外，根据情况判该队员不超过 2 万美元的罚款和停赛。

(5) 非赛犯规。在第四节和加时赛的最后两分钟内，防守队对拥有球权的进攻队发生非法的接触，而这种接触发生在远离球附近的区域或界外球未离手时，为非赛犯规。

罚则：登记一次侵人犯规和一次全队犯规，判给一次罚球（肘部犯规或恶意犯规罚球两次），任一场上队员均可执行此罚球，并由被侵犯的队在靠近比赛中断的地点掷界外球继续比赛。

(6) 全队犯规。每节比赛每队的全队犯规超过 4 次，加时赛每队的全队犯规超过 3 次，要判一次罚球加一次罚球。

如果每节前 10 分钟全队犯规未满 4 次，或加时赛前 3 分钟全队犯规未满 3 次，允许该队在最后两分钟内有一次全队犯规不用加罚。

对正在做投篮动作的队员发生侵人犯规，判给两次罚球，如果全队犯规罚则出现也不判给增加的罚球；如投篮成功，判给一次罚球，如果全队犯规罚则出现也不判给增加的罚球。亦即在成功的 2 分投篮中最多可得 3 分，在成功的 3 分投篮中最多可得 4 分。

## 二、美国全国篮球协会（NBA）三裁判制

NBA 实行三裁判制，由总裁判员、裁判员、副裁判员组成。总裁判员是裁判的主管，他有权搁置或询问其他裁判员作出的宣判。遇有裁判员对投篮是否算得分有争议时，由总裁判员作出最后决定。他还对记录员和计时员有争议的事情作出决定。

NBA 比赛中，三名裁判员轮转移动，不仅缩短了跑动的距离，节省了体力，而且随时可形成观察比赛的三角，始终能对比赛保持最佳的"监控"，这样就极大地提高了宣判的准确性。三裁判制有可能成为未来国际篮球比赛的裁判方法。

## 三、NBA 规则最新改动情况

1999—2000 年赛季实行新规则，其目的在于保护和鼓励进攻，减少粗野防守和增强进攻的流畅性。新改的规则主要有以下三个方面：

（一）改动 24 秒规则。以往，对在前场的任何违规被判罚后，进攻时间又重新启动为 24 秒。现在，在相同条件下，如果进攻时间不少于 14 秒，则不变；如果不足 14 秒，则调至 14 秒。例如，如果进攻时间剩余 17 秒，那么开球以后仍按 17 秒计算；如果为 10 秒，则按 14 秒开始计算。

（二）5 秒规则。进攻队员背对篮筐进入罚球区后，必须要在 5 秒内或投篮或传球，否则违例。

（三）加强对犯规的判罚。禁止防守队员用手和前臂推阻罚球区域之外的进攻队员，也不准推搡无球的进攻队员。

# 第二十一章

## 高水平篮球裁判员基本素质与培养

篮球裁判员,是指在篮球竞赛过程中,依据篮球竞赛规程和篮球竞赛规则,对参赛双方运动员(队)在竞技活动中表现出来的行为和动作,作出正确的裁断及处理,并最终评定胜负的人员。

篮球比赛,是在篮球规则约束下进行的,而篮球规则是抽象的条文规定,只有通过裁判员的创造性实践,才可能发挥它应有的功能和作用。因此,没有篮球裁判员的参加,就没有正式的篮球比赛;没有高水平的篮球裁判员,也就谈不上篮球运动的高度发展。

我国《裁判员技术等级制度》规定,篮球裁判员技术等级称号分为国家级裁判员(A级)、一级裁判员、二级裁判员、三级裁判员。另设荣誉裁判员称号。国际裁判员,须经国际篮联(FIBA)考试批准。高水平篮球裁判员,是指国家级(A级)和国际级篮球裁判员。

## 第一节 高水平篮球裁判员应具备的素质

高水平篮球裁判员须具有各方面的素质,它是能力形成和发展的前提,也是做好篮球裁判工作的必不可少的条件。

### 一、思想品质素质

#### (一)热爱篮球事业,忠诚裁判工作

篮球运动,是我国人民最喜爱的体育运动项目之一。篮球裁判员,绝大多数都对篮球运动有浓厚的兴趣。兴趣,可以使他们更加积极地愉快地从事裁判活动,但仅有兴趣还不够,还要对裁判工作的意义有正确的认识,并由此建立坚定的事业心,产生巨大的工作热情。

篮球裁判员,在我国是业余的,是靠自觉性来坚持学习和工作的,如果说立志要做高水平的篮球裁判员,投入和付出的就会更多,基本上是靠个人的奉献精神来支持。另外,裁判员是在纠纷与利益交织在一起的争斗中充当公证人,而且要廉正持平,禁暴止

过，这可不是一件轻而易举的事情，会受到来自各方面的干扰和压力。只有裁判员认识到，裁判工作作为一项事业，它关系到篮球运动的存在与发展，关系到篮球技术、战术水平的提高，关系到运动员优良的体育道德作风的养成，关系到亿万人民的身体健康，关系到国家的声望和荣誉，他们才会更加热爱和忠诚裁判工作，并执著地专心致志地从事其业。正是他们思想端正，敬业爱岗，才能从奉献中感到欣慰，从宣判的公正准确中得到满足，从不断的提高中受到鼓舞。也就是从工作本身就得到了奖赏。

### （二）有较高的职业道德修养

《中华人民共和国体育法》第四章第二十四条规定：体育竞赛实行公平竞争的原则。体育竞赛的组织者和运动员、教练员、裁判员应当遵守体育道德，不得弄虚作假、营私舞弊。这条规定，对裁判员遵守职业道德提出了基本要求。

篮球裁判员遵守职业道德，具体讲应做到：全心全意为篮球事业服务，不弄权渎职以业谋私；严守法规，不徇情枉法；秉公持正，不偏袒一方；廉洁自爱，不索贿受贿；学风端正，不拉拉扯扯。

此外，高水平的篮球裁判员在处事待人方面也应该有较高的修养，这对于正确地妥善地处理好球场上发生的问题颇有益处。

## 二、业务素质

### （一）精通规则、裁判法

规则，是裁判员执行工作的依据。裁判法[《裁判员手册》（裁判方法和技巧）、《三人裁判法》（三人裁判的方法和执裁技巧）]，是国际篮联为全世界篮球裁判员准备的现代裁判方法和执裁技巧。目的在于帮助裁判员获得最佳的位置，以便对违反规则的动作和行为作出正确的宣判。

裁判员是受托在规则的框架和裁判法的指导原则下对比赛进行监察的，为提高裁判水平，裁判员必须把规则和裁判法这两门基本课程学深学透。许多事实表明，裁判员的错判、漏判、反判，究其原因，多是由于对规则理解不深，对裁判方法运用不当造成的。

学习规则，不能停留在简单的背记上，也不能满足于对规则的一知半解。强调精通，就是要用心钻研，着重领会规则的精神实质，并把握住条文之间的联系，还要与规则解释及各种判例相结合，达到对整个规则的融会贯通。

《裁判员手册》（裁判方法和技巧）和《三人裁判法》（三人裁判的方法和执裁技巧），是全世界篮球裁判员的智慧结晶和经验总结，也是国际篮联为使篮球运动达到统一和规范所采取的举措，所有高水平的篮球裁判员必须精读它们，并且在执裁中认真地加以贯彻和使用。

### （二）通晓技术、战术知识与方法

裁判员临场执裁，应以事实为根据，以规则为准绳，正确地评判运动员在比赛中表现出来的动作和行为。

从规则的角度来说，技术是合乎规则要求的正确动作，战术是合乎规则要求的正确配合（如掩护战术）。裁判员为了正确地鉴别技术、战术动作的是与非，必须拥有篮球技术、战术方面的知识。

裁判员懂得技术，才能分析某些动作是否合理和必要，才能找出违犯的主因，不会被表象和假象所迷惑。裁判员懂得战术，才能够及时地把握住宣判重点。比如时间余留不多，落后的一方请求暂停，裁判员应预见到他们可能打紧逼。紧逼防守中无球队员的犯规可能多些，就要注意无球队员的行动。凡事预则立，思想上有了准备，宣判就不会失去重点。

除技术、战术外，裁判员还要熟悉比赛双方，乃至每名队员的特长和风格。比如某队善于快攻，裁判员就要特别注意行进间的动作，特别是外围切入和跟进的动作，对防守队员是否占据合法的防守位置尤应注意。篮球比赛中有那么多人，场地又大，而且视线常被遮挡，只有具备预见性，才能提前到位，抓住主要矛盾和矛盾的主要方面。

### （三）掌握比赛的一般规律和特点

规律是客观的，是事物本身所固有的。篮球比赛，作为一种社会现象，也有自己的发展规律，认识和掌握比赛的一般规律和特点，对于做好裁判工作和提高裁判水平是必不可少的。

通常，篮球比赛有开场、相持、高潮、结尾这几个阶段，各阶段都有其不同特点，也就是说对裁判工作有不同的要求。如比赛开始阶段，要求裁判员的尺度掌握得恰到好处。过松，场面会乱，队员难以正常地发挥技术和打出水平；过严，会束缚队员的积极性，限制猛打猛冲、顽强拼搏的作风和打法。双方相持阶段，裁判员的精神要高度集中，力争不出现错判。一个错判，就有可能使有利的形势转眼间就转到另一方，从此出现另一种比赛局面。双方争夺进入高潮阶段，裁判员更要勤跑动，抢角度，宣判和手势都要与比赛的节奏保持同步。结尾阶段比赛最紧张，裁判员也最感疲劳，这时裁判员尤应振奋精神，全神贯注，坚持把裁判工作准确无误地进行到底。千万不要粗心大意，怠慢处理，导致功亏一篑。

### （四）具有英语表达的能力

英语，被国际篮联规定为国际比赛中的官方语言，因此，国家级裁判员（A级），特别是国际级裁判员应将英语作为必修课目。

语言，是一种工具。多掌握一种语言，就多了一些能力，国际篮联对国际裁判员申请人的笔试和口试都是用英语进行的，不懂英语就很难应试。即使成了一名国际裁判员，如果不懂英语，也较难走出去。即使有机会担任重要角色，也多由于不懂语言而放不开，直接地影响着裁判水平的发挥。再就是无法进行交际和联络，妨碍与同行建立友谊和交流经验。

## 三、心理素质

### （一）自　信

裁判员作为篮球比赛的"法官"，必须自信。自信，就是自己相信自己，有信则不见疑。如果裁判员缺乏自信心，在宣判上表现得犹豫不决，或者虽作出了宣判却又表现得不够理直气壮，这样，运动员执行宣判的行动将受到影响，也会对裁判员的宣判产生猜疑，比赛将会变得难以控制。

自信，能够稳定情绪、获得威仪，能够鼓舞斗志、战胜困难，能够控制行动、发挥能力，是裁判员必须具有的意志品质。

### （二）反应迅速

反应，泛指有机体对刺激的回答。反应，是指裁判员发现问题快，分析原因快，作出处置快，即在很短的时间内作出正确的反应（宣判）。

篮球比赛速度快，变化多，有些情况稍纵即逝，裁判员只有反应迅速，才能及时地捕捉到违反规则的情况，才有条件作出正确的宣判。基于篮球比赛的特点和要求，裁判工作极需反应的迅速性、准确性和灵活性。

### （三）思维敏捷

思维，是在表象、概念的基础上进行分析、综合、判断、推理等认识活动的过程。思维敏捷，是指裁判员迅速地把感觉和感知到的现象，经过去粗取精、去伪存真、由此及彼、由表及里的加工，从而得出正确的认识和作出正确的判断。

除了宣判外，裁判员在比赛中会遇到各式各样的问题，有些问题是单凭感觉和知觉解决不了的，只有依靠思维来解决。在比赛中不容许裁判员有足够的时间进行思考，必须当着观众的面作即时的解决，而且越快越好。因此，思维敏捷是裁判员的重要的素质。

### （四）果　断

果断，是指适时采取决定并执行决定。果断，对裁判员来说，就是在看清情况的时候，当机立断，绝不犹豫。

裁判工作的特点是瞬间反应。如果优柔寡断，就会错过时机，形成"漏判"。如果草率妄断，又会时机不成熟，形成"错判"。只有善于观察，辨别是非，选择时机，又能当机立断的裁判员，才称得上是高水平的裁判员。

果断，是以思考和勇敢为前提的。果断，可以使运动员对裁判员的宣判不会有两种理解，行动起来也不会三心二意。

### （五）沉着、镇静

沉着，可以理解为从容不迫。在比赛中，裁判员遇到异常事件或出乎意料的事件时，不慌张、不急躁、不失态，而是有修养、有克制、有举措。裁判员面对的是众多的激情高涨的观众、教练员、运动员和错综复杂、难以理清的纠纷，如果缺乏沉着应付、冷静对待的意志品质，在处理比赛中的问题时就会顾此失彼。只有遇变不惊，举止有度，处置得当，才能防止矛盾复杂化和激化，也才能赢得所有参赛者的敬重和好评。

### 四、身体素质

#### （一）速度快

篮球比赛中运动员跑动快，战术变化快，攻守转换快，高速度是篮球比赛的特点之一。

在《裁判员手册》（裁判方法和技巧）和《三人裁判法》（三人裁判的方法和执裁技巧）中要求前导裁判应总是位于比赛的前方，这需要他"快中求快"，尽可能快地跑在前面，让比赛朝他而来。要求追踪裁判在比赛向前推进时，保持在球的左后方。显而易见，速度素质对裁判员最为重要。裁判员必须跑得快，动作频率快，而且时快时慢富有节奏。

#### （二）耐力好

篮球比赛整场 40 分钟，而且赛况紧张，争夺激烈，裁判员几乎大部分时间是在高速奔跑中度过的。如果耐力不足，特别是速度耐力不足，就会感到身体疲劳，反应迟钝，跟不上比赛的速度，自然也就做不好裁判工作。所以，耐力素质对裁判员保持和提高工作效率是不可缺少的。

#### （三）灵敏与敏捷

裁判员在比赛中要疾跑、骤停、转身、侧移、后退，还要准确地对比赛的活动情况作出判断，并适时规范地做出手势裁断，这一切都要求裁判员具有良好的灵敏素质。

## 第二节　篮球裁判员临场工作的要求

国家体育总局对各项裁判工作提出"认真负责，公正准确"的要求，这是针对裁判工作的特殊性提出来的，非如此则不能做好裁判工作。

裁判工作，涉及比赛的胜负，是众人关注的事情。做裁判员，一要细心察核，二要依法办事，来不得半点粗心和马虎。

对待裁判工作积极认真，责任心强，这是裁判员必须具备的最重要的工作态度，也是成为高水平裁判员的必要条件。

## 一、充分做好赛前准备

裁判员接到工作通知后，应保证充分的睡眠，以便做好身体和精神的准备。还应在预定的比赛开始时间前至少 1 小时到达比赛地点。到达后，裁判员要彼此会晤，并开好准备会。赛前热身运动是重要和不可缺少的，它既能活动身体防止受伤，也能振奋精神以便进入临赛状态。高度的自我激励和激情是必需的，它只能来自裁判员本身。

## 二、仔细进行场地检查

裁判员必须在比赛开始前 20 分钟一起进入比赛场地，以便仔细地检查比赛设备和监督球队的热身练习。这些事情都必须认真负责地去做，稍有疏忽，就有可能在比赛中出现事故，解决起来是很棘手的。

## 三、严格依照职责行事

比赛中，裁判员要积极跑动，努力抢好角度，使每一次宣判都是很负责任地作出，并严格地按规定的职责和程序处理。裁判员必须保持公正，做到尺度一致。裁判员这种严肃认真、一丝不苟的工作态度，不仅会引起人们的尊重，也会使宣判更加令人信服。

## 四、切实完成结束工作

当比赛进入最后阶段，心身疲劳也会使裁判员精力分散，这时候就更需要全神贯注和全力以赴，工作中不能有任何怠慢和草率。比赛结束后，一定要认真地核查记录表，防止留下差误，给比赛带来难以克服的困难。还要认真做好赛后总结，不断地提高裁判水平。

# 第三节　高水平篮球裁判员的培养

我国没有设立培养篮球裁判员的专门学校，裁判员的选择和培养主要靠各级竞赛部门和协会组织。目前主要来自各级学校的体育教师中，特别是体育院校学生。

篮球裁判员，在多数国家都是业余工作人员，他们来自社会的各个阶层。实践证明，行业并非是选择和造就高水平篮球裁判员的条件。据统计，目前我国许多行业都培养过出类拔萃的篮球裁判员。他们首先是喜爱篮球裁判员工作，理解篮球运动规律，掌握篮球技术、战术原理，熟悉篮球教练员和运动员比赛心理，对比赛规则与方法有正确的理解和判断力，并具备必备的气质修养、个性风格、身体形态与体能素质，这些都十分有利于他们成为高水平的篮球裁判员和出色完成裁判任务的条件。

篮球裁判是一项特殊活动，对人的素质和能力要求较高，在选择和造就高水平篮球裁判员时要重视素质条件。

目前国际篮联规定年龄达到50岁的国际裁判员都不再临场执裁，因此，选择和培养高水平篮球裁判员时要考虑年龄的状况。中国篮球协会规定报考国家级裁判员和国际裁判员的年龄限制为：男子38岁以下，女子36岁以下。

培养和造就高水平篮球裁判员，应该有计划有步骤地进行，有关竞赛部门和裁判委员会要制定发展计划，提出培养措施，规范教学内容与方法，使培养工作制度化。

目前，对裁判员的培养主要有以下形式和方法：

## 一、短期培训

### （一）赛前临时培训

在我国对裁判员的培训主要是伴随着联赛进行的。如在赛前，由中国篮球协会或指定的具有高等级称号且有实践经验与相关理论知识的裁判员组织短期训练班，对参赛的裁判员进行职业道德教育和规则、裁判法的学习和考核。

### （二）有计划地组织学习

有计划地组织学习，包括有计划、有目的、有目标地进行自我要求、自觉学习和自学成才。另外，由主管部门有计划有制度地组织学习，如国际篮联规则每隔四年要修改一次，通常在我国实施篮球新规则之前，由中国篮球协会举办全国优秀裁判员训练班。学习期间，重点研讨规则修改的主要精神和特征以及对比赛的影响，以便提高认识，明确尺度，提高裁判水平。

### （三）派出参加国际裁判员训练班学习

国际篮联为培养合格的国际裁判员，经常在各大洲举办国际裁判员训练班。亚洲篮球联合会有时也举办规则研讨会、训练班等。为培养我国的高水平篮球裁判员，通常国家体育总局派出年轻裁判员参加这种训练班，以便我国有更多优秀裁判员获得出国参加世界性比赛的机会。有时，中国篮球协会也受国际篮联或亚洲篮联的委托，举办这种训练班，这使我国有更多的年轻裁判员受到教育和训练。

## 二、实践锻炼

### （一）临场实践

高水平的篮球裁判员，除必须掌握规则、裁判法等知识外，还必须掌握裁判执法技能。只有不断通过有意识的临场实践活动，才能巩固对规则的理解和记忆，建立正确规则概念与具体动作的正确裁判技能，积累经验，达到公正、正确、公平裁判自动化，从而提高实践执裁的能力。所以说临场实践是篮球裁判员提高执裁水平的主要手段。

### （二）观摩学习

除临场实践操作外，就是向同行学习。多观摩同行宣判，特别是多观摩优秀裁判员临场工作，也是提高裁判水平的重要途径。

### （三）总结提高

裁判员在临场实践中会接触到许多问题，包括成功的经验和失败的教训，通过分析研究，加强对规则的理解，掌握规则与技、战术之间的关系，促进实际裁判能力的提高，积累丰富的经验，形成自己的风格和实际才干。

由于人们对客观事物的认识要经历一个螺旋式上升过程，而裁判员提高裁判水平也不是一次性完成的。它也必须经过千锤百炼，边学习，边实践，边观摩，边总结。这是提高裁判水平的必由之路。

总之，篮球裁判水平是促进和提高篮球运动水平的有机组成部分，裁判队伍水平不高，国家篮球运动竞技水平也必然不高。国家篮球管理部门及各级体育行政主管部门要有计划、有目的、有重点地进行培养，从三级裁判到最高级的国际裁判，分等级、分层次、分阶段、集中与分散相结合，以高带低、赛训结合，理论联系实际，定期或不定期举办各种培训班和讲习班，使我国篮球裁判人才培养网络化、系列化和经常化。

## 第四节 高水平篮球裁判员的考核

为了认真贯彻执行《裁判员技术等级制度》，不断提高裁判水平，促进我国体育运动水平的提高，国家体委曾于 1984 年 5 月印发了《国际裁判员和国家级裁判员考核办法（草案）》的通知。该通知中强调：全国各单项运动协会裁判委员会，对国际裁判员和国家级裁判员要进行定期考核。

### 一、重视考核工作

#### （一）填写裁判员工作登记卡片

对裁判员每次执行裁判任务的表现，要建立执法档案制度，赛区组委会竞赛组织要充分听取运动队和裁判组的意见，写出评语，报经组委会批准（对国际裁判员出国执行裁判任务的表现，由该团队对其写出评语），填入《裁判员工作登记卡片》，送交主管部门存档，作为该单项运动协会裁判委员会考核评定的依据。

#### （二）竞赛裁判委员会受理意见和实施监督

在国家体育总局规定的各类正式比赛中，篮球主管部门应向竞赛裁判委员会以及仲裁委员会或技术代表等技术性执法部门委派有经验的人员参加工作，受理群众的意见，听取对裁判员的评论。

为了对裁判员的工作实施监督，中国篮球协会制定了篮球联赛裁判评分表，由技术代表负责评定并签名，以作为对执法裁判员工作鉴定的依据。

### （三）组织定期考核（含体能测定）

通常，在每个赛季开始前，中国篮球协会或竞赛组织管理部门集中所有裁判员进行严格的理论测试和身体素质测试。测试不合格者，将被取消参加该次比赛执裁的资格。

### （四）重视国际篮联定期考核

国际篮联技术委员会为确保国际裁判员应该具有的水平，以供选派他们参加国际篮联举办的各种比赛的裁判工作，国际篮联规定了制度，定期派出代表到各国对适龄的国际裁判员进行理论测试和身体素质测试。

## 二、执法评定

### （一）竞赛裁判委员会进行初评

竞赛裁判委员会每年年底前召开会议，对适龄的国家级裁判员和国际裁判员进行初评，并将初评结果报告中国篮球协会。

中国篮球协会每年组织对国家级裁判员和国际裁判员进行评估审核。根据其思想表现和业务能力，确定裁判员的级别和使用范围。

### （二）评选优秀裁判员

国家体育总局主管部门对每级裁判员中的优秀裁判员，每四年评选表彰一次。对受表彰的人员将发给证书和奖章。

## 三、推荐使用

### （一）考核晋升

《裁判员技术等级制度》第十三条规定：各级裁判员应积极参加各级比赛裁判工作。单项运动协会裁判委员会（小组）应对所管理的裁判员的政治表现和业务能力，定期进行考核、评定，对表现优秀、工作成绩显著者，应给予表扬、奖励或推荐参加高一级裁判的晋升考试。

### （二）派出参赛与奖励

对思想作风正派，政治表现好，工作努力，敬业心强，熟练掌握裁判知识，具有实践执法经验，执法公正、公平、表现突出，并能够独立运用外语临场执法，年龄在50岁以下的国家级以上裁判员，将根据国际比赛的需要，派出参加大型竞赛活动，并努力争取担任临场裁判任务，或委派出访观察学习。对在派出执行裁判任务和参加学习中表现优秀者给予奖励，凡违反全国体育竞赛赛区工作条例者，应根据情节轻重给予不同类别的纪律处分。

# 第二十二章

# 篮球高级教练员基本素质与执教要求

## 第一节 素质的概念与提高教练员素质的意义

### 一、素质的概念

素质一词,源于心理学,其本来含义主要是指人的感觉器官和神经系统方面的先天特点,是人的心理状态的生理条件。这种先天特点和条件是人们获得知识、才能的基础,是才能形成和发展的自然前提,其外在表现为气质、性格、志趣、体魄等。随着人们认知水平的提高,目前素质概念的内涵正在不断扩大,诸如人的品德、学识、能力、情操、风度等,都可以予以概括。

篮球教练员的素质不仅仅指的是教练员先天的某些生理、心理特征,而且更重要的是指通过后天的修养形成的品德、知识、才能、情操、风度、胆略、作风、魅力等。与其他类型的人才相比,篮球教练员不仅需要具有一般人才所具有的基本素质,而且更需要具有篮球专项所要求的专业素质。

### 二、提高篮球教练员素质的意义

现代篮球运动竞争凶悍激烈,要求教练员以更高的专业素质去适应时代发展的要求。其意义如下:

#### (一)是适应现代科技进步和篮球运动发展的需要

在进入20世纪90年代以来,随着世界科技的快速发展,有关篮球运动的训练理论正朝着开放型、多元化、多层次和立体型方向发展,具体表现为篮球教学训练的科学化、体育科研的精深化和应用相关学科理论的多样化。篮球教练员为跟上时代的步伐,不仅要掌握一般的专业知识(如教育学、训练学、心理学等),而且更需要掌握多学科领域的理论知识(如老三论——系统论、信息论、控制论,以及新三论——突变论、协同论、耗散结构论等)。大部分篮球教练员独特的个人经历和智力结构,已与现代科学理论的要求不相适应，所以教练员必须提高自身素质，由知识和能力的传统型向现代型转变，由经验型的教学训练向科学化的教学训练转变。这样才能掌握科学的理论，运用新的科学方法提高训练水平，培养优秀篮球竞技人才，创造优异成绩，攀登世界篮球高峰，适应篮球运动繁荣发展的趋势。

### （二）是适应在训练中的实施主体地位的需要

由于教练员在教学训练中处于主导地位，是训练工作的直接组织者和管理者，是运动员参赛的指挥者，在训练和竞赛中起主导作用，不管是技、战术的教学，还是训练计划的制定，教练员都是以运动员为控制对象，进行有目的、有计划的教育行动，所以教练员必须根据教育学的原则方法，对运动员进行全面的身体、技术、战术、智力和心理等方面的训练与道德品质的培养。教练员的作用不仅体现在教学与训练的水平上，而且还体现在平时的工作态度和作风方面，教练员的言行时刻影响着运动员的思想和行为。所以，教练员必须具有很全面的素质，以适应教学、训练与指挥的主导地位的要求。

### （三）是适应篮球比赛中克强制胜的需要

篮球是围绕球和球篮进行的时间、空间范围内争夺的一项激烈的竞技运动，从某种意义上讲，篮球比赛就是为了取得比赛的胜利而动员一切有利因素、制约对方优势行动的一项凶悍拼争的运动。所以，教练员素质的高低，特别是综合的专项业务水平的高低，会直接影响制胜这个既定目标。正如兵法所说的"将熟有能"，即指挥员的能力是衡量一场战斗的胜负的重要条件。因此，提高教练员的素质，是为了比赛的制胜目标而服务的。

### （四）是实现篮球教练员工作复杂性的需要

教练员的基本职能主要有计划职能、执行职能、检查与监督职能、协调职能。具体讲，教练员要善于根据比赛的任务提出本队的管理目标。即在每个赛季、年度或某一次重大比赛前提出目标和计划，这种目标和计划应是在现实的条件下，经过努力可以达到的。教练员还要将目标变成具体的要求，落实到每一名运动员身上。教练员在执行计划的过程中，要敢于和善于进行组织和管理，把运动员的训练、比赛、学习和其他业余生活安排得井井有条。还要以高度的责任心，处理好工作中出现的种种矛盾。

由于篮球专项的特殊要求，教练员的职责包含多样性，如传道、授业、解惑、操练、督战、布阵、调兵、遣将、变法、理心、除躁、收懈、稳绪等等，都要求教练员充分利用自身的智慧去调度指挥，解决训练与比赛中出现的各种必然和突发的矛盾。另外，由于我国的竞技队伍领导管理体制的特殊性，也要求教练员对运动员进行全面的素质管理，包括对日常生活中出现的各种思想问题，如营养、交通、赛后恢复以及思想教育、职业道德规范等进行处理。因此，从我国的国情出发，教练员必须具备较高的素质去适应实际情况的要求。

### （五）是追求自强不息增强竞争力的需要

社会主义市场体制的改革，单位对人才的聘用有了明显的选择性，因此，竞争上岗

是当今各行各业的一个发展趋势，教练员的岗位也不例外。特别是实行篮球职业化以来，各俱乐部的教练员人选已逐步由俱乐部的领导层进行聘任。因此，教练员综合素质的提高也是篮球运动发展进程中对自身的迫切要求，只有通过自身素质修养的提高，才能保持优势和竞争力，并增加自己的竞争意识和广泛的适应能力，以保证在激烈的岗位竞争中立于不败之地。凡有志成才的篮球教练员都应努力提高素质，积极参与竞争，在竞争中成熟，在竞争中不断超越自我、超越对手，在竞争中走向事业的成功。

## 第二节　篮球高级教练员应具有的素质

篮球教练员应具有的素质包含两个方面，即思想品德素质和篮球专项业务素质。品德素质包含政治思想素质、职业道德等精神素质。篮球专业素质由篮球专项基本素质、知识素质、心理素质和能力素质组成。篮球专项基本素质包括篮球技、战术理论与实践素养。知识素质是指篮球教练员必备的基础知识和篮球运动训练的理论知识。能力素质主要有感知能力、观察能力、表达能力、组织能力、管理能力、决策指挥能力、教育激励能力、训练能力、交际和协调能力、创新能力，具体如图 22-1 所示。素质的内容既包含先天的成分，又有后天的因素。篮球教练员是从事篮球教学训练活动的组织者和领

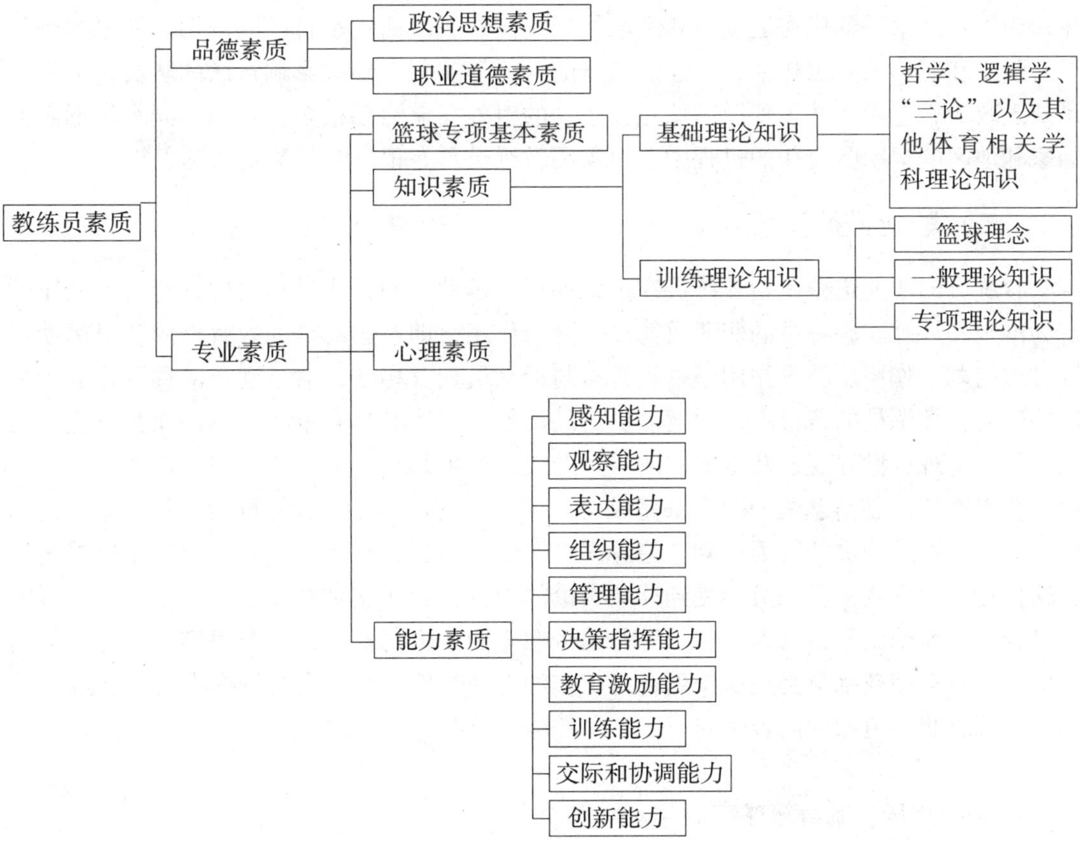

图 22-1　篮球教练员素质结构

导者，同时又是该项活动的督促者和实施者，他们素质的水平如何，直接关系到篮球训练工作的质量和效果的好坏。一般来讲，受先天的生理、心理条件的制约，良好的遗传因素为较高的素质的形成提供了可能性，但较高的素质又是通过后天的学习、锻炼而形成的。在后天的培养中，要不馁、不懈，因为素质会随主客观条件的变化而变化，即有两种改变的可能——变好和变坏，对于不思进取的教练员，即使有优厚的先天条件，也不可能取得成功。

## 一、篮球教练员的品德素质

### （一）政治思想素质

教练员的政治思想素质主要是指教练员能对党和国家的体育方针政策有正确的认识和理解，明确社会主义市场经济条件下的竞技体育的功能，具有为社会主义体育事业服务和献身的良好道德品质。由于篮球是一项竞技运动，所以它的实际运动水平高低和国际比赛成绩的好坏，都对国家荣誉和国民心态产生影响，国家级球队的教练员应具有责任心和爱国主义精神是最基本的素质要求。不想为国家争荣誉、不想夺冠军的教练员绝不是一名有为的好教练员。一名优秀教练员必须具有心怀祖国、放眼世界篮球运动竞技场，勇于超越主观，不断攀登世界篮球运动高峰的崇高理想，并为之刻苦钻研、艰苦奋斗，为培养高水平的优秀运动员和争取优异的比赛成绩而贡献自己的一切。如果教练员没有强烈和明确的爱国热情，并通过自身的言行等实际行动去影响自己的队员，那显然是缺乏政治思想素质的表现。篮球竞技运动的对外交流活动很多，在与不同意识形态的国家和地区的运动队交往的过程中，也需要教练员具有很高的政治觉悟和思想水平。

### （二）职业道德素质

教练员的职业道德是指教练员在训练和培养运动员的工作过程之中，所必须遵循的行为准则和规范。教练员的职业道德具有两个作用，即对运动员的教育作用和对运动训练过程的调节作用。教育作用是指教练员与运动员朝夕相处，对运动员潜移默化的影响作用较大，教练员的言行不仅对运动员的品德形成和发展具有重要作用，而且可能对运动员的人生观、世界观，乃至他们的一生的成长产生影响。对训练过程的调节作用是通过社会舆论和内心信念两个因素来完成的，社会舆论是对教练员的行为进行道德评价的外在力量。若教练员的行为有利于培养高水平的运动员，则社会舆论会通过正反馈来促进这种行为；反之，教练员会受到社会舆论的谴责，并在这种外在的压力下改变自身的不符合职业道德的不良行为。但教练员是否遵守职业道德要求，主要决定于教练员的内心信念，只有使教练员真正认识到自身工作的崇高与伟大，才会焕发内心的高度自觉。

教练员职业道德的内容主要有：

**1. 热爱祖国，献身篮球事业**

为国争光是教练员职业道德的核心内容，作为一名合格的教练员，要具有强烈的事

## 第二十二章 篮球高级教练员基本素质与执教要求

业心、高度的责任感和为体育事业献身的精神。教练员在这一前提下，要胸怀祖国、放眼世界、立足本职，发挥艰苦奋斗、无私奉献的精神，顾全国家大局，为培养优秀的运动员贡献自己的一切。

### 2. 勇于创新，开拓进取

由于世界篮球运动水平的不断提高，若不及时认清形势、把握时机，中国的篮球实际水平与国外先进国家的差距就会有逐渐拉大的趋势。为缩小这种差距，我国的篮球教练员应具有积极的进取精神，锐意改革和创新，不断总结经验，不断学习新的知识，探索更为科学、合理的训练方法和手段，以形成自己球队的技术特点和战术风格，为中国篮球运动跻身世界篮球的先进行列而不断创新、开拓、进取。

### 3. 以身作则，严于律己

无论是在教学训练中，还是在业余生活中，都要成为运动员的表率。为人师表既是教练员的职业要求，也是教练员工作的显著特征之一。教练员影响队员，不仅靠言教，更要依靠身教，要以崇高的人生理想、信念去启发运动员，用美好的情操去熏陶运动员，用严格的训练去塑造运动员。要尊重运动员的人格和个人爱好，在比赛和训练中如果运动员出现一些缺点和问题，教练员要客观地加以评价，并提出改正或改进意见，但是不要妄加批评和指责。教练员不仅要对运动员的技术和战术能力的提高倾注全部的热情和关心，还要对教练员的文化学习、个人生活给予积极的关注，越是在运动员面临困难和挫折时，越要对运动员进行鼓励和促进。总之，教练员的威信不仅来自精湛的业务能力，更来自以身作则、严于律己、为人师表、表里如一、作风正派等道德品质和人格魅力。

### 4. 团结协作，公平竞争

不管对任何人或事，教练员都要做到公平和公正。因为一个篮球队的训练工作，既依赖于教练员的个人劳动，又依靠球队的整体协作，所以教练员必须处理好个人与集体的关系，特别是要处理好与其他教练员的竞争关系，做到公平竞争、共同进步、共同提高；处理好队员之间的相互关系，特别是明星队员和替补队员的关系；要一视同仁，奖惩分明。在比赛中，当出现一些不符合公平竞争的事件时，教练员要用符合体育道德和篮球规则的行为去处理。特别是在市场经济条件下，教练员要杜绝腐败，切忌弄虚作假，不打交易球和人情球，做到光明正大、公平竞争。

## 二、篮球教练员的专业素质

### （一）知识素质

智力是人认识客观事物并运用知识解决实际问题的能力，通常包含知识和能力两个方面，集中表现在文化程度、表达水平、思维层次、教授能力、审美意识、经验阅历等方面。教练员作为球队的指导者，应具备与其职责相适应的知识能力结构。"将不智三军大疑"，在现代激烈对抗、充满竞争的篮球竞技场上，教练员的一切活动均以"智"为中心，以智慧和谋略去展开思维、决策、指挥等行动。

**1. 宽阔的现代基础知识**

知识是人类认识和改造世界实践活动的经验总结，是人们对事物的系统认识，对某一学科的知识结构，即基本概念和基本原理的掌握。现代社会已经进入知识化、信息化、数字化的高科技时代，由于不少教练员的知识结构单一，浅而不专，即资料的占有、信息的收集和处理都带有片面性，工作缺乏条理性、概括性、抽象性和规律性，如不改变这种现状，是难以跟上篮球运动发展步伐的。由于现代篮球对抗类似战场格斗，因此篮球教练员特别应掌握一定的哲学的原理和方法论，以及政治经济学、社会学、军事学的基础理论。另外，应熟练掌握与运用"三论"和思维科学、行为科学的知识，以及相关的体育学科知识，如体育生物学科知识和体育社会学科知识等，形成多元素的知识结构，这对自己胜任高水平的训练尤其重要。

（1）系统论与篮球运动。系统论认为系统是具有整体功能和综合行为的统一体，其内部是协同、有序、稳定的，篮球训练、比赛中的活动内容是复杂多样的，如身体素质、技术、战术、心理、营养等。教练员在进行球队的训练工作时，应预先科学地制订训练计划，进行总体设计，将篮球训练工作系统中的各组成部分合理地布局和规划，使各部分在运作时相互协调，最终使运动队的训练工作取得良好效果。对每一名运动员的训练也要以系统论的观点和方法对待，即从该运动员参训时就制订长远的训练计划，哪个时期以什么训练内容为主，事先都要有安排，实现训练的系统化、科学化。

（2）信息论与篮球运动。在训练过程中，教练员必须根据采集的各种信息进行归纳、分析并作出决策，在运动员训练的过程中，再通过观察、测试，获得实际情况的信息反馈。训练过程实际上就是以上过程的重复，即通过信息的传递来掌握运动员的情况，控制运动员的行为。

教练员获取信息的态度将最终影响其行为的效果，如在放松状态，即缺乏对信息的紧迫感，不关心获取和分析信息，或把不熟悉、散乱的信息误认为有价值的信息，这样就会导致教练员进入困境；在惶惑状态，即面临风险时，教练员会有倾向性地处理信息和忽略不符合个人愿望的信息；在高度紧张状态，教练员也可能会盲目地不加辨别地收集信息加以处理，从而形成信息过载。

优秀的教练员应在戒备状态下，即有高度的压力，有充分的时间来考虑和选择方案，从容作出决策。具体讲应按以下步骤行事：全面细致地审查可能的策略方案，辨别权衡目标，积极搜索新信息，区分合意的和不合意的信息，进行潜在后果和影响的分析，考虑细致的执行措施。

（3）控制论与篮球运动。控制论研究系统中的控制过程和信息过程，篮球训练过程中的许多内容在经过长期实践的基础上，可以形成自动控制，即教练员对运动员的操作行为的控制不是纯经验式的，也不是模糊的，而是可以定量表达和控制的。如可以通过运动员在运动中的心率或血液指标来掌握运动员的机能水平和承受负荷的状况，通过控制论可以更精确地实施篮球训练和比赛工作。

（4）思维科学与篮球运动。思维是大脑的高级活动和重要职能，"心之官则思"，教练员的决策和谋略是这些运动和职能中的一个极其重要的领域。在实际工作中，教练员要灵活运用逻辑思维、形象思维、灵感思维、动作思维等思维方式，同时防止一些思维的误区，如思维定式、从众思维、我向思维、思维惰性、思维多变等，形成自己的独特的思维风格。如我向思维，是指受个人的愿望和需要支配的思维，在比赛进行中，有很多的信息被教练员采集和加工，如果他不能根据场上的实际情况来思考对策，而一味地用事先计划好的方案去应付比赛，那肯定会脱离比赛的实际，从而丧失取胜的机会。

（5）行为科学与篮球运动。行为科学是一门研究人的需要、动机和行为的科学，它运用社会学、心理学的实验观察方法，研究人的行为及其产生的原因，其目的是解释、预测和控制人的行为。虽然运动员的个性行为习惯因人而异，但经过研究还是有许多共同之处的。如队员之间会进行同类互比（social comparison），在地位、待遇、享受等方面进行比较和攀比；相互回报效应（reciprocation behaviors），若教练员喜欢和关心运动员，那么队员也会喜欢和关心教练员。另外，教练员还可以利用近而亲效应（proximity effect）来改善自己与队员的关系，因为一个人当他与另一个人交往和接触较多时，就会与该人更加亲近。教练员还应认识到队员中的责任扩散行为（responsibility diffusion behaviors），即在多人共事而责任分工不明确时，会有人出现不负责任的行为，所以教练员在安排训练任务时一定要分工明确。

（6）相关的体育学科知识与篮球运动。教练员是在与运动员打交道，因此必须以人为本，拓宽知识广度和深度，如体育社会学科知识，体育教育学、体育管理学、体育心理学、体育社会学等知识，这对教练员知识结构多元化十分重要。因为篮球运动是一项综合性人体运动，篮球教练员的主要任务是进行运动训练，所以教练员还必须对体育生物学科如运动解剖学、运动生理学、运动生物化学、运动生物力学、运动营养学、运动保健学、运动医学等知识能熟练地掌握。教练员除了掌握以上相关学科的基础知识以外，还要经常关注其他人文学科、自然学科的最新发展和动态，及时地更新自己的知识结构，充实自身的知识体系，以适应迅猛发展的竞技体育对教练工作的要求。

**2. 扎实的运动训练理论知识以及其他特殊的理论知识**

（1）篮球理念。这是教练员把握篮球运动本质规律、超前展望篮球运动发展趋势、科学实践与总结自我执教经历所概括提炼而成的一种具有个性创新特点的信念和观点，它是教练员篮球智慧的结晶，是执教魅力的标志和训练理论与实践的依据。因此，每位有为的教练员都必须树有自己的篮球理念，并以此督促、检验自己的训练实践，进而形成自己和球队的特点。

（2）一般训练学原理。篮球教练员应掌握一般的训练学原理，如训练的基本规律、训练的原则、训练的方法、训练的负荷原理、训练周期的理论等等。篮球运动固然有其鲜明的专业特点，但它应首先服从于一般训练学的规律和理论。因此，教练员要能够了解运动训练的周期性原则、系统性原则、区别对待原则等训练学的原理，以及讲解和示范方法、完整与分解方法、持续训练法、重复训练法、间歇训练法、循环训练法等多种训练方法。另外，还要掌握一般身体训练的理论和方法，如对力量、耐力、速度、柔韧、灵敏等素质训练的强度、次数、组数、间歇时间、动作要求等具体的训练方法都要了然于胸。总之，只有了解一般训练学的理论和方法，教练员才能合理、科学地指导和运作篮球的训练实践活动。

(3) 篮球专项训练理论。篮球专项训练知识是篮球教练员素质的构成内容，是其形成综合素质的前提。在了解一般训练理论和方法的基础上，教练员还要掌握篮球专项训练的理论知识，如篮球运动员的选材知识，根据不同的训练周期来制定运动训练计划的方法，组织和控制训练过程的方法，收集、处理和使用篮球信息的方法，篮球的特殊教育训练方法等。因为篮球是技能对抗性的项目，其特点是高速度、高强度、高身材、高技巧和强烈对抗，其本身的规律使得篮球的运动训练有别于体能速度类、体能耐力类和技能表现类的项目，因此，篮球教练员必须了解篮球运动的特点、规律以及篮球训练方法和技巧，并能够在训练中熟练运用。

## （二）心理素质

在教练员取得成功的诸多因素中，心理素质是相当重要的一环。教练员心理素质和行为直接影响着教学训练工作的实施以及教练员的情绪。一名具备良好心理素质的教练员，会使运动队产生较强的向心力，推动运动员去完成各种训练任务；反之，则会使队员产生离心倾向，影响工作的顺利进行。

优秀的教练员应具备良好的性格、健康的情绪、积极的情感和坚强的意志。性格是指一个人在生活过程中形成的对现实的稳固态度，以及与之适应的习惯行为方式。教练员加强性格修养，对于在工作中作出正确的判断、形成良好的指挥风格、增强思维的灵活性，以及出色地完成各种任务都有重要的作用。教练员的良好性格是在社会实践中逐步形成的，受生理、环境和主观因素等各方面的影响。在性格形成的过程中，主观努力是主要因素，教练员可以克服生理因素中的某些弱点和社会因素中的不利条件，在较短的时间内培养出较好的适应教练员工作的性格来，如坚强、勇敢、严肃、耐心、细致、勇于克服困难和富有自我牺牲精神等。

人的心理感受在实践活动中的表露状态就是情绪，如兴奋、颓丧、激动、平静等。篮球教练员的情绪表现会影响队员积极的情绪，能使队员保持良好的精神状态，并感染他们积极投入训练和比赛的实践中。因此，教练员应始终保持积极乐观的情绪，避免消极悲观等不良的情绪，特别要提高自我控制能力，保持情绪的稳定，并且善于调节情绪，在出现运动队遭受失败、主力队员的伤病等干扰正常的训练工作进行的困难局面时，教练员可以通过听音乐、阅读文学作品、进行休闲运动等方式，转移自己的注意力，从而摆脱不健康的情绪。

教练员的良好情感素质主要表现在对篮球事业充满激情，热爱自身的教练员工作，对上级尊重和支持，对同事讲求宽容、协作和互帮互助，对队员爱护、关心和体贴。

意志是一个人自觉地确定目的，并支配和调节自己的行动，克服各种困难，实现预定目的的心理活动。坚强的意志品质主要表现在意志的坚定性、果断性、坚韧性、自制性和独立性等方面。由于篮球教练工作的复杂性和任务的艰巨性，教练员必须具备坚强

的意志,在困难面前既要表现出钢铁般的坚强性,又能够表现出能屈能伸的坚韧性。

## (三) 能力素质

能力通常指完成一定活动的本领,包括一定活动的具体方式以及顺利完成一定活动所必需的心理特征。篮球教练员的能力结构由如下三个层次组成,即基础层次、中间层次和最高层次。基础层次包含自学能力、感知能力、理解能力和观察能力等,这些能力的主要作用是学习和掌握有关篮球的信息。中间层次包含科研能力、想像能力、选择判断能力和综合能力等,其作用在于运用思维对获取外界的篮球知识、信息,进行筛选、加工和组合。最高层次包含表达能力、组织能力、解决问题的操作能力和创造能力等,是指教练员在实践活动中,创造性地运用信息和知识解决实际问题的能力,即运用所获信息指导运动训练实践的能力。

教练员能力结构诸层次之间并不是孤立和分散的,而是相互联系、相互制约、相互作用的一个整体。三个层次之间既有因果关系,又有各自鲜明的特点,只有具备完善的能力结构,教练员才能够认识问题和解决问题。实际上,篮球教练员的教学训练工作就是不断发现问题、认识问题、研究问题和找出解决问题的方案与解决问题的过程。

### 1. 感知能力

感知能力分为感觉和知觉。感觉是人脑对于直接作用于感觉器官的事物个别属性的反映。知觉是人脑的直接作用于感觉器官事物的整体的反映。通过感知能力,篮球教练员可以对国内外的篮球运动发展状况、队员的思想动向及要求、有关篮球运动的各种新的情况和动向作出及时而又清晰的判断。只有通过感知觉,教练员才能获得篮球的各种知识、理论、能力和技巧。教练员如果感知能力不强,在篮球训练比赛的实践中就不能正常和有效地收集信息、了解情况、分析问题和解决问题,所以感知能力是教练员取得事业成功的前提。

与教练员工作有密切联系的是教练员的社会知觉,所谓社会知觉,也称社会认知,是相对物体知觉而言,包括对他人的知觉、人际关系知觉和自我知觉。对他人的知觉,是指与他人交往时通过对他人的外部特征的知觉,进而判断他人的需要、动机、兴趣、情感和个性心理活动的过程。通过人际关系的知觉,教练员可以了解队员之间、队员与教练员之间、教练员与教练员之间、教练员与上级之间的关系是否融洽,也可以了解他人对自己的看法和态度。对自己的知觉,分为对自己的外在行为的观察、对自己内部精神状态的认识和对自己社会角色的认识。

教练员在运用社会知觉能力时,应注意避免产生各种偏差,因为社会知觉的效应会导致人际关系的变化,如果教练员和篮球队其他组成人员的社会知觉产生偏差,会使得球队内部产生互相猜疑、不信任、不合作等情况,从而给运动队的正常运作造成不良影响。由于社会知觉不是停留在认知对象的言语、面部表现及身体姿态等外在行为的表现上,还要对这些行为表现的内在需要、动机、情感和能力等人所特有的心理因素作出推测和判断,所以,教练员应认真研究人的心理活动规律,提高个人的心理素质,克服各种社会心理因素有可能造成的歪曲的社会知觉。

### 2. 观察能力

教练员的观察能力是指教练员在长期的观察实践中逐步形成的特殊的、发展水平较高的知觉能力。教练员应具有迅速而又准确的注意到篮球训练和比赛中各种并不显著，但又非常重要的细节和特征的认知能力，即收集各种篮球工作中有价值信息的能力。

篮球教练员的观察能力有选择性、持久性、广泛性、深刻性和超前性的特点。在观察时，教练员要明确观察的目的和任务，就是在训练比赛中为什么观察、观察什么和怎样观察，以及在观察过程中可能遇到的心理障碍、客观阻力等，事先都要有预测和计划。如比赛中出现了某运动员投篮命中率低的问题，那么在平时的训练和生活中，教练员就要注意观察该运动员是否在营养状况、身体状态、技术运用和心理方面出现了问题，然后再针对出现的问题提出解决方案。教练员在观察时要遵循循序渐进的原则，从易到难，由表及里，并通过反复的多视角的观察来争取发现问题。观察时要进行全面的记录，把观察对象的存在条件、表现形态、时间演变、空间分布等细节尽量准确地记录下来，及时地把观察的结果进行整理和总结，找出本质性和规律性的东西。通过以上方法，教练员才会不断提高自己的观察水平和观察能力，为篮球运动训练的实践服务。

### 3. 表达能力

表达能力是一个人通过口头语言、书面文字、行为、表情等来传递信息、表达思想感情，以实现个人意志的能力，是教练员的基本业务能力。篮球训练和比赛的指挥工作有节奏快的特点，如果教练员的表达能力不能够及时反映自己的思想，或表达的意思不明确、思路不清晰，就会妨碍与队员或其他人员的交流，会延误时间、丧失机遇。教练员的表达能力还要注重效果，善于说明和论辩，要使得自己的合作对象正确地领会自己的意图，并尽可能地化解工作中的矛盾，使队员、助理工作人员的主动性、积极性和创造性得以发挥。

教练员的口头表达能力包括演讲能力、交谈能力和辩论能力等，在运用这些能力时要吸引他人的注意力，把握好时机和语言环境，表达时用词要准确、重点鲜明、思路清晰、通俗易懂，从而实现预期的效果。比如，篮球教练员在临场指挥时的思想表达要根据场上的情况而定，如果队员的兴奋性不高，教练员就要通过短促、有力的叫喊去鼓舞士气；在暂停时的言语要言简意赅，让运动员迅速理解自己的意图，有时可以反复重申某一要点，强化这个信息在队员脑中的印象。与训练工作有关的书面表达能力，包括训练计划的制定和撰写、工作报告、小结、发言稿、申诉材料等，通过这些书面的材料使领导者、其他教练员、队员等更加准确地领会自己的意图。教练员书面表达能力的好坏主要看他的观点是否正确、用语是否精炼、选用的材料是否得当、论证是否符合逻辑、文字表现力如何、快速行文的能力如何等。

### 4. 组织能力

篮球教练员的组织包含三层含义：一是篮球教学训练工作的组织行为，是为篮球

的制胜目的而服务的，这个目的是教练员、运动员和其他辅助人员行为的归宿和准则，为全体人员所赞同，共同的目的是全体成员组织起来的凝聚力；二是篮球教学训练有其特定的结构，它是由我国目前的训练体制所决定，按照一定的规章制度和约定俗成的惯例，将全体人员给予适当的调配，形成教练员与运动员、教练员与系统内其他人员之间的稳定的规范的关系；三是篮球教学训练有其特定的活动方式，教练员按照训练计划的要求，将运动员合理分工，各司其职，相互配合，以期最终实现球队制胜的目的。

一名优秀的高级教练员，必须熟练掌握和运用直接的和间接的、指令式的和指导式的、强制式的和非强制式的组织手段，并在实际的运用中坚定不移地加以实施，使命令得到执行，但也要注意不要墨守成规、刻板行事。计划、命令是建立于最现实的情况上，因此，一切行动都应适应现实情况。"水因地而制流，兵因敌而制胜，故兵无常势，水无常形"，所以在训练或比赛中，教练员要根据实际情况的变化而灵活运用指挥手段。这种灵活性也不是主观随意的，必须符合教学、训练和比赛的客观规律，不可朝令夕改，随意和频繁地改变指挥命令，否则，教练员将失去权威性，同时也会使训练和比赛陷于混乱。

### 5. 管理能力

篮球教练员的管理能力就是在篮球教学训练的实践中的多因素、多功能、多变化的复杂的管理过程中，运用计划、组织、指挥、控制、协调等管理方式，进行有效管理所必备的工作能力。

优秀教练员必须掌握以下一些管理学原理，如系统整体性原理、要素有用原理、动态相关性原理、时空变化原理、信息传递原理、控制反馈原理、规律效应性原理等，通过学习，掌握这些管理学原理来指导自己的教学、训练和比赛的实践工作。

篮球队的管理要素包括计划、组织、指挥、协调和控制等方面，教练员要认识在工作中哪些要素的作用是普遍的，哪些要素是特殊的；哪些起有益的作用，哪些起有害的作用；哪些起实际的作用，哪些暂时不起作用，而起贮存的作用。以协调要素为例，教练员不仅自己要知道，还要通过教育让队员知道。为了在一个协调有序的良好的氛围中工作，一定要尊重裁判员、尊重观众、尊重比赛对手、尊重所有的服务人员。一名好的教练员与周围环境中的不同类型的人员都具有良好的人际关系，即教练员要掌握好四个协调：教练组内部关系的协调，与上级关系的协调，与辅助训练人员如场馆工作人员、营养师等的协调，与队员关系的协调。在教练组内部要注意情报工作和思想感情的沟通，处理好工作和个人私交之间的关系，避免互不信任、产生摩擦和其他削弱教练组领导集体的效能。在与上级领导交往时，应注意首先尽心尽力做好本职工作，为上级分忧，增强上级领导对自己的信任和依赖感。对待队员要一视同仁，经常利用民主生活会的方式与下级沟通情况，协调对策，解决具体问题。

### 6. 决策指挥能力

教练员的决策应从经验型向科学决策型方向发展，科学决策减少了决策者个人因素的主观随意性所带来的不稳定、不科学，提高了决策的质量和水平。在现代篮球运动的训练和比赛的实践中，个人的经验作用已服从于篮球的理论规范，即教练员的行为要符合篮球的客观规律和发展趋势。但由于篮球运动的相关因素很复杂，所以指挥篮球训练和比赛的决策方法的规范化水平还不是很高，不得不靠人的因素来干预和处理的问题还很多，在可预见的未来，教练员的洞察力、判断力、创造力这一类智能因素，还不是任何技术装备和智能软件可替代的。

### 7. 教育激励能力

教练员首先应是一名合格的教师，他通过自己的教学、训练工作，将技、战术理论和技能，以及相关学科的理论和方法等传授给运动员，即行使教师应尽的职责。教练员同时还要具备教育激励的能力，使运动员始终维持在一种兴奋的状态中，以发挥其积极性、主动性和创造性，充分挖掘其潜力。

教练员是否有效地运用了教育激励，就要看他的激励是否具有持久性、针对性、敏感性、及时性和真诚性。运动员的心理、动机、需要是不断变化的，因此，教练员应持之以恒、贯穿始终地运用激励作用。针对性是指教练员激励的目的要十分明确，因为每名运动员存在的问题不同，所以就要针对不同的对象和不同事件采取不同的激励方式。敏感性是教练员是否能细致入微地发现运动员何时需要进行激励。及时性是通过源源不断的激励使运动员的多种需要得到满足。

优秀教练员是否具有良好的教育激励素质，要看他能否准确地运用激励的原则，即实事求是原则、公平合理原则、适时适度原则、情理原则、身教与言教相结合原则。教练员不要为了激励而激励，而应根据客观存在的需要，对运动员施以相应的教育与激励。公平合理的原则是指教练员给予运动员不管是物质还是精神上的奖励，都应公平和恰如其分，杜绝不公正情况的发生。在教练员实施激励时，要追求最佳适度，注意分寸，掌握火候，恰到好处，即符合适时适度的原则。情理原则是指教练员要发挥理性的作用，只有明理才能教育人，同时要充满感情，尊重队员、爱护队员、信任队员，并且善于说理和表达感情，做到吸引队员、感动队员，引起感情共鸣。

### 8. 训练能力

教练员应具备将科学的理论、方法及先进技术应用于篮球运动训练的各个方面并有效地控制运动训练的全过程的能力。具体包含训练信息化、科学选材、科学诊断、制订科学的训练计划、有效组织与控制技术和战术及身体训练活动、科学组织指挥比赛、调配高效能的营养与恢复等多种能力。

科学选材是培养高水平运动员的基础，通过选材可以发现和选拔有前途的篮球苗子，及早地将他们吸收到运动队里来。科学诊断是训练活动的出发点，在对运动员的形态、机能、素质、心理、技术和战术能力进行诊断后，为科学制定计划提供依据。制定训练计划、有效地进行组织和控制训练活动才能产生具体的结果，并通过参加篮球比赛来使运动员掌握、运用谋略和技术与战术的能力得到提高。同时，教练员还要熟练地运用营养与恢复手段、心理训练手段，来使队员的竞技状态调整到最佳。高水平的篮球教练员在训练实践中还必须具备对篮球理论、技术、战术、训练方法和测试手段以及器材

设备的创新能力。只有具备以上的训练能力,教练员才可能完全把握训练的实践活动,全面提高运动员的水平。

### 9. 交际、协调能力

教练员交际、协调能力是指处理人际关系的能力,人际关系就是人与人之间进行精神和物质交往中发生、发展起来的联系。处理人际关系的能力,是教练员妥善协调人与人之间各种关系的各种技巧。处理好人际关系才能使训练、比赛工作得以顺利地进行,使球队产生合力,形成集体内部的能力互补。

处理人际关系时,教练员要首先遵循人本的原则,尊重人的尊严、价值、劳动和创造才能,理解他人的情感和意愿。具体方法上,教练员要注意在人际交往中的言谈举止,避免夸夸其谈、自以为是、固执己见,完善自己的个性风格。与上级交往时,注意服从而不盲从、规矩而不拘谨、尊重而不庸俗;与队员交往时,要不分亲疏、一视同仁,明确职责、严格要求,调动和发挥运动员的积极性和创造性;与同事交往时,要互相尊重、以诚相待、求同存异、顾全大局,只有做到以上几点,教练员才可能有一个宽松的人际关系,保持球队内外的平衡与和谐。

### 10. 创新能力

创新能力就是创造的主体在实践活动中表现出并发展起来的各种能力的总和,主要指产生新思想、新方法、新结果的创造性思维和创造性技能。篮球教练员应具有不断开拓、勇于改革的精神,不应仅满足于传统的教学和训练方法,而应能在篮球教学训练实践中不断试验、探索,勇于改革和创新。一名创造力强的教练员,对新事物和新领域有强烈的探求兴趣,不为权威的结论所束缚,敢于标新立异、独树一帜。他的思维速度应较快,能在较短的时间内表达出较多的观念,并能举一反三、触类旁通,善于用反常规和不合逻辑的思维来创造出新的观点和方法。创造力强的表现还在于拥有敏锐的观察能力、统揽全局的思维、很强的求索答案的能力以及预见未来的能力,同时熟练掌握创造技法。要提高教练员的创新能力,必须克服主体方面的障碍,如创造力不足、循规蹈矩、思想僵化、视野狭小、缺乏勇气和信心以及从众心理等。

综上所述,篮球教练员应具有良好的品德和专业素质,以适应篮球教练工作的需要。但随着社会的发展和篮球运动竞争日趋激烈,教练员具备充沛的体力和集中持久的精力就越发显得重要,因为体力是教练员进行教学、训练工作的基础。"身体是寓思想之舍,是载知识之本",教练员工作的特点是体力和智力的有机结合,所以他要注意自己体力状况的改善,保证自身经常处于健康的状态。健康有两方面的含义,即身和心,教练员不仅要保持生理的健康,还要保持心理的健康,处事要冷静,看待问题要客观,不带成见,不计较个人的得失和恩怨,防止暴怒、埋怨、沮丧,以及丧失理智的行为。另外,教练员应杜绝非事业和工作所需要的生活习惯和不良嗜好,而应培养广泛的有助于身心健康的兴趣和爱好。

## 第三节　篮球高级教练员的执教要求

### 一、篮球高级教练员执教要求

当代世界篮球运动的竞技比赛可以认为是一种无硝烟的立体型的"战争",球场已成为两队近身搏斗的场所。这种"战争"的成败取决于社会整体的文化科技进步和人的综合素养的整体水平。以美国 NBA 为代表,其独特的时空运动特征、运动意识、竞赛形式、拼搏精神、对抗方法、竞技素养、指挥才华、谋略运用,以及扣人心弦的战术变化,从不同程度上显示着科学进步和社会文化素质的水平。

作为年轻的篮球教练员,务必把握自己所从事的事业的真谛,探索篮球运动内在的规律,广学习,多博识,重自身综合素质的提高,以融合成自己统兵的智慧与谋略,而谋略又来自个人的勤奋、知识、修养、素质、胆略、智慧、经验积累的有机结合。

无数的比赛事例证明,篮球比赛的胜负,不仅取决于斗技、斗力、斗勇,也取决于斗志、斗智、比谋,只有头脑中的科技知识储备量多,才能做到胸有城府、老谋深算,只有富于韬略的教练员才会在比赛中掌握主动,取得先机,走上自由。篮球教练员要做到富于韬略,必须不断地充实和改善自己的智能结构,包括篮球专业基础知识、一般科技知识、专业应用技术知识等,具体讲有篮球基本理论、营养与保健知识、教育训练管理知识、统计和计算机知识、外语知识、信息论、系统论等。以下八点是优秀篮球教练员的执教要求,亦即优秀教练员的理想化素质的具体表现。

#### （一）正　身

正身即身先士卒。作为教练员要严格要求自己成为运动员的楷模,也就是要先学会做人、处事、立业的道理。"其身正,不令而行;身不正,虽令不从",特别是在当今市场经济的条件下,社会上的拜金主义对篮球运动队伍腐蚀的威胁日益加深,若为师者不讲职业道德,无视为人品格,不遵章守纪,则其球队的管理必然走上歪道。一名教练员一定要把集体主义和爱国主义放在第一位,杜绝金钱第一和钱权交易的现象。严于律己的榜样形象是当代篮球教练员队伍必须强化和大力倡导的基本要求与必备的基本素质。"督人行者,己必先正"才能形成治军威严的形象,进而从难从严培养出优良的球队风尚和道德境界崇高的队员。目前阶段的不少明星队员存在的种种不足的根源,其一是他的个人志向模糊,缺乏敬业精神;其二是教练员正身不力,为人师表不够,统兵无术,科学知识贫乏;其三是教育管理无道,导致球队中人心涣散、竞赛掺假、不爱岗敬业之类情况大量出现。可见教练员的正身,对运动员的成才、成长至为重要。

## （二）敬　业

敬业即真正以篮球运动为终身的奋斗事业，而不仅是谋生的手段。高水平有为的教练员，都必须具备勇夺亚洲金牌，乃至世界冠军的志向，并且自尊、自信、自强，正如一著名教练员所说：我的梦想不仅是赢得冠军，更希望能以结合个人最钟情的篮球和心灵探索的方式，完成霸业。凡真正的敬业者要有崇高的思想追求，无私的奋斗精神，淡泊名利，把篮球运动作为一种事业，作为一种追求，而不仅仅是玩篮球、打篮球。对事业没有追求的漂浮者，是难以成才、立业的。一名优秀的篮球教练员，不仅在于一定的天赋，在于持之以恒、不懈追求，更在于后天的立志敬业和为之所付出的奋斗是多少。

## （三）善　思

善思即善于正确思维，独立刻苦创新钻研。教练员应思想不惰，思维开拓，思路清晰，勇于创新，对我国及世界篮球运动的过去、现在、未来善于总结研究和推陈出新，善于利用自己的天赋去开发创立独特的篮球立业之术，自成一家。如果教练员对当代篮球的特点、篮球竞赛的规律，或对现代相关的科技发展知之甚少或根本无从知晓，只是惯于墨守成规，那么他将不能胜任本职工作。教练员一定要下功夫钻研篮球运动的规律、特点、趋势、打法、特殊战例等众多篮球的组成元素，善于学习、记忆、联想、分析、思维、判断和归纳，并经过复杂的思维过程总结提炼，这样才能积累工作的经验而成为有智有谋、富有才华的教练员。随着篮球运动运行机制改革的深入和篮球俱乐部的成立，加速了篮球队伍职业化的进程，篮球已经不可逆转地进入了市场经济的范畴，运动队伍的管理也需要随之进行新的思考和采取新的改革措施。另外，竞赛制度的变化，如进行主客场的交替比赛，也需要教练员在诸如训练周期、训练量的控制等方面作出相应的变革。而篮球规则在不断地修订，比赛的总时间延长、节次增多、暂停次数增多等，对篮球技术、战术提出了新的要求，在种种出现的新问题面前如何改革、如何进行指挥调度，都迫使教练员进行思考，不思则退。球场上的善观风色和善择时机的聪明是不容易的，惟有虚心研究、善于思考的教练员才可以获得。实践证明，那些无谋的教练员在比赛前无预见，比赛中常常又以不变应万变，从而陷入被动挨打的局面，比赛后又不善于总结，都是他们缺乏正确思考的缘故。

## （四）求　知

求知即学无止境，不断追求知识更新，善于博采众家之长为己有。不善于学习、知识面狭窄、见识拙陋、克难无术的人，根本无从谈起他的思维创新。智谋是知识的积累，篮球运动的内涵充满着对立统一的辩证关系，当代篮球已经不是停留在打篮球、赛篮球的原始观念上了，其体系的科技含量在不断深化充实，只有持之以恒地学习当代体育科技的相关理论知识，学习各类球赛的正反战例，同时关联地学习哲学、兵法、管理学等知识，才能改变自己的智能结构，提高自身的智商水平。社会已进入数字化、信息化、网络化时代，随着篮球运动的发展，现代科技已全面地渗透到篮球运动的理论和实

践的过程中，强化多因素的综合训练是现实的必需，也是既成的趋势。若教练员仍停留在以往积累的实践经验上，不了解"三论"的基本知识，对选材学、训练学、管理学的基本原则和最新动态知之甚微，甚至还高枕无忧、狂妄自大，那肯定就不能适应统率当代篮球队并进行激烈比赛的要求了。只有做到广积知、深钻研、勤思考、探新途才能做到知识渊博、胸有成竹，面对强敌而不馁，镇定自若，临阵不乱。

### （五）无　畏

无畏即具有不惧不怯、有胆有识、无私无畏的心理素质。由于胜败与强弱、比分的起与落等，不断在实践中反复出现，如何体现出临危不惧、遇强不馁、遇弱不骄，不管战局如何变化都能保持自信和高昂的斗志，体现出大将的风度，是体现教练员专项素质的重要标志，同时也是稳定军心的一种谋略。高水平的篮球比赛，如美国 NBA、世界的其他大赛和我国的甲 A 联赛中，从赛前的排兵布阵，到赛中局面的千变万化，教练员的临场遣兵调度以及战术的变化，无不带有一定的风险，在恶战风险中捕捉战机，痛下决断，是每位想勇攀高水平的教练员所必须认真对待的。

### （六）戒　傲

戒傲即去除盲目性，自觉自明。从事篮球运动工作，特别需要有坚定不移的顽强意志。在篮球运动实践中，最常见的考验来自两个方面：一是错误和挫折的考验，二是成功和荣誉的考验。"将傲卒涣散，无备必有患"，教练员若傲字领先，就不能保持清醒的头脑、常备不懈、谦虚谨慎、实事求是，并从实际出发认真调查研究，真正做到知己知彼。多年来我国篮球比赛中强负于弱的众多战例发人深省，虽然比赛的失利属兵家常事，但其中教练员或队员遇弱队后，自傲心懈终致溃败是我们不可忽视的问题。作为教练员一定要注意任何时刻都不能居功自傲、自以为是，不能缺乏自知之明而陷入盲目性。

### （七）惜　才

惜才即作为教练员要懂得识才、选材、育才、爱才。据统计，我国目前男篮 18 岁以下的高大少年人才并非缺乏，然而，在实战中排阵上场挑大梁的新秀却寥寥无几，其主要原因就是教练员不懂得育才和用才。有作为的教练员要有学伯乐求才识贤的能力，首先要具备识才和选材的专业基本素质，要重视以科学的理论和方法、丰富的实践经验选好苗材，并从篮球运动的特点、趋势、规律的需要出发，科学地使用各种生物科学（如形态、机能、素质）的指标，结合实际观察到的队员的现状，如是否真正热爱篮球事业、神经类型如何、身体生长的发育潜力怎样等进行全面的综合论证，不拘一格地选拔人才。教练员要重视运动员的个性发展，充分发挥他们专项运动的个性风格，使每名运动员都形成自身的篮球专项个性特点。在日常的训练过程中，教练员绝不能随意带偏见地苛责于人。宽恕虽未必是教练员的首要素质，但优秀的教练员却能够用自己的爱去关心和尊重队员，这样才能释放运动员的能量，使他们尽兴去发挥自己的才能、技巧，无休止地责备、愤怒会使队员产生憎恨，久而久之会把自己与队员隔离，甚至被排除在球队的群体之外。一名篮球明星的产生，有国家的投入、组织的保障、教练员与管理人员的辛勤付出和队员家庭的协同，因此，教练员应懂得栋梁之材来之不易、得之可贵、训之艰难、失之可惜的道理，对他们既严于法纪，又一视同仁；不偏不倚，奖罚分明；技高不宠，技逊不弃；不以偏见分亲疏。

### （八）通　道

通道即篮球教练员能精通篮球专项训练与管理的规律，具有独到的执教之道。从广义的教育论来分析，篮球运动训练的过程，是一个特殊的教育过程，所以教练员要精通教育规律，掌握教育技巧和方法，其目的是在这一特殊的教育过程中，围绕篮球运动项目的运动规律，采取相应的科学训练与管理的手段，培养、塑造一批具有高超篮球竞技能力、能为国争光的篮球竞技人才。因此，一名篮球教练员，既要有管理教育篮球队伍的本领，又要有篮球训练的技艺和才华，做到"严格管理、科学训练"。凡有为的教练员都重视掌握现代相关的科学理论，运用科学的训练学、管理学、教育学、心理学的原则和方法，来联系自己的训练与管理的实践，总结成具有自己鲜明特点的执教之道。可见，作为统队的教练员，和统兵的将帅一样，要有一套治队的明确的思想与方法。只有将科学的严格管理与科学的严格训练相结合，形成自己的执教之道，才能成为一名名副其实的优秀篮球专家，才能业有所成。

总之，教练员既是一位教育者、领导者，从某种意义上说又是一位导演和演员，运动员日常生活、训练和球场舞台上的表演是教练员充当这些角色成效的真实表现。

以上八点，说明只有身正敬业、好学不倦、谦虚谨慎、不骄不傲、无私无畏、懂谋善算、督导有方，方能知己知彼，运筹妙算，立于不败或少败之地，成为一代名帅。

## 二、提高篮球教练员素质的基本途径与方法

高级教练员在特定的实践活动中，形成的经验型知识与应掌握的基础文化知识之间具有差异；由特定的职业局限形成的动作操作思维和形象思维，与科学理论学习和研究所要求的逻辑思维和抽象思维之间也有差异，这使得他们一方面在篮球活动中是高级人才，另一方面他们也需要进行必要的学习和提高。作为加强篮球教练员队伍的建设、在短期内迅速提高我国篮球整体水平、促进国家"奥运争光"计划的一项重要的工作，就是要提高教练员队伍的素质。提高篮球教练员素质的途径有院校培训、岗位实践和自学等。

### （一）院校培训

只有高水平的教练员才能培养出高水平的运动员，现代篮球，特别是高层次的竞技篮球，越来越突出结合高科技来进行科研、教学和训练。有人认为，"未来竞技体育的竞争将是科学水平的较量"，所以，篮球教练员应在文化知识、业务能力、管理水平和其他相关的高科技知识方面努力提高自己。院校培训可以发挥体育院校的科研、设备和人才的优势，同时结合多种形式的学习和深造手段，使篮球教练员得到培养和提高。院校培训通常有以下几种形式：

### 1. 全日制学习

对象是退役的优秀运动员或有培养前途的青年教练员，通过参加体育院校的本科或研究生学位班的学习，弥补自己在基础理论和专业知识方面的不足。

### 2. 单科学习

这种学习采取单科结业的学分制，学员若修满该科规定的学时数，经所在院校的考试合格，就可以获得该学科的学分，待修完本、专科或研究生的学分，再发给相应的学习证明。这种形式适合于中等以上教练员的在职培训。

### 3. 函授学习

对于仍在第一线而又迫切需要提高自身素质的教练员，通过函授学习是一条切实可行的途径。目前全国各体育院校招收函授学员工作有了较大幅度改观，具体表现在招收人数和招收的覆盖面都较以往有很大的提高，大多数的教练员可以通过这个途径来提高自己的知识水平和学历层次。

### 4. 各种层次的岗位培训

篮球教练员岗培既是提高教练员素质的一项有力措施，也是篮球运动管理中心培训教练员的一项基本制度。教练员岗培的指导思想是提高教练员思想、业务水平和管理能力，从我国的教练员队伍的实际出发，面向运动训练与竞赛的实际，强调针对性、实用性，贯彻学用结合、按需施教，注重教学训练、竞赛指挥、队伍管理和职业道德的培训。篮球教练员岗培分高级、中级、初级三个级别，各级别都有各自的培训计划、大纲和教材，国家体育总局篮球运动管理中心负责培训地区分布，并先后在首都体育学院、北京体育大学等院校实施培训计划，而且实行培训合格上岗规定。

## （二）岗位实践

通过院校培训的教练员，最终要在教练员岗位上发挥自己的才能，通过岗位实践也能有效地提高教练员的素质。因为在实际工作中可能碰到许多意想不到的困难，也可能遭遇一些挫折和失败，但这种挫折和失败是难以避免的。在实践过程中，篮球教练员为适应赛程而针对性地制定训练计划，调整运动量的大小和运动员的心理状态，科学地安排运动员营养和赛后的恢复，以及处理好与上下级的关系等等。

### 1. 在实践中学习提高

实践是检验教练员水平高低，也是提高教练员基础和专业素质的惟一手段，教练员要重视岗位实践，在实践中学习和应用相关知识，在解决不断出现的各类问题中提高自己的能力。

## 2. 以老带新

在年轻教练员成长的过程中，少不了老教练员和专家的指导，通过他们的言传身教，可以帮助年轻的教练员尽快地成长。大量的实践活动和成功事例表明，老少搭配的教练员班子，有助于发挥老教练员的经验丰富和年轻教练员精力充沛、接受新知识快的特长，特别是年轻教练员可以在日常的工作中，细心观察其他年长教练员的工作指导思想、工作方法、指挥技巧等，并在自己的工作范围内加以试用和验证，通过老教练员的"传帮带"活动，可以使年轻的教练员少走弯路，早日取得成功。

## 3. 自学成才

通过对自身和他人在篮球训练和比赛中经验的积累和教训的总结，也会对提高篮球教练员的素质起到促进作用。无论是集体，还是个人所进行的总结，都要突出重点，实事求是。对于某一场失利的比赛，当事人和非参与者可以一起总结，客观地分析失利的原因，特别是当事人应将自己当时的所有想法和打算全盘托出，以供大家仔细分析和探讨，只有深入地剖析，才能真正接触到问题的实质，得出的结论才可能对下次的实践活动有用。

## 4. 择优选派中青年教练员出国留学

对于有培养前途的年轻教练员，可以事先制定计划，明确培训目的，定期地选送他们去篮球先进国家进行短期的培训。通过这种方法，可以让教练员较为系统地了解先进国家的篮球理论，亲身接触他们的篮球实践，学习成熟的篮球管理方法，提高自身的理论水平和实际操作能力。

# 第二十三章

# 体育教育训练学（篮球）研究生教育与培养

## 第一节 研究生教育的发展概况

研究生教育是我国教育的最高层次。体育教育训练学（篮球）研究生教育，对培养篮球方面的高级专门人才，提高篮球运动技术水平，发展体育教育、训练、科学研究事业和社会主义现代化建设具有重要意义。

新中国成立以来，体育教育训练学（篮球）研究生教育的发展，大致经历了四个阶段：第一阶段，1957年上海体育学院招收了第一批体育教育训练学（篮球）研究生，培养采用研究生班的形式，学习年限为两年；第二阶段，1960—1965年北京和上海体育学院招收研究生，以导师为主的形式，学习年限为三年；第三阶段，1966—1976年，十年动乱期间，停止招收研究生；第四阶段，1978年至今，北京、上海、武汉、广州、沈阳、成都等省市十几所体育院校和科研机构相继招收体育教育训练学（篮球）研究生，学习年限为三年，研究生的培养实行导师负责制。1996年北京体育大学开始招收体育教育训练学（篮球）博士学位研究生。

1980年公布《中华人民共和国学位条例》，1981年1月1日起实施。我国研究生教育贯彻"面向现代化，面向世界，面向未来"这一总的指导思想。研究生教育从我国四个现代化建设的实际出发，密切结合教育、科学与技术、经济建设和社会发展的需要；根据国家对不同岗位高层次人才的不同需要，培养不同规格的研究生；按照德、智、体全面发展和理论联系实际的要求，加强对研究生的思想政治教育与业务培养，达到品学兼优，更好地为四个现代化建设服务。根据研究生教育总的指导思想，体育教育训练学（篮球）研究生教育分博士生和硕士生两个层次，博士生、硕士生和研究生班三种类型。博士生和硕士生的学习年限为三年，研究生班学习年限为两年。研究生教育既注意培养高等学校的教师、科研人员和篮球教练员，又注意培养应用部门的高级专门人才。为了解决高等学校急需师资和应用部门急需高级专门人才的问题，北京体育大学还招收攻读硕士学位课程进修班，接受在职人员申请硕士学位。北京体育大学举办并与其他院校联合举办在职攻读硕士学位课程班，初步形成了培养体育教育训练学（篮球）研究生的教育体系。

体育教育训练学（篮球）研究生招生贯彻德、智、体全面衡量，择优录取，保证质量的原则。第一阶段考试，由国家统一命题，考生通过第一阶段考试合格后，方能参加第二阶段考试。第二阶段考试，由各招生单位组织进行业务考试，考试内容有篮球运动当前的发展概况，教学、训练、科研的新情况，以及示范技术、战术运用能力，并考核其工作、科研和身体状况等，然后决定是否录取。

在研究生的培养教育中，重视社会主义精神文明教育，加强经常性的思想政治教育工作。在政治和思想品德方面，对研究生提出了更高的综合素质教育要求。学校的领导有专人负责分管研究生的工作，具体工作则由研究生的主管部门负责。研究生的导师教书育人，为人师表，以严谨治学和实事求是的科学精神，对研究生进行思想品德教育。

根据《中华人民共和国学位条例》和教育部的有关文件精神，各个院校结合本单位的实际情况，制订研究生培养方案和培养计划。博士生用一年时间完成学位课程，硕士生用一年半的时间完成学位课程和教学训练实习，其余时间完成学位论文。研究生的学位课程，要加强基础理论课，更新教学内容；要改革教学方法，强调自学，增加文献阅读和课堂讨论的时间，培养研究生提出问题、分析问题和解决问题的能力；研究生教育要贯彻理论联系实际的原则，加强实践能力的培养，认真安排教学、训练实习，逐步建立研究生兼任助教的工作制度；研究生的论文选题，既要注意教学、训练、运动竞赛等问题的应用研究，又要注意基础研究。

上级领导部门重视研究生教育，对各个院校研究生教育与培养工作定期进行评估，并组织交流研究生教育与培养工作的经验。各个院校在不断总结经验的基础上，还吸取和引进一些先进国家培养研究生的工作经验。体育教育训练学（篮球）研究生的培养方案，在1985年和1991年对课程设置和学分等问题进行了两次修改、补充，使之不断地完善。研究生的课程设置，从20世纪50年代几门课程发展到现在几十门，从单一的必修课发展到公共必修课、专业课、基础课和选修课；从学年制发展到学分制；从教学训练实习逐步发展到兼任助教工作；毕业论文从文献综述、调研报告发展到学位论文。研究生的毕业论文研究课题比较广泛，有篮球运动的发展、身体素质、心理素质、技术与战术方法、运动竞赛与规则裁判法、训练体制、选材与人才培养、篮球职业化、篮球产业化，以及教学训练方法等课题。研究生的学位论文有的被上级主管部门评为优秀论文，有的在全国性学术会议上发表，有的被科学著作和教材引用，有的被应用部门采用，绝大部分学位论文刊登在学术性的报纸杂志上。

经过多年的工作实践，体育教育训练学（篮球）研究生教育，培养了一大批高等学校的教师、科研工作者、篮球教练员以及应用部门的高级专门人才。已毕业的研究生具有坚实的基础理论和系统的专业知识，较强的教学训练和科学研究工作的能力，得到了社会的好评，不少工作成绩突出的毕业生，已成为各个方面的骨干力量。体育教育训练学（篮球）研究生教育，已经初具规模。在招生、教育与培养、管理与学位授予等方面积累了经验，初步形成了具有中国特色的体育教育训练学（篮球）研究生教育与培养的体系。

# 第二节 研究生培养方案

根据《中华人民共和国学位条例》和教育部的有关文件精神，各个院校、科研机构结合本单位的实践，制定体育教育训练学（篮球）研究生培养方案。

在培养方案确定后，选聘本学科中具有较高思想、业务素质，有实际指导研究生教学能力，学术造诣较深的教授做导师，明确培养任务、职责，加强管理，制定培养实施的具体方案（计划）就格外重要。

## 一、博士学位研究生培养方案

### （一）培养目标与要求

博士生的培养必须贯彻"面向现代化，面向世界，面向未来"的指导思想；必须贯彻质量第一，德、智、体全面发展的方针。博士生是研究生的最高层次，必须严格要求。

要求研究生做到：

1. 进一步掌握马克思主义的基本原理和科学方法论，坚持四项基本原则，热爱祖国，热爱社会主义。遵纪守法，品德高尚，服从国家需要。成为积极为社会主义建设服务的"四有"人才。

2. 在本门学科上掌握坚实宽广的基础理论和系统深入的专门知识，掌握两门外国语，具有独立从事科学研究和教学训练工作的能力，在科学和专门理论技术上作出创造性的成果。

3. 身体健康。

### （二）学习年限

博士生的学习年限为三年。一般不得延长（在职博士生的学习年限可适当延长一年）。如因特殊情况需要延长时，应由导师提出，经研究生主管部门同意，主管院、校长批准，报上级主管部门审批。

### （三）培养方式

博士生的培养，以科学研究为主，重点培养博士生独立的和创造性的研究工作能力，并根据专业和研究方向的需要，学习一定的课程，使博士生在坚实宽广的基础理论和系统深入的专门知识的基础上，学会从事高水平研究工作的科学研究方法。

博士生的培养实行导师负责制，必要时可组成指导小组或聘请副导师参与指导工作。

导师的主要任务是：对研究生进行思想教育，制定博士生的课程学习计划和科学研究计划，组织实施培养计划。指导小组成员或副导师名单由导师提名，报研究生主管部门批准。

## （四）培养计划

博士生入学三个月内，导师应根据专业培养的要求和研究方向，结合博士生的个人情况，制定博士生的个人培养计划。培养计划应对研究方向、学习年限、课程学习、科学研究及论文工作等作具体安排。

## （五）学位课程

课程学习是保证博士生培养质量的重要组成部分。指导教师应根据专业与研究方向的需要，对博士生的课程学习作出具体安排。课程学习一般应学完 21~25 学分。

1. 马克思主义理论课（3 学分）。按照教育部的规定，开设"现代科学技术革命与马克思主义"课程。在马列教研室的安排下，由学生学习有关著作，进行专题研讨，并由教师作专题讲授。经过学习和研讨，由学生结合专业特点撰写一篇课程论文。

考试由具有副教授以上职称的教师组成考试小组主持。考试的重点是检查学生对所学内容的理解程度和运用能力。

2. 外国语

（1）第一外国语（8 学分）。在原有基础上加强阅读、写作和听说能力的训练。通过学习，应能熟练阅读本专业的外文资料，能用外文写学术论文摘要和常用应用文；能听懂用外语所作的本专业的学术讲座；能初步用外语口头表达自己的学术见解。

外语考试采取笔试与口试结合的方式，由外语教师组织考试小组主持。

（2）第二外国语（4 学分）。要求掌握 1000 个以上的常用单词和词组（不包括学术语和国际共同词）。掌握基本语法知识，为进一步自学打好外语基础，具有借助词典阅读本专业外文资料的能力。

第二外国语一般采取开课方式进行，也可通过自学方式进行。如在攻读硕士学位时，已选修过第二外国语（或通过其他方式学习，经考试合格者），可以申请免修，并将成绩登记。

3. 基础理论课和专业课（6~10 学分）。博士生通过基础课和专业课的学习，要求掌握坚实宽广的基础理论和系统深入的专门知识。

课程学习内容：围绕专业方向的有关著作和文献资料，选学与研究方向有关的相应学科的基础理论和技术，以扩大知识面，丰富研究方法。基础理论课和专业课的教学大纲，须经教研室审定后实行，并报研究生主管部门备案。

学习方法灵活多样，可以开课，也可指定专著、文献进行自学。

课程考试方式采取口试或口试加笔试。由包括指导教师在内的三名副教授以上的专家组成考试委员会主持考试。考试委员会名单由导师提出，报研究生主管部门批准。博士生的学位课程考试，一般在第一学年内完成（至迟在一年半内通过）。

## （六）博士学位论文

论文要求如下：

1. 博士论文应有创造性成果，具有较大的理论意义或实用价值；

2. 博士论文必须是一篇系统完整的学术论文，应有较高的学术水平及深度，不允许是几篇硕士水平论文的简单叠加；

3. 论文必须文句简练、通顺，数据可靠，图表清楚，严格准确地表达研究成果，实事求是地提出结论；

4. 学位论文的主要工作，特别是创造性工作，必须是作者独立完成的，论文中如含有他人所做的工作，其主导思想应来自申请博士学位的研究生。

为了检查博士生的论文工作进行情况，及时取得导师及教研室集体的指导，在论文工作过程中安排举行三次专题报告：第一次，文献综述及选题报告（第三学期前8周进行）；第二次，中期研究报告（第四学期前8周内进行）；第三次，论文预答辩（第五学期末进行）。

在研究生的"文献综述及选题的报告"和"中期研究报告"作完后，结合该生政治思想表现，导师认为合格时可以组织学位论文答辩。无培养前途者，可提出终止学习的建议。

### （七）博士生的培养管理档案与保存

博士生的培养管理档案是改进培养工作、质量评估的基本依据，应认真做好保管工作。

培养管理档案包括：1. 博士生的入学考试试卷与成绩，2. 博士生指导组名单，3. 博士生的个人培养计划，4. 学位课程学习的成绩与试卷，5. 学位论文开题报告及审核表，6. 论文中期报告情况表，7. 论文工作原始记录册，8. 学位论文答辩有关审批材料，9. 博士学位论文，10. 有关奖惩材料。

## 二、硕士学位研究生培养方案

### （一）培养目标与要求

体育教育训练学（篮球）硕士学位研究生的培养目标，是德、智、体全面发展的高等学校体育师资、科研工作者、篮球教练员，以及应用部门的高级专门人才。是社会主义的建设者和接班人。其具体要求是：

1. 必须掌握马克思主义和毛泽东思想、邓小平理论的基本原理，坚持四项基本原则，遵纪守法，品德良好，服从国家分配，积极为社会主义现代化建设服务。

2. 在本科学生培养要求的基础上，进一步掌握本门学科坚实的基础理论和系统的专门知识，具有严谨的治学态度和独立从事高等学校的体育教学训练及科学研究工作的能力。掌握一门外国语，能比较熟练地阅读本专业的外文资料。

3. 身体健康。

### （二）研究方向

1. 体育教学理论与方法；

2. 运动训练理论与方法；

3. 篮球运动员的身体素质、心理素质、技术与战术方法、运动竞赛、教学训练方法等方面的专题研究；

4. 其他有关方面的研究。

### （三）学习年限

硕士生的学习年限为三年。课程学习的时间为 3 个学期，其他为科学研究及撰写学位论文的时间。所有课程必须通过考试，完成教学训练实习，通过硕士学位论文答辩。提前完成上述学业者，学习年限可缩短为两年获得学位。三年学习期满，尚未达到上述要求者，不再延长在校学习时间。发给结业证书，分配工作。

### （四）课程设置及学分

课程设置分为公共必修课、专业课、基础课和选修课（包括指定选修和自选课程）四种，以每周课内教学 1 学时持续一学期为 1 学分，实验课、技术实践课每周 2 学时持续一学期计 1 学分。硕士生必须修满公共必修课 13 学分、专业课 12 学分、基础课 8 学分、选修课 9 学分，至少获得 42 学分。

1. 公共必修课：（1）自然辩证法或哲学（3 学分），（2）科学社会主义理论与实践（2 学分），（3）外国语（8 学分）。

2. 专业课：（1）体育教学训练理论与方法（2 学分），（2）专项教学训练理论与方法（10 学分）。

3. 基础课：（1）教学论（2 学分），（2）运动心理学Ⅱ（2 学分），（3）运动生理学Ⅱ（4 学分），（4）运动生物化学Ⅱ（2 学分）。

4. 选修课：（1）多因素分析Ⅱ（4 学分），（2）运动生物力学Ⅱ（4 学分），（3）体育科学方法论基础（2 学分），（4）体育测量与评价（3 学分），（5）计算机语言（2 学分），（6）体育社会学（2 学分），（7）比较体育学（2 学分），（8）逻辑学（2 学分），（9）体育统计实验设计Ⅱ（4 学分），（10）运动竞赛讲座（2 学分），（11）模糊数学讲座（2 学分），（12）电子技术知识（2 学分），（13）电教技术知识（2 学分）。

专项教学训练理论与方法课包括专项理论、示范技术实践与作业和教学训练实习。

凡注有"Ⅱ"的课程，是体育院校本科学习阶段已经开设的课程，硕士生学位课程在内容深度与广度方面应高于本科，凡在本科没有学过该课程的，必须补修之后才能进入硕士生课程的学习，补修课程不给学分。

研究生在课程学习之前，如能通过该课程的考试，可以申请免修，经批准后，考试成绩合格，可以取得学分。所学课程考试不及格，允许在下学期开学后第一周内补考或重修。补考或重修不及格者，不得参加学位课程考试和论文答辩。凡计算学分的课程，都必须通过考试（选修课可以是考试或考查）方能取得学分。

### （五）教学训练实践

硕士生在学习期间，应从事一定量的大学本科教学训练实习工作。其内容可以是讲授部分理论课、教技术课，在篮球队做助理教练，参加辅导及技术考核等。时间为4~6周，一般安排在第3~5学期。有三年以上专业教学训练实践者，经导师同意，报研究生主管部门批准，可以酌情减免教学训练实习。

导师应对硕士生的教学训练实习进行指导，并给予成绩和评语。

### （六）校外参观学习、调查和参加学术活动

根据专业学习和论文工作的需要，经批准，硕士生可按计划外出进行调研学习活动，所需时间计入专业课或论文工作时间内。

### （七）学位论文及论文答辩

1. 学位论文工作是硕士生接受科学研究能力全面基本训练的主要环节。要注意文献阅读能力、数据分析和处理能力、观察分析能力、实验设计能力的培养，以达到具有从事科学研究工作的能力。

2. 硕士生的论文题目，在导师的指导下，通过阅读文献资料、调查研究等途径，至迟在第三学期内提出选题报告，经导师与所在教研室审核确定后，制定学位论文工作计划，按计划开展学位论文的研究工作。

3. 硕士学位论文按《中华人民共和国学位条例》组织答辩。通过者授予学位。

4. 通过硕士学位论文的基本要求：

（1）论文应在导师的指导下，由研究生本人独立完成。

（2）论文题目和研究结果，应具有一定的理论意义或实践意义。

（3）论文作者应运用基础理论和专业知识，正确地分析和论述所研究的问题。

（4）论文应有科学性：科研设计和研究方法要严谨合理；材料应有足够的数量并且可靠，分析应实事求是，合乎逻辑，有一定的深度和广度；结论要正确恰当。

（5）论文应有新见解：对前人未曾研究过的问题进行研究，提出新的见解；对前人所研究过的问题，进行有意义的补充或推翻其原结论；对前人的研究方法、设计有所改革创新。

（6）论文作者应具有从事科学研究工作的能力，良好的学风和实事求是的科学精神。

## 第三节 研究生个人培养计划

根据研究生培养方案和主管部门的有关规定，结合研究生个人的实际，制订研究生个人培养计划。制订计划时，指导教师应对研究生过去的学习、教学、训练、科研工作、外语水平、思想品德、个人特长和兴趣等情况进行全面了解。在此基础上，提出研究生个人培养的初步计划，然后与研究生充分交换意见，最后确定研究生个人培养计划，经教研室批准，报研究生主管部门备案。

研究生个人培养计划包括研究生个人简况及具体要求，课程学习计划，教学训练实

习计划，校外参观学习、调研及参加学术活动计划，学位论文计划（研究方向及选题范围、论文工作设想）和培养措施。

研究生个人培养计划示例

## 一、×××博士学位研究生个人培养计划

### （一）研究生简况与具体要求

#### 1. 研究生简况

×××，男，33岁，中共党员，讲师。1983年9月—1986年7月，在××师范专科学校体育系学习；1986年7月—1990年9月，任中学体育教师；1990年9月—1993年7月，读硕士学位研究生；1993年7月—1997年9月，在××学院任教。发表了《篮球意识培养》《篮球运动员的心理训练》等10余篇学术论文，参加过全国高师《篮球》教材编写工作、篮球高级教练员岗位培训班工作、全国篮球比赛的记录台及技术统计工作。

#### 2. 具体要求

（1）能较好地掌握马克思主义的基本原理和科学方法论以及建设有中国特色的社会主义理论，坚持四项基本原则，拥护党的基本路线，热爱祖国，遵纪守法，品德良好，学风严谨，具有较强的事业心，服从国家需要，积极为社会主义建设服务。

（2）在本门学科上掌握坚实宽广的基础理论和系统深入的专门知识，同时掌握一定的相关学科知识，掌握两门外国语，具有独立从事科学研究和教学训练工作的能力，掌握学科前沿的最新成果，在理论和专门技术上作出创造性的成果。

（3）完成博士生课程规定的相应学分，按时完成博士学位论文。

### （二）课程学习计划

如表23-1所示。

表 23-1

| 课程名称 | 学时 | 学分 | 选课学期 | 开课单位 | 备注 |
| --- | --- | --- | --- | --- | --- |
| 现代科学技术革命 | 72 | 4 | 1 | 马列主义教研室 | 学位考试课程 |
| 第一外国语（英语） | 108 | 8 | 1 | 外语教研室 | 学位考试课程 |
| 第二外国语（日语或德语） | 108 | 4 | 1 | 外语教研室 | |
| 篮球专业课 | 108 | 4 | 1、2 | 篮球教研室 | 学位考试课程 |
| 运动训练学 | 36 | 2 | 1 | 运动训练学教研室 | 学位考试课程 |
| 课程论 | 36 | 2 | 2 | 教育学教研室 | |
| 比较体育学 | 18 | 1 | 1 | 体育理论教研室 | |
| 体育社会学 | 18 | 1 | 1 | 体育理论教研室 | |
| 运动心理学理论与方法 | 36 | 2 | 2 | 心理教研室 | |

## （三）教学训练实习计划

由于该生在高校从事专业教学工作多年，已具有一定的教学实践经历，因此，可减免教学实践。

## （四）校外参观学习、调查及参加学术活动计划

如表 23-2 所示。

表 23-2

| 内　　容 | 对　　象 | 起止日期 |
|---|---|---|
| 《篮球运动高级教程》教材编写学术讨论会议 | 专家 | 1998 年上半年 |
| 调查我国篮球改革、产业化现状 | 主管部门、基层人员 | 1998 年下半年 |
| 有关学术交流会议 | 专家、学者 | 1999 年上半年 |

## （五）学位论文计划

### 1. 研究方向及选题范围

（1）研究方向：篮球教学、训练理论与方法。
（2）选题范围：篮球理论系统化与哲学思辨。

### 2. 论文工作设想

应用社会学、哲学等学科的基本理论和原理，结合篮球专业进行篮球理论的系统化研究。1998 年 9 月—1999 年 1 月底，明确研究方向，收集资料，进行调查研究，确定研究题目，写出文献总结及选题报告，并广泛听取意见，在学期结束前完成论文开题工作；1999 年 2 月—1999 年底完成论文工作的初步研究，并完成论文初稿，进行论文预答辩，广泛听取意见；1999 年底—2000 年 5 月，进行修改并完成论文正稿，进行博士论文答辩。

## （六）培养措施

1. 成立博士生指导小组，采用教研室领导下的导师负责与集体培养相结合的办法，充分发挥集体的智慧和力量对博士生进行培养。

2. 严格按照有关规定，全面关心和指导研究生成长，对博士生进行经常性的政治思想、学风、品德等方面的教育，并对博士生的课程学习、科学研究和学位论文工作进行定期指导和检查。

3. 合理安排课程学习、社会实践、科学研究、学术交流等各个环节，以科学研究为主，同时注意培养博士生的优良学风、探索精神、独立从事科学研究能力和创新能力。

## 二、×××硕士学位研究生个人培养计划

### （一）研究生简况及具体要求

**1. 研究生简况**

×××，男，27岁，助教，1978年3月—1982年1月，在××体育学院运动系篮球班学习；1982年1月—1985年9月在××体育学院篮球教研室任教；1985年9月—1986年7月在××大学助教进修班学习；1986年9月，攻读体育教育训练学（篮球）硕士学位研究生。该生在大学学习期间是优等生、院男篮代表队队员，基础理论、篮球专业知识和技术、外语水平、思想品德，以及文字表达能力都比较好，具有一定的教学训练能力。在科研论文方面有些设想，对篮球竞赛制度、比赛方法有一定的兴趣。

**2. 具体要求**

（1）必须掌握马克思主义和毛泽东思想的基本原理，坚持四项基本原则，遵纪守法，品德良好，服从国家分配，积极为社会主义现代化建设服务，积极参加学校规定的政治形势学习和公益劳动，模范地遵守学校的各项规章制度。

（2）在本门学科上掌握坚实的基础理论和系统的专门知识，掌握与研究方向有关的相应学科的基础理论和基本技术，以扩大知识面，丰富研究方法。

（3）具有严谨的治学态度和独立从事教学训练、科学研究工作的能力。

（4）掌握一门外国语，能比较熟练地阅读本专业的外文资料。

### （二）课程学习计划

如表23-3所示。

表 23-3

| 课程名称 | 学分 | 学期 | 开课单位 | 备注 |
| --- | --- | --- | --- | --- |
| 自然辩证法 | 3 | 1 | 马列主义教研室 | 学位考试课程 |
| 科学社会主义理论与实践 | 2 | 2 | 马列主义教研室 | 学位考试课程 |
| 外国语 | 8 | 1、2 | 外语教研室 | 学位考试课程 |
| 专业课 | 12 | 1、2、3 | 篮球教研室 | 学位考试课程 |
| 教学论 | 3 | 1 | 教育学教研室 | 学位考试课程 |
| 运动生理学 | 4 | 1 | 生理学教研室 | 学位考试课程 |
| 运动心理学 | 2 | 2 | | |
| 多因素分析 | 2 | 2 | | |
| 统计学实验设计 | 2 | 1 | | |

(续表)

| 课程名称 | 学分 | 学期 | 开课单位 | 备注 |
|---|---|---|---|---|
| 计算机语言 | 2 | 2 | | |
| 逻辑学 | 2 | 3 | | |
| 球类运动竞赛讲座 | 1 | 3 | | |
| 比较体育学 | 2 | 3 | | |

### （三）教学实习计划

教学实习计划包括教学实习的内容、对象和日期。

1. 实习内容：篮球普修课战术理论，技术、战术教学实践课。
2. 实习对象：体育系 85 级篮球普修课学生。
3. 实习日期：1987 年 5 月 4 日—6 月 13 日。

教学计划按原任课教师的教学计划执行。

### （四）校外参观学习、调研和参加学术活动

如表 23-4 所示。

表 23-4

| 内　　容 | 地　　点 | 起止日期 |
|---|---|---|
| 参观国际男篮邀请赛 | 北京 | 1987 年 8 月 |
| 参观第 6 届全运会篮球比赛 | 广州 | 1987 年 11 月 |
| 参加篮球科学化训练研究成果报告会 | 北京 | 1987 年 12 月 |
| 论文选题调查访问 | 北京 | 1987 年 4—5 月 |

### （五）学位论文计划

1. 研究方向及选题范围

（1）研究方向：篮球教学、训练理论与方法。
（2）选题范围：篮球竞赛制度与比赛方法。

2. 论文工作设想

（1）第一学期：阅读篮球竞赛制度与比赛方法的有关文献资料。
（2）第二学期：对篮球竞赛制度与比赛方法方面的问题进行调查、访问。
（3）第三学期：确定论文题目，进行论文开题报告，制定论文工作计划。
（4）第四学期：按计划开展论文研究工作。

### （六）培养措施

1. 导师要全面关心研究生的政治思想、专业学习和科学研究等方面的问题，既要

严格要求，又要热情帮助，以严谨治学的态度和实事求是的精神教育学生。

2. 合理安排课程学习，教学训练实习，校外参观学习、调研，参加学术活动和学位论文。

3. 专业课学习采用自学、阅读文献资料、课堂讨论、讲授、答疑、写专题作业等方式，培养研究生提出问题、分析问题和解决问题的能力。

4. 每个学期都要认真总结个人培养计划执行情况，不断地改进教育与培养工作。

## 第四节　专业课

根据研究生培养方案的规定，体育教育训练学（篮球）研究生专业课的内容包括专业理论、示范技术（硕士生）、教学训练实习、校外参观学习、调查和参加学术活动。课程学习时间，博士生为108学时，在第一学年完成；硕士生为228学时，在前三个学期完成。在制定教学计划时，应根据研究生的学位论文题目、社会上的主要学术活动和重大篮球比赛日期，适当安排各个学期的教学内容。

### 一、专业理论与实践

随着当前篮球运动的发展，技术、战术以及教学训练方法的不断创新，专业课的教学内容要及时反映科技和学术领域的新成果。根据研究生的不同层次，要精选教材内容，分清主次，抓住精华，合理分配学时，恰当提出要求，避免与其他学科和本门学科不同层次之间的重复。

根据研究生培养目标的要求，研究生应该掌握系统深入的篮球专业知识。在深入学习篮球基本理论知识的基础上，应该掌握当前篮球运动发展的状况，分析篮球运动发展的主要影响因素；了解新技术及其运用技巧、新战术及国内外高水平球队采用的主要战术；分析影响技术、战术的主要因素；掌握篮球教学训练理论与方法新的研究成果；了解当前我国篮球俱乐部和职业篮球队的组织与管理状况；了解当前我国篮球运动员选材与培养的状况；了解当前国内外篮球竞赛制度与比赛方法，熟悉当前篮球比赛规则与裁判法等篮球专业知识。

在教学中，教学方法要灵活多样，可以讲授，也可以指定专著、文献资料进行自学或进行专题调查访问、参加学术活动、完成各种专题作业等等。总之，应该减少讲授时间，增加自学、阅读文献资料的时间，创造更多的机会让研究生自己动手，自己思考问题，以培养研究生的独立性和创造性，培养研究生发现问题、分析问题和解决问题的能力。

按照硕士生培养方案的规定，专业课中要安排教学训练实践，进一步规范技术动作，熟练战术方法，提高运动技术水平。由于篮球运动是集体项目，研究生人数少，不能单独组成教学训练班队。因此，根据研究生的运动技术水平，参加本科生不同年级的篮球教学训练课，安排在前三个学期进行。如果研究生个人需要，也可常年参加教学训练课。

## 二、教学训练实习

硕士生在学习期间，应从事一定量的大学本科教学训练实践工作，以巩固和深化专业知识、技能，培养教学和训练工作能力。其内容可以是讲授部分理论课，教技术、战术实践课，参加辅导及技术考核等，时间为4~6周。

为了更好地完成教学训练实习，研究生应该做到：

（一）认真学习实习班、队的教学大纲、教学训练计划。

（二）参加教研室的备课活动。

（三）观摩教学训练课。课前要学习任课教师的教案，课上要学习任课教师的教学技巧，并作好看课记录，课后运用学校的评课方法，对该课进行评价，写一份观摩课小结。

（四）了解实习班、队学生的身体素质、技术水平、学习态度、组织纪律性以及学生骨干的情况，便于因材施教，取得更好的教学训练效果。

（五）认真备课，写好教案。理论讲授课要进行试讲，并经导师批准。课上要精心组织实施，课后要听取导师和学生的意见，写好课的小结，不断地改进实习工作。

根据研究生的具体情况，可安排研究生兼任助教工作，参与导师制定教学训练计划和备课。在导师指导下，课上分工负责一组学生的技术、战术练习；参与组织课堂讨论、理论、技术、论文辅导、技术考核以及比赛的指挥工作。如有可能还可以兼任科、室的助理工作，了解科、室工作的情况，提高教学行政管理工作的能力。

教学训练实习后，研究生要写出实习总结，导师要给予成绩和评语。

## 三、校外参观学习

校外参观学习、调查和参加学术活动，是专业学习和科研论文工作的重要组成部分，是校内学习的有益补充。通过学习，研究生可以开拓视野，启发思维，增长新的知识，提高自学和科学研究工作的能力。校外参观学习、调研和参加学术活动应与专业学习和撰写学位论文工作紧密结合，纳入专业学习和学位论文工作计划。校外学习包括以下几个方面：

（一）参观学习少体校、高水平篮球队的训练工作。要阅读训练计划、教案、训练、比赛总结以及运动成绩和技术统计等档案资料，观摩训练课，对需要深入了解的问题要与教练员、运动员进行座谈。

（二）参加训练工作会议。了解当前篮球训练工作中的主要问题，各种观点和优秀队的训练经验，要作好记录和收集资料。在整理分析资料的基础上，提出个人见解，写出学习报告。

（三）参观重大比赛。例如，参观全运会篮球比赛、国际邀请赛，如有可能，应该访问比赛的组织者，阅读或收集运动员的报名表、比赛秩序册和技术统计资料，以便了解比赛的全面情况。根据研究专题或学位论文的需要，制定调查访问提纲和技术统计表格，收集资料。对收集的资料进行分门别类的整理，写出学习报告。

（四）参加学术活动。例如，参加全国体育科学大会、全国体育学院教学科研论文报告会和篮球科研论文报告会等，了解当前我国科学研究工作的状况、研究的主要问题、科研成果和研究方法等。要作好记录，收集文献资料，写出学习报告。

（五）专题调查。要制定调查提纲，选择调查对象，收集、整理和分析资料，写出调查报告。

专业理论考试采用口试的方法，其他采用评定的方法，最后进行综合评定，给予成绩。

## 第五节 学位论文

学位论文是学位研究生的重要标志。学位论文必须答辩通过，才能获得研究生学位。

硕士学位论文对所研究的课题应当有新见解，表明作者具有从事科学研究工作和独立担负专门技术工作的能力。博士学位论文应当表明作者具有独立从事科学研究工作的能力，并在科学和专门技术上作出创造性成果。

### 一、选 题

研究生论文选题要结合社会主义建设的需要，大多数研究生，特别是博士生，要注意承担应用研究和具有应用前景的基础研究课题。

#### （一）明确研究范围

研究生入学时，博士生和具有实践经验的硕士生，多数都有一定的研究意向或研究课题，应届的大学毕业生考入的硕士生在这方面的设想少一些。导师应该与研究生概括地分析讨论篮球运动当前的发展情况、教学训练和比赛中的问题，进一步了解研究生对上述问题的认识。然后结合研究生的兴趣、知识水平和能力明确论文的研究范围。

#### （二）确定论文题目

指导研究生在论文研究范围内，选择文献资料，全面、系统、深入地阅读这些资料。在充分研究文献资料的基础上，对前人研究中有争论的问题、未能解决的问题，以及根据事物发展产生的新问题等，指导研究生提出问题，初步确定论文题目，然后再通过调查、访问，进一步论证论文题目的意义、价值及其研究的可行性。在具有充分依据的基础上，最后确定论文题目。论文题目的名称要简练、确切，能反映题目的研究范围和研究任务。

#### （三）设计研究方案

指导研究生根据研究题目提出研究任务，依据研究任务，选择研究对象、研究方法和仪器设备，确定研究工作步骤。

### （四）完成开题报告

论文选题报告主要是阐明选题依据、研究任务、研究对象与方法步骤及可行性。论文选题报告应在教研室宣讲，广泛地听取专家、教授的意见，然后进行修改和补充。

## 二、论文工作计划

### （一）制定论文工作计划

论文工作计划的内容包括论文题目名称、国内外有关情况和选题依据、研究的目的意义、主要内容和研究方法、研究步骤和调研工作计划、收集资料与数据处理方法及经费预算等。指导研究生根据论文研究任务内容的多少、主次，安排先后顺序，合理分配时间和经费，保证论文工作有计划地进行。

### （二）实施工作计划

#### 1. 制定实验方案

实验方案是学位论文的核心部分，导师要精心指导，确保资料的科学性。

（1）每一项研究内容的概念都要清楚，研究内容的指标选择、实验的时间和次数要有充分的依据，选择的指标要避免重复和缺项。

（2）研究对象应有足够的数量和代表性。调查的对象还要有一定的权威性，比较研究的对象要有可比性。

（3）实验仪器应是社会公认的，经检验准确有效。

（4）预备性实验。设计的实验方案和调查提纲要经过预备性实验和专家鉴定，证明研究方案可行，然后才能进行正式实验。

#### 2. 收集资料、数据及其处理办法

对研究获得的资料、数据要分类整理，运用理论归纳、统计学处理，并要反复检查核对，保证资料、数据准确无误。

## 三、撰写学位论文

学位论文包括目录、选题依据、研究目的任务、研究对象与方法、研究结果与分析、结论与建议和参考文献。选题依据在选题报告中已阐述清楚，根据论文的篇幅适当缩减。研究方法要写清楚。结果与分析和结论是学位论文的核心部分，要运用资料和数据揭示所研究的问题，并运用基础理论和专业知识对研究结果进行逻辑推理和实事求是的分析，把研究结果上升为理论，提出新见解。撰写结论时，要反映主要研究成果和新见解，不要过多地罗列资料和一般的论述，结论要简练、恰当。论文的文字要通顺，数

据可靠，图表清楚，建议要具体可行。建议如果没有推广的意义，也可以不写。

## 四、学位论文报告与答辩

（一）导师详细审阅论文，认为合格，结合研究生的思想政治表现、课程学习情况，写出准予参加学位论文答辩的意见。

（二）预备性论文答辩。在正式论文答辩之前，先在教研室进行预备性论文答辩，广泛听取专家、教授的意见，再进行修改、补充，最后定稿，并写出论文摘要，在论文答辩前一个月上交。

在总结预备性论文答辩的基础上，进一步熟悉论文和文献资料。按照学位论文报告30分钟的要求，写出论文报告稿，进行试讲。报告时，要运用幻灯、投影、录像等设备进行宣讲。答辩时，要沉着冷静，要正确地理解提问的实质，回答要紧扣提问，语言要简明。研究生要正确对待答辩会上提出的所有问题，一般不应回避，对不清楚的问题，不要牵强回答，要实事求是。

# 第二十四章

# 篮球运动科学研究工作

## 第一节 篮球运动科学研究概述

科学研究是人们能动地认识客观世界，探索客观真理的实践活动。它的任务是揭示各种错综复杂现象内部隐藏的必然联系和规律，并探讨运用这些规律的途径。因此，科学研究是推动人类社会发展的动力。

篮球运动科学研究是在篮球运动这一领域内，揭示运动中的各种现象，探索其本质及其发展规律，并利用这些规律为篮球运动发展服务的实践活动。体育科学技术是推动体育运动的动力，振兴体育必须依靠科学技术的进步。因此，加强篮球运动科学研究工作，对促进我国篮球事业的发展具有极其重要的意义。

揭示篮球运动教学与训练的理论与方法问题，研究解决问题的方法与途径，从而提高篮球运动教学训练的科学性，促进篮球运动水平的提高，使篮球运动更好地为增强人民体质和社会精神文明建设服务是篮球科学研究的目的。因此，发展新的理论与方法服务于篮球运动的实践活动是篮球运动科学研究的根本任务。

### 一、国外篮球运动科学研究概况

近一二十年来，随着世界篮球运动水平的不断提高，竞争日趋激烈，任何国家要在世界篮坛保持强劲的竞争能力都必须依赖于新技术、战术及科学的训练方法与手段。因此，在篮球领域中开展科学研究的作用日益突出，引起许多国家的重视。1979 年举行了第 1 届世界篮球教练员讲座，大大活跃了世界性篮球学术交流。同时，体育科学的蓬勃发展也对篮球科学研究起着极大的作用，许多相关学科的知识与方法广泛应用于篮球科学研究，为研究篮球运动提供了科学的认识论与方法论，拓宽了篮球科学研究的领域。

综观各国篮球运动科学研究的发展状况，概括起来有以下三个特点：

#### （一）重视对篮球技、战术及其教学与训练理论的研究

篮球技术和战术是构成篮球运动的基本要素，技、战术的发展推动着篮球运动水平的发展。从已发表的科研成果看，各国都致力技、战术的研究，促进各项攻守技术的合

理完善，使篮球技术既符合竞赛规则要求，又符合人体解剖功能及生物力学原理，从而使技术更具合理性与实效性。在战术研究上，除不断完善原有的战术配合，还不断地创造出一些新战术，如"移动进攻法"和"多变防守"等，使得战术配合更加灵活多变。此外，各国还十分重视从篮球比赛与教学训练实践中系统地总结出一些经验上升为理论，促进了篮球运动向更高水平发展。

### （二）相关学科知识与现代科学技术广泛应用于篮球科学研究

当前篮球科学研究的内容涉及各种相关学科的理论与方法，从而拓展了篮球科学研究的领域，使人们更全面、深入地认识篮球运动。例如：应用运动生理学，为篮球训练提供生理学依据；应用生物力学、运动解剖学研究篮球技术动作结构、力学原理，使篮球技术更合理、更符合实践需要，并创造出一些新技术。近二十多年来，运动心理学的迅速发展为篮球运动科学研究开辟了新的研究领域，"三论"为篮球科学研究提供了方法论，现代科学技术的迅猛发展为篮球科学研究提供了科学手段。

### （三）篮球运动科学研究为训练、比赛服务

围绕训练、比赛开展多学科综合研究，使科学成果直接运用到训练与比赛为实践服务是世界篮球科学研究的又一显著特点。例如：原苏联国家篮球队配备有一个多学科综合研究组，除定期对运动员进行身体检查和机能测定、进行医务监督外，还了解国内外篮球运动发展动向，提供世界各强队的信息，为国家队针对性训练提供意见，在综合研究组的协同下，将球队训练置于科学监督之下，为科学训练提供依据，从而提高了训练质量。

## 二、我国篮球运动科学研究概况

### （一）我国篮球运动科学研究的历史回顾

新中国成立以来，随着体育事业的发展，一个以研究篮球运动发展的一般规律及研究篮球教学训练、比赛中诸问题为对象的篮球运动科学研究也随之发展。新中国成立初期，我国篮球科学研究的主体是体育院系教师及篮球教练员，并以分散的形式进行，学术思想活跃。1955年4月，由《新体育》杂志社在全国范围内开展"关于篮球战术指导思想问题"的讨论，掀起了一场涉及我国篮球运动风格与打法的百家争鸣，争论的实质是对我国篮球技术、战术发展方向的大辩论。通过讨论统一了认识，确定了"积极、主动、快速"的战术指导思想。这一认识对指导我国篮球运动的发展起着积极的作用。此阶段的研究主要采用技术统计、图片分析和经验总结等方法进行，研究的内容集中于技术分析和比赛的调查及教学经验的总结等。

经过"文化大革命"较长时间的停滞后，国家体委科教司加强了对体育科研工作的领导，各省相继成立了体育科学研究所，大多数配备有专职篮球科研人员，一些体育学院恢复招收篮球硕士研究生，召开了全国体育科研论文报告会，为开展篮球科学研究提

供了良好的外部环境。1982年底中国体育科学学会运动训练学委员会和中国篮球协会联合举办了我国首次篮球学术论文报告会，并收到征文60篇。与此同时，国家体委还召开了篮球国家级教练员复核套改高级教练员技术职称论文答辩会。两个会议的近百篇论文在数量、质量、研究范围及研究方法的科学性上，与以往比较都有较大的发展，它标志着我国篮球运动科学研究已迅速恢复。

1985年12月中国篮球协会在北京召开"全国篮球科学成果讲学班"，以《篮球科学化训练》为主题的13个子课题的优秀论文在讲学班上报告。这些成果对指导我国篮球训练起到了积极作用，为促进我国篮球运动科学化训练提供了理论依据。1994年12月在北京体育大学召开的全国体育院校篮球教材建设论文报告会，30余篇论文在研究的深度与广度上都有一定的提高，促进了篮球专项理论的发展。1995年10月，为纪念篮球运动传入中国100周年，中国篮球协会与中国培养篮球研究生学会共同在天津体育学院举办了篮球论文报告会，入选报告的论文有84篇，在篮球运动发展史、篮球技术和战术、篮球教学与训练、篮球规则与裁判、篮球运动测量与评价等方面作了报告。这个时期全国性学术交流频繁，研究的论文数量激增，研究的内容与范围扩大，标志着我国篮球科学研究进入了新的发展时期。

### （二）我国篮球运动科学研究的现状及展望

#### 1. 我国篮球运动科学研究的现状

（1）十余年来研究数量激增，研究内容和领域扩大，研究的侧重点有所转移。近十余年来，篮球科学研究不仅有了很大的发展，出现了一大批科学研究成果，而且研究的内容不断深入，研究的范围也有明显的拓宽。由于引进了相关学科理论，研究内容不仅涉及自然科学范畴，而且涉及社会科学范畴。

（2）研究方法的综合。随着体育科学研究的发展，越来越多的篮球研究综合地采用观察法、实验法、调查法、数理统计法等研究方法，大大提高了研究的量化程度，出现了不少定性研究与定量研究相结合的课题。与此同时，运用高科技手段与方法对篮球运动进行研究的课题，也日益受到重视。研究方法的变革、多学科理论与方法的引进及先进科学技术应用于篮球科学研究，促进了篮球科研水平的大幅度提高。

（3）存在的主要问题。我国篮球科学研究的发展经历了一个曲折的过程，由于篮球科研队伍自身知识结构、科技水平诸因素的制约，使得目前我国篮球科研发展水平还落后于世界篮球强国。首先，表现在科研队伍的先天不足，研究的整体水平不高。其次，反映在篮球科学研究的效益不理想，研究成果转化产品的程度和成果对实践的影响和学术的自身机制、自我更新能力都较差。科研成果对篮球理论的更新，对教学、训练和比赛实践的指导、促进及影响的不足，是当前我国篮球科研中最突出的薄弱环节。

#### 2. 对我国篮球运动科学研究的展望

为迅速提高我国篮球运动科研水平，首先，必须充分发挥中国篮球协会科研委员会的作用，具体管理、规划、组织全国科研工作，并积极筹措经费，支持重大课题研究。

重视改善我国篮球科研队伍的知识结构,更新知识,造就一支高水平科研队伍是进一步发展我国篮球运动科学研究的战略措施。其次,应在微观研究的基础上开展宏观研究,加强理论研究并在以下几个方面予以重视:

(1)对丰富篮球自身基础理论、完善篮球理论体系方面的研究。
(2)对我国篮球运动发展战略与规划方面的研究。
(3)对我国篮球管理体制和法规建设方面的研究。
(4)对篮球运动员、教练员、裁判员的选材、培养方面的研究。
(5)对篮球教学训练理论与方法科学化、现代化方面的研究。
(6)对以职业联赛和CUBA联赛为代表的篮球竞赛及市场化方面的研究。
(7)对篮球科学研究方法的改革、创新方面的研究。

## 第二节 篮球运动科学研究的基本程序

科学研究活动是人类能动地认识世界和改造世界的过程。对于一个具体的研究课题来说,从选题开始到研究工作结束,是一个不断深化的认识过程,在整个过程中,必须按一定的程序完成各项工作。篮球科学研究大致由提出问题、建立假说、验证假说及导出结论四个基本环节构成。在实施程序过程中又进行一系列具体工作(图24-1)。

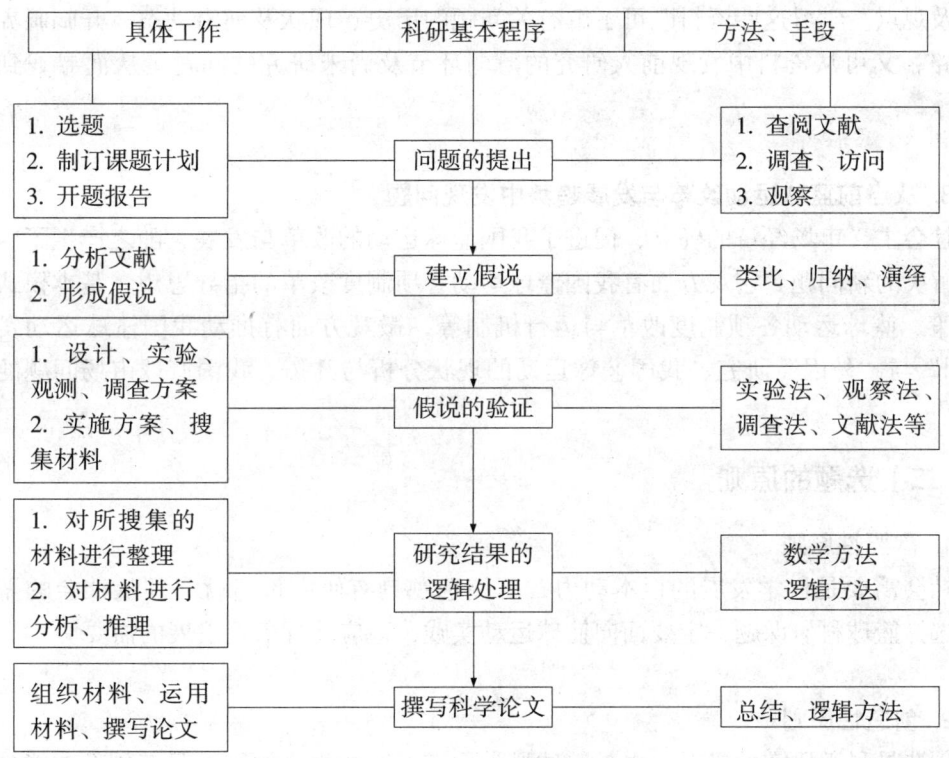

图24-1 科学研究基本程序的具体工作及其方法示意图

## 一、选 题

选题即确定研究课题,是进行科学研究的首要环节。爱因斯坦说过:"提出一个问题往往比解决一个问题更重要。因为解决一个问题也许仅仅是数学上、实验上的技能而已;而提出新问题、新的可能性,从新的角度去看旧的问题,则需要有创造性的想像力,而且标志着科学的真正进步",由此可见选题对科学研究的重要意义。只有具有相当的知识及科学的鉴别力,才能提出既适应现实需要又能反映未来发展的开拓性课题。

### (一)研究课题的主要来源

篮球科学研究的大量课题来源于篮球运动实践中所遇到的共性问题、疑难问题、亟待解决的问题。因此,选题的基本途径应是:

**1. 从篮球运动教学、训练、管理中碰到的实际问题中提出问题**

人们对篮球运动中许多现象尚不能解释,需要深入探讨,只要留心观察、善于发现和联想,就能发现具有研究价值的课题。

**2. 从文献中发现问题**

文献资料是前人创造、积累的科学成果,记录了研究人员对有关问题的研究事实、数据及观点。学习这些资料既可了解有关问题的历史、现状及前沿动态,开阔眼界,启发思路,又可从资料中发现前人研究的薄弱环节及尚未研究的问题,从而寻找到新课题。

**3. 从当前篮球运动改革与发展趋势中发现问题**

社会主义市场经济的确立,促进了我国篮球运动的改革与发展,随之产生了一系列亟待解决的新问题。宏观方面有我国篮球运动各项制度改革的指导思想、基本模式、主要对策、篮球运动各项制度改革与运行机制等,微观方面有推动我国篮球运动发展的"内因"与"外因"研究、我国篮球运动的现状分析与开拓、我国篮球市场问题的探讨等。

### (二)选题的原则

**1. 需要性原则**

社会需要是科学发展的根本动力,要使选题具有研究价值就必须从社会的需要出发。选择篮球科研课题一定要面向篮球运动实践,适应篮球事业发展的需要。

**2. 创造性原则**

创造是科学研究的灵魂,也是篮球科学研究选题的根本原则,只有创新才能推动科学进步。要使所选择的课题是前人尚未研究或未完全解决的问题,以保证研究成果具有突破性与独创性。

#### 3. 科学性原则

选题必须具有科学理论依据。科学上的任何重大发现，都是在前人研究成果的基础上进一步取得的。因此，选题必须以事实为依据，以科学理论为基础，综合考虑课题在经济上、科学原则上的合理性及技术上的可行性。

#### 4. 可行性原则

主要是指研究者选题时应从本人所具备的主客观条件出发，全面考虑研究课题的可行性。客观条件包括研究活动所需要的各种资料、仪器、设备、经费、时间等；主观条件包括研究人员掌握本课题有关科学理论知识的程度，有关研究方法、手段、经验及研究能力等。

### （三）选题中易犯的错误

#### 1. 重复选题，缺乏创新观点

篮球科学研究要求研究者掌握大量的相关学科知识，借助于相关学科知识的支撑作用，有助于研究者多角度地思考在篮球活动中遇到的问题。而有些研究者，特别是刚参加篮球科学研究的人员，由于受到自身知识结构的限制，缺乏创新能力，只能重复地选择一些和已有的研究相类似的题目，如有些研究仅仅是在他人研究成果上改变了研究的对象，而理论依据和研究方法都基本相同，这就使研究难以获得创新成果。

#### 2. 忽略研究的可行性、应用性

有些研究者在选题时忽略了研究的可行性，没有从本人所具备的主客观条件出发，没有考虑到研究的客观条件——所需要的各种资料、仪器、设备、经费、时间等，更没有考虑到研究的主观条件——本人掌握的相关学科知识的程度和相关研究方法、自己具备的研究能力等。另外，为了追求新意，未考虑到研究的成果是否具有实践意义，忽略了研究的应用性。

#### 3. 命题缺乏严谨性

研究课题的题目应该能够反映整个研究的主题，从题目中能看出所研究的主要内容。但有些选题在命题上缺乏严谨性，主要表现在：

（1）题目名称不准确、不清晰。有些论文题目运用了"若干""几个""某些"等不确切用词，造成主题不明确。

（2）论文题目与研究内容不一致。有些研究，其内涵与外延不一致，研究的内容和题目的名称不一致，出现了以偏概全、以局部代整体的现象。

（3）题目名称太长，过于繁冗。研究的主要问题应当集中体现在题目上，但有的题目却不善于概括和提炼，以致题目过于冗长。

## 二、建立假说、验证假说与制定研究计划

### （一）建立假说与验证假说

#### 1. 建立假说

在科学研究中，为了便于探索客观真理，往往对未知的事物提出假定的设想与推测，这就是假说。科学研究常以假说为基点来设计实验或观测，再通过实验结果来验证假说。所以，假说是发现新事物、形成新理论的桥梁。一个假说从酝酿到形成一般要经过三个步骤：第一，在科学研究中发现新事实、新关系；第二，对上述新事实、新关系产生的原因及发展规律进行初步假定；第三，运用科学方法对初步假定进行逻辑推理，从而形成完整的科学假说。

建立假说通常采用类比、归纳和演绎推理的逻辑方法。

（1）类比法：根据事物中存在的共同点，用已知的事物去推测未知事物的方法称类比推理法，它是理论思维的一种逻辑推理形式。

（2）归纳法：这是一种由特殊到一般的推理方法，运用归纳法可以把大量经验材料经过分析整理，提高到理性认识阶段，把若干特殊的理性认识变为一般的理性认识。例如《对影响篮球运动员技术水平发挥的主要素质研究》这个研究课题建立假说时运用归纳推理：篮球比赛要求运动员跑得快，跑得快需要有强有力的蹬地；篮球比赛要求运动员跳得高，弹跳力需要强有力的爆发力；篮球技术的准确性与手指手腕力量密切相关；篮球比赛激烈的对抗需要运动员强壮有力。通过一系列个别事实的归纳，可提出"力量是篮球运动员必不可少的重要素质"这一假说。

（3）演绎推理：这是一种由一般到特殊的推理方法。推理的客观基础是一般与个别的关系，即一般寓于个别中，个别含有一般。

#### 2. 验证假说

假说只是一种猜测，它正确与否必须经过检验。检验的标准是实践，即科学事实。通过严格的科学实验、观测、调查等方法获取科学事实来验证假说，只有通过实践证明是正确的，假说才能成为科学理论。

### （二）制定研究计划

研究计划是对研究工作经过谋划而形成的实施方案，也称之为研究方案。有了周密详细的研究计划才能有步骤、高效率地完成研究任务。研究计划的内容包括：

#### 1. 研究课题名称

#### 2. 选题依据

这部分是选择和确定研究课题的理论阐述，主要包括国内外的研究动态、提出问题

的理论与实践依据、研究的目的意义。

### 3. 研究对象的范围与研究任务

这是根据假说进一步将研究对象的具体范围明确化，研究任务条理化。

### 4. 研究方法

指收集科学事实验证假说的具体研究方法。在设计过程中包括以下四部分内容：

（1）设计研究指标。即实验、观摩和调查的具体项目。

（2）建立操作定义。对于研究中某些抽象概念和指标作出明确的操作界定。如技术结构、快攻、妙传等，要明确指出其具体内容和特征，才能在收集材料过程中实际操作。操作定义在科学研究中具有重要作用，它有利于提高研究指标的客观性，使理论概念具体化，将指标变为可直接感知、测量的具体事物。同时有利于提高研究指标的统一性，从而有利于指标结果的对比分析。建立操作定义的常用方法有三种：第一，用客观事物发生状态、数量和具体现象来界定。第二，分解被定义指标（问题）的特征和所含的小指标（或因素）。如"教学训练能力"可定义为"讲解示范能力、组织教学与练习能力、发现与纠正错误能力、临场指挥能力、思想教育与球队管理能力、评价与总结能力"等。第三，用被定义指标表现的主要特征的数量标准进行界定，如高大队员定义为身高 2 米以上的锋线队员。

（3）研究样本与抽样方法的设计

甲、研究样本设计是从研究对象的总体中合理取出来的部分对象。常常限于条件不可能对研究对象总体进行全面研究，只能进行抽样研究。样本量的大小（多少）以能代表研究总体的特征为宜。样本量太少，其代表性就差；样本量越大，误差越小，但受经费、时间、人力等条件的局限，研究者往往很难实现。按照统计学中确定样本量的方法，在样本误差允许范围内，应力求以较少的样本满足研究的需要。

乙、抽样方法设计。确定样本量后，还要根据研究对象总体范围的大小和构成特征，采取相应的抽样方法。抽样方法有随机抽样和非随机抽样，随机抽样时应遵守随机抽样原则，杜绝研究者按主观意图进行选择性抽样。常用的随机抽样方法有抽签法、随机数字套用法、等距抽样、分层抽样、整群抽样、多段分级抽样等。非随机抽样是与随机抽样对应的另外一种抽样方式，主要是根据主观判断或者操作的方便来抽取样本。非随机抽样的方法有偶遇抽样、立意抽样、定额抽样、滚字球抽样等。由于非随机抽样不能控制统计上的误差，因此在推断总结时要非常慎重。

（4）对数据进行统计处理的设计。统计分析方法的设计常用的有定距指标（比率数）、事物相关关系统计指标，如比例数、回归系数、差异程度、指标贡献率等。

### 5. 预期结果

假说要经过验证，说明其论点和研究成果可供应用的范围等。

### 6. 工作进度安排

即详细的日程计划。它将整个研究工作的顺序步骤、时间阶段及各阶段工作内容、措施作出预先安排，形成合理的工作流程。

### 7. 经费预算

### 8. 课题负责人、参加人及协作单位

## 三、研究资料的收集与整理

### （一）收集研究资料

研究资料是验证假说、论证问题、形成科学理论所需要的科学事实，是研究工作所要完成的重要内容。研究资料包括文献（情报）资料和科学事实两大类。文献资料是前人积累的科学理论与研究成果记录的间接经验。研究人员只有紧紧围绕研究课题，尽可能多地收集文献资料，才能充分了解本课题的学术背景与前沿动态，才能为验证假说、论证观点提供有力的依据。

科学事实是直接来自社会实践，来自篮球运动实践活动和具体事实，它为研究课题提供直接的研究材料，是科学研究中验证假说，提出新发现、新规律、新理论的先决条件。科学事实表现形式多样，可以是各类实验中获取的原始数据、事例反应的记录，也可以是观察、调查获得的第一手情况记录、数字、问卷材料、录音、录像、图片等。

在收集资料过程中必须坚持客观性与全面性，注意鉴别资料有效程度与可靠程序。这一阶段的工作既要有科学理论与方法的正确指导，又要求研究者具有勤奋顽强、勇于探索、不怕艰苦的精神，这样才能获取丰富可靠的研究材料。

### （二）整理研究资料

对通过实验观察、调查访问、临场统计、查阅文献资料所收集到的大量原始、零乱的研究材料，必须经过数理统计与逻辑处理，才能为验证假说、形成科学理论提供有效可靠的依据。

对于文献资料和（定性类）经验事实，主要采用系统方法和各种逻辑方法进行加工整理。首先，对资料进行汇总、分类、检验、筛选。而后，结合研究的任务，运用比较、类比、归纳、演绎、分析、综合等方法进行加工整理，揭示事物可能存在的联系与规律，得出研究问题的观点与结论。

对于各种实验、测量、观察中直接获取的数据应进行统计处理。运用各类指标数据的处理结果，对研究假设中的某些问题进行抽象判断检验验证假说，提出结论，揭示规律。

这一阶段是验证假说的后期阶段，资料的加工整理是理性概括、逻辑分析和创造性

加工的过程，这一过程基本完成了对研究假说的检验工作。

### 四、撰写科学论文

学术论文是科学研究的总结，是科研成果的反映。不同学科的论文其格式与结构不尽相同，但大体上都由以下几部分组成：

#### （一）选题依据（或问题的提出、前言）

这部分是论文的引言。首先，要扼要地叙述为什么要研究这个课题，这个课题的意义何在。其次，要综述研究问题的历史和现状，前人研究了哪些问题，还有哪些问题没有解决。最后，要阐述研究的范围及研究的任务。

#### （二）研究方法

这部分要详细、完整地说明研究所要采用的方法。采用实验方法要有实验方案，包括理论依据、施加因素、实验对象、效应观察指标和操作步骤等。采用观察统计、调查访问方法时要署名，并讲述清楚对象、内容、时间及具体方法等。

#### （三）结果与分析

这部分是论文的主体。包括通过实验、观察、调查研究的结果和运用基础理论与专业理论对研究结果进行分析与讨论。进行阐释和判断时层次要清晰，立论要严谨。

#### （四）结　论

结论是理论分析和实验结果的逻辑发展，是整篇论文的归宿。结论必须准确、鲜明、完整，必须与研究的课题内容相结合，必须在理论分析的基础上经过归纳、推理形成总的观点。

#### （五）致　谢

在研究工作中得到的帮助，应在论文结束处表示感谢。用词要恰如其分。

#### （六）参考文献

科学论文列举参考文献是科研工作者严肃的科学态度及研究工作具有广泛充分依据的反映。凡引用其他作者的观点和研究成果，都应在参考文献中说明出处。应按顺序列出论文中所参考或引证的文献资料，注明编号、作者姓名、文献名称、有关章节和页次等。

## 第三节　篮球运动科学研究方法

所谓科学研究方法，是人们发现新现象、提出新理论的手段，是在科学活动中运用

科学的实践与理论思维的技巧。

随着现代科学技术对体育科学技术的渗透，随着体育运动的不断发展和人们对体育认识的日益深化，促使体育科学研究向深度和广度方面迅速发展，并逐渐形成了适合体育自身要求的研究方法。目前，观察法、调查法、实验法、逻辑方法、数学方法和系统科学方法等均已在体育科学领域中得到广泛的应用，同样，也在篮球运动科学研究中成为探索篮球运动发展规律的有力工具。

## 一、观察法

观察法是在自然条件下，通过人的感官或科学仪器，根据预定的目的，有计划地对研究对象进行系统考察，从而获得科学事实和资料，并运用有关方法加以整理，从现象到本质，从感性上升到理性，最后获得规律性认识的一种研究方法。

篮球运动科学研究中通常采用的临场技术统计，就是通过一些测量工具（目前常用的有计算机）对比赛进行定量描述的方法。摄像法则是利用照相机、摄像机、电影摄影来记录所观察到的事物和现象，而后深入观察分析的一种研究方法。

### （一）观察的分类

观察的种类很多，但就其目的任务而言，可分为质的观察和量的观察两种。

质的观察是通过观察来确定客观事物在发展过程中的性质，如比赛中采用的战术、战术的变化以及战术的实效等。

量的观察是观察客观事物在发展过程中数量的变化，如在篮球运动科学研究中通常用于对比赛及训练中运动员运用技术等方面情况的观察统计。

### （二）观察法的基本要求

#### 1. 观察应具针对性

观察应有明确的观察目的，使观察具有针对性。观察的针对性来源于理论思想的指导作用，为提高观察的实效，就要充分发挥理论思维对观察的能动作用。

#### 2. 观察应具客观性

为保证观察过程客观和准确，应坚持实事求是的科学态度。观察时不择己所好，忌主观片面。

#### 3. 观察应具系统性

由于事物总是发展变化的，因此，要客观地认识事物的发展全过程，就必须进行系统观察。

#### 4. 观察应具准确性

为防止在观察过程中由于主、客观原因而带来误差，要求观察者在观察前做好仪器

的校检，选择好观察的位置，印制好观察记录表。正式观察前先进行实习，以便修改、完善和熟悉观察指标，保证观察的准确性。

### （三）观察法在篮球科研中的运用

篮球运动科学研究中经常采用的技术统计是一种抽样观察方法。它是通过对训练和比赛的现场观察，记录下观察内容的具体数据和情况，然后进行分析、研究的一种常用方法。

技术统计内容的选择与表格的设计对于研究工作能否顺利进行有密切关系，而统计材料的组织运用则关系到研究的质量。

#### 1. 设计统计表格

确定统计指标是设计统计表格的关键。首先，应根据课题的任务和需要的数据确定统计内容。其次，应根据所研究事物的结构环节和有关因素来选择统计内容。

表格的设计应符合既便于临场观察记录，又便于统计计算的原则。统计记录表有两种形式：一种是场地图形式，即用全场或半场的场地图记录观察的事实；另一种为表格记录形式，即用根据研究目的设计的表格记录观察的事实。

#### 2. 统计材料的整理与分析

临场统计的原始材料，只有经过整理之后才能用以分析、对比。首先要对统计的数据进行核对，而后进行归类登记，填入登记表，以便分析时使用。各项统计数据都必须进行计算，算出总数、平均数和百分比，并进行统计学处理。

在统计材料整理之后，要根据课题的任务需要进行归纳和分析。属于观察教学训练的问题，要根据统计数据对教学训练活动从理论上进行分析，作出评价，并从总结中发现问题，提出改进意见。属于对比赛的观察统计，则应根据统计数据对比赛胜负的原因、技术和战术运用的问题进行分析，进而总结出影响球队比赛成绩的原因，提出改进的措施。

## 二、调查法

调查法是研究者通过直接观察或间接了解研究对象的各种方式去搜集反映研究对象的材料，是当前篮球运动科学研究常用的一种方法。根据调查对象的数量与范围的大小，可分为普通调查、典型调查、抽样调查等类型；根据调查的性质和内容，又可分为现状调查、前瞻调查、回顾调查等。调查方式有访问调查法、问卷调查法、特尔菲（专家调查）法等。

### （一）访问调查法

也称研究性谈话调查法，是通过有目的的谈话，寻求研究资料的方法。访问调查法的步骤：

1. 取样。根据被访问的总体特征和研究目的，决定抽样方法，决定访问的样本。
2. 制定访问时的提问提纲。
3. 进行访问。访问者要先表明身份、单位和访问目的等。
4. 记录答案，及时整理。

## （二）问卷调查法

问卷调查是一种书面形式的调查，它是以卷面形式提出若干问题来询问被调查对象，然后对所得材料进行分析的研究方法。问卷调查法的步骤：

### 1. 问卷的设计

调查问卷的内容应包括三部分，即问卷的标题、问卷的说明部分和调查问题项目部分。调查问题部分，结构形式大体上有问题罗列式（陈述式）和表格式两种，也可将这两种形式结合运用。

（1）问卷的标题与说明部分。问卷的标题要反映调查内容，名称要确切，一目了然。问卷的开头应有一段简单的文字说明，简要讲明调查的目的、意义及请求对方帮助与支持，而后解释某些调查问题的概念和含义，说明回答问题的形式、要求与意见和建议填写在何处，是否署名填答，请求填完问卷寄回的时间期限。最后应注明自己的姓名、工作或学习单位、邮编、地址、联系电话。措词应谦虚并表示感谢。

（2）确定调查内容。问卷中所调查的问题，应紧紧围绕课题的研究任务及材料来确定，而后对问题进行合乎逻辑的分解，使之成为明确的、互相独立的具体小问题。问题应简明，在排列上应注意将同类性质问题排在一起，可用一小标题领题，并按问题的复杂程度由浅入深、先易后难排列，将简单的问题、容易的问题和对后面问题有启发意义的问题排在前头，而开放的问题和敏感的问题排在后面，检查成套可行性的问题不要排在一起。问题排列顺序要有逻辑性。

（3）确定回答问题的方式。根据调查问卷问题提问的形式不同，回答方式也不同。对开放型（自由式）问题可根据被调查者的认识自由回答。这类问题多用于面访调查提纲，被调查者具有较高的文化素养与学识水平。对封闭式问卷，调查者只能在规定好的几个答案中选择一个，或把答案分为几个层次让被调查者按其重要程度排出顺序。

### 2. 问卷的信度和效度检验

问卷的信度即问卷的可靠性，效度是问卷的有效性，问卷的信度是效度的前提。调查结果的信度与效度对结论推导的真实性有至关重要的作用，因此，保证问卷的信度与效度是研究者必须掌握的技巧。

为保证问卷的信度与效度，必须注意以下几方面：

（1）设计问卷内容时，首先，要阅读有关文献资料与专业书籍，并经专家评定。其次，为避免设计的内容有所遗漏，应采取开放式与封闭式相结合的回答方式。最后，正式调查前，可通过小样本或小范围的预调查，验证其可行性与有效性。

（2）进行信度与效度检验。信度一般是指所测得的数据的可靠程度，即调查材料反映调查对象实际情况的可靠、真实程度。

信度检验：通常以相关系数表示，常用的计算方法有两种。第一种是"测量再测量"方法，用测量与再测量的相关系数估价可靠性。第二种是折半法，即采用"分半信度"法求问卷的"内部一致性系数"。此方法一般用于态度量表的信度检验。

效度检验：常见的问卷效度有内容效度与结构效度两种。内容效度是指问卷的内容是否反映了研究课题所需要的全部材料。检验方法有两种：一种是表面效应检验，或称逻辑分析检验，它是请有关专家全面审核评价问卷的内容性能，从问卷内容上和逻辑关系上看问卷是否符合调查的目的、任务与研究的需要。另一种是评定量表方法，即分别对问卷内容的各大问题及其范围加以定量评定（评分），然后算出每个评分者的效度分数，最后求出全部专家总的平均效度分数。

结构效度是指问卷调查结果与问卷中问题的结构特征之间的对应程度。具体操作方法可在问卷调查前将问卷设计排列的问题打乱后随意排列，然后在小范围内（15人左右）请专家逐一判断每一问题属于哪一类问题，以及各类问题构成的总体结构是否与主题相一致，如果专家判断问题分类正确率达80%以上，且总体结构与调查主题相符合，则问卷的结构效度是有效的。

### （三）特尔菲法（Delphi）

特尔菲法又称"专家调查法"，它是调查者以书面形式对研究的问题向有关专家进行咨询调查，并反复多次汇总征询意见，从而进行预测与判断的一种调查形式。在篮球运动科研中多用于研究技、战术发展趋势及预测大赛的胜负情况等。

**1. 特尔菲法的特点**

（1）专家互相隔离和匿名填答问卷，有利于消除相互影响，充分独立地发表意见。

（2）系统设计的轮回调查方式，调查经过几次反复多次综合和反馈，既能充分集中多数专家的意见，又不排除少数人的意见。

（3）对每一轮调查结果，研究者都要进行统计处理，最后的结果力求转换为定量评价，以获得对问题的准确定量评价与判断。

（4）在反复调查中，须向每一位专家提供上轮调查的结果，以供每位专家在逐轮独立分析评价时有多种参考信息，进而提出客观意见。经几轮调查后，专家意见大多趋于一致，则使调查结论更为可靠。

**2. 特尔菲法的运用程序**

（1）确定调查主题，拟定调查纲要和调查表格。

（2）确定被调查专家。应选择在本研究领域内连续工作10年以上有造诣的专业人员。专家人数一般以10~25人为宜。

（3）调查过程

——向专家发函，提出要求，提供有关背景材料，明确预测目标，征求意见。

——发调查表给专家。调查表只提出要求预测的问题。

——调查者对专家寄回的调查表进行汇总整理，并将统计归纳后的结果反馈给各位专家，为专家修改自己的意见作参考。

——调查者回收第二轮问卷后，再进行统计归纳，再反馈给各位专家。如此反复三至四轮即可得出较准确的预测结果。

## 三、实验法

实验法是研究者利用一定的物质手段，人为地控制、模拟自然现象，排除非实验因素的干扰，突出主要因素，在特定的条件下通过实践探索自然规律的一种研究方法。实验的类型很多，主要有定性实验、定量实验、对照实验、模拟实验等。

### （一）科学实验的构成因素

任何科学实验都包括三个基本因素，即施加因素、实验对象和实验效应。

施加因素又称处理因素，即在实验中为揭示实验对象可能发生某种变化的突出因素，如提高投篮命中率实验中的某种训练手段与方法等。施加因素必须使之成为规范稳定的、可操作实施的一些内容、方法、手段等。

实验对象泛指实验课题所涉及的全部对象，即实验研究的总体。从实验对象总体中抽出实验个体就称之为实验样本，它是实施实验的受试者。

实验效应是指通过实验后施加因素对受试者的作用。为了解释施加因素在受试样本产生的效应，就必须通过一定的指标来进行观测，以便确定实验的效应程度。选择指标必须遵循指标的有效性、指标的客观性、指标的代表性及指标的标准化等原则，才能保证观测结果的正确性和可靠性。

### （二）实验设计

实验设计就是实验的设想方案。即在实验前对即将进行的实验工作作全面的考虑，确定实验方法途径，拟定出明确的方案，提高实验的计划性，以保证实验工作的顺利进行。

#### 1. 设计实验的原则

第一，重复性原则。必须使所设计的实验方案能重复进行，并能产生同样的结果。

第二，可控性原则。尽量控制各种实验条件，采用均衡或对称安排的方法来达到控制实验的目的。

第三，随机性原则。实验对象必须随机抽样，不能人为地挑选。

第四，对照性原则。"有比较才能有鉴别"，实验分组设计常有自身的比较设计、组间比较设计和配对比较设计。

#### 2. 实验设计的内容

实验设计的内容应包括实验题目、实验原理（理论依据）、实验的目的任务、实验时间、实验对象、实验分组设计、实验的施加因素、实验效应观测指标及测试步骤等。

### （三）实验的实施

实验实施是科学实验的中心环节。在此阶段，实验人员要完成以下几项任务：
1. 实验仪器设备的安装。
2. 预备性实验。
3. 实验过程中的操作、观察与记录。
4. 对实验结果进行处理与评价。

## 四、逻辑方法

科学研究必须通过观察、实验、设计等方法对搜集的资料与事实运用理论思维的方法进行整理，使认识从经验层次上升到理论层次。资料事实的整理过程是多种方法辩证统一的运用过程，包括比较、分类、类比、归纳与演绎、分析与综合等逻辑思维方法。类比、归纳与演绎法已在建立假说的方法中介绍，在此仅介绍比较、分类、分析与综合法。

### （一）比较法

比较，是确定事物的共同点和差异点的一种逻辑方法，是人类认识事物最基本、最常用的思维方法。比较同一事物在不同时间的状态叫纵比，比较不同事物各自的特点叫横比。

**1. 比较法在篮球研究中的应用**

在篮球科学研究中，广泛地运用比较方法，无论是对比赛统计资料的分析或对实验结果的论证及新观点、新方法的提出，无不运用比较法。在对篮球领域中各种现状分析时，常用纵向比较以揭示篮球运动发展的规律，在提出新观点、新论证、新方法时，又常采用与世界先进国家的横向比较。

**2. 应用比较方法进行研究的条件**

（1）比较对象必须具有可比性。两种比较对象需要比较的属性能用同一单位或标准去衡量，否则这两种对象就不能相比。

（2）要有精确、稳定的比较标准。这是定量比较的基础，也是定性比较所必需的。因此选择和制定精确、稳定的比较标准是有效进行比较的前提。

（3）比较研究要以正确的理论作指导。

### （二）分类法

分类，是根据研究对象的共同特点和差异点，把研究对象划分为不同种类的逻辑方法，是人们用以区分客观世界，从而掌握客观世界的基本方法。"类"是具有某些共同特征的集合，分类是在比较基础上进行的。常用的分类有现象分类和本质分类两种类型：现象分类，是根据事物的外在联系或外部标志进行分类；本质分类，是以对象本质特征的内部联系为标准的分类。

### 1. 分类法的应用

分类可以把纷繁复杂的事物加以条件化、系统化，从而深化人的认识。通过分类可以揭示同类的共性和本质，从而为进一步研究奠定基础。因此，分类也是篮球科研的重要方法。例如：为了揭示篮球动作的特点，加深对篮球技术的认识，改进教学训练，进行了"对篮球技术动作分类"的研究，研究结果揭示了篮球技术动作结构特点及内在联系，从而对篮球运动教学改革及教材建设提供了有益的参考。

运用分类法时，首先按照分类对象大的相同点把对象分成大类，再按大类中对象次一级的相同点分成次级类，以此类推，逐渐将对象分成不同等级的类系统。

### 2. 分类必须遵循的原则

第一，分类必须根据同一标准进行；

第二，分类必须相应相称，被划分的各子项之和必须与被划分的母项正好相等；

第三，分类必须按一定层次逐级进行，避免超级划分的逻辑错误。

## （三）分析法

分析，就是把研究对象分解为各个组成部分或简单要素加以研究，以达到认识其本质的一种思维方法。如研究快攻问题可分解为发动与接应、推进、结束等部分来分别加以研究。

分析法有四种：一是定性分析，是为了确定研究对象是否具有某种性质的分析。二是定量分析，是为了确定客观对象各个部分数量的分析。三是因素分析，是为了确定引起某一现象变化原因的分析。四是系统分析，是一种动态分析，它将客观对象看成一个发展变化的系统。

运用分析法时，必须首先了解研究对象各个组成部分的特征，才能把整体加以解剖，把各个部分从整体中分离出来，加以深入的分析。分析法一般多与综合法结合运用，以便更好地全面把握研究对象的发展过程。

## （四）综合法

综合法就是把研究对象的各个部分、各个方面和各种因素联系起来加以考虑，从而在整体上把握事物本质和规律的一种思维方法。例如从快攻的发动接应、推进、结束等环节分别分析后把各环节联系起来，考察它们相互间的联系以及各环节与快攻总体战术的联系，从而得出对快攻战术的完整认识。

分析与综合是统一的认识过程中的两个侧面，它们互为前提，互相补充，互相转化。人的认识过程就是在分析——综合——再分析——再综合的过程中不断提高的。因此，在实际的逻辑思维中没有纯粹的分析和综合，在科学研究中加工、整理资料与事实的过程中要充分认识到"分析与综合同时并用"这一重要的方法原则。

## 五、数学方法

数学方法是运用数学所提供的概念、理论和方法，对研究的对象进行定量的分析、描述、推导和计算，以便从量的关系上认识事物发展的规律性的方法。

数学方法为篮球运动科学研究提供了简洁精确的形式化语言，提供了定量分析和计算的方法手段。在篮球科学研究中常用的数学方法有：

### （一）数理统计方法

数理统计是运用概率论定量地研究和剖析实践中所遇到的具体随机现象内部规律的数学方法。在篮球科学研究中得出的各种观测、实验数据都属随机变量，随机变量在数值上是随机波动的，但又具有某种分布。我们经常用它们分布相联系的数来反映其变化规律。

数理统计中还有一部分定量研究事物各因素之间相互关系的方法，相关分析与回归分析是常用的方法，用相关系数定量地描述两个变量（因素）间密切程度。如果两个变量存在相关关系，则可用回归分析的方法研究这种关系。从一组样本数据中设法找出它们这种关系的数学表达式，称回归方程。

由于篮球运动科学研究的现象是复杂的，大多是众多因素交织在一起，因此，要进行多因素分析、聚类分析。

### （二）模糊数学方法

客观现实中普遍存在着模糊现象。模糊性是指客观事物在差异的中介过渡时所呈现的"亦此亦彼"性，如篮球进攻的快与慢之间没有绝对分明的界限，呈现出模糊性。在篮球运动中模糊现象广泛存在，因而绝对精确的数学方法常常难以应用。模糊数学就是利用人脑能判断模糊性的特点，用严格的数学语言来描述模糊性，为研究模糊问题提供数学方法。

常用的模糊数学方法有模糊模式识别法、模糊聚类分析法、模糊相关分析法、模糊综合评判法、模糊控制法。

### （三）运筹学方法

运筹学方法是运用数学方法，把所要研究的问题作出综合性的统筹安排和对策，以达到最经济的使用人力、物力和最优的收到总体效果的方法。

运筹学方法包括的内容很多，常用的是决策论方法。决策是对未来行为确定目标、方向，并为选择一个能实现预期目标最优的可行方案作出决定的过程。

### （四）预测方法

预测方法是根据过去和现在预测未来，根据已知推测未知的一种数学方法。即根据过去的实际资料，运用已有的科学知识和手段，探索事物在今后可能发展的趋势，并作

出估计和评价，以调节人们的行动方向，减少对未来事物的不肯定性。

预测方法种类很多，在篮球运动研究中常用的有定性预测方法、定量预测方法、概率预测方法等。

### 六、系统科学方法

系统科学方法是指控制论、信息论、系统论等系统科学方法和理论在体育科研中的应用。它们的共同特征：一是系统性，二是整体性，三是定量性，四是都为解决多因素的、动态的复杂系统提供了方法，五是最优化。

#### （一）系统方法

系统方法是用系统的思想研究事物的方法。它首先把研究的事物看做一个系统，从整体与部分之间，整体与外部环境的相互联系、相互作用、相互制约的关系中，综合地考察对象，最佳地处理问题。系统方法的基本原则是整体性、相互联系性、有序性和动态性。

#### （二）控制论方法

控制是指一个系统为了达到一定目的或保持某种特定状态，根据内部和外部各种变化进行调节的过程。控制论应用于体育领域，对于在体育教学训练中系统实施有目的、有方向、有计划的调节以达到最佳效果，有着积极的作用。

控制论方法是由功能模拟法、黑箱法、反馈控制方法、有机协调等具体方法组成。目前篮球科研中主要运用反馈控制方法。反馈控制方法是指运用反馈和控制的概念去分析和处理问题的方法。

#### （三）信息方法

信息论是用数理统计方法来研究信息传递、信息控制、信息量的计算以及阐明信息在系统中的作用和规律的一门学科，它是控制论的基础。信息在篮球运动研究中具有重要的意义，它是选择研究题目、确定研究方向、选择研究方法以及检验科研成果必不可少的依据。信息方法是指运用信息论的观点，把系统的运动过程或控制过程当做信息传递和信息转换的过程，并通过对信息流程的分析和处理，以达到对某些复杂系统运动过程和控制过程规律性的认识。

控制论、信息论、系统论是新兴学科，它为体育科研提供了新的思维方式和从整体上认识事物的系统科学方法，这些方法推动了篮球科学研究的发展，并取得初步的成果。由于它在篮球科研应用中刚刚起步，所以有许多问题尚待探索。

## 第四节 篮球运动科学研究成果的评价

科研成果是研究人员辛勤劳动的结晶，也是国家的重要财富，作好科研成果的评价，

不仅关系到正确评定科研人员的劳动成果，而且直接关系到科研成果的推广和应用。

随着现代科学的发展和体育科研管理水平的提高，体育科研成果的评价正向着科学化、定量化和统一标准化发展。体育成果一般表现为体育科学理论研究成果、体育应用技术研究成果和软科学（主要指科技情报、管理决策、战略研究等）研究成果。对体育科学理论研究成果和软科学研究成果主要通过评审的方式进行评价，对体育应用技术成果一般采用鉴定的方式进行评价。

## 一、评价的原则

不论采用何种方式对篮球科学研究成果进行评价，都应遵循以下原则：

### （一）综合评价原则

综合评价是指对科研成果的学术价值、技术价值、经济价值和社会价值等方面进行全面的评价。

### （二）实践检验的原则

即各种科研成果的学术价值、经济价值和社会价值都要经过一段时间的实践检验，取得足够的、正确的参数，并与国内外同类研究对比、鉴别，才能得出正确的评价。

### （三）实事求是原则

评价科研成果必须有实事求是的科学态度，对成果探索的深度、功能、适用范围要如实评价。要正确区分继承与创新问题，重视实际数据，才能作出公正的评价。

### （四）保密原则

参与评价的人员有保密责任，对成果的具体资料、技术指标、各种参数应保密，不许私自扩散。

## 二、评价的标准

由于不同学科和专业的科研成果各有特点，因此，评价的标准也不尽相同，但一般都应考虑以下几个方面的内容：

### （一）学术价值

它是指成果的理论价值，具体包括以下几点：一是阐明现象的特性和规律在篮球运动发展中有重大意义，二是提出的论点具有先进性，三是修正或补充传统理论。

### （二）技术价值

指某些训练方法、手段和仪器设备的开发研究对提高篮球运动水平、促进篮球运动发展具有现实意义与实际作用。

### （三）经济价值

指研究的成果推广应用后产生的经济效益，或能对发展篮球事业节约资金。

### （四）社会价值

社会价值即社会影响，在篮球科研中那些能获得比赛成绩的成果和能促进全民健身的成果均有良好的社会价值。

第二十五章 儿童、少年篮球运动员的选材与训练

# 第二十五章

# 儿童、少年篮球运动员的选材与训练

## 第一节 儿童、少年篮球运动员的选材

篮球运动员的选材是指采用现代科学的手段和方法，通过客观指标的测试，全面、综合地评价和预测，把先天条件优越、适合从事篮球运动的人才从小选拔出来，进行系统的培养，并且不断地监测其发展趋势的一个过程。它涉及如何运用多学科的理论和方法，去研究与篮球运动特点有关的人体运动能力各性状的形成因素及其变化规律，并在此基础上探讨篮球运动员选材的基本内容、步骤、方法及其效果。

有关专家认为："培养当代世界冠军必须具备三个条件：高水平的科学训练、优化的训练环境和运动员个人优越的天赋条件。"当今世界有成就的教练员都认为"选材的成功意味着训练成功的一半"。由此可见，科学选材是当代竞技体育发展的需要，是科学训练的一个十分重要的组成部分。

科学选材是一项严肃而细致的工作，不能把它看成是简单的体格检查。它是在较长时期内，分阶段、分层次，从儿童、少年到青年、成年，从初级到高级，层层选优、步步监测的一项系统人才培养工程的一个重要组成部分。

选材分为基础、初级、中级和高级四个层次。

第一，基础选材在8~12岁的儿童中进行，是把那些健康、活泼、机灵、敏捷，尤其是身高已有优势的孩子选拔到小学篮球训练队或业余篮球俱乐部中去。目的是形成一个人数众多、范围广泛的篮球启蒙教育与训练的群体。

第二，初级选材在13~18岁的少年中进行，是把那些处于青春发育期间身体的各种性状的遗传优势已经表现出来或具有较大发展潜力的少年选拔出来。目的是使这些符合篮球运动的特点需要的少年进入系统、严格的训练体系，为进入高水平阶段打下基础和形成一定规模的后备人才的储备。这个阶段的选材要注意遗传基因，以某些带有先天的、不可控的、稳定的因素为主，应在广大中学、篮球传统学校和少年篮球俱乐部中物色。

第三，中级选材是把中学和体校毕业生中既表现出先天的遗传基因优势，又在篮球训练中提高较快的少年选拔到各职业俱乐部青年队或大学代表队中去（相当于目前的乙级队水平），给他们创造机会，一边继续学习文化知识，一边扎实而又深入地掌握篮球运

动技能，成为进入高水平运动队的备选人才。这个阶段选材的年龄应在19~21岁之间。

第四，高级选材的任务是选拔出类似达到甲级以上职业队水平的篮球运动员，使他们通过高水平队的竞赛进入职业篮球俱乐部，并有可能为国家队输送备选人才。这个层次的选材，先天的相对稳定的测评因素的比例相应减少，而主要检测后天的、相对变化的可控因素。总之，选材与训练是提高篮球运动水平互相促进、互相制约的两个基本因素，选材的主要目的是预测，成才的关键取决于多因素的科学训练。

儿童、少年阶段是生长发育的重要时期，是人体各种性状在遗传因素和环境因素的影响下呈现明显特点的阶段。表现为身体各部分、各器官、各组织的大小、长短及重量的增加和各系统功能效率都处于发育提高期。由于儿童、少年的生长发育程度与运动能力高低密切相关，所以，只有通过对他们的发育程度和篮球运动的实际潜能条件进行测试、进行科学的鉴别和评价，才能把其中的佼佼者选拔出来，使他们步入篮球运动多层次的育才之路。

## 一、儿童、少年篮球运动员选材工作的步骤

儿童、少年篮球运动员的选材是最基础的阶段，它关系到培养质量及成才率。一般分成四个步骤进行，即家系调查、生长发育状况调查、篮球专项选材指标调查和综合评价与分析。

### （一）家系调查

人类遗传的基本规律表明，反映人体运动方面的各种性状的优势，在一定范围内受到遗传因素的制约。而那些优秀的运动员后代中，有50%以上的人在运动能力方面会有突出的表现。所以，在选材工作中，通过对家系的调查，并运用遗传学的观点、方法来分析、评价被选运动员运动能力的发展潜力，提高预测的准确性，是选材工作中重要的一环。

1. 调查父系和母系上下几代成员的形态特征，如身高、臂长、体重、体形特征等。
2. 调查上述亲属的身体健康水平，患有哪些慢性疾病，特别是有无遗传性较高的疾病。
3. 调查上述亲属的运动能力（包括劳动能力）与兴趣爱好，特别是对体育运动的兴趣，尤其要注意体育世家和运动员的后代。
4. 被选者在家庭中特别像谁，对其相像者的情况要着重了解，注意到他们之间可能有更多相似的遗传联系。
5. 被选者的生育史调查，包括出生时是否早产、难产，出生时父母年龄及社会经济背景，母亲在孕期的健康水平，被选者是第几胎，是否是双胞胎等。

### （二）生长发育状况调查

体格检查，包括对肌肉、骨骼、心血管系统、呼吸系统、肝功能、血液、尿及个人病史8个方面的调查，其结果基本能够较全面地反映被选者的健康情况，可作为入选依据。

1. 肌肉系统：测量体重是否在正常的范围之内，检查肌肉系统的发达程度与生长发育规律是否一致，注意两侧肌群发育的对称性；测定握力、背力，并用正常的标准予以评价；测定仰卧起坐，评定腰腹肌群的发育水平。

2. 骨骼系统：评价骨骼的发育水平，看其身高是否达到项目要求的高度；在立正站立姿势下，观察肩、髋及四肢的发育是否对称；观察胸廓是否正常，是否属于鸡胸、桶胸、漏斗胸等畸形；检查脊柱生理弯曲线是否正常，有无前曲、后曲或左右侧弯；检查上肢外展内收、外旋内旋，手腕活动功能是否正常；检查下肢是否是X型腿、O型腿或对线不正，检查是否扁平足等。

3. 心血管系统：可借助听诊器和心电图检查心律是否正常，检查心音是否正常，有无收缩期或舒张期杂音，如有可借助超声心动图鉴别其类型；检查血压是否在正常值范围内，一般收缩压不超过140毫米汞柱，舒张压不高于90毫米汞柱。

4. 呼吸系统：测量肺活量、肺通气量，做胸透以排除胸部疾病。

5. 肝功能检查：排除肝脏疾病。

6. 进行血常规和尿常规检查：看其是否在正常范围内。

7. 发育程度的鉴别与分型：

（1）发育程度的鉴别。人的运动能力与发育程度密切相关。人的生活年龄（又称日历年龄）并不能真正反映其成熟程度。所以，用生活年龄进行选材与制定选材分组标准，将会把发育"早熟"和运动能力提早呈现的儿童、少年误认为是这个生活年龄中的优秀人才，而将那些更有才能，但暂时还未发育或由于发育高潮持续时间较长而推迟成熟的"大器晚成"者排斥在外，这就是用生活年龄选材往往出现的弊病所在。因此，在选材中，只有在区别了运动员的发育程度后，再根据发育程度进行分组，才能对运动员的形态、机能、素质、运动成绩作出正确的评价，才能将那些生活年龄与发育程度相一致（或略偏小），而形态机能、素质、运动成绩又确是这一发育程度中的高档者，作为我们要选择、也应该选择的目标。鉴别发育程度的方法主要有：

甲、骨龄鉴别法。测定骨龄是目前鉴别发育程度最准确的方法之一。骨龄是反映生物年龄的一种标准，它能表明人体骨骼生长发育的实际年龄，也是青少年生长发育水平的评定指标。

测定骨龄多采用手腕骨X线片的分析评定。骨龄X线片要求反差适宜、拍摄部位完整、姿势为正位片，拍摄范围应包括指骨（14块）、掌骨（5块）、腕骨（8块）及尺、桡骨远端。拍摄时，弱手（指日常非习惯用手）五指自然分开，中指轴和前臂长轴应在同一直线上，手平放在拍摄台上，镜头与手距离约为90厘米。

手骨发育的成熟时期是不同的，其成熟顺序是：腕骨→远节指骨→掌骨→近节指骨→中节指骨→尺、桡骨。

评定骨龄时，首先要阅骨龄片，重点观察化骨核的出现及其关节面的出现和变形；骨骺的出现，与干骺端的比例及骨突的出现（如尺、桡骨茎突等）；骺板（骺线）宽窄是否一致，是否呈线状，是部分消失还是完全消失；籽骨的出现时间等。在标定骨龄时，首先可判断大致骨龄范围，然后再对照标准骨龄片进行评定。

乙、第二性征鉴别法。第二性征是指男女两性在性成熟期所出现的一系列与性有关的特征，如阴毛、女性乳房、男性的睾丸和喉结等。人体的骨化程度与第二性征生长发育的程度基本一致，故可通过检测第二性征来评价儿童、少年的生长发育程度。据研究表明，男子睾丸与骨龄的相关系数为 0.828，与阴毛的相关系数为 0.703；女子阴毛与骨龄的相关系数为 0.780，与乳房的相关系数为 0.805。第二性征发育分度与骨龄的对照关系如表 25-1 所示。

表 25-1　第二性征分度与骨龄对照表

| 推测骨龄 | 男子阴毛 | 女子阴毛 | 睾丸 | 月经 | 乳房（女） |
|---|---|---|---|---|---|
| 12 | 0° | 0°~Ⅰ° | Ⅱ°~Ⅲ° |  | Ⅱ°₁~Ⅱ°₂ |
| 13 | 0°~Ⅰ° | Ⅱ°~Ⅲ° | Ⅲ° | 初潮 | Ⅱ°₂ |
| 14 | Ⅰ°~Ⅱ° | Ⅲ° | Ⅲ°~Ⅳ° |  | Ⅱ°₂ |
| 15 | Ⅱ° | Ⅲ° | Ⅳ° |  | Ⅱ°₂ |
| 16 | Ⅱ°~Ⅲ° | Ⅲ° | Ⅳ°~Ⅴ° |  | Ⅱ°₂ |
| 17 | Ⅲ° |  | Ⅴ°~Ⅵ° |  | Ⅱ°₂ |

（2）发育程度的分型。不同的儿童、少年生长发育的程度是不同的。据研究认为，儿童、少年的生长发育程度可分为三类九型。生长发育的类型又与运动员成才关系密切，如表 25-2 所示。所以，准确地确定儿童、少年运动员的生长发育类型，是运动员科学选材的重要手段。从表 25-2 中可以看出，正常时间开始发育的各种类型的运动员成才率总计为 90%，其中延长型发育的一项就占 65%，他们的青春发育高潮持续时间长，身体各组织、器官系统等发育程度高，训练对他们的潜力的诱发和促进作用更明显。所以，他们的运动能力才得以大幅度地提高。如何把正常开始发育的儿童、少年运动员选拔出来，是提高选材成功率的关键。

表 25-2　青春发育类型与成才率

| 生长发育的类型 | | 成才率（%） |
|---|---|---|
| 提早开始发育 | 缩短型 | 0 |
| | 正常型 | 1 |
| | 延长型 | 3 |
| 正常时间开始发育 | 缩短型 | 10 |
| | 正常型 | 15 |
| | 延长型 | 65 |
| 推迟开始发育 | 缩短型 | 3 |
| | 正常型 | 2 |
| | 延长型 | 1 |

甲、确定进入青春发育期的时间：研究表明，我国男、女少年进入青春发育期的骨龄分别是 13 岁和 11 岁。此时骨龄片显示出现了拇指种子骨化中心。在体征上男、女少年均出现乳节。当发育程度的标志提前（男少年在 10～11 岁、女少年在 8～9 岁）或推迟（男少年在 15～16 岁、女少年在 13～14 岁）出现时，则表明发育期的提早或推迟。

乙、确定青春发育期高潮持续时间的长短：

（甲）用骨龄鉴别。若骨发育在两个或更少的日历年龄中跨过 4 个骨龄年（G—P 标准）或更长，则属于发育期高潮持续时间缩短的表现；若骨发育在 3 个日历年龄中跨过 4 个骨龄年，则属于发育期高潮持续时间正常的表现；若骨发育在 4 个日历年龄中跨过 4 个或更长的骨龄年，则为发育高潮延长的表现。

（乙）用第二性征推断发育程度的方法鉴别。进入青春发育期后，其发育程度各个阶段的标志均按正常的顺序出现，为发育高潮持续时间正常的表现；进入第二年即表现出第四年发育程度标志的为发育高潮明显缩短；在进入青春发育期后，其发育程度的标志推迟一年或一年以上出现者，为发育期高潮持续时间延长的表现。

（丙）用进入青春发育高潮期后每年身高增长程度鉴别。先将进入青春发育期第一年的身高增长值定为 100%（男子 13～14 岁、女子 11～12 岁的年增长值），再连续观察第二年、第三年的身高增长值变化的百分比。若第二年只有第一年增长值的 25%时，为发育高潮期缩短型；当第二年增长值为第一年增长值的 70%以上，第三年增长值为第一年的 28%者，为发育高潮持续时间正常型；当第二年增长值为第一年的 90%以上（甚至超过第一年），第三年增长值仍有第一年的 70%者，则为发育高潮期明显延长型。如果女少年进入青春发育期的第二年（12～13 岁）、男少年进入第三年（15～16 岁）骨发育达到或接近 G—P 标准，身高增长在 5 厘米以上者，也可以判定为发育高潮延长型。

### （三）篮球专项选材指标调查

竞技运动训练是一个长期、复杂的人品塑造和身体加工的过程。人体机能方面的各种性状，直接影响运动能力的发展水平，运动能力的高低又直接关系到运动员掌握运动技术的速度和可能达到的最高竞技水平。人体各种性状的现实表现和发展潜力受着人类性状遗传的影响，在世界 59 亿人口中，要成为一名（单项运动）或一个群体（集体项目）的世界冠军是非常困难的。世界冠军的培养过程，就是一个把受遗传性状影响最大的佼佼者早期选拔出来，并进行较长时期的系统训练，以达到某项运动水平巅峰的过程。因此，儿童、少年运动员的选材是系统科学选材的基础，也是通向冠军之路的起点。

#### 1. 选材指标的确定

根据篮球运动具有的综合性、对抗性和集体性的特点，儿童、少年篮球运动员的选材应考虑从形态、机能、生理与生化、素质、技术和心理 6 个方面确定选材指标，并结合教练员对被选对象对篮球运动是否真正喜爱，以及协调与应变能力、接受与创造能力、意志品质和训练、比赛作风等方面的评定进行综合选材。

（1）形态类：由于篮球比赛对抗中双方处于攻守的动态，而球篮又是固定在空中，这样，高空的争夺就异常激烈。显然，身材高大、手臂又长自然就成为篮球运动员的主要形态特征。

甲、身高。身高是反映人体生长发育水平的重要形态指标。目前,世界篮球强队的男子平均身高多在2米以上,中锋多在2.10米左右;女子平均身高多在1.88米以上,中锋多在2米左右。目前我国家队男女运动员的平均身高也分别达到2.05米左右和1.85米左右。因此,选材时必须重视现实身高及其潜在的发展能力。

乙、去脂体重。又称瘦体重,它不仅反映儿童、少年的生长发育状况,也能反映他们的营养状况。体脂成分越高,说明人体中肌肉含量越少,预示着今后肌肉系统潜在的发展能力越低;如果体脂百分比过低,则说明营养不良,发育会受到影响或延迟。所以,儿童、少年在生长发育阶段,应有一个合理的体脂百分比范围,这样才能有利于正常的生长发育。一般来讲,体脂在8~12岁期间,男子为10%~12%,女子为13%~15%;在13~18岁期间,男子为12%~15%,女子为13%~18%的范围内均为正常。儿童、少年运动员的体脂百分比控制在正常水平,既有利于生长发育,又有利于训练。即使在优秀运动员中,去脂体重与运动成绩也呈正相关,所以选材时要特别重视。

丙、指距-身高。指距-身高指数也是篮球运动员的重要形态之一。它是指两臂按水平方向充分伸展时两手手指指尖之间的距离减去身高的数值。此数值越大,说明手臂越长,对用手来控制支配球与争抢球的篮球运动来说优势也越大。但是中国人指距-身高指数的平均值大大低于欧、美、非洲的白人和黑人,正因如此,所以在选材时对这一指标更要给予应有的重视。

(2)机能类:篮球比赛是一项对抗激烈、负荷强度很大的非周期性运动,要求运动员具有较强的呼吸系统和心血管系统的工作能力,这两大系统工作能力的高低直接影响运动员承担运动负荷的大小、持续工作时间的长短、恢复速度的快慢和程度的高低,是能否提高运动成绩,以至最后达到技术巅峰的重要基础,也是选材的关键因素之一。

甲、最大摄氧量($\dot{V}O_2\max$)。是指在运动强度进一步增长而吸氧量不再继续增加时,1分钟被机体所消耗掉的氧气数量。其数值代表着人体吸进氧、运输氧和利用氧的能力。

乙、心率。心率是指每分钟心脏搏动的次数。是心血管系统最容易测定的评定指标。它既能反映心血管的机能,又可反映该机能的节省程度和恢复情况。血液是维持生命与输送能源之舟,输送能力的大小影响着机体承担运动负荷的高低和多少。决定输送能力大小的是心输出量,心输出量又与心率及每搏输出量有关。一般来说,心率越快,心输出的血量越多。但到了超过170~180次/分时,由于心室充盈时间缩短,充盈量便减少,每搏输出量也减少,此时尽管心率很高,但心输出量却降低了。所以通过心率的变化能反映出运动员心血管机能并推断整体机体能力的高低。

丙、身体工作能力($PWC_{170}$)。身体工作能力是指人体在某种负荷下能连续工作多长时间,或在某段时间里接受多大负荷的能力。$PWC_{170}$是指把心率定为170次/分的稳定负荷状态下,单位时间内所做的功,是运动员机能评定中一种常用的次极限负荷测验方法。因为心率在170次/分或接近此值时,肌肉的工作强度与身体机能状态呈直线关系。在这种状态下,心脏容积愈大,人体所能做的功也愈大,所以$PWC_{170}$可以间接反映心脏的容积和射血能力。$PWC_{170}$指标越大,其身体工作能力越好。对于儿童、少年篮球运动员，$PWC_{170}$可用来鉴别心脏容积发展的程度；对于青年篮球运动员来说，则主要评价射血能力的高低。

丁、血乳酸。血乳酸是人体在较长时间的激烈运动时（如400米、800米、1500米比赛），为了保证机体能量的迅速增加，肌糖元或葡萄糖在无氧条件下分解，释放出能量，并在肌肉中生成代谢物乳酸，肌乳酸通过扩散、强化或活化等形式，透过肌细胞膜进入血液，即称做血乳酸。在运动强度不大时，乳酸的生成与分解形成动态平衡；当运动强度超过一定水平时，血乳酸呈直线急剧上升，大量的乳酸堆积，抑制了糖酵解酶系的活性，使糖酵解速度减慢，释放能量的数量和速度降低，并使血液中酸性大大增加，从而抑制了脑细胞的活力，机体工作能力明显下降，疲劳反应产生。糖酵解是时间短、强度大、速度快的竞技运动的主要供能机制，故糖酵解能力的高低决定着篮球运动员专项速度及专项耐力的好坏。而乳酸恰恰是糖酵解的必然产物，乳酸向血液中的渗透和扩散为检验其浓度提供了便利条件。所以，血乳酸是选材的重要指标，也是控制和调整运动强度的重要依据。血乳酸除受运动强度、运动持续时间、运动膳食以及训练水平的影响外，还受遗传因素（遗传度为0.81）的影响，选材的目的正是要把那些具有糖酵解机能先天优势的人才找出来。另外，糖酵解能力还与年龄有关，儿童、少年的身体正处在生长发育阶段，机体控制糖酵解的磷酸果糖激酶的活性较低，故其血乳酸最大浓度常低于成年人，这一点在评价选材指标时应予以注意。

戊、视野。是指两眼固定不动时余光所看到的范围。篮球运动员只有在及时观察和准确判断球场上情况的变化后，才能做出符合本队要求的技、战术行动。视力不好或不会利用视野都将影响篮球运动员运动水平的提高。因此，篮球运动员选材要注意对视力和视野的考查。

（3）素质类：身体素质是由健康素质和运动素质构成的。健康素质是防病、抗病和保持长期参加系统训练的重要保证，运动素质则是技、战术的物质基础。身体素质提高的程度不仅关系着训练的效率，而且决定着运动员运动水平的提高幅度及达到的最终高度。素质选材的指标既是评定运动员的标准，又是较好的训练方法。

甲、速度素质。速度对篮球比赛有着重要的意义。速度素质好，能加快攻守速度和节奏，可获得在攻守时间上、位置上和人数上的优势，帮助提高攻守的成功率，提高比赛强度和运动负荷，从攻守数量上和质量上超过对手，掌握比赛的主动权。30米、60米和100米跑的测试方法简便，易于操作，成绩也便于横向比较和纵向追踪，是较理想的速度素质选材指标。

乙、耐力素质。耐力是机体长时间活动并抵抗疲劳的能力。耐力素质的好坏与人体的循环系统、呼吸系统、肌肉系统和神经系统等机能水平直接相关。所以，对耐力素质的评定也代表着对其他相关素质的间接评定。随着训练负荷总量的大小和负荷后恢复的快慢，1500米（800米）计时跑可作为测验篮球运动员耐力素质的选材指标，考虑到不同年龄阶段心血管系统发育水平的差异，在12、13岁年龄组采用800米跑较宜。

丙、弹跳素质。篮球运动员的弹跳能力是影响比赛中争夺制空权的重要因素。弹跳素质与爆发力、无氧代谢能力及全身协调能力有关。篮球运动员在比赛中要完成大量的跳跃动作（抢篮板球、盖帽、抢断球、跳投、行进间投篮以及空中接力扣篮等），需要雄厚的弹跳素质为资本。所以，弹跳素质作为篮球运动员选材指标是很重要的。根据篮球比赛中采用最多的是行进间单脚起跳的特点，选用助跑单脚跳摸高来反映运动员的弹跳素质的指标是适宜的。

丁、力量素质。力量是一切竞技体育取胜的重要素质，也是篮球运动员的一项重要素质。一名篮球运动员必须具备强大的下肢爆发力，还需要上肢的快速力量和腰背肌的爆发性力量。要完成比赛中大量的跑、跳、投、抢动作以及腾空的高难动作，没有良好的腹肌力量配合就很难达到完美的程度。收腹举腿能很好地反映出腹肌的向心收缩力量，也是便于掌握和操作的指标。腹肌肌力的减小和腰围的增加往往反映运动员训练要求的降低和追求目标的丧失。

戊、灵敏素质。灵敏是人在各种复杂、突变的条件下快速、协调、准确、灵活地完成动作的能力。是各种素质和运动技能在运动中的综合表现，是一项综合素质。灵敏素质的发展有利于篮球运动员掌握各种复杂的技术、战术和提高比赛中的应变能力。十字跳需要运动员在不断变换跳跃方向的同时灵活控制身体平衡的能力，符合篮球运动灵敏素质的特点。

（4）技术类：篮球技术是篮球运动的基础。篮球技术分为进攻和防守两大类。作为技术类的选材指标，应充分考虑到如何体现某项技术的动作规格和运用形式，并力求与比赛要求相吻合。

甲、2分钟投篮。篮球比赛是以得分多少决定胜负的，投篮又是得分的惟一形式，是篮球运动最重要的进攻技术。2分钟投篮是计算运动员在2分钟内投中的次数，这种方法有生理压力，有心理压力，是接近比赛状况的有实际意义的评定指标。

乙、综合运球。运球是运动员在比赛中变换控制球方向、位置的一种形式，可将多种运球方法组合在一起，按规定路线和距离完成运球，用这种方法可以检测运动员的球感和运球技巧。

丙、防守滑步。防守和进攻是组成篮球比赛的密不可分的技术，所以教练员总是要求攻守兼备。滑步是防守的重要技术动作之一，在滑步时如何控制好身体平衡，如何逼近对手，如何封堵干扰破坏对手的攻击企图，是提高防守能力和质量的重要环节。

（5）心理类：心理素质对高水平竞技能力的稳定发挥起着非常重要的作用。由于激烈对抗、长时间作战、比赛情况瞬息万变、集体配合的相互依存与制约等独特的比赛环境，要求篮球运动员必须具备坚定、沉着、勇敢、机智、善于应付复杂局面的心理素质。

甲、手动稳定性指标。手的灵活性和稳定性对篮球运动员极为重要，尤其篮球是以投篮得分多少来决定胜负，因此，必须在训练中加大生理与心理的负荷，提高运动员身、心两方面的承受力。九孔仪能通过测验手的稳定程度来推测其心理素质中某些特性的程度。

乙、综合反应能力指标。反应是指人接受刺激后所作出的判断和应答。比赛的对抗性、技术和战术的多样性特点决定了篮球运动员必须具备良好的观察力；比赛时无论是在投篮、突破和传球的选择与变换方面，还是在配合中主攻与助攻的变化方面，甚至在攻守的突然转换方面，都需要从感知到注意、从注意到选择应答的迅速变换和交替，综合反应能力测试仪具备检测和提高观察、判断和手（脚）选择应答的功能，也是提高运动员复杂反应能力较好的练习手段。

（6）经验评定类：科学选材必须遵循科学原则，运用科学方法，但有一些关系着运动才能和发展潜力的因素不能直接测定，可是又必须在选材和育才中反映出来。教练员在多年的训练生涯中积累了丰富的经验，尤其对篮球运动员心理、智力、作风、毅力等十分重要的因素有直接的感受和经验，如能有效地对其进行经验评定，将会使篮球运动员的选材更具全面性和实用性。教练员经验评定的基本内容包括运动员的协调和应变能力、接受能力和创造能力以及意志品质与比赛作风等。

**2. 选材测试内容、步骤与方法**

严格按要求进行测试不仅反映出选材工作的科学性，而且也表明选材工作的严肃性。每位选材工作者都要坚持按科学态度办事的原则。

（1）常规形态指标测量（计量）的方法

甲、身高。使用身高坐高计，使用前要校正到每米误差不超过 0.2 厘米。受试者赤脚，以立正姿势站于底板上，足跟、骶骨部和肩胛骨之间部位要贴住立柱，身体和头颈自然挺直，测试人员站在受试者右侧，读数时，两眼与滑动板呈水平位置（记录以厘米为单位，精确到一位小数，测试误差不得超过 0.5 厘米）。量头顶点到脚底板的垂直距离。

乙、指距-身高。使用指距尺或带滑板且有 3 米刻度的钢尺，使用前校正到每米误差不超过 0.2 厘米。将测量尺固定在平台上，受试者两脚分开，两臂侧平举，上体伏在尺上，一手中指指尖固定在尺的零位，另一手尽量向侧伸展。测试人员面对受试者测量两手中指指尖的直线距离（记录以厘米为单位，精确到一位小数，误差不超过 0.5 厘米）。最后用指距数减去身高数为"指数-身高"指数。

丙、体重。使用生产合格的体重秤，使用前要进行校正，仪器误差不得超过 0.1%。男受试者只穿短裤，女受试者穿短裤与短袖衫，赤脚轻轻踏上秤台，两眼平视，自然站立在秤台中央。测试人员面向受试者，移动游码和刻度尺呈水平状态后读数，并记录下来（以公斤为单位，精确到一位小数，误差不得超过 0.1 公斤）。

丁、去脂体重。使用皮下脂肪测量计。受试者自然站立，被测部位裸露。测试者用左手拇指和食、中两指将被测部位皮肤和皮下组织夹提起来（夹起之组织与地面呈垂直方向），用测量计在夹提点的上方测量其厚度（测量部位取 A. 背部：测量部位在肩胛骨下角下方 1 厘米处，皮褶走向与脊柱成 45°角。B. 上臂部：在肩峰与臂后部鹰嘴连线中点，测纵向皮褶）。计算方法：

$$去脂体重（净体重）= 体重 - 脂肪重$$

$$脂肪重 = 体重 \times 脂肪（\%）$$

$$脂肪（\%）= \left(\frac{4.07}{身体密度} - 4.142\right) \times 100$$

男 15～18 岁身体密度 = 1.0977 - 0.00146 ×（上臂皮褶 + 背部皮褶）
女 15～18 岁身体密度 = 1.0913 - 0.0016 ×（上臂皮褶 + 背部皮褶）

皮褶厚度以毫米为单位。

（2）机能指标测量（计量）方法

甲、最大摄氧量。12分钟所能跑的最大距离能较好地反映一个人的最大摄氧量。测试应在田径场进行，测试器材为秒表和标杆，以100米为最小统计单位，不到100米者4舍5入。测试时助理计时员在每50米处插一标杆，运动员在400米起点听到计时员的信号开始跑，当到12分钟时，计时员喊"到"，助理计时员观察运动员所跑距离，填入测试卡中，再查表得出最大摄氧数据，如表25-3所示。

表25-3　12分钟跑推算最大摄氧量对照表

| 12分钟跑距离（米） | 最大摄氧量（毫升/公斤·分） | 12分钟跑距离（米） | 最大摄氧量（毫升/公斤·分） |
|---|---|---|---|
| 1000 | 14.0 | 2500 | 45.9 |
| 1100 | 16.1 | 2600 | 48.0 |
| 1200 | 18.3 | 2700 | 50.1 |
| 1300 | 20.4 | 2800 | 52.3 |
| 1400 | 22.5 | 2900 | 54.4 |
| 1500 | 24.6 | 3000 | 56.5 |
| 1600 | 26.8 | 3100 | 58.5 |
| 1700 | 28.9 | 3200 | 60.8 |
| 1800 | 31.0 | 3300 | 62.9 |
| 1900 | 33.1 | 3400 | 65.0 |
| 2000 | 35.3 | 3500 | 67.1 |
| 2100 | 37.4 | 3600 | 69.3 |
| 2200 | 39.5 | 3700 | 71.4 |
| 2300 | 41.6 | 3800 | 73.5 |
| 2400 | 42.8 | 3900 | 75.6 |

乙、$PWC_{170}$台阶负荷实验法。使用器材有秒表、两个台阶（可根据不同对象从0.15米、0.30米、0.40米三个高度中选择两种高度）。先在矮阶，后在高阶进行，依次练习5分钟，中间休息3分钟，第一次负荷后立即测量10秒钟心率，并计算出其1分钟心率次数$f_1$，用公式 $W_1 = \dfrac{4p \cdot h_1 \cdot n}{3t}$ 求出第一次功率［P为体重kg，$h_1$为矮台阶高度，n为上下台阶次数，t为上下台阶时间，$W_1$为功率（公斤·米/分）］。第二次在高阶上练习5分钟后立即测量，并计算出1分钟心率$f_2$，用公式 $W_2 = \dfrac{4p \cdot h_2 \cdot n}{3t}$ 求第二次功率（$h_2$为高台阶高度）。最后将两次功率$W_1$、$W_2$的值代入卡尔普曼公式 $PWC_{170} = \dfrac{170 - f_1}{f_2 - f_1} \times (W_2 - W_1) + W_1$，并根据其值大小判断运动员身体机能和工作能力的

好坏，作为评价选材和训练工作的参考依据，$PWC_{170}$ 值越大，运动员的身体工作能力越好。我国优秀女子篮球运动员 $PWC_{170}$ 值达 1359 公斤·米/分，我国男子优秀篮球运动员约在 1795 公斤·米/分上下。

丙、血乳酸。研究表明，血乳酸的浓度随负荷强度的加大而增加。在轻负荷下血乳酸增加不明显，呈平缓上升状态。但负荷强度超过一定水平时，血乳酸呈直线急剧上升，乳酸阈（LT）就是其平缓上升和急剧上升之间的转折点。找出每名运动员的乳酸阈，并确定全队乳酸阈的范围，对科学控制训练强度、选择合理训练方法和提高训练质量有重要意义。随着体育科技的高速发展，各种乳酸分析仪不断问世，使血乳酸的测定更加科学化、快速化，对运动训练和科学选材起着十分重要的促进作用。但由于乳酸分析仪及药品费用较大，故目前多数仍采用化学分析法和酶学法，例如国内常用的经改良的超微量血乳酸测定法。

测定血乳酸的血样常取自指尖或耳垂，对同一名受试者的分析应取同一部位的血样。采血时间的确定应以乳酸的高峰期为准。一般来说，负荷强度越大，血乳酸的生成量越多，但血乳酸峰值却出现得越迟。测试运动员的负荷应选择在 40 秒钟至 2 分钟为好。负荷强度越大，乳酸阈出现得越早；在相同强度下持续的时间越长，乳酸出现得越早。运动中前程负荷大，运动后血乳酸峰值出现得较早；相反，后程负荷大，则血乳酸峰值出现得较迟。血乳酸峰值可持续数分钟时间，并与产生的乳酸量成正比。因此，血乳酸峰值持续时间可作为采血时间的依据。

丁、视野。使用视野计与白色、绿色视标。受试者下颌靠在视野计的托架上，用遮眼板遮住左眼，右眼固定并注意前面小镜或某一点。测试人员先把白色视标插入视野计弧形架上的色纸小框儿内，选择弧形架上的某一位置，将视标沿弧形从外向内移动，直到受试者看见并准确说出视标颜色时，记录下视野计的度数。把弧形架移至 0° 和 180°，以上述方法测出左、右眼外侧白色和绿色视野。为避免猜测，可采用不同色标。

（3）素质指标的测量（计量）方法

甲、30 米、60 米、100 米、800 米、1500 米跑。使用口哨一个、发令旗一面、秒表若干块（误差不得超过 0.2 秒/分）。受试者至少 2 人一组，穿球鞋，用站立式起跑。发令员在发出"跑"的口令同时从上往下挥动令旗。计时员视旗动开表计时，受试者胸部到达终点线的垂直面停表。记录以秒为单位，精确到小数点后一位。

乙、助跑单脚起跳摸高。使用皮尺一个、带刻度长板一块（固定在篮板上）。受试者手指尖沾粉笔末，助跑用单脚起跳摸高，并且用手指在所达最高处留下印迹。每只手连续测两次，取左、右手最佳成绩的平均值。记录时以厘米为单位，取整数。

丙、两头儿起。使用秒表、垫子各一块，受试者仰卧垫上，两腿伸直，肩胛骨贴垫，两臂伸向头两侧并贴垫。发令开始，受试者两臂、上体和两腿同时向上折叠，膝关节不得弯曲。双手碰到脚面为完成一次，连续计 30 秒钟完成的次数。

丁、十字跳。使用秒表一块，在平坦的地面上画两条垂直的交叉线，按图 25-1 标明 1、2、3、4 四个区。受试者听到口令后，双脚由起点跳入 1 区，并连续依次跳至 2、3、4 区。计 10 秒钟内跳的次数及跳错的次数（包括跳错格、踩线、双脚未同时落地等）。每跳一次计 1 分，跳错一次扣 0.5 分，以得分多少记录成绩。

（4）技术类指标测量（计量）方法

甲、2分钟投篮。需要半块球场及秒表。如图25-2所示，以球篮中心的投影点为圆心、5.50米为半径画一圆弧，13~15岁少年在此限制线外测验投篮，其余都在3分线外测验。计时员发令并开始计时，受试者自投（在限制线外）自抢直至2分钟时间到停止。记录员记下投篮次数、命中次数和命中率。

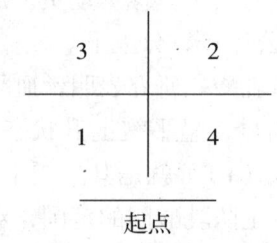

图25-1　十字跳测验场地示意图

乙、综合运球。需在28米×15米篮球场进行，按图25-3所示全场放置5个标杆。受试者持球站于A点，听口令后开始向B点快速运球，并在B点做后转身运球，到C点做胯下运球，过C点再做一次胯下运球，用左手运球到D点，在D点完成左手后转身运球，再用右手运球按逆时针方向绕过E点（在第一分位线处）再运到C点用右手做背后运球，之后用左手运球并在F点做左手背后运球后用右手快速运球通过终点G。此时计时员停表，并记录所用的时间。以秒为单位，精确到小数点后一位。

丙、滑步防守。如图25-4所示，首先画一条直线DE，并在DE线上取一点B，以B为顶点画出∠ABC＝120°，∠ABD＝∠CBE＝30°，BA＝BC＝5米，在A、C两点各画一条5厘米长的垂线，从B点做直线DE的垂线并取BF＝1.3米，再通过F点做一条平行于DE的直线HG，使FH＝FG＝1.5米，在F、G、H三点各立一个标杆，标杆高度应不低于2.30米，每个标杆上还应做出明显的标记（男子测验时的标记在F杆上是2.20米

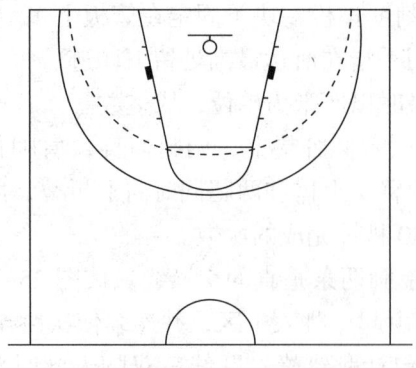

图25-2　2分钟投篮测验场地示意图

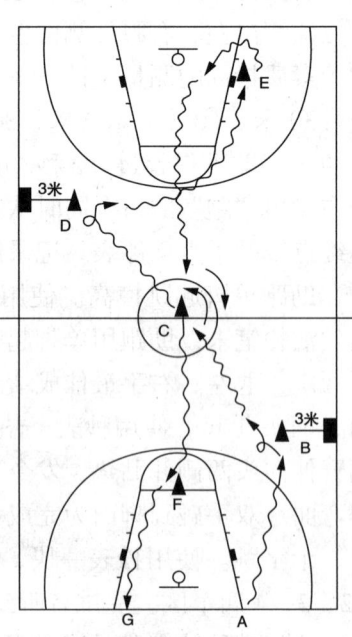

图25-3　综合运球测验场地示意图

处，G 杆和 H 杆的标记在 1.30 米处；女子测验时的标记在 F 杆上是在 2.05 米处，在 G 杆和 H 杆上为 1.20 米处），再从 B 点向两侧各量 0.60 米标出 M、N 两点，并从这两点画两条垂直于 DE 线的直线相交于 HG 线。

测验时，运动员右脚踏在 A 点的短线外，发令（同时开表）后迅速沿 AB 线向 B 点滑步，在右脚触 B 点后，左脚快速上步落在防守区域内（M 和 N 两条

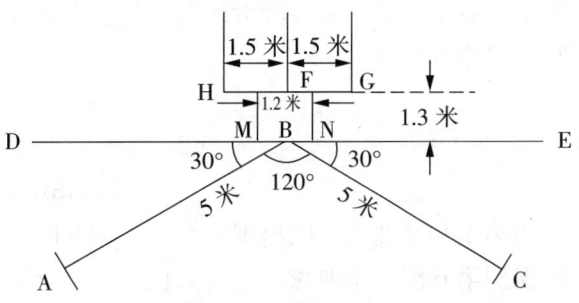

图 25-4　滑步防守测验场地示意图

线之间的区域），接着右脚也迅速跟着落在防守区域内，而且快速做出碎步防守动作（左、右脚各做 3 次踏地动作），之后，身体重心升起，双手触摸 F 杆上的标记（代表防投篮动作），接着身体重心下降并迅速向左侧滑步用左手触摸 H 杆上的标记（代表防守对手的体侧传球或突破动作），再向右侧滑步并用右手触摸在右侧的 G 杆上的标记，接着又移回中间再用双手触摸 F 杆上的标记，之后迅速沿 BA 线滑向起点 A，左脚踏 A 点的短线后再滑向 B 点并再次完成第一次做出的防守持球队员的全部动作。接下来要沿着 BC 线滑向 C 点，当右脚踏 C 点的短线后再滑向 B 点，当左脚踩到 B 点后，右脚迅速上步落在防守区域内，接着左脚也跟着上步落在防守区域内，并迅速完成左、右脚各 3 次的碎步防守动作，接着双手触摸 F 杆的标记，再依次用右手和左手分别触摸 G 杆和 H 杆上的标记，接着再用双手触摸 F 杆上的标记，然后沿 BC 线迅速滑向终点 C，右脚踩到 C 处的短线时停表（在 A、B、C 三点后各立一根标杆，用线绳或橡皮筋相连，其高度根据每名被测验的运动员在原地做出防守姿势时臀部的高度而定。要求大小腿的夹角不能超过 120°，线绳的高度就定在这种姿势时臀部的最低高度上，这就是运动员在滑步时始终应保持的低姿标准线）。每人测一次。

要求：A. 滑步时，两脚不能出现并拢、交叉和跳动；B. 滑步时重心要低而平稳，臀部高度不得高于限制线；C. 必须按规定的方法和顺序完成测验；D. 必须按规定完成踩点和触摸标记。

如果违反规定，裁判员立即鸣哨并要求运动员从违例地点重新做起，计时表不停。

（5）心理类指标的测量（计量）方法

甲、手动稳定性。使用九孔仪和桌子 1 张。测试时，先打开电源。受试者用优势手握住探针胶棒，悬肘将探针插入洞中，指示灯一亮即抽出，如果探针碰到洞壁就会发出声音，表示失败一次，每洞可有 3 次机会。从大洞到小洞按顺序进行，记录通过洞的数量。

乙、综合反应。使用"心理测试专用计算机"或"选材多用微机"，让受试者双手握住按键，双脚轻踩脚踏键，注视屏幕上的图形。一屏有 6 个图形，每个图形的四个角上各有一个小方块儿，表示受试者应完成的一次按（踩）键：左上角对应左手，右上角

对应右手，左下角对应左脚，右下角对应右脚，每一次按键做对了，对应的小方块儿即消失，做错了则仪器会发出响声，提示改正，只有做对了才能继续往下做。受试者从每个图形上显示红色"*"的方块儿做起，顺着线条的转折方向顺序操作。每一屏上 6 个图形的操作顺序是：

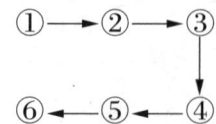

当第①和第②图之间出现一个小方块儿时，即为开始信号，受试者应立即开始从第①图做到第⑥图，争取做得又对又快。

测试时，先试做一组，然后正式测试 7 组，记录 7 组中最快的一组为最优组成绩，7 组的平均时间为平均成绩。以秒为单位，取小数点后两位。7 组中出现错误的总次数为综合反应总错次。要求保持测试场所的安静。

（6）教练员经验评定指标记分方法：教练员根据对运动员的观察了解，一般可按五级（优、良、中、及格、差）评分方法评定。协调和应变能力、接受能力和创造能力的满分都是 6 分，意志品质和训练、比赛作风满分为 8 分（共 20 分），但可根据实际需要作调整。

### 3. 选材测试的组织工作

（1）测试前的准备工作：篮球运动员的科学选材测试指标多，工作量大，容易出现错误，为了避免这种情况发生，必须做好测试前的准备工作。

甲、测试人员要认真学习选材测试细则，熟悉每种测试方法。测试人员要有合理分工，对不易掌握的测试方法应多加练习。也可先组织测试实习。

乙、测试之前要认真校正测试仪器，减少测试误差，保证测试的精确度。

丙、准备齐全各种测试表格及必要用具。

丁、组织好受试者，人数较多时应分批进行，并提前通知着装要求。

（2）测试时的组织工作

甲、测试人员在受试者到达测试现场后，先组织他们填好表格，如姓名、性别、出生年月、专项、训练年限等，并向他们讲解测试的要求和注意事项，使他们积极、认真地参加测试。

乙、测试的项目要合理安排，需要在安静状况下进行测试的要安排在前面，动态的指标如素质指标要安排在后面，并且要把速度性测试安排在前，力量、耐力性测试安排在后。

丙、对某些有特殊要求的测试指标，要进行必要的讲解与示范。

丁、测试后及时记入表格内，数字书写要工整、清晰、易认。填表时要核对姓名、项目，防止填错表格。

戊、全部测试完后，要有人负责收回表格，并逐项检查，如有漏测或数字填错，需进行复测。

（3）测试后的资料整理

甲、及时将测试表格归类和复查，以便分门别类地归档待查。

乙、需要补充派生指标的项目应及时完成。

丙、对照选材标准进行评定，或将原始数据录入微机数据库进行评定。

## （四）综合评价与分析

1. 家系调查应优先把优秀篮球运动员的后代选择出来，对于其他运动项目优秀运动员的后代应突出符合篮球运动特点的遗传特点，受试者的长辈虽从未从事过篮球或体育运动，但本人已有突出表现者也应选拔出来。在儿童阶段，不应过分苛求条件、特点的突出，但对青春期的少年应以遗传优势为重要依据。

2. 体格检查是十分重要的一环，因为它的好坏表明应选对象是否健康或能否承受长期大强度篮球训练的要求，健壮的体格及生理机能也是防止意外及事故发生的保证。

3. 发育程度是人体在生长过程中各个阶段特殊性状的描述，选材就是要把同一个生长阶段的人放到一起进行比较、甄选，将那些表现出色，又有巨大潜力的儿童、少年选拔出来进行系统的培养。所以，调查测试之后，首先要按性别与骨龄将被选者分组与分档，并按选材测试卡中总分多少排出顺序。

4. 由于选材测试的多项性和综合性，使得测试总分相同的人并不是各项指标全部相同，所以对总分同一档次者，就要看单项指标的差别，为选材的特殊要求提供参考依据，同时也是对教练员的反馈，可加强训练计划的针对性及训练方法、手段的有效性。

5. 综合评价是根据各类测试指标的成绩相加的总分，按照篮球运动员综合评价等级，对受试者作出总的评价。一般来说，总评达到及格以上就可入选，达到优秀者可作为重点对象培养。

（1）决定运动员能否入选。测试总成绩及各项指标都优秀的，入选当然没有问题。但对于那些总分在及格边缘的，去留就难以把握了。应该说，那种总分刚刚超过及格线，但单项指标并不突出，且年龄又偏大的应不留；相对于总分略低于及格标准，但却有突出的优势项，或年龄较小且形态很好，或形态一般但篮球专项能力突出的运动员，则应考虑入选或建议观察一段再进行测评。

对儿童、少年的选材测评还有一个选择定向的问题，有的儿童、少年虽总分达到入选资格，但他们却更具有适合其他运动项目的特殊潜在优势，应建议他们参加该项目的选材测试，使其优秀的遗传优势更好地发挥作用。

（2）有利于评价运动员的发展趋势。选材测试一方面是优者入选的方法手段，另一方面还可起到跟踪测试、监督、检验训练效果的作用，以利于选材、育才经验的总结，提高人才培养的效益。实践证明，对儿童、少年运动员增长趋势的评价，要从起点、增长速度和持续时间三个方面进行综合考虑。起点高、进步迅速而持续时间又长的人，是属于具有运动天赋者；起点居中，进步速度快而持续时间长是成才率较高的一类人；起点中、进步速度中等、持续时间也较长的一类人是篮球运动的基础队伍；而起点虽高，但进步不快且持续时间又短的人很难成才。

## 二、篮球运动员选材应注意的问题

### （一）注意选择"遗传度大""可塑性小"的指标

人体的一切外在表现都是遗传基因和环境因素相互作用的结果。有的性状表现出以遗传因素为主，有的表现主要依赖环境的影响。为了估计遗传（和环境）对人体某种性状表现所起作用的大小和比重，一般用百分比来表示，这种量值就叫做该性状的遗传度。遗传度值的大小，表明该性状受遗传因素和后天因素影响比例的多少。在选材中，年龄越小，层次越低，就越要注意遗传度大可塑性小的性状因素，因为这些优势性状在其发展的"敏感期"内会得到训练环境的诱发和促进，为其运动成绩的提高和达到预定目标打下坚实的基础，是育才工作的高起点，但随年龄和训练时间的增长，可塑性大的因素对其成绩的提高变得越来越重要，并关系到能否达到高目标。所以，对层次较高、训练年限较长的候选者，应逐步向遗传度小、后天影响大的选材指标转移。这样，才符合人体发育的规律，符合运动训练的规律。

### （二）选材指标要反映篮球运动的特点

从篮球运动的发展趋势看，世界强队的高度仍在不断增加，因此，身高与指距－身高为形态选材的重要指标。但如果身体肌肉不发达，充实度差，就会在身体的接触对抗中处于劣势，因此，我们把去脂体重也作为形态指标，就是想把运动员的身体形态训练得既高大又强壮，既有力而又不笨拙。

在机能选材中采用了心功指数、最大摄氧量和血乳酸三项指标，是针对我国运动员在世界大赛中经受不住快速攻守速度的冲击，在激烈对抗中体能、技术跟不上去的状况，力图从选材、训练双管齐下提高心肺功能和无氧代谢水平，为此，应加强对我国篮球运动员身体机能的研究工作。

神经系统和心理选材目前没有更实际、更准确、更有效的方法来确定某些应达到的准确指标，还只能从现有测试手段和应用理论方面来表达篮球运动对神经系统和心理品质的要求。

对运动素质和专项技术的选材指标，都遵循了训练和比赛的规律，再加上教练员的经验评定，使选材工作做到更加客观和实用。

### （三）正确处理选材工作中的几个关系

#### 1. 正确处理选材过程与选材点的关系

篮球运动员的选材是一项既严格又细致、阶段性和连续性都很强的工作，是一项"选"与"育"配合一致的优胜劣汰的人才培养的系统工程。虽然儿童、少年阶段的选材非常重要，但也不可能一蹴而就，接踵而至的将是育才与跟踪监测直至进入高一级的选材，如此循环，最后培养出优秀篮球运动员。如果把选材工作看成一个点或一次性测试，就可能出现运动员因思想紧张未测出应有水平的情况；因测试方法熟悉程度不同造成不同运动员之间不真实的差距，或同一个人不同项目的成绩不在同一起点上；或因测试项目的复杂程度不同，形成技术性的误差。为了杜绝这些现象的发生，就要进行观察与复测。所以，把选材点和选材过程结合起来，才能准确地掌握选材对象的真实情况。

### 2. 正确处理客观测试与专家评定的关系

客观测试是指借助科学仪器与设备、选择敏感有效的指标进行测试。这种测试一般都能准确地反映指标的量化结果。但是，篮球运动是一项较为复杂的竞技运动，机体状况和运动能力之间的关系仍有许多难解的奥秘。属于篮球运动员情感和意识之类的指标，很难直接量化，例如反映运动员准确、熟练控制球与支配球能力的"球感"问题，反映运动员适应与驾驭比赛能力的"篮球意识"问题，反映篮球运动员心理素质的许多指标等等，都是只能意会难于言传、只能定性而不易定量的指标。即使运用了测试手段，得到的也只能是间接的关系量值。只有和运动员朝夕相处的教练员，或者经验丰富并同他们接触的专家，才能凭经验和体会作出符合运动员实际情况的定性鉴别。可见，科学的选材既需要客观测试，也离不开专家评定。

### 3. 正确处理心理测试与平时观察的关系

心理素质对运动能力有极其重要的影响，优秀运动员必须具备良好的心理素质。心理素质的形成与先天有很大的关系，所以应注意运动员的心理选材。关键在于如何发现、怎样判定某种显露和表现是篮球优秀运动员最佳心理素质的"萌芽"。仅凭一两次选材就想准确地测定运动员的心理品质是比较困难的，现有的心理选材测试仪器还很难描绘人的复杂心理变化过程，特别是对意志品质的测定，即使科技发展到较高水平，一次性的心理测试评估意志品质的优、良、中、劣，也有相当大的难度。人的心理素质会在日常的生活与训练中有所表现，良好的心理品质必须经历反复磨炼，因此，只有把心理测试结果与日常观察结合起来，才能准确全面地判定运动员的心理品质。

## （四）正确处理简单测试与复杂测试的关系

任何测试方法、手段的选择，都是为了达到准确与可靠的目的。在选材测试工作中，根据被测对象的年龄、特点和选材指标的特征，能够用简单方法测试的就不要追求复杂。如对心功指数和最大摄氧量的测定，都可以在实验室分别采用哈佛台阶试验法与功率自行车来完成，而且经过试验对比，与用蹲起测验法和12分钟跑测得的这两项指标的成绩并没有显著性差异。而后两种方法显然既简便实用，又便于推广。测定力量的方法也很多，BIODEX力量测定仪是目前世界上先进的仪器，可以精确地测出人体多环节肌肉向心和离心收缩时的用力情况。然而，这种仪器价格昂贵，基层选材网站无法配置。采用简单易行的立定跳远和杠铃负重法所得到的数据也能满足初级选材的信息量。所以，从实际出发、以实效为准是处理不同测试方法的准则。

# 第二节 儿童、少年篮球运动员的训练

## 一、儿童、少年训练目标、任务与内容

### （一）儿童训练目标、任务与内容

**1. 训练目标**

儿童、少年经过 4~6 年（6 岁或 8~12 岁）系统训练，应使他们能够增进健康，促进正常发育，身体素质逐步增强（无特弱项），为篮球基本功奠定初步基础，主要攻守动作较全面规范、运用有目的，初步合理选择攻击机会和手段，具有两三人熟练配合的意识和能力。

**2. 训练任务**

（1）理论知识教育：明确篮球运动的意义和价值，养成尊重老师（教练员）、尊重队友、尊重裁判员和服从命令、遵守纪律的习惯。懂得意志品质的作用和团队精神的意义，学习并初步掌握主要技术动作方法和基础配合方法，具有初步的篮球意识。

（2）身体训练：全面发展身体素质，重点提高柔韧、灵敏、反应、移动速度以及跑、跳的衔接能力，发展小肌肉群力量，提高身体协调快速用力的运动机能，采用合理的无氧和有氧训练负荷，提高心、肺功能。

（3）技术训练：学习并初步掌握各种篮球基本功和主要攻守基本技术动作，建立规范正确的动作定型。学会左、右手都能控制与支配球的方法，掌握左、右脚都能做中枢脚和蹬跨转向技术动作。学习并初步掌握常用的几类组合技术动作，提高动作衔接应变能力。初步学会正确的防守技术动作，培养和提高视觉观察能力，初步掌握运用假动作和一对一攻防技术。

（4）战术训练：学习并初步掌握个人战术行动和几种基础配合的方法，提高一对一和在基础配合中运用组合技术的能力。初步学会集体对抗中人员布局和选位的正确方法，通过战术训练，不断提高战术意识。

**3. 训练内容**

（1）理论知识：讲解篮球运动的演进、特点、意义、趋势和我国篮球运动的状况，介绍如何成为一名优秀篮球运动员及国外和国内优秀篮球队和运动员成长规律，讲解基本技术动作方法和基础配合方法，介绍篮球比赛主要规则和生理、保健及医务监督知识。

（2）身体训练：进行一般和专项身体素质训练，重点加强柔韧、协调、灵活性和速度训练。进行全身各部分力量练习，特别是快速力量和小肌肉群力量练习。在进行有氧耐力训练的基础上，逐步进行无氧耐力训练。弹跳训练主要是提高跳跃的协调性和平衡能力。要重视把身体训练作为基本功的主要内容进行安排。

（3）技术训练：特别重视进行各类技术动作的基本功训练，以及移动、传球、接球、持球和运球突破、投篮、抢篮板球等基本技术动作及组合技术动作训练。学习个人摆脱和各种空切技术，进行防守对手、各种假动作和一对一攻防技术训练。同时在技术训练中重视技术运用的意识培养。

（4）战术训练：要进一步加强战术意识的培养，并渗透到各类战术训练之中，要抓好攻守个人战术行动和基础配合训练。学习快攻战术的三线跑位、四线跑位、抢篮板球一传、快攻结束及以多打少的配合方法和防快攻的退守落位，以及以少防多的战术方法，进行二人、三人和四人的攻守战术训练。

### （二）少年训练目标、任务与内容

#### 1. 训练目标

经过5~6年（12岁或13~17岁）的系统训练，多数少年篮球运动员应呈现出正常发育而且是延长型专项苗子。已表现出身高臂长的优势，身体素质全面而且达到一定水平，基本功及基本技术较扎实、规范而且全面，有较好的篮球意识，而且开始显露特长。能在实战中熟练运用两三人配合，并有一定效果，具有较好的全队作战意识，懂得攻守盯人、攻守联防、攻守紧逼战术目的、配合原则及运用策略，有捕捉战机、发动和组织快攻的能力。

#### 2. 训练任务

（1）理论知识：全面介绍篮球运动发展历史和世界篮球运动发展趋势，讲解一般身体训练和专项身体训练的方法和注意事项。全面而有重点地讲解基本技术动作规格、要求及运用方法。进一步讲解攻守基础配合的运用方法和全队战术的概念、优点和缺点及配合方法。介绍篮球规则和裁判法。讲解篮球训练中的卫生常识、医务监督及自我监督方法。

（2）身体训练：在继续发展一般身体训练的基础上，加强专项身体训练，重点提高速度和灵活性。通过全面力量训练和有氧耐力训练，提高全身各部位肌肉力量和有氧耐力水平。16~17岁的少年可加强绝对力量和无氧耐力训练，发展和提高绝对力量和无氧耐力水平。通过各种弹跳训练，提高弹跳能力。

（3）技术训练：进一步扎实打好篮球基本功的技能，提高攻守单个技术动作和组合技术动作质量，根据队员特点适当发展位置技术。提高观察、判断和运用假动作的能力。在全面、熟练地掌握基本技术动作的基础上，适当掌握一定的难度技术。加强对抗技术训练，具备在一定强度、难度和身体接触情况下控制身体平衡的能力，进一步提高在实战中运用技术的意识和能力。

（4）战术训练：进一步掌握各种攻守基础配合方法，提高基础配合的变化和应用能力。学习和掌握快攻、防快攻，攻、守半场人盯人，攻、守半场区域联防，攻、守全场人盯人紧逼，攻、守全场区域紧逼等全队战术方法。根据本队特点，比较熟练地掌握一两套全队攻守战术，并能在实战中运用和完善战术。强化战术意识和心理素质的培养。

### 3. 训练内容

（1）理论知识：介绍篮球运动发展历史和世界篮球运动发展趋势，以及国内外职业俱乐部现状；讲解身体训练意义、方法和要求；讲解基本技术动作方法，以及易犯错误及其纠正方法；进一步讲解攻守基础配合的变化和应用；详细讲解各种全队战术的概念、方法及优点和缺点；介绍完整的篮球规则；传授医务监督的理论知识和如何写训练日记。

（2）身体训练：强化素质基本功训练，继续进行一般和专项身体训练，全面发展身体素质。加强反应、动作和移动速度训练；进行快速力量和力量耐力训练，16~17岁少年可适当增加绝对力量训练；进行单、双脚起跳摸高和各种不规则跳的训练；在有氧耐力训练的基础上，可增加无氧耐力训练。专项素质训练主要是结合专项技、战术的各种综合练习。

（3）技术训练：进一步进行分类攻守技术中的基本功训练；提高脚步移动、运球、突破、持球、传球、接球、投篮、抢篮板球等技术动作的规范性和组合技术衔接性训练；提高动作质量，适当增加位置技术和难度技术训练；进行各种假动作及其变换训练；增加个人防守训练；增加一对一个人攻守技术训练。

（4）战术训练：进行基础配合及其变换训练，快攻、防快攻训练，攻、守半场人盯人训练，攻、守区域联防训练，攻、守全场人盯人紧逼训练，攻、守全场区域紧逼训练，攻、守混合防守战术训练，各位置间的攻守配合训练，加强适合本队特点的一两套攻守战术训练。

## 二、儿童、少年篮球训练特点与教法指导

### （一）儿童、少年篮球训练的特点

#### 1. 自然增长的特点

处于身体生长发育时期的儿童、少年参加篮球运动训练，不但能增进身体健康发育，还会全面提高身体素质和运动技术，为儿童、少年提供一个优良的成长环境。

儿童、少年时期的身心发育是不平衡的，内脏器官的发育明显落后于运动器官；运动器官中，肌肉的发育又落后于骨骼的发育；在肌肉的发育中，大肌肉群又比小肌肉群的发育要早；神经系统发育得最早，所以反应速度和动作频率较早地显示出优势；骨骼与肌肉发育速度的不同，又限制了绝对力量训练的过早发展；儿童、少年的肌肉系统耐受乳酸的能力较低，过早地采用乳酸性无氧代谢负荷会影响心脏的良好发育等等。因此，儿童、少年的篮球训练，要特别小心谨慎，对暂时处于薄弱情况的身体部位、器官、肌肉要注意保护，加强医务监督，以避免过多、过量的训练而损伤这些环节。同时还要通过合理安排、适度训练，使暂时处于薄弱情况的部位得到改善和发展，促进身体的全面提高。

### 2. 基础性特点

儿童、少年的训练是打基础时期，要特别重视打下扎实基本功，形成正确的技术动作定型，使动作符合解剖学和生物力学的要求，达到规范化的标准。在基础技术训练中，注意手、脚、腰、眼的有机结合，做到左右手平衡、上下肢协调，要不断改进和完善技术动作，提高动作质量，使技术动作达到一定力度、速度和幅度，力争使技术动作协调、准确、熟练，取得较好的效果。到少年后期（16～17岁），要进一步加大训练的强度和难度，加强动作的衔接和转换，并适当进行位置技术的专门训练。在儿童、少年的基本技术训练过程中，要始终注意培养其观察、判断能力与合理、有效的技术运用能力。在对抗训练中加强品质和作风培养的同时，注意提高技术的运用意识和能力。

### 3. 敏感性特点

儿童、少年是身体素质全面发展的良好时期，一般男孩在17岁和女孩13岁以前（除柔韧素质外），各项身体素质均随着年龄的增加而增长。而且还会出现一个突增期，这个突增期被称做某项素质的发展敏感期。每种素质都有自己的敏感期，而且出现与持续的时间也不尽相同。其顺序为柔韧、反应速度、动作速度、移动速度、有氧耐力、速度力量、最大力量、力量耐力、无氧耐力。而且在12～14岁时男女柔韧，14～16岁时女子速度力量，在16～18岁时男女反应速度、动作速度、移动速度、有氧耐力及女子无氧耐力等，可进行较多训练，并可取得较大的提高。

儿童、少年运动员可塑性大，接受训练的能力强，如果注意和遵守训练的科学性原则，身体素质会得到全面、快速的增长，为以后运动水平的提高打下良好的基础。

### 4. 适应性特点

儿童、少年篮球训练的适应形式是指球的大小、重量，篮圈的高度，篮板的大小，场地的标准，比赛的时间和上场的人数等均适应儿童、少年生长发育的特点和身心发育的规律。儿童少年训练采用成人用的大篮球和高篮圈，容易产生恐惧心理，在技术上容易形成偏差和错误，长大以后不易改正，对将来的提高带来不利影响。儿童、少年训练和比赛采用适宜的小篮球、低球篮、小场地和适宜的人数与时间，不仅可以促进他们良好的发育，而且还有利于形成正确的技术动作定型，有助于提高观察、注意、记忆和思维想像力。由于采用了适宜的形式，使一些用大球在高球篮做不出的技术动作能和大人一样表现出来，丰富了攻守技术和战术意识，提高了儿童、少年训练的兴趣，促进了技、战术水平的快速增长，为以后的训练打下坚实的基础。

儿童、少年的心脏容量较小，心肌不够发达，应合理安排运动负荷，遵循循序渐进的原则，以有益于心脏的发育和逐步提高心脏的工作能力。在教学训练中应根据年龄、性别、体质、运动技术水平和训练的任务，有针对性地安排运动负荷，注意大、中、小相结合，掌握好运动负荷节奏。应尽量减少憋气、紧张性和静力性练习，以避免心脏过于疲劳。根据不同的训练任务，除了全队统一要求以外，还应注意区别对待，特别是对个别生长发育较快、个子高、心脏发育晚的运动员，一定要酌情掌握，特殊安排。对性发育迟缓的女孩，运动量和强度应酌减。对有青春期高血压的队员，如果参加训练没有不适应性，可照常训练，但运动负荷不宜过大。此外，还应加强医务监督，定期测量，根据反馈信息，作适当调整。

5. 兴趣性特点

篮球运动其本质是一个趣味性游戏，因此要对儿童、少年加强篮球运动兴趣的诱导，使他们喜爱篮球，所以注意力素质在教学训练中有重要意义。只要教练员的引导性讲解有吸引力，就能使他们注意听讲，加之组织有兴趣的多次重复练习，就能促使他们理解动作概念和要领，就有助于学会和掌握技术动作。儿童、少年时期无意注意占主要地位，而兴趣是无意注意的重要源泉。儿童、少年对某些技术动作和练习方式感兴趣，自然就能保持较长时间的注意。因此，在安排教学和训练时，练习方式和手段应多样化，可穿插一些游戏和竞赛，尤其是儿童时期的训练，寓教学技术于游戏竞赛之中，既能提高练习的兴趣，又能收到良好的训练效果。

## （二）儿童、少年篮球训练比重

儿童、少年训练时间、次数、内容比例以及比赛场次和比赛形式等安排如表25-4所示，各地儿童、少年队可根据本地情况作适当调整。

表25-4 儿童、少年篮球训练比例表

| 年龄（岁） | | 6~8 | 9~10 | 11~12 | 13~15 | 16~17 |
|---|---|---|---|---|---|---|
| 训练内容比例 | 理论 | 5% | 5% | 5% | 5% | 5% |
| | 身体 | 50% | 45% | 40% | 40% | 35% |
| | 技术 | 45% | 45% | 40% | 40% | 40% |
| | 战术 | 0% | 5% | 15% | 15% | 20% |
| 每周训练 | 次数 | 3 | 4 | 4 | 7~9 | 8~10 |
| | 时间（小时） | 4.5~5 | 6~6.5 | 8~8.5 | 16~20 | 18~22 |
| 每学期比赛场次 | | 15~20 | 16~26 | 20~30 | 25~35 | 30~40 |
| 比赛形式 | | 单项比赛 | 单项比赛 | 单项比赛 | 半场三对三 | 半场三对三 |
| | | 游戏性比赛 | 游戏性比赛 | 半场三对三 | 全场五对五 | 全场五对五 |
| | | 半场三对三 | 半场三对三 | 全场五对五 | 省地市比赛 | 省地市比赛 |
| | | 全场四对四 | 全场四对四 | | 全国少年比赛 | 全国少年比赛 |

## （三）儿童、少年篮球教学训练法指导

1. 上课时间不宜过长。儿童组每次以60~90分钟为宜，每周3~4次。少年组每次90~120分钟，每周训练8~10次。

2. 教法灵活。同一个练习内容，特别是基本功教学，应变换练习手段和形式，但要千锤百炼，扎实规范，严格要求，既注意提高队员的练习兴趣和注意力，又要注重效果。

3. 教学训练中应多做示范，以提高队员观察和注意力。示范形式多样化，除教练员做以外，还可以用挂图、幻灯、电影和录像片，特别应多播放一些优秀运动员比赛和技术动作的录像片，以供队员模仿和学习。随年龄增长，讲解逐渐增多。16~17岁少年语言逐渐代替示范，应启发队员的思维能力，使他们深入理解和认识技术动作与战术方法的本质，提高运用技、战术的能力。

4. 讲解应少而精，突出重点和关键。可多采用分段讲解的方法，语言表述应生动、精练、有吸引力。少年组可逐渐增多分析与对比的方法，提高队员的思维创造能力。

5. 力量练习负重应轻，以克服自身重量练习手段为主。注意全身力量的发展，特别多练习小肌肉群的力量。

6. 组织练习多采用竞赛和游戏的形式。把技术训练与作风训练寓于竞赛和游戏之中，但要有严格的规则，以避免破坏正确动作定型。

7. 多采用集体练习形式，以流水作业的方式尽量使每个人活动时间均等。集体练习可以调动队员学习的积极性，而且还可以培养他们良好的组织纪律和协作配合的精神。随年龄增长，可增多个别对待练习，个人练习主要是改正技术动作和根据队员特长练习位置技术。

8. 重视应用、对抗，使练习与实战相结合。少年组一对一练习形式和教学比赛次数增多，比赛以三对三形式为主，提高个人技术和基础配合的熟练程度。

9. 上课形式多以综合练习为主。包括身体、技术和战术多项内容，这样既可以使队员得到全面协调的发展，又不会使上课过于枯燥，影响队员的积极性。

## 三、儿童、少年篮球训练常用的几种方法

### （一）模仿训练法

是指队员徒手或用球跟随教练员、挂图、电影或录像片的动作而练习的训练方法。

少年、儿童的第二信号系统发育不完善，第一信号系统的活动占优势，直观形象思维能力较强，善于模仿，而抽象思维能力较差，对示范等直观形象教学容易接受，通过模仿训练，有利于形成规范的技术动作。模仿训练法最好在儿童、少年初学动作时或纠正错误动作时运用。例如：在学习原地单手肩上投篮技术时，可首先让队员徒手模仿持球动作；其次让队员徒手模仿举球动作，即把球由胸前举至肩上；接着让队员徒手模仿伸臂、翻腕和拨指动作；最后练习完整的投篮动作。

### （二）纯化训练法

是指在队员学习过程中，教练员使他们将注意力集中在身体各环节的用力顺序、大小和姿势上，而不过多考虑准确性和动作完成质量的训练方法。

儿童、少年正处于生长发育期，肌肉水分较多，蛋白质和无机盐较少，肌肉较柔软，横断面积较小，肌纤维较细，肌肉力量小，大脑皮层的抑制过程虽得到发展，但由于分化能力不强，肌肉运动感觉不够精细，协调性不强，注意的范围不大，注意的分配能力差，所以对掌握复杂精细的技术动作比较困难。而篮球技术动作比较复杂，对技术动作的准确性要求也高。让儿童、少年在完成技术动作的同时还要有很好的准确性，这很难达到，很容易出现为了准确性而使动作变形的错误。所以在训练时可让队员先进行单纯的动作练习，培养他们完成动作时的动作感觉，不强调动作的准确性，等技术动作基本定型以后再进行有目标的完整动作练习。例如：学习原地单手肩上投篮时，不要直接就对篮练习投篮，而是让儿童、少年在无篮的情况下做模仿投篮练习，按投篮动作的顺序做双脚蹬地、伸膝、展体、伸臂、扣腕、拨球动作，将球投向前上方，而不强调准确性，排除其他干扰，将注意力集中在投篮时身体各环节的用力顺序、大小和动作基本正确性上。

### （三）诱导训练法

是指以某种条件为诱因对队员的动作进行限制，以帮助他们形成正确的动作定型的训练方法。

儿童神经活动过程不稳定，兴奋过程占优势，兴奋和抑制过程在大脑皮层很容易扩散，神经活动的强度和集中都较弱，因此活泼好动，注意力不易集中，做动作时不协调、不准确，容易出现多余动作，建立条件反射快，消退快，重新恢复也快。通过设立一定的诱因，可以减少或防止队员出现错误动作，使他们形成正确的动作概念。例如：在进行侧滑步练习时，儿童、少年易出现在滑步过程中重心升高和两脚并步的错误动作，这时教练员可以让队员在一定高度的网下面，并且两脚之间夹一定宽度的木板（木板可以用绳子系住两端挂在队员脖子上）进行滑步练习，迫使他们的重心保持在一定高度上，而不出现重心升高的动作，并使两脚间在滑步时保持一定宽度，避免出现并步的错误动作。

### （四）重复训练法

是指在不改变动作结构和运动负荷的情况下，按照既定的要求，反复练习，每次练习之间的间歇能使机体得以恢复的一种训练方法。

构成重复训练法有四个要素，即重复练习的次数和组数、每次重复练习的距离和时间、每次练习的负荷强度、每次练习之间的间歇时间。

重复训练法每次练习的强度较大，并反复进行，因此，对提高机体机能水平有很大的作用。在强度较大的情况下重复练习，不断强化刺激的"痕迹"，有利于建立和巩固动作技术定型。运用重复训练法，每次练习要保持预先确定的强度。强度的确定要以队员所能承受的最大强度为限，一般均应接近或达到比赛的强度，训练段落之间的休息要充分，等有机体基本恢复后再进行第二次练习。例如：练习防守步法组合滑步→后撤步→后滑步技术时可在全场内重复进行。

重复训练法由于反复练习同一动作，队员容易产生单调乏味的情绪，影响练习的积极性，而且肌体局部负担较重，易疲劳。因此，在重复练习时，还应采取其他教法措施，结合游戏、比赛的方法，提高队员练习的兴趣，这样才能取得重复练习的更好效果。

### （五）变换训练法

是指在练习过程中，有目的地变换练习的内容、运动负荷、动作的组合以及变换练习的环境、条件等而进行训练的方法。

变换训练法的主要特点在于练习的条件、形式可以根据训练的任务加以变换，因此比较灵活、机动，而且可以根据不同的训练目的、训练中出现的不同情况而有针对性地进行训练，提高训练效果。变换训练法可以提高队员练习的兴趣和积极性，减轻训练的单调性、枯燥性，符合儿童、少年的生理和心理特征。例如：练习传球时，可以用两人原地传球、两人行进间传球和通过防守人传球等方法进行变换练习。

### （六）持续训练法

是指在相对较长练习时间内，没有明显中断的连续进行练习的训练方法。持续训练法的主要特点是练习时间相对较长，一次练习的量比较大，但强度不太大。由于这一特点，持续训练法对机体刺激所产生的影响比较缓和，训练效果产生得慢，但效果比较稳定。

运用持续训练法有助于学习、掌握、巩固、提高篮球运动技术。在运用此法时，要控制好负荷强度。持续训练法负荷的加大，一是靠练习时间，二是靠提高练习强度。要根据队员的不同训练水平和训练所要完成的具体任务，确定不同的练习强度和练习时间。例如：做熟悉球性练习时，可用持续训练法练习运球几百次，以增加对球的控制能力。

### （七）循环训练法

是指根据训练的具体任务，建立若干个练习"站"（或称点），队员按照规定的顺序、路线依次完成每"站"所规定的练习和要求，并周而复始地进行训练的方法。

循环训练法的主要内容是设立一些"站"，每个"站"规定的练习内容，以及每个"站"练习负荷的确定和循环的次数，这些因素都可根据训练所要达到的具体目的和对象的水平灵活地规定。由于这种训练法目的明确，要求具体，全体队员同时按顺序进行练习，练习过程中是一"站"接一"站"，没有停顿现象，所以此法可以加大训练的密度。循环训练法每"站"的练习负荷和循环的次数，都可因人而异，区别对待。运用这种训练方法比较生动活泼，还能提高队员的情绪和练习积极性。

运用循环训练法要根据需要和具体的任务，预先选定循环训练每"站"的内容，安排好场地。由于练习是连续进行的，所以练习内容以队员已基本掌握的为宜。例如：把一个篮球场分成四块，全队分成四组，每组分别在一块场地上练习不同内容，第一组在一个篮下练习面向篮投篮，第二组在另一个篮下练习背向篮转身投篮，第三组在中线右边练习通过防守人传球，第四组在中线左边练习运球突破。

## （八）游戏和比赛训练法

是指以游戏和比赛的方式进行训练的方法。游戏和比赛这两种方式联系密切，许多运动项目的正式比赛，都是由最初的游戏方式发展而来的。这里所指的比赛，不但是那些有严格规则限制的正式比赛，而且包括一些简化或附加了某些规则的，或改变了原有场地条件的非正式比赛。例如：为提高队员在比赛中传接球意识和能力，可规定在比赛训练时进攻队员只能传球而不能运球，若运球则属于违例，从而达到训练目的。

游戏和比赛训练法最显著的特点就是具有兴趣性和竞争性，对提高运动员练习的积极性和进取精神起很大作用，而且游戏和比赛一般都是在不断变化的环境中进行的，除了规则规定的条件外，队员还可以发挥自己的主动性和创造性，以适应不断变化的环境，这对于培养他们的独立思考和判断能力都有积极的作用。

 **第二十六章**

# 职业篮球俱乐部

  篮球俱乐部是篮球爱好者和篮球运动员进行各种训练、竞赛、表演等活动的团体或场所。它可分为业余篮球俱乐部和职业篮球俱乐部两种形式。业余篮球俱乐部为业余篮球爱好者提供场地和器材，组织训练与比赛等活动，借以普及篮球运动，学习篮球技术与提高运动水平。它的经费来源一般是靠收取训练培养费、体育设施出租费和会员费，也有的是由相应的机构与组织提供资助。职业篮球俱乐部是靠自己组队培养或雇用和租用职业运动员参加比赛和表演，借以提高竞技水平，取得优秀名次，并进行各种方式的实体经营，获取经济利益的社团性组织。职业篮球俱乐部的经费主要是由大企业家、股份公司和自我经营收入负担。尽管俱乐部的形式有所不同，但是在培养不同层次的篮球运动人才、推动篮球市场的开拓等方面，都不同程度地起到了积极的作用。篮球俱乐部作为一种特定的组织机构，在其发展过程中形成了自身的体制与机制，并不断地完善与壮大。

## 第一节 职业篮球俱乐部的发展概况

### 一、美国 NBA 职业篮球俱乐部

  职业篮球在美国有近百年的历史，NBA 已经成为全世界最有影响的体育组织之一。因此，了解美国 NBA 的发展过程是了解职业篮球俱乐部发展的途径。

#### （一）NBA 产生的社会背景

  自篮球运动诞生并首先在美国教会青年会员中展示，就以其特有的形式得到了体育爱好者的喜爱。经过上百年的不断完善和发展，现在全世界得到推广与传播。
  20 世纪 40 年代，由于美国经济的发展，人们在物质欲望满足后转向精神生活的渴望。于是，从事职业体育活动便成为一种追求。当时，开展得较为广泛的职业体育项目不多，橄榄球、棒球、拳击等项目虽有一定的市场，但也受到一定的限制。为此，有些体育经纪人就试图寻找另一种体育项目，组织职业性的比赛来吸引更多的观众和开发新的市场。正是在这样的社会背景下，有的经纪人对职业篮球运动十分感兴趣，于是准备策划成立一个职业篮球联盟。经过多方努力，终于在纽约麦迪逊广场花园举行了首场篮

球比赛，吸引了许多观众。参赛的运动员于 1946 年 6 月 6 日在纽约市的 Commodore 饭店召开了篮球联盟的会议，一个新的篮球联盟 BAA（Basketball Association of America 美国篮球协会）成立了。这就是现在 NBA 的前身。

### （二）NBA 的发展过程

NBA 的发展过程是一个复杂的、多因素相互交融的动态过程。它的发展经过起始阶段（1946—1956）、巩固阶段（1957—1978）和成熟阶段（1979 至今）。划分依据主要从以下三方面考虑：一是按照 NBA 历史上发生的重大历史事件，二是在 NBA 历史上产生重要影响的著名球星和著名球队，三是根据 NBA 队伍的发展规模和经营规模。

#### 1. 起始阶段（1946—1956）

1946 年之前，美国已经有某些职业篮球组织，但 1946 年又成立了 BAA 的职业篮球联盟。新成立的 BAA 与先前一些职业篮球联盟相比，在组织和机制上有以下几点不同：第一，BAA 下属的 11 支球队属于经营者及球员所在地；第二，统一联盟下属各球队的宣传形式不同；第三，BAA 第一次联赛便实行季后赛制，参赛的 11 支球队每个赛季要打满 60 场比赛；第四，大学球员备受重视，大力宣传大学生篮球比赛，并对新老职业球员区别对待。BAA 在竞赛规则方面也作了一些修改，如将全场比赛时间由 40 分钟改为 48 分钟，每名队员犯规次数增加至 6 次，规定不许使用区域联防等。但是，BAA 第一赛季并没有在社会上产生很大轰动，相反，由于种种原因，在第一赛季结束后，有 4 支球队退出了 BAA，原有的 11 支球队只剩下 7 支维持第二年的比赛，常规赛由 60 场减少至 48 场。比赛场次的减少，使得第二赛季收入也大大减少，BAA 在发展上遇到了困难。在经过两个赛季的尝试后，BAA 抓住机会将精力和资金投向大学篮球运动，以及在美国中西部地区较有影响的 NBL 组织，并将重点放在著名球星乔治·迈肯身上。经过多方努力，BAA 终于在 1948—1949 赛季开赛前夕，使乔治·迈肯所在的明尼阿波利斯湖人队以及其他 4 支球队加入到了 BAA，使得 BAA 第三赛季的球队增加到 12 支。乔治·迈肯所在的明尼阿波利斯湖人队取得了总冠军，BAA 的经营收入也得到巨大提高，其官员越发充满信心。1948—1949 赛季后，NBL 余下的几支球队相继加入 BAA，球队增加至 17 支，BAA 也正式更名为 NBA（National Basketball Association 全国篮球协会）。

NBA 成立后，由于比赛节奏与比赛速度太慢，以致比赛不精彩激烈，碰到了许多困难。当一支球队在比赛中比分稍领先时便放慢进攻速度，使球长时间控制在一名队员手中，而另一支球队只能依靠犯规去获得球权。因此，比赛采用"停滞"战术、"犯规"战术比较普遍，致使比分较低，观众兴趣不大，直接影响到 NBA 的市场开发和职业篮球运动的生存与发展。在 1953—1954 赛季后，经纪人 Biasone 召集了 Syracuse 队的 10 名队员进行了实施时间规则的实验，即在一场比赛中使用一块计秒表，限制每次进攻的时间，即 24 秒规则。不久之后，NBA 同意将此规则在表演赛中试用，并在此基础上制定了一条新规则，即限制每队每节比赛的总犯规次数，并于 1954—1955 赛季被正式采用。24 秒规则和限制犯规次数规则的使用，不仅解决了当时 NBA 比赛中普遍存在的两大问

题,而且使篮球比赛节奏和速度大大提高,运动员的行动更加积极,比赛更加精彩。当时 NBA 总裁莫里斯·普多洛夫称 24 秒规则的实施,是 NBA 历史上最为重要的事件。

在这一阶段中,BAA 与 BAL 的合并以及比赛中实施 24 秒规则,在 NBA 的历史上有决定性意义。明尼阿波利斯湖人队和乔治·迈肯是 NBA 初期最著名的球队与球星,该队成为 NBA 历史上(1951—1954)第一支三连冠的球队。由此,NBA 在市场运作中已初见规模与效益。

### 2. 巩固阶段(1957—1978)

在 20 世纪 60 年代初,NBA 曾有近十年的时间不到 10 支球队,比赛分成两个赛区进行。到了 1967 年 NBA 增加为 12 支球队,常规赛规定要打 82 场比赛,此时运动水平不断提高。美国一些商人也看到职业篮球有利可图,又发起成立了一个拥有 11 支球队的 ABA 组织,一些没进入 NBA 组织的城市球队宣布加入 ABA,成为 NBA 历史上最强劲的竞争对手。当时,优秀运动员欧文就效力 ABA 弗吉尼亚法官队,并拥有一大批热心的忠实球迷。相反,NBA 经过近二十年的运作,比赛仍呈现沉闷。而 ABA 尽管选手良莠不齐,但是比赛的速度比 NBA 要快,扣篮的场面比 NBA 要多,观众为此兴奋不已。尤其是 ABA 设立了 3 分线,这不但使防区扩大,使进攻增加了突破机会,而且在关键时刻,一个 3 分球往往能够转败为胜,使得观众能够体验瞬间转换的激动场面。所有这些不仅是对 NBA 的一个严峻挑战,而且也使 NBA 官员们清醒地意识到自身必须改进和完善。当时 NBA 的总裁拉里·奥布赖恩十分理智地认识到这点,便致力将两大组织统一。一方面由于拉里·奥布赖恩等人的努力,另一方面 ABA 也由于经营不善等原因,于 1976 年解散,NBA 接受了其中实力最强的 4 支球队加盟,欧文也加入了费城 76 人队。NBA 的球队也增加为 22 支,标志着 NBA 辉煌时代的开始。

职业篮球的最大动力是市场效益。经纪人、教练员与运动员的目的之一,是为了得到更大的经济利益。而实现此目标最重要的途径是办好职业篮球比赛。正因为如此,NBA 的一些球队都竭尽全力来提高队伍的竞技实力,而获取 NBA 的总冠军则成为一项战略举措。波士顿凯尔特人队的教练员奥尔巴奇在苦心经营 6 年之后,利用各种手段终于在 1956—1957 赛季前,取得了对拉塞尔的选秀权。拉塞尔的加入使得波士顿凯尔特人队在此后 13 年中获取了 11 次冠军,成为 NBA 历史上第二支三连冠的球队(1958—1966),谱写了 NBA 历史上最光辉的一页。在此阶段,涌现了张伯伦、欧文、贾巴尔等著名球星,为 NBA 和篮球运动的发展作出了卓越的贡献。

### 3. 成熟阶段(1979 至今)

进入 20 世纪 80 年代,拉里·伯德和魔术师约翰逊两位篮球新秀步入 NBA,成为 NBA 最成功的新人,引起人们的广泛关注。他们分别代表的波士顿凯尔特人队和洛杉矶湖人队在争夺 80 年代 NBA 总冠军的过程中,将篮球比赛带入一个艺术的境地。运动员精湛绝妙的高超技巧、灵活多变的战术方法、扣人心弦的竞争场景和坚韧顽强的意志品质,给广大观众留下了深刻影响。80 年代是 NBA 群星灿烂的年代,湖人队的贾巴尔与约翰逊的配合出众,5 次夺得 NBA 的总冠军;拉里·伯德所在的波士顿凯尔特人队也因有他而重放光彩，3次获得NBA的总冠军，从而使得波士顿凯尔特人队在NBA的历史上共获得16次总冠军。而乔丹、奥拉朱旺、奥尼尔、托马斯、马龙等球星的加盟，使得NBA生机勃勃。他们凭借兢兢业业的敬业精神，把NBA作为一种神圣的职责而进行不懈的努力，使NBA成为一项最受欢迎的世界性竞技体育运动。而这些著名的球星们，创造了一个又一个NBA的新纪录，在全世界产生了巨大的影响。20世纪90年代初，乔丹率领的芝加哥公牛队3次蝉联NBA的总冠军，成为NBA历史上第三支获此殊荣的球队。当乔丹于1993年宣布退出NBA时，全世界球迷为之惋惜，而当乔丹于1994年宣布复出时，NBA又为之振奋，全世界球迷为之高兴。乔丹率领的公牛队在1995—1998年的三个赛季再度3次蝉联NBA的总冠军，又一次创造了NBA的历史纪录。

在NBA发展历史过程中，现任总裁大卫·斯特恩作出了重要贡献。他曾是NBA的兼职律师，1978年成为首席律师，在为NBA工作之初，就表现出在法律和公共关系方面的超人才华，同时显示出他对篮球运动规律的精通与了解，1983年被选为NBA的第四任总裁，成为拉里·奥布赖恩的继承人。大卫·斯特恩接手NBA之后，看到了NBA市场的巨大前景，制定了宏伟的NBA扩大战略：维护和宣传NBA在社会和公众中的形象，并通过扩大赞助权和树立组织形象来增加NBA的稳定性；他极力争取电视转播权，使得NBA全球收看人数迅速增加，在1997—1998赛季中，就有180个国家和地区用41种语言向全世界转播NBA的比赛；制定了将NBA推向世界的战略计划，并和国际篮球联合会合作举办每两年一次的"麦当劳世界俱乐部公开赛"，使得NBA的国际化迅速扩大，参赛队发展到29支；他还提出了两个重要的观点，即"球员不是联盟的敌人，而是联盟的财富"和"如果没有天才，篮球将一事无成"；极力促使NBA成为各种体育产品最好的广告代言人，不但鼓励球员和商家签约，而且帮助球员如何友好地与厂家合作；他认为在双向选择的市场经济中，只有那些真正杰出的球星才能得到最丰厚的待遇，如此等等。可以说，大卫·斯特恩的经营才华和乔丹的篮球技艺，使得NBA在过去17年中的发展和影响形成空前规模。1984年NBA当时的年总收入为1.92亿美元，到20世纪90年代末，NBA年总收入已达150亿美元左右，成为美国重要的体育支柱产业。

### （三）NBA的组织结构

NBA实际上是一个庞大的篮球商业公司，除了拥有29支球队以外，还有一个资产公司、一个娱乐公司、一个电视与新闻媒体公司和前两年刚成立的WNBA联盟。NBA下属的29支球队，既受NBA总部的统一指挥，又各自拥有自己相对独立的组织机构。在美国市场经济的激烈竞争中，NBA从小到大、从弱到强形成了自己相对完整的组织体系。其组织结构如图26-1所示。

在NBA这个庞大的篮球商业公司中，其董事会是最高的权力机构，它由29支球队的老板或者老板指定的代表组成，每年11月召开一次董事会，如有重大事情需要讨论，也可以临时决定举行会议。NBA最高权力机关是总裁办公室，由总裁、副总裁和一些主要业务负责人组成。NBA董事会和NBA总裁以及总部是雇佣关系，董事会拥有决定权，总裁和总部拥有最高行政权，NBA如果要作出重大决策，总裁都需要向董事会通报并征得董事会同意。总裁的提议一经董事会通过，各个球队都必须无条件地执行。总裁和总部各个部门在自己职权范围内所作的决定和对各种纠纷的处理决定，各球队也同样必须执行。NBA各个部门之间的职能和工作各不相同，但分工却十分明确，各部门的负责人都与总裁办公室或与之相应的负责人联络。遇到重大事情，总裁会直接到部门解决。从NBA组织结构和人员构成来看，29支球队注册的运动员有348名，但部门和四大公司的工作人员却有1300多人，其比例约为1：4。每支球队的正式队员为12名，但俱乐部工作人员和运动员的比例超过了10：1。

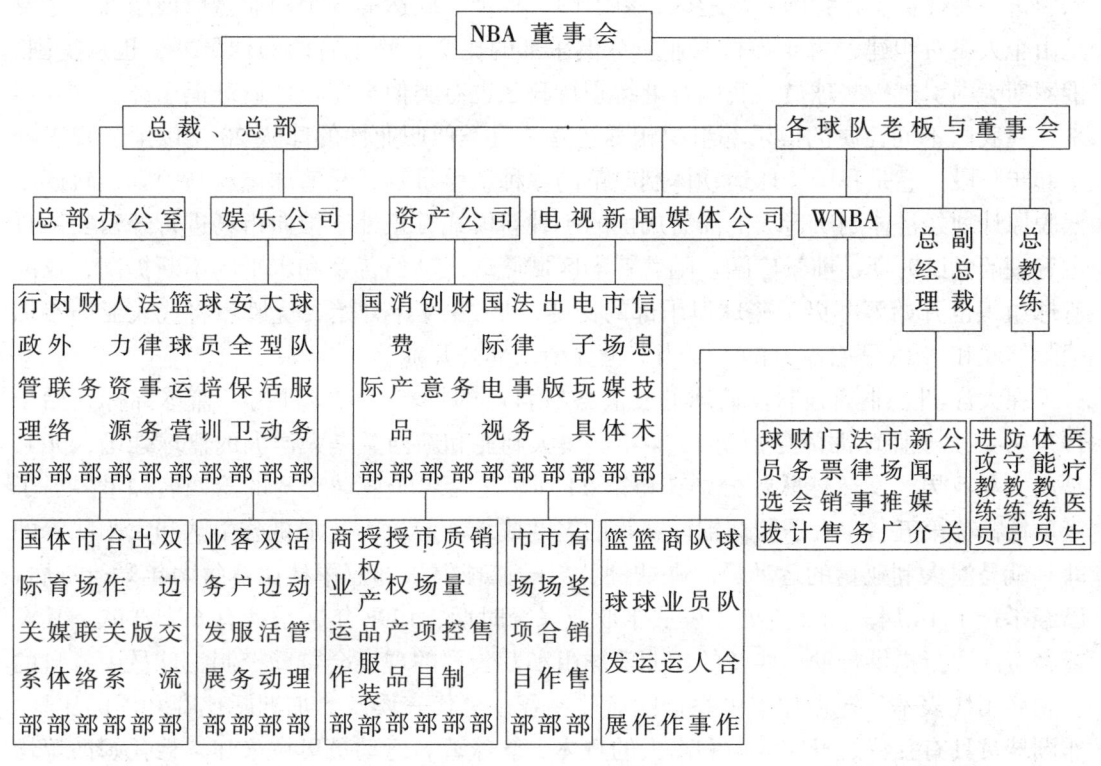

图26-1 NBA组织结构框图

## 二、欧洲、亚洲等国家或地区职业篮球俱乐部

职业篮球除了在美国得到发展外，其他国家或地区在近几十年也有所发展。篮球运动传入欧洲较早，开展比较广泛，普及程度也较高。欧洲男子篮球锦标赛从1935年开始举行，女子篮球锦标赛从1936年开始举行。1958年，欧洲开始举行每年一次的男子篮球俱乐部比赛，1992年改为欧洲男子篮球俱乐部冠军赛，优胜者代表欧洲参加国际篮联和NBA联合举办的"麦当劳世界俱乐部公开赛"（每两年举办一次）。1959年欧洲开始举行每年一次的女子篮球俱乐部比赛，并一直沿袭到现在。像德国、希腊、西班牙、法国、意大利等国家都有职业篮球俱乐部。职业篮球俱乐部的球员大都以本国球员为主，同时也引进一些美国和非洲籍的球员。由于欧洲的篮球运动水平较高，参加俱乐部比赛的球队也较多，俱乐部比赛的竞赛制度非常严格，常常采用分组循环比赛和交叉

淘汰比赛相结合的方式进行，赛季相对而言比我国时间要长一些。目前，为数不少的欧洲球员参加美国 NBA 职业篮球比赛，如萨博尼斯、库科奇等优秀球员有较大的影响。

在亚洲，菲律宾是成立职业篮球俱乐部比较早的国家，除本土球员以外，主要从美国引进一些球员，定期参加国内比赛和亚洲国家间以及国际间俱乐部的比赛。在日本、韩国也有职业篮球俱乐部组织，如日本的三铃集团、韩国的现代集团等，他们主要是由一些大的公司出资组建，并代表本公司参加国内职业俱乐部的比赛，同时也参加亚洲国家间和国际间职业俱乐部的比赛。这些俱乐部的球员除了有本国球员以外，大多是从美国引进一些球员。在我国台湾地区，有宏图、战神、欣达等 6 个职业篮球俱乐部，主要是由个人投资组建，每年举行职业篮球俱乐部的比赛，除了省内的球员外，也从美国、俄罗斯等国引进一些球员；我国香港特别行政区也有类似半职业性篮球俱乐部。近几年来，在我国不同性质的俱乐部组织相继建立，有类似职业性的球队 20 支以上，现正处于起步阶段。它是我国篮球运动体制改革的一种新生事物，是篮球运动与国际接轨逐步摆脱原计划经济体制所造成的滞后局面的一种新模式，正处于推向市场进行经营实体自主管理的尝试时期，前景广阔。随着亚洲区域篮球运动的普及和水平的不断提高，亚洲篮球组织也开始筹办男子篮球俱乐部的比赛，从 1999 年开始，优胜者将代表亚洲参加国际篮联和 NBA 联合举办的"麦当劳世界俱乐部公开赛"。

在大洋洲、非洲，职业篮球的发展各有自己的特点。大洋洲男子篮球锦标赛始于 1971 年，女子篮球锦标赛始于 1974 年。澳大利亚和新西兰是大洋洲的篮球强国，尤其是澳大利亚男、女篮球队曾分别获得第 24 届奥运会男子篮球比赛的第四名和世界男子篮球锦标赛第五名、女子篮球锦标赛第四名的成绩。曾效力芝加哥公牛队和太阳队等的郎利就是澳大利亚籍的运动员。在非洲，男子篮球俱乐部冠军杯比赛每两年举行一届，已经举行了 14 届。南非正处于发展半职业联赛时期，1996 年赛季拥有 6 支球队，其竞赛经费由银行提供赞助。埃及的职业篮球由私营公司的理事会赞助控制，球员由各自的公司雇用代表本公司参加本国举行的篮球比赛，也代表埃及参加洲际比赛和国际比赛。非洲球员具有独特的身体素质和高大的身体，篮球著名运动员奥拉朱旺、穆托姆博等均为非洲籍的球员。

## 第二节 职业篮球俱乐部的管理与经营模式简述

俱乐部的管理与经营是其生存与发展的关键所在，高质量的管理与高效益的经营是每个俱乐部所追求的根本目的。

### 一、俱乐部的管理体制

篮球俱乐部的管理体制包括董事会、监审会、总经理、部门经理、总教练、教练员以及其他相应的组织与机构。董事会是俱乐部的最高权力机构，其组成有董事长、副董事长和董事，每年定期召开董事会议。凡俱乐部的重大事情，如聘请总经理、总教练、重大财务开支,球员引进,参加比赛等都必须经过董事会研究决定。监审会是一种监察审计的机构,负责对俱乐部各项工作进行监督审查。总经理受聘于董事会,并具有最高的行政权力,对于俱乐部的管理与经营负有重要的责任,一方面他要将董事会的决议在俱乐部中贯彻执行,另一方面他又要负责俱乐部的日常管理,并对俱乐部的管理建章立制,对俱乐部的发展提出自己的设想与建议,对俱乐部各部门的工作进行督促与检查;同时,对俱乐部在管理和经营过程中的重大问题必须及时向董事会请示与汇报。各部门经理是在总经理的直接领导下进行工作,他们在自己的本职岗位上充分行使自己的职权,俱乐部的管理与经营其质量与效果的好坏,与他们也有较大的关系,他们的工作直接向总经理负责。总教练受聘于董事会,并对球队的建设与发展负有重要的责任。总教练以及教练员班子是俱乐部的一个主要机构,球队成绩的好坏、球星的多少、球星影响面的大小与总教练和教练员班子都有着直接的关系。

篮球俱乐部的管理应有层次之分,即有宏观、中观和微观管理之分。所谓宏观管理是指对篮球俱乐部的整体发展起着调控和制约的机制与机构,如美国 NBA 的董事会和总部与总裁、我国的篮球协会和篮球运动管理中心,它们作为宏观管理层所起到的作用非常重要。所谓中观管理是指对篮球俱乐部自身发展起着决定性作用的机制与机构,如俱乐部的部门经理和球队的总经理。这一层次的管理涉及俱乐部自身的管理体制、运行机制以及球队的水平与经营的效益等方面。所谓微观管理是指对俱乐部下设各部门的发展与经营起着促进和制约作用的机制与机构,如俱乐部直接管理人员和球队的教练员,这一层次的管理涉及俱乐部各部门的经营质量、经营效益与球队的训练水平。俱乐部的管理是否成功,与上述因素密不可分。

## 二、俱乐部的法规与条例

篮球俱乐部的管理在体制健全的情况下,主要是依靠建章立制的方式对俱乐部的发展与建设进行调控与制约。建立和健全俱乐部的法规与条例,是保证俱乐部正常运转和发展的基础。俱乐部的法规与条例通常有章程、管理条例、合同协议等内容。

### (一)俱乐部的章程

篮球俱乐部的章程是作为俱乐部自身管理和经营的法规性文件,对俱乐部的管理、经营以及各项工作都具有重要的意义。俱乐部的各项工作都必须在俱乐部章程的规定下依章行事,如我国篮球协会颁发了《中国篮球协会俱乐部章程》。该章程共有总则等十章二十四条内容,对篮球俱乐部的性质、组建形式、必备条件、会员制度、申请审批程序、权利与义务、运动员、教练员资格、参赛办法、处罚制度以及费用等都作了明确规定。现阶段该章程是规定和制约我国篮球俱乐部成立的法规性文件。篮球俱乐部的章程包括以下几个方面的内容:

1. 总则
2. 宗旨、经营范围
3. 投资总额和注册资本

4. 董事会

5. 经营管理机构

6. 收益分配、盈亏风险

7. 财务会计

8. 成员、劳动管理

9. 工会组织

10. 终止、清算

11. 规章制度

12. 附则

## （二）俱乐部的管理条例

篮球俱乐部的管理条例是依据其章程而制定的各项规章制度，这些规章制度是作为对章程具体实施的一个补充与完善，使得俱乐部各级工作人员都能够依章行事，照章办理。它包括以下几个方面的内容：

1. 各级在岗人员的岗位责任制，如总经理、部门经理、总教练、教练员、医生及行政、后勤等方面管理人员，他们都应该有明确的岗位责任制；

2. 经营管理制度，包括直属各个管理部门与工作程序；

3. 俱乐部各类人员的工资制度；

4. 俱乐部各类人员的考核、升级与奖惩制度；

5. 俱乐部的各项财务制度；

6. 俱乐部各类人员的福利制度；

7. 俱乐部解散时的清算程序；

8. 俱乐部其他必需的规章制度。

## （三）俱乐部的合同协议

篮球俱乐部的合同协议是俱乐部与不同的组织或政府、企业、资助商或赞助商、媒体与比赛场馆以及俱乐部各类成员之间的一种协议契约与雇佣契约，具有一定的法律效应。它包括以下几个方面：

1. 俱乐部与上级协会或总部的合同协议；

2. 俱乐部与地方政府或企业的合同协议；

3. 俱乐部与资助商或赞助商的合同协议；

4. 俱乐部与媒体的合同协议；

5. 俱乐部与比赛场馆的合同协议；

6. 俱乐部与各级管理人员的合同协议；

7. 俱乐部与教练员的合同协议；

8. 俱乐部与运动员的合同协议。

正因为合同协议是具有一定法律效应的契约，所以在合同协议中应该明确以下几个方面的内容，即合同期限，合同内容，合同的报酬，保险福利待遇，义务与权利，广告

与宣传，合同的变更、解除、终止与续订，争议处理，当事人约定的其他内容以及其他方面。

### 三、俱乐部的经营机制

篮球俱乐部作为一个具有独立法人资格的事业实体和经济实体，首先是它的产权必须明晰，经营机制必须是健全的和畅通的。俱乐部的所有工作可以归纳为一个中心、两条主线：一个中心即以比赛为中心；两条主线中的一条是球队的训练，另一条就是俱乐部的经营。俱乐部的经营机制应该是围绕中心展开竞争，明确竞赛产品质量、竞赛产品开发和竞赛产品服务的经营理念，充分调动俱乐部各类成员的积极性，确立项目，制定方案，实行自负盈亏，实现奖罚分明，形成畅通的良性循环，保证良好的经济效益。俱乐部经营机制是以竞争为核心，提高竞赛产品的质量，开发竞赛产品的潜力，完善竞赛产品的服务条件与环境。同时，俱乐部经营机制还应该包括操作层次的内容，即各类人员的工作职责和工作程序，各类人员工作的评价标准与考核体系，各类人员工作的监督渠道与监督体系，各类人员工作的奖罚办法与奖罚标准，各类人员工作的契约合同与法律效应等。

### 四、俱乐部的经营方法

俱乐部的经营是以减少投入、提高效益、追求最大的经济利益为目标，建立和健全俱乐部自身的造血功能，保证俱乐部的生存与发展。俱乐部的经营内容主要有竞赛产品营销、竞赛产品的开发与竞赛产品的服务三大体系。竞赛产品的营销是以提高竞赛质量为核心，涵盖比赛票务的销售量和比赛场馆的上座儿率，电视转播权、电视转播费以及电视转播的区域与范围，赞助商的投入与广告分配等。竞赛产品的开发是在保证竞赛质量的前提下，涵盖赛事的促销与推广、赛事衍生产品的开发与开拓、球队无形资产的推广与销售、明星效应的利用与宣传、球迷的培养与组织、球市的培育与运作等。竞赛产品的服务是满足球迷与观众的欣赏及要求，涵盖赛场氛围的布置与组织、条件环境的提供与享受、食物饮料的保证与提供、娱乐参与的机会与场所、提供服务的数量与质量等。俱乐部的经营方式必须是多样的、灵活的和有效的，应该充分利用上述各种渠道，开发更多的产品，提供更多的服务。还应该利用组织青少年篮球夏令营、冬令营进行辅导与培训，培育青少年以及球迷和市场；鼓励运动员和教练员利用球队的无形资产和本人形象，积极与赞助商签约；协同制作电视电子网络产品，增加俱乐部的收入等。

## 第三节　职业篮球俱乐部的竞赛与训练

抓好竞赛是俱乐部赖以生存和发展的关键，而训练又是竞赛的基础。因此，抓好俱乐部的训练和竞赛以及其他相关工作，是办好俱乐部的重要保障。

## 一、俱乐部的竞赛制度

篮球俱乐部的竞赛制度是影响和促进其发展与经营的一个十分重要的因素。球队水平的高低、成绩的好坏都必须通过竞赛得到检验，经营规模与经营效益都必须在赛季的运行过程中得到验证。在美国，NBA 的竞赛制度经过几十年的发展，形成了相对完整的一套体系：在每年的 11 月到来年的 6 月为 NBA 的赛季，分为常规赛和季后赛。常规赛从 11 月到来年的 4 月上旬，29 支球队分成东西两个联盟，每队平均要打 82 场比赛，即本联盟的球队打两个主客场，对另一联盟的球队打一个主客场。根据常规赛的胜负排出两个联盟各自的前八名进行季后赛，按照 1 对 8、2 对 7、3 对 6、4 对 5 的对阵，采用 7 战 4 胜制进行联盟第一轮的淘汰赛，以及联盟的半决赛、决赛和两个联盟间的总决赛。1996~1997 赛季，芝加哥公牛队打了 101 场比赛，最后才夺得总冠军。

在我国，篮球竞赛制度分为主客场循环制、赛会制和主场赛会制（分站巡回赛）。近几年，我国 CBA 甲 A 联赛采用的竞赛办法为：第一阶段（预赛）采用主客场赛制进行双循环比赛，按积分排出 12 个队的全部名次；第二阶段（决赛）采用预赛前 8 名按 1 对 8、4 对 5 和 2 对 7、3 对 6 的对阵进行主客场制交叉淘汰赛，1/4 决赛 3 战 2 胜制，半决赛和决赛 5 战 3 胜制。预赛中 9~12 名的队进行双循环主客场比赛，决出名次实行升降级，1~10 名及 CBA 甲 B 联赛的 1、2 名为来年的甲 A 队，11、12 名降为甲 B 球队，参加来年的甲 B 联赛。

## 二、俱乐部的训练要求

随着竞赛制度的变更，俱乐部的训练也面临着一系列新的问题。首先，要在俱乐部内部严格管理，严格教育，加强政治思想建设，把综合素质教育贯彻训练全过程，培养优良的职业道德和为国家、为集体争光的责任感与荣誉感。同时，要从严要求，抓好非赛季期间的系统训练，提高球队的整体实力与水平。其次，通过有针对性的训练，解决比赛中暴露出来的问题，提高球队的实战能力。我国篮球协会和篮球运动管理中心对于比赛期间的训练作了明确规定，例如：训练时间每天保证 5 小时以上，比赛的当天要保证一个半小时训练，在到达赛区和返回省市的当天，如在 17 点以前，要安排训练；根据主客场的特点和不同的时间、地点、对手，抓好针对性训练；根据主客场时间长、场次多的特点，抓好体能训练；根据主客场比赛南北流动性大的特点，加强医务监督，预防伤病；按要求上报训练计划及教案；接受竞赛领导小组检查，如发现有违反规定的行为，严肃处理。

## 三、俱乐部后备队伍的培养

篮球俱乐部后备队伍的培养，直接关系到俱乐部的战略发展。在中国篮球协会篮球俱乐部章程中，对成立职业篮球俱乐部必须具备的条件已有明确规定：应当拥有相应的

后备力量（俱乐部二队），每年向地方体委所属青年队提供固定资金（培养费）。这一规定从制度上要求每个俱乐部都必须拥有自己的二线队伍，从而保证每个俱乐部都有相应的后备力量。因此，二线队伍的培养问题也必须纳入每个俱乐部工作的议事日程，并要把它作为一个战略发展的重要举措。

### 四、主场条件及球市与球迷的培养

俱乐部必须设有自己的主场，主场条件包括场馆、设备、器材、交通、通信、安全保卫等基本设施，在中国篮球协会和篮球运动管理中心下发的竞赛技术手册中已有明确的规定。实际上，主场条件和球市、球迷的问题与俱乐部的经营密不可分。增加主场投入，改善主场条件，扩大赛事的宣传力度，吸引广泛的球迷，不仅是办好比赛的重要条件，而且也是增加俱乐部经济收入的重要渠道。

## 第四节 我国"职业"篮球俱乐部的现状与发展

我国"职业"篮球俱乐部是随着我国政治体制、经济体制和体育体制改革不断深化发展而产生与形成的。在国家由计划经济向市场经济过渡和转轨的过程中，作为体育体制改革运行的俱乐部制，还只能说是处于初步探索阶段。

现从以下三个方面进行简要的介绍。

### 一、我国"职业"篮球俱乐部产生的社会条件

我国"职业"篮球俱乐部产生的社会条件有三种，即政治条件、经济条件和运动队伍的自身条件。

#### （一）我国"职业"篮球俱乐部产生的政治条件

在我国计划经济向市场经济转轨的过程中，经济体制必然要发生巨大的变化，我国的体育体制也必然要发生相应的变化，因而也就必然形成了篮球改革大的社会环境和政策环境，也就自然形成了篮球俱乐部产生的政治条件和政策条件。在20世纪90年代初，体育体制改革首先推出了单项协会制，继而在1993年又将足球等协会推向社会，足球俱乐部也就应运而生。在足球俱乐部运行取得初步成功的同时，篮球改革也在进行，1994年篮球首先在赛制上改革，推出全国甲A主客场制，1996年又推出全国职业篮球联赛CNBA，1997年举行全国俱乐部篮球比赛，1998年同时实行甲A和甲B联赛。1997年底，篮球协会和足球协会一样也走向了社会。

#### （二）我国"职业"篮球俱乐部产生的经济条件

改革开放以来，我国的经济形势和体育形势一样，发生了翻天覆地的变化。国有企

业、民营企业、外资企业、合资企业、私有企业等多种经济成分并存，使得经济建设出现了繁荣景象，国有实力稳步上升，一些有战略眼光的企业家对那些取得优异成绩的体育健儿实施奖励，同时看到投资体育对于扩大企业形象的经济效益。因此，企业投资体育合办运动项目和企业投资体育开创新的企业，使得国家出现了一个新的经济增长点，办体育也出现了一个新的合作形式。也正是在这样的社会背景和经济基础上，我国的篮球俱乐部在各省市就有了合作的经济基础，俱乐部的产生就有了经济条件。

### （三）我国"职业"篮球俱乐部产生的运动队伍的自身条件

在我国原有计划经济体制下，全国各地的省市体委都有篮球队。在军队，各大军区也都有篮球队。随着体制的转轨和国家奥运战略的实施，有些省市和军区撤消了一些篮球队，但作为深受人民群众喜爱的篮球运动，仍然保留了一批队伍。这批队伍有自己的编制、场地、设备，更重要的是还有一批教练员和运动员队伍。正是这批教练员队伍、运动员队伍和现有的场地、设备与国家仍按编制下拨的事业经费，才具备成立篮球俱乐部的基本条件。于是，在我国政治条件、政策条件、经济条件和运动队伍自身条件相对成熟的省市，篮球俱乐部也就应运而生。

## 二、我国"职业"篮球俱乐部的现状及其分析

客观地讲，我国的篮球俱乐部是建立在过去计划经济体制的基础上，产生在计划经济向市场经济转轨的过程中。因此，它就必然会带有计划经济的痕迹，同时又具有市场经济的特征。以下是我国篮球俱乐部的投资合作形式，教练员队伍、运动员队伍、裁判员队伍的现状与分析。

### （一）俱乐部的投资合作形式

提出俱乐部的投资合作形式，是因为它涉及俱乐部的产权归属。在此，按我国经济成分的分类方法，对我国篮球俱乐部的合作形式作一简要介绍。

国有企业投资合作形式：指由国有企业和省市篮球队合作，由国有企业投入大部分资金，省市篮球队保留编制经费中已有的资金，冠名国有企业的称号，如原北京首钢京师队、江苏南钢队、辽宁猎人队等。

国有事业单位投资合作形式：指由国有事业单位和省市篮球队合作，由国有事业单位投入大部分资金，省市篮球队保留编制经费中已有的资金，冠名国有事业单位的称号，如上海东方队等。

民营企业投资合作形式：指由民营企业与省市篮球队合作，由民营企业投入资金，省市篮球队提供队伍，冠名民营企业的称号，如广东宏远等。

外资企业或合资企业投资合作形式：指由外资企业或合资企业与省市篮球队合作，由外资或合资企业投入资金，冠名以合作双方认可的称号，如原浙江中欣、山东宝元等。

私有企业投资合作形式：指由私有企业投资组建的篮球俱乐部，如北京奥神队。

部队篮球队，是我国篮球运动的一支主要力量，由各大军区或各兵种部队组成，目前主要有八一、济南、南京、沈阳、空军、前卫等队伍。

由于投资合作的形式多样，俱乐部产权归属不一，管理的方式有异，经济收入也不相同，人才流动就会出现一种不太正常的倾向。加之篮球运动管理中心和篮球协会与各俱乐部的关系没有直接的统一领导，虽然通过章程和制度有一定的限制，但利益的驱动和人心所向是一种客观现象，短时间内恐怕难以解决。不过这是俱乐部初始阶段发展过程中的正常现象。

### （二）教练员队伍现状

我国现有教练员队伍是一批具有一定水平的专业人才，也是发展我国篮球运动的一批中坚力量。他们的年龄结构正处中青年最佳状态，大都是从专业运动队退役的运动员，有着丰富的实践经验。但是，对比国际优秀球队的高水平教练员，从他们自身的知识结构和能力结构等方面看，仍有较多不足之处。他们的专业理论和基础理论知识相对薄弱，虽在执教过程中发现问题比较及时，但分析问题却缺乏深度，逻辑思维模式滞后，亟待提高，解决问题的方式方法也急需创新、提高；一些由优秀运动员转入教练员队伍的年轻教练员，组织管理能力更迫切需要在实践中磨炼提高。更值得引起注意的是，俱乐部教练员班子的组成人才结构不太合理。一般都是同一专业的人才搭配，缺少相关学科的专业人才。

### （三）运动员队伍现状

运动员是篮球俱乐部的主体，其质量的好坏直接关系到俱乐部的生存。目前，我国篮球俱乐部的运动员可以分成这样几种成分：一种是现役国家队成员，他们无疑是各俱乐部的顶梁柱；第二种是退役的国家队队员，他们仍然是各俱乐部的中坚力量；第三种是原甲级队的老队员，他们还在各俱乐部挑大梁；第四种是有一定训练年限的队员，且年龄在25岁左右，他们是前三种队员的配角；第五种是年龄20岁左右、身材条件好的年轻队员，他们是各队的未来。从年龄结构上来看，近几年老运动员的运动寿命有所延长，恐怕其中的主要原因是利益的驱动。而年轻队员上场比赛磨炼的机会太少，即使上场也不太敢在老队员面前放开手脚。因此，20～25岁的这批队员缺少实战锻炼的机会，影响篮球运动水平的提高。

### （四）裁判员队伍现状

目前，在全国俱乐部比赛中执裁的裁判员，主要是国内现有的国际级裁判员和国家级裁判员，他们是组织和执行比赛的重要力量，也是推动和促进我国篮球运动发展的重要因素。在我国没有专职的篮球裁判员，他们都有各自的本职工作。从这种意义上讲，他们每年在长达5个多月的比赛期间，承担繁重的裁判工作也是难能可贵的。但是，如果从篮球运动整体发展上来看，裁判员队伍的数量与质量都有待提高。原因一是我国裁判员整体队伍的外语水平较差，与国际交流的机会本来就少，即使派出去参加工作，由于语言问题不能解决，难以掌握国际比赛中的第一手资料，使得我们在执法的尺寸上把握不准。二是裁判员自身的提高机会较少，因为他们都是兼职。三是对裁判员执裁的监督不够，缺少必要的仪器设备对他们执裁过程同步检测。所以，裁判员队伍的问题，直接影响到比赛的质量，影响比赛的风气。

### 三、我国"职业"篮球俱乐部的发展与展望

我国的篮球俱乐部的产生是与我国计划经济向市场经济转轨过程同步进行的，处于初始探索阶段，既没有现成的模式，也不能照搬别人的模式，在此过程中出现一些这样或那样的问题，也是在所难免。但是，我们应该大胆地借鉴其他国家成功的经验，对我国篮球俱乐部的发展提出一些积极的、合理的建议，加快我国篮球俱乐部发展的步伐。在此，提出如下一些看法：

#### （一）亟待转变观念

实行篮球俱乐部制，已经被各省市所接受，现在的问题不在于对体制转变的认识上，而在于转变体制之后的观念上。如：我们现在俱乐部的精力和目标过多地集中在竞赛成绩上，而对俱乐部的自身经营注重得不够。应该在注重俱乐部竞赛成绩的同时，也要注重俱乐部的经营。如果只注重竞赛成绩而不注重经营，就可能出现急功近利的现象，单纯地追求成绩，反而得不到成绩。如果在注重成绩的同时，也注重经营，就会使自身的造血功能加强，竞赛成绩也可能上去了。

#### （二）明确产权归属、健全竞争机制

按照市场经济的管理方式来进行篮球俱乐部的管理与经营，首先必须明确产权归属，把责、权、利落实到位，落实到人，彻底改变谁都管、谁都不管的现象。其次是健全竞争机制，实现优胜劣汰，彻底改变"干好干坏一个样"的现象。充分调动俱乐部成员的积极性，挖掘其潜力。作为竞技体育项目的篮球运动，其本身就带有竞争，大锅饭在市场经济下是绝对行不通的。

#### （三）加强队伍综合建设

加强队伍建设主要有两个方面的含义：一是加强俱乐部领导班子的建设，二是加强教练员班子的建设。俱乐部领导班子关系到其自身的发展与经营效益，因此，领导班子的人员配备就显得格外重要，在考虑其综合素质的前提下，尤其要注意成员的能力结构。教练员班子关系到俱乐部的竞赛成绩，也关系到俱乐部的经营效益，因此，其班子的人员配备也显得格外重要。在考虑俱乐部教练员班子配备时，尤其要注意成员的知识结构和学科结构。

#### （四）努力培养明星球员

俱乐部的实力与影响和明星队员有着明显的联系，往往著名的球星在球迷和观众中具有很大的影响力。明星的作用不仅表现在比赛的关键时刻，能够使球队化险为夷，而

且能够成为广大球迷的偶像,吸引大量的铁杆球迷。因此,教练员要把明星队员的培养放在十分重要的位置。可以说,一支球队的实力和影响力,在一定的程度上取决于球队明星的多少。

### (五)狠抓科学化训练

现代体育的竞争,事实上既是人才的竞争,又是科学化水平的竞争。因此,在实施科学化训练的过程中,必须加强科技投入,才会产生事半功倍的效益。科技投入包括两个方面的含义:一是科技人才的投入,二是科技设备的投入。俱乐部的科学化训练应该包括以下几个方面的内容:科学选材、科学诊断、理想的训练目标及目标模型、科学的训练计划、有效地组织与控制训练活动、科学地组织竞赛、训练信息化、高效能的恢复与营养系统、良好的训练环境和高效率的训练管理。

### (六)建立良好的经营环境

必须明确,俱乐部的经营与俱乐部的训练一样对俱乐部的发展非常重要。因此,俱乐部要注重经营人才的选拔与培养,要有一批这样的专门人才来进行俱乐部的宣传、策划、实施与经营。要树立这样一种观点:俱乐部就是一个企业、一个公司,真正把俱乐部纳入市场经济的轨道。要营造一个好的经营环境,开辟多种经营渠道,使得俱乐部在市场经济的竞争中,具备自己生存的条件和发展壮大的功能。

# 第二十七章

# 篮球比赛场馆设备及场地的修建与养护

## 第一节 国际标准的篮球比赛场馆设施

国际标准的篮球比赛场馆的主体由四部分组成,包括主馆、副馆、一个独立的健身厅和一系列的支撑服务设施。

### 一、主 馆

主馆是比赛的正式用馆,它必须含有一块符合国际篮联规定标准的比赛场地。该比赛场地的地面用木料制成,并且没有任何障碍物,场地的界线用 0.05 米宽的线段界定。天花板或最低障碍物的高度至少是 7 米。

#### (一)球场的尺寸

根据 2003 年篮球竞赛规则,国际篮联主要的正式比赛以及所有新建球场的尺寸为长 28 米、宽 15 米,球场的丈量从界线的内沿量起(图 27-1)。对于所有其他比赛,国

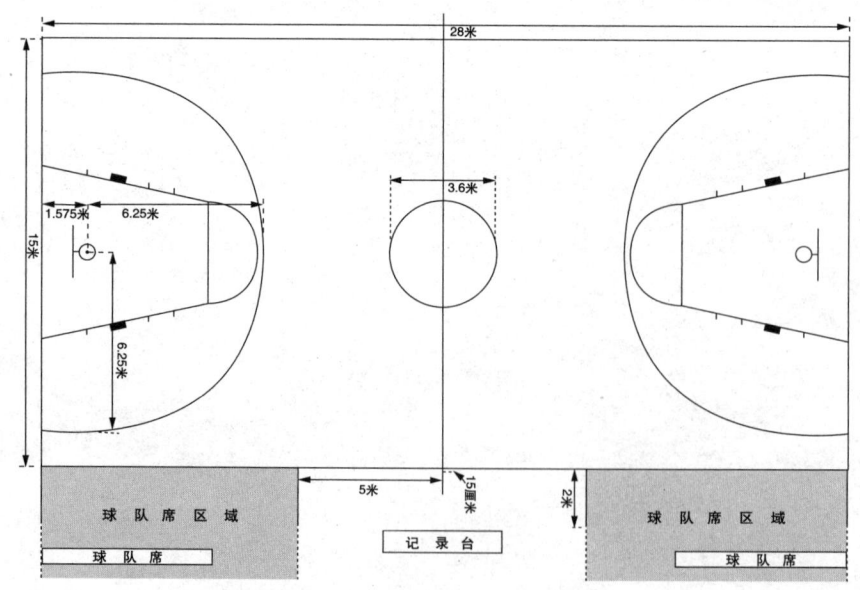

图 27-1 正规球场的尺寸

际篮联的有关部门，有权批准最小尺寸为长 26 米、宽 15 米的现有比赛场地。

## （二）球场线、区、圈的名称和规格

### 1. 界线

球场的界线要用相同颜色（建议白色）、清晰可辨、宽度为 0.05 米的线条定界。界线距离观众、广告牌和任何障碍物（包括球队席全体人员）至少 2 米。球场长边叫边线，短边的界线叫端线。

### 2. 中线

从边线的中点画一平行于端线的线段叫中线。中线要向两侧边线外各延长 0.15 米。

### 3. 罚球线、限制区和罚球区

（1）罚球线是一条与端线平行、长 3.60 米的线段。它的外沿距离端线内沿为 5.80 米，其中点必须落在连接两条端线中点的假想线上。

（2）限制区是从罚球线两端画两条线段至距离端线中点各 3 米的地方（均从外沿量起）所构成的地面区域。

如果在限制区内部着色，它的颜色必须与中圈内部着色相同。

（3）罚球区是限制区加上以罚球线中点为圆心、以 1.80 米为半径，向限制区外画出的半圆区域。

罚球区两旁的位置区，供队员在罚球时使用。第一条线距离端线内沿 1.75 米（沿罚球区两侧边线丈量）；第一位置区的宽度为 0.85 米，并且与中立区域的始端相接；中立区域的宽度为 0.40 米，并且用和其他线条相同的颜色涂实；第二位置区与中立区域相邻，宽度为 0.85 米；第三位置区与第二位置区相邻，宽度也是 0.85 米。所有用来画这些位置区的线条均为长 0.10 米，并且与罚球区边线垂直。

### 4. 中圈

中圈位于球场的中央，是以中线的中点为圆心、以 1.80 米为半径画成的，其面积从圆圈的外沿丈量。

如果在中圈内部着色，它的颜色必须与限制区内部着色相同。

### 5. 3 分球投篮区域

某队的 3 分投篮区域是指除对方球篮附近被下述条件限制出的区域之外的整个球场地区。这些条件包括：其一，分别距对方球篮的中心垂直线与地面的交点 6.25 米。该交点距端线内沿中点的距离为 1.575 米；其二，以上述规定的同一点为圆心画半径为 6.25 米（量至圆弧外沿）的半圆与两平行线相交（图 27-2）。

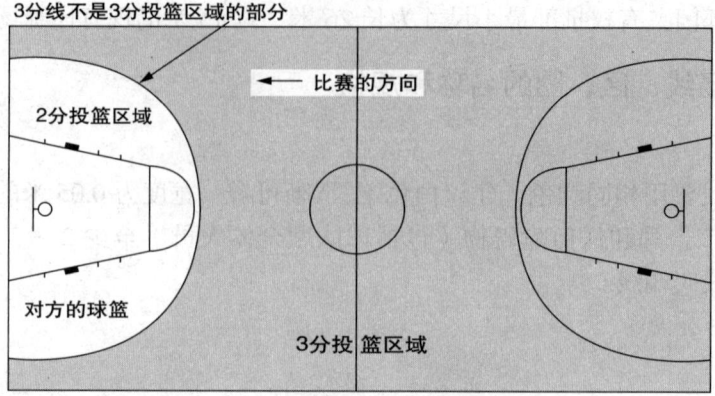

图 27-2　2 分、3 分投篮区域

### 6. 球队席区域

球队席区域与记录台位于同侧场外。每个区域分别由一条从端线向外延伸至少长 2 米的线段，和另一条距离中线 5 米且垂直于边线并至少长 2 米的线段所限制。

## （三）球场分布

紧挨比赛场地的外延区域非常重要。比赛场地周围的安全区域用距边线 2 米的 4 条线来标明，它供裁判员和各自球队席区域的教练员使用。

新场馆应包括 3 米或更大的安全区——绝不能小于 1.80 米。它以下用途。

### 1. 记录台和替补队员席

记录台至少长 4 米，高于平面 0.20 米。在记录台必须放 5 把椅子，记录台前须各放 2 把用于替补队员的椅子。国际篮联组织的或代表国际篮联组织的所有比赛，其记录台和替补队员席，必须按照图 27-3 所示设置。

### 2. FIBA 的委员和代表席

对于高水平的赛事，要在与端线平行的地方为 FIBA 的官员准备一张桌子，5 把椅子。

### 3. 球队席

应置于 3 米 × 9 米的长方

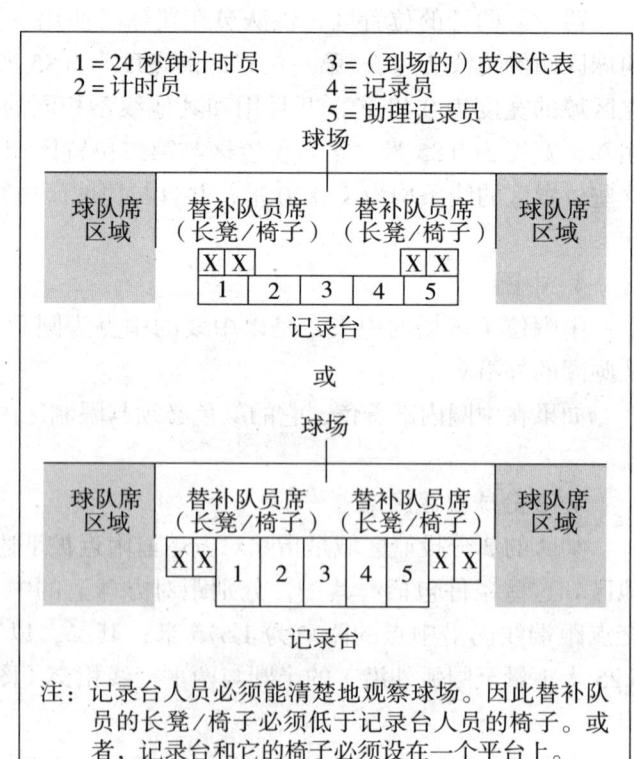

图 27-3　记录台和替补队员席

形安全区域内,从端线延长线的外沿量起,距中线 5 米。

#### 4. 摄影记者席

在比赛中,摄影记者应处在与 FIBA 的代表席相邻、广告牌后 3 米的安全区域内。广告牌可以是静态的也可以是滚动式的,最高不能超过 0.80 米,距边线至少 2 米,必须包扎至少 0.05 米厚、含 50% 是凹痕的橡胶衬垫或类似的材料,目的是防止运动员或裁判员受伤。

### 二、副 馆

副馆又称热身厅。用于国际大赛(如奥运会、世锦赛等)的场馆应有一个副馆,主要用于训练和赛前热身。该馆至少要有 200~300 个座位。场地环境标准应尽量与主场馆保持一致。

### 三、健身厅

健身厅最好位于更衣室附近,最小面积不能低于 50 米$^2$,应包含健身器械。

### 四、支撑服务设施

支撑服务设施指与运动有关的所有房间组成。例如:场馆的进出口、更衣室、厕所、淋浴和衣帽间等。这些房间必须有无障碍通道,目的是方便残疾人进出。最主要是由以下六个部分组成。

#### (一)运动员、裁判员和比赛官员的更衣室

更衣室主要包括换衣室、前室、淋浴区、厕所、水疗区。运动员和裁判员可以从更衣室直接进入比赛场地。

##### 1. 更衣室的环境标准

(1)更衣室的内部温度必须在 20℃~25℃(23℃是最佳温度)。
(2)用于净化空气的通风系统。具有排风扇,可吸附气味、潮气和其他污染。
(3)必须有匀称的光线。
(4)由外部进入更衣室的噪音应不高于 50 分贝。

##### 2. 运动员、裁判员和官员的更衣室要求

运动员、裁判员和官员的更衣室还要符合各自的要求,如表 27-1~表 27-3 所示。

表27-1　运动员更衣室的要求

| 尺　寸 | 最小<br>天花板高度<br>门的高度 | 20~25 米$^2$<br>2.70~2.80 米<br>2.10 米 |
|---|---|---|
| 能容纳运动员数量 | 15~20 人 | |
| 覆盖面 | 地板<br>墙面 | 合成品或瓷砖<br>易洗的光滑面 |
| 装　备 | 凳子、衣挂或衣橱、1张按摩床、1块黑板或视频设备 | |

表27-2　裁判员更衣室的要求

| 尺　寸 | 最小<br>顶高<br>门高 | 15 米$^2$<br>2.70~2.80 米<br>2.10 米 |
|---|---|---|
| 能容纳人数 | 4 人 | |
| 覆盖面 | 地面<br>墙面 | 人工合成或瓷砖<br>可洗的光滑面 |
| 装　备 | 凳子、衣挂或衣橱、1张桌子、4把椅子和1块黑板 | |

表27-3　官员更衣室的要求

| 尺　寸 | 最小<br>顶高 | 15 米$^2$<br>2.70~2.80 米 |
|---|---|---|
| 能容纳人数 | 4 人 | |
| 覆盖面 | 地面<br>墙面 | 人工合成或瓷砖<br>能冲洗的光滑面 |
| 装　备 | 凳子、衣挂或衣橱、1张桌子、4把椅子和1块黑板 | |

至少要有一个单元可供官员使用

## （二）比赛委员会成员和（或）FIBA的官员的房间

（略）

## （三）兴奋剂检测区

兴奋剂检测区位于场馆内从比赛区容易到达的地方。应该清楚地标示出通往该室的标志。在入口的前面，应该有个标志和一名卫兵把守，只允许医生、被检测运动员等具备资格的人进入。

兴奋剂检测区必须有等待区和检测室，还要有标志明显的厕所，可供取样和工作人员使用。

检测区必须包括有沐浴的更衣室，如果运动员为了被取样而必须等待较久的时间，能够为他们冲洗和换衣提供方便。

### （四）运动员和公众的紧急治疗区

出于功能和安全的原因，场馆应包括可供运动员和公众进行急救的两个房间。急救区应能提供紧急救护和正常的医疗。公用急救室可使公众得到紧急救护。它应该易于从观众席进入和便于救护车进出。

### （五）储藏室

储藏室应足够大，以便能容纳各种运动用的装备。这一区域应便于各种装备和运输工具的进出。装备的储存和运输同它的保存、大小和重量有关。例如：如果球场的地面是由可拆的木板组成，保存时尤其要注意。入口要足够大，以便能使木地板进入。储藏室要保持理想的温度和湿度，以防止木质地板变形。储藏室可分成两个独立的部分，每一部分满足不同的需要。

### （六）管理办公室

管理办公室用于场馆的管理和技术支持。大型体育馆应包括多个办公室，包括领导室和下属室。建议面积为 20 米$^2$ ~ 25 米$^2$，临近处要有厕所。

## 第二节 篮球场的设备器材

### 一、篮球架的规格

篮球架可用金属或木料制作，立于场外，有固定和移动的两种。为防止放置位置不固定，要把篮球架牢固地安置在地板上（图 27-4）。

篮球架支柱的前面距端线外沿至少 2 米。包扎物的颜色应鲜明，并与端线后面的背景有明显的区别。篮球架包扎要求如下（图 27-5）：

（一）在篮板背后的任何篮板支架，应在其下面的表面包扎，直至距篮板正面 1.20 米处。包扎物的最小厚度为 0.05 米，并且其密度与篮板包扎物的密度相同。

（二）所有的篮球架，在面向球场的基座表面必须全面地包扎，包扎的最低高度为 2.15 米。包扎物的最小厚度为 0.10 米。

（三）所有篮板和篮球架的包扎物必须具有至少 50% 的压痕系数。

图 27-4 中国篮球协会指定的专用篮架

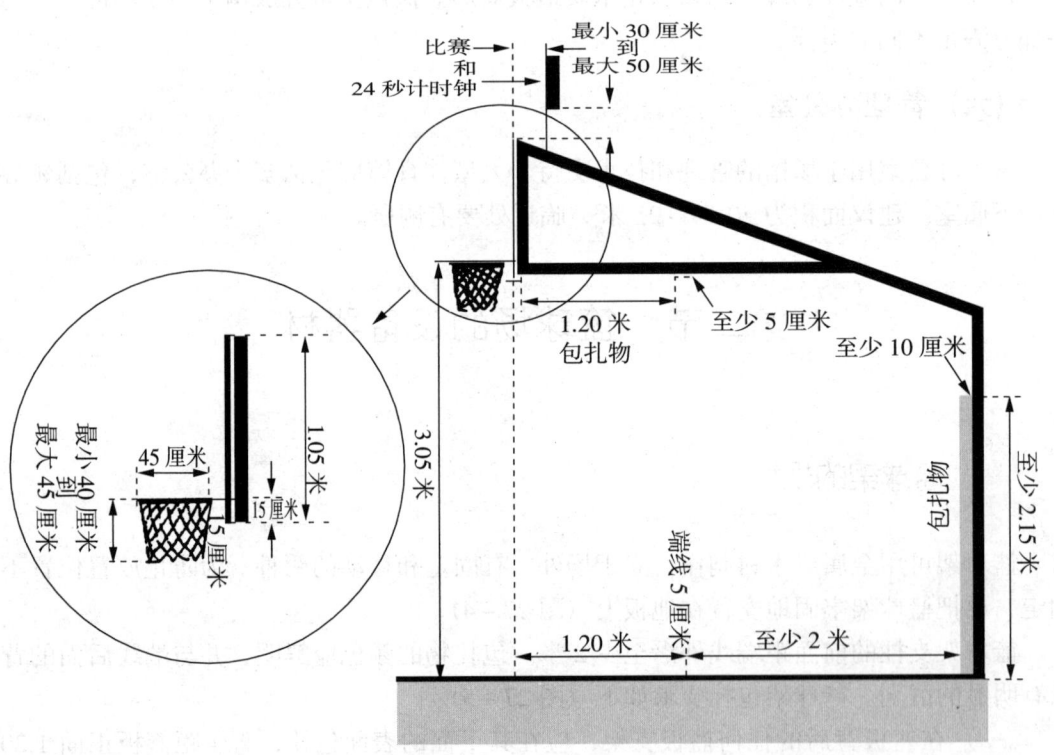

图 27-5 正规的篮板支架

## 二、篮板的规格

（一）篮板要用适宜的透明材料（应用整块的，最好有适当韧度的有机玻璃，其坚硬度应与 0.03 米厚的硬木篮板相同）制成，前面必须平整。篮板的尺寸为：横宽 1.80 米（+3 厘米），竖高 1.05 米（+2 厘米），下沿距地面 2.90 米（图 27–6）。

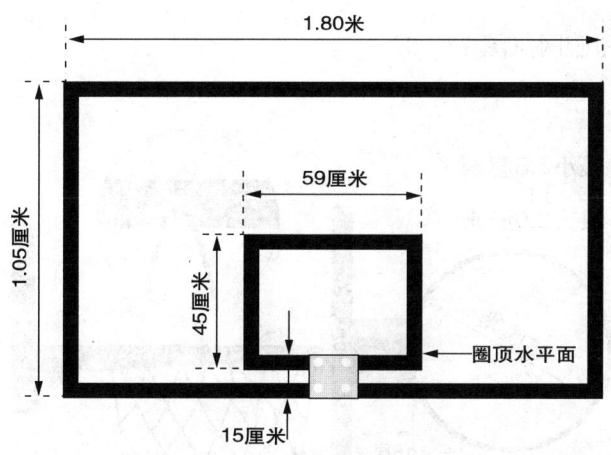

图 27–6　正规的篮板标志

（二）在篮板四周的边沿应画 0.05 米宽的线条，如果篮板是透明的，则画白线；若不透明，则画黑线。篮板的篮圈后面画出一个长方形，横宽 0.59 米，竖长 0.45 米（从线的外沿量起），此长方形底边的上沿要与篮圈水平面齐平。正规的篮板画法，所有线宽为 0.05 米。

（三）篮板应牢固地安置在篮架上，与地面垂直，与端线平行。篮板前面的中心要垂直地落在球场上，该点距离端线内沿中点 1.20 米。如果篮板发生横向移动，它应在 4 秒钟内恢复平静状态。

（四）篮板上的包扎物要符合如下要求：

1. 对篮板的底部和边沿，包扎物要覆盖其底面和侧面，侧面包扎物距篮板底部最低为 0.35 米；

2. 篮板底沿包扎物的最小厚度为 0.05 米；

3. 篮板前、后面距篮板底部最低为 0.02 米处要覆盖，包扎物的最小厚度为 0.02 米（图 27–7）。

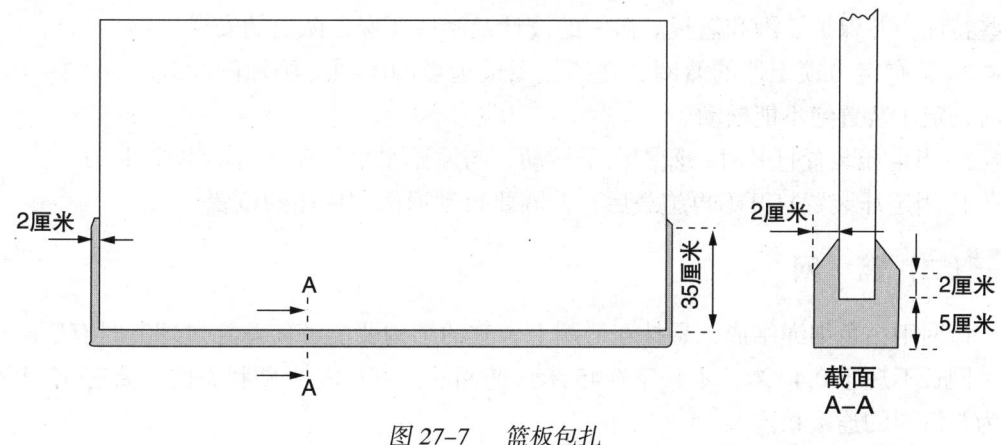

图 27–7　篮板包扎

### 三、球篮的规格

球篮包括篮圈和篮网（图 27-8）。

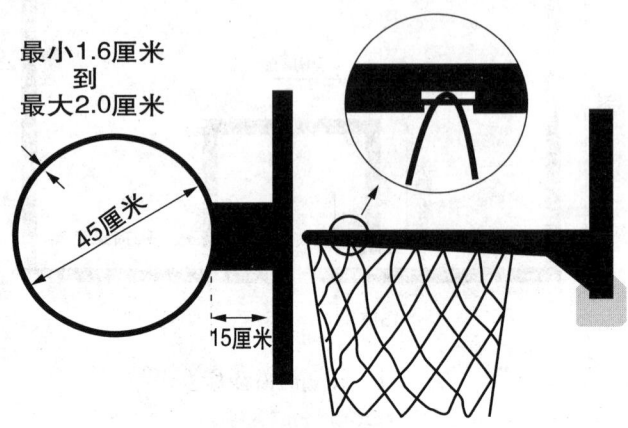

图 27-8 篮圈和篮网

### （一）篮 圈

篮圈要用实心钢材制成，内径最小为 0.45 米，最大为 0.457 米，漆成橙色。圈材的直径最小为 0.016 米，最大为 0.02 米，圈的下沿设有系篮网的附加系统。把篮网系在篮圈上的系统必须是没有尖锐的角或容得手指进入的空间（间隙）。篮圈应安装在支撑篮架构架上，篮圈顶面要成水平，距地面 3.05 米，与篮板两垂直边的距离相等。篮板正面距篮圈内沿的最近点为 0.15 米。

篮圈支撑系统的反弹或弹性应该是：能量吸收范围占全部冲击能量的 35%~50%，并且在同一场地上球篮之间的差值在 5% 之内。

在比赛中可以使用抗压篮圈。抗压篮圈应符合下列技术条件：

1. 抗压篮圈要具有与那些不可活动的篮圈完全相同的反弹特性。定压装置要保证这些特性，并保护篮圈和篮板。篮圈的设计及制造要保证队员的安全。

2. 具有定力锁定器的篮圈，在离篮圈最远点的圈顶上施加静荷载未到 82~105 公斤时，定压装置绝不能松动。

3. 当定压装置打开时，篮圈向下转动，与原始水平位置夹角不得超过 30°。

4. 当定压装置打开不再施载后，篮圈要自动返回到原始的位置。

### （二）篮 网

篮网用白色细绳结成，悬挂在篮圈上。它的结构要能够使球穿过球篮时有暂时的停顿。网长不短于 0.40 米，不长于 0.45 米。篮网的上部应是半硬状态的，要有 12 个小环作为与篮圈的连接物。

### 四、篮球的规格

篮球是圆形的，一般认可的是橙色。它有 8 瓣成型的镶片。球的外壳为皮革、橡胶或合成物质。球面的接缝或槽的宽度不得超过 0.00635 米。球的圆周不得小于 0.749 米，不得大于 0.780 米（7 号球）。其重量不得少于 567 克，不得多于 650 克。充气后，使球从 1.80 米的高度（从球的底部量起），落到球场的地面上，反弹起来的高度不得低于 1.20 米，也不得高于 1.40 米（从球的顶部量起）。

比赛用球要由皮革制成，并经国际篮联批准。在赛前的准备活动期间，为了进行练习，组织者至少要提供 12 个相同的球。而比赛时，每个主队至少要准备两个用过的、符合上述规格的球。

### 五、比赛场地的灯光要求

从球场上方 1.5 米处测量，比赛场地的灯光不得少于 1500 勒克斯。该照明要符合电视转播的要求。

### 六、比赛场地专用电子设备

比赛场地要设置下述电子仪器和器材，使记录台、比赛场地、球队席以及与比赛有关的每一个人都能看得清楚。

#### （一）大记录板

大记录板两块，场地两端各一块。记录板要包含一块清晰可见的数字倒计数型的比赛计时钟，该钟能在每节或决胜期比赛时间结束时自动发出非常响亮的信号。

在大记录板上至少要显示：1. 比赛时间；2. 比分；3. 现在的节数；4. 要登记的暂停次数。除此之外，记录板还要显示：1. 每名队员的号码（有队员的姓名更好）；2. 每名队员的得分数；3. 球队全队犯规和每名队员的犯规次数（图 27-9）。

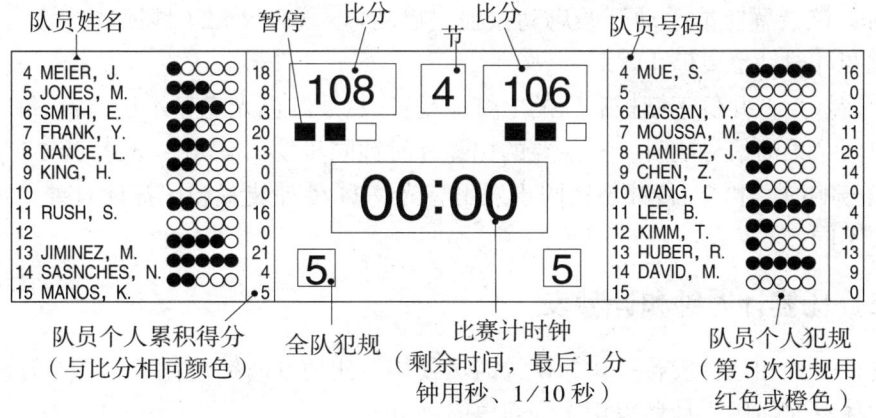

图 27-9　国际篮联主要的正式比赛所用的记录板

两块大记录板上的计时钟，要完全同步，并始终显示比赛剩余时间的总数。在每一节和决胜期的最后 60 秒钟时，应以秒和 1 秒的 1/10 为单位指明比赛剩余时间的总数。

要给计时员提供一个操纵比赛计时钟的控制台，并应给助理记录员提供一个单独的控制台。

### （二）24 秒钟装置

24 秒钟装置提供给 24 秒钟计时员，用于管理 24 秒钟规则（图 27-10）。该装置带有一个副比赛计时钟和一个发光的红色电灯，要有一个装置单元去操纵，并且应具备以下功能的显示器：

图 27-10　国际篮联主要的正式比赛用的 24 秒钟装置

1. 数字倒计数型，用秒来指示时间；
2. 两队都不控制球时，装置上不显示；
3. 具有能停止并在重新开始时从停止的时间处继续倒计时的能力。

如果有两个显示单元，则应在每块篮板上方设置一个，位于篮板后面 0.03～0.50 米处，或安放在球场地面上，分别位于端线后面 2 米处。如果有 4 个显示器，则要将它们分别放在球场的 4 个角落；如果仅有两个显示器，那么它们应对角放置，其中一个放置在记录台右侧距边线 2 米处。这些显示器应让与比赛有关的每一个人都能看清楚。

24 秒钟装置应是自动的，数字倒计数型，以秒为单位指明时间，并能自动发出非常响亮的信号来指示 24 秒钟周期的结束。24 秒钟的装置要与主要的比赛计时钟连接，以便：（1）当主要的比赛计时钟停止时，该装置也停止。（2）当主要的比赛计时钟开始启动时，该装置应能手动开始启动（独立启动）。（3）当 24 秒钟装置发出声响时，主要的比赛计时钟也要停止。

每块篮板上方并位于篮板后面的电灯应是：（1）红色光亮显示；（2）每节或决胜期比赛时间结束的信号响时，和主要的比赛计时钟同步发出亮光；（3）当 24 秒钟周期结束的信号响时，和 24 秒钟装置同步发出亮光。24 秒钟装置和比赛计时钟上数字显示的颜色要不同。

### （三）比赛计时钟和计秒表

比赛计时钟和计秒表各一块，供计时员使用。比赛计时钟为比赛的各节计时和在比赛各节间休息时使用。计秒表用来为暂停时间计时。

如果主比赛计时钟放置在比赛场地中央的上方，那么，在比赛场地两端足够高的地方各设一个同步的副比赛计时钟。每一个同步的副比赛计时钟应指示剩余的比赛时间。

### （四）信 号

至少要提供两种互相独立的声响信号器材，它们能发出显然不同并且非常响亮的声响。

一种是计时员和记录员所用信号。对于计时员，该信号在指示每节或决胜期比赛时间终了时要自动发出声响。对于记录员和计时员，当出现请求暂停、替换等事项，在暂停开始后的 50 秒钟或出现可纠正的失误的情况而要引起裁判员的注意时，要手动操纵信号发出声响。

另一种是 24 秒钟计时员所用信号，在指示 24 秒钟周期结束时要自动发出声响。

两种信号都要足够强，应在最不利或最嘈杂的条件下容易被听到。

## 七、其他有关专用设备

除了上述的专用电子设备外，还有一些专用器材，包括记录表、队员犯规标志牌、全队犯规标志和全队犯规指示器。

### （一）记录表

对国际篮联主要的正式比赛，记录表要由国际篮球联合会批准，并由记录员在比赛前和比赛中按规则规定进行填写。

### （二）队员犯规次数标志牌

由记录员来控制和显示队员个人犯规次数的器材。标志牌要符合下列要求：

1. 标志牌为白色，牌上数字的最小尺寸为长 0.20 米，宽 0.10 米；
2. 对于 4×10 分钟的比赛，使用分别写有 1~5 数字的标志牌，1~4 的数字为黑色，5 为红色。

### （三）全队犯规标志

要按下列要求为记录员提供两个全队犯规标志：

1. 它们是红色的；
2. 最小尺寸为宽 0.20 米，高 0.35 米，当它们放在记录台上时，要让与比赛有关的每个人都能看清楚。

全队犯规标志可以用电的或电子装置，但它们要符合上述要求。

### （四）全队犯规指示器

全队犯规指示器是指明全队犯规次数的适宜装置。该装置要停在全队犯规的次数上，表明某队已达到了全队犯规处罚状态。

**附：小篮球比赛场地简介**

小篮球比赛场地为 22 米×12 米。中圈及罚球区的半径为 1.50 米（从圆的外沿量起）。两个罚球区的形状和标准篮球场相同，罚球线的外沿距离端线的内沿为 4.80 米，罚球线两端由两条斜边与距离端线中点各 2.50 米处相交。罚球区也有三个位置区，各位置区（不包括分位线）均为 0.75 米，端线内沿至第一位置区的距离为 1.50 米。篮板下面的垂线与端线内沿之间的平面距离为 1 米。场上各线的宽度均为 0.05 米，边线和端线的宽度不包括在场内。

篮板垂直面与底线的距离为 1 米，篮圈水平面距地面的高度为 2.80 米。

## 第三节 篮球比赛场地的修建与养护

### 一、篮球场地的修建

#### （一）室外三合土篮球场地的修建

首先在选定地段上（纵轴最好是南北向）向下挖掘 25 厘米左右，将沙土取出，并将原土碾压至密实度达 95%以上。在这个基础上再铺设三层材料（图 27-11）：从下往上数，第一层为底面，铺碎砖块或片石（厚度为 10 厘米），再用轻一些的压路机压一次。第二层为中层，铺设煤渣或直径为 2~3 厘米的石子，填铺时要均匀、平坦，铺完第二层后，用 0.5~0.7 吨重的碌子压平，并考虑 3‰~5‰的降水坡度。第一层和第二层为基础层，压实后，厚度应保持在 20 厘米。第三层为表面层。这是确保场地好坏的最关键一层，首先要把沙土、黏土、熟石灰等材料分别捣碎（黏土要先晒干），再用 5 毫米以内的筛孔筛出来后搅拌在一起组合成混合物，铺设在面层，用 0.3~0.4 吨重的碌子反复碌压，面层的厚度在碌压之前要有 8~10 厘米，压完以后要确保 5 厘米，表面的碌压工作要不间断地进行，要求在一天之内完成。

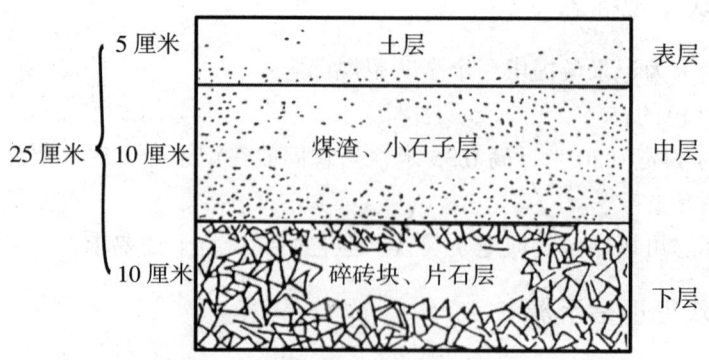

图 27-11　室外三合土篮球场层面图

此外，还应根据不同地区的土质情况配备混合物，如北方地区的土质含沙量高的就应多掺些泥土，如南方地区黏土成分较高就应多掺些沙子。总之，应根据不同的土质特点选择配方，并参考下列混合物比例（表 27-4）：

表 27-4 混合物比例表

| 混合物种类 | 建筑用筛屑（%） | 黏土（%） | | 沙子（%） | 黑黄土（%） | 熟石灰（%） | 矿渣筛屑（%） | 合计（%） |
| --- | --- | --- | --- | --- | --- | --- | --- | --- |
| | | 黏土多的 | 黏土少的 | | | | | |
| 1 | 75 | 25 | —— | —— | —— | —— | —— | 100 |
| 2 | 65 | —— | 35 | —— | —— | —— | —— | 100 |
| 3 | 40 | 30 | —— | 30 | —— | —— | —— | 100 |
| 4 | —— | —— | 40 | —— | —— | 20 | 40 | 100 |
| 5 | 60 | —— | —— | —— | 40 | —— | —— | 100 |

在实际操作中也要根据不同的情况调整配方，如果表面坚实，但在洒水后较滑软时，则在混合土中再掺些细沙；如果碌压后表面出现裂缝或黏结度不够，则需在混合土中掺些黏土，再加一些盐水。在碌压的过程中，浇水和碌压要不间断地进行，浇水后要等表面干爽时再碌压。碌压的顺序为纵压和横压，每次都向同一方向一直压到场边。要压到场上没有碌子印为止，再撒上细沙，用轻碌子再压一次，并把地面浮余的沙子扫净，呈现出坚实平坦而富有弹性的沙土篮球场。三合土篮球场的优点是弹性好，渗透性好，并能减少运动损伤。

### （二）室外水泥和沥青篮球场的修建

#### 1. 水泥篮球场

在选定和测量好的地段向下挖掘 30~36 厘米深，将泥土全部取出，原土碾压至密实度达到 95% 以上，从下往上数第一层用碎砖块或大片石铺平，或用部分换土等办法处理，重的压路机碌压后，厚度保持在 20 厘米，如遇到弹簧土还需打石灰桩并用 12 吨以上压路机碾压。第二层用粗沙或筛过后的小石子铺 3 厘米的隔离层，防止水泥浆向下渗透。中粗沙铺 7~10 厘米厚的水泥混凝土。第三层用粗沙和水泥搅拌均匀，掺在水泥中的含量要适中，沙太少会导致面层光滑，运动时容易滑倒；沙太多容易起沙，暴露出第三层面。第四层用细沙和水泥拌均匀，在最上面抹 3 厘米厚的面层。铺设表面层要一次性完成，既要平坦，又要考虑有一定的坡度（3‰为佳）。等面层稍微凝固后，还须多次浇水，使其达到一定硬度后才可交付使用。水泥篮球场的优点是经久耐用，便于保养和管理。

#### 2. 沥青篮球场

修建沥青篮球场的前期工程与修建水泥篮球场基本相同，所不同的是基础层要加厚

(要根据土质情况而定)。第三层铺设 5~8 厘米粗的沥青混凝土,并用压路机压实。第四层铺设 3 厘米光洁度较好的细沥青混凝土。

沥青篮球场的功能要优于水泥篮球场,它富有弹性,能较好地预防腿部各关节的运动损伤。

### (三) 人工草皮(PP)篮球场的修建

人工草皮是选用高科技 K-TEX 纤维编织而成,它经过了耐磨性、抗拉性、抗寒、抗高温以及环保等多项测试,通过了 ISO9002 质量认证,是一种较理想、实用的具有安全环保特点的全天候的篮球场。在铺设时全面积使用不同性质人工草皮覆盖,下层使用透水层设计和无机料稳定土,隐藏式排水;上层使用直接吸震结构,并设计 5‰的泄水坡度,既能及时泄水,又能保持平坦,富有弹性,整个场面呈现出非常美观的景象。

施工时在选定和设计好的地段向下挖掘 34~36 厘米深,将泥土取出后,原土壤压实达 95%的密实度。从下往上数第一层属稳定层,用石灰、粉煤灰、沙石搅拌后铺设 10~13 厘米。第二层属表面细料层,用石灰、粉煤灰、亚黏土搅拌铺设 2~5 厘米。第三层是无纺布层,用黏结度较强的胶水把无纺布黏结覆盖在整个场地上。第四层是表面层,铺设 19 毫米人工草皮,并填上石英砂(24 公斤/米²)和橡胶颗粒。这是一种成本低、效果好的施工方法(图 27-12)。还有一种要求更高的施工方法,如图 27-13 所示。

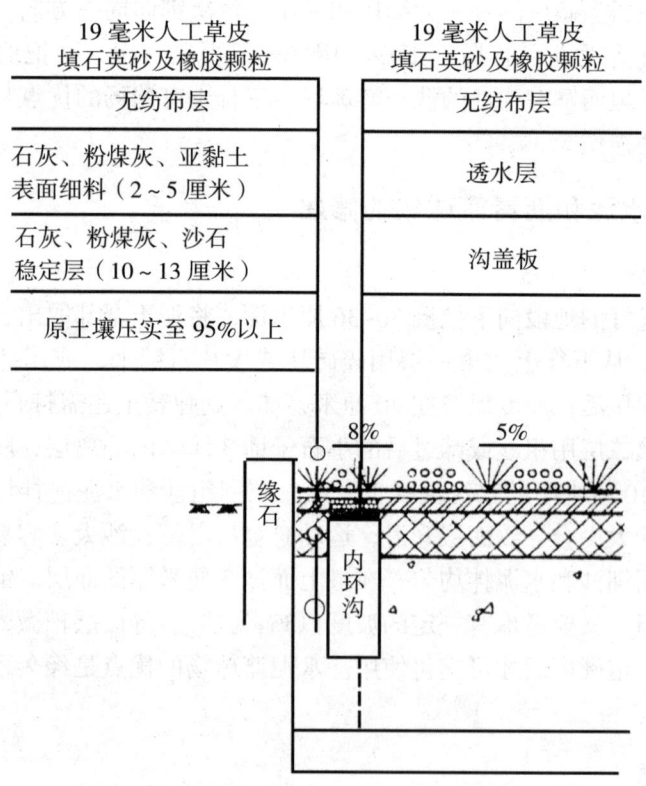

图 27-12 人工草皮篮球场剖面样图(1)

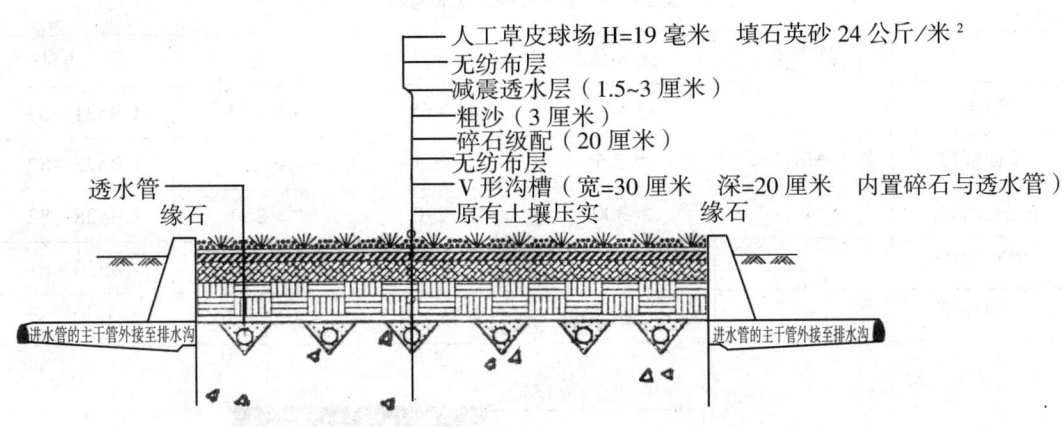

图 27-13 人工草皮篮球场剖面样图（2）

人工草皮按照环保要求专门编结，球场的各条线可直接编结到场地上，并不需要重新画线。这种场地施工成本低廉，可靠性高，基础层挖起的原土和沙子都可充分利用。由于结构设计合理，全材质透气透水，没有起泡脱层的顾虑。当面层使用年限届满时（年限 10 年以上），只需更换局部面层，可降低投资成本，并且这种新型结构具有减震减噪音功能，可降低噪音以免干扰上课。若再加上专用石英砂和橡胶颗粒，则不仅弹性好，下雨后又有防滑功能，能避免运动损伤。此外，这种场地最大的优势是符合全天候、开放式教学的需求，使运动场无限地发挥其使用功能，给学生提供了一个高品质的理想场地。

### （四）塑胶篮球场的修建

塑胶篮球场是一种具有安全、平整、弹性好、强度高、耐磨防滑等特点的高科技篮球场，不仅色彩鲜艳，美观大方，而且适合各种人群的活动，是国际公认的理想运动场地。

塑胶篮球场又分室内外塑胶地板篮球场、聚氨酯面层篮球场和丙烯酸面层篮球场。

#### 1. 室内外塑胶地板篮球场

根据不同场地的特点，由塑胶铺装厂专门设计浇灌成成型的塑胶地板（厚度 4~5 毫米）。使用时直接铺放在水泥地面、沥青地面或木地板上，使用后又可把它卷起来保养，便于其他场地的使用。这种场地可充分发挥其综合效益。大型的场馆使用塑胶地板较多。

塑胶地板技术指标如表 27-5 所示。

#### 2. 聚氨酯面层篮球场

全部面积使用聚氨酯涂层覆盖（厚度为 5 毫米），用颜色及喷漆白线以区分区域，基础施工与修建沥青和水泥篮球场要求相同（图 27-14）。

聚氨酯篮球场属软性场地，其弹性好，可较好地预防运动损伤。

表 27-5 塑胶地板技术指标

| 项　目 | 单　位 | 优等品 | 一等品 | 合格品 | 测试方法 |
|---|---|---|---|---|---|
| 硬度 | 邵 A | 45～65 | 45～65 | 45～65 | GB531～83 |
| 拉伸强度 | Mpa | ≥2.5 | ≥2.3 | ≥2.1 | GB528～82 |
| 扯断伸长率 | % | ≥300 | ≥270 | ≥250 | GB528～82 |
| 撕裂强度 | N/cm | ≥108 | ≥98 | ≥88 | GB530～81 |
| 回弹 | % | ≥30～50 | ≥25～50 | ≥25～50 | GB1681～82 |

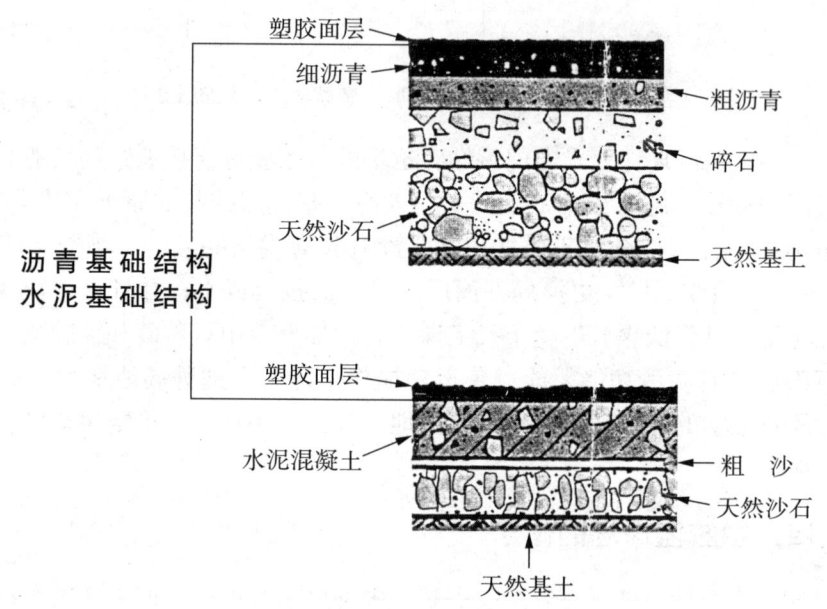

图 27-14 聚氨酯面层篮球场

### 3. 丙烯酸面层篮球场

全部面积使用丙烯酸，涂层覆盖（3～5毫米），并采用颜色（绿或红、黄或红、蓝或红）及喷白线以区分区域，基础层施工与修建聚氨酯面层篮球场相同。

丙烯酸篮球场属硬质场地，其弹性好，耐磨性强，色彩鲜艳。

### （五）室内木板篮球场地的修建

室内木板篮球场地一般采用浅色的硬质的木板铺设。基础层将原土压实并按混凝土或粗沥青铺设要求进行施工，然后铺设木桩条，桩条之间的距离最好不大于30厘米，桩条之间用细煤渣填充，但要掺上干石灰，以免虫蛀，也可用干沙来填充，并且可增加吸潮功能和减少运动时由地板发出的噪音。铺设单层地板，地板的尺寸最好为宽5～8厘米，厚5厘米。铺设双层地板，则底层的木质可比上层的稍差一些，其厚度最好不低于2厘米，宽度20厘米左右。上层的地板最好为宽5～8厘米，厚2厘米，铺设时上下两层木板呈交叉状。室内篮球场的木材最好是榆木、槐木、柳安木或水曲柳等。

## 二、篮球场地的养护与管理

篮球场地的养护与管理是一项科学的管理工作，要求管理人员掌握专门的知识和技能，经常、细致地进行养护与管理。此外，还需要耐心地教育使用者爱护场地，以延长场地的使用寿命，充分发挥场地在篮球活动中的作用和效益。

### （一）三合土篮球场的养护和管理

要根据天气变化及时进行养护。如果天气干燥，要经常洒水；如雨后出现高低不平，应及时补充沙土进行碾压修补；如果场地比较潮湿，有泥滑现象，则应加些细沙，并用扫帚将沙子扫均匀；如出现杂草，应及时铲除，然后再平整。特别要注意球场泥泞时不要过早使用，待干后再用。除了加强管理和经常维护以外，最好每年整修一次。

### （二）水泥和沥青篮球场的养护和管理

这种篮球场的养护和管理比较容易，要防止各种大型车辆的重压，禁止在场上滑旱冰。

### （三）人造草皮篮球场的养护和管理

可用人工或专用的吸尘器清除场上的垃圾，如果雨天后造成局部的石英砂和橡胶颗粒流失，要及时修补。使用一段时间后，也应补充一些石英砂，并要防止各种大型车辆的重压。

### （四）塑胶篮球场的养护和管理

要经常清除场上的垃圾，禁止穿皮鞋和带钉的鞋子在场上进行活动。禁止在场上滑旱冰，防止各种大型车辆的重压。如出现局部起泡现象，需要在起泡点扎一些小孔，让它恢复平整。如出现脱壳现象，要及时请专业施工队切割后再修补。

### （五）室内木质地板篮球场的养护和管理

在做好通风、通气、防潮、防腐的同时，经常用专用拖把清理地面（不要用湿拖把拖地），应定期打蜡，防止地面损坏。禁止穿硬底鞋进入场地活动，禁止在地板上滑旱冰。如遇到地板断裂或凸起，应及时修补。

附1　世界篮球运动发展简况

| 发展阶段 | 时间 | 基本发展情况 | 技、战术特点 | 规则发展及演变 | 国际重大比赛成绩 |
|---|---|---|---|---|---|
| 一、初创时期 | 1891年至20世纪20年代 | 1891年12月15日，美国马萨诸塞州斯普林菲尔德学院（旧译春田学院）体育教师詹姆士·奈史密斯博士发明了篮球运动。<br>1892年，奈史密斯编写了《青年会篮球规则》，概括为五项原则十三条规则，主要有竞赛中只允许用手接触球、不准拿球走或跑，争抢中不能有粗野的身体冲撞动作等规则内容，女子开始参加篮球运动。篮球运动传入加拿大、墨西哥。<br>1893—1894年，形成了类似现代的篮板、篮圈和篮网。篮球运动传入法国。<br>1895年，篮球运动传入中国、英国。<br>1896年，美国成立篮球规则委员会。篮球运动传入巴西。<br>1898年，美国成立世界上第一个职业篮球组织"国家篮球联盟"，即NBL，并开始了最早的职业篮球联赛。篮球运动传入捷克斯洛伐克。<br>1904年，美国男子篮球队在第3届奥运会上进行了表演，这是在国际大赛中第一次举行篮球表演赛。<br>1908年，美国制定出《高等学校体育协会篮球规则》，并在随后几年以多种文字在世界范围内出版发行。 | 技术特点：<br>攻守技术简单，普遍限于双手做几个基本动作。<br>战术特点：<br>无明显成型的全队配合战术，以单兵作战为主要攻守形式，队员有位置分工，分别处于不同区域，分别进行进攻和防守。进攻以快攻和简单的传切、掩护配合为主，防守以全场人盯人和防人的固定区域防守为主。战术配合处于蒙昧阶段。 | 1892年，奈史密斯制定原始篮球规则，篮圈高度为10英尺（3.05米），以足球作为竞赛工具，场地大小不限，双方参赛人数无明确规定，相等即可，投中一球得1分，得分多者为胜。每次得分后都从中间抛球重新开始比赛。后将比赛分为两个部分（各15分钟）进行。比赛设两名裁判员，主裁判是球赛的裁判，负责宣判犯规；副裁判是球的裁判，负责计时和记得分。<br>1893—1897年，进一步充实规则，简化竞赛程序；改造篮圈，逐步开始使用带篮网的铁质篮圈，木质篮板和系带球；将场地规定为100英尺×50英尺，90英尺×45英尺和70英尺×35英尺三种，出现9人三区制和5人二区制场地，场地增画分区线，中圈、限制区和罚球线；由中圈跳球开始比赛；队员可换手运球，增加犯规罚球规定，进攻投中一球得2分，罚中一球得1分；队员位置出现锋、卫分工。<br>1901年规定运球队员不能投篮，1908年取消此规定。 | 1915年，菲律宾队获第2届远东运动会篮球比赛冠军。<br>1921年，中国篮球队获第5届远东运动会篮球比赛冠军，这是中国篮球队第一次在国际比赛中获得冠军。 |

（续表）

| 发展阶段 | 时间 | 基本发展情况 | 技、战术特点 | 规则发展及演变 | 国际重大比赛成绩 |
|---|---|---|---|---|---|
| 二、完善与推广时期 | 20世纪30至40年代 | 进入30年代以后，篮球运动迅速向世界各国推广发展，成立了国际性的篮球组织，国际间的交流增多，技术、战术均有创新。<br>1930年，举行了世界上第一次洲际篮球锦标赛——南美洲男子篮球锦标赛。<br>1932年，国际业余篮球联合会在瑞士成立，其最初的八个成员国是葡萄牙、瑞士、希腊、罗马尼亚、阿根廷、意大利、拉脱维亚、捷克斯洛伐克。<br>1935年，第1届欧洲男子篮球锦标赛在瑞士举行。<br>1936年，在第11届奥运会上男子篮球被列为正式比赛项目，同年中国加入国际篮联，国际篮联出版第一部国际统一的篮球规则。<br>1938年，第1届欧洲女子篮球锦标赛在意大利举行。<br>1939年11月28日，篮球运动创始人詹姆士·奈史密斯博士逝世，终年78岁。<br>进入40年代以后，高大队员大量涌现，对此，篮球规则进行了较大修改，技、战术向集体对抗方向发展。<br>1949年，美国成立"国家篮球协会"，即NBA，统一领导当时全美21支职业篮球队。 | 技术特点：<br>出现单手和行进间单手投篮技术，开始运用简单的组合技术动作，技术动作不断创新，动作速度加快。<br>战术特点：<br>攻守中单兵作战已较少见，进攻中多运用快攻、掩护、策应，突破分球等战术。防守开始加强调集体性，盯人、夹击，区域联防及混合防守等被广泛采用。 | 1932年，增订3秒、5秒、10秒和球回后场的规则，增画中场线和进攻限制区，确定了球场面积为26米×14米，比赛时间为20分钟一节，比赛两节。<br>1936年以后，正式确定每队上场比赛人数为5人；取消投中后在中圈跳球继续比赛。<br>进入40年代以后，将进攻限制区扩大为5.8米，规定队员累计犯规4次将被取消比赛资格。 | 1935年，苏联队获第1届欧洲男篮锦标赛冠军。<br>1936年，美国队获第11届奥运会男篮比赛冠军，中国队第一次参加奥运会篮球比赛。<br>1948年，美国队获第14届奥运会男篮比赛冠军。 |

（续表）

| 发展阶段 | 时间 | 基本发展情况 | 技、战术特点 | 规则发展及演变 | 国际重大比赛成绩 |
|---|---|---|---|---|---|
| 三、普及与发展时期 | 20世纪50至60年代 | 50年代以后，篮球运动在世界范围内广泛普及，国际篮联的会员国迅速增加，国际大型运动会都将篮球列为正式比赛项目。<br>1950年和1953年，首届世界男、女篮球锦标赛分别在阿根廷和智利举行。随后篮球运动水平不断提高，出现大批2米以上的高大队员，高度成为决定篮球比赛胜负的重要因素。<br>为促进篮球运动全面发展，国际篮联多次修改比赛规则，使得篮球运动高度与速度、进攻与防守获得均衡发展，攻守对抗日趋激烈并向高空发展，各队普遍重视地面与空间、高度与速度、攻与守的协调统一，队员技术趋于全面，形成了欧、美、亚洲不同的篮球流派和打法。<br>1960年，第1届亚洲男子篮球锦标赛在菲律宾举行。<br>1963年，亚洲业余篮球联合会成立。1965年，第1届亚洲女子篮球锦标赛在韩国举行。<br>同期，中国运动员经过不断努力，已接近世界运动先进水平，"快攻、紧逼、跳投"成为中国篮球运动员的制胜绝招。 | 技术特点：<br>高度、速度、力量、技巧相结合，运动员技术向全面化发展。<br>战术特点：<br>进攻中以高大中锋强攻篮下和快攻为主要形式，防守中区域联防和全场人盯人紧逼较为盛行。 | 随着高大运动员的大量涌现，1956年以后，将进攻限制区扩大为5.8米×3.6米的梯形，并取消中线，增加了30秒钟一次进攻和持球队员在前场被严密防守5秒钟应判争球的规定。 | 1950年，阿根廷队获第1届世界男篮锦标赛冠军。<br>1951年，菲律宾队获第1届亚运会男篮比赛冠军。<br>1952年，美国队获第15届奥运会男篮比赛冠军。<br>1953年，美国队获第1届世界女篮锦标赛冠军。<br>1954年，美国队获第2届世界男篮锦标赛冠军。<br>1956年，美国队获第16届奥运会男篮比赛冠军。<br>1957年，美国队获第2届世界女篮锦标赛冠军。<br>1959年，苏联队获第3届世界男篮锦标赛冠军。<br>1960年，美国队获第17届奥运会男篮比赛冠军。菲律宾队获第1届亚洲男篮锦标赛冠军。<br>1959年和1963年，巴西队获第3、4届世界男篮锦标赛冠军，苏联队获第4届世界女篮锦标赛冠军。<br>1964年，美国队获第18届奥运会男篮比赛冠军。<br>1965年，韩国队获第1届亚洲女篮锦标赛冠军。<br>1967年，苏联男、女队分获第5届世界男、女篮锦标赛冠军。<br>1968年，美国队获第19届奥运会男篮比赛冠军。 |

（续表）

| 发展阶段 | 时间 | 基本发展情况 | 技、战术特点 | 规则发展及演变 | 国际重大比赛成绩 |
|---|---|---|---|---|---|
| 四、提高与飞跃时期 | 20世纪70至80年代 | 70年代以后，现代篮球运动进入全面提高时期，运动员技术水平迅速增长，身体素质和技术综合成长，逐渐形成组合技术和综合战术，攻守对抗技术和高空技术在综合运用中既有重力量又重技巧，既有高度又有速度的方向发展。1976年，在第21届奥运会上，女子篮球被列为正式比赛项目。1974年中国男篮首次参加亚运会（第7届）获冠军。1975年亚洲男篮锦标赛首次参加亚洲女篮比赛（第6届）获冠军。1976年中国女篮首次参加亚洲女篮锦标赛（第8届）。1978年中国男篮首次参加世界男篮锦标赛（第8届）。1982年中国女篮首次参加世界女篮锦标赛（第9届）。1983年，中国女篮首次获亚运会女子篮球比赛冠军。1983年，中国世界女子篮球锦标赛（第9届）获第3名，取得历史性突破。1984年，随着篮球运动水平的不断提高，国际篮联又对规则进行了重大修改，促进篮球运动向着内外结合和高强度、高速度、高技巧、高比分方向进一步全面均衡发展，篮球比赛变得更精彩、更激烈，观赏性大大增强。 | 技术特点：运动员技术全面发展，进攻技术和高空技术对抗日趋激烈，规定对投篮队员犯规时投中有效再追加1次罚球，如未投中则实行"3代2"罚球。至80年代，又将"垂直防守"和"合法身体接触"的原则，个人防守水平和防守能力有较大提高。战术特点：单一、固定阵势的进攻战术打法已被综合进攻移动上空高度取代，攻击性、破坏性更强的集体防守被广泛运用。 | 70年代以后，增加球回后场，控制球队犯规和全队10次犯规的规则；规定对投篮队员犯规时投中有效再追加1次罚球，如未投中则实行"3代2"罚球。至80年代，又将"垂直防守"和"合法身体接触"等身体接触的原则正式列入规则。1984年，扩大球场面积为28米×15米，规定球场上空高度在7.5米以上，设立3分投篮区，增加全队每半时7次犯规后执行1+1罚球的规则。本次规则的修改，对篮球运动的迅速、全面发展起了决定性的作用。 | 1970年，苏联队获第6届世界男篮标赛冠军。1971年，苏联队获第6届世界女篮标赛冠军。1972年，苏联队获第20届奥运会男篮比赛冠军。1974年，苏联队获第7届世界男篮锦标赛冠军。1975年，苏联队获第7届世界女篮锦标赛冠军。1976年，美国男队和苏联女队分获第21届奥运会男、女篮球比赛冠军。1978年，南斯拉夫队获第8届世界男篮标锦赛冠军。1979年，美国队获第8届世界女篮锦标赛冠军。1980年，南斯拉夫男队和苏联女队获第22届奥运会男、女篮球比赛冠军。1982年，苏联队获第9届世界男篮锦标赛冠军。1983年，苏联队获第9届世界女篮锦标赛冠军。1984年，美国男、女队分获第23届奥运会男、女篮球比赛冠军，中国女篮获第3名。1986年，美国男、女篮球锦标赛冠军。1988年，苏联男队，美国女队分获第24届奥运会男、女篮球比赛冠军。 |

（续表）

| 发展阶段 | 时间 | 基本发展情况 | 技、战术特点 | 规则发展及演变 | 国际重大比赛成绩 |
|---|---|---|---|---|---|
| 五、创新与攀登时期 | 20世纪90年代至今 | 90年代以后，现代篮球运动进入创新、攀登的黄金发展时期。1990年，国际业余篮球联合会更名为国际篮球联合会，并取消了对职业篮球运动员参加国际篮球大赛的限制，众多优秀的职业篮球运动员给国际篮坛带来了新战术、新观念、新技术，大量涌现，技术水平，其身体素质、技术意识都有很大的提高。1992年第25届奥运会男篮冠军美国"梦之队"和1994年第12届世界男篮冠军美国"梦二队"，寓竞技、智慧化和艺术化于一体，标志着现代篮球运动发展的新趋势、篮球运动由此向职业化、商业化和社会化迈出新步代。1996年，中国开始举办篮球职业联赛。百年来，篮球运动不断地发展。至2002年底已有212个国家或地区组织中单项篮球联合会成员，最受世界人民喜爱的体育项目（亚洲43个，欧洲50个，美洲43个，非洲52个，大洋洲24个）成为国际篮球联合会成员，最受世界人民喜爱的体育项目。80年代至90年代初，中国男、女篮在世界大赛上均取得过骄人战绩，引起世界篮坛瞩目。但至90年代中叶种原因，中国篮球和奥运会成绩普遍下降，与世界强队的差距不断加大，特别是中国女篮已跌至历史最低位，振兴待时日。2001年4月，王治郅与达拉斯小牛队正式签约，成为第一位在NBA效力的中国球员，同时也是"NBA亚洲第一人"。2002年6月，中国球员姚明当选NBA状元秀，加盟休斯敦火箭队。中国球员巴特尔在2002~2003赛季效力于圣安东尼奥马刺队，获NBA总冠军。2002年中国首次承办世界女篮锦标赛，中国女篮进入世界六强行列，韩国女篮跻身四强，标志着亚洲女篮运动的复苏。自篮球运动诞生以来，篮球运动的普及与篮球运动全球性整体水平的提高高低不平衡，两项世界性最高层次比赛（奥运会篮球赛和世界篮球锦标赛）的优胜名次，始终由欧洲、美洲、美洲国家轮流占据。2002年第14届世界男篮锦标赛凸显了欧洲、南美与NBA的差距正在逐步缩小，美国"梦五队"仅获第6名，亚军南斯拉夫队与阿根廷队分获冠、亚军，其人员配备合理，斗志高昂、体力充沛，娴熟的配合，并巧妙融合了"高、大、全"和"小、快、灵"的打法，出色的个人技术，快速的攻防节奏等超强的对抗代表了当代篮球运动的发展潮流。 | 1. 集高、壮、强、快、巧于一身的优秀高大运动员大量涌现，其身体素质、技术水平、战术意识都有很大的提高。<br>2. 高空战术有新的发展，高空争夺日趋激烈，身体对抗不断加剧。<br>3. 快速技术、战术和防守转换有新的变化，篮球比赛比分越来越高。<br>4. 明星队员的作用成为世界强队取胜的保证。<br>5. 进攻技、战术趋于简练、实用。<br>6. 防守更具攻击性、破坏性、集体性。<br>7. 女篮技术男子化。<br>8. 现代篮球运动员、教练员、裁判员和篮球运动管理人员的文化层次、知识智能结构和智力等提出了更高要求。 | 1990年，为保护运动员和规范球场，规则规定将篮板下沿提高至距地面2.90米，划设运动员禁区等。<br>1994年，国际篮联进一步修改规则，主要有简化中板脚球的确定、取消传球干扰球的规定、掷界外球可在端线进行、改1+1罚球为2次罚球等。<br>1998年，为适应篮球运动技、战术的发展，国际篮联又一次修改规则，对抗强度加剧和商业化的需求，对比赛中附带的身体接触要用"有利/无利"的原则加以区分；每半时可附加4次电视暂停；增加违反体育道德的技术犯规规定；在比赛的最后2分钟内，投篮成功后要停止比赛计时钟等。<br>1999年11月，为了增加得分，减少粗野无效的进攻进攻犯规及防守队员，NBA修改规则，加强对犯规进攻队员的判罚；禁止防守手和前臂推搡限制摆无球区域之外的进攻队员；改进进攻24秒规则，以鼓励投篮；节省进攻时间，队员背对篮圈运动进入限制区后，5秒钟之内投篮或传球，否则违例。<br>2000年10月，国际篮联开始推行新的篮球规则。主要包括：比赛时间由30分钟改为4×10分钟或4×12分钟；进攻时间为24秒钟或8秒钟内球进前场；运动员技术犯规对方获得1次罚球和随后的篮球权；每队每节对方犯规达4次以后发生的所有技术犯规都处以2次罚球；在比赛下半时增加一次暂停（上半时2次，下半时3次）；奥运会和世界锦标赛可实行3人裁判制等。 | 1990年，南斯拉夫男队和美国女队分获第11届世界男、女篮球锦标赛冠军。<br>1992年，在第25届奥运会上，美国职业篮球运动员首次参赛并夺得男篮比赛冠军；中国女篮一次夺得奥运会银牌。<br>1993年，中国女篮获第17届世界大学生运动会女篮比赛第3名。<br>1994年，中国男队获第12届世界男篮锦标赛第8名，这是新中国男、女篮历史上的最好成绩，美国职业篮球队首次参加世界锦标赛并获冠军。<br>1996年，美国男、女篮分获第26届奥运会男、女篮球比赛冠军。<br>1998年，南斯拉夫男队和美国女队分获第13届世界男、女篮球锦标赛冠军。<br>2000年，美国男、女篮分获第27届奥运会男、女篮球比赛冠军。<br>2002年，南斯拉夫男队和美国女队分获第14届世界男、女篮球锦标赛冠军。 |

# 附2 中国篮球运动重大活动一览表

| 篮球运动在中国的发展阶段 | 发展时期 | 社会历史背景 | 重大活动内容 |
|---|---|---|---|
| 第一阶段：1895~1948年 | 第一时期：1895—1918年 初始传播时期 | 中国正处在清朝末期，辛亥革命、民国成立、列强掠夺、军阀割据、人民生活困苦时期，即五四运动前期。篮球运动由天津向北京等华北城市，华东、华中的上海、武汉等沿海、沿江城市传播 | 一、1891年篮球运动由苏格兰后裔、在加拿大出生的美国马萨诸塞州斯普林菲尔德市青年会干部培训学校体育教师詹姆斯·奈史密斯发明。<br>二、1895年美国人来会理将篮球运动传入中国天津市基督教青年会，同年在青年会举行首次篮球游戏表演。<br>三、1896年在天津基督教青年会举行首次篮球表演比赛。<br>四、1896年后篮球运动由天津向北京等华北地区和上海、广州、武汉等沿海、沿江城市的青年会，大、中学校传播，逐渐传入社会。<br>五、1904年在第3届奥运会上篮球列为现代奥运会的表演项目。<br>六、1910年在南京举行的旧中国第1届全运会上篮球运动列为表演项目，登上中国体育舞台。<br>七、1913年中国首次参加在菲律宾举行的第1届远东运动会，也是中国篮球运动员首次参加国际比赛；同期北京清华学校、汇文学校举行校际比赛，华北与华东地区的篮球比赛交往增多。<br>八、1914年在山西太原举行旧中国第2届全运会时篮球运动列为比赛项目，华北队获冠军。<br>九、1915年中国参加在上海举行的第2届远东运动会篮球赛，上海、江苏地区随机向附近城市传播篮球运动。<br>十、1916年上海爱国女校组织的女子篮球队参加江苏省运动会表演，由此女子篮球由南方向北方流传。<br>十一、1917年中国参加在日本举行的第3届远东运动会篮球赛。<br>十二、1918年上海举行"万国"篮球赛，是最早期的一项中外篮球爱好者的联谊赛。之后，天津、北京地区也有类似的比赛。 |

(续表)

| 篮球运动在中国的发展阶段 | 发展时期 | 社会历史背景 | 重大活动内容 |
|---|---|---|---|
| 第二时期：1919—1936年缓慢推广时期 | | 五四运动影响全国，唤醒民众。国家仍处于军阀混战，反动政权丧权辱国、血腥统治的危险时期，中国共产党在民族危亡时期艰难奋斗。篮球活动局限在华北、华东地区的有限范围内推广 | 一、随着五四运动的形势发展和新文化运动的广泛传播，1919年篮球运动逐渐向福建、广西、江西、湖南、湖北和四川等内地省市自发推广。<br>二、1919年中国组队参加在菲律宾举行的第4届远东运动会篮球赛。<br>三、1921年中国组队参加在上海举行的第5届远东运动会篮球赛获冠军，也是在远东运动会上获得的惟一一次冠军。<br>四、1923—1935年中国组队参加了第6届（在日本）、第7届（1925年在菲律宾）、第8届（1927年在中国）、第9届（1930年在日本）、第10届（1934年在菲律宾）远东运动会篮球赛。<br>五、1919—1936年间篮球运动在华北、华中、华东等区域的运动会上先后列为比赛项目。在北京、上海、天津的一些高等学校和中学也开展校际比赛。<br>六、1924年在湖北武昌举行旧中国第3届全国运动会篮球比赛，华北队获冠军。<br>七、1925年天津市举行"万国"篮球赛，由大学师生、商界和在华外国人参加，成为在中国华北津、京地区内举办的首次有中、外人员参加的篮球比赛。<br>八、1930年在杭州举行旧中国第4届全国运动会，除男子外，女子篮球也列为比赛项目，天津、北京分获男、女冠军。<br>九、1930年上海两江女子体育专科学校篮球队访问天津、北京，成为女子篮球运动市际交流的开端。<br>十、1931年上海两江女子体育专科学校篮球队出访日本、朝鲜和东南亚，成为中国女子篮球出国访问的第一支队伍。随后日本、菲律宾等队也来访中国。<br>十一、1932年在瑞士日内瓦召开了国际业余篮球联合会代表大会，由欧洲的瑞士、罗马尼亚、葡萄牙等国和美洲的阿根廷等共八个国家参加，制定了国际比赛规则。<br>十二、1933年在南京举行旧中国第5届全运会篮球赛，河北、上海分获男、女冠军。<br>十三、1935年在上海举行旧中国第6届全运会篮球赛，上海男、女队分获冠军。<br>十四、1936年男子篮球正式列为奥运会项目，现代篮球竞技运动开始，中国首次派队参加在德国柏林举行的第11届奥运会篮球赛，成员有原中国篮球协会主席牟作云以及于敬孝、王士选、王玉增、王南珍、李绍唐、蔡演雄等14人，教练员为董守义，他们成为中国参加奥运会的第一批人员，由于水平实力和政治经济条件受限，未能进入决赛。我国第一位国际裁判员舒鸿执法此次奥运会美国队与加拿大队的决赛。 |

（续表）

| 篮球运动在中国的发展阶段 | 发展时期 | 社会历史背景 | 重大活动内容 |
|---|---|---|---|
| 第三时期：1937~1948年 局部发展时期 | | 日本帝国主义全面入侵我国，国民党采取不抵抗政策，大片国土沦丧。中国共产党肩负抗战重任直至抗战胜利。国民党掠取抗日胜利果实，全面挑起内战。中国共产党转入解放战争，直至1949年新中国成立。篮球活动在不同地区有所推广 | 一、在中国共产党领导下的抗日区和解放区面对日本帝国主义和国民党的扫荡、围剿造成的艰难环境，全面开展抗日战争，积极开展体育活动，篮球运动普遍活跃：<br>（一）1938—1940年间，八路军120师在贺龙倡导下组建了"战斗"篮球队，成员有戴金川、张之槐、张联华、黄烈、李侃等。同时还有抗日军政大学三分校由东北干部组成的"东干"篮球队，成员有张学思、罗文、金声、韩复东等。两队影响深远。<br>（二）群众性篮球活动活跃，在延安开展的"10分钟运动"，以及机关、学校、部队和广大解放区根据地民众性篮球比赛十分频繁。<br>二、在非根据地一时没有全国性比赛。但由于篮球运动深受广大群众喜爱，因此尚有出于各种目的自发组建篮球队的现象，如上海成立的"中华"队、"百乐门"队、"华联"队以及1947年前后成立的"大公"队、"回力"队；当时的北平有"木乃伊"队、"体友"队、"北星"队等。<br>三、1946年菲律宾华侨组成的群声篮球队访问厦门、上海等城市，共赛15场，获全胜。群声队的技巧和快、灵、准的打法，给国内球队留下了深刻的印象。<br>四、1948年5月旧中国在上海举行第7届运动会篮球赛，上海男、女队分获冠军。这一时期，武汉、西安、重庆、广州、沈阳等城市也组织了各种形式的篮球队。<br>五、1948年8月中国组队参加在英国伦敦举行的第14届奥运会男子篮球赛，共23个队参赛，中国获第18名。参赛成员有李震中、吴成章、蔡文华、蔡史强、李世侨、包松圆等，教练员为宋君复。 |

（续表）

| 篮球运动在中国的发展阶段 | 发展时期 | 社会历史背景 | 重大活动内容 |
|---|---|---|---|
| 第二阶段：1949~1994年 | 第四时期：1949~1965年 普及、发展、跃进时期 | 新中国成立，百业待兴，人民当家做主人，党和政府关心体育事业。在"发展体育运动，增强人民体质"的方针指引下，体育运动作为一项社会主义建设事业，伴随着经济建设的发展，迅速普及，蓬勃发展起来，呈现出篮球运动传入中国后的普及、发展高潮 | 一、1949年8月，中华人民共和国成立前夕，在解放区由京、津两地的大学生运动员组团，参加在匈牙利布达佩斯举行的第10届世界大学生夏季运动会篮球赛，并获第6名。<br>二、1949年10月1日中华人民共和国成立，党和政府关心体育事业，于10月26日成立中华全国体育总会，新中国体育运动在政府支持下有序发展，进入新阶段。<br>三、1950年8月，新中国成立后，从京、津、沪三城市选拔组成中国大学生男子篮球队，参加在捷克斯洛伐克首都布拉格举行的世界大学生第二次代表大会体育比赛中的篮球比赛，获第4名。<br>四、1950年12月，新中国成立后第一支外国强队苏联国家男子篮球队来访，带来了新技术、新战术、新打法、新经验。在北京、上海、广州、武汉、沈阳、天津、南京、哈尔滨8个城市进行33场比赛，都以大比分取胜，每场平均比分为95：27，在新中国篮球界引起强烈反响。<br>五、1951年中国组队参加在德意志民主共和国举行的第11届世界大学生运动会，获第6名。<br>六、1951年举行新中国成立后第一次全国篮、排球比赛大会，解放军组队参赛（"八一"队诞生），华东队获冠军。<br>七、1952年毛泽东题词"发展体育运动，增强人民体质"，有力地推动了群众性体育活动和篮球运动的普及、发展。<br>八、1952年新中国第一次组队参加在芬兰赫尔辛基举行的第15届奥运会篮球赛，成员有李汉亭、程世春、田福海、陈文彬等，后因美国搞"两个中国"，中国代表团退出比赛。同年9月参加世界大学生运动会联盟大会篮球赛，获第3名。<br>九、1953年5月，中华全国体育总会在天津举办全国篮、排、网、羽四项球类运动会，解放军队首次登上全国篮坛冠军宝座。同年中国男子篮球队参加第1届国际青年友谊运动会篮球比赛，获第5名。<br>十、1954年10月，在北京举行全国篮球联赛，"八一"队和中央体育学院队分获男、女冠军。同年中国男、女篮球队参加第12届世界大学生夏季运动会，均获第5名。<br>十一、1955年3月，召开全国运动员训练工作会议，提出在球类项目训练中要贯彻"积极、主动、快速"的战术指导思想，这对后来的中国篮球运动形成自己的技术风格和战术指导思想确立了一个基本方针。<br>十二、1955年4月针对苏联队来华访问后的影响，在《新体育》杂志上，篮球教练员们对我国篮球运动战术打法和存在的差距展开学术性讨论，对活跃新中国的篮球运动实践与理论建设具有一定的意义。 |

（续表）

| 篮球运动在中国的发展阶段 | 发展时期 | 社会历史背景 | 重大活动内容 |
|---|---|---|---|
| | | | 十三、1955年8月，中国男、女篮球队参加在波兰举行的第2届国际青年友谊运动会篮球赛。<br>十四、1955年8月，在上海、天津、西安、沈阳、南昌举办了全国大城市分区篮球、排球锦标赛，篮球赛男子有24个队，女子有23个队参加。<br>十五、1955年10月，在北京又举办了全国篮球联赛，沈阳部队和西南体育学院队分别获男、女队冠军。通过联赛选拔并组成了准备参加第16届奥运会的篮球代表队，后因美国等国家的破坏，未能成行参赛。<br>十六、1953~1957年间，我国篮球运动积极开展对外交流，取得了较好的成绩。至50年代末，篮球运动技术水平不断提高，与欧洲强队水平逐渐接近。<br>十七、1956年试行《中华人民共和国运动员等级制度》，1958年改为《运动员技术等级制度》，分为运动健将、一级、二级、三级和少年级运动员。1957年国家体委公布杨伯镛、钱澄海、刘贵乙等16名男运动员，杨洁、周懿娴、李少芬、郑于莲等12名女运动员为首批运动健将，王长安、罗景荣、韩茂富等18人为国家级篮球裁判员。<br>十八、1956年和1957年在北京举行全国篮球指导员训练班，聘请苏联篮球专家波·莫·切特林进行讲授，并经过两次全国联赛后，国家体委提出了进一步树立和发展我国篮球运动"积极、主动、快速、灵活、准确"的独特风格要求。<br>十九、1956年10月中华人民共和国篮球协会经过一年的筹建正式成立，第一任主席为董守义，第二任主席为张青季，第三任主席为牟作云，第四任主席为张发强。<br>二十、1956年开始，中国篮球协会实行赛制改革，将过去的全国联赛（男女）改为全国甲级队联赛。<br>二十一、1957年，为了培养高层次的篮球专门人才，国家体委在上海体院举办了篮球研究生班，聘请了苏联功勋运动员、国家队队员尤·克·拉古那维邱斯专家培养了新中国25名首届篮球研究生，曾代表中国参加第14届奥运会篮球赛的李震中教授协助教学，研究生中有原河北省体委副主任、河北体育学院院长、河北省篮球协会主席赵经宏教授，原北京体育师范学院院长兼北京市体委副主任、中国篮球协会副主席、博士生导师孙民治教授，以及成都体院教授韩之栋、原武汉体院教授黄满栈等，成为70年代以后各有关体育学院篮球学科的学术带头人。 |

（续表）

| 篮球运动在中国的发展阶段 | 发展时期 | 社会历史背景 | 重大活动内容 |
| --- | --- | --- | --- |
| | | | 二十二、1957年前后，篮球理论探索有所加强，当时著名教练员牟作云、陈文彬、杨福鹿、于钢等相继发表了各自的篮球专题性文章，至1962年间，篮球理论探讨形成了高潮，《篮球技、战术的运用》《篮球讲义》《篮球裁判法》《怎样打篮球》等专著相继出版，成为各体育学院篮球专业教学的参考教材。<br>二十三、1956年和1958年试行《裁判员等级制度条例》和《教练员等级制度条例》。<br>二十四、1957年起国家体委将全国篮球联赛改为甲、乙、丙三级升降级联赛制。<br>二十五、1957—1958年两次全国甲级联赛分别在广州、上海、北京举行，联赛反映了我国篮球运动员普遍提高了高度和速度，在攻守技术、战术的质量上也有所提高。"八一"、北京、上海男女队实力较强。<br>二十六、1958年中华全国体育总会发表声明，断绝与国际奥委会的关系，同时退出国际篮球联合会。<br>二十七、1959年7月，在上海举行全国篮球教练员训练班，进一步提出了"以投篮为纲"的训练指导思想，要求发扬狠、快、准、灵的技术风格和"以我为主、以攻为主、以快为主、积极防守"的战术指导思想。虽然这些提法不够完整，但在当时却起到了方向性作用，这与形成新中国成立以来篮球运动的传统风格和战术打法是密不可分的。在这段时间内，我国男篮接连战胜匈牙利、捷克斯洛伐克、保加利亚等欧洲劲旅，反映出较高的竞技水平。快攻、中投和全场紧逼成为取胜外国球队的"三大法宝"。<br>二十八、1959年8月，新中国成立后举办第1届全国运动会篮球赛，四川男队、北京女队分获冠军。<br>二十九、1960年中国前卫队参加第1届社会主义公安体育男子篮球赛，获第1名。<br>三十、1961年中国人民解放军男队获友军运动会篮球赛冠军。同年召开全国篮球教练员会议，提倡贯彻双百方针，强调树立不同风格特点和"以小打大、以快制胜"的战术思想，福建等队被誉为典型。<br>三十一、1961年，国家体委组织编写的全国体育院系球类运动教材《篮球》，由李震中、石善根等体育院系教师撰写出版，成为第一本全国体育院系篮球通用教材，同年在北京体育学院招收篮球研究生。<br>三十二、1963年中国男、女队在新兴力量运动会上双获冠军。<br>三十三、1964年国家体委在上海召开训练工作现场会，提出"从难、从严、从实战出发，进行大运动量训练"的原则。群众性篮球运动进一步蓬勃开展起来。<br>三十四、1965年召开的篮球界座谈会上，进一步展开对树立中国篮球风格问题的讨论，此后我国篮球运动重视从实际出发，形成自己的不同风格特点，所谓南方风格流派和北方风格流派逐步形成，中国篮球运动进入全面发展跃进的时期。 |

附2 中国篮球运动重大活动一览表

（续表）

| 篮球运动在中国的发展阶段 | 发展时期 | 社会历史背景 | 重大活动内容 |
|---|---|---|---|
| 第五时期：1966～1976年停滞困惑时期 | | "文化大革命"开始，国家遭遇新中国成立后的特殊困难，体育运动包括篮球运动受到空前的负面影响，正常的群众篮球活动、竞技队伍训练、国际交往和所有常规竞赛减少或中止，各项管理制度遭破坏。篮球运动转入徘徊、困惑时期。 | 一、1966年5月～1976年的"文化大革命"期间，党和国家各行各业都遭遇特殊困难，篮球运动与各条战线的事业一样处于停滞状态，群众篮球活动全面中止，篮球竞技水平下降，竞赛制度废弃，中国篮球竞技水平由高潮转入低谷。<br>二、1972年在周恩来等党和国家领导人的关心下，冲破种种困难，在"文化大革命"中期举行了停止多年的正常体育比赛，举行了全国五项球类运动会，给广大篮球工作者以较大的鼓舞。同年12月在北京召开了篮球训练工作会议，研究了现状，较为完整地提出了"积极主动、勇敢顽强、快速灵活、全面准确"的十六字技、战术风格。<br>三、这个时期的主要篮球活动：<br>（一）1971年6月在中止多年对外交流后，中国男篮出访古巴；1972～1973年间，罗马尼亚男篮来访，并获全胜；之后中国队由于受人为因素的影响，又败给西班牙、南斯拉夫、美国男篮；女队1973年访问古巴全负。<br>（二）1974年国际篮球联合会在波多黎各召开会议，恢复中国篮球协会的合法席位。<br>（三）1974年我国第一次参加亚洲运动会，负于韩国和日本队，获第3名。<br>（四）国家体委制定了（1973～1976年）篮、排、足球训练工作规划，确立了奋斗目标，但限于特定时期而难以正常实施。<br>（五）1975年9月，在北京举行了第3届全国运动会篮球赛，台湾地区队员参赛，成年组解放军队和北京队分别获得男、女冠军。<br>（六）1975年在泰国召开第8届亚洲篮球联合会会议，确认中华人民共和国篮球协会在亚篮联中的合法地位。<br>（七）1976年国际篮联在加拿大蒙特利尔举行第10届代表大会，批准恢复中华人民共和国篮球协会在国际业余篮联中的惟一合法代表的席位。 |

（续表）

| 篮球运动在中国的发展阶段 | 发展时期 | 社会历史背景 | 重大活动内容 |
| --- | --- | --- | --- |
| 第六时期：1977~1994年 复苏、提高时期 | | "文化大革命"结束，中国共产党召开十一届三中全会，拨乱反正，国家进入了以经济建设为中心的新时期，改革开放的方针带来了勃勃生机。篮球运动复苏，并进入新的提高时期，在国际大赛中不断展现新的突破 | 一、20世纪70~80年代中期，我国男、女篮多次获得亚洲冠军，并取得世界赛事好成绩，篮球运动展现复苏好转的趋势。<br>二、1978年国际业余篮球联合会批准新中国成立后的第一批国际级裁判员，有王长安、罗景荣、韩茂富、吴惠良、田国庭等9人。<br>三、1978年为了加强国际交流，学习先进经验，举行了第一次北京国际男子篮球邀请赛。<br>四、1978年起为了提高我国篮球教练员水平，7月在吉林长春市举办了全国篮球教练员学习班，由国家队教练员和南斯拉夫教练员讲学。1979—1982年间又多次在北京、南京举办了不同层次的教练员短训班。另外，还派队、派教练员出国进修学习。<br>五、1979年国家体委公布牟作云、唐宝　、张子沛、张长禄、程世春等12人为第一批国家级教练员。<br>六、1979年9月在北京举行了第4届全运会篮球赛，解放军男篮和北京女篮分获冠军。<br>七、1981年12月—1982年1月在杭州召开了全国篮球教练员工作会议，主要内容为"复兴中国篮球""树立一盘棋思想"，贯彻"国内练兵、一致对外"方针，同时强调科学化训练，会议为不久后我国篮球运动登上国际先进行列奠定了基础。<br>八、1981年北京体育学院等招收攻读硕士学位的篮球研究生。<br>九、1982年，在第9届亚运会上中国女篮第一次荣获冠军。<br>十、1982年，中国篮球协会和中国体育科学学会在郑州联合举行新中国建国以来第一次篮球运动学术论文报告会。<br>十一、1983年，中国女篮参加了在巴西圣保罗举行的第9届世界锦标赛，获得了历史性突破，名列第3名。同年中国男篮参加了在西班牙巴塞罗那举行的第10届世界锦标赛，荣获第9名，中国篮球竞技水平全面冲击世界最高水平。<br>十二、1983年，国家体委公布杨伯镛、钱澄海等8人为我国第一批篮球高级教练员。同年在上海举行的第5届全运会篮球比赛，北京、解放军队分别获得男、女篮冠军。<br>十三、1984年，中国女篮在美国洛杉矶第23届奥运会上荣获第3名的好成绩。同年在上海举行的第10届亚洲女子篮球锦标赛上获第2名。<br>十四、1980~1985年，中国篮球协会为了总结经验、展望未来，积极开展篮球科学研究活动，以不同形式召开篮球科学论文报告会。中国《体育科技》不断组织篮球专题文章发表，魏均、杨洁、高鹗、李峨恒等以及我国不少省市教练员发表论文，篮球界科研学术风气呈现活跃景象。为了适应篮球运动普及发展的需要，1985年《中国篮球报》在长春创刊。 |

（续表）

| 篮球运动在中国的发展阶段 | 发展时期 | 社会历史背景 | 重大活动内容 |
|---|---|---|---|
| | | | 十五、1985年在沈阳召开篮球训练工作会议，研究如何进一步从我国实际出发，走自己的路，加强训练工作，重视对高大中锋、核心队员和3分球投篮手的培养等问题。<br>十六、1986年我国群众性篮球活动进一步在城乡活跃，形成普及的新高潮，社会对篮球队伍的资助日趋活跃，为不少篮球专业队伍的发展生存增强了活力。同年我国女篮在吉隆坡亚洲锦标赛上和汉城第10届亚运会上分获冠军。<br>十七、1987年9月在广州举行第6届全运会篮球赛，解放军男女队双获冠军。<br>十八、1987年中国篮球协会在北京体育师范学院相继举办篮球教师、教练员短训班，并在1993年开始转为系统的、长期的全国高级、中级、初级教练员岗位培训班。<br>十九、1988年中国男、女篮参加第24届奥运会，女子获第6名，男子获第11名。<br>二十、1988年由教育部组织高教出版社出版的《全国高师篮球教材》《中学体育教师篮球进修教材》先后经李震中、张德山、孙民治等撰编，成为高等师范院校体育专业篮球教学通用教材。<br>二十一、1989年在北京举行的第15届亚洲篮球锦标赛上中国男篮获第1名，女子在第13届亚洲锦标赛上获冠军。<br>二十二、1990年中国大学生篮球协会成立。<br>二十三、1990年中国男、女篮分别参加了第11届世界篮球锦标赛，男子获第14名，女子获第9名。同年在第11届亚运会上男子获冠军，女子获亚军。<br>二十四、1990年国际业余篮球联合会更名为国际篮球联合会，同年取消对职业篮球运动员参加国际篮球大赛的限制。<br>二十五、1991年由李辅材等撰编的《中国篮球运动史》出版。<br>二十六、1992年美国职业篮球选手乔丹等组成的"梦之队"参加第25届奥运会，并获冠军，世界篮坛发生新的变化，现代篮球运动进入当代化新时期；中国女篮首次获亚军，为至今最佳成绩。<br>二十七、1993年国家体委批准中国篮球协会在北京体育师范学院成立"中国篮球学校"，这是新中国成立以来第一所篮球专项学校。<br>二十八、1994年在第12届世界锦标赛上我国女篮又获亚军，男篮在同年世界锦标赛上获第8名，中国男、女篮进入辉煌时期。 |

（续表）

| 篮球运动在中国的发展阶段 | 发展时期 | 社会历史背景 | 重大活动内容 |
|---|---|---|---|
| 第三阶段：1995年至今 | 第七时期：1995年至今 改革创新攀登时期 | 在邓小平建设有中国特色的社会主义理论指引下，我国各项事业蒸蒸日上，国家全面推进以改革开放和经济建设为中心的发展计划。市场经济深入发展，全国上下呈现一派改革、发展的新气象。体育战线进行体制改革，中国篮球运动发展进入社会化、职业化新阶段、新时期 | 一、1995年我国男子篮球进行竞赛体制改革，全面推进职业化进程，各种形式的专业队逐渐被职业俱乐部队所替代，原浙江队首先与台资合作，并引进外援，CBA联赛逐步走向市场化，有力地推动了中国篮球运动与世界篮球运动的接轨，中国篮球运动展现出新的活力。<br>二、1996年中国篮球协会根据国家体委"坚持方向，抓住机遇，继续深化改革，发展体育事业"的精神，在篮球赛事上引进外资、外援举办竞赛，一方面与国际管理集团合作举办全国甲级队联赛（后改为CBA职业联赛），另一方面与当时的外资"精英公司"合作试办"CNBA联赛"（又称职业联赛），成为中国篮球初试职业化主客场制联赛的开始，参加队有前卫、吉林、北京体师、上海交大、天津等8个半职业队和职业队。<br>三、1996年中国男子篮球队在参加第26届奥运会篮球比赛中获得第8名。<br>四、1996年应我国台湾地区篮球组织的邀请，由杨伯镛任团长的省市篮球代表团首次访问我国台湾地区，两岸篮球交流有了新的起点，进而于1996年冬北京大学生男子篮球队访问台湾。<br>五、1996年由1995年冬原有8支职业队继续引进外籍球员参加全国职业联赛，其中北京体师和上海交大作为高校首先尝试与企业合作承办高水平职业篮球队，前卫、吉林、北京体师获此次联赛前三名。<br>六、1997年为培养高级教学训练科研人才，北京体育大学首次招收篮球博士生。<br>七、1997年我国篮球运动分成CBA甲A、甲B和乙级队三个层次的比赛，每个级别的最后两名降入下一个层次，甲B和乙级前两名升入上一个层次。<br>八、1997年我国男篮在亚洲锦标赛上失利，未能取得世界锦标赛的入场券。<br>九、1997~1999年间，中国篮球协会进行管理体制改革，成立篮球运动管理中心，将行政职能转变为事业性领导。各种形式的篮球俱乐部、篮球学校在全国各地建立、发展、壮大。<br>十、1998年中国大学生体育协会举办的CUBA篮球联赛正式开赛。<br>十一、1999年，中国篮协在上海召开全国篮球工作会议，研讨十多项改革条例和制度，CBA联赛和俱乐部管理逐步规范化、制度化，促进了职业化、市场化进程；同时在会议期间表彰了新中国成立以来在世界性大赛中作出杰出贡献的牟作云、张长禄、程世春、陈文彬、杨伯镛、钱澄海、宋晓波、郑海霞、柳青、丛学娣、孙凤武等50位篮球界优秀人士。 |

（续表）

| 篮球运动在中国的发展阶段 | 发展时期 | 社会历史背景 | 重大活动内容 |
|---|---|---|---|
| | | | 十二、1999年我国女篮在亚洲篮球锦标赛上失利，获第4名，跌入50年来的最低谷，引起全国篮球界的关注；我国男篮在日本亚锦赛上获冠军，取得2000年悉尼奥运会的入场券。<br>十三、1999—2000年CBA赛季中"八一"队获五连冠。我国国家男篮组建了新中国成立以来实力最强、高度最高、条件最好的队伍参加2000年在悉尼举行的第27届奥运会。<br>十四、2000年4月，中国篮球运动管理中心在浙江宁波召开省市篮球管理部门负责人和篮球协会负责人会议，进一步研究全国纵向篮球管理和推动省市篮球运动的工作会议。<br>十五、2000年7月，江泽民主席签署命令，授予为我国篮球竞技运动作出突出贡献的"八一"男子篮球队"团结拼搏的体坛劲旅"荣誉称号。中央军委号召全军部队，特别是文化体育战线的官兵都要向"八一"男篮学习。<br>十六、原国家体委和原国家教委批准立项为国家级重点教材的《篮球运动高级教程》，由国家体育总局局长袁伟民任编委会名誉主任、副局长张发强为顾问，教育部和体育总局主管领导杨贵仁、史康成、信兰成为副主任，并由篮球博士生导师孙民治、刘玉林分别任正、副主编，荟萃全国篮坛知名教授专家钱澄海、杨伯镛、白金申、于钢、王世安、杨桦、李杰凯、郭玉佩等四十多名人士编写，于2000年10月由人民体育出版社出版，成为培养篮球高级人才的专用教材。<br>十七、中国篮球协会为提高篮球教练员队伍的业务水平，在国家体育总局科教司统筹下组织孙民治、李方膺（为主编）及有关专家编写了《中国体育教练员岗位培训教材 篮球》，于2001年6月由人民体育出版社出版。<br>十八、2001年8月，国际篮联代表向原中国篮协副主席和国际篮联中央局执委张长禄颁发国际篮球联合会荣誉勋章。张长禄成为中国获此殊荣的第一人。<br>十九、2001年4月，王治郅与达拉斯小牛队正式签约，成为第一位在NBA效力的中国球员，同时也成为"NBA亚洲第一人"。2002年6月，中国球员姚明当选NBA历史上第一位外籍状元秀，加盟休斯敦火箭队。2002~2003赛季中国球员巴特尔效力于圣安东尼奥马刺队，该队获NBA总冠军。<br>二十、2002年2—4月，首届WCBA女篮联赛举行，这是中国第一次实行女篮联赛主客场制，八一、沈阳部队和广东队分获前3名。<br>二十一、2002年4月19日，上海队在2001—2002CBA联赛宁波客场1分险胜"六连冠"八一男篮，以总决赛3胜1负的战绩首次夺取CBA联赛总冠军。 |

（续表）

| 篮球运动在中国的发展阶段 | 发展时期 | 社会历史背景 | 重大活动内容 |
|---|---|---|---|
| | | | 二十二、2002年9月，中国江苏省首次承办世界女篮锦标赛，中国女篮获得第6名，韩国女篮跻身四强，这标志着亚洲女篮运动的复苏。10月，中国女篮在第14届亚运会女篮比赛中获得了近16年来中国女篮的第一块亚运会金牌，继2001年亚洲锦标赛后，中国女篮再一次站到了亚洲篮球的最高领奖台上。2003年8月，中国女篮获得第22届世界大学生运动会篮球比赛冠军。中国女篮已经冲出低谷，正在重新崛起。<br>二十三、2002年8月，在国际篮联第17次代表大会上，亚篮联主席、中国香港的程万琦被选为新一届国际篮联主席，任期4年，成为第一位当选国际篮联主席的亚洲人。中国篮协的刘玉民被选为执行委员之一。<br>二十四、2002年9月，中国男篮获第14届世界男篮锦标赛第12名，并在第14届亚运会上失去蝉联了4届的亚洲冠军，引起中国篮球界的震动和反思。2003年10月，经过卧薪尝胆的中国男篮在第22届亚洲锦标赛上重夺亚洲冠军，获得2004雅典奥运会的入场券，并提出了保十争八的奋斗目标。<br>二十五、2002年12月，中国首届国际篮球产业论坛在北京举行。国际篮联秘书长帕特里克·鲍曼、NBA休斯敦火箭队总经理乔治等人介绍了世界先进的篮球产业经营理念和方法，200多名国内体育产业人士到会。<br>二十六、2003年9月，在哈尔滨召开了全国篮球工作座谈会，会议总结经验教训，讨论改革的大政方针和发展规划与系列制度，对如何适时建立全国性的中国篮球职业组织进行了探索，并对世界篮球运动的发展趋势，中国篮球运动的训练指导思想，技、战术风格，以及篮球运动比赛的制胜因素进行了探讨，还对健全篮球运动管理中心职能和管理制度，民主协调纵横领导关系，加强训练工作，培养高素质、高水平教练员人才和后备队伍人才及进一步重视国家男、女篮球队组建、训练，倡导大力培养球星，乃至进一步推进篮球俱乐部建设和产业化进程，强化全方位管理等方面统一了认识，明确了"立足当前，放眼未来"的改革基本思路，并提出了继续以赛制改革为龙头，以制度建设为重点，以职业俱乐部建设为前提，推进中国篮球职业化、产业化改革的具体设想。会议强调要对目前尚未规范化的不同性质和形式的俱乐部进行宏观管理，规范职业化俱乐部建制，强化俱乐部的市场活力，以促进各职业俱乐部做到明晰产权、明确职权、自主开发、自我造血、自负盈亏和独立法人经营管理等。本次会议将有助于推动中国篮球竞技运动有序地与国际接轨，逐步走向完善，形成中国特色的篮球职业化、产业化模式。 |

（续表）

| 篮球运动在中国的发展阶段 | 发展时期 | 社会历史背景 | 重大活动内容 |
|---|---|---|---|
| | | | 二十七、2003年12月20日，经国家体育总局科教司、篮球运动管理中心批准，中国篮球运动发展研究会成立大会在广州体育学院举行。牵头单位首都体育学院副院长李颖川和前院长孙民治、北京体育大学校长杨桦、上海体育学院院长姚颂平、成都体育学院院长陈伟、武汉体育学院院长杨鹏飞、广州体育学院院长许宗祥等12所体育院校的15位从事篮球学科研究的院校级领导、各体育院校的篮球学科带头人，以及全国篮球教材编写组成员共28人出席了会议。研究会理事会选举钟添发、王世安、刘玉林、陈树华、杜俐为顾问，孙民治为理事长，杨桦、姚颂平、陈伟、许宗祥、李颖川、李杰凯等为执行理事长，史勇、王家宏、朱自强、姜立嘉、许永刚等为副理事长。秘书长由李颖川兼任，常设机构在首都体育学院。标志着篮球运动的发展将从理论和实践、研究和运用、培养和提高等各个方面，进入一个新的阶段。<br>二十八、2004年，中国篮协对中国男篮多年来的工作进行了全面总结，认为虽然男篮多年称霸亚洲（23次亚洲比赛，获18次冠军），但在世界大赛中的成绩一直在第8至14名之间徘徊，与社会各界对男篮的期望与要求相差甚远。中国男篮要在世界大赛中取得优异成绩，必须树立"向世界水平"冲击的勇气和信心，加强队伍的教育和管理，提高全队的凝聚力和战斗力，明确训练指导思想和技、战术风格，学习和掌握世界最先进的篮球理念、训练方法和手段，加强与世界强队的交流，并借鉴其他运动项目的成功经验，以尽快提高中国男篮的技术、战术水平和运动成绩，从而推动中国篮球运动整体水平的提高。2月20日，中国篮球协会聘请美国NBA达拉斯小牛队教练戴尔·哈里斯担任新一届中国男篮的主教练，这是中国国家男篮历史上首位外籍主教练，原立陶宛国家队主教练尤纳斯·卡斯劳斯卡斯和八一男篮主教练阿的江以及北京首钢男篮主教练闵鹿蕾担任教练，篮管中心运管部负责人匡鲁彬任领队，原国家男篮教练组组长蒋兴权任技术顾问，本届中国男篮教练组由中外方教练员共同组成。成立了中国男篮队委会，实行队委会领导下的中、外方教练员分工、协作负责制，充分调动教练组全体成员的积极性，为教练组执教创造良好的工作条件和环境，使队员与教练员成为一个相互信任、团结协作、运转协调、刻苦训练的有机整体，努力完成好2004年奥运会任务，并全力备战2008年奥运会。 |

# 主要参考文献

1. 李辅材等. 中国篮球运动史. 1版. 武汉：武汉出版社，1991
2. 高卫等. 中国篮球运动发展史. 1版. 西安：西安体院学报编辑部，1989
3. 孙民治. 篮球纵横. 1版. 北京：人民体育出版社，1996
4. 陈文彬. 中国篮球风格与训练浅探. 1版. 北京：北京市体委体科所
5. 体育词典. 1版. 上海：上海辞书出版社，1984
6. 《篮球大词典》编辑委员会. 篮球大词典. 1版. 北京：人民体育出版社，1993
7. 孙民治. 21世纪世界篮球运动发展的趋势与特征. 体育学刊，2000（6）
8. 孙民治、陈钧、方明. 21世纪中国篮球竞技运动的发展趋势——兼论中国篮球运动现状及对策. 体育科学，2001（1）
9. 大韩笼球协会. 韩国笼球八十年. 1版. 汉城：信友文化社，1989
10. 蒋桐森. 篮球研究. 1版. 上海：商务印书馆，1946
11. 刘天锡. 最新篮球运动. 1版. 上海：北新书局，1953
12. ［苏］波·莫·切特林. 篮球基本动作. 1版. 上海：勤奋书局，1953
13. ［苏］波·莫·切特林. 篮球讲义. 1版. 北京：人民体育出版社，1957
14. 陈荣泽. 篮球技术与战术. 1版. 北京：人民体育出版社，1956
15. 于钢. 篮球技术. 1版. 北京：商务印书馆，1976
16. 体育科学编辑部. 新技术研究与体育. 1版. 北京：人民体育出版社，1985
17. 韩之栋. 篮球技术练习100例. 1版. 成都：四川科技出版社，1988
18. 杨改生等译. 美国篮球防守训练全书. 1版. 北京：人民体育出版社，1991
19. 孙民治等. 中学篮球教学与训练方法. 1版. 西安：陕西科技出版社，1994
20. 王梅珍等. 篮球组合技术. 1版. 北京：人民体育出版社，1994
21. 于钢等. 篮球试题库. 1版. 北京：北京体育师范学院，1988
22. 孙民治主编. 篮球运动教学训练试题解答. 1版. 北京：人民体育出版社，2001
23. 体育院系教材委员会. 体育系通用教材 篮球. 2版. 北京：人民体育出版社，1985
24. 全国体育学院教材委员会. 体育学院专修通用教材 篮球. 北京：人民体育出版社，1991
25. 姜立嘉等. 篮球. 1版. 长春：东北师大出版社，1990
26. 于振峰. 师专篮球. 1版. 西安：陕西科技出版社，1992
27. 于文海等. 篮球. 广西师大出版社，1996
28. 全国体育学院成人教育协作组《篮球》函授教材编写组. 全国体育学院函授教材 篮球. 1版. 上海：东方出版中心，1996

29. 孙民治主编. 篮球运动教程. 1版. 北京：人民体育出版社，2001
30. 孙民治主编. 球类运动 篮球. 3版. 北京：高等教育出版社，2001
31. 王家宏主编. 专升本教材 篮球. 1版. 北京：高等教育出版社，2001
32. 张宏达等. 篮球理论与教学训练实践. 1版. 上海：上海交大出版社，1988
33. 汤铭新等. 篮球进阶训练. 1版. 台湾：中国台湾篮球协会，1993
34. 高鹗等. 现代篮球训练理论与实践. 1版. 北京：人民体育出版社，1988
35. 田福海等. 现代篮球训练艺术. 1版. 上海：上海教育出版社，1993
36. 孙民治. 篮球基本功. 中国体育科技，1983（3）
37. 孙民治. 篮球运动. 1版. 北京：中央电视台远程教学，1999
38. 寇振声. 论篮球攻守转换. 河南体育科技，1992（2）
39. 马尔飞. 篮球攻守方法论. 1版. 上海：商务印书馆，1946
40. 普拉托诺夫. 运动训练的理论与方法. 武汉体育学院出版社，1986
41. 田麦久、武福全等. 运动训练科学化探索. 1版. 北京：人民体育出版社，1988
42. 田麦久. 论运动训练过程. 1版. 成都：四川教育出版社，1988
43. 全国体育院校教材委员会. 体育院校通用教材 运动训练学. 2版. 北京：人民体育出版社，2000
44. 周西宽等. 运动学. 1版. 成都：四川教育出版社，1990
45. 过家兴等. 运动训练学. 1版. 北京：北京体育学院出版社，1986
46. 过家兴等. 青少年业余训练. 1版. 北京：北京体育学院出版社，1986
47. 过家兴等. 运动训练学. 1版. 北京：人民体育出版社，1991
48. 徐本力. 体育控制论. 1版. 成都：四川教育出版社，1988
49. 徐本力. 运动训练学. 1版. 济南：山东教育出版社，1990
50. 赵峰. 实用运动训练问答. 1版. 北京：人民体育出版社，1993
51. 茅鹏. 运动训练新思路. 1版. 北京：人民体育出版社，1994
52. 中国运动训练专业委员会. 中国运动训练理论与实践研究. 1版. 北京：高等教育出版社，1996
53. 浦钧宗等. 优秀运动员机能评定手册. 1版. 北京：人民体育出版社，1989
54. 孙民治. 篮球意识及培养. 北京体育大学学报，1995（18）
55. 杨宗义等. 运动竞赛心理学. 1版. 西南师大出版社，1987
56. 欧阳仑等. 实用运动心理训练问题. 1版. 西北大学出版社，1990
57. 李建国. 心理训练. 1版. 教育科学出版社，1992
58. 朱鹏等. 应用体育运动心理学. 1版. 西安：陕西人民教育出版社，1992
59. 王惠民等. 心理技能训练指南. 1版. 北京：人民体育出版社，1992
60. 刘淑慧等. 实用运动心理问题. 1版. 北京：人民体育出版社，1993
61. 王刚. 运动心理学. 1版. 成都：四川教育出版社，1993
62. 丁忠之. 体育心理学简编. 1版. 北京：人民体育出版社，1994
63. 祝蓓里. 体育心理学新编. 1版. 上海：华东师大出版社，1995
64. 高等学校试用教材 体育心理学. 1版. 北京：高等教育出版社，1997

65. 马启伟、张力为. 体育运动心理学. 1版. 杭州：浙江教育出版社，1999
66. ［苏］波·莫·切特林. 篮球策略. 1版. 上海：勤奋书局，1953
67. 白金申. 篮球实践荟萃. 1版. 北京：人民体育出版社，1995
68. 白金申. 篮球实践荟萃（二）. 1版. 北京：人民体育出版社，1996
69. 鲁中杰. 孙子兵法与三十六计. 1版. 济南：黄河出版社，1996
70. 郑怀贤. 运动创伤学. 1版. 成都：四川人民出版社，1982
71. 中国康复医学会. 康复医学. 1版. 北京：人民卫生出版社，1984
72. 曲绵域等. 实用运动医学. 1版. 北京：人民体育出版社，1986
73. Dirix A, et al. The Olympic Book of Sports Medicine. Oxford. Blackwell Scientific Publication, 1988
74. 张希彬等. 中国骨伤科学. 1版. 成都：四川科学技术出版社，1991
75. 殷劲等. 运动性疲劳研究. 1版. 成都：四川教育出版社，1992
76. 李宗述. 体育康复学. 1版. 成都：四川教育出版社，1995
77. 全国体育院校教材委员会. 体育院校通用教材　运动医学. 1版. 北京：人民体育出版社，1995
78. 姚鸿恩等. 我国篮球运动员运动损伤患病率调查. 中国运动医学杂志，1995（3）
79. 林文韬等. 运动负荷的生物化学. 1版. 北京：人民体育出版社，1995
80. 林文韬等. 运动能力的生化评定. 广东高等教育出版社，1996
81. 篮球裁判员手册（1998～2002）. 1版. 北京：光明日报出版社，1998
82. 中国篮球协会. 篮球竞赛规则（2003年）. 3版. 北京：光明日报出版社，2003
83. 徐寅生. 关于如何打乒乓球. 1版. 北京：人民体育出版社，1965
84. 袁伟民. 我的执教之道. 1版. 北京：人民体育出版社，1986
85. 杜巍等. 运动员修养. 1版. 北京：人民体育出版社，1988
86. 孙民治. 篮球教练员执教之道. 中国体育科技，1998（4）
87. 孙民治、杜俐、李颖川. 试论篮球教练员的素质. 体育科学，1998（5）
88. 国家体育总局. 中国体育教练员岗位培训教材　篮球. 1版. 北京：人民体育出版社，2001
89. 王义润、田麦久. 体育科学研究的程序与方法. 北京：人民体育出版社，1981
90. 张丽. 国外篮球科研发展特点及对进一步发展我国篮球科学探讨. 篮球，1984（2）
91. 吴岱明. 科学研究方法. 长沙：湖南人民出版社，1987
92. 李宗浩. 体育科学研究探蹊. 北京：人民体育出版社，1989
93. 杨世勇. 体育科研方法论. 成都：成都科技大学出版社，1989
94. 秦铁辉. 科学活动与研究方法. 1版. 北京：北京大学出版社，1993
95. ［俄］马特维也夫. 体育理论与方法. 1版. 北京：北京体育大学出版社，1994
96. 王志康. 关于体育科学研究中若干方法论问题的探讨. 广州体育学院学报，1994（1）

97. 周登嵩. 体育科研概论. 北京：北京体育大学出版社，1995
98. 杨改生、吴晓强. 1985~1994年中国篮球科研状况分析. 体育科学，1996（5）
99. 叶国雄、陈树华. 篮球运动研究必读. 2版. 北京：人民体育出版社，1999
100. 全国体育院校（系）研究生论文题目索引. 1版. 北京：体育大学出版社，2001
101. 梁焕国等. 中小学生体育与体质发展. 1版. 科学普及出版社，1986
102. 董国珍等. 学校体育运动训练指南. 1版. 北京：高等教育出版社，1992
103. 国家体育总局篮球运动管理中心. 全国青少年儿童篮球教学训练大纲. 1版. 北京：高等教育出版社，2000
104. 张林. 职业体育俱乐部运行机制. 1版. 北京：人民体育出版社，2001
105. 全国体育学院教材委员会. 体育学院专修通用教材 田径运动高级教程. 1版. 北京：人民体育出版社，1994
106. 国家体育总局. 中国体育教练员岗位培训教材 羽毛球. 1版. 北京：人民体育出版社，1995
107. 胡小明. 体育人类学. 1版. 广州：广东人民出版社，1998
108. 黄汉升主编. 体育教育训练学高级教程. 1版. 桂林：广西师范大学出版社，2003